LES ANGES AU QUOTIDIEN

Catalogage avant publication de Bibliothèque et Archives Canada
Anges de la lumière (Esprit)
     Les anges au quotidien : écrits inspirés par les Anges de la lumière
     Comprend un index.
     ISBN 978-2-89436-240-2
     1. Écrits spirites. 2. Anges - Miscellanées. I. Flansberry, Joane, 1960- .
     II. Titre.
BF1290.A552 2009   133.9'3   C2009-942022-8

Nous reconnaissons l'aide financière du gouvernement du Canada par l'entremise du Programme d'aide au développement de l'édition (PADIÉ) pour nos activités d'édition.

Nous remercions la Société de développement des entreprises culturelles du Québec (SODEC) pour son appui à notre programme de publication.

Infographie : Marjorie Patry
Mise en pages : Marjorie Patry

Éditeur : Les Éditions Le Dauphin Blanc inc.
            6655, boulevard Pierre-Bertrand, local 133
            Québec (Québec) G2K 1M1 CANADA
            Tél. : 418 845-4045 Téléc. : 418 845-1933
            Courriel : dauphin@mediom.qc.ca
            Site Web : www.dauphinblanc.com

ISBN : 978-2-89436-240-2

Dépôt légal : 4e trimestre 2009
                Bibliothèque nationale du Québec
                Bibliothèque nationale du Canada

Imprimé au Canada

Joane Flansberry

LES ANGES AU QUOTIDIEN

La Bible des Anges
Tome 2

Écrits inspirés par les Anges
de la Lumière

Le Dauphin Blanc

Je dédie ce livre à mon petit-fils, Charles Auguste Ashby, ce petit explorateur de l'an 2008.

Merci à ma chère fille et à mon gendre de me donner ce précieux cadeau.

Mom

Table des matières

Partie IV : Les caractéristiques propres à chacun des Anges

Remerciements

J'aime écrire la page de remerciements de mes livres. Elle me permet de remercier d'une façon élégante les gens qui m'ont offert une aide exceptionnelle. Même si tous ces gens ont été remerciés de vive voix maintes fois, il arrive parfois que les mots justes nous manquent.

Je tiens d'abord à remercier les Anges de m'avoir épaulée et réconfortée tout au long de mon cheminement. Merci pour votre amour inconditionnel, votre patience, votre joie de vivre et, surtout, votre sens de l'humour! Je vous adore infiniment. Vous êtes et serez une source d'inspiration et de guidance tout au long de ma vie terrestre. Votre grand respect et votre sincère dévotion envers l'humanité font de vous des Êtres extraordinaires.

J'aimerais également remercier tous ceux qui ont fait de *La Bible des Anges* un succès fracassant. Chers lecteurs, merci de vous laisser guider par la Lumière et, surtout, merci de croire en ma vocation auprès de l'humanité. Vos courriels et vos encouragements me donnent des ailes pour poursuivre ma mission. Continuez de propager la Lumière autour de vous. Nous parviendrons ensemble à faire de notre Univers un havre de paix où il fait bon vivre!

Je remercie mes deux adorables filles que j'aime. Elles sont la source d'inspiration qui me permet de continuer ma mission de vie. À toi, ma fille Mélissa, merci d'avoir accepté de corriger (à la dernière minute!) quelques pages du livre. Je remercie mon petit-fils d'apporter autant de joie dans nos vies. Mon cher petit Papou, mamie t'adore! Je remercie Frédéric. Je ne pouvais espérer un meilleur conjoint pour ma fille. Merci, Frédéric, de bien prendre soin d'elle. À ma fille Véronique, merci d'avoir pris le rôle de la mère à ma place pendant l'écriture du livre. Tu as pris en charge l'épicerie, le lavage, le ménage, les chiens et j'en passe! Véronique, tu es mon petit bébé qui volera bientôt de ses propres ailes. Que tous tes rêves puissent devenir réalité. À mon Fred qui, sans même qu'on le veuille lui et moi, est devenu ma pierre de soutien. Continue de veiller sur nous et de rayonner dans nos vies. Merci d'être notre « Gisgi ».

Je remercie mes parents, mes sœurs et mon frère d'être dans ma vie. Merci à toutes mes belles nièces qui me font vibrer lorsque je les vois. Merci à mes amies Nathalie, Julie, Johanne, « Lady Di » et Lyne. Vous êtes la force qui me motive à continuer ma mission.

Je remercie spécialement tous ceux qui font de ma boutique un endroit chaleureux. Je me dois de commencer par Nicole Archambault, une femme tout simplement exceptionnelle qui se dévoue corps et âme afin d'offrir un service de qualité aux clients. Ma belle « Nini », tu es formidable. Un gros merci pour tout! Tu es un rayon de soleil qui réchauffe le cœur des gens lorsqu'ils viennent vers toi. Puisse Dieu te donner la santé et l'amour; tu le mérites grandement. À toi aussi, ma belle Rolande, un grand merci pour ton aide si précieuse et surtout pour ta patience à accomplir chacune des petites tâches que je te demande. Merci à Mélanie, ma petite comptable, qui prend soin de tous mes papiers. Merci à Suzanne, à Carole et, surtout, à ma mère Pierrette Lesage qui a retrouvé une belle joie de vivre en travaillant à ma boutique.

Un merci tout spécial à la famille Ashby pour m'avoir permis de relaxer cet été! Un merci chaleureux à la famille Tessier pour leurs savoureux repas. Merci également à Jacques et à Réal Madore pour tout ce que vous faites à la boutique. Vous êtes des anges. Merci à Bert pour ta grande générosité et ton sens de l'humour. Merci à Yvon Prud'homme de prendre soin de ma Vierge Marie. J'offre également mes sincères remerciements à tous mes élèves qui me suivent depuis plusieurs années. Mille mercis pour votre patience et votre dévotion et, surtout, pour votre fidélité envers moi et les Anges!

Pour terminer, j'aimerais remercier cordialement mon éditeur, Alain Williamson, de me permettre de diffuser mes connaissances sur les Anges. Merci Alain d'avoir autant d'enthousiasme que moi pour mes nombreux projets. Enfin, je me dois de remercier Anick Lapratte, une femme très généreuse qui a su bien me guider dans le domaine de l'écriture afin que je puisse maintenant voler de mes propres ailes.

Je remercie les Anges d'avoir mis sur ma route des personnes au cœur si grand et aimant, des personnes qui misent davantage sur l'aspect humain d'une personne au lieu du succès qu'elle peut rapporter. Merci de croire en moi.

Avant-propos

Votre ardent désir de travailler avec les Anges et de les prier m'a incitée à vous offrir plus tôt que prévu ce livre intitulé *Les Anges au quotidien*. Cet outil vous permettra de collaborer avec les Anges dans tous les aspects de votre vie. Peu importe les demandes que vous leur ferez, ces Êtres extraordinaires trouveront toujours le moyen de vous aider et de vous donner tout ce qui leur est possible de vous accorder.

Plus vous travaillerez avec eux, plus vous prendrez conscience de tous les outils que vous possédez et plus vous reconnaîtrez vos talents et vos dons. Vous serez donc en mesure de bien mener votre vie. Vous en deviendrez le maître et vous en serez très fier!

Cet ouvrage se veut une réponse aux nombreux courriels que j'ai reçus au sujet des Anges et de la façon de les invoquer et de leur demander de l'aide. J'ai senti l'urgence de publier ce livre à travers les questions des gens et leur désarroi devant les problèmes de la vie. Comme l'écriture de ce deuxième livre s'est réalisé à un rythme effréné, la structure générale du texte peut sembler plus condensée. Toutefois, il n'en demeure pas moins que les messages véhiculés reflètent une véritable profondeur. Également, devant l'ampleur du présent livre, j'ai dû abandonner plusieurs sujets que j'aurais aimés vous offrir. Toutefois, bien d'autres projets d'écriture sont déjà planifiés pour les années à venir.

Ce livre se concentre davantage sur les points forts de chacun des 72 Anges ainsi que sur la façon de leur demander de l'aide. Il offre des outils pour vous guider dans votre vie de tous les jours. Ce livre ne contient pas toutes les réponses à vos questions. Il contient plutôt des suggestions ou des façons de procéder dans le but de demander de l'aide aux Anges. Ces points forts sont, en quelque sorte, une description des préférences de chacun des Anges. Ces préférences permettent à l'humain de reconnaître l'intervention d'un Ange quelconque dans sa vie. C'est à l'aide de ces caractéristiques que vous saurez que l'Ange travaille avec vous, que la faveur que vous avez demandée est en voie de se réaliser.

J'ai inclus dans ce livre des signes spécifiques pour chacun des Anges. Toutefois, ne cherchez pas à les voir à tout prix, laissez plutôt les signes venir à vous. De plus, si vous n'obtenez pas le résultat escompté, ne vous acharnez pas à vouloir obtenir une réponse coûte que coûte. Parfois, il faut laisser le temps faire les choses. Dans certains cas, la seule façon que les Anges peuvent vous aider, c'est d'attendre à vos côtés. Ils ne peuvent agir sur les événements, mais leur seule présence à vos côtés peut vous calmer et vous permettre de passer ce temps d'attente dans un état d'esprit dégagé.

Avant d'aller plus loin, j'aimerais vous faire prendre conscience d'un aspect important en ce qui concerne les Anges. Les Anges existent sur cette Terre. Que vous y croyiez ou non, cette Source d'énergie est présente. Vous pouvez choisir de demander leur aide, tout comme vous pouvez choisir de ne pas le faire. Même si vous ne les invoquez pas, même si vous ne les adorez pas, les Anges vous accueilleront tout de même les bras grands ouverts, si vous leur demandez de l'aide. S'ils sont en mesure de vous l'offrir, selon votre plan de vie et selon ce que vous avez à travailler, alors ils le feront. Afin de vous faire comprendre ce concept davantage, prenez, à titre d'exemple, une prise de courant. Cette prise vous permet de faire fonctionner un appareil quelconque en le reliant à un circuit électrique lorsque vous y insérer un dispositif de contact. Par contre, si vous choisissez de ne pas insérer de dispositif de contact, l'énergie électrique dont vous avez besoin pour faire fonctionner votre appareil est tout de même disponible. Il en est de même avec les Anges.

Ainsi, je tiens à préciser que vous êtes libre de choisir ce que vous faites avec l'information que je vous donne. Les messages qui se trouvent dans ce livre sont inspirés par des Êtres de Lumière qui désirent faciliter la vie aux êtres humains. Ces informations importantes servent à vous aider à bien accomplir votre plan de vie. Si certaines méthodes ne reflètent pas vos croyances, alors n'en tenez pas compte, tout simplement. L'important, c'est de suivre la voix de votre cœur.

Je vous souhaite tout le succès désiré avec ces magnifiques Anges.

Amicalement,
Joane

Note aux lecteurs

Ce livre traite des principaux moyens de communication auxquels les humains ont accès afin d'entrer en contact avec les Anges. Ces moyens de communication sont la prière, le rituel et la méditation. Vous trouverez dans ce livre des prières et des explications au sujet des étapes à suivre pour invoquer un Ange. Vous pouvez également choisir de prier en vos propres mots, l'important étant l'intention du cœur. Vous pouvez aussi méditer sur les anges, selon une méthode traditionnelle ou en pensant simplement à l'ange choisi.

Afin d'être en mesure de demander de l'aide à un Ange en particulier, il vous faut d'abord connaître votre Ange de la Lumière. Cet Ange vous est assigné selon votre date de naissance. Veuillez vous référer au Tableau I (Les neufs Chœurs Angéliques, à la page 50) pour obtenir son nom. Si vous désirez avoir une description plus exhaustive du fonctionnement des différents Chœurs angéliques et leurs Archanges recteurs ainsi que de la place de chacun des Anges dans la hiérarchie angélique, veuillez vous référer au livre *La Bible des Anges*.

La majeure partie du livre porte sur les 72 Anges. Chacun des Anges affiche ses propres préférences. Prenez le temps de bien les lire et de vous familiariser avec leurs préférences!

Il est également important de mentionner que vous devriez vous limiter à une seule demande à la fois. Si vous récitez une prière ou que vous faites un exercice servant à reconnaître les signes de votre Ange, attendez d'avoir obtenu votre réponse avant de commencer une autre prière ou d'autres exercices. Si vous faites plus d'une demande en même temps, vous serez mêlé et vous ne pourrez plus être attentif aux signes. Vous risquez donc d'être déçu et de penser que les Anges n'ont pas répondu à votre appel d'aide.

Lorsque vous demandez de l'aide à un Ange en lui récitant seulement une prière, vous n'avez pas besoin de dire une prière de protection. Si votre prière est faite avec une bonne intention, cela devrait suffir. Toutefois, comme il est expliqué dans le livre, lorsque vous méditez avec un Ange ou que vous faites un rituel, il est bon de bâtir un dôme de protection.

En ce qui concerne les rituels, je vous conseille de travailler d'abord avec les Anges. Les Archanges possèdent une énergie supérieure aux Anges et ils travaillent dans des sphères beaucoup plus éloignées de l'être humain. C'est pourquoi il est plus difficile pour un humain d'entrer en contact direct avec un Archange. Les Archanges sont remplis d'essence divine. Ils s'abreuvent à même l'essence de Dieu. Leurs vibrations sont trop élevées pour un humain qui commence à prier. Lorsque vous faites appel à un Archange et qu'il vous fait ressentir sa vibration, votre cœur peut battre à tout rompre. Si vous n'êtes pas familier avec ce type de sensation, il est évident que cela provoquera de la peur.

C'est la raison pour laquelle il n'y a aucun rituel pour invoquer un Archange dans ce livre. Toutefois, si votre désir le plus profond serait d'invoquer un Archange ou de le ressentir, il vous faudra être plus patient et demander l'aide de votre Ange personnel pour qu'il puisse acheminer votre demande à l'Archange en question. Lorsque vous serez plus familier avec les vibrations qu'émanent les Anges, vous serez moins craintif devant la vibration d'un Archange. C'est à ce moment que vous pourrez songer à en invoquer un.

Toutefois, il vous est possible de prier les Archanges en tout temps, si vous le désirez. La prière est différente du rituel. Avec la prière, vous demandez à l'Archange d'agir sur les événements au lieu d'agir sur vous. Cependant, il y a des Archanges qui sont plus accessibles et qui connaissent bien l'humain et ses peurs. Lorsqu'ils viennent vers l'humain, ces Archanges ont développé une manière un peu plus simple pour ne pas apeurer l'humain. Lorsqu'ils annonceront leur présence, ils le feront en douceur. Ces Archanges sont Raphaël, Michaël, Gabriel, Uriel et Melkisédeq. Les informations concernant les Archanges seront présentées dans un prochain livre. Vous y trouverez une description des Archanges, les aspects qui les caractérisent ainsi que des prières servant à les remercier ou à obtenir une faveur.

Je vous souhaite une bonne lecture remplie d'amour et de Lumière.

PARTIE I

LES ANGES À L'ÉCOUTE

CHAPITRE I

Le message des Anges

Dieu est le Créateur de l'Univers angélique et terrestre. De son essence divine, Il a créé des Êtres d'une grande bonté et d'une grande générosité remplis d'amour, de respect et de Lumière. Il les a nommés les « Anges ». Avec l'essence de ces Anges, il a ensuite créé des êtres extraordinaires. Il les a nommés les « humains ». Tous font partie du même Tout. Tous sont unis par l'essence de chacun. Ils forment une unité et constituent l'Univers.

Lorsque l'humain a voulu descendre sur Terre, Dieu a acquiescé à sa demande. Dieu adore ses enfants : les humains. À un point tel qu'Il a demandé à ses Anges de veiller sur eux lorsqu'ils seront sur Terre. Dieu a fait un cadeau incommensurable aux humains : un Ange personnel pour chaque âme qui s'incarne. Cet Ange a comme mission de vous protéger, de vous guider, de vous préserver de tout mal et de l'Ombre, de vous donner la force et le courage de surmonter les épreuves, de vous épauler lorsqu'on vous êtes envahi par le découragement. Sa magnifique Lumière illumine vos pas lorsque vous êtes dans la noirceur afin que vous puissiez rapidement retrouver votre chemin. Cet Ange veille sur vous, jour et nuit. Il ne demande rien en retour. Toutefois, si vous lui parlez, si vous le respectez, si vous lui offrez votre amour et votre fidélité, vous en retirerez un immense bien-être!

Ces Anges personnels, ces Êtres remplis d'une grande sagesse et d'une grande bonté sont vos intermédiaires puisqu'ils accueillent vos prières, vos demandes, vos faveurs, vos rêves, vos peines et vos souffrances qu'ils dirigent ensuite vers Dieu et les Anges de la Lumière pour qu'ensemble ils puissent vous aider et vous accorder un miracle.

Les Anges veillent continuellement sur l'humain. Que vous croyez ou non en leur Lumière, ils seront fidèles à vos côtés. Ils ne vous abandonneront jamais. Ces magnifiques Anges sont toujours prêts à intervenir lorsqu'on fait appel à eux. N'ayez pas peur de prier votre Ange personnel ou l'Ange de votre naissance et de lui parler. Ces Anges connaissent votre parcours terrestre et ils sont en mesure de vous aider.

Les Anges sont présents dans votre vie pour alléger vos peines lorsque vous êtes triste. Ces Êtres vous apportent un soutien lorsque tout semble s'écrouler autour de vous. Ils vous relèvent lorsque vous tombez. Ils vous guident lorsque vous êtes perdu. Ces magnifiques Créatures de Dieu vous insufflent leur Lumière d'amour et de respect pour vous aider à avancer d'un pas solide vers votre avenir.

En les priant, les Anges vous infusent leur Lumière pour vous aider à régler le problème qui vous afflige. Leur Lumière illumine votre Lumière intérieure. Cependant, si vous priez pour quelqu'un qui se trouve présentement dans l'Ombre, cela peut prendre un peu plus de temps avant que la Lumière des Anges puisse lui venir en aide. L'Ombre est très tenace et elle fera tout pour chasser la Lumière.

Intégrez les Anges dans votre vie et priez-les. En adoptant cette attitude, vous entretiendrez la Lumière, le soleil et la joie dans votre vie. De plus, gardez toujours sur vous un bijou ou un objet qu'un Ange aura purifié pour vous. Ce bijou agira à titre de talisman et il vous protégera en tout temps!

Travaillez avec les Anges et ceux-ci vous permettront de prendre votre vie en main, de lui donner un sens. Ils vous aideront à prendre votre place dans la société. La Lumière que ces Anges vous infuseront vous permettra de trouver des solutions lorsqu'un problème surviendra. Vous serez confiant dans vos décisions. Bref, vous serez en harmonie avec vous-même et cela se reflétera dans votre vie, ce qui aura un impact important sur votre plan de vie et sur votre prochaine incarnation. Les Anges ne chuteront pas pour vous. Toutefois, ils vous soutiendront lors de votre chute et vous tendront la main pour vous relever.

Lorsque vous serez dans le doute, relisez le message qui suit. Ce message est rempli d'amour et d'énergie. À la lecture de ce message, votre âme s'apaisera et votre cœur se réconfortera. Dites ce message aussi souvent que vous le désirez.

> *« Aide ton prochain comme tu aimerais être aidé.*
> *Donne à ton prochain comme tu aimerais recevoir.*
> *Aime ton prochain comme tu aimerais être aimé.*
> *Respecte ton prochain comme tu aimerais être respecté.*
> *Que ton prochain soit l'image de ton reflet et que ce reflet*
> *soit l'image de ton âme et que cette âme soit le reflet de Dieu. »*

Les Anges sont à l'écoute des humains. Lorsqu'un humain demande à un Ange de l'aide à travers une prière, cet Ange l'écoute. Il envoie sa demande dans les Sphères Célestes et il reste auprès de lui pour lui apporter son soutien le temps que sa demande soit exaucée. Entre temps, il aime faire sentir sa présence à l'humain.

Ainsi, pour tenter de rejoindre l'humain et lui transmettre des messages, les Anges utilisent divers signes. Ces signes servent à mieux annoncer leur présence. Ces Êtres ont une façon particulière de se faire reconnaître, il suffit d'y être attentif.

Les Anges viennent vers vous afin de vous aider à réaliser votre plan de vie. Leur désir est de vous voir heureux. Leur rôle est de vous aider à reconnaître vos forces et les outils que vous possédez à l'intérieur de vous. En prenant contact avec eux, ils deviennent votre force, vos outils. Il n'en tient qu'à vous de les utiliser. Si vous le faites, votre vie s'améliora, votre corps s'épanouira et votre âme grandira. Tel est leur plus profond désir.

Si vous avez besoin d'un regain d'énergie ou de plus d'harmonie dans votre vie, les Anges vous offrent également ces paroles qui auront un impact positif sur vous. Récitez-les tous les matins, pendant une semaine. Vous sentirez la différence que cela amènera dans votre vie! Vous passerez de bonnes journées et vous surmonterez les obstacles.

« Je me lève aujourd'hui et j'attire vers moi que du bien et du bon. J'éloigne le négatif. Je prends ma vie en main, car j'en suis capable. Je suis Lumière. Je suis force. Je suis courage. Je suis équilibre. Je suis fier de moi, car je suis (dites votre nom). *»*

CHAPITRE II

Les prières pour invoquer les Anges

Les Anges accordent une importance particulière à la prière puisque les mots possèdent une forte vibration. La prière est, sans aucun doute, le moyen le plus efficace pour communiquer avec votre Ange personnel et tous les Anges de Dieu. La meilleure façon de travailler avec les Anges est de les invoquer à l'aide d'une simple prière ou à l'aide d'un rituel particulier. La prière agit à titre de téléphone. Vous logez un appel à votre Ange pour qu'il puisse vous apporter son aide.

Toutes les prières de ce livre m'ont été transmises par les Êtres de Lumière. Il n'en tient qu'à vous de les réciter. Plus d'un Ange peut répondre à chacune des prières de ce chapitre et vous apporter l'aide dont vous avez besoin. Les prières ont été construites de cette façon dans le but de vous permettre de choisir l'Ange qui vous attire le plus. Ainsi, pour compléter les prières qui suivent, vous devez vous référer au glossaire que vous trouverez à la fin du livre. Dans le glossaire, vous aurez une liste de mots-clés, regroupés en ordre alphabétique, qui vous indiqueront le nom des Anges correspondant. Une fois que vous aurez trouvé les Anges qui peuvent s'occuper de votre demande, lisez toutes les informations liées à chacun d'eux. Ensuite, choisissez celui qui semble résonner davantage avec vous. Vous n'aurez qu'à dire son nom à l'endroit précis où sera écrit : « dites le nom de l'Ange ». Même si vous vous trompez ou que le mot-clé que vous cherchez ne se trouve pas dans le glossaire, sachez que la plupart des Anges peuvent accorder de l'aide à un humain, peu importe le sujet de sa demande. Choisissez celui qui vous fait le plus vibrer! Avec la prière, tout est une question de vibration, de sensation. Les prières vibrent par les mots que vous prononcez et il vous sera très facile de ressentir que les Anges sont avec vous. Chaque prière se termine par le mot « *Amen* ». Toutefois, vous pouvez très bien terminer la prière en remerciant l'Ange concerné. Vous n'avez qu'à dire : « Merci Ange *(dites le nom de l'Ange)* ». Ce qui importe en récitant une prière, c'est d'être à l'aise avec ce que vous dites.

De plus, sachez qu'il vous est possible de dire votre propre prière, si vous êtes familier avec l'Univers des Anges et de la prière. Les prières de ce livre s'adressent particulièrement aux gens qui préfèrent dire une prière déjà prête. Peu importe la prière ou les mots que vous offrirez aux Anges, vous obtiendrez l'aide dont vous avez besoin.

Si vous adressez une prière aux Anges et vous leur faites une neuvaine, vous serez envahi par une belle énergie. Cette énergie vous permettra d'être conscient du potentiel qui vous habite. Vous serez en mesure de prendre de bonnes décisions. Bref, vous aurez le courage et l'énergie nécessaire pour régler ce qui ne va pas dans votre vie. Vous avancerez tout en étant décidé d'accomplir des gestes favorables pour que vous puissiez retrouver rapidement votre équilibre.

Vous devez réciter une prière pendant neuf jours consécutifs. Neuf jours est le temps nécessaire pour que la prière puisse faire effet. Cela prend neuf jours avant que les mots d'une prière résonnent et deviennent assez puissants pour prendre forme dans l'Univers et être entendue par les Anges qui pourront l'exaucer après l'analyse de votre plan de vie. Le chiffre 9 est un chiffre symbolique pour les Anges. N'oubliez pas que l'Arbre de Vie contient neuf étapes à franchir avant d'atteindre le sommet. Chaque Chœur Angélique est composé de huit Anges qui gouvernent et d'un Archange, pour un total de neuf Lumières. Ne faut-il pas neuf mois pour créer une vie humaine ?

Lorsque vous priez votre Ange, le sentiment qu'il vous infuse intérieurement se perpétuera durant les neuf jours de la prière. Au cours de ces neuf jours, la Lumière Angélique vous permettra de réaliser plusieurs actions et de régler tout ce qui est en désordre dans votre vie. De plus, pendant ces neuf jours, l'Ange créera des situations cocasses pour vous amuer et vous détendre.

Une fois votre neuvaine terminée, soit à la neuvième journée, faites **brûler un lampion** ou faites tout simplement un geste de bonne volonté (apporter votre aide à quelqu'un, sourire à un étranger, dire des mots d'encouragement). Soyez créatifs! Ensuite, **remerciez l'Ange prié** pour l'aide qu'il vous a apportée ou l'aide qu'il vous apportera sous peu en lui offrant une prière de remerciements ou des prières communes telles que le « Notre père » ou une prière chère à vos yeux. Veuillez noter que la prière de remerciements peut également être dite chaque jour de votre neuvaine, si tel est votre désir. Voici la prière universelle de remerciements envers l'Ange personnel ou les Anges de Dieu que vous invoquerez.

Prière de remerciements

« Ô Vous, mon bon Ange (dites le nom de l'Ange)
Messager de Dieu le Père tout-puissant
Ange gardien de mon corps et de mon âme
Qui chaque jour guide mes pas vers le chemin de Dieu,
Je vous dédie cette prière pour vous remercier
de votre amour inconditionnel envers moi.
Je vous demande de continuer de veiller sur moi,
Pour me donner force et courage lors de mes épreuves humaines.
Apportez-moi la Lumière lors de mes chemins obscurs,
Guidez mes pas vers la Lumière divine,
Puisse l'humain en moi recevoir l'essence divine qui émane de vous. »
Amen

Résumé des étapes à suivre pour prier un Ange

Premièrement, choisissez la prière qui vous fait le plus vibrer, celle qui semble pouvoir vous aider paticulièrement à ce moment ou créez votre propre prière. Deuxièmement, récitez votre prière chaque jour pendant neuf jours consécutifs. Troisièmement, une fois votre neuvaine terminée (lorsque vous avez récité votre prière neuf jours de suite), faites brûler un lampion en l'honneur de l'Ange qui vous a aidé. Si vous êtes davantage proactif, vous pouvez faire un geste de bonne volonté au lieu d'allumer un lampion. Par ce geste, vous démontrez à l'Ange votre humilité à l'égard du geste qu'il a posé pour vous. Que vous choisissez l'un ou l'autre, c'est votre intention qui compte! Dernièrement, récitez une prière de remerciements à l'Ange qui vous a aidé pendant votre neuvaine. Vous pouvez utiliser la prière universelle de remerciements ou toute autre prière significative à vos yeux.

Voici une prière que vous pouvez réciter maintes fois. C'est la prière protectrice et bienfaisante. Cette prière a des effets bénéfiques sur votre corps tout entier lorsque vous la récitez. Par cette prière, un Ange vous infusera sa Lumière et vous aidera à retrouver votre équilibre tant physique qu'émotionnel. De plus, cette prière vous donnera la force et le courage de régler ce qui ne va pas dans votre vie. Pour obtenir un regain d'énergie ou pour faire entrer plus de positif dans votre quotidien, lorsque vous êtes fatigué et épuisé par les événements de la vie, je vous conseille de réciter cette prière.

Prière protectrice et bienfaisante

« Ô Vous, Ange (dites le nom de l'Ange)
Infusez en moi votre Lumière d'amour et de protection.
Vous, fidèle Serviteur de Dieu
Je vous prie humblement pour que l'humain en moi
puisse recevoir l'essence divine qui émane de vous.
Ô Vous, bel Ange (dites le nom de l'Ange)
Je vous rends grâce de tous les bienfaits
que votre Lumière divine m'apportera.
Amen »

Voici quelques prières que vous pouvez réciter pendant neuf jours consécutifs selon votre besoin.

Pour obtenir une faveur ou de l'aide

« Ô Dieu le Père tout-puissant,
Je vous demande de m'accorder par l'intercession de l'Ange
(dites le nom de l'Ange) votre fidèle serviteur.
La faveur que je vous sollicite : (dites votre faveur)
Afin qu'il puisse être glorifié par sa mission envers moi.
Nous te prions Dieu Tout-Puissant et te rendons grâce. »
Amen

Pour obtenir une faveur ou de l'aide

« Ô Vous, Ange (dites le nom de l'Ange)
Je vous demande d'écouter ma prière en ce qui concerne :
(dites la raison). Vous, fidèle Serviteur de Dieu
Apportez-moi votre aide angélique pour que je puisse
être en harmonie avec ma vie.
Je vous le demande avec mon coeur et mon âme. »
Amen

Pour vous libérer d'un problème

« Ô Vous, Ange (*dites le nom de l'Ange*)
Je vous demande d'écouter ma prière en ce qui concerne : (*dites votre faveur*).
Vous, fidèle Serviteur de Dieu
Apportez-moi votre aide angélique pour me libérer de ce problème.
Je vous le demande avec mon cœur et mon âme. »
Amen

Pour surmonter une dure épreuve

« Ô Vous, bon Ange (*dites le nom de l'Ange*)
Je réclame immédiatement votre aide Angélique pour me donner la force
et le courage de surmonter cette dure épreuve de la vie
(*si vous le désirez, dites-lui votre épreuve*).
Vous, Fidèle Serviteur de Dieu
Intervenez auprès de Lui pour qu'Il puisse prendre bien soin
de ma prière et l'exaucer.
Bel Ange (*dites le nom de l'Ange*)
Infusez-moi votre divine Lumière de protection, car j'en ai besoin.
Je vous rends grâce de tous les bienfaits que votre Lumière me procurera. »
Amen

Pour obtenir la miséricorde de Dieu

« Ô Vous, Ange (*dites le nom de l'Ange*)
Je m'agenouille devant vous et devant Dieu le Père pour implorer son pardon.
Vous, Fidèle Serviteur de Dieu
Pardonnez-moi et pardonnez mes erreurs
Libérez-moi de l'Ombre
Infusez-moi votre Amour divin
Vous, bel Ange (*dites le nom de l'Ange*)
Purifiez mon corps et mon âme
Et guidez mes pas vers la Lumière de Dieu
Je vous le demande humblement avec mon cœur et mon âme. »
Amen

Pour l'obtention d'un vœu, d'un projet, d'une idée

« Ô Vous, bon Ange (dites le nom de l'Ange)
Je réclame votre aide Angélique pour que vous m'aidiez
à la réalisation de mon vœu.
J'aimerais tant que ce vœu se concrétise (dites votre vœu).
Vous, Fidèle Serviteur de Dieu
Pouvez-vous exaucer ce vœu auquel je tiens tant?
Je vous le demande humblement avec mon cœur et mon âme.
Merci bel Ange (dites le nom de l'Ange) de bien prendre soin de mon vœu. »
Amen

Pour vous inspirer lorsque vous écrivez une lettre, un texte ou un document

« Ô Vous, Ange (dites le nom de l'Ange)
Dieu qui vivifie toutes choses
Je réclame immédiatement votre aide Angélique pour mon projet d'écriture.
Vous, Fidèle Serviteur de Dieu
Infusez-moi votre Lumière d'inspiration
Guidez ma main, guidez mon esprit pour que ce projet puisse refléter le cours de
ma pensée,
Je vous rends grâce des bienfaits que votre Lumière m'apportera. »
Amen

Pour purifier un stylo, un crayon ou tout autre objet lié à l'écriture

« Ô Vous, Ange (dites le nom de l'Ange)
Je vous demande de purifier cet objet (nommez votre objet)
pour qu'il puisse m'inspirer lorsque je l'utiliserai.
Vous, Fidèle Serviteur de Dieu
Infusez-lui votre Lumière divine
Je vous rends grâce des bienfaits que votre Lumière lui apportera. »
Amen

Pour vous protéger lors d'un séjour à l'étranger ou lors d'un voyage

« Ô Vous, bon Ange (*dites le nom de l'Ange*)
Je vous demande de me protéger lors de mon voyage : (nommez l'endroit).
Vous, fidèle Serviteur de Dieu
Infusez-moi votre divine Lumière de protection.
Protégez-moi de l'Ombre.
Guidez mes pas vers des chemins sécurisants.
Faites de ce voyage une réussite.
Je vous le demande humblement avec mon coeur et mon âme. »
Amen

Pour protéger un membre de votre entourage lors d'un voyage

« Ô Vous, bon Ange (*dites le nom de l'Ange*)
Je vous demande de protéger (dites le nom de la personne) lors de son voyage :
(nommez l'endroit).
Vous, Fidèle Serviteur de Dieu
Infusez-lui votre divine Lumière de protection.
Protégez-la de l'Ombre.
Guidez ses pas vers des chemins sécurisants.
Je vous le demande humblement avec mon coeur et mon âme. »
Amen

Pour vous libérer de l'emprise de la colère

« Ô Vous, Ange (*dites le nom de l'Ange*)
Je réclame immédiatement votre aide Angélique pour me libérer
de cette émotion d'Ombre qu'est la colère.
Vous, Fidèle Serviteur de Dieu
Intervenez auprès de Dieu pour qu'Il puisse purifier mon corps et mon âme.
Je vous en supplie, Ange (dites le nom de l'Ange)
Infusez-moi votre Lumière remplie d'amour et de courage
pour que je puisse vaincre ma colère.
Aidez-moi à retrouver le chemin de la Lumière.
Aidez-moi à retrouver le chemin de la paix.
Aidez-moi à retrouver le chemin de la sérénité.

Aidez-moi à me retrouver.
Je vous le demande humblement avec mon cœur et mon âme. »
Amen

Prière pour protéger les démunis

« Ô Vous, Ange (dites le nom de l'Ange)
Je vous prie humblement d'écouter cette prière en ce qui concerne les démunis,
Ces enfants de Dieu, souvent ignorés par la société.
Vous, Fidèle Serviteur de Dieu
Protégez-les en tout temps et apportez-leur votre aide Angélique
pour les secourir des dangers et de la violence.
Nourrissez-les de votre divine Lumière d'amour.
Aidez-les à retrouver le chemin de la paix.
Aidez-les à retrouver le chemin de la Lumière.
Guidez leurs pas vers des chemins rassurants et réconfortants.
Bel Ange (dites le nom de l'Ange)
Guidez celui qui cherche à trouver sa place parmi la société.
Donnez-lui la force de s'en sortir et de rebâtir sa vie.
Vous, Fidèle Serviteur de Dieu
Infusez à notre société l'envie de les aimer et de les aider.
Je vous louange des bienfaits que votre Lumière leur apportera. »
Amen

Prière pour guérir d'une maladie mentale

« Ô Vous, Ange (dites le nom de l'Ange)
Je réclame immédiatement votre aide Angélique pour me libérer
de ma maladie mentale
Et pour me donner le courage de prendre
ma santé psychologique en main.
Vous, Fidèle Serviteur de Dieu
Intervenez auprès de Dieu pour qu'Il m'enveloppe
de sa Lumière d'amour et de guérison.
Bel Ange (dites le nom de l'Ange)
Je vous rends grâce de tous les bienfaits que votre Lumière m'apportera. »
Amen

Prière pour recevoir le don de guérison

« Ô Vous, Ange (*dites le nom de l'Ange*)
Lumière de Guérison
Je vous prie humblement de me donner le privilège de soigner mon prochain,
de le guérir Et de le libérer de tout Mal.
Vous, Fidèle Serviteur de Dieu
Intervenez auprès de Dieu pour qu'Il enveloppe mes mains
de sa Lumière d'amour et de guérison.
Ô Vous, bel Ange (*dites le nom de l'Ange*)
Protégez-moi de l'Ombre,
Libérez-moi de tout mal,
Aidez-moi à prendre soin de mon prochain avec humilité et respect.
Je vous rends grâce de tous les bienfaits que votre Lumière
apportera à l'humanité. »
Amen

Pour protéger une personne victime de violence

« Ô Vous, Ange (*dites le nom de l'Ange*)
Dont la mission est de protéger les victimes de violence
Je réclame immédiatement votre aide Angélique pour protéger
(*dites le nom de la personne victime de violence*) de
(*dites le nom de la personne violente*).
Infusez votre Lumière de force et de courage à
(*le nom de la personne victime de violence*).
Vous, Fidèle Serviteur de Dieu
Intervenez auprès de Dieu pour que sa souffrance cesse.
Guidez ses pas vers le chemin de la liberté et de la sérénité.
Je vous le demande humblement avec mon coeur et mon âme. »
Amen

Pour vous libérer de l'emprise de la violence

« Ô Vous, Ange (*dites le nom de l'Ange*)
Dont la mission est d'apaiser nos sentiments de violence
Je réclame immédiatement votre aide Angélique pour me libérer de l'Ombre.
Vous, Fidèle Serviteur de Dieu

Intervenez auprès de Dieu pour qu'Il puisse purifier mon corps et mon âme.

Je vous en supplie, Ange (dites le nom de l'Ange)

Infusez-moi votre Lumière de courage pour que je puisse vaincre mon Ombre.

Aidez-moi à retrouver le chemin de la Lumière,

Aidez-moi à retrouver le chemin de la paix,

Aidez-moi à me retrouver,

Aidez-moi à me relever et guidez mes pas vers le chemin de la sérénité.

Je vous le demande humblement avec mon coeur et mon âme. »

Amen

Pour libérer une personne sous l'emprise de la violence

« Ô Vous, Ange (dites le nom de l'Ange)

Dont la mission est d'apaiser les sentiments de violence

Je réclame immédiatement votre aide Angélique pour libérer
(dites le nom de la personne violente) de l'Ombre.

Vous, Fidèle Serviteur de Dieu

Intervenez auprès de Dieu pour qu'Il puisse
purifier son corps et son âme.

Libérez-le de l'Ombre.

Ange (dites le nom de l'Ange)

Infusez votre Lumière de paix pour que
(dites le nom de la personne violente) puisse retrouver l'harmonie.

Aidez-lui à retrouver le chemin de la Lumière,

Aidez-lui à retrouver le chemin de la paix,

Aidez-lui à se retrouver.

Relevez (dites le nom de la personne violente)
et guidez ses pas vers le chemin de la sérénité.

Je vous le demande en toute humilité avec mon coeur et mon âme. »

Amen

Pour se libérer d'une personne

« Ô Vous, Ange (dites le nom de l'Ange)

Je réclame immédiatement votre aide Angélique pour me libérer
de l'emprise de (dites le nom de la personne).

Vous, Fidèle Serviteur de Dieu

Intervenez auprès de Dieu pour qu'Il infuse sa Splendeur sur
(dites le nom de la personne).
Aidez- le à prendre conscience du mal qu'il fait autour de lui.
Apportez la paix dans son cœur pour qu'il puisse
anéantir ses sentiments d'Ombre.
Bel Ange *(dites le nom de l'Ange)*
Donnez-moi la force et le courage de m'en éloigner et de m'en libérer.
Aidez-moi à retrouver le chemin de la paix et guidez mes pas
vers le chemin de l'harmonie.
Je vous le demande humblement avec mon coeur et mon âme. »
Amen

Pour protéger votre famille

« Ô Vous, Ange *(dites le nom de l'Ange)*
Je vous implore respectueusement de protéger les membres de ma famille.
Éloignez-les de l'Ombre.
Vous, fidèle Serviteur de Dieu
Infusez à chacun d'eux votre divine Lumière d'amour
et de protection pour que l'harmonie règne sous notre toit.
Bel Ange *(dites le nom de l'Ange)*
Faites de ma famille une famille unie, une famille heureuse,
une famille qui reflète le bonheur d'être ensemble.
Je vous le demande avec tout mon coeur et mon âme. »
Amen

Pour vous protéger sur la route

« Ô Vous, Ange *(dites le nom de l'Ange)*
Je vous prie de me protéger lorsque je suis sur la route.
Éloignez-moi des dangers routiers.
Calmez-moi lorsque je m'impatienterai.
Avertissez-moi lorsque je dépasserai la limite de vitesse.
Protégez mes passagers lorsque je les conduirai.
Vous, fidèle Serviteur de Dieu
Infusez-moi votre divine Lumière de protection
Pour que je puisse conduire en toute sécurité

Je vous le demande sincèrement avec mon coeur et mon âme,
Et ce pour le bien de la société. »
Amen

Pour protéger un autre conducteur

« Ô Vous, Ange (dites le nom de l'Ange)
Je vous prie de protéger (dites le nom de la personne) lorsqu'il est sur la route.
Éloignez-le des dangers routiers.
Calmez-le lorsqu'il s'impatientera.
Avertissez (dites le nom de la personne) lorsqu'il dépassera la limite de vitesse.
Protégez tous les passagers à bord de son véhicule.
Vous, fidèle Serviteur de Dieu
Infusez-lui votre divine Lumière de protection
Pour que (dites le nom de la personne) puisse conduire en toute sécurité.
Je vous le demande sincèrement avec mon coeur et mon âme
Et ce pour le bien de la société. »
Amen

Pour atténuer vos souffrances physiques (Prière du malade)

« Ô Vous, Ange (dites le nom de l'Ange)
Je réclame immédiatement votre aide Angélique pour venir me secourir.
Mon corps est malade et il a immensément besoin de votre Lumière bienfaitrice.
Vous, fidèle Serviteur de Dieu
Intervenez auprès de Dieu pour qu'Il enveloppe mon corps
de sa Lumière d'amour et de guérison.
Demandez-Lui d'atténuer ma souffrance.
Bel Ange (dites le nom de l'Ange)
Donnez-moi la force et le courage de me relever,
Protégez-moi de l'Ombre,
Guidez mes pas vers le chemin de la sérénité.
Bel douceur de Dieu
Je vous rends grâce de tous les bienfaits que votre Lumière divine m'apportera. »
Amen

PARTIE II

INVOQUER LES ANGES

CHAPITRE III

La purification des objets pour invoquer les Anges

Le meilleur moyen de purifier un objet est de le demander aux Anges. Vous pouvez purifier un médaillon, un objet, un ange (bibelot), une image, un bijou, un vêtement. Qu'importe. Lorsque vous porterez cet objet sur vous, il agira à titre de talisman, de protection. Lorsqu'un danger surviendra, il vous avertira. Il serait important par la suite de vous en éloigner. Portez cet objet en tout temps. Vous vous sentirez protégé.

Cet objet vous redonnera confiance lors d'un examen, d'une entrevue, d'une période difficile, d'un dialogue important, etc. Lorsque vous serez en contact avec une personne négative ou lorsque vous serez dans une situation embarrassante, frottez-le ou pensez-y. En quelques minutes, votre Ange viendra vous secourir en vous libérant de votre situation ou en vous accordant une aide précieuse. Telle est l'efficacité d'un objet purifié par les Anges.

Lorsque vous faites purifier un objet par un Ange, il est important de mentionner à ce dernier la raison pour laquelle vous aimeriez qu'il purifie pour vous l'objet. Ainsi, il infusera à votre objet la Lumière correspondant à votre désir.

Si votre enfant a peur de dormir dans le noir ou qu'il craint de rester seul le soir, faites purifier un objet qu'il gardera sur lui ou dans sa chambre. Cela peut être un animal en peluche, sa « doudou », etc. Si votre enfant est en âge de comprendre la raison pour laquelle vous voulez lui faire purifier un objet, demandez-lui de vous aider. Je vous dirais même de lui demander de le faire lui-même. Les résultats seront bénéfiques par la suite.

Lorsque vous serez prêt à purifier un objet, récitez la prière mentionnée. Dites-la pendant neuf jours consécutifs en tenant l'objet dans vos mains. Au bout de la dixième journée, l'objet sera prêt. Si vous avez purifié un médaillon ou un bijou, portez-le sur vous pendant la dixième journée.

Si votre objet s'avère trop pesant pour être trimballé, déposez tout simplement vos mains sur l'objet.

Pour purifier un objet :

Ô vous, Ange (le nom de l'Ange prié)

Je vous demande de purifier cet objet (nommez ou montrez l'objet à purifier).

Vous, fidèle serviteur de Dieu

Infusez votre divine Lumière sur (nommez l'objet)

Pour qu'il puisse me protéger en tout temps.

Je vous rends grâce de tous les bienfaits que votre Lumière m'apportera.

Amen

Ou celle-ci :

Ô vous, Ange (le nom de l'Ange prié)

Je vous demande humblement de purifier cet objet (nommez l'objet à purifier)

Pour qu'il puisse me protéger en tout temps.

Merci bel Ange (le nom de l'Ange prié).

Vous pouvez toujours utiliser un encens rattaché à l'Ange prié et le purifier. Vous pouvez aussi faire un rituel avec encens et accessoires, comme indiqué au chapitre IV, « Le rituel pour invoquer les Anges », et déposer votre médaillon dans votre boîte d'Ange. La meilleure manière de purifier un objet demeure la prière. Si vous n'avez pas le goût de lui réciter la prière, demandez tout simplement à l'Ange de purifier l'objet pour vous. Dites au moins une fois la prière de remerciements. N'oubliez pas que cela prendra neuf jours avant que l'objet soit prêt.

Purifier le sel

Certains rituels vous demanderont du sel purifié pour chasser les mauvaises énergies logées dans les maisons. Voici la méthode pour purifier le sel : achetez votre sel lors des journées spécifiques reliées aux Anges priés (voir les tableaux I et II). Personnellement, j'achète mon sel lors de la Chandeleur (2 février). Quand je purifie une maison, j'aime bien ajouter de la sauge à mon sel. Voici la recette :

- o 1 tasse de sel et 1/3 de tasse de sauge
- o ½ tasse de sel et ¼ de tasse de sauge

Faites votre mélange et demandez aux Anges priés de purifier votre sel. Laissez le mélange de côté pendant neuf jours. Utilisez au bout de la dixième journée.

Purifier de l'eau bénite

Voici la méthode la plus simple pour bénir l'eau. D'abord, achetez une bouteille d'eau de source lors des journées de force de l'Ange prié. Déposez-la à un endroit où personne ne la touchera. Demandez à l'Ange prié et aux Archanges de purifier votre eau. Comme il y a douze Archanges, cela prendra douze jours avant que votre eau soit prête. Chaque jour, votre Ange et un Archange la purifieront. Au bout de la treizième journée, votre eau sera prête. Le premier à bénir votre eau sera Melkisédeq suivi de Mettratron, Raziel, Tsaphkiel, Tsadkiel, Camaël, Raphaël, Haniel, Uriel, Michaël, Gabriel et Sandalphon. À la treizième journée, Dieu y mettra son essence divine et pure.

Vous pouvez toujours, selon vos croyances et vos convictions, vous procurer de l'eau bénite dans les lieux dédiés à la religion ou à la spiritualité, par exemple une église, un temple, etc. Vous pouvez aussi demander à un ministre du culte ou à un prêtre de bénir votre eau si vous êtes en confiance avec sa vibration. Vous pouvez aussi recueillir votre eau lors du matin de Pâques si cette journée est symbolique pour vous. Qu'importe si vous êtes athée, croyant ou pratiquant. L'important est d'être en confiance et en harmonie avec le lieu ou la personne qui bénira votre eau.

Pour bénir votre eau :

À tous les Anges de Dieu,
Bénissez cette eau.
Je vous rends grâce du bienfait que cette eau produira.
Amen

CHAPITRE IV

Le rituel pour invoquer les Anges

Le meilleur rituel que vous pouvez faire pour invoquer votre Ange personnel ou tous les Anges de Dieu est la prière. Prenez le temps de prier votre Ange et de lui parler comme si vous vous adressiez à un ami ou à un confident. Racontez-lui toutes vos peines, vos déceptions, vos rêves, vos buts. Parlez-lui franchement et laissez parler votre cœur. Votre Ange vous comprendra et sera en mesure de mieux guider vos demandes vers les Anges appropriés.

Il existe également d'autres façons de communiquer avec les Anges : le rituel et la méditation. Un rituel est une prière à laquelle vous rajoutez des éléments concrets pour accentuer votre état de méditation et de calme et ainsi être mieux disposé à reconnaître les signes de votre Ange. Le rituel est souvent utilisé par des gens qui ont besoin d'accessoires pour se sentir en confiance lorsqu'ils prient les Anges.

Le procédé (ou le rituel) qui suit est une façon originale de prier les Anges en utilisant tous les accessoires possibles. Il n'en tient qu'à vous de les essayer. Faites-le au moins une fois. Vous verrez à quel point il est plaisant de préparer la venue des Êtres de Lumière. On vérifie tout et on veut être à la hauteur pour bien recevoir ces invités : les Anges. Ces Êtres l'apprécieront puisque vous consacrerez votre temps humain à leur Énergie divine. L'important pour les Anges n'est pas ce que vous portez, ce que vous dites ou tous les outils que vous utilisez. Ce ne sont que des accessoires à leurs yeux. L'important pour eux est de vous voir **en action** pour les recevoir. Ils sont enchantés puisque vous leur laissez une place dans votre cœur et dans votre foyer. Tout ce que votre cœur dira et ressentira sera important pour eux. Sans oublier tout le bien-être que cela vous procurera en les recevant.

Si, pour vous, c'est important de faire un rituel avec de l'encens et accessoires, alors faites-le. Toutefois, si vous trouvez cela trop méthodique et dérangeant, ne le faites pas. Respectez-vous! Lorsque vous serez en confiance avec l'énergie des Anges, il vous sera plus facile de développer votre propre méthode pour les recevoir dans votre demeure.

Si vous décidez de faire un rituel avec des accessoires, les Anges seront ravis de vous voir à l'œuvre. Sachez que les Anges seront tout aussi excités que vous d'assister à cette rencontre que vous préparez passionnément. Ce sera pour eux un moment mémorable, inoubliable, puisque vous avez pris du temps pour eux!

Dès l'instant où vous commencerez à travailler avec les Anges, ne soyez pas surpris de les voir en permanence autour de vous. D'ailleurs, votre Ange personnel veille continuellement sur vous et il demeure en permanence à vos côtés pour mieux vous guider lors des journées les plus difficiles.

Si vous en êtes à votre première expérience, il serait important de vous bâtir un **dôme de protection**. Cela empêchera les mauvaises énergies de venir vers vous et de vous déranger. Pour ce faire, demandez aux quatre Archanges importants de bâtir ce dôme pour vous. Il s'agit des Archanges Raphaël, Gabriel, Uriel et Michaël. Voici la façon de procéder. Avant de commencer votre rituel, récitez ceci :

« Je demande à l'Archange Raphaël de protéger l'est de ma pièce. Je demande à l'Archange Gabriel de protéger l'ouest de ma pièce. Je demande à l'Archange Michaël de protéger le sud de ma pièce. Je demande à l'Archange Uriel de protéger le nord de ma pièce. Bâtissez un dôme de protection pour me protéger lors de mon rituel. »

Si, par inadvertance, vous envoyez l'Archange Gabriel au sud plutôt qu'à l'ouest, ne vous en faites pas. Leur emplacement a peu d'incidence. L'important, c'est de leur demander de faire le dôme de protection.

Si vous désirez faire un rituel et que vous êtes envahi par la peur, attendez avant d'en faire un. Ne forcez jamais les événements. Respectez-vous et respectez vos émotions. Si vous faites appel aux Anges sans tenir compte de vos peurs, vous serez déçu. Prenez le temps de vous adapter à leur énergie. La meilleure façon de le faire est en méditant. Ainsi, vous allez rapidement entrer en contact avec leur Énergie et la mission de ces Êtres de Lumière sera de vous familiariser en douceur avec leur vibration angélique. Lorsque vous serez prêt, vous le ressentirez à l'intérieur de vous. Il en est de même si vous êtes fragile sur le plan mental. Attendez d'être plus en forme physiquement et mentalement avant de faire ce rituel. Respectez-vous et respectez votre santé mentale. D'ailleurs, si les

Anges s'aperçoivent que votre santé mentale n'est pas apte à les recevoir, ils ne se manifesteront pas. Leur but n'est pas de vous effrayer, mais bien de vous aider. Ils vont attendre que vous soyez prêt.

Toutefois, si l'envie est trop forte en vous et que vous désirez ardemment faire le rituel, mais que vous ne vous sentez pas apte à le faire seul, demandez à un membre de votre entourage de vous accompagner. Les effets seront autant bénéfiques pour vous que pour la personne qui vous accompagnera. En faisant le rituel en groupe, vous passerez une soirée inoubliable. Les vibrations seront angéliques!

Quels sont les bienfaits du rituel et de la méditation?

Lorsque vous commencez à écrire vos demandes, vous êtes envahi par toutes sortes d'émotions. En même temps que vous écrivez, les Anges vous aident à faire le ménage de votre intérieur. Il en est de même lorsque vous méditez sur eux. Dès que vous fermez les yeux et que vous commencez à parler à votre Ange personnel et à l'Ange que vous priez, ceux-ci commencent le travail sur vous. Ils vous font une cure angélique. Quand vous terminez votre rituel, ou votre méditation, vous êtes en pleine forme physique, mentale et émotionnelle. Cela vous permet de prendre de meilleures décisions.

Vous pouvez faire un rituel ou méditer tant et aussi longtemps que vous en ressentez le besoin. Quand tout ira bien dans votre vie, faites-le au moins une fois par an. Ainsi, vous commencerez une nouvelle année sur le bon pied. Vous serez rempli d'énergie pour faire tous les changements nécessaires à ce moment-là. Le rituel, ou la médiation, vous permet de voir ce qui se passe autour de vous et de régler ce qui ne vous convient plus. Vous entrez en contact avec vous-même, avec vos sentiments, vos besoins. Vous voyez vos désirs, vos forces, vos faiblesses. Au fond, vous êtes en mesure de mieux analyser votre vie. C'est comme si vous vous regardiez directement dans un miroir et que vous étiez conscient du reflet de l'image projetée. Ainsi, vous êtes capable de faire tous les changements nécessaires pour retrouver une image désirée. Tel sera l'effet bénéfique du rituel et de la méditation.

Bâtir un autel

Vous voulez bâtir un autel pour créer un bon lien avec votre Ange? Choisissez tout d'abord l'endroit où vous allez installer cet autel. Il est préférable de choisir une pièce calme. Vous pouvez le faire dans votre sous-sol, votre salon, votre chambre à coucher. Qu'importe l'endroit. L'important, c'est que vous vous sentiez en harmonie avec ce lieu. Cet autel deviendra votre zone de recueillement. Lorsque surviendra une période difficile, vous n'aurez qu'à vous diriger vers la pièce où est érigé votre autel et à vous y recueillir. Dès que vous entrerez dans la pièce, vous serez envahi par un sentiment d'amour et de paix. Vous comprendrez rapidement que l'énergie des Anges est présente dans la pièce et qu'elle protège votre lieu. Elle s'assurera qu'il n'y a pas de gens négatifs qui y entreront. Si tel est le cas, les Anges les illumineront afin de les ramener vers leur propre Lumière divine. Autrement dit, les Anges transformeront les sentiments négatifs en sentiments positifs. Toutefois, si une personne est envahie par l'Ombre et qu'elle ne veut pas changer, les Anges devront la respecter, mais elle ne pourra pas demeurer dans la pièce où sera votre autel. La forte vibration énergétique que cette pièce dégagera fera fuir l'Ombre.

Après avoir choisi votre endroit, vous aurez besoin d'une table ou d'un dessus de commode. Ce sera votre autel. Ensuite, choisissez un bibelot ou une image qui représentera votre Ange personnel. Déposez l'objet sur votre autel ou tout près de lui s'il est trop gros ou pesant.

Voici tous les accessoires dont vous aurez besoin pour faire votre rituel. Si vous le désirez, vous pouvez les déposer sur votre autel :

o un napperon ou un morceau de tissu de la couleur préférée de votre Ange (pas obligatoire)

o une chandelle et un porte-chandelle ou un lampion

o un encensoir pour encens en grains, de l'encens en grains, du sable purifié et du charbon, si vous aimez ce genre d'encens (pas obligatoire)

o un encensoir pour encens en bâtons, de l'encens en bâtons, d'une odeur que vous aimez ou d'une odeur reliée à l'Ange prié (pas obligatoire)

o des allumettes de bois ou un briquet

o un éteignoir

o une boîte pour y déposer vos demandes

Pourquoi un Ange et comment choisir son Ange?

Il représente votre Ange. Lorsque vous lui adresserez la parole, vous aurez vraiment l'impression de parler directement à votre Ange. De plus, votre Ange personnel et tous les Anges que vous prierez infuseront leur Lumière divine sur l'Ange que vous choisirez. Ils purifieront votre Ange. Celui-ci vous protégera et protégera votre demeure.

Demandez à votre Ange personnel comment il aimerait être perçu. Lorsque vous serez en contact avec l'image ou l'objet qui le représente, votre cœur palpitera et vous tomberez instantanément amoureux de cet objet.

Pourquoi le napperon ou le morceau de tissu?

Sachez qu'il n'est pas obligatoire de mettre un napperon ou un morceau de tissu sur votre autel. Toutefois, si vous voulez vous rapprocher de votre Ange et lui faire plaisir, vous pouvez déposer un napperon ou un morceau de tissu de la couleur qu'il préfère. Il suffit de vous référer à la partie sur l'Ange prié pour vérifier la couleur qu'il affectionne particulièrement. Généralement, vous aimez ces couleurs vous aussi.

Pourquoi la chandelle, le lampion, les allumettes de bois et l'éteignoir?

La chandelle ou le lampion représente la Lumière de Dieu. En allumant votre chandelle, vous invitez la Lumière des Anges à se manifester dans votre lieu de rituel. Chaque fois que vous allumez une chandelle, récitez les paroles suivantes :

« Que la Lumière de l'Ange (nommez-le) *soit présente en ce lieu ».*

Cela vous protégera et éloignera les ondes négatives. J'aime allumer mes bougies et mon encens avec des allumettes de bois. Ces dernières sont confectionnées avec le bois des arbres qui sont reliés à la Terre mère. Toutefois, si vous n'en avez pas, vous pouvez toujours utiliser un briquet.

Si vous le désirez, vous pouvez aussi faire brûler votre lampion en l'honneur à votre Ange pour le remercier pour une faveur obtenue. Certaines personnes aiment bien faire brûler un lampion de façon continuelle puisque l'Ange apporte constamment de la Lumière dans l'endroit où est situé l'autel.

Lorsque vous éteignez votre chandelle ou votre lampion, utilisez un éteignoir pour éteindre votre flamme. Si vous n'en avez pas, soufflez tout simplement sur la flamme pour l'éteindre. Par contre, il est dit que, en soufflant sur une bougie, l'énergie peut continuer de circuler.

Pourquoi l'encensoir, les encens en grains, le sable, le charbon, les bâtonnets d'encens?

Il n'est **pas nécessaire** de faire brûler de l'encens. Toutefois, vous pouvez utiliser de l'encens pour purifier votre autel, votre pièce et vos demandes. L'odeur de l'encens a comme effet de diriger votre âme vers l'Énergie divine, ce qui vous permet de mieux ressentir la vibration des Anges. L'encens envoûte le corps et l'esprit et il aiguise vos sens. Cela vous aide à mieux percevoir l'énergie qui circule autour de vous. Quand l'encens brûle, l'odeur vient chercher tout votre être. Vous entrez dans une vibration de transe légère, ce qui vous permet de mieux capter les énergies qui bougent autour de vous.

Les encens les plus souvent utilisés sont la myrrhe et l'oliban. Vous savez sans doute que, à la naissance de Jésus, un des Rois mages aurait apporté de la myrrhe à Marie.

Par contre, certaines personnes sont allergiques à l'encens, alors je leur recommande d'utiliser des huiles essentielles qu'elles feront brûler dans un brûleur prévu à cet effet. Si vous ne supportez tout simplement pas les différentes odeurs, allumez votre bougie et prenez quelques minutes d'intériorisation pour ressentir la vibration de vos Anges.

Les encens en grains tels que la myrrhe, l'oliban, le benjoin, le santal et le storax doivent être brûlés avec du charbon. Déposez toujours du sable dans votre encensoir avant d'y mettre votre charbon. Ce dernier est un élément qui peut devenir très chaud et faire éclater votre brûle-parfum en porcelaine ou en céramique. Le sable évitera cet éclatement. Il faut noter qu'avant de disperser vos encens sur le charbon, vous devez attendre que le charbon grisonne.

Pour mieux ressentir les bienfaits de l'encens, faites un rituel en utilisant de l'encens. Puis, faites-le sans encens. Vous allez tout simplement vivre la différence. Et vous choisirez par la suite la méthode que vous préférez.

Pourquoi la boîte?

La boîte vous permet d'y déposer toutes vos demandes aux Anges. Insérez chacune d'elles à l'intérieur de la boîte pour que vos Anges puissent travailler et regarder ce que vous avez écrit. Quand vous écrivez vos demandes aux Anges et que vous les conservez, il est plus facile de vous souvenir de ce que vous leur avez demandé et de voir leur rapidité à vous accorder votre faveur.

CHAPITRE V

Les procédures à suivre pour réussir votre rituel

Il n'est pas obligatoire de faire votre rituel près de votre autel. L'important, c'est d'être bien à l'endroit où le rituel aura lieu. Notez tous les objets qu'il vous faudra pour le réaliser.

Voici la liste des objets :

- o la boîte de votre Ange
- o de la musique douce (pas obligatoire)
- o du papier (pour inscrire vos demandes)
- o un crayon
- o une bougie, un porte-bougie ou un lampion
- o des allumettes de bois ou un briquet
- o un éteignoir
- o de l'encens en bâtons et un porte-encens (pas obligatoire)

Si vous aimez utiliser de l'encens en grains, ajoutez les articles suivants :

- o de l'encens en grains
- o du charbon (pour faire brûler votre encens en grains)
- o un encensoir
- o du sable (pour mettre sur votre encensoir pour accueillir votre charbon)

Maintenant que vous avez préparé tout ce qu'il vous faut, installez-vous confortablement et suivez les instructions ci-jointes. Notez que l'important est le geste que vous faites pour votre Ange. Qu'importe si vous oubliez une phrase ou une action. L'important pour lui est de voir tout le travail que vous réalisez pour qu'il vienne vers vous. Votre Ange sait que vous êtes nerveux et très anxieux de faire sa connaissance. Généralement, tout être humain qui est anxieux ou nerveux peut faire des erreurs. Mais les Anges vous disent ceci : « *Cher enfant, qu'importe la façon dont tu nous reçois. L'important, pour nous, c'est l'attention particulière que tu nous portes pour nous accueillir.* »

Première étape

Demandez aux quatre Archanges de bâtir votre dôme de protection. Si vous le désirez, faites jouer une musique douce, votre air préféré. Ensuite, allumez votre bougie en récitant ceci :

« *Que la Lumière de l'Ange* (nom de l'Ange prié) *soit présente en ce lieu.* »

Maintenant, fermez les yeux et procédez à un temps d'intériorisation de trois à cinq minutes pour mieux vous détendre physiquement et mentalement.

Pourquoi un temps d'intériorisation?

Pour mieux abandonner vos idées humaines et pour entrer profondément à l'intérieur de vous. Cela vous aide aussi à relâcher le côté relationnel pour mieux vous diriger vers l'aspect spirituel. Un temps d'intériorisation peut prendre de trois à dix minutes. Pour bien le réussir, fermez les yeux. Au bout de quelques secondes, prenez une bonne respiration et retenez-la pendant sept secondes. Ensuite, expirez en douceur pendant sept autres secondes. Faites ce processus trois fois de suite.

Quand vous respirez, serrez tous les muscles de votre corps et expirez en relâchant tous vos muscles. Durant ce moment d'intériorisation, ne soyez pas surpris si vous ressentez de légers effleurements sur votre visage comme si quelqu'un prenait une plume soyeuse et vous chatouillait le visage. N'ayez pas peur, c'est le signe que vous fera votre Ange pour vous annoncer sa présence. Il vous caresse angéliquement. Quand vous serez détendu, ouvrez les yeux et commencez votre rituel.

Allumez votre encens en bâtons ou votre huile essentielle. Si vous utilisez de l'encens en grains, allumez votre charbon. Il est important d'attendre que celui-ci grisonne avant d'y déposer les aromates (encens en grains). Pendant que le charbon devient gris, commencez à écrire les faveurs que vous allez demander à votre Ange.

Deuxième étape

Quand vous avez terminé d'inscrire vos faveurs, déposez votre crayon et fermez les yeux. Prenez une minute d'intériorisation et dites ce qui suit :

« *Ange* (nom de l'Ange prié), *je vous prie aujourd'hui, car j'ai besoin immédiatement de votre aide angélique pour m'aider dans* (relisez ce que vous avez écrit sur votre papier). *Ange* (nom de l'Ange prié), *infusez-moi votre Lumière de force et de courage car j'en ai besoin. Protégez-moi de l'Ombre et guidez-moi maintenant vers le chemin du bonheur. Je vous le demande humblement avec mon cœur et mon âme.* »

Si vous utilisez de l'encens en grains, lorsque vous aurez terminé d'inscrire vos faveurs et avant de fermer les yeux pour prendre une minute d'intériorisation, prenez les aromates et déposez-les sur le charbon. En douceur, ouvrez vos yeux et récitez les phrases mentionnées ci-dessus.

Ensuite, purifiez votre demande (le papier) en prononçant le psaume relié à votre Ange (voir la partie reliée à l'Ange prié).

Après avoir purifié votre papier, prenez-le et déposez-le dans la boîte de votre Ange. Quand ce dernier vous accordera votre faveur, n'oubliez pas de le récompenser et de brûler ou de déchirer votre papier. Il est très important de brûler ou de déchirer votre faveur après qu'elle soit accordée.

Les Anges ne s'attendent pas à être récompensés. Le seul fait que vous preniez le temps de leur parler, de les prier et de leur bâtir un autel est pour eux un cadeau très important. Mais sachez que les Anges aiment l'odeur des fleurs, alors achetez-leur un bouquet, ou une belle rose, quand ils vous accordent une faveur et déposez-le sur son autel. Vous pouvez aussi tout simplement faire brûler un lampion en lui offrant.

Troisième étape

Quand vous avez terminé votre rituel, vous pouvez prendre le temps de bavarder avec votre Ange comme si vous parliez à un ami. Vous pourriez même ressentir sa présence autour de vous. Vous pouvez toujours vous purifier ou purifier les quatre coins de votre pièce. Si le temps vous le permet, allongez-vous quelques minutes. L'Ange prié en profitera pour infuser à votre corps une belle énergie qui vous permettra d'entamer de beaux projets et de régler ce qui ne fonctionne pas bien. Lorsque vous êtes prêt, levez-vous et éteignez votre chandelle tout en remerciant votre Ange d'être venu vous voir.

Vous pouvez en tout temps faire ce rituel, même si vous n'avez pas de faveurs particulières à demander. Il harmonisera votre maison et vous protégera contre les personnes et les influences mauvaises. Et il vous redonnera de l'énergie.

Exemple d'un rituel

Prenons, par exemple, l'Ange Mahasiah. Sur votre autel, vous avez un napperon arborant une image du signe de paix et une bougie blanche. Si vous faites brûler de l'encens en grains, vous devez utiliser la myrrhe et l'oliban. Vous les mélangez et vous en déposez une pincée sur le charbon grisâtre (prêt à recevoir l'encens) lorsque vient le temps de le faire. Vous pouvez toujours faire brûler un encens à l'odeur de la rose blanche. Mahasiah aime cette odeur.

Voici les étapes du rituel :

1. Choisissez un endroit calme où vous ne serez pas dérangé.

2. Demandez aux quatre Archanges de bâtir votre dôme de protection.

3. Faites jouer une musique douce (pas obligatoire).

4. Allumez votre chandelle en récitant les paroles suivantes : « *Que la Lumière de l'Ange Mahasiah soit présente en ce lieu* ».

5. Fermez les yeux et procédez à un temps d'intériorisation de trois à cinq minutes pour mieux vous détendre physiquement et mentalement.

6. Faites brûler votre encens, votre huile essentielle ou votre charbon.

7. Écrivez vos faveurs ou vos demandes sur une feuille blanche.

8. Déposez votre crayon.

9. Déposez les aromates (encens) sur votre charbon.

10. Fermez les yeux. Prenez une minute d'intériorisation. Tout doucement, ouvrez les yeux et récitez : « *Ange Mahasiah, je vous prie aujourd'hui, car j'ai besoin immédiatement de votre aide angélique pour m'aider dans* (relisez ce que vous avez écrit sur votre papier). *Ange Mahasiah, infusez-moi votre Lumière de force et de courage car j'en ai besoin. Protégez-moi de l'Ombre et guidez-moi maintenant vers le chemin du bonheur. Je vous le demande humblement avec mon cœur et mon âme.* » Prenez votre papier et, tout en le passant au-dessus de votre charbon (pour le purifier), récitez les paroles suivantes (verset du psaume relié à Mahasiah) : « *J'ai cherché l'Éternel. Il m'a exaucé. Il m'a délivré de toutes mes terreurs.* »

11. Quand vous avez terminé, prenez le temps de bavarder avec Mahasiah, de lui raconter vos peines et vos doutes. Si vous versez des larmes, ne vous inquiétez pas, car l'Ange Mahasiah saura les sécher pour vous.

12. Lorsque vous êtes prêt, levez-vous et éteignez votre chandelle tout en remerciant l'Ange Mahasiah d'être venu vous voir.

Méditer

Si vous décidez de méditer, allongez-vous ou assoyez-vous confortablement. Il est très important que vous soyez confortable dans la position choisie pour que vous puissiez ressentir les bienfaits de votre méditation. Voici étape par étape le procédé de la méditation :

1. Demandez à vos quatre Archanges de vous faire un dôme de protection.

2. Allumez une chandelle en récitant : « *Que la Lumière de* (l'Ange prié) *soit en ce lieu* ».

3. Vous pouvez utiliser de l'encens, mais ce n'est pas obligatoire (voyez le rituel précédent).

4. Écoutez une musique de détente (pas obligatoire). Cela peut vous aider à relaxer.

5. Détendez-vous en apaisant votre esprit et en suspendant toutes vos idées humaines.

6. Détendez votre corps, respirez doucement et portez votre attention sur le vide qui est en vous (cela vous permettra de calmer vos émotions).

7. Abandonnez vos idées, vos pensées et pénétrez profondément en vous-même jusqu'à ce que vous atteigniez un sentiment profond de paix et de grâce.

8. Maintenant, demandez à votre Ange de purifier votre corps et votre esprit et d'installer sa Lumière divine en vous.

9. Quand vous serez en contact avec votre Ange, commencez à lui parler et à lui dire les raisons pour lesquelles vous le priez actuellement. Le rôle de l'Ange durant la séance sera de vous calmer pour que vous puissiez sentir les bienfaits de sa Lumière.

10. Quand l'Ange quittera votre corps, recommencez tout doucement à bouger vos mains, vos pieds, votre tête et, en dernier, ouvrez les yeux. Vous sentirez un grand vide en vous, mais, en même temps, une grande énergie envahira votre corps. Dans la semaine qui suivra votre méditation, vous contrôlerez davantage vos émotions. Vous serez productif et aurez la tête remplie de bonnes idées. Cela aura aussi un effet bénéfique sur votre sommeil. Il sera paisible et réparateur. À votre réveil, vous serez en pleine forme physique et mentale pour commencer votre journée.

TABLEAU I : LES NEUF CHŒURS ANGÉLIQUES

I. SÉRAPHINS METATRON	II. CHÉRUBINS RAZIEL	III. TRÔNES TSAPHKIEL
1. **Vehuiah (du 21 au 25 mars)**	9. Haziel (du 1er au 5 mai)	17. **Lauviah II (du 11 au 15 juin)**
2. Jeliel (du 26 au 30 mars)	10. **Aladiah (du 6 au 10 mai)**	18. Caliel (du 16 au 21 juin)
3. Sitaël (du 31 mars au 4 avril)	11. Lauviah I (du 11 au 15 mai)	19. Leuviah (du 22 au 26 juin)
4. Elemiah (du 5 au 9 avril)	12. Hahaiah (du 16 au 20 mai)	20. Pahaliah (du 27 juin au 1er juillet)
5. Mahasiah (du 10 au 14 avril)	13. Yezalel (du 21 au 25 mai)	21. Nelchaël (du 2 au 6 juillet)
6. **Lelahel (du 15 au 20 avril)**	14. Mebahel (du 26 au 31 mai)	22. Yeiayel (du 7 au 11 juillet)
7. Achaiah (du 21 au 25 avril)	15. Hariel (du 1er au 5 juin)	23. **Melahel (du 12 au 16 juillet)**
8. Cahetel (du 26 au 30 avril)	16. Hekamiah (du 6 au 10 juin)	24. Haheuiah (du 17 au 22 juillet)
IV. DOMINATIONS TSADKIEL	**V. PUISSANCES** CAMAËL	**VI. VERTUS** RAPHAËL
25. Nith-Haiah (du 23 au 27 juillet)	33. Yehuiah (du 3 au 7 septembre)	41. Hahahel (du 14 au 18 octobre)
26. Haaiah (du 28 juillet au 1er août)	34. Lehahiah (du 8 au 12 septembre)	42. Mikhaël (du 19 au 23 octobre)
27. Yerathel (du 2 au 6 août)	35. Chavakhiah (du 13 au 17 septembre)	43. Veuliah (du 24 au 28 octobre)
28. **Seheiah (du 7 au 12 août)**	36. Menadel (du 18 au 23 septembre)	44. Yelahiah (du 29 octobre au 2 novembre)
29. Reiyiel (du 13 au 17 août)	37. Aniel (du 24 au 28 septembre)	45. **Sealiah (du 3 au 7 novembre)**
30. **Omaël (du 18 au 22 août)**	38. Haamiah (du 29 septembre au 3 octobre)	46. Ariel (du 8 au 12 novembre)
31. Lecabel (du 23 au 28 août)	39. **Rehaël (du 4 au 8 octobre)**	47. Asaliah (du 13 au 17 novembre)
32. Vasariah (du 29 août au 2 septembre)	40. Ieiazel (du 9 au 13 octobre)	48. Mihaël (du 18 au 22 novembre)

VII. PRINCIPAUTÉS HANIEL	VIII. ARCHANGES MICHAËL	IX. ANGES GABRIEL
49. Vehuel (du 23 au 27 novembre) **50. Daniel (du 28 novembre au 2 décembre)** **51. Hahasiah (du 3 au 7 décembre)** 52. Imamiah (du 8 au 12 décembre) **53. Nanaël (du 13 au 16 décembre)** **54. Nithaël (du 17 au 21 décembre)** 55. Mebahiah (du 22 au 26 décembre) **56. Poyel (du 27 au 31 décembre)**	57. Nemamiah (du 1er au 5 janvier) **58. Yeialel (du 6 au 10 janvier)** 59. Harahel (du 11 au 15 janvier) **60. Mitzraël (du 16 au 20 janvier)** 61. Umabel (du 21 au 25 janvier) 62. Iah-Hel (du 26 au 30 janvier) **63. Anauël (du 31 janvier au 4 février)** 64. Mehiel (du 5 au 9 février)	65. Damabiah (du 10 au 14 février) **66. Manakel (du 15 au 19 février)** **67. Eyaël (du 20 au 24 février)** **68. Habuhiah (du 25 au 29 février)** 69. Rochel (du 1er au 5 mars) **70. Jabamiah (du 6 au 10 mars)** 71. Haiaiel (du 11 au 15 mars) **72. Mumiah (du 16 au 20 mars)**

Note : Les Anges dont le nom est en caractère gras ont un pouvoir de guérison.

TABLEAU II : LES JOURS ET LES HEURES DE RÉGENCE DE VOTRE ANGE DE LA LUMIÈRE

N°	ANGE	JOUR					HEURE
1	VEHUIAH	21 mars	3 juin	18 août	30 octobre	9 janvier	0 h à 0 h 20
2	JELIEL	22 mars	4 juin	19 août	31 octobre	10 janvier	0 h 20 à 0 h 40
3	SITAËL	23 mars	5 juin	20 août	1er novembre	11 janvier	0 h 40 à 1 h
4	ELEMIAH	24 mars	6 juin	21 août	2 novembre	12 janvier	1 h à 1 h 20
5	MAHASIAH	25 mars	7 juin	22 août	3 novembre	13 janvier	1 h 20 à 1 h 40
6	LELAHEL	26 mars	8 juin	23 août	4 novembre	14 janvier	1 h 40 à 2 h
7	ACHAIAH	27 mars	9-10 juin	24 août	5 novembre	15 janvier	2 h à 2 h 20
8	CAHETEL	28 mars	10-11 juin	25 août	6 novembre	16 janvier	2 h 20 à 2 h 40
9	HAZIEL	29 mars	12 juin	26 août	7 novembre	17 janvier	2 h 40 à 3 h
10	ALADIAH	30 mars	13 juin	27 août	8 novembre	18 janvier	3 h à 3 h 20
11	LAUVIAH I	31 mars	14 juin	28 août	9 novembre	19 janvier	3 h 20 à 3 h 40
12	HAHAIAH	1er avril	15 juin	29 août	10 novembre	20 janvier	3 h 40 à 4 h
13	YEZALEL	2 avril	16 juin	30 août	11 novembre	21 janvier	4 h à 4 h 20
14	MEBAHEL	3 avril	17 juin	31 août	12 novembre	22 janvier	4 h 20 à 4 h 40
15	HARIEL	4 avril	18 juin	1er septembre	13 novembre	23 janvier	4 h 40 à 5 h
16	HEKAMIAH	5 avril	19 juin	2 septembre	14 novembre	24 janvier	5 h à 5 h 20
17	LAUVIAH II	6 avril	20 juin	3 septembre	15 novembre	25 janvier	5 h 20 à 5 h 40
18	CALIEL	7 avril	21 juin	4 septembre	16 novembre	26 janvier	5 h 40 à 6 h
19	LEUVIAH	8 avril	22 juin	5 septembre	17 novembre	27 janvier	6 h à 6 h 20
20	PAHALIAH	9 avril	23 juin	6 septembre	18 novembre	28 janvier	6 h 20 à 6 h 40
21	NELCHAEL	10-11 avril	24 juin	7 septembre	19 novembre	29 janvier	6 h 40 à 7 h
22	YEIAYEL	11-12 avril	25 juin	8 septembre	20 novembre	30 janvier	7 h à 7 h 20
23	MELAHEL	13 avril	26 juin	9 septembre	21 novembre	31 janvier	7 h 20 à 7 h 40
24	HAHEUIAH	14 avril	27 juin	10-11 sept.	22 novembre	1er février	7 h 40 à 8 h
25	NITH-HAIAH	15 avril	28 juin	11-12 sept.	23 novembre	2 février	8 h à 8 h 20
26	HAAIAH	16 avril	29 juin	13 septembre	24 novembre	3 février	8 h 20 à 8 h 40
27	YERATHEL	17 avril	30-1er juillet	14 septembre	25 novembre	4 février	8 h 40 à 9 h
28	SEHEIAH	18 avril	1er-2 juillet	15 septembre	26 novembre	5 février	9 h à 9 h 20
29	REIYIEL	19 avril	3 juillet	16 septembre	27 novembre	6 février	9 h 20 à 9 h 40
30	OMAËL	20 avril	4 juillet	17 septembre	28 novembre	7 février	9 h 40 à 10 h
31	LECABEL	21 avril	5 juillet	18 septembre	29 novembre	8 février	10 h à 10 h 20
32	VASARIAH	22 avril	6 juillet	19 septembre	30 novembre	9 février	10 h 20 à 10 h 40
33	YEHUIAH	23 avril	7 juillet	20 septembre	1er décembre	10 février	10 h 40 à 11 h
34	LEHAHIAH	24 avril	8 juillet	21 septembre	2 décembre	11 février	11 h à 11 h 20
35	CHAVAKHIAH	25 avril	9 juillet	22 septembre	3 décembre	11 février	11 h 20 à 11 h 40
36	MENADEL	26 avril	10 juillet	23 septembre	4 décembre	12 février	11 h 40 à 12 h

PARTIE III

LES SIGNES DE LA PART DES ANGES

CHAPITRE VI

La reconnaissance
de votre Ange gardien

Il est très difficile pour l'humain de voir ou d'entendre un Ange. Mais sachez qu'eux vous entendent et cherchent à vous guider vers le bonheur et l'épanouissement. C'est la raison pour laquelle ils vous envoient des signes pour vous indiquer qu'ils sont avec vous. Chaque fois que vous leur parlez, ils répondent assidûment à l'appel. Il suffit d'être attentif à tous les signes qu'ils vous transmettent dans les heures ou les jours qui suivent vos demandes. Lorsque vous exigez une réponse immédiate, la manière la plus rapide que les Anges utilisent pour vous envoyer leur message, c'est par la voix des gens qui vous entourent. Par votre entourage, ils répondront à toutes les questions que vous leur poserez. Il faudra être très attentif aux paroles et gestes que feront les personnes autour de vous.

Les Anges empruntent différents moyens pour se révéler à vous quand vous les priez. Souvent, l'humain n'est pas conscient des gestes ou des signes qui lui sont adressés. C'est la raison pour laquelle les informations suivantes vous aideront à mieux capter leurs messages ainsi que les signes qu'ils vous adressent quand vous réclamez leur aide.

Les Anges utilisent plusieurs façons pour se manifester à l'humain et pour lui annoncer leur présence. Sachant que l'humain a besoin de signes concrets, chaque Ange a choisi des signes qui lui sont particuliers. Ainsi, lorsque vous prierez un Ange, il vous sera plus facile de réaliser qu'il est à vos côtés puisqu'il vous enverra des signes concrets pour annoncer sa présence et pour vous indiquer qu'il a bel et bien entendu votre prière.

Certains signes peuvent sembler plutôt banals, voire cocasses, mais sachez que les Anges sont les maîtres de la simplicité.

Les Anges ont une façon bien particulière de vous démontrer qu'ils sont avec vous. Ils utilisent des signes simples pour que l'humain puisse comprendre rapidement que ses prières ont été entendues. Les signes qu'ils utilisent peuvent être sous les traits d'un animal, d'une odeur particulière, de mots clés et de signes particuliers représentatifs pour eux. Plusieurs Anges adombreront* temporairement le corps d'un humain pour vous faire signe et vous démontrer qu'ils ont entendu votre prière.

Le présent livre contient plusieurs informations judicieuses par rapport à chaque Ange et Archange. Voici quelques précisions par rapport à ces informations.

Animal

Les Anges adorent les animaux. Comme les humains, les Anges ont leur préférence. Ils peuvent manifester leur présence en empruntant temporairement le corps d'un animal si cela leur est permis. S'ils ne peuvent venir vers vous en réalité, ils vous montreront une image de cet animal.

Odeur

Les Anges sont conscients que l'humain possède un sens de l'odorat très fin. Certaines personnes ne peuvent ressentir la vibration d'un Ange, mais elles « sentent » sa présence! Pour annoncer sa présence, l'Ange que vous priez vous enverra une odeur qui lui est particulière. Il est évident qu'il développera davantage votre odorat pour que, lorsque vous serez en contact avec son odeur préférée, vous puissiez rapidement la détecter et la reconnaître. De plus, ne soyez pas surpris si une personne de votre entourage porte ce genre de parfum.

Mot clé

Les mots clés qui seront en **caractère gras** dans le présent livre sont importants à noter dans votre carnet lorsque vous prierez votre Ange. Vous croiserez les mots clés qui représentent votre Ange en lisant un journal, une revue, un livre, ou quelqu'un de votre entourage les prononcera. Ces mots feront palpiter votre cœur et vous serez envahi par une bouffée de chaleur. Ouvrez l'œil et soyez à l'écoute!

---

* adombrer : emprunter le corps d'un humain pour transmettre un message

D'autres représentations symboliques

Les signes distinctifs que vous enverra votre Ange sont importants pour lui. Ils représentent sa façon particulière d'annoncer sa présence et de vous transmettre son message. Votre Ange vous enverra un ou plusieurs de ces signes dans le courant de la semaine où vous le prierez. Il faut être attentif et avoir l'esprit ouvert pour mieux reconnaître ses signes. De plus, ne cherchez pas à voir ces signes à tout prix. Laissez-les venir à vous.

Lorsque vous prierez votre Ange, le sentiment qu'il vous infusera intérieurement durera pendant les neuf jours de la prière. Lors de ces journées, sa Lumière angélique vous permettra de réaliser plusieurs actions et de régler tout ce qui est dérangeant dans votre vie. De plus, durant cette période, cet Ange mettra en scène des situations cocasses pour vous faire rire et vous changer les idées. Il en est de même avec les mots. Notez-les et placez-les à la vue. Il vous sera beaucoup plus facile de voir que l'Ange a répondu à votre demande.

Spécialité de l'Ange

La spécialité d'un Ange est sa mission la plus importante. Elle représente son rôle fondamental, sa force.

Raisons de prier l'Ange

Je vous indiquerai toutes les situations pour lesquelles vous pouvez réclamer l'aide d'un Ange en particulier. Chacun possède la force de vous éclairer et de vous aider lors de votre demande. Cela fait partie de sa mission.

Note aux enfants

Les notes que vous retrouverez dans le présent livre se rapportent aux personnes qui sont nées sous la régence de l'Ange de Lumière, l'Ange de la naissance.

À votre naissance, votre Ange vous a fait le don de sa Lumière. Chaque Ange possède sa particularité. Tous possèdent le don que leur Ange leur a infusé. Toutefois, il n'est pas permis à tous de s'en servir. Si vous êtes de nature négative, l'Ange vous retirera votre don. Si vous travaillez en harmonie et en Lumière, votre Ange se fera un plaisir de vous montrer comment utiliser ce don. La meilleure façon d'y arriver, c'est de le prier et de méditer sur lui. Ouvrez votre cœur à votre Ange et celui-ci vous ouvrira la porte du paradis!

Ces notes vous permettront également de mieux connaître vos forces et vos faiblesses. Elles vous aideront à bien comprendre l'essence de votre vie ou vous aideront à répondre à certaines questions que vous vous posez. Vous pouvez toutefois vous référer à *La Bible des Anges* pour plus de détails.

Réclamer l'aide de l'Ange

Certains renseignements sont très importants pour vous aider à régler ce qui ne fonctionne pas bien dans votre vie. Intégrez toutes les informations qui vous concernent. Ceci facilitera votre perception de la vie. Il vous sera par la suite plus facile de trouver les réponses à vos questions. En réglant les événements par vous-même, vous développerez un sentiment de confiance et vous prendrez conscience du potentiel qui est en vous. Ainsi, vous prendrez votre vie en main et avancerez sereinement vers votre futur.

Bâtir un autel pour accueillir l'Ange

Cette section vous spécifie les informations pour bâtir un autel propice à recevoir l'Ange en particulier.

Psaume à réciter

Chacun des psaumes à réciter est tiré de la Bible hébraïque. Il est associé à l'Ange prié. Vous pouvez réciter le psaume lorsque vous faites appel à votre Ange. Ce n'est pas obligatoire. Toutefois, si vous avez envie de gâter votre Ange et de vous gâter en même temps, récitez-le-lui!

PARTIE IV

LES CARACTÉRISTIQUES PROPRES À CHACUN DES ANGES

CHAPITRE VII

Les Séraphins

Dans le Chœur des Séraphins, tous les Anges ont six ailes et ils peuvent prendre le corps d'un être humain comme celui d'un animal; cela leur est permis. Les Anges qui le composent sont très rapides. Lorsque vous faites appel à un Ange de ce Chœur, celui-ci vient immédiatement vers vous. Ce Chœur est responsable de l'évolution de l'âme humaine. Les Anges de ce Chœur ont en charge le parchemin de vie de leurs enfants. Ainsi, les Anges s'assurent que ces derniers sont sur la bonne voie, et ce, puisqu'ils en sont rendus à la dernière étape de leur évolution. L'étape la plus importante de leur vie humaine.

1. VEHUIAH
(amour, raviver la flamme dans le couple, bonheur)

« Si vous faites un pas à la fois et que vous faites toujours en premier un bon pas, tout vous réussira! »

« Il ne faut jamais négliger votre amour, lorsque le feu de la passion s'éteint. Rallumez votre feu avec la flamme de l'amour et la flamme du respect. Ce feu ne s'éteindra jamais puisque la flamme sera toujours allumée pour nourrir le feu. »

Ange idéal

Si vous souffrez fibromyalgie et de douleurs physiques intenses, Véhuiah est votre Ange idéal. Sa Lumière apaise les maux. De plus, elle vous guidera vers le meilleur spécialiste ou le meilleur médicament pour soulager ou guérir vos maux.

Si votre couple est à la dérive, Véhuiah est également votre Ange idéal. Elle travaillera très fort pour rallumer la flamme d'amour entre les individus. Sinon,

Véhuiah guidera chacun vers le chemin du bonheur. Elle n'aime pas voir l'humain malheureux. Elle fera donc tout pour le voir joyeux et épanoui.

L'Ange Véhuiah est d'une grande douceur. Toutefois, son action est très rapide. Lorsque vous réclamez son aide, elle se dépêche à venir à votre secours ou à la rescousse de la personne en détresse, surtout si celle-ci la réclame pour sa vie amoureuse. Véhuiah est remplie d'amour. Lorsqu'elle annoncera sa présence, vous ressentirez rapidement sa Lumière d'amour qui va vous réconforter et vous apaiser puisque vous saurez que vous n'êtes pas seul. Véhuiah vous prendra sous ses ailes.

Effectivement, elle possède de grandes ailes pour bien câliner l'humain lorsqu'il traverse une période difficile. Chaque aile qui se déplie vers l'humain est comme une musique douce à votre oreille, ce qui vous donnera la sensation d'entendre une musique venant au loin, comme une musique de fond. Telle sera une façon originale de Véhuiah d'annoncer sa présence.

De plus, elle adore chuchoter des mots d'amour à l'oreille de l'humain lorsqu'elle est près de lui. Alors, ne soyez pas surpris d'entendre un léger bourdonnement dans l'une de vos oreilles. Elle peut même les chatouiller si vous n'êtes pas attentif à sa présence. Vous vous gratterez donc les oreilles très souvent si vous ignorez ses signes : une façon originale de vous indiquer qu'elle est présente et qu'elle ne vous laisse pas « tranquille »!

L'Ange Véhuiah est un vrai rayon pur d'énergie entouré d'étincelles dorées. Lorsqu'elle viendra vers vous, vous verrez peut-être des filaments d'or se propager dans la pièce. N'ayez crainte, ce sera l'énergie de l'Ange Véhuiah qui se propagera dans votre pièce pour y apporter de l'amour, du réconfort et du bien-être. Tout ce qu'il faut pour atteindre le bonheur.

Différentes façons de manifester sa présence

L'Ange Véhuiah se dépeint comme un cygne blanc et gracieux se promenant doucement dans un bel étang orné de fleurs et de vivaces aquatiques. Le seul bruit qui en émane est la musique de la nature. Toutefois, elle aime aussi l'oie blanche et la licorne qu'elle chevauche lorsqu'elle est dans le Jardin de Dieu.

Véhuiah adore tous les parfums floraux. Si, lors de sa visite, vous possédez un bouquet de fleurs, Véhuiah y mettra son énergie, son nez angélique, ce qui aura comme effet de parfumer davantage la pièce de l'odeur de votre bouquet.

Le mot « **parchemin** » sera très important pour elle. Par ce terme, l'Ange Véhuiah vous indique qu'il va y avoir un changement dans votre vie. Elle a regardé votre plan de vie et elle vous envoie un événement qui changera favorablement votre vie. Vous avez besoin de faire cette modification pour pouvoir retrouver votre bonheur.

Si Véhuiah vous fait entendre le mot « **florissant** », c'est qu'elle vous indique qu'elle va faire fleurir votre amour. Elle y mettra son énergie pour que la flamme de votre amour puisse se rallumer comme au premier jour!

Si vous entendez le mot « **or** », Véhuiah vous dit qu'il est temps pour vous de recevoir une récompense. Elle vous enverra une surprise. Cela ne veut pas dire que cette surprise sera financière. Toutefois, cette surprise vous rendra heureux! Véhuiah peut aussi vous faire entendre les mots suivants : « **fleur** », « **amour** », « **élégance** » et « **étincelle** ».

Autres représentations symboliques

Un des signes préférés de l'Ange Véhuiah est d'*adombrer* **le corps d'un enfant** et de venir vers vous en vous tendant une fleur. Si un sourire angélique et enfantin accompagne cette fleur, vous comprendrez qu'il s'agit de Véhuiah. Le sentiment intense que vous ressentirez à ce moment-là sera indescriptible. Vous vivrez un moment magique.

Un autre signe que l'Ange Véhuiah aime faire est celui de faire valser la flamme d'une chandelle. Si vous allumez une chandelle, l'Ange Véhuiah fera valser la flamme.

Si l'Ange Véhuiah vous montre un **parchemin**, prenez note que ce symbole est très important. Par ce signe, l'Ange Véhuiah vous indique qu'elle prend le temps de regarder votre parchemin de vie puisqu'elle y a accès grâce à l'Ange Achaiah qui collabore avec elle.

Si vous n'êtes pas sur la bonne route, Véhuiah vous enverra des situations pour vous redresser. Cet Ange vous guidera vers le bon chemin et vous dirigera également vers un événement favorable de votre vie. Les prochains mois vous seront très profitables, mais en même temps très susceptibles puisque Véhuiah vous guide vers le chemin qui améliora votre vie. Attendez-vous à vivre des changements. Tout ce qui entrave votre bonheur, Véhuiah vous le montrera pour que vous puissiez mieux vous en départir. Tout ce qui vous anime positivement, l'Ange Véhuiah vous en fera prendre conscience pour que vous puissiez mieux le conserver dans votre vie et vous épanouir à travers les situations.

L'Ange Véhuiah pourra aussi faire clignoter une lumière comme si l'électricité fonctionnait difficilement. Elle adore ce signe, mais vous devez êtes de nature brave pour vivre cette expérience. Ne changez pas votre ampoule puisque c'est Véhuiah qui s'amuse à vous faire signe!

Véhuiah aime la **musique**. Cet Ange danse au rythme de la musique. Pour vous annoncer sa présence, elle vous permettra d'écouter une belle musique rythmée qui vous donnera envie de faire quelques petits pas de danse. Ne soyez pas surpris si, inconsciemment, vous tapez du pied et que vous faites quelques « steppettes ». Si ce n'est pas vous qui les faites, ce sera un membre de votre entourage.

Un signe amusant que l'Ange Véhuiah peut vous montrer est de vous faire voir quelqu'un trébucher, manquer un pas, sans toutefois se blesser. Si vous êtes têtu et borné, elle peut même vous faire exécuter de faux pas pour que vous-même trébuchiez sans vous blesser. Si tel est le cas, Véhuiah veut vraiment vous faire comprendre qu'elle est près vous.

Véhuiah peut envoyer sur votre chemin une personne qui vous donnera une petite tape amicale sur l'épaule. Ne soyez pas surpris de recevoir des « fleurs », en paroles ou en réalité. Véhuiah peut aussi vous montrer la photo d'un enfant entouré de fleurs blanches et roses. Elle les adore.

Spécialités de l'Ange Véhuiah

Puisque l'amour est primordial dans la vie de l'humain, Dieu a donné à l'Ange Véhuiah une mission importante, soit de prendre soin des couples à la dérive. Sa Lumière les aide à rallumer la flamme entre deux individus, celle qui les a unis lors de leur première rencontre.

Dieu a demandé à l'Ange Véhuiah d'apporter sa Lumière remplie d'amour et de l'infuser aux couples désireux de revivre le moment magique du début de la relation. La Lumière de l'Ange Véhuiah remplira votre cœur et elle vous donnera envie de rallumer la flamme de l'amour entre vous et votre partenaire. Cet Ange solidifiera vos bases et vous fera prendre conscience de l'importance de votre vie à deux. Toutefois, pour ce faire, il faut qu'il y ait encore de l'amour et du respect mutuel. Si vous priez l'Ange Véhuiah pour qu'elle rallume la flamme d'amour entre vous et votre partenaire et que celui-ci n'éprouve plus aucun sentiment pour vous, l'Ange Véhuiah ne pourra pas vous aider. Sa Lumière agit sur les émotions positives, sur les émotions d'amour et de respect. Elle ne peut pas obliger votre partenaire à vous aimer si celui-ci a décidé que l'amour entre vous deux était terminé. L'Ange Véhuiah doit respecter son choix. Toutefois, Véhuiah dirigera vos pas vers des situations favorables de votre vie, Vers des moments qui vous rendront heureux.

Autres raisons de prier l'Ange Véhuiah

Vous pouvez prier Véhuiah pour calmer les colères. L'Ange Véhuiah dit que les colères sont des sentiments d'Ombre et elles peuvent provoquer des guerres inutiles. Souvent, quand l'humain est en colère, il ne réfléchit pas avant de parler ni avant d'agir. La Lumière de cet Ange calmera toutes les personnes colériques et hystériques. Il serait bon de la prier pour que Véhuiah puisse chasser vos émotions d'Ombres.

Si vous vivez une période difficile et que tout semble s'écrouler autour de vous, priez l'Ange Véhuiah. Sa Lumière vous aidera à retrouver le chemin du bonheur. L'aide de cet Ange est très efficace et fiable. Véhuiah vous donne le courage nécessaire de faire face aux épreuves, aux défis et à des événements tragiques. La Lumière de cet Ange vous donnera le courage nécessaire de régler ce qui vous dérange et de vous relever rapidement pour que vous puissiez retrouver le chemin du bonheur.

Véhuiah n'aime pas voir l'humain triste à cause des épreuves de la vie. Véhuiah aime voir l'humain heureux et en harmonie avec sa vie. Cet Ange vous donnera donc toute l'énergie nécessaire pour que vous puissiez aller de l'avant et réussissiez tout ce que vous entreprendrez. Véhuiah est la petite poussée requise pour apporter de l'amélioration dans votre vie et vous permettre de réussir vos projets pour mieux parfaire les aspects de votre existence. En priant Véhuiah, vous prendrez possession de vos capacités. Cet Ange vous aidera à avancer vers le chemin du bonheur.

Véhuiah dit que lorsque vous êtes est en pleine possession de vos capacités, vous avez tout ce qu'il faut pour vous en sortir et retrouver le bonheur. Alors, avant de prendre une décision, il serait conseillé de prier l'Ange Véhuiah qui vous aidera à bien réfléchir avant d'agir. Elle vous permettra d'aller vers la meilleure solution pour que vous puissiez rapidement retrouver le chemin du bonheur.

La Lumière de cet Ange vous est favorable si vous voulez réussir un examen, remporter un concours, obtenir un emploi, etc. La Lumière de Véhuiah vous donnera de l'assurance, vous permettra de bien prendre en main la situation et de la régler. Faites purifier un objet que vous porterez lors de votre événement. Il agira à titre de talisman et vous donnera l'audace nécessaire pour bien réussir votre examen, remporter un concours, etc.

Si vous voulez vous lancer en affaires, Véhuiah peut vous aider. Sa Lumière vous donnera l'énergie nécessaire pour prendre votre envol et mettre sur pied votre projet et votre entreprise. La Lumière de cet Ange agit favorablement sur tout projet que vous commencerez. Il suffit de la prier. Véhuiah a le pouvoir d'accorder à l'humain du succès et une belle réussite. Elle aidera le peintre à vendre ses tableaux et le menuisier, ses meubles, etc. Véhuiah guidera vos pas vers un lieu où la demande de votre produit est grande Et favorable pour le bien de votre entreprise et de ceux qui ont besoin de vos services.

Véhuiah est un excellent Ange à prier si vous êtes un athlète. Sa Lumière vous aidera à accomplir un exploit et à battre des records. Avant chaque compétition, demandez à l'Ange Véhuiah de purifier un objet que vous porterez sur vous au moment de la compétition. Ce peut être votre chandail, une chaîne, une bague. Toutefois, n'oubliez pas que cela prend neuf jours avant qu'un objet soit purifié et utilisable. Il vous protégera des incidents. N'oubliez pas qu'il sera rempli de la Lumière de l'Ange Véhuiah, une Lumière remplie d'énergie qui vous permettra de surpasser vos limites physiques!

Véhuiah est un Ange qui protège énormément les démunis. Elle n'aime pas voir une personne défavorisée se faire agresser par la société ni la voir subir les sévices d'individus violents. La mission de cet Ange est de lui donner la force et le courage de s'en éloigner et de reprendre sa vie en main. Si vous connaissez un démuni, priez Véhuiah. Cet Ange ira immédiatement à son secours et l'aidera. Toutefois, Véhuiah respectera ses demandes. S'il ne veut pas revenir vers la société, elle acceptera sa décision, mais elle veillera sur lui. Lorsque cette personne défavorisée se dirigera vers un danger, Véhuiah l'avertira immédiatement pour qu'elle s'en éloigne.

L'Ange Véhuiah vous infusera sa Lumière splendide qui vous conduira vers une belle illumination spirituelle. Cet Ange donne à celui qui n'a pas confiance en Dieu l'illumination spirituelle en lui apportant la Lumière et la chaleur dont son âme a tant besoin pour cheminer. À vous qui avez confiance en Dieu, la Lumière de Véhuiah jaillira en vous et elle se reflétera autour de vous, ce qui aura pour effet d'attirer vers vous de beaux événements et de belles réussites.

À vous qui avez envie de développer l'intuition et d'être plus à l'écoute de votre voix intérieure, priez l'Ange Véhuiah. Sa lumière vous permettra de mieux être à l'écoute de votre ressenti. Toutefois, c'est dans la méditation que l'Ange Véhuiah développera votre intuition! En douceur, elle vous habituera à sa Lumière!

Sur le plan de la santé, vous pouvez aussi prier l'Ange Véhuiah pour qu'elle vous donne de l'énergie afin d'en finir avec la maladie, la dépression. Sa Lumière vous aidera à prendre votre vie en main. Cet Ange travaille en collaboration avec les Anges Aladiah et Lauviah. De plus, sa Lumière efficace agira favorablement sur les personnes malades. Sa Lumière les aidera à remonter plus facilement la pente et à regagner le goût de vivre. Elle peut aussi calmer les douleurs de ceux qui souffrent de fibromyalgie et de douleurs physiques telles que les maux de dos ou les douleurs aux jambes causées par les varices. Toutefois, elle ne peut pas les guérir. Véhuiah peut aussi aider les recherches médicales. Il suffit de la prier. Sa mission est de guider le chercheur vers un élément favorable qui l'aidera dans sa recherche.

Note aux enfants de Véhuiah

À votre naissance, l'Ange vous a fait le don de sa Lumière d'intuition. Prenez le temps d'écouter cette voix intérieure. Elle vous évitera bien des ennuis.

De plus, l'Ange Véhuiah vous a fait le don de sa Lumière talentueuse. Plusieurs de ces enfants deviendront des artistes. La musique sera leur passion. Ces êtres possèdent de belles voix qui chantent l'amour.

Véhuiah vous a aussi infusé sa Lumière de douceur et d'amour. Cette magnifique Lumière attirera vers vous le bonheur, la joie et le respect. Vos paroles et vos gestes sont très importants pour le bien de l'humanité puisque Véhuiah a fait de vous des messagers d'amour.

Véhuiah vous a aussi fait le don d'être un éveilleur de conscience. Ne doutez jamais de vos paroles puisqu'elles réconforteront les blessés et réveilleront les endormis. Elles feront avancer l'humanité. Toutefois, vous devriez aussi en tenir compte dans votre propre vie.

Si vous travaillez avec la Lumière, vous serez illuminé et les gens vous respecteront et vous aimeront. Tous chercheront à demeurer à vos côtés. Si vous travaillez avec l'Ombre, vous détruirez et blesserez. Vous serez le diable en personne. Tous vous fuiront. Voilà l'importance de demeurer dans la Lumière.

L'amour est la base importante de votre vie. Vivre sans lui serait impossible pour vous. Il est votre source de vie. Apprenez à vous aimer tel que vous êtes. Respectez votre partenaire. Ne cherchez pas la perfection puisque vous-même n'êtes pas parfait! Vous verrez que l'amour n'est pas si compliqué. Adoptez cette attitude et vous en serez très heureux. Vous pourrez ainsi vivre plusieurs années avec la même personne puisque vous serez l'être qui gardera la flamme allumée. Vous ne ferez qu'un avec le bonheur!

Réclamer de l'aide de l'Ange Véhuiah

Rallumer la flamme dans le couple

Prenez une photo de vous et de votre partenaire. Au verso, inscrivez ceci : « *Véhuiah, prenez soin de nous et rallumez la flamme de notre amour. Faites de notre amour une union solide et heureuse* ». Ensuite, récitez une prière à cet effet tout en tenant votre photo, soit dans vos mains soit près de votre cœur. Lorsque votre prière sera terminée, déposez votre photo dans votre boîte d'Ange ou dans l'un des tiroirs de la commode.

La prière agira à titre de talisman. Elle vous protégera et protégera votre couple. Lorsque vous réciterez la prière, vous verrez des changements se produire dans le mois qui suivra votre prière. Durant les neuf jours de votre prière, tout peut se produire. Toutefois, Véhuiah affirme qu'il est important d'attendre un mois avant de conclure quoi que ce soit et avant de prendre une décision.

Après un mois, si vous ne voyez aucun changement et aucune amélioration, il y a de fortes chances que Véhuiah ne puisse vous aider dans votre demande. Soit vous ou votre partenaire n'avez plus le même sentiment, soit vous ou votre partenaire n'avez plus le même désir de continuer la relation. N'oubliez pas que les Anges agissent toujours pour le bien de l'humain. Si l'un des partenaires n'est pas heureux et que son manque d'amour et de respect envers la relation nuit au couple, il est préférable pour tous les deux d'aller vers une meilleure route : celle du bonheur. Si la route du bonheur n'est plus avec ce partenaire, alors l'Ange Véhuiah vous le fera comprendre et, si vous le désirez, elle vous donnera la force et le courage d'accepter cette situation. Elle vous permettra également de vous diriger vers le chemin du bonheur.

Toutefois avant de mettre votre vie de couple en branle, donnez-vous du temps. Après un mois, refaites la prière. Si, après trois ou six mois de prières intensives votre couple ne s'améliore toujours pas, c'est que Véhuiah ne peut rien faire pour vous. À ce moment-là, ce sera à vous de décider si vous acceptez de vivre tout de même avec votre partenaire ou si vous allez vers une meilleure route. De toute façon, l'Ange Véhuiah vous fera prendre conscience des faiblesses de votre vie à deux. Elle vous montrera les raisons pour lesquelles votre vie ne peut fonctionner. Il importe peu que ce soit à cause de l'infidélité, du manque d'amour, du manque de respect, etc. L'Ange Véhuiah vous présentera la raison. Si vous êtes prêt à accepter la faiblesse de votre couple et que vous êtes conscient que cela ne pourra jamais être comme vous le souhaitez, l'Ange Véhuiah vous donnera la force et le courage de demeurer auprès de votre partenaire malgré les faiblesses. Si, un jour, vous décidez d'apporter des changements dans votre vie et d'aller de l'avant, l'Ange Véhuiah vous aidera à vous relever et à avancer vers le chemin du bonheur. Il ne faut pas oublier que l'Ange Véhuiah collabore avec l'Ange Achaiah en ce qui a trait au parchemin de vie. Elles y ont accès. Ces Anges savent exactement ce qui est favorable pour vous. Véhuiah vous dirigera donc vers la meilleure route pour que vous puissiez retrouver l'amour et le bonheur.

Lorsque vous priez l'Ange Véhuiah pour rallumer la flamme dans votre vie de couple et que Véhuiah vous fait entendre le mot « florissant », sachez que ce terme est important. Véhuiah vous annonce qu'elle fera fleurir à nouveau votre vie de couple.

Retrouver le chemin du bonheur

Pour retrouver le chemin du bonheur, il vous suffit de réciter les paroles vibratoires mentionnées ci-après. Toutefois, attendez-vous à vivre plusieurs changements dans l'année qui suivra. Certains ne seront pas faciles puisque Véhuiah éloignera toutes les situations qui vous empêcheront d'être heureux. Lorsque le ménage sera fait, vous serez un être épanoui et le bonheur se reflétera en vous et se propagera autour de vous.

Si vous êtes prêt à retrouver le chemin du bonheur, récitez la phrase suivante une seule fois ou une fois par semaine : « *Ange Véhuiah, je suis maintenant prêt à faire les changements nécessaires pour retrouver le chemin du bonheur.* »

Par la suite, récitez les paroles vibratoires de l'Ange Véhuiah pour aider l'humain. Les voici :

Je suis (votre nom)
Je suis Lumière et j'attire maintenant le bonheur vers moi.
J'éloigne l'Ombre puisque je suis Lumière.
Je suis conscient que ma Lumière ne fait qu'un avec moi
Et moi, je ne fais qu'un avec mon bonheur

Récitez ces paroles vibratoires plusieurs fois tous les jours et aussi longtemps que vous le désirez. Tous les matins, en vous levant, récitez vos paroles. Vous verrez que vos journées s'amélioreront. De plus, lorsque surviendra une épreuve, vous aurez le courage de la surmonter et de la régler rapidement puisque vous aurez la force nécessaire.

Parchemin de vie

Il vous est impossible de voir votre parchemin de vie. La raison pour laquelle Véhuiah y a droit, c'est pour mieux diriger ses enfants pour qu'ils puissent bien réussir la dernière étape avant d'atteindre le sommet ou la Maison de Dieu. Si vous ne faites pas partie du Chœur des Séraphins, cela ne peut vous concerner. Toutefois, vous pouvez toujours demander à Véhuiah de vous diriger vers la prochaine étape favorable de votre parchemin, même si vous ne faites pas partie du Chœur des Séraphins. À ce sujet, elle travaillera en collaboration avec l'Ange Achaiah puisque celle-ci a accès au parchemin de vie de chaque humain.

Calmer les colères

Il suffit de prier Véhuiah pour calmer les colères. Sa Lumière agira rapidement sur les émotions.

Bâtir un autel pour accueillir l'Ange Véhuiah

Napperon : beau, avec une image de fleurs, ou le remplacer par un bouquet de fleurs.

Couleurs : blanc, rose et or.

Bougies : blanches, roses ou bleues.

Encens : Myrrhe et oliban.

Odeurs : florales et anis étoilé.

Psaume à réciter lors du rituel

« Vous, Ô Éternel, vous êtes un bouclier qui me protège,
vous êtes mon honneur et vous me faites porter la tête haute. »

Psaume 3, verset 4

2. JELIEL
(âme sœur, union solide, détermination)

« Aidez-vous les uns les autres. »

« Ne jugez pas votre prochain, si vous ne voulez pas être jugé en retour! »

« Le respect et le dialogue sont les bases essentielles pour réussir une vie à deux.
Lorsque vous possédez ces deux éléments; le cœur est heureux! »

Ange idéal

Jeliel est l'Ange idéal des agents immobiliers. Sa Lumière les aidera à réussir dans leur domaine. Pour ce qui est de la vente de propriété, il serait aussi important de demander à l'Ange Ménadel de vous aider.

Jeliel est aussi l'Ange idéal des personnes désireuses de rencontrer leur flamme jumelle. Cet Ange attirera vers vous la personne qui correspond à vos désirs.

Puisque Jeliel est un « Dieu secourable », il agit très rapidement lorsqu'un humain réclame son aide. En moins d'une minute, il vous aura probablement fait signe! Il est l'Ange le plus rapide du Chœur des Séraphins. La meilleure façon de vous faire signe est d'envoyer quelqu'un sur votre chemin pour vous aider. Ne soyez pas surpris si votre téléphone sonne immédiatement et que la personne au bout du fil vous demande si vous allez bien. Il serait important de lui expliquer votre problème.

Jeliel affirme que, souvent, lorsqu'un humain réclame son aide, il répond sur-le-champ en envoyant une personne-ressource sur son chemin. Toutefois, la personne, au lieu de dire qu'elle vit des moments difficiles et qu'elle a besoin d'aide, fait tout le contraire. Lorsqu'un proche lui demande de ses nouvelles, elle renchérit en disant qu'elle va bien et que tout est parfait!

L'Ange Jeliel vous dit que, si vous réclamez son aide et qu'il envoie quelqu'un sur votre chemin, vous devez être honnête et vous confier à cette personne. Si cet individu ne peut vous aider, au moins, il vous aura écouté et cela apaisera votre douleur.

Jeliel aimerait être perçu comme un Ange colossal. C'est la raison pour laquelle, lorsqu'il vous annoncera sa présence, vous aurez l'impression d'être grand, fort et colossal. Quand Jeliel viendra vers vous, vous aurez donc une drôle de sensation intérieure. Toutefois, celle-ci sera bonne et vous suivra pendant 24 heures, ce qui vous permettra d'être physiquement et moralement en forme pour régler ce qui vous dérange.

Différentes façons de manifester sa présence

Jeliel adore les chats aux yeux perçants puisque leur regard est communicatif et identique au sien. Le regard que pose Jeliel sur les humains en est un de Lumière qui jaillit de ses yeux, ce qui lui permet de mieux voir les besoins de l'humain. Jeliel aime aussi l'autruche qui couve ses œufs. Il trouve qu'elle lui ressemble quand il « couve » ses enfants avec ses immenses ailes.

L'Ange Jeliel adore l'odeur du bouquet de lilas. Il affirme que lorsqu'il le sent, cela le remplit d'énergie pour venir secourir l'humain qui le prie. Lors de la saison des lilas, offrez-lui un beau bouquet, surtout si vous avez besoin de son aide! Il est certain qu'il appréciera ce geste et qu'il vous apportera toute l'aide nécessaire puisqu'il sera rempli d'énergie pour le faire.

Si Jeliel vous fait entendre les mots « **secours** » ou « **S. O. S.** », il vous indique qu'il viendra vous secourir dans le problème que vous vivez actuellement. Cet Ange vous libérera de ce qui vous retient prisonnier et de ce qui vous empêche d'être heureux.

Si vous entendez les mots « **âme sœur** », l'Ange Jeliel vous enverra votre âme sœur, si vous lui en avez fait la demande. Soyez attentif à ses dates particulières puisque Jeliel ouvrira alors la porte pour faire la rencontre de cette âme sœur. Afin de connaître ses dates, consultez *La Bible des Anges*.

Si vous entendez le mot « **union** », l'Ange Jeliel vous indique qu'il infusera sa Lumière d'amour et de force pour rendre votre union solide et harmonieuse. Si vous vivez une période difficile, cet Ange vous aidera à régler ce qui ne fonctionne pas. Si tout va bien dans votre union, Jeliel lui infusera tout de même son énergie. Cela renforcera davantage votre amour.

Si vous entendez le mot « **paix** », l'Ange Jeliel fera tout pour ramener la paix dans tous les aspects de votre vie.

Jeliel peut aussi vous faire entendre les mots suivants : « **bouddha** », « **jaillir** », « **amour** », « **couver** » et « **rayon** ».

Autres représentations symboliques

Un des signes préférés de Jeliel est d'envoyer sur votre chemin plusieurs personnes qui vous apporteront de l'aide et du soutien. Alors, il faudra accepter l'assistance qui vous sera proposée.

La plupart des Anges aiment bien taquiner l'humain avec leurs signes. Jeliel ne fait pas exception à la règle. Pour vous agacer, il **adombrera le corps d'un humain qui trébuchera près de vous pour que vous l'aidiez à se relever**. Lorsque vous lui aurez tendu la main, la sensation que ce toucher vous procurera sera magique.

Cet Ange vous dit, à son tour, puisque vous l'avez aidé à se relever, qu'il vous aidera à vous relever d'une situation qui dérange votre vie. Jeliel vous permettra de régler immédiatement ce qui vous tracasse. Sa Lumière vous mettra en forme mentalement, physiquement et émotionnellement, ce qui vous permettra de prendre votre vie en main et de vous diriger sur la bonne route, celle du succès, de la réussite et du bonheur.

Un autre signe cocasse qu'il peut vous montrer est une voiture en panne à cause d'une crevaison. Il peut aussi vous montrer **une roue de secours**. Si Jeliel vous fait voir un pneu de rechange, il vous indique qu'il viendra vous secourir d'une situation, quelle qu'elle soit, qui pèse lourd sur vous épaules. Cet Ange vous dirigera vers la bonne porte de sortie!

Puisque Jeliel se décrit comme un bouddha, il y a de fortes chances qu'il vous en présente un durant la semaine. Si jamais vous décidez d'en acheter un, demandez à l'Ange Jeliel de le purifier pour vous. La Lumière qu'il infusera à votre bouddha apportera la paix, le respect et l'amour dans la pièce où sera le bibelot.

L'Ange Jeliel est passionné par les formes rondes. Il adore les sphères de toutes sortes. Il affirme d'ailleurs qu'il s'amusait avec grand plaisir avec les enfants lorsque ceux-ci jouaient plus souvent aux billes dans les cours des écoles. Jeliel dit que c'est dommage que ce jeu soit presque disparu. Il aidait quelquefois le plus faible à gagner ces petites boules colorées. Jeliel aime tellement ce jeu, qu'il s'amuse avec ces confrères dans leur univers angélique. Il affirme qu'il est l'un des meilleurs joueurs. Toutefois, l'Ange Yezalel est également excellent puisque les Anges Mehiel et Anauël le dérangent continuellement lorsque celui-ci joue. Ils le taquinent.

Lorsque vous prierez Jeliel, ne soyez pas surpris de trouver une bille par terre ou un petit objet rond. Conservez-le puisque Jeliel vous en a fait cadeau. Il l'a purifié et vous le donne pour que celui-ci vous protège. Conservez-le tant et aussi longtemps que vous en aurez besoin.

Comme sa consœur Véhuiah, Jeliel aime faire clignoter une lumière. Évidemment, vous devez être très brave pour affronter ce signe. Et ne changez pas votre ampoule puisque c'est Jeliel qui s'amuse à vous faire signe.

Spécialités de l'Ange Jeliel

L'Ange Jeliel est un Ange d'amour. Sa mission est d'aider l'humain à trouver l'âme sœur, la personne qui lui conviendra le mieux pour bâtir une union solide.

La Lumière de cet Ange influe sur l'union pour que celle-ci soit heureuse et féconde. Il permet au couple d'avoir des bases solides fondées sur le respect mutuel, la fidélité et l'honnêteté. Sa Lumière éloignera les querelles, les chicanes, l'infidélité, les disputes et les divorces.

Jeliel vous fera comprendre le danger des querelles. Cet Ange prône la communication dans le couple. Il affirme que bien communiquer est la base incontournable de la réussite d'une union.

Jeliel est aussi un excellent Ange à prier si vous vivez une séparation ou un divorce. Sa Lumière vous aidera à vivre ces expériences dans le calme et la paix. Jeliel travaillera en collaboration avec l'Ange Haaiah et leurs Lumières auront un impact positif sur la séparation. Qu'importe le temps de la relation vécue avec une autre personne, il est toujours difficile d'y mettre un terme et, surtout, de le faire dans une ambiance de sérénité.

Prier l'Ange Jeliel vous aidera à réussir votre séparation. Grâce à lui, vous évaluerez mieux les raisons qui vous amènent à vouloir quitter votre partenaire. Il vous fera prendre conscience de votre geste. Si, à la suite de cette prise de conscience, votre désir de quitter votre partenaire est toujours fort, Jeliel vous donnera le courage d'accepter votre décision et de prendre la responsabilité qui s'ensuivra.

Faites appel à lui si vous devez consulter un médiateur. Sa Lumière influera sur les deux personnes pour que celles-ci puissent régler le tout dans une ambiance de calme et de respect.

Toutefois, si vous réalisez que vous avez fait une erreur et que vous aimeriez la réparer, l'Ange Jeliel peut vous aider. Sa Lumière vous donnera le courage de réparer ce que vous avez brisé. Cet Ange vous donnera le courage de demander pardon à ceux que vous avez blessés. Ceci vous permettra de vous réconcilier avec votre partenaire, vos amis et votre famille, si tel est votre désir.

Autres raisons de prier l'Ange Jeliel

Vous pouvez aussi prier l'Ange Jeliel si vous ou votre partenaire avez des problèmes d'impuissance, de frigidité et d'infertilité. La mission de cet Ange est de vous diriger vers le meilleur spécialiste qui vous accompagnera dans la résolution de votre problème. Cet Ange vous aidera à mieux communiquer. Ainsi, vous et votre partenaire pourrez vous épauler pour trouver une solution qui vous conduira vers une harmonie partagée.

L'Ange Jeliel peut aussi aider l'humain à accepter son homosexualité et à s'épanouir à travers elle. Jeliel lui donne le courage d'afficher sa personnalité, lui permet de « sortir du placard » et d'être en paix avec sa décision.

Jeliel est conscient qu'il y a plusieurs parents qui ne sont pas appréciés à leur juste valeur par leurs enfants. L'enfant gâté a parfois de la difficulté à se faire refuser une demande. Lorsque le parent la lui refuse, l'enfant devient ingrat envers son parent. Si vous priez Jeliel, sa Lumière influera sur votre enfant. L'Ange Jeliel lui fera prendre conscience de l'importance que vous avez dans sa vie. De plus, il lui fera remarquer son attitude désagréable envers vous, ce qui aura un effet bénéfique par la suite dans votre relation parent-enfant. Jeliel travaille en collaboration avec les Anges Chavakhiah, Mihaël et Harahel par rapport à tout ce qui se rattache à la famille.

Lors d'une grève, d'un conflit ou d'une révolte, priez l'Ange Jeliel. Sa Lumière vous calmera et vous apaisera si vous êtes impliqué dans la controverse. Ainsi, cela évitera des batailles et des confrontations qui pourraient s'avérer dangereuses si une personne se laisse emporter par des sentiments Ombrageux. Jeliel n'aime pas voir les humains se quereller. Il est un Ange d'harmonie qui favorise l'entente entre eux. Sa Lumière agit comme un baume et un doux analgésique. Elle calme et adoucit les sentiments de révoltes et de rébellions.

L'Ange Jeliel peut aussi vous aider à gagner un procès si vous êtes injustement accusé. Il vous guidera vers un avocat qui sera en mesure de prouver votre innocence. Sa Lumière vous permettra de bien défendre votre point de vue.

Si vous avez été victime de déloyauté, Jeliel a le pouvoir de faire annuler tout litige mal intentionné. Il travaille en collaboration avec l'Ange Rochel. Ces Anges vous guideront vers une personne-ressource qui vous permettra de faire la lumière sur cette affaire pour que vous puissiez l'annuler ou gagner votre cause.

Jeliel travaille également avec les Anges Omaël et Reiyiel en ce qui concerne la fécondité des animaux. Sa Lumière rend fertile la femelle et influe sur la gestation.

Si on vous a délégué une tâche comportant d'énormes responsabilités et que cela vous angoisse, priez Jeliel. Sa Lumière vous aidera dans l'exécution de votre travail. Cet Ange vous apportera la force, le courage et la détermination d'accomplir avec succès vos fonctions.

De plus, la Lumière de Jeliel vous donnera la persévérance nécessaire pour atteindre vos objectifs. Sa Lumière éclairera vos idées et vos projets, ce qui vous permettra de bien les analyser et de les conduire vers la réussite.

Note aux enfants de Jeliel

À votre naissance, l'Ange vous a fait le don de sa Lumière d'amour et de pouvoir : le don d'aimer et le pouvoir d'aimer attireront vers vous de belles situations. Ce magnifique Ange vous permet de bâtir une union solide basée sur le respect, la fidélité et le dévouement.

Puisque Jeliel vous a aussi fait le don de sa Lumière de perception, il vous est alors très facile de percevoir le rôle des gens qui vous entourent. Lorsque votre voix intérieure vous signale un danger, écoutez-la!

Cet Ange vous a aussi donné la force et le courage de vous relever lorsque survient une épreuve. Il suffit de vous faire confiance puisque vous possédez toutes les qualités requises pour en sortir gagnant!

Réclamer l'aide de l'Ange Jeliel

Trouver l'âme sœur ou la flamme jumelle

Premièrement, pour trouver l'âme sœur, récitez une prière à cet effet. Si vous réclamez votre âme sœur sur le plan amical et que vous demandez un sexe différent du vôtre, il sera important de ne pas tomber amoureux de cette personne puisque vous l'avez demandée sur le plan d'amitié. Cet individu vous respectera, vous réconfortera et vous aimera en tant qu'ami et non en tant qu'amoureux.

Si vous réclamez votre flamme jumelle, vous demandez la passion. Vous souhaitez vivre un amour intense et passionné. Si vous voulez que votre amour dure longtemps, priez les Anges Lelahel et Haamiah. Tous collaboreront et ils enverront sur votre chemin l'être qui saura vous rendre heureux.

Il est aussi important de spécifier le sexe de votre âme sœur. Si vous ne le précisez pas, vous risquez d'avoir des déceptions. Il est important de mentionner à Jeliel le sexe de la personne que vous voulez rencontrer et la raison pour laquelle vous la voulez dans votre vie.

Demandez à Jeliel de purifier un objet que vous porterez sur vous par la suite, soit une bague, une montre, des boucles d'oreilles, etc. L'énergie que mettra l'Ange Jeliel sur votre objet attirera des personnes qui seront compatibles avec vos demandes. Cela permettra aussi de trouver votre âme sœur!

Il est important de prier les Anges Lelahel et Haamiah puisque c'est qu'avec eux que vous pouvez faire une liste des caractéristiques de la personne que vous voulez rencontrer. Ensuite, l'Ange Jeliel regardera les précisions et vous enverra la meilleure personne correspondant à vos besoins.

Si Jeliel vous fait entendre les mots « âme sœur », il vous indique qu'il vous envoie cette âme sœur. Ses journées particulières seront très importantes. Il faudra les prendre en note.

Éviter une séparation

Afin d'éviter une séparation, vous devez prier l'Ange Jeliel et lui demander de protéger votre couple. N'oubliez pas que si l'un des deux n'a plus d'amour envers l'autre ni le respect de l'autre, l'Ange Jeliel ne pourra rien faire. Cependant, il vous donnera la force et le courage de surmonter votre épreuve.

Si Jeliel vous fait entendre le mot « union », il vous indique qu'il infusera sa Lumière d'amour dans votre couple pour lui donner la force et le courage de continuer la route de façon sereine et harmonieuse.

Quitter un partenaire dans une ambiance saine

Priez l'Ange Jeliel et demandez-lui de vous donner la force et le courage de mettre fin à la relation sans qu'il y ait une bataille. Demandez-lui d'infuser sa Lumière de paix. Il serait aussi important de faire un traité de paix avec votre partenaire. Allez consulter l'Ange Haaiah et suivez le procédé.

Bâtir un autel pour accueillir l'Ange Jeliel

Napperon : tissu avec l'image de boules ou lui offrir de petites billes.

Couleurs : marbrées d'or, de jaune, de vert et de rouge.

Encens : myrrhe, oliban, storax.

Odeurs : anis et lilas.

Psaume à réciter lors du rituel

« Et toi Ô Éternel, ne t'éloigne pas; Toi qui es ma force, viens vite à mon secours. »

Psaume 22, verset 20

3. SITAËL
(fin, construire, amélioration)

« Ne vous résignez jamais. Gardez toujours l'espoir d'être et de vouloir être. Ainsi vous créerez et vous existerez »

« Persévérer et vous obtiendrez. »

Ange idéal

Sitaël est l'Ange idéal à prier avant de négocier un contrat ou un achat. Sitaël et Ménadel font une équipe du tonnerre pour vendre ou acheter une propriété. Il vous suffit de les prier.

Sitaël est aussi l'Ange idéal de ceux qui veulent changer leur vie et se libérer d'un vice. Cet Ange leur donnera l'envol nécessaire pour le faire.

L'Ange Sitaël aime prendre son temps avant d'annoncer sa présence. Il évaluera et analysera profondément votre demande puisqu'il veut ce qu'il y a de mieux pour vous. Cet Ange veut s'assurer de vous diriger aux bons endroits et d'envoyer vers vous les meilleures personnes qui sauront vous aider dans votre désarroi.

Toutefois, si votre demande est urgente, il enverra immédiatement quelqu'un vous aider de façon temporaire, jusqu'à ce qu'il trouve la bonne personne pour vous. Lorsque l'évaluation de votre demande sera terminée, l'Ange Sitaël agira exactement comme son confrère, l'Ange Jeliel. Chacun d'eux envoie sur votre chemin quelqu'un qui vous apportera une aide précieuse.

Il ne faut alors pas refuser l'aide d'un proche ou d'un étranger. Sitaël dit que l'important, c'est de pouvoir vous sentir épaulé lorsque vous vivez une période difficile. C'est la raison pour laquelle il vous enverra promptement une personne-ressource.

Sitaël possède une façon très originale de vous annoncer sa présence. Puisqu'il est un Ange gourmand, il enverra à votre estomac une sensation de faim. Il accentuera votre appétit pour une nourriture que vous ne mangez pas ordinairement puisqu'elle est trop riche, par exemple les croustilles, le chocolat, etc. Telle sera sa vibration : avoir faim! Ne soyez pas surpris d'entendre votre estomac vous lancer des cris de toutes sortes. Vous allez rapidement comprendre que l'Ange Sitaël est à vos côtés. Toutefois, ne vous inquiétez pas. Cette sensation de faim durera plus ou moins 24 heures.

Différentes façons de manifester sa présence

Sitaël aime tous les animaux, mais il préfère les chats blancs aux yeux bleus. Il les trouve mignons et très jolis. Lorsque vous le prierez, il y a de fortes chances qu'il emprunte temporairement le corps de cet animal pour venir vers vous.

Sitaël adore l'odeur de la rose blanche. Il trouve que cette fleur représente la pureté, la candeur, la paix. De plus, elles sont les fleurs préférées de la mère divine. Si vous voulez récompenser l'Ange Sitaël, offrez-lui une rose blanche. Il en sera sûrement très reconnaissant.

Un mot important pour Sitaël est « **espoir** ». Si vous entendez ce mot, cet Ange vous indique de ne pas perdre espoir dans ce que vous lui réclamez. Le temps n'est pas propice pour l'instant. Sitaël préfère attendre et vous donner ce qu'il y a de meilleur pour vous. Il y a de fortes chances que votre demande ne puisse pour l'instant vous être accordée pour des raisons karmiques ou autres. Soyez patient puisque Sitaël travaille pour vous trouver un substitut ou pour vous donner le meilleur.

Un autre mot à retenir est « **construire** ». Par ce terme, l'Ange Sitaël vous indique qu'il est temps pour vous de construire et de réaliser vos rêves. Sitaël vous demande d'établir un plan de ce que vous aimeriez avoir dans la vie. Déterminez vos rêves, vos désirs et vos attentes.

Si Sitaël vous fait entendre le mot « **outils** », il vous indique qu'il vous enverra sur votre route tous les outils nécessaires, les ressources et les stratagèmes pour que vous puissiez réussir votre plan d'action.

Sitaël peut aussi vous faire entendre les mots suivants : « **grandir** », « **persévérance** », « **réalité** » et « **merveilleux** ».

Autres représentations symboliques

Sitaël empruntera le corps de plusieurs personnes afin de vous envoyer de larges sourires. Ne soyez pas surpris de voir des étrangers vous adresser un sourire radieux. Ces signes vous animeront d'un sentiment de joie intérieure. Telle est la sensation de la vibration de l'Ange Jeliel.

Un signe cocasse qu'il aime aussi faire est d'envoyer sur votre chemin des gens qui se regardent dans une glace et qui se font des sourires. Sitaël affirme que ce signe vous fera sourire. De plus, vous comprendrez rapidement que Sitaël est à vos côtés et qu'il a bien entendu votre prière. Toute la journée, il mettra en scène des situations cocasses pour vous faire rire et vous changer les idées. À un point tel que vous risquez d'avoir le fou rire pendant toute la journée.

Toutefois, si vous êtes têtu et borné et que vous avez de la difficulté à remarquer ses signes, l'Ange Sitaël s'organisera pour que les gens autour de vous vous coupent la parole chaque fois que vous essayerez de parler. Ainsi, Sitaël vous dit que vous n'avez pas le choix de comprendre qu'il est avec vous. Et si vous ne comprenez pas encore, il s'organisera pour que votre estomac fasse un bruit du tonnerre! Tellement que votre entourage vous indiquera d'aller manger un peu. Cet Ange développera en vous le goût de manger des sucreries de toutes sortes. Alors, il sera important de ne pas négliger ses signes. Sinon, votre estomac vous confirmera sa présence.

Un signe que l'Ange Sitaël aime également faire est de vous envoyer une personne qui vous fera une remarque positive sur votre personnalité. Sitaël affirme que cela fait du bien d'entendre une remarque positive. Cela redonne confiance en l'humain et lui permet de bien accomplir sa journée.

Si l'Ange Sitaël vous montre **des plans de construction et des outils**, il vous indique qu'il est temps pour vous d'établir vos règles et de construire votre plan de vie. En vous montrant ces signes, cet Ange vous indique qu'il vous guidera vers les situations qui vous permettront d'élaborer votre plan. Sitaël vous donnera le désir d'améliorer votre vie. Surtout, la Lumière de cet Ange vous permettra de croire en vous et en votre potentiel.

Spécialités de l'Ange Sitaël

Une des missions importantes de Sitaël est de vous aider à régler les problèmes reliés à votre passé. Sitaël affirme que lorsqu'un problème n'est pas réglé, celui-ci vient toujours hanter l'humain et, parfois, cela l'empêche d'avancer et de s'épanouir. Il y a entrave à son évolution. Si vous avez vécu une période difficile comme une enfance houleuse, si vous avez été victime de violence physique ou mentale, si vous avez été victime d'attouchements sexuels, de viol, si vous avez vécu un deuil, une tragédie, et que vous aimeriez vous libérer de ce sentiment intense qui vous envahit régulièrement, priez Sitaël.

La Lumière de cet Ange vous aidera à aller en profondeur dans votre mémoire pour mieux faire remonter vos souvenirs à la surface afin de pouvoir, par la suite, les régler une fois pour toutes. Cet Ange vous fera prendre conscience de l'événement vécu et il vous aidera à le guérir. Cela vous aidera ensuite à vous aimer davantage, à mieux accepter qui vous êtes, à vous respecter vraiment et à vous faire respecter par les autres.

Sitaël vous aidera donc à mieux pardonner et à mettre le mot « fin » pour que vous puissiez mieux vous diriger vers un chemin beaucoup plus lumineux rempli d'amour et de respect. À ce niveau, l'Ange Sitaël travaillera en collaboration avec l'Ange Aniel. De plus, si, pour une raison ou une autre, votre problème est relié à votre vie antérieure, l'Ange Sitaël peut aussi vous aider sur ce plan. Toutefois, pour mieux vous aider, il travaillera en collaboration avec les Anges Haamiah, Damabiah et Aniel.

Une autre de ses missions importantes est d'aider l'humain en lui infusant sa Lumière de volonté pour lui permettre de perdre du poids, d'arrêter de boire, de fumer, de se droguer et de se débarrasser de tout autre vice que vous avez développé et dont vous aimeriez vous départir. La Lumière de cet Ange vous permet d'éviter les excès et sa Lumière vous donne la volonté nécessaire pour agir rapidement avant que cela vous détruise moralement et physiquement.

Sachez que cet Ange travaille en collaboration avec différents Anges pour le bien de chaque situation. Pour la perte de poids, il travaillera avec les Anges Hariel et Iéiazel. Pour arrêter de boire, fumer, consommer ou parier, il travaillera avec les Anges Imamiah et Séaliah. L'Ange Jabamiah, pour sa part, désintoxiquera le corps.

Le rôle de l'Ange Sitaël est de vous donner la volonté d'agir et de vous en libérer rapidement. N'oubliez pas que ce rôle peut concerner les excès de tous genres tels que le magasinage. La Lumière de Sitaël évite et calme les excès. Il est bon de le prier si vous êtes une personne excessive lors de vos achats!

La Lumière de Sitaël agit pour que les promesses soient tenues et respectées. Voilà l'importance de le prier. Ainsi, vous respecterez votre engagement et ceux qui vous ont fait des promesses les tiendront envers vous. Telle est l'efficacité de sa Lumière.

Autres raisons de prier l'Ange Sitaël

L'Ange Sitaël est un Ange créateur. Sa Lumière crée, fructifie et construit. Elle dirige vos idées vers le chemin de la réalisation. Cet Ange fructifiera chacune de vos actions tout en vous dirigeant vers le succès. Sitaël n'a pas de limites quand il s'agit de réaliser les désirs de l'humain qui peuvent l'aider sur les plans de son âme et de son être. Si vous avez des projets, la Lumière de cet Ange vous permettra de bien les analyser et de prendre des décisions adéquates pour bien les accomplir. Il suffit de prier Sitaël.

Si vous avez un grand désir de construire un monde meilleur, que ce soit dans votre vie ou sur le plan humanitaire, priez l'Ange Sitaël. Il vous aidera à devenir un bel exemple à suivre. Il vous infusera le don de l'entraide qui aura un impact favorable sur votre entourage et l'ensemble de la population, si tel est votre désir. Sa Lumière vous donnera l'audace et l'envie de construire un monde meilleur basé sur le respect et l'entraide.

Sur le plan de la santé, la Lumière de Sitaël peut soulager les maux de dos, mais elle ne peut pas les guérir. Cet Ange vous permettra d'avoir un dos en santé. Il vous suffit de le prier.

Toutefois, sa Lumière peut guérir rapidement les blessures et les plaies causées par une opération, les coupures, les morsures, les égratignures, les griffures, etc. La Lumière de cet Ange agit comme un baume sur la blessure. Sa Lumière calmera la douleur et s'assurera qu'elle n'est pas infectée. De toute façon, si Sitaël s'aperçoit qu'elle l'est et qu'elle requiert l'aide d'un spécialiste, il vous le fera ressentir intérieurement. Puis, il vous guidera vers le meilleur spécialiste qui saura bien prendre soin de votre plaie.

Lorsque vous êtes dans une période de votre vie où tout semble s'écrouler, que vos énergies sont à plat, que vous vous sentez incapable de surmonter vos épreuves, au lieu de sombrer dans une dépression, priez l'Ange Sitaël. Sa Lumière vous donnera la capacité et le courage de surmonter vos difficultés. Elle vous donnera le courage de bâtir vos bases solidement et concrètement pour que vous ne puissiez plus vous écrouler sous le poids des épreuves. Si vos bases sont solides, vous serez apte à mieux orienter votre vie vers des situations heureuses.

Cet Ange n'aime pas la violence. Sa Lumière protège les victimes de la violence. Priez cet Ange pour qu'il éloigne de votre vie les agressions causées par des gens ou des situations. Sitaël n'aime pas les armes, quelles qu'elles soient. Il affirme qu'elles blessent et détruisent des vies humaines. Dans ce domaine, il travaille en collaboration avec l'Ange Yélahiah. Les policiers, gardiens de sécurité et préposés au service à la clientèle d'une banque devraient prier l'Ange

Sitaël pour tous vous protéger des armes. Sa Lumière agira comme une armure pour éviter les blessures que peuvent causer les armes.

Sitaël peut aussi vous protéger contre les animaux féroces. Si vous travaillez avec des animaux « sauvages », il serait important de le prier. Ainsi, cet Ange vous en protégera. Demandez à l'Ange Sitaël de purifier un objet que vous porterez sur vous lorsque vous serez en contact avec ces bêtes.

Si vous voulez parfaire vos connaissances sur le plan philosophique et théologique, sachez que la Lumière de l'Ange Sitaël favorise les études dans ce domaine. Cet Ange vous guidera vers les meilleures lectures ou les meilleurs professeurs pour améliorer votre savoir.

Note aux enfants de Sitaël

À votre naissance, l'Ange vous a fait le don de sa Lumière de courage. Cette Lumière vous permettra de vous libérer de tout ce qui vous retient prisonnier. Il n'en tient qu'à vous de vous en libérer puisque vous possédez en vous la capacité de le faire.

Cet Ange vous a aussi fait le don d'une excellente mémoire, ce qui vous aidera à vous remémorer les événements de votre vie. De plus, vous possédez toutes les qualités requises pour abattre vos fantômes du passé. Il vous suffit de les affronter.

Vous êtes aussi de bons messagers d'entraide. Lorsqu'on fait appel à vos services, vous êtes toujours le premier arrivé pour apporter votre aide précieuse.

N'oubliez pas que l'Ange Sitaël a le pouvoir d'exaucer les vœux. Il n'y a pas de limites lorsqu'il s'agit d'aider son enfant. Alors, priez-le et vous aurez le privilège de voir vos rêves devenir réels!

Réclamer l'aide de l'Ange Sitaël

Choisir un plan

Sitaël vous demande d'établir un plan quant à ce que vous aimeriez avoir dans la vie. Déterminez vos rêves, vos désirs, vos attentes. Faites un plan général de ce que vous aimeriez avoir dans la vie. Ensuite, faites-en un deuxième : un plan d'action. Celui-ci vous permettra de le réaliser pendant l'année en cours. Commencez par une période de six mois à la fois, ou d'un an. La raison d'opter pour ce laps de temps, c'est qu'il arrive parfois des imprévus qui peuvent vous amener à changer vos plans. Ainsi, en les refaisant après ces courtes périodes, vous apporterez les changements nécessaires par rapport à vos besoins ponctuels.

Une fois établi, votre plan ne peut pas être changé, à moins de prier Sitaël de l'annuler. Faire un plan avec Sitaël, c'est signer un contrat. Vous devez le respecter si vous souhaitez qu'il vous envoie l'aide que vous lui réclamez. Toutefois, il faut être réaliste dans vos demandes. Si elles sont ridicules et dépourvues de bon sens, l'Ange Sitaël ne pourra pas vous aider. Cependant, si elles sont réalistes et qu'elles vous aident à avancer, l'Ange Sitaël guidera vos pas vers leur réalisation. Il faudra prendre en considération ses journées particulières puisqu'il vous enverra des événements ou des situations qui vous seront très utiles pour la réalisation de vos demandes.

Si vous entendez le mot « **construire** », cela aura un impact positif dans votre vie. Sitaël vous indique alors qu'il vous envoie immédiatement une situation qui vous permettra de réaliser l'une de vos demandes. De plus, si vous entendez le mot « **outil** », Sitaël envoie sur votre chemin tout ce qu'il faut pour réussir votre plan d'action.

Avez-vous des plans pour les six prochains mois? Si oui, indiquez-les dans ce livre. La mission de l'Ange Sitaël est de vous guider vers la route qui vous amènera à la réalisation de vos plans.

Avant d'inscrire vos plans, fermez les yeux et prenez trois bonnes respirations pour bien vous détendre. Puis, prenez une au moins une minute pour faire une intériorisation. Quand vous serez prêt, inscrivez les objectifs que vous aimeriez atteindre d'ici six mois.

Arrêter de fumer, de boire, de parier, etc.

Pour rompre une mauvaise habitude, il vous suffit de réciter la prière concernée. Elle vous donnera la volonté d'agir et de vous prendre en main. Récitez-la autant de fois que vous en ressentez le besoin.

Mettre fin au passé et avancer

Pour mettre un pied dans le futur, il vous suffit de prier l'Ange Sitaël. Demandez-lui de vous donner la force et le courage de mettre fin aux situations que vous allez lui énumérer. Écrivez toutes les expériences auxquelles vous aimeriez mettre fin pour pouvoir avancer. Il est important de vous donner du temps. N'oubliez pas que ces événements font partie de votre vie.

Au départ, ce ne sera pas facile pour vous d'affronter ces souvenirs. Pour mieux régler ces situations, vous devez les laisser refaire surface afin de les confronter et, finalement, de les éliminer de votre vie. C'est pourquoi, l'Ange Sitaël vous aidera à régler un ou deux événements à la fois, selon votre endurance. N'oubliez pas que cet Ange prend son temps puisqu'il évalue et analyse profondément votre demande pour vous donner le meilleur.

Sitaël vous dit qu'« *il est préférable de faire un pas à la fois, mais d'en faire un bon. De cette façon, vous n'aurez plus à revenir en arrière et vous avancerez sereinement vers un avenir prometteur* », même si cela vous prend un an ou deux et même plus pour abattre vos fantômes du passé. Ne vous inquiétez pas. Quand le tout sera réglé, vous ne retournerez plus en arrière et vous serez fier de tout ce que vous aurez accompli.

Sitaël est prêt à vous aider à régler un événement de votre passé. Si vous êtes prêt à le faire, fermez les yeux, prenez une minute d'intériorisation et inscrivez ce que vous aimeriez que l'Ange Sitaël vous aide à affronter pour ensuite mieux le régler. Sitaël vous indique qu'il serait mieux, pour commencer, d'écrire un seul événement. Lorsque vous serez habitué à la façon de procéder de Sitaël, vous pourrez lui en écrire plusieurs.

Il serait également important que vous preniez le temps de bien réfléchir à ce que vous voulez régler. Une fois écrit, cet événement ne pourra pas être changé. En prenant votre minute d'intériorisation, vous pourrez faire le vide et mieux réfléchir à votre situation. Quand vous serez prêt, inscrivez la situation ou l'événement que vous souhaitez éliminer de votre vie, grâce à l'aide de Sitaël, dans le but d'avancer sereinement.

_____

_____

_____

Ensuite, récitez la phrase qui suit autant de fois que vous le désirez pendant au moins neuf jours consécutifs : « *Ange Sitaël, j'aimerais me libérer de* (la situation que vous avez écrite). *Aujourd'hui, j'avance vers* (un objectif que vous aimeriez atteindre). »

Plus vous réciterez cette phrase, plus vous serez en mesure de prendre le contrôle de votre événement. Elle attirera vers vous votre objectif. Chaque fois que vous demanderez à l'Ange Sitaël de vous libérer d'un événement, récitez la phrase mentionnée précédemment puisqu'elle vous aidera en ce qui concerne votre demande.

Sitaël peut-il guérir les maux de dos?

Sitaël ne peut pas guérir vos maux de dos. Toutefois, sa Lumière peut les soulager. Si vous récitez la prière bienfaitrice et protectrice, cela aura un effet magique sur vous. Avant de la réciter, indiquez à l'Ange Sitaël de soulager votre douleur au dos. L'Ange Sitaël vous guidera également vers une personne-ressource, ou un médicament, qui saura vous aider et même guérir vos maux de dos.

Comment guérir rapidement d'une blessure, d'une coupure, etc.?

Récitez la prière bienfaitrice et protectrice tout en indiquant à Sitaël la raison de votre demande. Montrez-lui votre blessure et demandez-lui d'y infuser sa Lumière de guérison. Vous pouvez aussi demander à Sitaël de purifier une crème médicamentée que vous appliquerez sur votre blessure. De toute façon, cet Ange soulage les douleurs et sa Lumière agit comme un baume sur une plaie.

Réussir un projet

Pour réussir un projet, il vous suffit de prier Sitaël. Prenez aussi le temps d'écrire l'un de vos projets sur un bout de papier et de lui demander de vous guider vers le chemin de la réussite. Vous pouvez lui réciter ceci : « *Ange Sitaël, j'ai un projet auquel je tiens tant. J'aimerais que vous guidiez mes pas vers le chemin de la réussite. Voici mon projet :* (lisez le projet que vous avez écrit sur un bout de papier). »

Ensuite, prenez votre papier et insérez-le dans votre boîte d'Ange ou dans le tiroir de votre commode. Il est important de lui parler d'un seul projet à la fois. Quand ce dernier sera réussi, demandez-lui-en un autre.

Vendre ou acheter une propriété

Sitaël et Ménadel font une équipe du tonnerre pour vendre ou acheter une propriété. Il suffit de leur indiquer l'adresse de la propriété à acheter ou à vendre. Vous verrez, en quelques mois, jours ou heures, votre propriété sera vendue ou vous trouverez celle qui vous convient.

Si vous possédez une photo de la maison, insérez-la dans votre boîte d'Ange ou dans le tiroir de votre commode. Inscrivez ce qui suit au verso de votre image : « *Ange Sitaël et Ange Ménadel, infusez votre divine Lumière pour que je puisse vendre (ou acheter) cette propriété.* » Puis, récitez la prière de récompense lorsque votre demande sera exaucée.

Si vous le désirez, vous pouvez aussi faire purifier un objet de l'une de vos pièces par Sitaël et Ménadel. Cet objet attirera le regard des gens lorsqu'ils entreront dans votre maison. De plus, lorsque vous prierez ces deux magnifiques Anges, en quelques heures, l'action commencera. Si votre propriété est en vente, elle aura bientôt des visiteurs. De plus, en purifiant un objet de votre maison, cela attirera les personnes consciencieuses et aptes à faire une offre alléchante ou raisonnable pour votre demeure.

Bâtir un autel pour accueillir l'Ange Sitaël

Napperon : beau et original, avec des images de sourires, de miroirs ou de plans.

Couleurs : or, rouge, blanc et rouille

Bougies : blanches ou bleues

Encens : myrrhe, oliban, benjoin

Odeur : canelle, eucalyptus et rose blanche

Psaume à réciter lors du rituel

« *Que l'on dise à l'Éternel : "Tu es mon refuge, ma citadelle, mon Dieu, en qui je place ma confiance."* »

Psaume 91, verset 2

4- ELEMIAH
(paix, calme les états d'âme, réconciliation)

« *La solution est en vous. Il suffit d'en prendre conscience!* »
« *Le courage n'apporte que la réussite. Alors, soyez courageux!* »

Ange idéal

Elemiah est l'Ange idéal de toutes les personnes qui veulent en finir avec les problèmes et retrouver une qualité de vie et un bel équilibre dans tous les aspects de leur vie. La Lumière de cet Ange vous permettra de mettre un terme à une période difficile et à en commencer une autre beaucoup plus heureuse.

Elemiah est aussi l'Ange idéal des personnes qui ont des tendances suicidaires. Cet Ange vous infusera sa Lumière bienfaitrice qui calmera vos états d'âme. Cette Lumière vous donnera envie de vivre et d'exister.

Elemiah est très douce. Cet Ange se cache dans le cœur de l'humain. Lorsqu'elle viendra vers vous, vous serez envahi par un sentiment de douceur. Elemiah adore les humains et aime leur faire une caresse remplie de sa douce Lumière. Lorsqu'elle viendra vers vous, vous aurez la sensation d'être légèrement touché sur le bras, la joue, le dessus de la tête, le dos. Si vous ressentez cette douce caresse, cela provient de l'Ange Elemiah qui vous annonce sa présence. Puisque les ailes de cet Ange sont d'un rose pâle luminescent et d'un violet, ne soyez pas surpris de voir des petites étincelles de ces teintes vous entourer. N'ayez crainte, cependant, puisque vous aurez le privilège de voir les ailes de l'Ange Elemiah vous faire une caresse.

Par contre, puisque la vibration de cet Ange est d'une grande douceur, certaines personnes peuvent avoir de la difficulté à la ressentir. Il vous faudra alors être plus attentif aux signes qu'elle vous fera. De toute façon, après avoir entendu votre prière, l'Ange Elemiah vous fera signe en moins de 24 heures.

Différentes façons de manifester sa présence

Elemiah adore les tortues et les escargots. Elle aime dire que ces deux bestioles lui ressemblent puisqu'elles se cachent sous leur carapace. Toutefois, leur détermination à aider leurs semblables est inestimable et identique à l'énergie de l'Ange Elemiah. Même si Elemiah est un Dieu caché, il n'en demeure pas moins qu'elle se dévoue entièrement à l'humain. Sa dévotion envers lui est inestimable. Elle est également indispensable dans le Chœur des Séraphins. Elle est leur rayon de soleil. L'Ange Lelahel dit qu'Elemiah est une source d'inspiration pour lui et pour tout le Chœur des Séraphins.

Elemiah adore l'odeur du bouquet de lilas, tout comme son confrère, l'Ange Jeliel. Ces deux adorables Anges ne peuvent résister à la senteur du lilas. Lorsque l'humain parfume sa maison avec un encens au lilas, il peut être certain que Jeliel et Elemiah iront y mettre leur nez angélique. Si vous priez l'Ange Elemiah et que vous êtes près d'un bouquet ou d'un encens qui sent le lilas, il est évident qu'elle va inviter Jeliel à la rejoindre. Jeliel fait de même. Lorsqu'Elemiah et Jeliel visitent les demeures, ils laissent leur énergie de douceur, de paix et d'amour.

Si vous entrez dans la pièce où se trouve votre bouquet de lilas et que vous y ressentez un grand bien-être, c'est qu'Elemiah et Jeliel sont passés et, en guise de remerciement, ils vous transmettent leur énergie qui dégage une ambiance de douceur, de paix et d'amour. Cette énergie y restera pendant une semaine, ce qui aura un effet bénéfique sur vous.

Si Elemiah vous fait entendre le mot « **récompense** », c'est qu'elle vous en réserve une belle. Il est maintenant temps pour vous d'être comblé et récompensé pour toutes vos bonnes actions. Soyez attentif puisque, dans les semaines qui suivront, l'Ange Elemiah vous enverra cette récompense. Ses journées particulières sont propices à l'envoi de cette récompense.

Si vous entendez le mot « **semer** », cet Ange vous indique qu'il est temps pour vous de semer un projet, une action, et qu'elle vous aidera dans la récolte de celui-ci.

Si vous entendez le mot « **enfant** », Elemiah vous dit qu'il est temps de prendre soin de l'enfant en vous, celui qui est caché à l'intérieur de vous. Il besoin d'être réconforté, de guérir ses plaies. L'Ange Elemiah vous demande de prendre du temps pour vous. Cet Ange dit que vous vivez trop dans un univers de stress qui perturbe tout votre être. En prenant du temps pour vous, il vous sera possible de mieux voir ce qui se passe autour de vous et de mieux comprendre les alarmes que votre enfant intérieur vous lance.

Si Elemiah vous fait entendre le mot « **camouflé** », elle vous dit d'être à l'écoute de vos sentiments, de votre personnalité. Elle vous suggère d'arrêter de vous camoufler et de commencer à être vrai. Affichez votre personnalité, vos émotions, vos faiblesses, vos forces. Soyez honnête envers vous-même et envers ceux que vous aimez. Arrêtez d'acquiescer à la demande de tout le monde si cela vous perturbe. Elemiah dit que vous avez le droit de dire non quand les énergies ne sont pas présentes. Si la personne à qui vous refusez de rendre un service est incapable de comprendre votre raison, elle ne mérite pas votre appui.

Elemiah est un Ange qui prône la paix et le respect. Elle affirme que les sentiments négatifs tels que la rancœur, le ressentiment, l'amertume, la contrariété et le mécontentement ont provoqué des guerres entre les humains. Ils ont brisé des amitiés et des familles. L'amour a alors fait place à la haine. Toutes ces situations auraient pu être évitées si l'humain avait été honnête avec lui-même dès le départ.

Elemiah a le pouvoir de réparer les pots cassés. Toutefois, elle aime mieux voir les humains se respecter, s'aimer et s'entraider plutôt que d'être obligée de réparer leurs erreurs. Par contre, si ceux-ci ont commis des erreurs et qu'ils ont fait mal aux autres, l'Ange Elemiah leur prêtera main-forte et elle les aidera à réparer leurs fautes. Elle leur donnera la force d'aller de l'avant et de demander pardon.

Elemiah peut aussi vous faire entendre les mots suivants : « **soie** », « **candeur** », « **douceur** » et « **respect** ».

Autres représentations symboliques

Un des signes préférés de l'Ange Elemiah est de jeter des pièces de monnaie sur le sol pour que vous les ramassiez. Vous pourriez retrouver quatre pièces de monnaie ou quatre cents. Elle adore faire ce signe à l'humain.

Un autre de ses signes particuliers est d'emprunter le corps d'un humain afin de pouvoir vous faire un sourire. Toutefois, elle vous dit que, pour que vous la remarquiez bien, elle portera un foulard de soie arborant les teintes de lilas et de rose pâle, ses couleurs préférées. Si une personne vous fait un sourire et qu'elle porte ce foulard, alors vous venez de faire un sourire à Elemiah. D'ailleurs, votre cœur palpitera en sa présence. Cet Ange peut aussi annoncer sa présence par le soleil. Si vous êtes ébloui par l'astre lumineux, il y a de fortes chances qu'il s'agisse de l'énergie de l'Ange Elemiah.

La Lumière d'Elemiah est remplie de candeur, de joie et de paix. Cet Ange adore manger de la barbe à papa rose. Elemiah dit qu'elle déguste chaque petit morceau et qu'elle les mastique lentement. Si vous vous retrouvez par hasard près de cette friandise, ne soyez pas surpris si vous avez envie de la manger. Ce sera évidemment l'Ange Elemiah qui vous infusera ce désir. Elle vous en prendra sûrement un petit morceau lorsque vous aurez le dos tourné!

Si l'Ange Elemiah vous montre de **la ouate en coton**, elle vous indique qu'il est temps pour vous de soigner vos plaies ou les blessures que vous avez causées à autrui. Il y a de fortes chances qu'une situation vous cause de la peine et de la douleur ou que vous soyez l'élément déclencheur d'une douleur ou d'une peine autour de vous. Par ce signe, l'Ange Elemiah vous dit qu'il est temps pour vous de pardonner et de tourner la page ou de réparer les pots cassés. Par la suite, votre santé s'en portera mieux.

Si Elemiah vous montre **quelqu'un en train de réparer un objet** ou que vous-même, inconsciemment, réparez un objet, Elemiah vous indique que vous possédez tout ce qu'il faut pour réparer les pots brisés. Il n'en tient qu'à vous de le faire et de retrouver le chemin du bonheur.

Comme Elemiah adore les enfants, elle vous en montrera en train de s'amuser et de rire aux éclats. Elle vous indique ainsi qu'elle choisira une journée en particulier lors de vos neuf jours de prière et qu'elle vous enverra des situations qui vous feront rire aux éclats.

Si vous êtes dans la saison des lilas lorsque vous la priez, il y a de fortes chances qu'Elemiah envoie quelqu'un vous en porter un bouquet. Ce sont ses fleurs préférées. Elle adore leur odeur.

Spécialités de l'Ange Elemiah

Si vous êtes tourmenté par toutes sortes d'idées noires et suicidaires ou si vous êtes tourmenté par les événements de votre vie, priez l'Ange Elemiah. Elle vous infusera sa Lumière bienfaitrice qui calmera vos états d'âme, ce qui vous permettra de retrouver un bel équilibre par la suite. Elemiah n'aime pas voir l'humain triste et malheureux. Cet Ange possède le pouvoir de mettre un terme à une période difficile et malheureuse et d'en commencer une autre beaucoup plus heureuse. Elemiah vous infusera sa Lumière de force et de courage. Elle vous permettra de vous relever malgré la douleur qui vous assaille. Grâce à cette Lumière, il vous sera possible de sortir de votre gouffre. De plus, Elemiah vous aidera à bien organiser votre vie pour que vous puissiez retrouver rapidement le chemin du bonheur et de la joie de vivre. Elemiah guidera vos pas vers une route nouvelle beaucoup plus harmonieuse et bénéfique pour votre bien-être.

Elemiah a aussi le pouvoir de réparer. Elle vous aidera à réparer les pots que vous briserez par votre attitude. Cet Ange n'aime pas voir l'humain malheureux ou en bataille avec son prochain. C'est la raison pour laquelle elle vous fera prendre conscience du tort que vous vous causé et de celui que vous causé à autrui. Elemiah affirme que lorsque vous faites mal à votre prochain, le jour où vous aurez mal viendra. Elle ajoute que les paroles méchantes provoquent des guerres inutiles dont les seules victimes sont, la plupart du temps, les personnes qui essaient de réparer les pots cassés causés par les paroles et la vengeance.

Elemiah sait de quoi elle parle puisqu'elle est l'Ange qui a descendu sur terre lors des attentats du 11 septembre 2001. Elle a dû infuser dans le cœur des victimes sa Lumière de paix pour que celles-ci ne se laissent pas envahir par les sentiments de révolte, ceux de l'Ombre. C'est la raison pour laquelle si vous priez l'Ange Elemiah, sa Lumière sera assez intense pour que d'anciens adversaires deviennent des amis ou que des rivaux actuels vous respectent malgré la discorde qui existe entre vous. Il serait aussi bien de prier l'Ange Haiaih pour faire un traité de paix. Ainsi, vous éviterez bien des ennuis. De plus, sa Lumière vous montrera le vrai visage des gens qui vous entourent. Cet Ange vous permettra de voir qui sont vos vrais amis et qui sont ceux que vous devez fuir.

Autres raisons de prier l'Ange Elemiah

Si vous êtes en conflit avec vous-même, priez l'Ange Elemiah. Elle vous aidera à mieux combattre vos défauts. Elle vous permettra aussi de faire une bonne analyse de vous-même tout en vous faisant prendre conscience de vos défauts et faiblesses. Lorsqu'une bonne analyse est faite, c'est beaucoup plus simple d'y apporter l'amélioration nécessaire grâce à la conscience des points à travailler. Cet Ange vous révélera tout le potentiel qui gît à l'intérieur de vous et vous donnera envie d'améliorer votre vie. Rapidement, vous deviendrez maître de votre vie et de vos décisions. Vous serez en équilibre dans tous les aspects de votre vie.

Elemiah travaille en collaboration avec l'Ange Nemamiah pour mieux découvrir votre orientation professionnelle. Lorsque vous aurez choisi votre domaine, Elemiah travaillera en collaboration avec l'Ange Ménadel pour vous trouver du travail dans votre discipline. Cet Ange apporte du succès dans la vie professionnelle. Il vous suffit de la prier. Sa Lumière apporte du succès dans tous les travaux que vous entreprenez. Cet Ange possède le pouvoir de conduire l'humain vers l'aisance et le bonheur.

Elemiah est l'Ange protecteur de tous les voyageurs. Elle les protège autant sur terre que sur mer. Elle a la même mission que l'Ange Seheiah. Avant de voyager, faites purifier un objet que vous porterez sur vous lors de votre voyage. Cet Ange vous protégera et fera de votre voyage une belle réussite. Elle vous permet également d'éviter les excès de vitesse, la négligence, le manque d'attention lors de la conduite en automobile ainsi que la rage au volant. Il vous suffit de la prier et de lui demander de vous infuser sa Lumière de paix.

Note aux enfants d'Elemiah

À votre naissance, l'Ange Elemiah vous a fait le don de sa Lumière d'équilibre qui vous permet de bien diriger votre vie. La Lumière de cet Ange vous permet de vous relever facilement lorsque survient une épreuve.

Elemiah vous a aussi fait le don de sa Lumière qui vous permet de mieux voir les gens autour de vous. Lorsque vous rencontrez une personne et que sa personnalité ne vous procure aucune confiance, écoutez votre voix, puisque ce que vous percevez est exactement ce que cette personne peut vous apporter. Votre jugement est bon. Faites-vous confiance. Ainsi, vous éviterez des erreurs.

N'oubliez pas que l'Ange Elemiah apporte des récompenses à ses enfants. Cet Ange sème le bonheur. Priez-la et vous verrez jaillir de belles récompenses.

Réclamer l'aide de l'Ange Elemiah

Choisir un projet et le « semer »

La mission de l'Ange Elemiah est de vous infuser sa Lumière de pouvoir pour vous aider à réaliser l'un de vos projets. Inscrivez-lui un projet et cet Ange vous aidera à le concrétiser. Toutefois, il doit être réaliste et il doit vous permettre d'avancer dans la vie. Par exemple, vous pouvez demander à Elemiah de vous aider à perdre poids ou à arrêter de fumer. Vous pouvez aussi lui dire que vous aimeriez changer d'emploi ou retourner aux études. Peu importe. L'important, c'est d'avoir le goût de réussir l'un des projets que vous avez en tête. La mission de l'Ange Elemiah est de vous donner le pouvoir de le concrétiser. Formulez-lui un seul projet à la fois. Quand celui-ci est atteint, demandez-lui-en un deuxième, et ainsi de suite.

Si vous entendez le mot « **semer** », Elemiah vous indique que votre projet vous permettra de recevoir les récompenses que vous méritez. Vous récolterez donc ce que vous aurez « semé »! Si vous avez mis toute votre énergie dans ce projet, vous serez emballé par les résultats. Votre récompense dépassera vos attentes.

Avant d'écrire votre projet, prenez une minute d'intériorisation pour bien réfléchir à ce que vous demanderez à l'Ange Elemiah. Quand vous serez prêt, inscrivez ci-dessous votre projet.

_____

_____

Combattre ses défauts

Pour mieux combattre vos défauts, vous devez d'abord les reconnaître et les accepter. En prenant conscience de vos faiblesses, il vous sera plus facile de les améliorer ou de les chasser. Prenez un moment pour faire une introspection et noter vos faiblesses.

Quel est le défaut dont vous aimeriez vous débarrasser grâce à l'aide de l'Ange Elemiah? Prenez le temps d'y penser et inscrivez-le ci-dessous :

_____

La mission de l'Ange Elemiah est de vous faire prendre conscience du danger que peut provoquer ce défaut en vous et autour de vous. Dans l'année qui vient, cet Ange vous aidera à vous débarrasser de ce défaut ou à l'atténuer.

Connaître les gens qui vous entourent

Pour mieux connaître le rôle de toutes les personnes qui vous entourent, demandez à l'Ange Elemiah de vous montrer qui elles sont. Il est important de noter que cet exercice ne vise pas la destruction des individus. Au contraire, si vous demandez quel est le rôle d'une personne pour pouvoir ensuite la détruire, l'Ange Elemiah ne vous aidera pas.

Le but de cet examen est de comprendre le rôle que joue chaque personne dans votre vie. La raison pour laquelle Elemiah veut aider l'humain, c'est parce qu'elle affirme qu'il a tendance à négliger les bons individus et à se soumettre à ceux qui ne le méritent pas. Elemiah veut donc vous aider à prendre conscience de cette faiblesse en vous. C'est la raison pour laquelle elle a comme mission de vous montrer le rôle de chaque personne que vous lui mentionnerez.

Si vous demandez à Elemiah de vous montrer le rôle de quelqu'un, elle le fera. Sa mission est de vous envoyer des événements reliés à cette personne tout au long de la semaine. Vous verrez exactement son comportement envers vous. Elemiah vous demande de commencer par deux personnes à la fois. Cela vous permettra de mieux voir leurs rôles et de bien les analyser.

N'oubliez pas que l'Ange Elemiah vous permet de mieux voir le rôle des personnes pour votre bien-être. Si, pour une raison ou une autre, vous vous emportez à cause du comportement d'une personne et que vous perdez les pédales, l'Ange Elemiah ne vous aidera plus. Son but est de vous protéger, de vous montrer le rôle de ces gens pour que vous soyez conscient de qui ils sont et de ce qu'ils peuvent vous apporter dans votre vie, positivement et négativement.

N'oubliez pas que vous êtes le libre arbitre de votre vie. Lorsque vous êtes conscient du rôle que chaque personne peut y jouer, vous êtes conscient du bien ou du tort qu'elle peut causer. Il n'en tient qu'à vous de décider de la place que vous lui laisserez dans votre vie!

Si vous êtes prêt à connaître le rôle de deux personnes qui vous entourent, inscrivez leurs noms :

1. _____ 2. _____

Lorsque vous aurez compris leur rôle respectif, vous pourrez en écrire le nom de deux autres personnes.

Bâtir un autel pour accueillir l'Ange Elemiah

Napperon : à votre goût ou le remplacer par un bouquet de lilas ou de fleurs.

Couleurs : rose pâle, violet et or.

Bougies : blanches, roses, violettes ou bleues.

Encens : myrrhe, oliban et muscade.

Odeurs : lilas ou clou de girofle.

Psaume à réciter lors du rituel

« Ne m'abandonnez pas, Ô Éternel!
Mon Dieu, ne vous tenez pas éloigné de moi. »

Psaume 6, verset 5

5. MAHASIAH
(Paix, apprentissage, confiance en la vie)

« Soyez Lumière, amour, respect. Ce sont les fondements de la paix. »
« C'est dans la paix que vous retrouverez votre liberté! »
« Peace and love. »

Ange idéal

Mahasiah est l'Ange idéal de toutes les personnes qui ont régulièrement des sautes d'humeur et qui se laissent emporter par des émotions négatives. En priant Mahasiah, sa Lumière améliorera votre caractère et elle vous fera prendre conscience du danger que peuvent provoquer vos sautes d'humeur sur votre entourage.

Mahasiah est aussi l'Ange idéal de ceux qui cherchent du travail. Cet Ange travaille avec l'Ange Ménadel. Ensemble, ils guideront vos pas vers les endroits où il vous sera permis de solliciter un emploi puisqu'il y aura de la disponibilité. Avec ces Anges, vous ne manquerez jamais de travail. Voilà l'importance de les prier et de les intégrer dans votre vie!

L'énergie de Mahasiah est très différente de celle de sa consœur Elemiah. Mahasiah est grande et puissante. Elle est entourée d'énergie qui émane de tous les sens. Lorsqu'elle viendra vers vous, vous la ressentirez vivement. Vous serez débordant d'énergie. Vous aurez le goût de tout faire en même temps. Vous ne tiendrez pas en place une minute. Cet Ange n'aime pas voir l'humain inactif. Elle aime le voir bouger. Mahasiah affirme que lorsque vous bougez, vous n'avez pas le temps de penser à vos problèmes. Ne soyez pas surpris d'avoir envie de marcher et de faire de l'exercice. Telle est la vibration que procure l'Ange Mahasiah lorsqu'elle annonce sa présence.

Mahasiah a aussi une autre façon très originale d'annoncer sa présence. Lorsqu'elle aura entendu votre prière, elle vous fera signe par l'une de vos mains. Celle-ci va piquer. Si l'une de vos mains vous picote, Mahasiah vous indique qu'elle vous a infusé une solution pour que vous puissiez régler ce qui vous tracasse.

Mahasiah n'aime pas voir l'humain malheureux à cause de problèmes. C'est la raison pour laquelle elle arrive promptement lorsque vous la réclamez. Comme sa consœur Elemiah, elle annoncera sa présence dans les 24 heures qui suivront votre demande.

Différentes façons de manifester sa présence

Mahasiah aime les papillons blancs et la colombe parce qu'ils sont symboliques pour l'humain. La colombe représente la paix et le papillon représente la liberté. Ce sont deux symboles que Mahasiah déverse sur l'humain. Elle travaille de concert avec l'Archange Michaël pour que les guerres cessent. Mahasiah prône la paix et la liberté.

Mahasiah aime toutes les odeurs qui apportent la paix dans le cœur des gens. Lorsqu'elle viendra vers vous, elle apportera une senteur qui vous calmera et qui entraînera la paix dans votre cœur et dans votre foyer.

Un mot important pour l'Ange Mahasiah est « **solution** ». Par ce terme, l'Ange Mahasiah vous indique qu'elle vous tend sa main angélique et qu'elle vous infusera la solution pour dissiper vos ennuis. Vous verrez de grands changements se produire dans les semaines qui suivront votre demande. Cet Ange vous guidera vers le chemin du bonheur et de la joie. Mahasiah n'aime pas voir pleurer l'humain. C'est la raison pour laquelle elle se dépêche à lui trouver une solution lorsque celui-ci verse des larmes et qu'il est malheureux.

Si vous entendez le mot « **équilibre** », Mahasiah vous indique qu'elle vous infusera sa Lumière d'équilibre qui vous permettra de prendre votre vie en main et d'y apporter l'équilibre nécessaire dans tous les aspects de votre vie.

Si Elemiah vous fait entendre le mot « **concert** », elle vous indique qu'elle vous guidera vers des événements qui marqueront positivement votre vie. Vous serez au diapason de votre vie. De plus, Mahasiah vous réserve une belle surprise qu'elle sera heureuse de vous envoyer lors d'une de ses journées particulières.

Mahasiah peut aussi vous faire entendre les mots suivants : « **sourire** », « **joie** », « **heureux** » et « **paix** ».

Autres représentations symboliques

Un des signes importants de l'Ange Mahasiah est le **symbole de paix** représenté soit par la colombe soit par le signe traditionnel du *peace and love* (paix et amour). Si Mahasiah vous montre ce symbole, elle vous infusera sa Lumière de paix. Elle vous permettra d'être en paix avec vous-même et avec les autres.

Un autre signe important de Mahasiah est d'emprunter le corps d'un humain pour venir vous serrer la main. Vous trouverez ci-dessous tous les signes qu'elle vous fera lorsqu'elle sera dans le corps d'un humain.

Premièrement, ne soyez pas surpris si un étranger vous offre une poignée de main. Serrez-lui la pince puisque ce sera l'énergie de Mahasiah qui sera présente. D'ailleurs, vous allez vite ressentir une sensation de bien-être et de douceur lorsque vous lui tendrez la main.

Elle peut aussi vous adresser un clin d'œil. Si un quelqu'un vous fait un clin d'œil, souriez-lui puisque c'est Mahasiah qui vous l'envoie. Cet Ange peut aussi vous montrer un militaire en uniforme.

Si une personne vous adresse un large sourire, répondez-lui. Si une personne vous dit « **bonjour** », saluez-la. Si **quelqu'un vous tend la main pour vous aider**, acceptez son aide. Par ces signes, l'Ange Mahasiah vous indique qu'elle vous aidera à vous relever, qu'elle vous conduira vers une route plus favorable et bénéfique pour vous.

Spécialités de l'Ange Mahasiah

Mahasiah est un Dieu sauveur. Sa mission est de sauver l'humain et la planète sur laquelle il vit. Cet Ange a un signe de paix dans son cœur. Sa principale mission est d'œuvrer en faveur de la paix dans le monde puisqu'elle n'aime pas les disputes ni les batailles. Mahasiah affirme que les querelles déclenchent des guerres inutiles qui pourraient être évitées si tout le monde avait ce symbole de paix en lui.

Mahasiah travaille en collaboration avec l'Ange Nemamiah pour que les guerres cessent et pour rétablir la paix dans le monde. L'Ange Elemiah et les Archanges Michaël et Melkisédeq viennent aussi leur prêter main-forte dans cette quête de la plus haute importance. Ces Anges n'aiment pas voir souffrir l'humain à cause de guerres inutiles. Les Anges affirment que les guerres détruisent physiquement, moralement et émotionnellement l'humain. Comment voulez-vous que la paix règne en ce monde si vous vous battez pour cette paix? Selon Mahasiah, c'est un non-sens.

Toutefois, cet Ange vous dit que si vous lui demandez de vous infuser son sceau de paix en vous, il y a de fortes chances que vous voyiez que vous n'avez plus besoin de vous battre pour obtenir la paix. Si vous reflétez la

Lumière, celle-ci se propagera autour de vous. Telle sera l'efficacité du sceau de cet Ange en vous.

Mahasiah prône la paix. Lorsque vous la prierez, sa Lumière vous permettra donc de vous réconcilier et de faire la paix avec vous-même et avec ceux que vous avez blessés. Cet Ange vous apprendra à pardonner. Mahasiah vous aidera à réparer vos erreurs pour que vous puissiez par la suite continuer votre route de façon sereine et paisible. Sa Lumière vous permet de vivre en paix et en harmonie.

Cet Ange prend aussi soin de tous les militaires. Elles leur apportent son soutien et sa Lumière de paix. Mahasiah travaille très fort pour que chaque être puisse avoir dans son cœur la paix véritable, son sceau de paix. Tous les militaires devraient prendre le temps de prier Mahasiah et de lui demander de leur infuser son sceau de paix.

Portez sur vous un objet que vous ferez purifier par ce magnifique Ange. Cela vous protégera et vous aidera à propager la Lumière de la paix!

Autres raisons de prier l'Ange Mahasiah

Mahasiah peut aider un enfant, ou un adulte, qui éprouve des difficultés d'apprentissage. La Lumière de cet Ange va l'inciter à continuer à apprendre et à bien intégrer l'enseignement étudié. De plus, cet Ange mettra sur le chemin de cet être une personne-ressource qui saura bien l'aider à avoir confiance en son potentiel et l'encourager dans l'apprentissage de sa matière.

Grâce à la Lumière de cet Ange, vous pouvez facilement réussir un examen important. À ce sujet, l'Ange Mahasiah travaille en collaboration avec Véhuiah. Ces deux magnifiques Anges vous aideront à vous souvenir de la matière étudiée pour que vous puissiez par la suite réussir votre examen. Faites purifier un objet que vous porterez lors de l'évaluation. Cet objet agira à titre de talisman et vous donnera l'audace nécessaire de bien réussir votre examen.

Si vous vous êtes égaré en cours de route et que vous aimeriez reprendre le droit chemin, priez Mahasiah. Elle vous redressera et vous conduira vers une étape favorable de votre existence pour que vous puissiez reprendre confiance en la vie. Ceci vous permettra de faire des pas assurés vers un avenir prometteur rempli d'événements positifs.

Si vous vous intéressez de près ou de loin aux sciences nouvel âge et que vous voulez bien comprendre les préceptes concernant l'alchimie, l'astrologie, la kabbale, les Anges et leur univers, méditez sur Mahasiah. Demandez-lui qu'elle vous infuse sa Lumière de connaissance. Cela vous permettra de mieux comprendre ces sciences et de mieux les utiliser, soit pour votre bien-être soit pour celui de votre entourage.

Note aux enfants de Mahasiah

À votre naissance, l'Ange Mahasiah vous a fait le don de sa Lumière de paix. Vous avez horreur de la chicane et des batailles. Pour bien fonctionner, vous avez besoin de paix et de calme. Lorsqu'une tempête surgit dans votre vie, vous devez rapidement la souffler. Si vous ne réglez pas immédiatement le problème, tout votre être en souffrira.

Cet Ange vous a aussi donné de beaux yeux au regard profond et séducteur. Tous ceux qui vous côtoieront seront charmés par ce regard qui monopolise leur attention et qui les magnétise. Ils ne peuvent pas vous résister, ce qui vous aidera à obtenir leur appui. Pour avoir ce regard profond, priez Mahasiah. Il vous permettra d'être en harmonie et en équilibre avec votre âme, votre cœur et votre être.

Mahasiah vous a aussi fait le don de sa Lumière de solution. Grâce à elle, tout peut se résoudre. Mahasiah vous donnera l'énergie nécessaire pour vous sortir de situations embarrassantes et difficiles.

En priant Mahasiah, vous pourriez aussi obtenir sa Lumière de connaissance qui vous permettra de bien comprendre les sciences nouvel âge. Il vous suffit de lui faire une demande et de la prier.

Réclamer l'aide de l'Ange Mahasiah

Vous voulez faire la différence? Commencez dès maintenant à marcher avec un sentiment positif et vous verrez que la Terre et l'Univers changeront, que l'attitude des gens s'améliora, que la souffrance s'estompera, que tous ses sentiments d'Ombre dont la Terre est victime s'atténueront. Cela ne veut pas dire que tout changera du jour au lendemain, mais vos pas feront une grande différence. Demandez à l'Ange Mahasiah de vous soutenir dans cette action.

Bâtir un autel pour accueillir l'Ange Mahasiah

Napperon : tissu avec des images de colombe ou un signe de paix.

Couleurs : rose, violet, or et blanc.

Bougies : blanches, roses ou bleues.

Encens : myrrhe et oliban.

Odeurs : fleur d'oranger et rose blanche.

Psaume à réciter lors du rituel

« *J'ai cherché l'Éternel. Il m'a exaucé. Il m'a délivré de toutes mes terreurs.* »

Psaume 24, verset 5

6. LELAHEL
(amour, bonheur, partenaire idéal)

« *Vivez dans la joie et dans l'harmonie.* »

« *Chantez votre bonne humeur.* »

« *Nul besoin d'appliquer toutes sortes d'artifices pour être joli. Votre beauté rayonne de l'intérieur. C'est ce que votre âme dégage qui est important.* »

« *Aimez-vous tel que vous êtes puisque vous êtes le reflet de Dieu.* »

Ange idéal

Lelahel est l'Ange idéal des artistes puisqu'il leur permet de réussir leur carrière artistique. Sa Lumière peut même attirer vers eux la fortune et la célébrité. Il leur suffit de le prier. Il en est de même pour les scientifiques. Priez cet Ange et il vous aidera à réussir vos examens et à vous tailler une place de rêve dans la société.

Lelahel est aussi l'Ange idéal des célibataires à la recherche d'un partenaire amoureux. Cet Ange guidera vos pas vers l'être qui vous mérite. Votre cœur sera rempli de joie et d'amour.

L'Ange Lelahel possède une vibration très élevée puisqu'il est le Dieu des amoureux, de l'amour véritable. Dès qu'il sera près de vous, vous allez vivement le ressentir. Vous serez envahi par un sentiment enflammé. Vous serez heureux et joyeux, ce qui vous portera à siffloter, à chanter et à virevolter! Les gens autours de vous risquent de ne pas vous reconnaître tellement vous serez rempli d'amour et d'énergie. Cette belle énergie se propagera autour de vous. Vos proches souriront et se plairont de vous voir si heureux et en harmonie.

Ne soyez pas surpris si cette forte dose d'énergie que vous a insufflée l'Ange Lelahel vous donne le goût de faire du ménage et de nettoyer tout ce qui vous dérange. Vous humerez même l'odeur du savon. Lelahel dit qu'il aime bien l'odeur du savon puisque cela représente la propreté dans tous les sens du mot. Si Lelahel vous insuffle le goût de faire du ménage, il vous dit qu'il est temps pour vous de nettoyer et de rafraîchir vos pièces. Cela vous aidera sur le plan de vos énergies.

Cet Ange affirme que lorsqu'une pièce est en désordre et remplie de poussière, inconsciemment et consciemment, cela dérange l'humain et l'empêche de créer. Voilà l'importance de prendre soin de la pièce où vous travaillez, de la pièce où vous méditez et surtout de votre chambre à coucher. Ainsi, dans la propreté, vos énergies seront meilleures. L'Ange Lelahel est sans doute le créateur du feng shui. Il a peut-être emprunté temporairement le corps d'un humain pour apporter cette création sur Terre pour le bien-être de l'humain. Qui sait?

Lelahel est un Ange qui possède une beauté incommensurable à un point tel qu'il peut être comparé à un diamant qui brille au soleil. Pour annoncer sa présence, il fera étinceler sa beauté. Certains risquent de voir de belles énergies de Lumière en forme de cœur ou de note de musique se promener dans la pièce. Cela durera seulement quelques secondes, mais assez long-temps pour que vous puissiez comprendre que l'Ange Lelahel est présent.

Il viendra vers vous selon l'urgence de la demande. Si votre demande est très urgente, vous allez ressentir sa vibration en quelque six minutes. Toutefois, l'Ange Lelahel peut prendre de six à neuf jours avant de manifester sa présence. Lorsqu'il vous annoncera qu'il est présent, il ne vous quittera pas tant et aussi longtemps que vous ne trouverez pas l'harmonie dans votre vie. Cet Ange mettra du temps avant d'arriver près vous puisqu'il ira chercher toute l'aide nécessaire de tous ses confrères pour vous aider à trouver votre voie, votre bonheur.

Différentes façons de manifester sa présence

Il est évident que les animaux préférés de l'Ange Lelahel sont les oiseaux qui représentent l'amour. En anglais, ils portent le nom de *lovebirds* (colombes affrontées). Lelahel aime voir ces oiseaux se transmettre leur amour. Il affirme que si tous les êtres humains possédaient un peu d'énergie des *lovebirds*, il y aurait moins de guerre et plus d'amour sur terre.

Cet Ange adore l'odeur de la cannelle. Savez-vous qu'il est friand des petits cœurs à la cannelle? Il ne peut leur résister lorsqu'il en voit! Il y a de fortes chances, lorsqu'il viendra vers vous, qu'il vous donne le goût de manger des sucreries à la cannelle.

Lelahel est un Ange qui vous donne des chances si vous êtes aptes à les saisir. Si Lelahel vous fait entendre le mot « **chance** », c'est qu'il envoie sur votre chemin des situations qui amélioreront plusieurs aspects de votre vie. Soyez attentif et saisissez les occasions qui se présenteront sur votre chemin. Ces possibilités vous apporteront tout ce dont vous avez besoin pour être heureux et en harmonie avec votre vie.

Si vous entendez le mot « **valeur** », l'Ange Lelahel vous dit de mettre en valeur votre beauté naturelle et votre personnalité. Aimez-vous tel que vous êtes, car vous valez plus que vous ne le pensez. Peut-être vous sous-estimez-vous? C'est l'une des raisons pour laquelle l'Ange Lelahel vous fait entendre ce mot. Lelahel vous dit de prendre le temps de vous regarder dans le miroir et de vous lancer des paroles positives. Pendant une semaine, amusez-vous à vous dire des mots gentils. Vous verrez que cela se reflétera sur votre personnalité. Les gens autour de vous le remarqueront.

Cet Ange affirme que lorsque l'humain ne s'aime pas, cela se perçoit dans son énergie. Ce que l'humain pense de lui-même, les gens le penseront aussi. Voilà l'importance de vous sentir bien dans votre peau et d'aimer tout simplement la personne que vous êtes. Lelahel vous dit ne pas être narcissique, mais d'être vous, sans feu d'artifice ni tyrannie. Vous verrez que l'attitude des gens envers vous changera puisque vous démontrerez de l'assurance et un bien-être.

Un autre mot important pour l'Ange Lelahel est « **harpe** ». Par ce terme, l'Ange Lelahel vous dit qu'il mettra dans votre vie son énergie d'amour et de paix. Si vous vivez une période difficile sur le plan affectif, ce mot aura un effet bénéfique dans votre relation amoureuse puisque l'Ange Lelahel vous indique que vous serez au diapason de vos émotions et de votre relation. Il en est de même si vous êtes célibataire. En vous envoyant ce mot, l'Ange Lelahel vous indique qu'il vous enverra la personne qui fera palpiter votre cœur et qui vous rendra heureux. Qu'importe la situation pour laquelle vous avez réclamez de l'aide. Grâce à ce mot, l'Ange Lelahel vous indique que vous serez au diapason de votre événement. Cet Ange vous indique qu'il vous accorde le bonheur, qu'il acquiesce à votre demande.

Pour ce qui est du mot « **nettoyer** », l'Ange Lelahel s'en sert pour vous indiquer qu'il est temps pour vous de faire du ménage. Ce peut être dans votre foyer, vos affaires, votre travail, votre vie amoureuse. Si Lelahel vous a fait entendre ce mot, il y a définitivement dans votre vie place à l'amélioration. Il serait important pour vous de vérifier la matière que vous négligez et de vous y mettre à fond pour bien régler et faire le ménage nécessaire. Il est certain que, après avoir fait ce nettoyage, vos énergies se porteront mieux. De plus, il vous sera beaucoup plus facile de réaliser vos désirs.

Lelahel peut aussi vous faire entendre les mots suivants : « **magnifique** », « **beauté** », « **note** », « **musique** » et « **cœur** ».

Autres représentations symboliques

L'Ange Lelahel aime faire rire l'humain. Il est évident que vous rirez de la plupart des signes qu'il vous fera. Ce charmant Lelahel est très taquin. Au fait, il est un bel amour d'Ange!

Lelahel adore le savon. Il y a de fortes chances qu'il vous en montre tout au long de la semaine que vous le prierez. Il aime aussi les bulles que forme le savon. Ne soyez pas surpris de voir votre savon faire des bulles non habituelles. Vous allez comprendre que Lelahel y est pour quelque chose. Il peut même envoyer sur votre chemin un enfant qui fera des bulles avec un jouet.

Aussi bizarre que cela puisse paraître, l'Ange Lelahel peut **faire disparaître votre savon**. Si vous constatez sa disparition, ne sermonnez pas votre entourage! C'est Lelahel qui utilise ce signe pour vous dire qu'il est temps de faire du ménage dans votre vie… ou dans votre demeure.

Si Lelahel vous infuse sa Lumière d'énergie, celle-ci se mettra à l'œuvre et vous fera faire du ménage tout au long de la semaine. Il n'y aura plus une once de poussière sur vos meubles lorsque Lelahel quittera votre demeure.

Cet Ange adore le son de la harpe. D'ailleurs, il en joue au royaume de Dieu. Tous ses confrères et consœurs se plaisent à l'écouter. Lelahel est un vrai prodige. En l'écoutant jouer, tous vibrent au son de sa harpe. Ne soyez pas surpris d'écouter une **musique comportant des sons de harpe** ou de **voir quelqu'un en jouer**. Ce son vous fera vibrer intensément puisque Lelahel vous infusera son énergie. Ce signe sera important pour vous. Lelahel vous indique qu'il mettra de l'harmonie dans votre vie et qu'il l'égayera. Vous serez au diapason des événements qui se produiront dans votre vie, surtout si Lelahel vous envoie en même temps des notes de musique. Si vous voyez des notes, ces signes sont importants puisque chacun d'eux voudra dire que Lelahel vous envoie un événement positif pour que vous puissiez retrouver l'harmonie, la joie de vivre et le bonheur.

L'Ange Lelahel adore les chiffres 6 et 8. Le 6 le représente et le 8 représente l'infini. Pour Lelahel, ils signifient « l'amour infini ». D'ailleurs, c'est l'amour qu'il porte envers l'humain. Tout au long de la semaine, il vous montrera ces chiffres. Il peut même vous faire trouver six ou huit pièces de monnaie par terre.

Lelahel adore toutes les friandises à la cannelle. Si vous vous retrouvez près d'elles, il y a de fortes chances qu'il vous donne envie d'en acheter et d'en manger. Lorsque vous aurez le dos tourné, il en profitera peut-être pour vous en prendre un peu!

Ne soyez pas surpris de voir briller un diamant au soleil. La lueur que dégagera cette pierre précieuse sera superbe. Vous allez vite comprendre que c'est la lueur de la Lumière de l'Ange Lelahel qui fait briller cet objet.

Si vous trouvez une **carte ornée d'un cœur**, ce signe est très important si vous réclamez l'amour dans votre vie. L'Ange Lelahel vous indique qu'il envoie sur votre chemin votre partenaire idéal pour que vous puissiez vivre une belle histoire d'amour. Lelahel travaillera en équipe avec les Anges Haamiah et Jeliel. Ces trois magnifiques Anges rempliront votre cœur de joie et d'amour!

Un signe particulier que peut vous faire Lelahel, si vous n'avez pas compris ses manifestations, est d'envoyer quelqu'un vous demander de lui faire une boucle avec un ruban de soie ou autre. Par ce signe, l'Ange Lelahel dit que vous allez comprendre qu'il est avec vous et qu'il a bien entendu votre prière. De plus, Lelahel peut vous montrer une belle boucle rouge.

Spécialités de l'Ange Lelahel

Lelahel a comme mission de rendre heureuses toutes les personnes qui ne le sont pas. Lelahel est le Dieu des amoureux, de l'amour véritable. Sa mission est de vous envoyer le partenaire idéal pour que vous puissiez vivre une belle histoire d'amour. Lelahel dit qu'il est heureux lorsque l'humain est en amour.

Lelahel infusera dans le cœur de celui qui le priera un cœur. Le cœur est le symbole qui le représente. Dans ce cœur, il y a une flamme. Cette flamme agit pour attirer la flamme jumelle de l'humain, soit la flamme qui correspondra à sa demande. Pour aider l'humain dans sa quête de l'amour, Lelahel travaillera en collaboration avec les Anges Haamiah, Jeliel, Anauël et Umabel. L'amour que vous apporteront ces magnifiques Anges sera équilibré. Il s'agira d'un amour qui vous est dû et destiné, d'un amour véritable et durable basé sur le respect, la fidélité, la tendresse et l'harmonie d'être ensemble.

Le rôle de l'Ange Haamiah est de travailler avec Lelahel pour trouver le partenaire idéal afin que l'humain puisse vivre une belle histoire d'amour. Le rôle de Jeliel, c'est de déployer son énergie pour trouver la flamme jumelle, correspondante. Le rôle d'Anauël est de former une unité, une équipe, un tandem, tandis que le rôle de l'Ange Umabel est de vérifier si deux personnes sont compatibles et si elles peuvent vivre ensemble sur le plan amoureux.

L'Ange Lelahel vous permet aussi d'être aimé d'une personne possédant une belle richesse intérieure et un portefeuille bien garni, si vous en faites la demande. Toutefois, votre raison doit être valable et elle doit vous permettre d'avancer spirituellement. Avant de vous accorder cette demande, Lelahel a besoin de l'autorisation du Plan divin. Si le Plan divin accepte votre demande, vous ferez la rencontre d'un être possédant une belle richesse intérieure et financière. Cet être saura vous combler et bien prendre soin de vous.

Cependant, il est important de noter que votre plan de vie doit le permettre et que votre bonté et votre générosité envers autrui doivent toujours avoir fait partie de votre vie. Si, durant toute votre existence, vous avez écrasé votre prochain, ne faites pas la demande. Elle vous sera refusée. De la même manière, si vous faites la demande pour mieux écraser votre prochain parce que vous êtes frustré de l'attitude de certaines personnes qui vous entourent, l'Ange Lelahel vous refusera votre demande. Pour être aimé d'une personne possédant une belle « richesse » dans tout les sens du mot, vous devez avant tout être une bonne personne. Et malgré la rencontre de cet être, votre attitude ne changera pas. Si tel est le cas, il y a de fortes chances que cette demande vous soit accordée. Évidemment, celle-ci n'entrave pas votre plan de vie. N'oubliez surtout pas que l'humain a le droit de recevoir souvent de belles récompenses divines. Il lui suffit de les demander.

Autres raisons de prier l'Ange Lelahel

Lelahel trouve l'humain très beau. Il ne comprend pas pourquoi les gens sont toujours en train de critiquer leur personnalité. Lelahel indique que nul n'a besoin d'appliquer toutes sortes de crèmes, de maquillage ou de subir des opérations esthétiques pour être joli. Cet Ange vous dit d'être vous-même, d'être naturel, puisque votre beauté rayonne de l'intérieur. Il vous aidera, si vous vous trouvez laid, à changer d'opinion au sujet de votre personnalité. La Lumière de cet Ange mettra en valeur votre beauté naturelle. Il vous aidera à prendre conscience de cette beauté intérieure qui rayonne. Cette beauté est la plus importante!

Une autre mission importante de l'Ange Lelahel est de vous aider à bien réussir votre vie, à prendre votre vie en main et à vous diriger vers vos objectifs et vos rêves. Cet Ange est conscient que la vie humaine n'est pas facile. Toutefois, si vous la vivez dans la joie, le bonheur et l'harmonie, votre existence sera remplie et vous la verrez sous un angle différent. Lelahel vous permet de faire de bonnes affaires professionnelles et personnelles. La Lumière de cet Ange vous aidera à réussir ce que vous entreprendrez.

La Lumière de cet Ange peut attirer vers vous la chance, et ce, dans tous les aspects de votre vie. Voilà l'importance de le prier et de l'intégrer dans votre vie. De plus, si le Plan divin accepte, Lelahel peut même vous permettre de gagner une belle somme d'argent à la loterie. À ce sujet, il travaillera en collaboration avec les Anges Anauël et Poyel.

Lelahel est un Ange qui aide l'humain à bien comprendre les événements qui se produisent dans sa vie. Quand l'humain comprend mieux les événements, il est en mesure de les régler rapidement. La Lumière de Lelahel vous permettra d'être optimiste par rapport à vos épreuves. De plus, Lelahel vous aidera à ne pas vous laisser emporter pour des riens. Cet Ange vous donne plusieurs chances de vous rattraper lorsque vous faillez à une tâche ou lorsque vous faites une erreur.

Si vous travaillez avec les énergies pour venir en aide à l'humanité pour l'aider à soulager les blessures et les maladies, vous pouvez demander à l'Ange Lelahel de vous infuser sa Lumière de guérison. Cet Ange donne le privilège, à celui qui en fait la demande et qui vibre dans l'énergie de la Lumière, de guérir son patient par l'imposition des mains. Lelahel travaille en collaboration avec le Chœurs des Vertus. Pour obtenir ce privilège, vous devez être en vibration avec la Lumière. La Lumière de Lelahel est efficace pour soulager les maux de tête, les sinusites, les migraines, les maux de gorge et les problèmes avec les yeux.

Note aux enfants de Lelahel

À votre naissance, l'Ange Lelahel vous a fait le don de sa Lumière de guérison. Si vous vibrez dans l'énergie de la Lumière, vous aurez le pouvoir de guérir par l'imposition des mains.

Lelahel a aussi fait le don de la musique. Certains de ces enfants se démarqueront par la musique, la chanson et ils pourraient même connaître le succès!

De plus, cet Ange vous a fait le don de sa Lumière d'amour qui scintille sur votre prochain. Cet Ange vous permet d'être aimé d'une bonne personne. En le priant, Lelahel vous donnera des bases solides pour bâtir votre famille. Le bonheur et la joie seront votre lot!

N'oubliez pas que votre Ange a comme mission de rendre heureux les gens qui ne le sont pas. Si vous êtes malheureux, priez votre Ange pour qu'il puisse vous conduire vers le chemin du bonheur.

Réclamer l'aide de l'Ange Lelahel

Recevoir le cœur de Lelahel et attirer l'amour

Pour recevoir le cœur de Lelahel et attirer l'amour, il vous suffit de réciter une prière à cet effet. Lorsque Lelahel vous infusera son cœur symbolique, certains aspects de votre vie changeront. Ceci dans le but d'améliorer vos chances de rencontrer la personne idéale.

Il est important de noter que l'Ange Lelahel enverra sur votre chemin la personne idéale pour vous. Tant qu'il ne la trouvera pas, il ne pourra pas vous l'envoyer. Le message qu'il vous transmet est le suivant : « *Soyez patient!* » et vous ne le regretterez pas.

Vous pouvez aussi faire une description de l'être que vous aimeriez rencontrer. Toutefois, demandez à cet Ange la personne qui correspond le mieux à vos affinités. Ainsi, cela prendra un peu moins de temps que si vous écriviez une liste longue de tout ce que vous recherchez. Parfois, notre vie change ainsi que notre perception de la vie. Ce que vous avez inscrit risque de ne plus concorder avec vos attentes. Si vous avez la patience de changer vos critères au fur et à mesure que vous évoluez, alors écrivez comment vous percevez l'être que vous aimeriez rencontrer. Vous pouvez même prendre une photo d'une personne que vous trouvez jolie et demande aux Anges qu'elle lui ressemble.

À noter

Vous ne pouvez pas exiger d'une personne qu'elle vous aime. Par exemple, si vous êtes amoureux d'une personne et que celle-ci ne vous regarde même pas ou qu'elle n'éprouve que des sentiments d'amitié envers vous, vous ne pouvez pas demander qu'elle vous aime. L'Ange Lelahel ne vous aidera pas. Sa mission est d'envoyer sur votre chemin une personne qui sera disponible et prête à vous aimer et à vous rendre heureux. Telle est sa mission envers vous.

Recevoir le don de la guérison par l'imposition des mains

Il n'est pas donné à tous de recevoir le don de guérison. Si votre plan de vie le permet, l'Ange Lelahel se fera un plaisir de vous le donner pour que vous puissiez bien prendre soin de votre prochain. Il sera important pour vous, si vous pratiquez les médecines douces telles que le reiki, la massothérapie, les traitements énergétiques, de le demander à l'Ange Lelahel. Il pourra vous donner le don de guérison. Ceci vous permettra de bien soigner le corps malade. Toutefois, si vous ne pouvez pas avoir le don de guérison, cela ne veut pas dire que vous n'êtes pas une bonne personne et que vos traitements ne sont pas bons. Pour l'instant, la Sphère spirituelle ne peut vous accorder votre demande. Si cela devient possible, vous l'aurez.

Bâtir un autel pour accueillir l'Ange Lelahel

Napperon : tissu simple avec l'image d'oiseaux.

Couleurs : blanc, or et rouge.

Bougies : blanches, rouges, or ou bleues.

Encens : myrrhe, oliban et santal.

Odeurs : citron et cannelle.

Psaume à réciter lors du rituel

« Célébrez l'Éternel qui siège à Sion, proclamez ses hauts faits. »

Psaume 9, verset 12

7. ACHAIAH
(Plan de vie, solution aux problèmes, patience)

« Soyez patient. Ainsi, vous pourrez mieux savourer votre réussite. »

« Pensez avant d'agir. »

« Tournez votre langue sept fois avant de parler. »

Ange idéal

Achaiah est l'Ange idéal de toutes les personnes qui œuvrent à la défense de la nature. Sa Lumière aide les chercheurs à faire de belles découvertes pour le bien de l'humanité. Elle les aide dans leur recherche à trouver la formule adéquate pour guérir et embellir la planète. À ce sujet, l'Ange Achaiah travaille en collaboration avec les Anges Manakel et Melahel.

Achaiah est aussi l'Ange idéal des personnes qui ont des problèmes cardiaques. Elle les aide à se calmer et à prendre soin d'elles. La Lumière de cet Ange avertira la personne atteinte d'une maladie du cœur et sonnera l'alarme lorsqu'elle négligera sa santé.

L'Ange Achaiah est un Dieu bon et patient qui prend le temps d'observer l'humain et ses besoins. Elle veut s'assurer de lui apporter tout ce dont il a besoin dans les moindres détails. Si vous êtes de nature impatiente, l'Ange Achaiah vous aidera difficilement. Cet Ange affirme que la patience est une vertu. Lorsque vous êtes patient, vous pouvez toujours obtenir de bons résultats, parfois même meilleurs que ceux que vous aviez espérés! C'est la raison pour laquelle cet Ange prend son temps avant d'annoncer sa présence. Elle vous observe, vous étudie et analyse vos besoins. Quand elle a terminé, elle sait exactement ce qu'il vous faut pour vous aider et vous conduire vers la route du bonheur. Si vous lui réclamez de l'aide, il faudra être très patient. Achaiah vous aidera à avancer un pas à la fois, mais lorsque vous aurez pris votre décision, vous ne regarderez jamais en arrière. Telle est sa force, telle est sa mission envers celui qui la prie.

Achaiah est un très petit Ange resplendissant. Lorsqu'elle annoncera sa présence, elle viendra sous la forme d'une petite boule de Lumière qui bougera lentement, ce qui vous permettra de mieux la voir. De plus, comme cet Ange vous permettra de faire un pas à la fois, mais d'en faire un bon, lorsqu'elle viendra vers vous, vous la ressentirez au niveau de vos pieds. Vous aurez l'impression que quelqu'un se sert d'une plume douce pour vous chatouiller le pied. Cette sensation vous amènera à frotter vos pieds ensemble.

Différentes façons de manifester sa présence

Achaiah aime beaucoup la chouette et le hibou. Selon elle, ces oiseaux sont très mignons et peuvent ressentir immédiatement un danger et s'en éloigner rapidement. La mission de l'Ange Achaiah envers l'humain est de l'avertir d'un danger et de l'en éloigner rapidement. Si l'Ange Achaiah vous montre, en image ou en réalité, une chouette ou un hibou, elle vous prévient d'un danger. Soyez aux aguets et prenez le temps d'analyser ce qui ne fonctionne pas bien dans votre vie. Si vous avez pris une décision importante et que l'Ange Achaiah vous envoie l'image d'une chouette ou d'un hibou, elle aimerait vous dire de réfléchir à votre décision. Elle n'est peut-être pas aussi favorable que vous le pensez. De toute façon, l'Ange Achaiah vous enverra plein de signes pour vous indiquer ce sur quoi vous devez porter votre attention. Il faudra être très attentif.

L'Ange Achaiah aime tous les parfums très doux. Lorsqu'elle viendra vers vous, vous humerez une odeur de douceur, comme si vous humiez un parfum qui provient d'une autre pièce. Le parfum sera très léger. Il faut évidemment avoir le nez très fin pour pouvoir humer le parfum de l'Ange Achaiah. Toutefois, si vous ne parvenez pas à sentir son odeur, vos pieds vous avertiront de sa présence puisque ceux-ci risquent de piquer!

Il est évident que le premier mot qu'elle risque de vous faire entendre est « **patience** ». Par ce terme, l'Ange Achaiah vous indique d'être patient dans ce que vous réclamez. En étant patient, vous allez mieux apprécier par la suite ce qu'Achaiah vous donnera.

Un autre mot important d'Achaiah est « **observer** ». Si cet Ange vous fait entendre ce mot, c'est qu'elle veut que vous preniez conscience de ce qui se passe autour de vous. Cet Ange veut que vous preniez le temps de bien analyser et d'observer votre entourage. Possiblement qu'il y a des gens qui ne vous méritent pas. Peut-être que vous jugez quelqu'un sans fondement et que cette personne ne reflète pas votre jugement. Peut-être que votre décision n'est pas la meilleure à prendre pour l'instant. Si l'Ange Achaiah vous fait entendre ce mot, il y a de fortes chances que, dans votre vie, il y ait quelque chose de pas clair. Cet Ange veut vous en faire prendre conscience.

Si l'Ange Achaiah vous fait entendre le mot « **mission** », elle vous guidera vers votre plan de vie. Puisque Achaiah vous a fait entendre ce mot, il y a de fortes chances que vous ne soyez pas tout à fait dans la bonne direction. Attendez-vous à vivre des changements dans les mois qui suivront. Toutefois, ces changements amélioreront votre vie.

Si vous lui avez demandé de connaître votre mission de vie, elle vous indique qu'elle va vous envoyer des symboles et des situations pour que vous puissiez la connaître. Cet Ange vous dit également que le rôle le plus important de l'humain est de propager l'amour et le respect autour de lui.

Achaiah peut aussi vous faire entendre les mots suivants : « **chemin** », « **pas** », « **douceur** », « **harmonie** » et « **équilibre** ».

Autres représentations symboliques

La mission de l'Ange Achaiah est de diriger l'humain vers la bonne direction lorsque celui-ci a bifurqué de son plan de vie. C'est la raison pour laquelle cet Ange vous montrera des panneaux de signalisation. Si Achaiah vous montre **un panneau de signalisation portant une flèche pointant vers le haut**, celle-ci vous indique qu'elle vous aidera à avancer vers l'avenir. Elle vous envoie sur le chemin du bonheur. Suivez son énergie et elle vous dirigera exactement à l'endroit où vous rêvez d'être. Pour suivre l'énergie d'Achaiah, il suffit de la prier et de l'intégrer dans votre vie.

Un autre signe qu'elle aime bien faire est d'emprunter le corps d'un humain et de venir vers lui pour lui demander des indications pour se rendre à un endroit précis. Lorsqu'une personne viendra vers vous pour vous demander des indications, le sentiment intérieur que cela provoquera vous fera prendre conscience que vous avez été en contact avec l'Ange Achaiah pendant quelques minutes.

Cet Ange, en guise de taquinerie, peut aussi s'organiser pour que vousmême demandiez des indications pour vous rendre à un endroit spécifique puisque vous serez perdu!

Cet Ange peut également vous montrer quelqu'un en train d'exécuter des pas de danse ou de vous montrer ses pieds ou ses chaussures. C'est sa façon originale de vous dire qu'elle a entendu votre prière.

Achaiah peut aussi vous montrer **une personne en train de soulever un objet**. Sinon, quelqu'un vous demandera d'en soulever un. Si vous voyez une personne soulever un objet, Achaiah vous indique qu'elle vous enverra de l'aide pour vous aider à surmonter un obstacle. Toutefois, si quelqu'un vous demande de soulever un objet, Achaiah vous dit que vous possédez tous les outils pour bien vous en sortir. Fiez-vous à votre bon jugement et à votre intuition et vous ne serez pas déçu!

Spécialités de l'Ange Achaiah

Achaiah permet à celui qui la prie de connaître le plan de vie qui lui est réservé. Puisque Achaiah y a accès, c'est la mission que Dieu lui a donnée, soit celle de connaître le plan de vie de chaque humain pour que, lorsque celui-ci n'est pas sur la bonne route, elle puisse le redresser et le ramener vers le chemin de son plan de vie. Cet Ange travaille avec tous les Anges et les Archanges. Achaiah leur donne toutes les informations importantes concernant le plan de vie de l'humain.

Lorsque vous priez un Ange différent de votre Ange de naissance, il doit, avant de vous aider, consulter votre plan de vie. Premièrement, il doit respecter l'itinéraire de votre plan. Si vous le priez pour un événement et que votre plan de vie ne l'autorise pas, il doit avant tout respecter ce qui est inscrit. C'est la raison pour laquelle les Anges se tournent vers l'Ange Achaiah et lui demande si telles situations ou tels événements peuvent entraver votre plan de vie. Si Achaiah lui donne le feu vert, l'Ange que vous aurez choisi vous accordera exactement ce que vous lui avez réclamé. Toutefois, si l'Ange Achaiah lui refuse, elle lui permettra de comprendre la raison de son refus. Ensemble, ils travailleront pour vous donner un substitut auquel vous avez droit.

Il est évident que vous ne pouvez pas changer votre plan de vie. Toutefois, vous pouvez l'améliorer en intégrant les Anges dans votre vie. Lorsque vous les priez, vous avez droit à de belles récompenses par la suite. S'il leur est impossible de vous accorder un événement, les Anges vous donneront la force et le courage d'aller vers une route différente qui, parfois, sera mieux que celle que vous aviez espérée. Lorsque vous les priez régulièrement, ces Êtres de Lumière vous réservent souvent de belles surprises.

Si, en ce moment, votre vie semble stagner et que rien ne se produit, priez l'Ange Achaiah. Si vous n'êtes pas sur la bonne route, cet Ange vous dirigera vers la route de votre plan de vie, ce qui vous permettra d'avancer et d'évoluer. Lorsque vous êtes sur la bonne route, votre vie est en équilibre avec vos pensées et vos plans. Telle sera la mission de l'Ange Achaiah, celle de vous ramener vers le chemin de l'équilibre.

Achaiah travaille aussi en collaboration avec l'Ange Nemamiah pour aider l'humain à bien accomplir son plan de vie. Le rôle de Nemamiah est de vous donner le courage nécessaire pour mener à bien votre plan de vie. Cet Ange vous aidera à le comprendre et à l'accepter, tandis qu'Achaiah vous redressera et vous conduira exactement à l'endroit où vous devez être.

Autres raisons de prier l'Ange Achaiah

Cet Ange a comme mission de résoudre les problèmes les plus difficiles. Achaiah vous permet de voir le problème en face et de trouver la meilleure solution. Lorsque vous la priez, sa Lumière vous permet de mieux comprendre le sens des épreuves et des problèmes. Achaiah vous aide à comprendre la raison pour laquelle vous vivez telle ou telle situation. Quand l'humain est conscient de ce qui se passe dans sa vie, il est en mesure de trouver lui-même la solution pour s'en libérer.

Vous pouvez aussi prier l'Ange Achaiah pour vous donner le courage nécessaire de bien régler une problématique, et ce, dans la paix et l'harmonie. Lorsque vous devez consulter un médiateur en cas de querelle et de sépara-tion, cet Ange vous permet d'être en contrôle avec vos émotions pour que vous puissiez régler le tout dans le calme et l'harmonie. Si vous devez jouer le rôle de médiateur en cas de querelle, sa Lumière vous aidera à être bon, équitable et juste. Voilà l'importance de la prier si vous devez régler une situation conflictuelle.

L'Ange Achaiah est un « Dieu bon et patient ». La Lumière de cet Ange calme et réconforte. Priez Achaiah et elle vous donnera la patience nécessaire d'entreprendre tous vos projets. Si vous faites un travail qui exige de la pré-cision, priez l'Ange Achaiah. Sa Lumière vous donnera la patience nécessaire pour bien accomplir votre travail.

Cet Ange vous aidera aussi à apprendre à jouer d'un instrument de musique. Elle vous donnera la patience et la persévérance de continuer à apprendre les préceptes de la musique. Il en est de même avec tous ceux qui veulent étudier dans le domaine littéraire, scientifique, journalistique, juridique et artistique, comme la décoration intérieure et le *design*. Cet Ange vous aidera à bien apprendre la matière enseignée. De plus, elle vous aidera à obtenir le succès mérité!

La Lumière de cet Ange développe le goût des études. Si vous avez un enfant turbulent et impatient, priez l'Ange Achaiah. Sa Lumière le calmera. Achaiah lui permettra aussi d'aimer les matières à étudier. La Lumière de cet

Ange lui donnera de l'ardeur s'il a tendance à se « laisser aller ». Cet Ange lui fera prendre conscience des dangers du laisser-aller.

Achaiah dit que si vous voulez réussir votre vie, vous devez avancer et bouger. Si vous vous laisser aller, vous n'avancerez point et vous en souffrirez. Pour atteindre des rêves, des projets, des buts, il faut premièrement vouloir et deuxièmement avancer. Ainsi, vous obtiendrez les résultats rêvés!

Sur le plan de la santé, l'Ange Achaiah aide les personnes cardiaques à ne pas se laisser emporter par toutes sortes d'émotions négatives qui pourraient engendrer des problèmes. Achaiah ne peut pas les guérir, mais elle les aide à vivre mieux et à accepter leur maladie. Elle les aide à bien prendre soin d'elles.

Vous pouvez aussi prier l'Ange Achaiah pour qu'elle vous révèle des secrets cachés. Il est évident que si vous lui faites cette demande, c'est pour une raison importante qui vous aidera à cheminer et à avancer vers votre futur!

Note aux enfants d'Achaiah

À votre naissance, l'Ange Achaiah vous a fait le don de sa claire vision qui vous permet de mieux voir certains événements de votre futur. Elle vous donne souvent des indices lorsque vous n'êtes pas sur la bonne route. Cet Ange vous envoie des alarmes et des signes. Il serait important pour vous de bien les écouter. Ainsi, vous éviterez des dangers de toutes sortes.

Cet Ange vous a aussi fait le don de sa patience de Lumière, ce qui vous aidera à entreprendre n'importe quel travail compliqué et exigeant. Vous avez la force et la patience de tout entreprendre. Évidemment, pour y arriver, vous devez vibrer en Lumière.

Les personnes qui reçoivent cette lumière n'aiment pas travailler avec des gens turbulents et paresseux. Elles aiment travailler dans une ambiance de calme et de sérénité. Elles seront tout de même aptes à travailler dans toutes sortes d'ambiances puisqu'elles possèdent une autre très grande qualité : la persévérance. Cependant, leur moral en prend un coup lorsqu'elles sont harassées par une atmosphère mouvementée.

Réclamer l'aide de l'Ange Achaiah

L'Ange Achaiah peut-il révéler le plan de vie?

Achaiah ne peut pas révéler tout ce que contient votre plan de vie. Toutefois, si vous la priez, elle peut vous donner des indices, soit par le rêve soit par des situations qui se présenteront sur votre chemin. Si Achaiah vous accorde ce privilège, c'est pour vous aider à mieux vous diriger vers vos objectifs et pour mieux avancer vers votre avenir. Par contre, si vous ne faites rien pour améliorer votre sort, Achaiah ne vous aidera pas.

Pour connaître certains détails de votre plan de vie, avant de vous coucher, demandez à l'Ange Achaiah de vous envoyer des indices en ce qui concerne votre plan de vie. Il faudra, à votre réveil, noter tous les symboles qu'elle vous enverra. Toutefois, certains symboles seront tellement importants que vous les comprendrez au moment même où elle vous les enverra.

Si vous avez envie de connaître certains détails de votre plan de vie, récitez ceci : « *Ange Achaiah, révélez-moi certains détails de mon plan de vie.* »

Vous pouvez aussi le demander de cette façon : « *Ange Achaiah, révélez-moi certains détails de mon plan de vie au sujet de ma vie amoureuse.* »

Un seul sujet vous est permis. Quand vous avez tous les détails en main, vous pouvez lui en demander d'autres par rapport à un sujet différent. N'oubliez pas que cet Ange vous donne des indices pour vous faire avancer. Si Achaiah s'aperçoit que vous ne faites rien pour avancer, elle n'acquiescera plus à vos demandes!

Est-ce la bonne route?

Pour savoir si vous êtes sur la bonne route, il suffit de vérifier si votre vie bouge. Si tout est arrêté, que rien ne se produit, que toutes les portes se referment, que vous ne trouvez aucune issue, vous n'êtes plus sur la bonne route. À ce moment-là, il serait important de prier l'Ange Achaiah pour qu'elle vous redresse et vous dirige sur la route de votre plan de vie.

Aider un enfant à aimer étudier

Pour aider un enfant à aimer étudier, récitez la prière concernée et faites purifier un objet par Achaiah. Cet Ange infusera dans cet objet sa Lumière de connaissance qui développera chez votre enfant l'envie d'apprendre et d'étudier. Cet objet peut être une bague, une chaîne, un sac d'école, etc. L'enfant doit le trimballer lorsqu'il ira à l'école.

Avoir de la patience

Pour avoir de la patience, récitez la prière concernée et demandez à Achaiah de purifier un objet que vous porterez sur vous. Celui-ci agira à titre de talisman et il vous calmera lorsque vos émotions d'impatience referont surface.

Découvrir un secret caché

Il suffit de demander à l'Ange Achaiah de vous guider vers la révélation de ce secret. Il est évident que si ce secret doit rester caché, Achaiah ne vous le révélera pas. Si la révélation de ce secret est pour le bien des gens concernés, elle vous le révélera. Sa mission sera de vous guider vers les situations ou les personnes-ressources qui peuvent vous révéler la réponse.

Trouver une solution et se libérer d'un problème

Pour trouver une solution ou vous libérer d'un problème, écrivez à Achaiah ou dites-lui votre problème. Demandez à cet Ange de trouver la meilleure solution en ce qui a trait à ce problème. La mission de l'Ange Achaiah sera de vous envoyer des indices, des situations et des personnes-ressources qui auront la solution en main. Ensuite, il n'en tiendra qu'à vous de l'appliquer.

Avez-vous actuellement un problème pour lequel vous aimeriez que l'Ange Achaiah trouve la meilleure des solutions pour vous en libérer? Si oui, inscrivez-le. Il est important d'inscrire un seul problème à la fois. Quand ce problème sera résolu, vous pourrez en inscrire un second, et ainsi de suite. L'Ange Achaiah vous aidera à trouver la meilleure solution. Les dates qui la représentent seront aussi très importantes. Soit qu'elle vous enverra la solution lors de ces dates, soit que la prochaine fois qu'elle sera sur Terre, le tout sera réglé pour vous. Avant d'écrire votre problème, fermez les yeux et prenez une minute d'intériorisation. Lorsque vous serez prêt, inscrivez ce problème ci-dessous.

_____

_____

Bâtir un autel pour accueillir l'Ange Achaiah

Napperon : tissu avec l'image de la chouette ou du hibou.

Couleurs : or et les couleurs douces teintées de rose et de lilas.

Bougies : blanches, rose pâle ou bleues.

Encens : myrrhe, oliban et mastic

Odeurs : muscade, menthe et parfums doux

Psaume à réciter lors du rituel;

« L'Éternel est clément et miséricordieux, tardif à la colère et plein de bienveillance. »

Psaume 103, verset 8

8. CAHETEL
(chasse les mauvais esprits, purification, famille)

*« Ne vous laissez par influencer par les gens négatifs qui vous entourent.
Faites ce que votre cœur vous dicte. »*

*« Semez le bien durant votre séjour sur Terre et vous recevrez
de belles récoltes angéliques. »*

« Un foyer heureux est un lieu de bonheur où il fait bon vivre. »

Ange idéal

Cahetel est l'Ange idéal des insomniaques. Sa Lumière vous aidera à passer des nuits calmes et sereines. Il vous suffit de le prier et de porter sur vous un objet que vous lui ferez purifier.

Cahetel est aussi l'Ange idéal des écrivains, des producteurs de films et des créateurs d'émissions puisque la Lumière de cet Ange les aide à développer leur imagination. Il permet à leur projet d'être à la hauteur de leur attente. Il les aide à atteindre le succès.

L'Ange Cahetel agit rapidement lorsque vous faites appel à lui, surtout lorsque vous le priez pour chasser les mauvaises énergies logées dans votre demeure. Il vient instantanément vous prêter main-forte si vous voulez purifier votre maison. Cahetel affirme qu'il est important pour l'humain de vivre dans une atmosphère de paix et de sérénité. La meilleure manière d'annoncer sa présence, c'est de vous la faire ressentir intérieurement. Son énergie dégage un sentiment de sécurité et de chaleur. Tel sera le sentiment que vous éprouverez lorsqu'il sera avec vous. Vous serez envahi par un sentiment de douceur et de bien-être. Tout votre corps sera paisible. Si vous êtes de nature nerveuse, tout se calmera en vous.

Lorsque Cahetel vient vers l'humain, le sentiment de lourdeur qui pèse sur ses épaules s'estompera en même temps qu'il annoncera sa présence. L'Ange Cahetel affirme que lorsque l'humain est dans un état de calme, il contrôle mieux les événements de sa vie. Il lui est donc beaucoup plus facile de prendre des décisions puisqu'il prendra le temps de bien les analyser.

De plus, si l'humain veut chasser les mauvaises vibrations de sa maison, il doit être dans un état de calme et de contrôle. En étant en contrôle, il a tout ce qu'il faut pour chasser l'Ombre et pour ne pas se laisser influencer par celle-ci qui cherchera à lui faire peur. L'Ombre s'éloigne des personnes en contrôle puisqu'elle sait qu'elle ne peut pas gagner sur elles.

Différentes façons de manifester sa présence

Cahetel a un faible pour les oursons en peluche. Cet Ange est différent de ses confrères! Toutefois, il dit aimer tous les animaux de la Terre et ne pas avoir de préférence.

Cahetel adore l'odeur du parfum pour bébé *Eau de Floride* ou de la poudre pour bébé. Cet Ange aime la senteur du bébé. Lorsque Cahetel voit un bébé, il se dirige immédiatement vers celui-ci pour lui faire une caresse et un beau sourire. Si vous voyez votre enfant lever les yeux vers le ciel et faire des « gargouillements », vous comprendrez rapidement que l'Ange Cahetel est aux alentours!

Si Cahetel vous fait entendre le mot « **nettoyage** », il veut vous dire qu'il fait le nettoyage des vibrations qui se logent dans votre demeure. Cahetel a repéré des vibrations qui vous nuisent et il vous en débarrassera. Lorsque Cahetel fait le ménage dans une maison, il travaille toujours en collaboration avec l'Ange Damabiah. Le Plan divin surnomme ces deux magnifiques Anges « les Anges de la poussière » puisqu'ils ont la mission de ramasser toutes les mauvaises vibrations logées dans les demeures. Lorsque ces Anges nettoient une maison, ils apportent un sentiment de bien-être et de paix dans les pièces.

Un autre mot important pour Cahetel est « **foyer** ». Par ce terme, l'Ange Cahetel vous indique qu'il prendra soin de votre foyer ainsi que de votre famille. Cet Ange veillera à ce que l'harmonie se reflète dans votre foyer et dans votre famille. Si votre famille a vécu une période difficile, la Lumière de Cahetel vous aidera à rapprocher les membres. Cet Ange veillera à ce que votre maison resplendisse de bonheur et que cette demeure devienne un havre de paix.

Si vous entendez le mot « **sécurité** », Cahetel vous dit ne pas vous inquiéter, qu'il vous apportera la sécurité dont vous avez besoin pour continuer votre route. Ce peut être la sécurité financière, affective, etc. Cahetel sait exactement à propos de quel sujet il doit vous aider.

Cahetel peut aussi vous faire entendre les mots suivants : « **caresse** », « **ourson** », « **charme** », « **câlin** » et « **bonheur** ».

Autres représentations symboliques

« L'Ange de la poussière » vous fera évidemment remarquer la poussière sur vos meubles et dans votre demeure. Vous serez peut-être même incommodé par la poussière à un point tel que vous tousserez dans la pièce où il y aura beaucoup de poussière. N'allez pas vous acheter des médicaments contre les allergies. Cela ne durera pas longtemps à moins que vous ne décidiez de laisser la poussière traîner… Alors, allez en acheter. Par ce signe, l'Ange Cahetel vous dit que la poussière logée à cet endroit vous nuit.

Si, durant la période où vous priez Cahetel, chaque fois que vous entrez dans votre chambre à coucher **vous toussez ou éternuez**, l'Ange Cahetel vous indique que la poussière dérange votre sommeil. Si vous faites de l'insomnie depuis quelque temps, faites le ménage de votre chambre. Telle est la manière de Cahetel de vous indiquer que certaines vibrations vous dérangent. Prenez en considération son signe! Cet Ange vous donnera envie de faire du ménage et d'épousseter pour libérer la poussière.

Cahetel est l'Ange du foyer. Il prend soin de la famille. Il aime quand tous ses membres sont réunis et qu'ils s'amusent parce qu'ils sont ensemble. C'est la raison pour laquelle cet Ange s'organisera pour que vous l'invitiez à prendre part à une rencontre familiale. Allez-y, et vous ne le regretterez pas!

Cahetel s'organisera aussi pour que, au bout de quinze à trente minutes après l'avoir prié, un proche vous appelle et vous parle de tout et de rien. Ainsi, cet Ange vous dit d'une façon originale qu'il a bien entendu votre prière.

Cahetel adore les oursons en peluche. Ne soyez pas surpris d'en voir plusieurs durant la semaine que vous le prierez. Cahetel peut aussi emprunter le corps d'un enfant et venir vers vous pour vous faire une caresse ou un large sourire. Si vous voyez **un enfant avec un ourson en peluche** dans ses bras et que cet enfant vous fait le plus beau des sourires, sachez que c'est l'Ange Cahetel. Il en est de même si cet enfant avec l'ourson vous réclame une caresse. Prodiguez-la-lui puisque vous serez en contact avec Cahetel. De toute façon, si vous voyez un enfant avec un ourson en peluche, cet Ange vous dit qu'il est présent et qu'il vous aidera quant à la demande que vous lui avez formulée.

Spécialités de l'Ange Cahetel

L'Ange Cahetel est l'un des Anges qui travaillent énormément en collaboration avec plusieurs de ses confrères et consœurs. Sa Lumière puissante est très en demande auprès des siens puisque cette puissante Lumière chasse l'Ombre sur-le-champ.

Cahetel a une mission très importante, soit celle de chasser les mauvais esprits logés dans les maisons. Cet Ange travaille en collaboration avec l'Ange Damabiah et les Archanges Michaël, Gabriel, Uriel et Raphaël. Leur mission est de chasser les fantômes et les âmes qui ne doivent pas être dans certains lieux. Un humain qui quitte la Terre, qui meurt, ne peut pas envahir la pièce d'un autre humain qui est vivant sans avoir l'autorisation de ce dernier. Leur mission est donc de conduire ces âmes vers la Lumière, vers le Jardin des Âmes. Si cette âme est sous la gouverne de l'Ombre, Cahetel et tout son groupe illumineront cette âme qui se sauvera immédiatement, puisqu'elle ne veut pas être illuminée, ou qui acceptera cette Lumière. Si tel est le cas, l'Archange Michaël la conduira vers la maison appropriée reliée à l'état de son âme.

L'autre mission importante de l'Ange Cahetel est de prendre soin de la famille et de ramener l'harmonie entre les familles. La Lumière de cet Ange chasse les discordes, les chicanes. Cet Ange fait prendre conscience à tous les membres de la famille des dangers des émotions négatives et de l'impact néfaste qu'elles peuvent engendrer au sein de la famille. À ce sujet, l'Ange Cahetel travaille en collaboration avec les Anges Harahel et Chavakhiah. Ces trois Anges ont comme mission de protéger la famille. La mission de l'Ange Harahel est d'apporter l'harmonie, celle de Cahetel est de chasser le négatif et celle de l'Ange Chavakhiah est d'éloigner la chicane.

Autres raisons de prier l'Ange Cahetel

L'Ange Cahetel aime tout ce qui se rattache à la nature. Premièrement, vous pouvez le prier pour vous donner la main verte. Toutefois, à ce sujet, il travaillera en collaboration avec les Anges Melahel et Manakel.

Sa Lumière protège aussi les récoltes et les forêts. Cet Ange a comme mission de bien prendre soin des activités agricoles, des fermes, de l'élevage des animaux, de la culture, des récoltes, etc. Si vous possédez une ferme agricole, si vous faites l'élevage des animaux, si vous possédez un jardin, priez l'Ange Cahetel. Sa Lumière fertilisera vos terres, vos récoltes, vos denrées et vos animaux pour que vous puissiez bénéficier d'un produit à la hauteur de vos attentes.

Demandez à l'Ange Cahetel de bénir votre terre, votre maison, votre jardin, vos animaux, vos récoltes, votre bateau, votre avion, votre voiture, etc. Dieu lui en a donné la mission. Lorsque vous faites bénir l'un de ces biens, la Lumière de cet Ange agira comme un talisman et apportera la protection nécessaire pour le bien de l'endroit. N'oubliez pas que cet Ange chasse l'Ombre et toutes les situations de l'Ombre qui essaieraient de détruire l'un de vos biens. Sa Lumière chassera donc tous les mauvais sorts, les maléfices, qui s'acharnent sur vous et sur vos bâtisses. Elle vous protégera aussi des situations ou des personnes de l'Ombre qui cherchent à vous détruire et à entacher votre réputation.

Tous les chasseurs, avant d'aller à la chasse, devraient prier l'Ange Cahetel. Il les éloignera des dangers. Cahetel travaille en collaboration avec l'Ange Mehiel. La mission de ce dernier est de vous protéger pour que vous ne soyez pas attaqué par un animal féroce, tandis que Cahetel vous préviendra et vous éloignera des dangers. Portez sur vous un médaillon que vous ferez purifier par les Anges Cahetel et Mehiel.

Puisque Cahetel adore la campagne et les prés, il est l'Ange idéal pour vous trouver une maison à la campagne. Il travaillera en collaboration avec l'Ange Ménadel. Cahetel trouve que les gens qui vivent à la campagne sont moins victimes de stress et de tensions, surtout lorsque ceux-ci en profitent pour faire des marches dans la nature. L'Ange Cahetel affirme que l'énergie que dégage la Terre aide l'humain à se ressourcer. Marchez pieds nus, si vous le désirez. Lorsque vos pieds seront en contact avec la Terre et que vous prendrez le temps de regarder la beauté qui vous entoure, cela aura un impact favorable sur tout votre être.

Cet Ange peut même vous aider à changer vos habitudes pour que vous puissiez retrouver une belle qualité de vie. Que ce soit par rapport à la façon de vous nourrir ou de gérer votre stress ou à l'endroit où vous habitez, Cahetel vous aidera à bien travailler sur vous et à bien analyser votre vie pour que vous puissiez par la suite faire les changements nécessaires pour retrouver la quiétude et la sérénité. Si vous êtes de nature stressée, il serait bon pour vous de prier Cahetel. Cet Ange vous aidera à voir ce qui dérange votre quiétude. Avec votre accord, il vous guidera vers le chemin de la quiétude et de la paix intérieure. Il vous suffit de le prier.

Puisque la santé des gens est importante aux yeux des Anges, Cahetel vous aidera à choisir une alimentation saine pour vous. Cet Ange travaille avec l'Ange Hariel pour aider ceux qui veulent perdre du poids. Ils leur permettent de choisir une bonne alimentation. Cahetel n'approuve pas les régimes draconiens. Il dit que ce genre de diète n'est pas bon pour la santé de l'humain ni pour son moral. Toutefois, si vous avez envie d'avoir une alimentation équilibrée, les Anges Hariel et Iéiazel vous donneront le courage nécessaire pour la respecter.

Vous pouvez prier l'Ange Cahetel pour développer votre intuition. Sa Lumière la stimule. Par la suite, il n'en tiendra qu'à vous d'écouter cette petite voix intérieure. Méditez sur cet Ange puisque c'est dans la méditation que les Anges stimulent les dons et les talents des humains.

Une autre mission de l'Ange Cahetel est de faire progresser tout ce que l'humain entreprend, que ce soit sur le plan de la recherche, des projets d'envergure, etc. La Lumière de cet Ange est importante pour le bien de l'humanité. Elle lui permet de faire tourner la roue de l'évolution.

Cet Ange travaille en collaboration avec l'Ange Achaiah pour aider l'enfant à aimer les études. La mission de l'Ange Cahetel est de lui infuser le désir d'apprendre et d'étudier, tandis que la mission d'Achaiah donne la patience et la persévérance à l'enfant pour qu'il puisse bien apprendre la matière enseignée.

Une mission agréable de l'Ange Cahetel est de permettre à l'humain de recevoir des bénédictions divines. Y a-t-il des cadeaux providentiels qui vous sont dus grâce à votre bonté, générosité, etc.? Priez l'Ange Cahetel. Il ira voir pour vous. S'il en voit, il les enverra immédiatement sur votre chemin pour qui vous puissiez les récolter.

Cet Ange vous permet également de gérer vos biens avec sagesse. Il éloigne les coups de tête et calme les impulsions, ce qui vous permet d'éviter de grandes erreurs.

Note aux enfants de Cahetel

À votre naissance, l'Ange Cahetel vous a fait le don de sa Lumière intuitive, ce qui vous permet de ressentir les vibrations des gens autour de vous. Ne prenez pas à la légère cette voix intérieure qui vous parle. Ainsi, vous éviterez bien des ennuis.

De plus, cette forte intuition peut vous rendre très vulnérable en présence d'un esprit. Vous pouvez facilement ressentir l'énergie qui circule dans les pièces. Il y a donc de fortes chances que vous deviez toujours purifier vos nouvelles demeures. Étant très vulnérable aux énergies des autres, inconsciemment, vous serez dérangé physiquement et parfois mentalement sans que vous compreniez les raisons pour lesquelles vous êtes victime de ces états d'âme.

Vous avez la faculté de chasser les mauvais esprits pour faire place à une belle quiétude par la suite dans vos pièces. Si l'Ange Cahetel vous a remis ce don, c'est justement pour vous protéger de ces Ombres et pour être en mesure de vous en éloigner. N'oubliez pas que vous êtes à la dernière marche avant d'atteindre le sommet. Il est important de ne pas sombrer dans l'Ombre.

Cahetel adore la nature. C'est donc dans la nature que vous retrouverez vos forces et vos énergies. De quelles façons? En allant prendre une marche dans le bois, dans un jardin, dans un pré. Cela vous fera un très grand bien.

Réclamer l'aide de l'Ange Cahetel

Purifier sa maison

Il est à conseiller, lorsque vous faites l'achat d'une nouvelle maison ou que vous déménagez dans un nouvel appartement, de bien purifier l'endroit avant de vous y installer. Nettoyez une pièce à la fois et demandez à l'Ange Cahetel de faire le ménage avec vous. Il arrive souvent, lorsque vous emménagez dans une nouvelle demeure, que vos énergies changent. Vous vous sentez plus fatigué, angoissé, nerveux. Vous pouvez avoir de la difficulté à dormir ou tomber malade. Certains couples peuvent parfois se disputer pour des peccadilles qui, avec le temps, dérangent l'équilibre et entraîne l'échec, la séparation. Mais qu'est-ce qui a alors causé toute cette émotion, cette situation difficile. La réponse est simple. Si l'énergie qui circule dans la maison n'est pas bonne pour vous, il est donc de votre devoir de faire le ménage des énergies des anciens propriétaires de l'endroit.

Si vous vous sentez bien dans la maison, vous n'êtes pas obligé de la purifier. Faites-le uniquement si votre attitude change, si vos énergies sont à la baisse, si vous êtes souvent malade ou si vous avez de la difficulté à dormir.

Voici la meilleure façon de procéder. Entrez dans la pièce à purifier, celle dans laquelle vous ressentez des mauvaises vibrations. Fermez immédiatement la porte. Récitez la phrase suivante : « *Je demande à l'Archange Raphaël de protéger l'est de ma pièce, à l'Archange Gabriel de protéger l'ouest de ma pièce, à l'Archange Michaël de protéger le sud de ma pièce et, finalement, à l'Archange Uriel de protéger le nord de ma pièce. Bâtissez un dôme de protection pour qu'il n'y ait plus d'Ombre qui entre dans ces pièces.* »

Ensuite, demandez aux Anges Cahetel et Damabiah de venir vous aider. Cahetel aura le rôle de chasser toutes les Ombres et les mauvais esprits de la maison, tandis que celui de Damabiah sera de vous protéger lors du nettoyage. De plus, elle chassera tous les esprits qui appartiennent aux vies antérieures. Portez un talisman, ou un médaillon, purifié par l'Ange Damabiah. Vous avez peut-être dessiné le talisman sur du papier-parchemin ou du papier blanc. Si vous portez un bijou comme talisman, nettoyez-le par la suite dans votre eau bénite et votre sel purifié.

Ouvrez vos portes de garde-robes. Ouvrez la fenêtre de la pièce. Ensuite, en vous promenant avec votre encens, de la sauge ou de l'eau bénite, vous purifierez les lieux. Récitez à voix haute ceci : « *J'invite toutes les énergies négatives et les entités à quitter immédiatement ce lieu et à se diriger par cette fenêtre* (montrez la fenêtre avec votre main). *Allez vers la Lumière. Vous êtes ici chez moi et j'exige que vous quittiez immédiatement ma demeure.* »

Attendez plus ou moins cinq minutes pour que le ménage se fasse bien. Les Anges Cahetel et Damabiah vous le feront ressentir à l'intérieur de vous quand il sera temps pour vous de passer à la prochaine étape.

Prenez une pincée de sel purifié et jetez-en dans les quatre coins de la pièce. Dirigez-vous vers la fenêtre, tracez une ligne de protection avec votre sel purifié à l'extérieur. Fermez la fenêtre et tracez de nouveau une ligne de protection. Dirigez-vous vers la porte (tout en la gardant fermée). Toujours avec votre sel purifié, tracez une ligne de protection à l'intérieur. Avant d'ouvrir la porte, demandez aux quatre Archanges de protéger de nouveau la pièce et d'y bâtir un dôme de protection. Ouvrez la porte, tracez de nouveau une ligne de protection à l'extérieur ou, si vous préférez, à l'entrée de la pièce, et continuez ainsi de pièce en pièce. L'eau bénite et le sel purifié sont les deux accessoires qui effraient les mauvaises entités. En les utilisant, en récitant la prière du rituel et en demandant aux Anges Cahetel et Damabiah ainsi qu'à vos quatre Archanges de bien purifier ces lieux avec leur Lumière divine, vous avez tout ce qu'il faut pour chasser les mauvais esprits.

Si vous n'avez pas de fenêtre dans la pièce où vous faites la purification, avertissez les Anges que vous aimeriez que les mauvaises vibrations se dirigent vers la fenêtre d'un endroit en particulier. N'oubliez pas de demander aux quatre Archanges de bâtir le dôme de protection.

Promenez-vous dans chaque pièce de votre maison. Demandez aux Anges Cahetel et Damabiah de chasser toutes les Ombres et tous les mauvais esprits qui se trouvent dans la pièce et dirigez-les vers un endroit précis, par exemple votre cuisine ou le dernier lieu que vous allez purifier (où une fenêtre est ouverte). N'oubliez pas d'ouvrir vos garde-robes. Les entités aiment s'y cacher quand vous purifiez une pièce.

Quand vous avez terminé et que vous êtes à la dernière pièce (cuisine), alors attendez-vous à toutes sortes de vibrations quand vous exigerez de toutes les Ombres qu'elles quittent votre maison sur-le-champ. Il sera important de bien purifier cet endroit et, surtout, d'y installer un Ange pour que celui-ci puisse protéger cette pièce pendant un mois et plus. Après ce travail, vous allez ressentir un grand calme dans votre maison. Cela aidera votre sommeil et vos énergies seront à la hausse. Récitez de nouveau la prière pour clore le rituel.

Bénir sa maison

Pour bénir votre maison, il vous suffit de réciter une prière à cet effet. Si vous le désirez, faites également bénir votre eau par Cahetel. Lorsque celle-ci sera prête, aspergez en petite quantité cette eau bénite sur vos biens (maison, automobile, etc.), comme si vous les bénissiez vous-même. Lorsque vous le ferez, récitez la prière de l'Ange Cahetel et demandez-lui de venir vous aider à bénir vos biens.

Recevoir des bénédictions divines

Pour recevoir des bénédictions divines, vous devez d'abord les mériter! Si vous êtes de nature généreuse et que vous aidez votre prochain, il y a sûrement, dans le coffre des Anges, un ou plusieurs cadeaux providentiels pour vous. Toutefois, si vous êtes de nature égoïste et que vous gardez tout pour vous, peu de cadeaux providentiels vous seront remis. Ces cadeaux providentiels qui vous sont envoyés sont des récompenses reliées à vos bonnes actions. Vous avez le droit d'en recevoir d'un à neuf par années, mais vous devez les demander à l'Ange Cahetel. Sa mission est alors d'aller vérifier dans le coffre angélique s'il y a des cadeaux à votre nom. Cahetel ira avec votre Ange personnel. Il donnera à votre Ange personnel l'autorisation d'ouvrir le coffre angélique pour vous envoyer vos cadeaux providentiels. Ils vous seront envoyés un à la fois. Chaque année, vous devez les redemander. Si vous ne les demandez pas, les cadeaux providentiels resteront dans le coffre des Anges.

Il est aussi important de noter qu'un cadeau providentiel peut être très simple. Les Anges ne vous enverront sans doute pas un million de dollars. Au contraire, un cadeau providentiel arrive toujours au moment où vous en avez besoin. Ce peut être une aide précieuse, un gain, un changement de travail, etc. Il serait aussi important, lorsque vous recevrez votre cadeau, de remercier les Anges, particulièrement l'Ange Cahetel et le vôtre. Si vous êtes prêt à recevoir ces cadeaux providentiels, récitez maintenant ceci :

Ô Vous, adorable Ange Cahetel
Messager de Dieu le Père tout-puissant et Ange gardien du coffre angélique
Je vous demande humblement de recevoir les bénédictions divines
qui me sont réservées
Vous, fidèle serviteur de Dieu
Ouvrez ce coffre pour que mon Ange personnel puisse aller
les recueillir et me les envoyer
Bel Ange de Dieu, je vous remercie de votre amour inconditionnel
envers l'humanité
Puisse l'humain en moi recevoir l'essence divine qui émane de vous
Amen

Fermez les yeux et prenez une minute d'intériorisation. Vous verrez qu'au bout d'un mois, un premier cadeau vous sera envoyé.

Bâtir un autel pour accueillir l'Ange Cahetel

Napperon : tissu avec l'image d'un ourson en peluche ou un véritable ourson en peluche.

Couleurs : or et les couleurs pâles.

Bougies : blanches, or ou bleues.

Encens : myrrhe et oliban.

Odeurs : rose blanche, anis étoilé et sauge.

Psaume à réciter lors du rituel

« *Venez, nous voulons nous prosterner, nous incliner, ployer les genoux devant l'Éternel, notre Créateur.* »

Psaume 95, verset 6

CHAPITRE VIII

Les Chérubins

Dans le Chœur des Chérubins, tous les Anges peuvent prendre, emprunter, le corps d'un être humain comme celui d'un animal. Cela leur est permis. Ce Chœur est responsable de la planète Terre. Les Chérubins voient à la survie de celle-ci en aidant les chercheurs à trouver les meilleures méthodes et solutions pour conserver la beauté de la Terre. Les Chérubins ont aussi la mission de prendre soin de la santé mentale de l'humain. Ils veillent à ce que l'être humain soit en équilibre de la tête aux pieds.

Le Chœur des Chérubins est très puissant et très enjoué. Les Anges qui le composent sont animés et joyeux. Lorsque vous faites appel à un Ange de ce Chœur, celui-ci vient immédiatement vers vous. Chaque Ange se précipite pour aider l'humain dans ses épreuves.

9. HAZIEL
(rapidité, secours, pardon)

« C'est en comprenant la nature de vos erreurs que vous grandissez. »

« La faute est humaine et, parfois, pour avancer dans la vie, il faut faire des fautes pour mieux comprendre le sens réel de la vie. »

« Apprendre à pardonner, c'est apprendre à se respecter. N'oubliez pas que c'est dans le pardon que vous retrouverez votre liberté. »

« Ne faites jamais une promesse si vous n'êtes pas capable de la tenir. Ainsi, vous éviterez la déception! »

Ange idéal

Haziel est l'Ange idéal à prier si vous déménagez, si vous quittez une ville ou une région, et que vous souhaitez que vous et vos enfants soyez acceptés par vos nouveaux collègues, voisins et amis. Cet Ange vous permet de vous trouver de bons amis avec lesquels vous aurez des relations basées sur le respect mutuel. Cet Ange permet aussi à l'introverti de sortir de sa coquille et de faire de belles rencontres.

Haziel est aussi l'Ange de tous ceux qui ont de la difficulté à tenir leurs promesses. Il vous permet de tenir et de remplir vos promesses. Haziel dit qu'il est très important de tenir une promesse. Si vous n'êtes pas capable de le faire, alors ne promettez rien.

L'Ange Haziel n'est pas grand, mais une grande vivacité l'anime. Quand vous le priez, son aide est instantanée. Haziel agira si rapidement que vous pourrez ressentir sa présence cinq minutes après avoir formulé votre demande. Au contact de Haziel, vous sentirez renaître en vous un sentiment de joie et d'harmonie. Cet Ange vous infusera également le goût de marcher pieds nus dans l'herbe. Telle sera la sensation que vous éprouverez lorsque Haziel annoncera sa présence. Vous serez tellement en énergie que vous ferez les cent pas. Vous bougerez et vos pieds fourmilleront. Si vous pouvez vous libérer et aller marcher quelques minutes pieds nus sur l'herbe, faites-le. Ainsi, vous ressentirez davantage l'énergie de l'Ange Haziel. Si la température n'est pas clémente pour marcher pieds nus sur le sol, marchez pieds nus dans l'une des pièces préférées de la maison. Imaginez que vous marchez pieds nus sur l'herbe. Vous verrez que lorsque vous vous déchausserez, vos pieds fourmilleront d'énergie. C'est la façon cocasse que Haziel utilise pour vous annoncer sa présence. Vous verrez, lorsque celui-ci sera présent, vos chaussures vont vous fatiguer à un point tel que vous chercherez à vous déchausser et à marcher pieds nus.

Différentes façons de manifester sa présence

Haziel aime tous les herbivores. Toutefois, il a une préférence pour les agneaux. Cet Ange les trouve très mignons lorsque ceux-ci broutent l'herbe au sol. Souvent, Haziel les regarde avec plaisir. Si vous voyez un agneau, une brebis ou un mouton qui se roule au sol, sachez que l'Ange Haziel s'amuse avec cet animal.

Haziel adore l'odeur de l'herbe verte de la rosée matinale. Cet Ange a aussi un faible pour les odeurs de menthe verte et de cèdre. Lorsqu'il sera près de vous, ne soyez pas surpris de humer l'une de ces odeurs puisqu'elles sont ses préférées.

Un mot important aux yeux de Haziel est « **pardon** ». Si vous l'entendez, l'Ange Haziel vous dit qu'il est temps de pardonner : de vous pardonner ou de pardonner à ceux qui vous ont blessé. N'oubliez pas que c'est dans le pardon que vous retrouverez votre liberté. Il est maintenant temps pour vous de faire le ménage et de tourner la page. Cela peut concerner une situation que vous vivez actuellement ou une situation que vous avez vécue et pour laquelle vous souffrez encore à l'intérieur.

Si vous entendez le mot « **vivacité** », par ce terme, Haziel vous indique qu'il vous infusera sa Lumière remplie de vivacité pour vous donner l'élan qui vous permettra d'accomplir vos projets.

Si Haziel vous envoie le mot « **renaître** », il vous permettra de renaître à la vie. Ce mot est magique pour ceux qui sont atteints d'un problème de santé ou de tout autre problème. Si vous priez Haziel et qu'il vous envoie ce mot, sachez qu'il vous libérera de votre problème et il vous permettra de renaître à la vie.

Si vous entendez le mot « **liberté** », Haziel vous demande de vous libérer de ce qui vous enchaîne pour le bien de votre être et de votre âme. Il s'agit peut-être d'une dépendance à la cigarette, à l'alcool, à la drogue, au jeu ou d'infidélité, de mensonge, de malhonnêteté, etc. L'Ange Haziel vous indique que le problème qui vous assaille vous dérange dans tous les aspects de votre vie. Si vous voulez retrouver votre liberté et un bien-être, voyez-y rapidement avant que cela vous détruise physiquement, moralement et émotionnellement. De toute façon, l'Ange Haziel vous fera prendre conscience de votre problème. Si vous êtes prêt à le régler, cet Ange ira chercher l'appui de ses confrères pour mieux vous aider dans le problème qui vous préoccupe et qui vous empêche d'être serein.

Haziel peut aussi vous faire entendre les mots suivants : « **herbe** », « **fraîcheur** », « **joie** », « **culbute** », « **guérir** » et « **bonheur** ».

Autres représentations symboliques

Un des signes préférés de l'Ange Haziel est d'**emprunter le corps d'un enfant** et de vous faire sourire grâce à ses pirouettes. Si cela vous arrive, le sentiment de joie que vous éprouverez lorsque vous verrez cet enfant bouger vous fera un très grand bien. Haziel peut également **emprunter le corps d'une fillette qui tient dans ses bras une poupée joufflue** avec une belle boucle rose dans les cheveux. Si vous voyez ce signe, l'Ange Haziel vous indique qu'il vous enverra une belle surprise à laquelle vous rêvez depuis un certain temps. Alors, vous devriez faire un beau sourire à l'enfant.

Haziel peut aussi vous montrer quelqu'un qui marche pieds nus. Il peut même développer ce goût en vous. Alors, ne soyez pas surpris d'avoir envie de marcher pieds nus lorsque vous prierez ce magnifique Ange.

Si **quelqu'un vous remet une plante verte en cadeau**, par ce signe, l'Ange Haziel vous indique qu'il vous envoie des informations qui vous seront utiles sur le plan de la santé. Si une personne vous parle d'un produit naturel, essayez-le. Par exemple, essayez le message de l'Ange Haziel puisque ce produit vous fera un très grand bien sur le plan physique. Toutefois, vous devez, avant d'essayer ce produit, avoir reçu une plante verte.

Cet Ange vous donne la force et le courage de demander pardon. Il est très probable qu'il vous donne la force de demander pardon à l'un de vos proches ou qu'il envoie vers vous une personne qui vous demandera pardon. Il serait important pour vous de pardonner puisque la mission de l'Ange Haziel est de vous permettre de vous réconcilier avec les personnes qui vous entourent. Lorsque vous pardonnez, vous éloignez les sentiments de rancune. Cela est bon pour votre moral. Et vous avancez. De plus, l'Ange Haziel vous dit que si vous pardonnez ou que vous demandez pardon, il vous réserve une belle surprise pour votre bonne volonté d'avoir fait un geste important.

Un autre signe que l'Ange Haziel peut faire pour vous informer qu'il a entendu votre prière est de vous permettre de revoir un ami d'enfance ou de recevoir des nouvelles de lui.

Puisque les Anges aiment faire des signes amusants, Haziel vous montrera quelqu'un en train de mastiquer de la gomme à la menthe verte.

Spécialités de l'Ange Haziel

Haziel est l'un des Anges qui possèdent une mission très importante sur le plan de l'humanité. Il est l'Ange du pardon et de la réconciliation. Il est celui qui accorde une chance à tous ceux qui ont failli à leur plan de vie et à tous ceux qui sont submergés par l'Ombre. Sa mission est de les ramener vers leur Lumière et la Lumière de Dieu. Cet Ange ne vous jugera pas, qu'importe ce que vous avez accompli sur Terre. Sa mission première est d'aider tous les êtres humains sans examiner qui fait une demande, mais plutôt en examinant le contenu de cette demande. Il est l'Ange que l'humain doit prier lorsque celui-ci a commis des actes indignes et qu'il cherche à recevoir le pardon de Dieu. Toutefois, cet être doit accepter de se libérer de l'Ombre et de revenir vers la Lumière. Il est évident que sa vie terrestre ne sera pas facile, pas plus que lorsque son âme quittera la Terre puisque l'Ombre cherchera à l'en dissuader et à le ramener vers elle. Mais, à force de prier et de bien vouloir retrouver la Lumière, arrivera un jour où l'Ombre s'en éloignera définitivement. Si vous vous sentez perdu ou coincé, il vous indiquera donc comment vous libérer des sentiments négatifs qui font rage en vous. Vous éprouverez alors un sentiment apaisant qui vous redonnera la force et le courage de surmonter les épreuves auxquelles vous êtes confrontées.

Cet Ange vous accorde le pardon de toutes les fautes. Il vous suffit de le prier. Lorsque vous priez Haziel, sa Lumière vous aide à vous réconcilier avec tous ceux que vous avez blessés. Cet Ange n'aime pas les disputes, les chicanes, les discordes. Haziel prône la paix et l'amour, des sentiments importants pour le bien-être de l'humain. Si vous vous sentez coupable d'avoir fait une bêtise, cet Ange vous aidera à la réparer et à faire en sorte que tout puisse par la suite revenir à la normale.

Autres raisons de prier l'Ange Haziel

Si vous êtes angoissé par un événement, une situation, une relation, des émotions, priez l'Ange Haziel. Sa Lumière peut anéantir les situations angoissantes qui vous préoccupent. Si vous êtes coincé dans un ascenseur, dans une pièce renfermée, dans une voiture, derrière une porte, si votre relation vous étouffe, si vos angoisses vous empêchent de vivre, etc., priez immédiatement l'Ange Haziel pour qu'il trouve la porte de sortie afin de vous libérer de votre situation. Premièrement, si vous réclamez l'aide de cet Ange, sa Lumière agira instantanément en vous. Sa Lumière calme la nervosité. D'abord, elle vous réconfortera puis elle vous donnera la confiance nécessaire pour surmonter la situation dans laquelle vous vous trouvez et, finalement, en étant en confiance, votre peur disparaîtra comme par enchantement. Voilà l'importance de lui réclamer de l'aide aussitôt que vous ressentirez une situation venir vous envahir et vous angoisser.

Si vous êtes submergé par l'Ombre, si vous êtes négatif et conscient de l'être, si voulez changer cet aspect de votre personnalité, priez l'Ange Haziel. Sa Lumière agira sur le négatif en vous et fera du ménage dans vos émotions négatives. Haziel vous fera aussi prendre conscience du danger que vos émotions négatives peuvent provoquer sur vous et sur votre entourage puisque souvent ces émotions peuvent briser de belles amitiés. Parfois, ces émotions négatives peuvent même vous déranger moralement et vous détruire!

Avant d'agir, de répliquer, de sermonner, dans toutes les occasions, priez l'Ange Haziel puisqu'il vous permettra de bien réfléchir avant d'agir. Lorsque vous prierez Haziel, celui-ci vous fera prendre conscience de l'impact que vos paroles ou vos gestes provoqueront. L'Ange Haziel vous permettra de vous mettre à la place de la personne que vous jugez et que vous réprimandez. Lorsque vous êtes conscient du mal que vous faites, vous êtes conscient de la tournure des événements. De plus, lorsque vous êtes conscient du mal que vous faites, vous êtes en mesure de le réparer. Il en est de même lorsque vous êtes conscient de ce que vit la personne par rapport à une situation. Vous êtes moins porté à la juger puisque vous comprenez la raison pour laquelle elle agit de la sorte. L'Ange Haziel peut donc vous aider à tout réparer, pourvu que votre demande soit de bonne foi et que vous le fassiez pour le bien.

Vous pouvez aussi prier l'Ange Haziel pour que sa Lumière apporte de la protection sur le plan des affaires financières. Si vous voulez trouver une façon de bien gérer vos biens, de placer votre argent, de vous faire un bon budget, etc., cet Ange guidera vos pas vers une personne honnête qui vous aidera en ce qui a trait à vos finances. Cette personne comprendra vos besoins.

Haziel peut également aider les gens qui ont le goût de créer et de bâtir des projets réalistes. Sa Lumière influera sur votre créativité et vous permettra de croiser les bonnes personnes et les bonnes situations pour que vous puisiez bien réussir vos projets. Par vos paroles et vos gestes, cet Ange peut même vous aider à influencer les gens afin qu'ils vous apportent l'aide que vous réclamez, pourvu que vous le fassiez dans un but noble.

Puisque Haziel prône la paix et la sérénité, priez-le et vous profiterez de sa magnifique Lumière dans votre vie de couple et votre environnement familial. Vous obtiendrez la recette du bonheur.

Note aux enfants de Haziel

À votre naissance, l'Ange Haziel vous a fait le don de sa Lumière de paix, d'amour et d'entraide. Cet Ange fait de vous des messagers de paix et d'amour. Vos paroles seront donc très importantes pour le bien-être des gens qui vous entourent. Vous serez leur guide, leur mentor. Il sera important de prendre conscience de cette grande faculté qui est en vous.

Haziel vous a aussi fait le don de sa Lumière de créativité. Ayez toujours confiance en vos idées et en vos projets puisque vous possédez toutes les qualités requises pour bien les réaliser.

Lorsque survient un problème dans votre vie, c'est dans la nature que vous retrouverez vos forces et que vous résoudrez vos problèmes. Vous avez besoin de calme et de soutien lorsque vous vivez des moments difficiles. Sachez vous tourner vers les bonnes personnes et vous remonterez facilement la pente. Puisque la faiblesse des Chérubins est le mental et les émotions négatives, vous avez tendance à vous autodétruire. Si vous en êtes conscient, vous serez en mesure de bien prendre votre santé mentale en main.

Puisque la sécurité est importante à vos yeux, entourez-vous toujours de gens équilibrés. Votre propre équilibre s'en portera mieux.

Réclamer de l'aide de l'Ange Haziel

Pardonner

Si vous souhaitez pardonner, il vous suffit de demander à l'Ange Haziel de vous donner la force et le courage de pardonner la personne qui vous a blessé. Récitez tout simplement ceci : « *Ange Haziel, donnez-moi la force et le courage de pardonner à* (nommez la personne). *Libérez-moi de ce sentiment de haine. Infusez-moi maintenant votre Lumière de paix pour que je puisse désormais être en paix avec mon cœur et mon âme.* » Récitez ces phrases autant de fois que vous en ressentez le besoin.

Lorsque vous demandez pardon à une personne qui vous a blessé, vous pouvez le faire de vive voix ou en demandant à Haziel d'adoucir votre sentiment de haine. Lorsque vous demanderez à Haziel de vous aider, celui-ci apaisera vos émotions et ira consulter la personne concernée. Cet Ange lui infusera sa Lumière de paix pour qu'elle prenne conscience de son geste et de ses paroles, ce qui peut avoir l'effet de la diriger vers vous afin de réclamer votre pardon. Si tel est le cas, il serait important que vous acceptiez de pardonner cette personne.

Recevoir le pardon

L'Ange Haziel vous donne la chance de demander pardon ou de recevoir un pardon. Inscrivez les prénoms d'une à cinq personnes à qui vous aimeriez demander pardon ou de qui vous aimeriez recevoir un pardon. Avant de les noter ci-dessous, prenez une minute d'intériorisation.

1. _____

2. _____

3. _____

4. _____

5. _____

Inscrivez à côté du prénom de chaque personne si vous attendez un pardon de sa part ou si vous voulez qu'elle vous pardonne. Les journées particulières de l'Ange Haziel sont très importantes puisqu'elles ouvrent la porte au pardon. Attendez-vous à ce que ces personnes se rapprochent de vous afin de vous pardonner.

Se faire pardonner

Si vous désirez vous faire pardonner, premièrement, vous devez réciter la prière concernée. La mission de l'Ange Haziel est de pardonner un acte pour que vous puissiez par la suite vous en libérer. Cela aura un impact positif dans votre vie. Avant d'inscrire ci-dessous le geste pour lequel vous souhaitez vous faire pardonner, prenez une minute d'intériorisation.

_____

_____

Bâtir un autel pour accueillir l'Ange Haziel

Napperon : tissu avec l'image de la nature.

Couleurs : argent, vert et rose.

Bougies : blanches, bleues et vertes.

Encens : myrrhe et oliban.

Odeurs : Cèdre et menthe

Psaume à réciter lors du rituel

« Souvenez-vous, Éternel, de vos bonté s et de vos grâces, car elles existent de toute é ternité. »

Psaume 25, verset 6

10. ALADIAH
(maladie mentale, secours, guérison)

« Émerveillez-vous devant la vie et vos problèmes disparaîtront comme par enchantement. »

« Pour mieux guérir des maladies, il faut d'abord les comprendre, les accepter et les apprivoiser. »

Ange idéal

Aladiah est l'Ange idéal des personnes vulnérables à contracter toutes sortes de maladies. Cet Ange peut vous protéger des maladies contagieuses et infectieuses. Il vous suffit de la prier et de lui en faire la demande. Sa Lumière influe donc favorablement sur votre système immunitaire. À l'automne et à l'hiver, il vous est conseillé de la prier afin d'éviter rhume ou infection.

Aladiah est aussi l'Ange idéal de tous ceux qui aiment la musique. Cet Ange développera en vous le talent d'en jouer et d'en composer pour le bien de votre âme. Si vous désirez aller plus loin et que vous possédez le talent pour le faire, cet Ange demandera à l'Ange Lauviah I de vous guider vers la célébrité.

Aladiah est un « Dieu prompt à secourir ». Elle arrive toujours au moment opportun, lorsque vous faites appel elle. Son aide est immédiate. Aladiah manifestera sa présence quelques minutes à peine après que vous ayez formulé votre prière. Elle vous fera humer un parfum de fleur. Cette odeur pourrait occasionner des symptômes semblables à ceux du rhume, par exemple l'écoulement nasal. Vous reniflerez donc et votre nez coulera. Voilà une façon très originale que possède l'énergie d'Aladiah pour annoncer sa présence.

Ainsi, Aladiah adore la musique. Elle aime donc beaucoup les instruments à cordes, particulièrement le violon. Elle aime aussi le son du piano. Lorsqu'elle viendra vers vous, elle vous donnera envie d'écouter de la musique. Ne soyez pas surpris d'entendre une musique de fond de violon ou de piano lorsque vous écouterez votre musique. Possiblement que cette musique de fond ne proviendra pas de votre audio, mais de l'énergie d'Aladiah.

L'énergie d'Aladiah régénère le corps. Lorsqu'elle viendra vers vous, vous serez envahi par un sentiment de bien-être et d'exaltation. Vous serez en forme physique et mentale pour bien accomplir votre journée.

Différentes façons de manifester sa présence

Aladiah aime la campagne et tous les animaux qui s'y trouvent. Toutefois, elle a une préférence pour le chien et le chat. Ce sont ses animaux favoris. Elle adore jouer avec eux. Si vous possédez un chat ou un chien et que, une journée, celui-ci court partout dans la maison, vous comprendrez rapidement que l'Ange Aladiah s'amuse avec lui.

Cet Ange adore l'odeur des fleurs des champs. Aladiah se promène souvent à la campagne dans les champs de blé et de fleurs puisqu'elle adore humer ces odeurs. Elle adore également la senteur du lys blanc, de la violette et du lilas. Aladiah mentionne que ces odeurs sont excellentes pour calmer le mental, sachant que la faiblesse de ses enfants est reliée au mental. Cet Ange dit à tous ceux qui sont fragiles mentalement, soit à cause du stress, de la panique, qu'importe, de parfumer une de leur pièce avec l'une de ces odeurs. Celles-ci les apaiseront et les calmeront. De plus, lorsque vous prierez cet Ange, Aladiah descendra dans votre pièce pour y déposer sa Lumière apaisante. Par la suite, vous ressentirez un réconfort et un bien-être dans votre pièce.

Un mot important pour l'Ange Aladiah est « **régénérer** ». Si Aladiah vous fait entendre ce terme, c'est qu'elle veut vous dire qu'elle régénérera votre corps pour que celui-ci retrouve de la vivacité, de l'énergie et de l'entrain sur le plan physique, mental et émotionnel. Si vous souffrez d'angoisse, ce mot vous sera salutaire puisque sa Lumière vous guérira.

Si Aladiah vous envoie le mot « **confiance** », elle vous indique qu'elle vous aidera à retrouver votre confiance. Elle vous donnera le courage de passer à l'action pour harmoniser votre vie et l'équilibrer. Cet Ange vous permettra de retrouver votre sérénité dans tous les aspects de votre vie.

Si vous entendez le mot « **secours** », par ce mot, l'Ange Aladiah vous dit qu'elle envoie sur votre chemin toute l'aide dont vous avez besoin pour obtenir ce que vous désirez et pour régler tout ce qui vous dérange. Cet Ange vous aidera donc à vous relever et à être en équilibre dans tous les aspects de votre vie.

Aladiah peut aussi vous faire entendre les mots suivants : « **lys blanc** », « **karma** », « **musique** », « **réalité** » et « **énergie** ».

Autres représentations symboliques

Un des signes que l'Ange Aladiah aime bien faire à l'humain est de lui montrer une **corbeille remplie de lys blancs et de violettes**. Par ce signe, l'Ange Aladiah vous indique qu'elle remplira votre vie de joie et que vous profiterez de la venue d'un temps nouveau. Lorsque vous verrez ce signe, attendez-vous, dans le mois qui suivra, à vivre de grands changements qui amélioreront votre vie.

Aladiah peut aussi vous montrer un **magazine de décoration** avec, sur la couverture, un lys blanc. Ce signe sera très important pour ceux qui désirent rénover. L'Ange Aladiah vous indique ainsi qu'elle vous donnera l'énergie et l'argent nécessaire pour rénover la pièce sur laquelle vous voulez travailler.

En guise de taquinerie, l'Ange Aladiah vous donnera le goût de déplacer vos meubles ou de décorer la pièce à l'endroit où se tiendra votre rituel ou à l'endroit où vous récitez vos prières.

Cet Ange peut aussi vous montrer **quelqu'un en train de décorer une pièce ou d'enjoliver un meuble**. Par ce signe, Aladiah vous indique qu'elle apportera de l'amélioration dans votre vie.

Cet Ange peut aussi envoyer vers vous **une personne qui vous remettra une fleur**. Aladiah vous indique ainsi qu'elle vous envoie la solution à l'un de vos problèmes.

Autres raisons de prier l'Ange Aladiah

Puisque, aujourd'hui, les maladies mentales occupent une place prépondérante sur le plan humanitaire, la mission de l'Ange Aladiah est d'aider tous ceux qui sont atteints d'une maladie mentale. Elle souhaite les libérer. Sa Lumière agit donc comme un remède. Elle régénère le corps physique et mental. Lorsque vous prierez Aladiah, celle-ci vous guidera vers la meilleure méthode, le meilleur médecin et la meilleure solution pour vous libérer de vos problèmes mentaux. Qu'il s'agisse de nervosité, de dépression, de crise d'anxiété, de bipolarité, la Lumière de cet Ange calmera vos états d'âme et vous guidera vers le chemin de la guérison et de la liberté. Si vous vous sentez étouffé par une crise d'angoisse, par un sentiment violent à l'intérieur de vous, peu importe, priez d'emblée Aladiah. Elle calmera immédiatement la tempête qui gît en vous. Elle vous guidera aussi sur-le-champ vers une porte de sortie ou vers une personne-ressource qui prendra rapidement soin de vous. L'efficacité de cet Ange est incommensurable. Lorsque vous faites appel à Aladiah dans un état d'urgence, elle est aussitôt sur les lieux.

Aladiah aide les bipolaires et les dépressifs à s'équilibrer et à réintégrer la société. Elle vous donne l'élan qui vous permet de continuer votre route.

L'Ange Aladiah vous permet d'avoir une belle estime de vous et d'avoir confiance en vos capacités de vouloir guérir et de prendre votre vie mentale en main. Aladiah vous permet donc d'être heureux et en harmonie malgré la faiblesse de votre mental.

Aladiah possède le pouvoir de guérir un être qui souffre d'une maladie mentale. Si la Sphère spirituelle le permet, cet Ange vous aidera. Si vous travaillez avec les énergies telles que le reiki, l'imposition des mains, le transfert angélique, etc., vous devriez prier Aladiah. Elle peut vous accorder le don de guérison pour mieux soigner votre prochain. Toutefois, vous devez œuvrer dans la Lumière et le faire pour le bien de la société et non pour remplir vos poches ou pour le prestige et la gloire que cela pourrait vous apporter.

Autres raisons de prier l'Ange Aladiah

Vous pouvez prier l'Ange Aladiah pour qu'elle vous aide à réaliser l'un de vos projets. Cet Ange possède une vivacité qui vous servira bien lors de la concrétisation de votre projet. Sa Lumière vous guidera vers les situations favorables et l'atteinte de votre objectif.

Si l'Ange Haziel prône le pardon et la réconciliation, l'Ange Aladiah vous aide à admettre vos erreurs. Ces deux Anges vous aideront à bien réparer le mal et les dégâts que vous avez faits autour de vous.

Aladiah travaille aussi avec l'Ange Achaiah en ce qui concerne votre plan de vie. Aladiah vous permet de vous libérer des situations karmiques qui vous suivent depuis plusieurs vies. Ces deux magnifiques Anges vous montreront la marche à suivre pour y arriver. Ces Anges ramèneront l'équilibre dans votre vie.

Note aux enfants d'Aladiah

À votre naissance, l'Ange Aladiah vous a fait le don de sa Lumière de guérison et d'intuition. Vous possédez en vous le don de prendre soin de votre prochain et de le guérir. Si vous le désirez, vous pouvez demander d'avoir ce don. Aladiah le développera en vous et il vous sera possible par la suite de soulager ou de guérir votre prochain. De plus, votre intuition est très élevée. Faites donc confiance à cette voix intérieure qui vous parle lorsqu'il y a des événements dans votre vie. La faiblesse des enfants d'Aladiah est qu'ils n'ont pas confiance en leur talent. Aladiah vous indique de la prier et elle vous donnera ainsi la confiance nécessaire pour utiliser vos talents et vos dons à leur pleine capacité. Mais vous devez vibrer en Lumière.

Puisque vous êtes très sensible et vulnérable, c'est dans la nature que vous ferez le plein d'énergie. Marchez dans le bois et vous vous sentirez en pleine forme pour tout entreprendre. Lorsque vous êtes épuisé mentalement ou physiquement, prenez l'air. Si vous restez enfermé, votre moral en souffrira et rapidement votre mental commencera à vous jouer des tours. Il est important de bien prendre soin de votre santé mentale. La meilleure recette, c'est de prendre de l'air frais, qu'importent les saisons.

Sortez et marchez quelques minutes. Vous serez alors toujours en pleine forme physique et mentale. Vous serez actif et vivant. Ne restez pas enfermé à la maison ou au bureau.

Réclamer l'aide de l'Ange Aladiah

Se libérer de situations karmiques

Si vous voulez savoir si vous devez vous libérer de situations karmiques, il n'y a rien de plus simple. Si votre vie comporte des situations qui reviennent continuellement vous déranger, il y a de fortes chances qu'elles soient reliées à vos anciens plans de vie.

La mission des Anges Aladiah et Achaiah est de vous libérer de ces événements. Premièrement, ces Anges vous montreront la raison pour laquelle vous vivez ces situations. Par la suite, ils vous montreront quelle est la méthode pour vous en libérer. En agissant ainsi, cela allégera votre prochaine incarnation de situations pénibles.

Se libérer de situations karmiques

Pour vous libérer de situations karmiques, il vous suffit de réciter à Aladiah la phrase suivante : « *Ange Aladiah, je suis prêt à me libérer des situations karmiques qui ne sont pas réglées. Pouvez-vous me guider et me montrer la marche à suivre pour que je puisse retrouver le chemin de l'harmonie?* »

Toutefois, vous devriez mentionner à Aladiah de commencer par une situation et, quand vous l'aurez réglée, vous pourrez poursuivre avec la seconde, et ainsi de suite. Cela sera moins pénible pour vous puisque la mission de l'Ange Aladiah est de faire remonter à la surface vos problèmes pour que vous puissiez en prendre conscience et les régler.

Prenez des notes des événements qui surviendront dans les trois prochains mois. Aladiah vous enverra une situation dès le moment où vous lui demanderez. Vous deviendrez donc plus conscient des situations karmiques et il vous sera beaucoup plus facile de les résoudre.

Vous devriez aussi prendre un cahier de notes et y inscrire toutes les situations que vous avez vécues de façon répétitive. Si l'une d'elle refait surface, c'est qu'elle fait partie des situations karmiques que vous devez régler.

Il est important de noter que cette demande peut être très pénible et difficile, mais très gratifiante, par la suite. Aladiah va travailler avec vous pendant une période d'un à deux ans, selon vos situations. Toutefois, si vous trouvez cela trop difficile. Demandez à Aladiah de ralentir les événements et d'attendre que vous soyez prêt pour le prochain! N'oubliez pas que les Anges travaillent toujours pour vous aider et pour alléger votre vie humaine. Il est évident, si vous demandez à Aladiah de faire du ménage, qu'elle en fera. Toutefois, si vous éprouvez de la difficulté à passer à travers vos situations, demandez-lui d'arrêter puisque vous trouvez cela trop difficile. Aladiah ac-quiescera immédiatement à votre demande. Si, pour une raison ou une autre, il y a encore des événements qui surviennent après avoir demandé à Aladiah d'arrêter, sachez que cela ne concerne pas cet Ange, mais tout simplement votre plan de vie. Lorsque vous demandez à un Ange d'arrêter de faire un travail sur vous, il acquiesce immédiatement à votre demande. Toutefois, les Anges ne peuvent pas freiner votre plan de vie. Ils peuvent vous aider à bien le diriger, mais ils ne peuvent pas enlever des événements majeurs qui en font partie, à moins d'un accord avec la Sphère spirituelle. C'est la raison pour la-quelle, lorsque vous priez un Ange, il va immédiatement consulter la Sphère spirituelle pour vérifier s'il peut vous accorder un sursis ou un miracle.

Guérir une maladie mentale

Pour guérir une maladie mentale, récitez une prière à cet effet autant de fois que vous le désirez. La mission d'Aladiah est de vous guider vers le meilleur médecin, le meilleur médicament, la meilleure technique, pour parvenir à vous libérer de votre problème de santé mentale.

Avoir le don de guérison pour soigner l'humain

Il est important de noter qu'il n'est pas donné à tous de recevoir le don de guérison. Si votre plan de vie le permet, l'Ange Aladiah se fera un plaisir de vous le transmettre pour que vous puissiez bien prendre soin de votre prochain.

Tous ceux qui pratiquent les médecines douces telles que le reiki, la massothérapie et les traitements énergétiques devraient demander à l'Ange Aladiah de leur transmettre le don de guérison. Ceci leur permettra de bien soigner un corps malade. Toutefois, si Aladiah ne peut vous transmettre le don de guérison, cela ne veut pas dire que vous n'êtes pas une bonne per-sonne et que vos traitements ne sont pas bons. Pour l'instant, la Sphère spirituelle ne peut satisfaire à votre demande. Simplement. Et si cela devient possible, vous le pourrez.

Bâtir un autel pour accueillir l'Ange Aladiah

Napperon : tissu avec l'image de lys, de lilas, d'une corbeille de fleurs, etc.

Couleurs : argent, blanc et bleu violet.

Bougies : blanches, lilas ou bleu violet.

Encens : myrrhe, storax et oliban.

Odeurs : cannelle, cyprès et bouquets floraux.

Psaume à réciter lors du rituel

*« Que votre bonté, Éternel, s'étende sur nous,
comme nous y comptons de votre part. »*

Psaume 33, verset 22

11. LAUVIAH I
(équilibre, bonheur, guérison)

« Fusionnez-vous à Dieu. Ainsi, vous ne ferez qu'un avec son Univers. »

*« Prenez le temps d'écouter les paroles des autres, car elles auront un sens
quant au cheminement que vous aurez à parcourir. »*

Ange idéal

Lauviah I est l'Ange idéal de toutes les personnes qui ont perdu le goût de vivre, qui ne savent plus où aller. Lauviah I ravivera votre âme. La Lumière de cet Ange vous donnera la force et le courage de vous relever. Cet Ange enverra sur votre chemin des situations favorables qui vous porteront vers le chemin du bonheur. La Lumière de cet Ange est le soleil qui entre dans votre vie et dans votre cœur pour vous illuminer et vous donner la chaleur dont vous avez tant besoin.

Lauviah I est aussi l'Ange idéal des personnes envahies par les sentiments négatifs et par l'Ombre. La Lumière de cet Ange vous permet de vous en libérer et de retrouver votre voie, votre Lumière. En retrouvant votre voie, vous retrouverez l'équilibre, la stabilité. Vous vous retrouverez et il vous sera plus facile d'être heureux et en harmonie avec votre vie.

Lauviah I est un Ange qui agit très rapidement. Lauviah I s'apparente parfois à un écho. Pour s'assurer que vous avez bien ressenti sa présence, elle viendra vers vous deux fois d'affilée. Elle fera également clignoter deux fois une source de lumière et elle s'organisera pour qu'une personne de votre entourage prononce votre prénom à deux reprises. Inconsciemment, vous répéterez vous-même vos mots et vos gestes. Ne soyez pas surpris si vous imprimez une lettre et qu'une deuxième s'imprime ou que vous appuyiez sur la touche 1 plutôt que sur la touche 2. Vous n'êtes pas étourdi. C'est tout simplement l'effet que procure l'Ange Lauviah I. Tout se fait en double.

L'Ange Lauviah I trouve plaisant de dire un mot et de l'entendre se répéter à son oreille. C'est la raison pour laquelle lorsque Lauviah I viendra vers vous, vos oreilles bourdonneront. Cet Ange aime également être perçu comme un Ange double. Ne soyez donc pas surpris de voir son ombrage suivre le vôtre.

Différentes façons de manifester sa présence

Lauviah I aime tous les animaux. Toutefois, elle a un faible pour la femelle du kangourou puisque celle-ci se promène souvent en paire avec le bébé qu'elle transporte dans sa poche. Elle ressemble donc à Lauviah I qui se promène également en paire avec sa jumelle, Lauviah II.

Lauviah I adore l'odeur des montagnes, surtout celle des sommets. Cet Ange affirme qu'il est bon de humer la brise fraîche des montagnes. Lorsqu'elle annoncera sa présence, vous humerez une odeur de fraîcheur qui remplira toute la pièce.

Si Lauviah I vous fait entendre le mot « **raviver** », par ce signe, elle vous indique qu'il est temps pour vous de changer et de renaître à la vie. Il y a de fortes chances qu'en ce moment vous soyez dans une période stagnante et que vous fonctionniez comme un robot. L'habitude a envahi votre vie qui n'a plus aucun sens. Vous n'avez aucune passion ni de défi. Vous survivez à votre vie et votre âme en souffre. Lauviah I affirme que lorsque l'âme est morte, le corps physique l'est aussi. En vous envoyant ce mot, l'Ange Lauviah I vous indique que sa Lumière vous redonnera des forces. Cet Ange vous aidera à reprendre le contrôle de votre vie et sa Lumière éveillera en vous la passion, le désir, le goût des défis. Lauviah I vous dirigera donc vers votre voie, votre destin. Votre vie prendra vie et elle aura un sens.

Un autre mot important pour Lauviah I est « **direction** ». Si Lauviah I vous le fait entendre, c'est que, en ce moment, vous ne voyez plus la lumière au bout du tunnel et que vous pensez que vous ne vous en sortirez jamais! Cet Ange vous dit : « *Ne vous inquiétez pas, je suis maintenant là pour vous orienter vers des situations bénéfiques et lumineuses. Je donnerai un sens à votre vie et je vous guiderai afin que le soleil puisse entrer dans votre cœur. Ma Lumière vous conduira vers votre bonheur!* » Telle sera la mission de cet Ange envers vous.

Si Lauviah I vous fait entendre le mot « **stabilité** », elle vous dit alors qu'elle apportera un bel équilibre dans les aspects de votre vie qui sont en ce moment instables puisque certains événements vous empêchent d'avancer et d'être heureux.

Le mot « **écoute** » sera aussi important. Grâce à lui, l'Ange Lauviah I vous indique d'être à l'écoute de votre voix intérieure puisque celle-ci vous parle. Soyez donc aussi à l'écoute des paroles de vos proches. Ces personnes ne cherchent qu'à vous aider. Si vous entendez ce mot, la semaine qui suivra sera très importante puisque Lauviah I vous informe que plusieurs messages vous parviendront. Ces messages auront un impact positif dans votre vie, si vous prenez le temps de bien les écouter. Évidemment.

Lauviah I peut aussi vous faire entendre les mots suivants : « **écho** », « **nuage** », « **double** », « **ouate** », « **réconfort** » et « **poésie** ».

Autres représentations symboliques

Un signe qu'adore faire l'Ange Lauviah I est de vous **faire trouver une pièce de 2 \$**. Elle vous dit ainsi qu'elle fera fructifier l'un de vos projets. Attendez-vous à vivre de belles réussites. Plus vous trouverez des pièces de monnaie, plus il y aura de bons événements qui vous parviendront.

Puisque le chiffre 2 est symbolique pour Lauviah I, ne soyez pas surpris de le voir tout au long de la semaine.

Puis, les gens autour de vous vous feront répéter régulièrement ce que vous leur direz. Ne vous fâchez contre eux puisque c'est l'Ange Lauviah I qui s'amuse à tout vous faire répéter.

Si une personne vous **demande des directions**, par ce signe, Lauviah I vous indique qu'elle vous guidera vers la meilleure direction pour que vous puissiez obtenir ce que vous lui avez demandé dans votre prière.

Si Lauviah II vous **montre des jumeaux**, par ce signe, elle vous indique qu'elle vous aidera à réussir deux de vos projets ou à réaliser deux de vos rêves. Ce symbole est très important puisqu'il vous indique qu'elle vous donnera exactement ce que vous lui écrirez sous « Inscrire deux projets ou deux rêves à réaliser ». Vous trouverez cette section ci-après.

Si vous voyez un **recueil de poésie**, par ce signe, l'Ange Lauviah II vous indique que des mots chaleureux vous parviendront. Ce signe vous fera un très grand bien autant sur le plan moral que sur le plan de votre âme.

Si vous êtes de nature brave, l'Ange Lauviah I fera clignoter une lumière deux fois. Par ce signe, vous comprendrez qu'elle a bel et bien entendu votre prière.

Spécialités de l'ange Lauviah I

La mission de l'Ange Lauviah I est de prendre soin des enfants jumeaux, des triplés, etc. Lauviah I travaille avec sa jumelle, Lauviah II. Ces deux magnifiques Anges apportent leur Lumière pour aider les jumeaux qui vivent un conflit entre eux. La mission de ces deux Anges est de ramener l'accord entre ces êtres qui se disputent. Lors d'une grossesse gémellaire, Lauviah I protège l'enfant masculin, tandis que Lauviah II protège l'enfant féminin.

La deuxième mission importante de l'Ange Lauviah I est sur le plan de la santé. Lauviah I a la mission de soulager et de guérir ceux qui sont victimes de brûlures au premier degré. Sa Lumière agit comme un analgésique. Elle calme et soulage les blessures graves. Cet Ange aidera également le médecin qui soignera les brûlures à prescrire le bon médicament afin de soulager les douleurs lancinantes du blessé. De plus, Lauviah I guidera les mains de ce médecin pour qu'il appose en douceur les pansements ou la crème.

Lauviah I peut aussi soulager ou guérir tous ceux qui ont des problèmes dorsaux, d'arthrite, d'arthrose, de courbatures et de fibromyalgie. Elle travaille également avec l'Ange Véhuiah. Si vous souffrez de l'un de ces problèmes, priez ces deux magnifiques Anges et leurs Lumières apaiseront, soulageront et guériront vos maux.

Autres raisons de prier l'Ange Lauviah I

Vous pouvez aussi prier l'Ange Lauviah I lorsque vous avez besoin de voir la Lumière au bout du tunnel. Si vous traversez une période difficile et que vous êtes submergé par l'Ombre, priez Lauviah I. Elle vous aidera. Sa Lumière vous permettra de vous ressaisir devant les difficultés. Cet Ange vous orientera vers des situations favorables et vous donnera une poussée angélique qui vous apportera l'envie de réussir vos projets et d'atteindre vos buts. Cet Ange développera en vous la persévérance et l'endurance. La Lumière que Lauviah I vous infusera vous permettra de bien prendre votre vie en main et d'avancer. Vous serez fier d'aller de l'avant, de créer et de bâtir des projets auxquels vous tenez. Si vous priez l'Ange Lauviah I, celle-ci guidera donc vos pas vers la victoire et la réussite.

Lauviah I n'aime ni le mensonge, ni la malhonnêteté, ni la tricherie, ni la jalousie. Tous ces sentiments négatifs détruisent et dérangent l'humain. Selon Lauviah I, ces émotions négatives font partie de l'Ombre et tous ceux qui sont aux prises avec ses émotions devraient s'en libérer. L'Ombre peut devenir très mesquine et vous amener à détruire de belles relations. Si vous êtes pris avec de telles faiblesses, demandez à l'Ange Lauviah I de vous en libérer. Cela vous permettra d'être en harmonie avec votre conscience.

La force de sa Lumière aidera la personne qui ment à réfléchir avant de parler. Lauviah I lui fera prendre conscience du danger que son mensonge peut causer. Elle lui fera aussi prendre conscience qu'elle est mieux de se taire que de mentir. Lauviah I aidera celui qui gagne malhonnêtement sa vie et le guidera vers un travail honnête. Lauviah I fera prendre conscience à celui qui triche ou qui vole du tort qu'il peut causer à autrui. Pour mieux conscientiser cet individu, Lauviah I lui fera vivre une situation dans laquelle il deviendra la victime d'une tricherie ou d'un vol. Lauviah I n'aime pas ce genre de leçon. Toutefois, c'est la meilleure façon pour qu'un individu comprenne le sentiment qu'éprouvent les autres lorsqu'ils en sont victimes. Il en est de même avec la jalousie. L'Ange Lauviah I affirme que la jalousie détruit complètement les personnes concernées par ce sentiment, autant celle qui est jalouse que celle qui est victime de la jalousie. Ce sentiment est néfaste pour les deux personnes. Lauviah I aidera l'humain aux prises avec ce sentiment atroce à avoir confiance en lui et à s'en libérer. Cet Ange enverra sur son chemin une personne-ressource, une situation ou une technique qui l'aidera à se libérer de ce sentiment qui ronge l'intérieur.

Si vous priez Lauviah I, elle vous protégera et vous fera éviter la rencontre de ce genre de personnes ou de situations. La Lumière de cet Ange peut également vous protéger de la foudre au sens propre et figuré. Voilà l'importance de la prier.

Si vous possédez un talent, priez Lauviah I. Celle-ci peut vous rendre célèbre grâce à cette habileté. Si la Sphère spirituelle lui donne carte blanche, l'Ange Lauviah I enverra sur votre chemin les personnes-ressources pour que vous puissiez réaliser vos rêves et devenir célèbre. Toutefois, soyez conscient que la célébrité a un prix à payer.

Prenez note que cet Ange adore la poésie et les chansons d'amour. Si Lauviah I vous accorde le vœu de la célébrité, offrez-lui une belle poésie ou une chanson d'amour. Cet Ange appréciera énormément ce geste. Ce sera sa plus belle récompense. Et priez-la.

Note aux enfants de Lauviah I

À votre naissance, l'Ange Lauviah I vous a fait le don de sa Lumière d'intuition qui vous permet de ressentir la vibration des Anges et la vibration des gens qui vous entourent. Prenez toujours le temps d'écouter cette voix intérieure qui vous parle. Elle est celle de l'Ange Lauviah I qui vous indique le chemin à suivre pour vous libérer de vos problèmes et pour faire de belles rencontres. Lauviah I vous parle puisqu'elle sait que vous êtes en mesure de l'écouter.

Lauviah I vous a donné l'intuition des mots et des paroles qui vous permet d'être un excellent messager. Certains prêcheront la parole des Anges et tous seront heureux de vous écouter.

Soyez aussi conscient que, si vous priez Lauviah I, vous pouvez tout obtenir puisque cela fait partie de sa mission de vie. Son bonheur, c'est de voir son enfant heureux.

Réclamer de l'aide de l'ange Lauviah I

Inscrire deux projets ou deux rêves à réaliser

Lauviah I est prête à vous donner une poussée angélique pour que vous puissiez réaliser deux projets ou deux rêves. Lorsque vous la prierez, elle vous infusera sa Lumière de persévérance qui vous permettra d'atteindre vos buts. Prenez une minute d'intériorisation et inscrivez ci-dessous ces deux projets.

1. _____
2. _____

Prenez note des journées particulières de Lauviah II aux tableaux I et II puisque les portes de cet Ange s'ouvriront alors à des événements favorables qui vous permettront de réaliser vos projets.

Se libérer du sentiment de la jalousie

Pour vous libérer du sentiment de la jalousie, il vous suffit de prier l'Ange Lauviah I et de lui demander de vous débarrasser de ce qui vous ronge de l'intérieur. Vous devriez également faire purifier un objet que vous porterez sur vous. Cela vous aidera à calmer votre sentiment de jalousie. Méditez aussi sur Lauviah I. La Lumière qu'elle vous infusera lors de la méditation vous fera aussi un bien énorme.

Bâtir un autel pour accueillir l'Ange Lauviah I

Napperon : réversible ou double, avec l'image de jumeaux, de montagnes ou de nuages.

Couleurs : argent, blanc et vert.

Bougies : blanches, bleues et vertes.

Encens : myrrhe, benjoin et oliban.

Odeurs : rose rouge, eucalyptus et brise de la montagne.

Psaume à réciter lors du rituel

« *Vivant est le Seigneur et bénit mon rocher.* »

Psaume 18, verset 47

12. HAHAIAH
(cuirasse, liberté, rêve)

« *Vivez dans l'instant présent.* »

« *Ne regardez pas l'avenir, regardez plutôt le présent à la Lumière de l'amour que vous avez en ce moment. Ne pensez pas au lendemain, pensez plutôt au jour où vous êtes!* »

Ange idéal

Hahaiah est l'Ange idéal des prodiges et des personnes qui ont des dons surnaturels. Elle permet à ceux qui sont venus au monde avec un talent d'en prendre conscience et de le développer. Si vous désirez connaître la célébrité grâce à ce talent, il serait donc important de prier aussi l'Ange Lauviah I.

La Lumière de l'Ange Hahaiah inspire les artistes. Surtout les peintres. Avant de peindre, prenez donc quelques minutes pour méditer sur l'Ange Hahaiah. Sa Lumière vous guidera tout au long de la création de votre peinture.

Hahaiah est aussi l'Ange idéal de tous ceux qui veulent développer leur don de médiumnité. Notez pour que Hahaiah vous aide dans ce domaine, vous devez avant tout posséder ce don en vous. Et vous devez l'utiliser de façon lumineuse pour guider votre prochain.

Hahaiah est un Ange d'une grande douceur. Il se peut que vous ayez de la difficulté à la percevoir et à la ressentir lorsqu'elle viendra vers vous. Si vous faites appel à elle, son aide sera immédiate. Hahaiah est un « Dieu refuge » qui possède des ailes immenses pour abriter l'humain en détresse. Elle n'aime pas voir l'humain triste et malheureux. Lorsque celui-ci la prie, elle l'entoure de ses grandes ailes et lui infuse immédiatement sa Lumière de réconfort et d'amour pour apaiser ses douleurs. Inconsciemment, ceci vous amènera à faire un geste avec vos bras. Vous les croiserez tout en frottant vos bras, comme si vous aviez des frissons et que vous vouliez vous réchauffer. Telle sera la sensation que provoquera la Lumière de Hahaiah.

Si Hahaiah s'aperçoit que vous avez de la difficulté à la percevoir et à la ressentir, elle murmurera des mots d'amour à votre oreille gauche et ensuite à votre oreille droite, ce qui peut créer un léger bourdonnement. Votre oreille gauche pourrait également devenir rouge, comme si vous aviez un coup de soleil. Les gens, autour de vous, vous le feront remarquer en vous disant que votre oreille est rouge. Sinon, votre oreille piquera. Ensuite, ce sera au tour de votre oreille droite. Pourquoi cet Ange utilise l'oreille gauche en premier? Pour mieux préciser qu'elle est avec vous.

Si vous apercevez dans votre pièce des filaments dorés, verts et de violets, vous venez de voir l'énergie de l'Ange Hahaiah. Immédiatement, votre cœur palpitera plus rapidement, un peu comme un cœur amoureux.

Différentes façons de manifester sa présence

Cet Ange aime tous les animaux. Elle aimerait tant que chacun d'eux trouve un bon refuge pour son bien-être et sa procréation. Lorsqu'elle descend sur Terre, Hahaiah affirme qu'elle aide parfois les Anges Reiyiel et Omaël à réconforter l'animal blessé et malheureux. Ensemble, ces Anges lui infusent leur Lumière pour le libérer des pièges, de ses douleurs, de sa prison. Ensuite, ces deux Êtres de Lumière le guident vers un meilleur refuge.

Hahaiah dit qu'il est donc bon de humer l'odeur du parfum de votre mère, de votre grand-mère ou de votre tante préférée lorsqu'elle vous prend dans ses bras. C'est une odeur que vous ne pouvez oublier. C'est la raison pour laquelle lorsque Hahaiah viendra vers vous, elle vous fera humer une odeur qui vous rappelle l'une de ces femmes.

Si l'Ange Hahaiah vous fait entendre le mot « **armure** », elle vous indique qu'elle vous infuse sa Lumière de protection qui agira à titre d'armure. Ce bouclier vous protégera des situations d'Ombres. Si Hahaiah vous donne cette armure, possiblement que, en ce moment, vous êtes trop vulnérable et qu'il y a trop de personnes manipulatrices autour de vous qui vous agressent par leurs paroles ou leurs gestes. Haheuiah vous donne cette protection pour ne pas que vous tombiez, pour ne pas que vous blessiez et pour que vous puissiez prendre vos décisions sans être influencé par qui que ce soit ou quoi que ce soit!

Si vous entendez le mot « **rêve** », Hahaiah vous dit qu'elle viendra vous voir par le rêve. Elle vous réconfortera et vous amènera dans son monde pour que vous vous y reposiez. Elle en profitera pour vous infuser une Lumière de courage pour que vous puissiez continuer vos journées. Elle vous donnera également des indices et des indications pour retrouver le chemin du bonheur.

Un mot important pour tous ceux qui cherchent le bonheur est « **union** ». Si Hahaiah l'envoie, elle indique à la personne célibataire qu'elle lui permettra de trouver l'amour et d'être heureuse. Pour un couple amoureux, elle infusera sa Lumière d'amour qui rehaussera la flamme. Pour un couple en détresse, elle infusera sa Lumière d'amour qui sauvera la flamme. Toutefois, si elle ne peut sauver la flamme d'un couple, Hahaiah guidera chacun vers un bonheur respectif.

Autres représentations symboliques

Hahaiah adore emprunter le corps d'un **humain qui viendra vous faire une caresse**. Si une personne vous en réclame une, donnez-la-lui. Le sentiment de bien-être que vous procurera cette caresse vous donnera l'énergie nécessaire pour faire vos tâches quotidiennes.

Si Hahaiah vous montre une **maison entourée d'arbres**, elle vous indique qu'elle prendra soin de votre demeure, qu'elle y infusera sa Lumière de paix et d'amour. Cette Lumière fera de votre demeure un havre de paix et d'amour. Si vous vivez une période difficile au sein de votre famille, avec l'un de vos enfants ou votre amoureux, ce signe sera très important puisque cet Ange vous indique qu'elle réglera le problème et ramènera l'harmonie sous votre toit.

Toutefois, si quelqu'un vous **parle de logement**, par ce signe, l'Ange Hahaiah vous indique de prendre conscience de ce qui se passe dans votre demeure. Vous avez besoin d'évaluer l'étendue des problèmes. Si cela fait longtemps que vous jouez à l'autruche, attendez-vous à être perturber par ce que vous verrez. Cependant, l'Ange Hahaiah veut vous aider à réparer les pots brisés. Hahaiah vous dit qu'il est encore temps de régler le problème et de retrouver votre harmonie. Si vous ne le faites pas, ne soyez pas surpris de vivre une période de turbulence. Le message de cet Ange est le suivant : *« Vous avez encore la chance de retrouver votre bonheur. Il n'en tient qu'à vous de faire les pas nécessaires pour régler le tout. »*

Si vous voyez des **personnes s'enlacer**, Hahaiah vous dit qu'elle vous permettra de vous enlacer avec votre partenaire, vos amis et votre famille. Elle vous indique aussi que si vous avez vécu une période difficile, cela sera chose du passé.

Si vous êtes de nature très brave, Hahaiah en profitera pour venir **chuchoter quelques mots à l'une de vos oreilles**. Par ce signe, elle vous indique qu'elle vous infuse sa Lumière d'énergie.

Spécialités de l'Ange Hahaiah

La grande mission de l'Ange Hahaiah est de prendre soin des femmes battues. La Lumière de cet Ange leur permet d'avoir une cuirasse en elles pour ne pas que les coups les blessent émotionnellement. Physiquement, il y aura des ecchymoses, des marques, mais mentalement et émotionnellement, la Lumière de Hahaiah les protégera. Toutes celles qui sont sous l'emprise d'un être « diabolique » devraient prier Hahaiah. Si c'est votre cas, cet Ange enverra sur votre chemin un Ange terrestre qui sera là pour vous apporter l'aide et le réconfort dont vous avez tant besoin. Hahaiah ne vous laisse jamais mal pris. De plus, cet Ange vous fera prendre conscience de la gravité de ces actes sur vous physiquement, mentalement et émotionnellement. Si vous êtes prête à faire le pas et à retrouver votre liberté, priez Hahaiah. Cet Ange vous donnera la force et le courage de vous éloigner de l'être qui dérange votre vie. Elle vous conduira vers votre paix. Hahaiah affirme qu'aucun être ne mérite de recevoir des coups, des blessures, des mots méchants venant d'une personne sous l'emprise de l'Ombre. Cet Ange appuie favorablement le message de l'Ange Mehiel à ce sujet.

L'Ange Hahaiah représente la cuirasse la plus solide et efficace contre les situations et les personnes submergées par l'Ombre. Voilà l'importance de la prier et de l'intégrer dans votre vie, si vous êtes victime de l'une de ces situations. La Lumière de Hahaiah agira comme un bouclier contre l'Ombre, ce qui vous permettra d'être moins atteint moralement et émotionnellement par ces situations. De plus, cette Lumière vous donnera le courage de vous en libérer.

Vous devriez aussi prier l'Ange Mehiel. Hahaiah et Mehiel sont deux Anges extraordinaires pour sauver les victimes de la violence. Ils enverront sur votre chemin un Ange terrestre qui sera en mesure de vous prendre sous ses ailes et de vous guider vers le chemin de la paix et de la liberté. Cet Ange terrestre vous aidera également à défendre vos droits et à lutter contre la violence, si tel est votre désir.

Autres raisons de prier l'Ange Hahaiah

Vous pouvez prier l'Ange Hahaiah pour qu'elle oriente votre vie vers des situations positives et lumineuses. Cet Ange aimerait donc voir l'humain trouver l'amour qui lui permet d'être heureux, le travail qui correspond à ses attentes, la demeure de ces rêves, etc. Selon Hahaiah, si tous les humains trouvaient ce qu'ils recherchent, il n'y aurait pas autant de violence, de divorces, de séparations, de déchirures et d'enfants qui pleurent. Lorsque vous prierez cet Ange, elle ira consulter Cahetel pour qu'il puisse vous envoyer un cadeau providentiel auquel vous avez droit. En recevant ce cadeau, cela vous encouragera à prier les Anges et à intégrer la Lumière dans votre vie. Et cette Lumière ne vous apportera que du bon et du beau.

Si vous réalisez que vous vous êtes engagé dans une situation précaire et que vous aimeriez rapidement vous en éloigner, priez immédiatement Hahaiah. Celle-ci enverra sur votre chemin une porte pour que vous puissiez vous en sortir sans qu'il y ait trop de dommages causés aux personnes impliquées. Lorsque vous vivrez des temps difficiles et que vous aurez besoin d'être rassuré, priez donc immédiatement l'Ange Hahaiah. Sa Lumière dissipera vos craintes et vos peurs et illuminera le chemin qui vous conduira vers la liberté et la paix. Cette Lumière vous permettra de mieux voir les escroqueries et les abus de confiance. Vous pourrez donc vous en éloigner immédiatement.

Hahaiah est un Ange d'une grande douceur. Sa Lumière calme et apaise. Priez cet Ange pour mieux maîtriser vos sentiments d'agressivité et d'impulsivité. Hahaiah vous fera prendre conscience que ces émotions vous nuisent et détruisent les gens que vous aimez.

Vous pouvez prier Hahaiah pour bien accomplir votre rôle de mère. Cet Ange amplifie l'amour maternel. La Lumière de Hahaiah développe en vous le désir de bien élever vos enfants.

Si vous êtes du genre très bavard, priez l'Ange Hahaiah pour qu'elle vous aide à être plus discret. Cet Ange prône la discrétion. Hahaiah affirme qu'il est important de garder en vous les secrets qui vous sont confiés. Lorsqu'une personne s'ouvre à vous avec confiance, vous devez respecter sa confidence. Il est en de même avec tous les autres sujets exigeant la discrétion de votre part.

Hahaiah apporte souvent son aide à l'Ange Haamiah en ce qui concerne l'interprétation des rêves. La mission de Haamiah est de vous envoyer des rêves prémonitoires et celle de Hahaiah est de vous aider à mieux les interpréter. Tous ceux qui aimeraient développer ce talent en eux devraient prier ces deux magnifiques Anges.

Note aux enfants de Hahaiah

À votre naissance, l'Ange Hahaiah vous a fait le don de sa Lumière de dons surnaturels. Il vous suffit de la prier pour que Hahaiah développe ce don en vous et pour que vous puissiez en prendre conscience.

Vous possédez donc tous en vous une armure pour ne pas vous laisser influencer par les situations de l'Ombre. Il vous suffit de l'utiliser et de faire confiance à votre bon jugement.

Hahaiah vous a aussi donné la facilité de comprendre vos rêves. Si vous voulez parfaire vos connaissances dans ce domaine, demandez à Hahaiah de développer davantage ce talent que vous possédez déjà.

Réclamer de l'aide de l'Ange Hahaiah

Obtenir l'armure de l'Ange Hahaiah

Si vous désirez obtenir l'armure de l'Ange Hahaiah, il vous suffit de la prier et de lui demander de vous bâtir cette armure pour ne pas vous laisser abattre par l'Ombre. Avant de vous coucher, et ce, pendant une période de neuf jours, demandez à Hahaiah de vous bâtir ce bouclier. Vous pouvez le faire autant de fois que vous en ressentez le besoin. Vous devriez aussi faire purifier un objet par Hahaiah et le porter en tout temps sur vous. La méditation vous fera de plus un bien énorme. Elle vous permettra d'avoir la force et le courage de vous éloigner des personnes d'Ombres.

Apaiser les sentiments d'agressivité et d'impulsivité

La meilleure façon d'apaiser les sentiments d'agressivité et d'impulsivité est de prier l'Ange Hahaiah. Récitez-lui une prière à cet effet autant de fois que vous en ressentez le besoin. Plus vous réciterez la prière, plus cet Ange vous fera prendre conscience du danger que provoquent ces sentiments de l'Ombre. Puisque vous êtes envahi par ces émotions, vous ne vous rendez pas compte de tous les dangers que cela peut causer à vous ou à autrui. Si vous en êtes conscient, vous aurez plus de facilité à vous libérer de ces sentiments de l'Ombre.

Bâtir un autel pour accueillir l'Ange Hahaiah

Napperon : peu importe. Un tissu de votre mère serait approprié.

Couleurs : argent, or, violet et vert.

Bougies : blanches, or, argentées et bleues.

Encens : myrrhe, muscade, oliban.

Odeurs : pin, cèdre et sauge.

Psaume à réciter lors du rituel

« Pourquoi, Ô Éternel, vous tenez-vous éloigné?
Vous dérobez-vous au temps de la détresse? »

Psaume 10, verset 1

13. YEZALEL
(fontaine d'amour, fidélité, solution)

« *Peu importe si vous trébuchez. Ce qui compte, c'est de vous relever.* »

« *Prenez toujours le temps de regarder les bons côtés des événements.*
De cette façon, vous acquerrez la sagesse. »

« *Si vous n'êtes point capable de dire la vérité, alors taisez-vous!* »

Ange idéal

Yezalel est l'Ange idéal des personnes atteintes de la maladie d'Alzheimer. Cet Ange ne peut pas les guérir. Toutefois, il va permettre aux personnes atteintes de garder de bons souvenirs en mémoire.

Il est aussi l'Ange Idéal des étudiants et de toute personne dont la profession exige une bonne mémoire. La Lumière de Yezalel joue un rôle important sur la mémoire. Sa magnifique Lumière vous permet de vous remémorer de vieux souvenirs, des matières apprises par cœur, etc. Lors d'un examen, si vous êtes nerveux, priez l'Ange Yezalel. Sa Lumière vous calmera et la matière que vous avez étudiée remontera dans votre mémoire.

L'Ange Yezalel est une fontaine d'étincelles aux multiples couleurs. Lorsqu'il annoncera sa présence, ne soyez pas surpris de voir des étincelles colorées vous entourer. Telle sera son énergie. Yezalel vient vers l'humain comme par magie. Il est impossible de prédire quel signe il fera en premier. Toutefois, lorsqu'il sera près de vous, son énergie vous envahira. Vous serez rempli d'énergie. Vous bougerez et vous créerez. Votre tête se remplira d'idées de toutes sortes. Vous-même serez surpris de vous voir à l'action. Si, dans votre vie, vous êtes dans une période difficile et que vous ne savez pas comment vous en sortir, l'énergie que vous infusera Yezalel vous donnera l'audace d'aller de l'avant et de prendre vos décisions.

Lorsque vous prierez Yezalel, son aide sera immédiate. Puisqu'il est un magicien des mots, ne soyez pas surpris si vous devenez un vrai moulin à paroles. Cet Ange aime voir l'humain faire des pas dans la bonne direction. S'il veut vous diriger vers une meilleure direction, vous le ressentirez dans vos jambes. Ces dernières seront raides comme si elles ne suivaient pas vos pas. Vous trouverez cet effet bizarre, mais vous comprendrez rapidement. Cet Ange aime également que l'humain prenne le temps de regarder avant d'agir. S'il veut vous faire voir ou comprendre quelque chose, votre vue sera embrouillée pendant la journée, comme à votre réveil. Si vous avez les yeux embrouillés, alors l'Ange Yezalel vous dit d'analyser profondément votre situation avant de prendre une décision. N'oubliez pas cependant qu'il est comme une boîte à surprise. Il risque de vous réserver toutes sortes de surprises lorsqu'il manifestera sa présence. Soyez attentif à ses signes. De toute façon, Yezalel s'organisera pour vous faire rire.

Différentes façons de manifester sa présence

L'Ange Yezalel aime le cheval pour plusieurs raisons. Premièrement, il aime bien se promener sur son dos. Cet Ange dit qu'il fait parfois des courses avec l'Ange Nemamiah et qu'il gagne presque toujours. Toutefois, Nemamiah n'est pas du même avis. D'ailleurs, tous les Anges connaissent bien Yezalel. C'est un Ange qui amplifie tout! Un petit point blanc devient avec lui grand et lumineux. C'est la raison pour laquelle Yezalel se compare au cheval puisque cet animal voit l'humain 50 % plus grand qu'il ne l'est en réalité. Sa vision est identique à l'énergie de l'Ange Yezalel.

Puisque Yezalel adore les chevaux, il aime bien son odeur, tout comme il aime celle de la paille. Toutefois, cet Ange est conscient que ce n'est pas tous les humains qui aiment l'odeur des chevaux et de la paille. C'est la raison pour laquelle lorsqu'il viendra vers l'humain, il lui enverra une odeur particulière. Yezalel dit qu'il a plusieurs trucs dans son sac et qu'il choisira une odeur que l'humain sentira et reconnaîtra facilement. L'humain saura immédiatement que l'Ange Yezalel est à ses côtés.

Yezalel adore le mot « **magie** ». Par ce mot, cet Ange vous indique qu'il infusera dans votre vie un peu de magie. Il s'engage à vous en envoyer pendant une période d'un an, sans toutefois préciser par rapport à quel sujet il vous fera vivre cette magie. Cependant, vous serez heureux des événements. Yezalel vous enverra ses surprises lors de ses journées particulières. Attendez-vous à vivre de belles émotions durant la semaine qui suivra ses journées. Voici un exemple. Si vous prenez une de ses journées particulières, par exemple le 21 janvier, alors attendez-vous à vivre pendant toute cette journée des situations agréables. Cela peut aussi concerner des changements bénéfiques. De toute façon, l'Ange Yezalel s'organisera pour vous donner tous les outils nécessaires pour régler ce qui vous dérange et avancer sur le chemin du bonheur et de la joie de vivre.

Si vous entendez le mot « **escalader** », cet Ange vous donnera le courage, la force et l'espoir d'escalader la pire montagne. Autrement dit, la Lumière de Yezalel vous permettra de régler ce qui ne fonctionne pas bien dans votre vie. Rapidement, vous retrouverez le chemin de l'équilibre et de l'harmonie.

Si Yezalel vous envoie le mot « **robot** », par ce terme, il vous dit que vous êtes éteint, qu'il manque de vivacité dans votre vie, qu'il n'y a plus de lueur dans vos yeux, que votre attitude dérange votre entourage. Yezalel vous dit que vous ne pouvez plus continuer d'être dans cet état, dans cette bulle. Votre âme en souffre et vous aussi. L'Ange Yezalel vous dit qu'il serait temps pour vous de faire un pas, mais un pas dans la bonne direction. Récitez la prière bienfaitrice et protectrice pendant neuf jours. L'Ange Yezalel s'occupera du reste. Sa Lumière vous réveillera et vous stimulera. Ceci vous aidera à vous sortir de votre état inerte et à aller de l'avant pour trouver un sens à votre vie!

Autres représentations symboliques

Yezalel est un Ange qui aime jouer des tours à l'humain. Il aime le voir rire. C'est la raison pour laquelle il le taquine. Alors, ne soyez pas surpris si vous cherchez des choses. Il peut tout simplement les déplacer. Ne pensez pas que vous êtes étourdi. C'est tout simplement l'Ange Yezalel qui s'amuse à vous jouer des tours. Il pourra même faire sonner votre carillon à l'entrée de votre demeure et, lorsque vous répondrez, il n'y aura personne. Cela peut aussi être votre téléphone qui fera une sonnerie inhabituelle et, lorsque vous répondrez, il n'y aura personne au bout du fil. Tous ces signes, l'Ange Yezalel adorent les faire.

Si Yezalel vous montre un **magicien en train de faire un tour de magie**, il vous indique qu'il apportera de la magie dans votre vie. Attendez-vous à vivre de beaux moments puisque Yezalel vous réserve une belle surprise. Il ne faut pas oublier que Yezalel est une belle fontaine d'amour.

Cet Ange peut aussi vous **montrer un bâton d'artifice (feu de Bengale)** que l'on met sur un gâteau. Si vous voyez ce bâton en train de brûler, par ce signe, l'Ange Yezalel vous annonce un temps nouveau. Une nouvelle période de votre vie est sur le point de commencer. Des changements importants marqueront votre vie favorablement. Si vous voyez le bâton d'artifice sans toutefois qu'il brûle, attendez-vous à vivre un léger changement qui améliorera une situation de votre vie.

L'Ange Yezalel se décrit comme une **boîte à surprise**. Si cet Ange vous en montre une, attendez-vous à recevoir une belle surprise : la réalisation de votre demande.

Puisque Yezalel adore les chevaux, si cet Ange vous **montre quatre chevaux réunis**, il vous annonce une bonne nouvelle concernant votre situation professionnelle ou financière. De plus, attendez-vous à recevoir quatre bonnes nouvelles en quatre semaines ou en quatre mois.

Spécialités de l'ange Yezahel

Yezalel est une fontaine d'amour dont la mission est de prendre soin de la vie amoureuse des gens. Pour lui, il est primordial de voir l'humain heureux et épanoui dans sa vie amoureuse. Son désir fondamental est d'unir les gens pour former une belle unité, une union basée sur le respect et l'amour. Yezalel et Hahaiah travaillent très fort pour accorder à l'humain ce désir qui lui est cher. Toutefois, il est important de prier ces magnifiques Anges pour que votre désir de trouver votre complément parfait puisse se concrétiser. Ces deux Anges favoriseront donc la rencontre d'une personne qui correspond à vos désirs.

Si vous êtes dans une période de crise sentimentale, priez l'Ange Yezalel puisqu'il rétablit l'harmonie et la paix dans les couples. Il leur infuse sa fontaine d'amour pour les aider à se réconcilier et à résoudre leur dilemme. Toutefois, si l'un des partenaires veut partir, l'Ange Yezalel aidera celui qui est abandonné et lui infusera une Lumière de courage pour passer à travers cette épreuve.

Cet Ange prône la fidélité conjugale. Pour lui, il est important que vous soyez fidèle à la personne à laquelle vous êtes liée. Yezalel indique que si c'est impossible pour vous d'être fidèle à la personne qui partage votre vie, il serait important que vous lui en fassiez part ou que vous deveniez célibataire. Vous pouvez prier l'Ange Yezalel pour que la fidélité règne au sein de votre vie couple. Toutefois, si l'un des partenaires n'est pas fidèle, la mission de l'Ange Yezalel sera de faire ressortir la vérité.

Vous pouvez aussi le prier pour qu'il vous aide à être fidèle. Premièrement, Yezalel souhaite que vous soyez fidèle à vous-même. Ainsi, vous pourrez l'être plus facilement avec les autres. Cet Ange vous fera également prendre conscience du mal que vous faites à votre partenaire lorsque vous lui êtes infidèle. La mission première de l'Ange Yezalel, c'est de rétablir l'harmonie dans les couples et de les aider à cheminer ensemble et à être heureux de bâtir une équipe. Leur équipe. C'est la raison pour laquelle cet Ange affirme que lorsque vous aimez une personne, vous devez la respecter au plus haut point. Toutefois, Yezalel est conscient que l'humain a aussi des faiblesses. C'est pourquoi cet Ange est prêt à aider celui qui a besoin d'une aide angélique à ne pas succomber à la tentation.

Yezalel prône aussi la parole donnée. Si vous faites une promesse, il est important de la tenir. Sinon, ne promettez pas. Pour Yezalel, la fidélité et la parole donnée sont des qualités importantes. Soyez toujours honnête envers vous-même. Ainsi, vous le serez avec les autres. Yezalel est aussi un excellent Ange à prier avant de consulter un médiateur. Il fera en sorte que vous respectiez vos engagements.

Autres raisons de prier l'Ange Yezalel

Vous pouvez aussi prier l'Ange Yezalel pour vous aider à résoudre un problème qui vous dérange par rapport à des personnes négatives, à l'un de vos voisins, à un conflit judiciaire, etc. Yezalel vous guidera vers le chemin de la meilleure solution. Si vous priez cet Ange, il atténuera également les sentiments de vengeance et de méchanceté pour que les deux parties parviennent à une entente. Cet Ange favorise les négociations. Il vous aidera donc à résoudre vos problèmes et il vous sortira des situations difficiles et perturbantes. Il vous suffit de le prier et de lui demander de venir à votre secours.

La Lumière de ce magnifique Ange vous permet d'aller au but avec confiance et persévérance. Il vous donne cette poussée angélique pour atteindre vos objectifs, vos rêves et, surtout, il vous donne l'élan pour que vous puissiez les mener à terme et les atteindre. Telle est la force de sa Lumière.

Yezalel est un Ange de vérité. Il n'aime pas les mensonges. Si vous le priez, il vous aidera à parler honnêtement. Cet Ange vous fera prendre conscience des dangers que peut provoquer le mensonge. Si vous avez de la difficulté à dire la vérité, alors taisez-vous. Tel est le message de l'Ange Yezalel.

Si vous n'aimez pas étudier, priez aussi Yezalel. Cet Ange développera en vous le goût d'apprendre. Il vous infusera sa Lumière qui vous permettra d'apprendre avec facilité. De plus, il dirigera vers vous un professeur qui saura attirer votre attention sur la matière difficile.

Vous pouvez aussi prier l'Ange Yezalel pour qu'il guide vos pas vers des situations ou des événements favorables qui vous permettront de retrouver un bel équilibre et la joie de vivre. Priez cet Ange et sa Lumière vous permettra d'apprécier les petits événements de la vie. Cet Ange vous fera comprendre qu'il ne suffit pas de grand-chose pour être heureux dans la vie. Yezalel vous fera prendre conscience de tout ce que vous possédez. Vous êtes peut-être mieux que ce que vous pensez!

Note aux enfants de Yezalel

À votre naissance, l'Ange Yezalel vous a fait le don de sa Lumière qui vous permet de recevoir des réponses à vos questions. Cet Ange vous permet de voir au-delà des événements. Lorsque survient un événement dans votre vie, vous savez toujours comment vous en sortir. Toutefois, vous n'écoutez jamais ce que votre voix intérieure vous dit. Voilà la raison pour laquelle vous faites autant d'erreurs. Si vous prenez quelques minutes pour écouter cette voix qui vous parle, vous éviterez bien des ennuis.

Puisque Yezalel est un magicien des mots, il vous a aussi donné ce talent en vous. Lorsque vous voulez quelque chose, il vous est toujours facile de l'obtenir puisque vous savez quels mots prononcer au bon moment. Vous êtes donc un merveilleux messager lorsque vos paroles sont remplies de bonté et de Lumière.

Réclamer de l'aide de l'Ange Yezahel

Rester fidèle à ses engagements

Pour rester fidèle à vos engagements, priez l'Ange Yezalel. Ensuite, demandez-lui de purifier un objet que vous conserverez sur vous tant et aussi longtemps que vous en ressentirez le besoin. La mission de l'Ange Yezalel, c'est de vous faire prendre conscience des tournures que pourrait engendrer votre infidélité.

Se réconcilier avec un ennemi ou autres

Pour vous réconcilier avec un ennemi ou autres, premièrement, il est important de prier l'Ange Yezalel et de lui demander de vous aider dans cette situation. L'Ange Yezalel provoquera une situation qui vous permettra de réparer les pots brisés. Il vous permettra de régler à l'amiable un événement. Toutefois, avant de rencontrer la personne, il serait important de prier l'Ange Yezalel ou de méditer sur lui quelques minutes. Cet Ange vous infusera une Lumière d'assurance qui vous aidera à mieux communiquer votre émotion sans vous laisser emporter par celle-ci.

Bâtir un autel pour accueillir l'Ange Yezalel

Napperon : tissu avec l'image de cheveaux.

Couleurs : argent, rouge vif, orangé et jaune.

Bougies : blanches, bleues, rouges, orangées et jaunes.

Encens : myrrhe et oliban

Odeurs : génévrier et la paille.

Psaume à réciter lors du rituel

Acclamez l'Éternel, toute la Terre, entonnez des cantiques, chantez des hymnes. »

Psaume 98, verset 4

14. MEBAHEL
(vérité, secours, espoir)

« Faites ce que vous pouvez et votre Ange fera le reste. »

« L'espoir nourrit l'humain, alors gardez toujours espoir qu'un nouveau jour se lèvera pour vous. »

Ange idéal

Mebahel est l'Ange idéal de tous ceux qui veulent réussir dans le domaine du droit. Il vous donne la persévérance nécessaire pour terminer vos études avec succès. L'Ange Mebahel demandera l'aide de son confrère Menadel pour ensuite vous trouver du travail dans un bon cabinet d'avocats. Cet Ange vous soutiendra tout au long de votre maîtrise et surtout si vous travaillez pour le bien de l'humain. Autrement dit, si vos causes sont humanitaires, il vous aidera à faire de bons plaidoyers.

Il est aussi l'Ange idéal des avocats. Sa Lumière les aide à libérer les innocents et à faire découvrir la vérité. Évidemment, la personne impliquée doit être innocente. Si un avocat prie l'Ange Mebahel pour libérer son client et que celui-ci est coupable, il devrait s'en abstenir puisque la mission de l'Ange Mebahel est de faire sortir la vérité.

Vous pouvez prier Mebahel afin qu'il vous trouve un bon avocat qui saura vous défendre et bien comprendre votre point de vue. Toutefois, vous devez être innocent. Si vous priez Mebahel afin d'avoir un bon avocat pour vous sortir du pétrin, l'Ange Mebahel ne vous aidera pas.

L'Ange Mebahel est très puissant, mais il sait se faire très discret. Cet Ange ne fait pas trop de bruit. Toutefois, lorsque vous lui réclamez de l'aide, Mebahel agit avec force et son aide est immédiate. Lorsqu'il annoncera sa présence, vous ressentirez à l'intérieur de vous un sentiment de confiance et de détermination. Vous serez en contrôle des événements qui se passeront autour de vous. Vous serez même surpris de vous voir agir. Telle sera la vibration de ce magnifique Ange en vous.

Mebahel aime siffler. Pour vous annoncer sa présence, ne soyez pas surpris d'entendre un sifflement joyeux, tout doux. Vous pourriez même vous surprendre en train de siffloter un air d'une musique qui jouera dans votre tête. Ne vous en faites pas, c'est l'Ange Mebahel qui vous envoie cet air pour que vous puissiez le fredonner avec lui tout en sifflotant.

De plus, cet Ange aime chaleureusement chatouiller les lèvres de l'humain. Mebahel affirme que lorsqu'il chatouille ses lèvres, l'humain à tendance à faire la moue. Mebahel enchaîne en disant que c'est tellement amusant de voir la réaction de l'humain lorsque celui-ci dépose ses magnifiques ailes sur ses lèvres. Si vous ressentez de légers chatouillements sur vos lèvres, alors vous saurez que c'est l'Ange Mebahel qui vous chatouille. De plus, cet Ange vous dit que lorsqu'il déposera ses ailes sur vos magnifiques lèvres, il leur infusera sa Lumière de dextérité qui vous aidera à exprimer de façon juste et équitable votre point de vue.

Différentes façons de manifester sa présence

L'Ange Mebahel aime les abeilles puisqu'il adore le miel. Toutefois, Mebahel dit qu'il est très impressionné de voir le travail d'équipe que forment les abeilles. Elles travaillent toutes pour la même cause. De plus, elles le font en harmonie. Telle est la Lumière de Mebahel, soit d'aider l'humain à vivre en harmonie avec les siens.

Mebahel adore le miel. Il est évident lorsqu'il annoncera sa présence en vous envoyant une odeur de miel. Cet Ange affirme que ce produit apporte plusieurs bienfaits à l'humain, autant sur le plan de la consommation que de la guérison des plaies.

Si Mebahel vous fait entendre le mot « **parole** », il vous demande de surveiller vos paroles. Réfléchissez avant de parler. Prononcez des paroles honnêtes, réconfortantes et qui éveilleront. Toutefois, évitez de prononcer des paroles méchantes puisque cela détruit et n'apporte rien. Vous pouvez dire tout ce que vous pensez en utilisant les bons mots. Mebahel affirme que l'humain se laisse souvent emporter par la colère et lorsqu'il est en colère, ses paroles ne sont pas gentilles.

Un mot important pour Mebahel est « **espoir** ». Ainsi, cet Ange vous dit qu'il vous donnera le courage nécessaire pour que vous puissiez vous sortir de votre impasse. Cet Ange vous dit : « *Ne perdez pas espoir puisque l'espoir nourrit et guérit. Ayez espoir qu'un nouveau jour se lèvera très bientôt pour vous puisque je vais guider vos pas vers ce nouveau jour! Travaillons ensemble, vous et moi, et je vous guiderai vers le chemin de vos rêves, vers le chemin du bonheur. Il suffit de me faire une place dans votre cœur!* »

Si Mebahel vous fait entendre le mot « **songe** », il vous indique qu'il vous enverra des indices sur les prochains événements de votre vie. Avant de vous coucher, posez-lui une question pour laquelle vous voulez avoir de l'information. Au cours de la nuit, il vous enverra des indices qui vous permettront de voir ce qui s'en vient pour vous.

Si l'Ange Mebahel vous envoie le mot « paradis », il vous dit qu'il fera en sorte de trouver votre paradis idéal, que ce soit dans votre vie amoureuse, professionnelle, personnelle. Cet Ange vous permettra d'être « au paradis » *(identique à votre expression humaine pour signifier que vous êtes heureux)*! Cet Ange se fera un devoir de vous envoyer ce paradis sur terre dans l'année qui suivra votre demande. Les journées particulières de l'Ange Mebahel seront aussi importantes à surveiller puisque cet Ange vous enverra alors des situations bénéfiques.

Autres représentations symboliques

Puisque Mebahel aime les abeilles, il y a de fortes chances qu'il vous montre une **ruche entourée d'abeilles**. Par ce signe, Mebahel vous indique de ne pas lâcher, de continuer à travailler fort. Vous obtiendrez les résultats voulus. Comme pour les abeilles, le travail d'équipe est important pour cet Ange. La mission de Mebahel est de vous guider exactement vers le chemin de la réussite, tandis que votre mission est de marcher en cadence avec Mebahel pour atteindre cette réussite. Le message que veut vous envoyer Mebahel par ce signe est de ne pas vous décourager. Vous êtes presque arrivé à votre but.

Mebahel adore siffler. **Si vous entendez quelqu'un siffler**, ne vous en faites pas, c'est sûrement lui. Par ce signe, il vous indique de sourire à la vie. Vous êtes possiblement dans une période angoissante et vous refoulez trop vos émotions. Votre moral est à plat. Au lieu de sombrer dans une légère dépression, Mebahel vous invite à siffler, à chanter. Changez vos idées et cela vous fera un bien énorme. Si un étranger siffle près de vous, ne le réprimandez pas puisque c'est Mebahel qui emprunte le corps d'un humain pour vous siffler sa joie de vivre. Faites-lui un sourire!

Puisque Mebahel est un vrai moulin à paroles, pour vous annoncer qu'il a bel et bien entendu votre prière, il enverra sur votre chemin des personnes qui n'arrêteront pas de parler. Vous serez étourdi à les entendre parler. L'Ange Mebahel aime bien faire ce signe amusant. Ne lui en voulez pas trop.

Si vous entendez **une personne vous dire : « *Je te donne ma parole* »**, l'Ange Mebahel vous donne sa parole et il vous aidera dans la faveur que vous lui réclamez. Cet Ange fera tout en son possible pour vous accorder votre cher désir, même si cela entrave votre plan de vie. N'oubliez pas que Mebahel est une vraie machine à paroles. Il est également excellent pour défendre des causes. Alors, il ira parler pour vous. Il plaidera pour vous et demandera à Dieu de vous accorder la demande que vous lui réclamez. Comme il est excellent dans ce domaine, il y a de fortes chances que Mebahel gagne sa cause!

Spécialités de l'Ange Mehabel

Une mission importante de Mebahel est de relever la personne qui est tombée et qui sombre dans le néant. Lorsqu'un moment arrive dans votre vie où il n'y a plus rien qui fonctionne, lorsque vous vous laissez conduire par les événements, votre corps est en vie, mais votre esprit est mort. Vous vivez comme un robot, un zombie. Vous n'avez plus aucune émotion et vous n'avez plus aucun intérêt à continuer votre route. Il serait important de prier l'Ange Mebahel puisque sa Lumière redonne courage à ceux qui ont perdu espoir et qui sont en détresse. Sa Lumière vous donne un élan, une poussée qui va vous permettre de vous relever et de continuer votre route. Mebahel vous conduira vers une meilleure route, vers un avenir plus heureux et plus prometteur. Après quelques prières, vous verrez des changements autour de vous. Voilà l'importance de le prier lorsque vous vivez une période de détresse et de découragement.

Mebahel vous aidera aussi à prendre votre vie en main et à bien la structurer. Sa Lumière vous permettra de bien analyser votre vie, vos désirs, vos buts, vos pensées. Lorsque vous êtes en contrôle de votre vie, vous avez moins de chance de sombrer dans la détresse puisque vous êtes en mesure de régler immédiatement ce qui ne fonctionne pas bien.

Autres raisons de prier l'Ange Mebahel

Mebahel travaille avec l'Ange Rochel lorsqu'il s'agit de protéger l'humain contre ceux qui essaient d'usurper leur argent. Mebahel est un Ange qui prône l'honnêteté, la justice et la vérité. Il n'aime pas les mensonges puisqu'ils sont créateurs de guerres inutiles. Vous pouvez prier l'Ange Mebahel si vous êtes injustement accusé et que vous aimeriez que la vérité se fasse entendre. Telle est sa mission : vous libérer si vous êtes injustement accusé. Toutefois, vous devez être innocent. Si quelqu'un vous accuse et que vous trouvez que cela est injuste, mais que vous êtes tout de même responsable de l'acte dont vous êtes accusé, ne demandez pas à Mebahel de vous aider. Sa mission est de faire ressortir la vérité.

Vous pouvez prier Mebahel pour vous préserver des calomnies, de la jalousie, des tromperies et des méfaits de l'Ombre. Si vous travaillez dans une ambiance mauvaise ou que vous êtes entouré de personnes négatives, priez l'Ange Mebahel pour qu'il vous préserve de la méchanceté de ces personnes ou situations sombres. Mebahel vous infusera une belle Lumière qui vous permettra de rayonner sur ces êtres négatifs. Ces personnes, lorsqu'elles s'approcheront, vous ignoreront ou vous respecteront. De toute façon, elles ne seront pas portées à vous attaquer puisque la Lumière de l'Ange Mebahel les en empêchera. Vous pouvez aussi prier Mebahel pour qu'il y ait de l'harmonie dans un groupe. Ainsi, cela empêchera à l'Ombre de s'infiltrer dans votre groupe d'amis, de travail, etc.

Si vous voulez savoir quelque choses à propos d'une personne ou d'un événement, priez l'Ange Mebahel puisqu'il vous conduira à l'endroit ou vous êtes le plus susceptible d'obtenir la réponse à votre question.

Note aux enfants de Mebahel

À votre naissance, l'Ange Mebahel vous a fait le don de sa Lumière d'intuition. Écoutez cette voix intérieure lorsqu'elle vous parle puisque Mebahel utilise ce moyen de communication pour vous éviter des ennuis et vous diriger vers le chemin de vos rêves. Quand arrive une situation et que vous avez un fort pressentiment à l'intérieur de vous, écoutez-le. Il y a de fortes chances que ce soit Mebahel qui laisse un message. Vous avez aussi la possibilité de savoir tout ce que vous désirez connaître. Prenez bien soin d'écouter cette voix intérieure puisqu'elle vous guidera toujours à l'endroit où se trouvent vos réponses.

Vous avez aussi reçu le don de la créativité. Toutefois, vous devez créer par vous-même vos idées, vos projets. Il suffit de vous faire confiance et vous serez très surpris des résultats par la suite.

Bâtir un autel pour accueillir l'Ange Mebahel

Napperon : neutre.

Couleurs : blanc et argent.

Bougies : blanches ou bleues.

Encens : myrrhe, santalet oliban.

Odeurs : miel, vanille et ail.

Psaume à réciter lors du rituel

« Et le Seigneur est un refuge pour l'opprimé,
un refuge avantageux au temps de la détresse. »

Psaume 9, verset 10

15. HARIEL
(perte de poids, désintoxication, guérison)

« Soyez vous-même et soyez fier de qui vous êtes puisque l'univers des Anges vous aime tel que vous êtes! »

« Prendre son poids en main, c'est prendre sa vie en main. »

« Ne jugez pas votre prochain si vous ne voulez pas être jugé en retour! »

Ange idéal

Hariel est l'Ange idéal de tous ceux qui veulent perdre du poids. Cet Ange vous donnera l'énergie et la confiance de suivre un régime.

Il est aussi l'Ange idéal de tous ceux qui ont des dépendances. La Lumière de cet Ange vous en libère. Il vous suffit de le prier Hariel et il vous donnera le courage de cesser votre dépendance. Sa mission sera de vous faire prendre conscience des dangers que peut provoquer votre dépendance. Il est aussi un Ange idéal à prier lorsque vous êtes en période de désintoxication. Sa Lumière vous donnera la force de ne pas abandonner en cours de route.

Hariel est un Ange très grand et très puissant. Lorsqu'il annoncera sa présence, vous serez envahi par un sentiment de puissance. Tout votre corps sera en vibration. Ce ne sera pas une sensation négative. Au contraire, c'est comme si vous étiez un personnage télévisé tel qu'un super héros possédant une force énorme pour vaincre l'Ombre. Tel sera le sentiment à l'intérieur de vous. Cette sensation vous permettra d'être en meilleure contrôle avec vous-même et avec ceux qui vous entourent. Cette sensation sera aussi très importante pour ceux qui réclament de l'aide de l'Ange Hariel sur le plan de la perte de poids. Premièrement, lorsqu'il viendra vers vous, vous aurez la sensation d'avoir l'estomac plein, comme si vous veniez de terminer un repas. Ce sentiment qu'il vous infusera vous donnera le courage de suivre votre régime. Vous serez en contrôle de vos émotions qui souvent sont le déclencheur de l'appétit puisque plusieurs personnes « mangent leurs émotions ». L'énergie de cet Ange vous donnera le courage et le contrôle nécessaire pour suivre votre régime.

Lorsque vous priez l'Ange Hariel, son aide est instantanée. Ne soyez pas surpris de ressentir ou de sentir une petite odeur acide, un parfum de citron lorsqu'il se manifestera. De plus, lorsque ce dernier vient vers l'humain, son énergie fait en sorte que l'humain est porté à faire du ménage. Si vous priez l'Ange Hariel et, en une minute, inconsciemment, vous époussetez un objet qui se trouve devant vous, sachez que vous venez d'entrer en contact avec ce magnifique Ange citronné!

Différentes façons de manifester sa présence

Hariel aime tous les animaux qui se promènent en forêt. Toutefois, il a une faiblesse pour les papillons, surtout lorsque ceux-ci ont du jaune. Pour Hariel, le papillon est très important. Premièrement, il représente l'envol vers une nouvelle vie, vers un changement, tout comme la mission de l'Ange Hariel envers l'humain. Si l'humain porte du jaune, Hariel sera heureux puisque c'est sa couleur préférée. Selon lui, le jaune représente le soleil, l'illumination. Hariel affirme que lorsqu'une personne prend sa vie en main et obtient les résultats désirés, elle devient un vrai rayon de soleil. Tout son aura est entourée de cette magnifique teinte qui représente la satisfaction de son être. Hariel dit que lorsqu'il y a du jaune autour d'un être, c'est que celui-ci est contrôle ses émotions.

Il est évident que l'Ange Hariel aime les odeurs citronnées. Lorsqu'il annoncera sa présence, il aspergera votre pièce de cette odeur. Vous sentirez une senteur de propreté semblable à celle que vous pouvez sentir après avoir fait un bon ménage.

Si vous priez l'Ange Hariel pour la perte de poids et qu'il vous fait entendre le mot « **poids** », sachez que cet Ange vous aidera à perdre les kilogrammes de trop. Ce mot sera très important pour vous.

Un autre mot important pour l'Ange Hariel est « **purifié** ». Si cet Ange vous le fait entendre, c'est qu'il vous indique qu'il désintoxiquera votre corps de toutes les toxines pouvant vous causer des ennuis de santé. Par la suite, il purifiera votre âme et votre corps pour que vous puissiez mieux accepter votre corps et l'aimer tel qu'il est avec ses faiblesses et ses forces. Hariel vous dit : « *Soyez vous-même et soyez fier de qui vous êtes!* »

Si vous entendez le mot « **corps** », Hariel vous dit de prendre soin de vous, de votre santé. Votre corps est important puisque votre âme y est logée. Ne négligez pas vos alarmes ni votre fatigue. Prenez soin d'aimer ce corps et de lui lancer des paroles d'amour. Votre corps s'en portera mieux par la suite. Dans la semaine qui suivra votre prière, l'Ange Hariel vous fera prendre conscience de l'état de votre corps. De plus, il vous guidera vers des endroits spécifiques pour que vous puissiez mieux en prendre soin. Il peut vous diriger vers un massothérapeute, un médecin, etc. Cet Ange vous dit donc qu'il serait aussi important que vous puissiez boire de l'eau citronnée et faire quinze minutes de marche à l'extérieur au moins trois fois par semaine. Cela vous fera un bien énorme.

Autres représentations symboliques

Puisque Hariel est un Ange qui désintoxique et purifie le corps, il est évident qu'il vous donnera le **goût de boire de l'eau**. Vous aurez la gorge sèche. Si Hariel vous envoie ce signe, c'est que votre corps en a besoin. Il serait important de boire votre eau.

De plus, tout au long de la semaine, l'Ange Hariel peut vous envoyer des personnes qui vous **offriront un verre ou une bouteille d'eau**. Acceptez cette eau puisqu'elle sera purifiée par l'Ange Hariel et qu'elle vous donnera une belle énergie pour terminer vos journées en beauté.

Puisque cet Ange se décrit comme étant un citron, ne soyez pas surpris d'en voir toute la semaine que vous le prierez. Par ce signe, cet Ange vous indique qu'il vous donne l'énergie nécessaire ainsi que le courage pour commencer un régime ou un projet auquel vous tenez.

Comme il est un Ange qui aime la propreté, il développera en vous le goût de faire du ménage. Toute poussière vous dérangera. Vous aurez souvent le chiffon à la main en train d'épousseter. Tel est l'effet de l'énergie de ce magnifique Ange.

Spécialités de l'Ange Hariel

La mission de l'Ange Hariel est d'aider ceux qui veulent perdre du poids. Il les aide à respecter leur régime et leur enlève le goût de tout ce qui les empêcherait de perdre du poids. Sa mission est de vous guider vers la meilleure méthode, vers le meilleur traitement qui vous aidera perdre du poids. Lorsque vous prierez l'Ange Hariel, celui-ci vous infusera une Lumière qui vous aidera à mieux vous priver de la bouffe à laquelle vous ne pouvez résister. Cet Ange vous aidera aussi à apprécier le corps que vous possédez. Aimez-vous tel que vous êtes. L'important est toute la beauté de votre âme. Si vous possédez une belle âme, cela se reflète automatiquement sur votre personnalité. Lorsque vous êtes bien dans votre peau, les gens ne voient pas votre surplus de poids. Lorsque vous critiquez votre corps, les gens vous remarquent et font des commentaires désobligeants sur lui. Changez votre attitude et les gens changeront la leur.

Le surnom de Hariel l'« Ange du nettoyage ». Il lave et purifie toutes les cellules de votre corps physique, mental, émotionnel et spirituel et il voit à son bon fonctionnement. En intégrant la Lumière de cet Ange dans votre vie, cela mettra en valeur votre beauté naturelle.

Cet Ange a une mission très importante envers ceux qui ont été victimes de viol, d'attouchements, de manipulations sexuelles ou autres. Il vous permet d'être à nouveau en harmonie avec votre corps et vous-même. Il fait le nettoyage nécessaire pour que la personne victime de viol puisse aimer son corps sans le trouver sale à cause de ce qu'elle a vécu.

Cet Ange permet à celui qui le prie de reprendre confiance en ses capacités, d'établir des buts et de les respecter. Il verra à ce que la personne reprenne possession de ses outils intérieurs et il l'aidera à avancer vers sa réussite personnelle.

Autres raisons de prier l'Ange Hariel

Sur le plan de la santé, Hariel est un excellent Ange pour tous ceux qui ont des problèmes de peau tels que l'acné, l'eczéma, le psoriasis, l'urticaire, la rosacée. Il permet à la peau de conserver son état de santé. Si vous priez Hariel, cet Ange vous guidera vers le meilleur médecin, la meilleure crème, la meilleure méthode pour guérir votre problème de peau. Cet Ange vous fera aussi prendre conscience des situations qui dérangent la santé de votre peau. En plus, il vous guidera vers des mesures à prendre pour améliorer son aspect. Telle est son efficacité envers tous ceux qui ont des problèmes de peau.

De plus, sa Lumière agit comme un baume sur les personnes atteintes de zona. Cet Ange aide aussi celui qui a un cancer de la peau. Sa Lumière travaille pour ne pas que le cancer se propage. Voilà l'importance de le prier.

Si vous n'aimez pas faire du ménage et que votre maison réclame la propreté, priez l'Ange Hariel pour qu'il vous donne une poussée afin de faire votre ménage annuel. Cet Ange vous donnera l'énergie nécessaire pour bien nettoyer toute votre. Cet Ange infusera aussi en vous le goût de la propreté intérieure et extérieure, ce qui vous obligera à passer le chiffon lorsqu'il y aura un peu de poussière.

Vous pouvez aussi prier l'Ange Hariel pour qu'il vous donne des méthodes simples et efficaces pour vous sortir de vos ennuis. Cet Ange ouvrira la porte aux solutions, ce qui vous aidera à bien régler tout ce qui vous dérange et vous tracasse.

Priez aussi l'Ange Hariel pour qu'il vous apporte le succès littéraire. Cet Ange adore les sujets qui concernent les aliments, la nutrition, les exercices, la psychologie. Il aime aussi tous les écrits sur la méditation et tous ceux qui parlent de bien-être et de détente. Hariel aime aussi les biographies. Si vous avez l'intention d'écrire un livre sur l'un des sujets mentionnés, priez l'Ange Hariel. Il vous aidera lors de l'écriture. Sa Lumière vous donnera l'énergie de bien compléter votre écrit pour ensuite le diriger vers le succès.

Priez cet Ange et il vous redonnera confiance en vos capacités. Sa Lumière vous donnera la poussée nécessaire pour avancer et atteindre vos buts. Cet Ange vous permettra d'aller en profondeur et de découvrir les trésors enfouis en vous. Il s'organisera pour que vous puissiez exposer vos trésors. Ainsi, vous aurez beaucoup plus confiance en vos capacités, et votre moral ainsi que votre vie s'en porteront mieux.

Note aux enfants de Hariel

À votre naissance, l'Ange Hariel vous a fait le don de sa Lumière d'énergie qui vous amène à bouger tout le temps. Vous avez toujours mille et un projets en tête. Cet Ange vous dit d'aller de l'avant avec vos projets puisque vous possédez tous les outils pour les accomplir et surtout pour réussir votre vie.

Cet Ange vous a aussi fait le don de sa Lumière de purification. Toutes les personnes travaillant avec les énergies pourront bien prendre soin du corps de l'humain. Il leur sera possible de purifier le corps par l'imposition des mains.

C'est dans la nature que vous referez vos énergies. Prenez des marches de temps en temps dans un boisé et vous verrez vos maux disparaître comme par enchantement. De plus, il serait important pour vous de boire régulièrement de l'eau. Cela aura un impact positif sur votre système digestif et sur tout votre être.

Pour la perte de poids :

Ô Vous, Ange Hariel, Ange créateur
Je réclame immédiatement votre aide angélique pour me donner le courage de suivre un régime, car j'en ai besoin
Vous, fidèle serviteur de Dieu
Intervenez auprès de Dieu pour qu'il puisse m'accorder ce vœu qui m'est cher
Bel Ange Hariel
Aidez-moi à perdre du poids tout en conservant une bonne santé
Donnez à mon corps sa beauté naturelle pour retrouver mon équilibre et la paix en mon corps
Je vous le demande avec tout mon cœur et mon âme
Amen

Réclamer l'aide de l'Ange Hariel

Perdre du poids

Si vous êtes prêt à perdre du poids, suivez la méthode et vous verrez un miracle s'accomplir devant vous. Premièrement, la mission de l'Ange Hariel sera de vous guider vers le meilleur régime pour vous. Il en est de même avec l'exercice. Toutefois, l'Ange Hariel vous dit que si vous n'aimez pas faire de l'exercice, vous devriez faire de dix à vingt minutes de marche à l'extérieur, au moins trois fois par semaine. Si vous pouvez en faire plus, allez-y puisque la Lumière de cet Ange vous donnera l'énergie de suivre votre régime et de faire de l'exercice.

Lorsque vous commencerez à le prier, soyez attentif aux gens qui viendront vers vous et qui vous parleront de régime. Si, dans ces conversations, plus de trois personnes vous parlent du même régime, ce régime est pour vous. Il faudra l'essayer et prier l'Ange Hariel de vous aider à bien le faire. De plus, méditez. Cela vous fera un bien énorme. Lors de la méditation, l'Ange Hariel en profitera pour nettoyer vos toxines et il vous donnera l'énergie de continuer votre semaine.

Pour le bon fonctionnement de la perte de votre poids, voici ce qu'il faut faire. Tous les matins et avant chaque repas, prenez un verre d'eau et ajoutez-y un morceau de citron ou quelques gouttes de citron (le citron est préférable, mais pas obligatoire). Brassez le liquide trois fois dans le sens des aiguilles en récitant les paroles suivantes : « *Ange Hariel, Dieu créateur, éliminez toutes les toxines de mon corps, purifiez-le et aidez-moi à perdre du poids pour le bien de ma santé physique et mentale.* »

Durant la semaine, prenez une pause de cinq à quinze minutes. Fermez les yeux, prenez trois bonnes respirations et demandez à Hariel de vous donner le courage de continuer votre régime. Ensuite, récitez les paroles suivantes : « *J'aime mon corps, car je deviens de plus en plus en équilibre avec mon moi intérieur.* »

Sachez que la réussite ne dépend que de vous et de la foi que vous portez aux Anges. Laissez-les entrer dans votre demeure et vous n'en savourerez que la réussite.

Inscrivez maintenant les dix aliments auxquels vous ne pouvez résister. L'Ange Hariel vous en éloignera.

1. _____ 6. _____

2. _____ 7. _____

3. _____ 8. _____

4. _____ 9. _____

5. _____ 10. _____

Quels sont maintenant les aliments que vous aimeriez que l'Ange Hariel élimine de votre alimentation durant une période d'un mois. Sa mission est de vous éloigner de ces aliments. Vous pouvez, si vous le désirez, changer vos aliments tous les mois :

1. _____

2. _____

3. _____

Avant de répondre à la question qui suit, prenez une minute d'intériorisation. Lorsque vous serez prêt, répondez-y instinctivement. Êtes-vous prêt à aider l'Ange Hariel?

_____

Si vous êtes prêt, alors vous avez déjà perdu une livre. Si vous avez répondu non, attendez avant de commencer votre régime. Cela ne vous empêche pas de prier l'Ange Hariel. Lorsque vous serez prêt, il vous suffit de commencer le régime.

Inscrivez votre poids actuel et, ensuite, le poids que vous voulez atteindre. Soyez réaliste dans votre demande. Commencez par des tranches de 10 lb (4,5 kg). Vous serez plus stimulé et vous atteindrez plus facilement votre poids idéal.

Votre poids actuel : _____   Votre poids idéal : _____

L'Ange Hariel vous conseille de vous peser une seule fois par mois. Si vous êtes trop curieux, vous pouvez aussi le faire une fois par semaine.

Hariel vous demande de vous récompenser. Chaque mois, donnez-vous un objectif. Si vous l'atteignez, récompensez-vous. Cela vous encouragera à perdre votre poids plus rapidement puisque vous aurez hâte à votre prochaine gâterie.

Pour vous récompenser, l'Ange Hariel vous enverra une belle surprise. Lorsque vous commencerez votre régime, Hariel vérifiera, au bout du mois, le nombre de livres que vous aurez perdues. Hariel vous enverra le nombre de surprises qui correspondra au nombre de livres que vous aurez perdues. Si vous avez perdu 5 lb (2,3 kg), attendez-vous à recevoir 5 belles surprises de sa part.

Quelle est la surprise qui vous ferait grand plaisir? Soyez raisonnable dans votre demande. Une surprise peut être une augmentation de salaire, un gain pour vous payer un massage, la réussite d'une entrevue, etc. Prenez une minute d'intériorisation et inscrivez maintenant ci-dessous ce que vous aimeriez obtenir.

Si cela est permis par la Sphère spirituelle, Hariel vous enverra assurément cette surprise qui vous encouragera à continuer votre régime.

Bâtir un autel pour accueillir l'Ange Hariel

Napperon : tissu jaune ou avec l'image de citrons.

Couleurs : jaune et argent.

Bougies : blanches, jaunes ou bleues.

Encens : myrrhe, mastic et oliban.

Odeurs : citron.

Psaume à réciter lors du rituel

« L'Éternel est une forteresse pour moi, mon Dieu est un rocher tutélaire. »

Psaume 94, verset 22

16. HEKAMIAH
(réalisation, stratégie, paradis)

« Suivez mes pas et je vous guiderai vers Dieu. »

« C'est en donnant que l'on reçoit. L'entraide est une énergie qui circule. »

Ange idéal

Hekamiah est l'Ange idéal des soldats. Elle les protège lors de combats. Sa Lumière leur donne la force et le courage de continuer à vivre et surtout d'aimer la vie malgré les chaos de la guerre.

Cet Ange protège aussi tous ceux qui manipulent les armes à feu pour éviter des accidents fâcheux causés par la négligence.

Hekamiah est l'Ange idéal de tous ceux qui ont des projets et qui aimeraient que ceux-ci puissent voir le jour. Il ne faut pas oublier que cet Ange est comme un ruisseau qui coule dans la montagne. Alors, elle fera avancer ce projet pour qu'il puisse voir le jour.

Hekamiah est un Ange grandiose qui possède beaucoup de force et d'énergie. Lorsqu'elle annoncera sa présence, vous ressentirez une belle énergie envahir votre corps en entier. Vous serez en extase, heureux, sans vraiment savoir pourquoi. Alors, vous comprendrez vite que c'est cet Ange qui vous procure ce sentiment inexplicable. Il se décrit d'ailleurs comme une cascade d'eau qui coule au sommet d'une montagne pour aller rejoindre la rivière en bas. Cette étrange sensation peut activer vos reins et vous amener à uriner souvent. Ne paniquez pas, si tel est le cas, c'est que Hekamiah nettoie votre système urinaire. Elle élimine vos toxines et éloigne les infections urinaires.

Hekamiah est un Ange dont l'action est très rapide. Lorsque vous la prierez, elle viendra précipitamment vers vous. Hekamiah bouge. Elle est remplie d'énergie. C'est par les mains qu'elle infuse son énergie à l'humain. Ne soyez pas surpris d'éprouver des picotements dans les mains et d'avoir les mains légèrement engourdi. De plus, vos mains pourraient devenir froides subitement et vous tenterez de les réchauffer en les joignant. Ensuite, le tout reviendra à la normale. Si cela vous arrive, c'est que l'Ange Hekamiah vous a infusé sa Lumière d'énergie qui vous permettra de bien accomplir vos journées. Son énergie peut demeurer avec vous pendant une période d'un à six mois, selon la force qu'elle vous a infusée. De toute façon, priez-la régulièrement si vous êtes toujours fatigué. L'énergie de cet Ange déplace de l'air. Elle vous remettra vite sur pied.

Différentes façons de manifester sa présence

Hekamiah aime tous les animaux de la Terre, et ce, sans exception. Elle trouve qu'ils complètent bien le travail de Dieu. Lorsqu'elle vous annoncera sa présence, elle vous montrera votre animal préféré.

Cet Ange aime les odeurs de la forêt, des montagnes, des fleurs. En fait, Hekamiah aime toutes les odeurs qui proviennent de la nature. Sa passion, c'est d'aller s'asseoir près d'un ruisseau pour humer l'odeur qui se dégage de cette atmosphère féérique lorsqu'il y a une brise légère et que cette brise soutient l'odeur de chaque plante et de chaque élément qui se trouve à cet endroit.

Lorsque Hekamiah viendra vers vous, vous humerez une odeur de fraîcheur qui calmera l'énergie de votre pièce et vous apaisera.

Un mot très important pour l'Ange Hekamiah est « **univers** ». Si cet Ange vous le fait entendre, elle vous dit qu'elle fera de votre univers un havre de paix où il fait bon vivre. Attendez-vous à vivre des changements importants lors de l'année qui suivra. Cela peut être un déménagement, des rénovations, un achat de nouveaux meubles, etc. Hekamiah s'organisera pour vous donner cet univers dont vous avez tellement besoin pour être heureux et serein.

Si Hekamiah vous fait entendre le mot « **montagne** », elle vous indique que votre attitude négative dérange votre vie. Vous exagérez devant les problèmes de votre vie. C'est la raison pour laquelle vous avez de la difficulté à vous en défaire. Lorsque vous pensez négativement, tout est en arrêt, rien n'avance et vous ne trouvez aucune issue pour vous en sortir. Lorsque vous pensez positivement, toutes les solutions abondent de tous côtés. Les portes s'ouvrent, ce qui vous permet d'avancer et de régler rapidement le problème. Par ce mot, Hekamiah aimerait que vous preniez conscience de votre attitude. Changez votre façon de voir les choses et vous verrez que tout se réglera par enchantement. D'ailleurs, l'Ange Hekamiah s'engage à vous ouvrir une porte pour que vous puissiez faire un bon pas dans la bonne direction, celle de la libération de votre problème.

Si vous entendez le mot « **libérer** », Hekamiah vous libérera de tout ce qui vous angoisse. Ce mot sera très important pour ceux qui éprouvent des désordres sur le plan psychologique tels que l'angoisse, la peur, la dépression, la bipolarité et l'agoraphobie. Ce mot vous indique que Hekamiah vous guidera vers la meilleure technique, le meilleur médecin ou le meilleur médicament pour vous venir en aide afin d'améliorer votre état ou de vous guérir.

Autres représentations symboliques

Si l'Ange Hekamiah vous **montre une revue de voyage**, elle vous annonce qu'il y aura des changements qui se feront au cours de l'année. Ces changements amélioreront votre vie. Un bel équilibre surviendra à la suite de ces changements. Puis, si vous désirez partir en vacances, ce signe vous annonce la possibilité de faire un beau voyage.

L'Ange Hekamiah adore les ruisseaux. Si Hekamiah vous **montre un ruisseau**, elle vous indique qu'elle prendra soin de vous. Elle fera en sorte que votre vie coule bien. Sa Lumière vous aidera à régler tous les petits tracas qui vous dérangent. Par ce signe, l'Ange Hekamiah aimerait également que vous preniez du temps pour vous. Cela vous fera un bien énorme puisque vous avez besoin de repos. Si vous pouvez prendre quelques minutes et méditer sur elle, Hekamiah en profitera pour vous donner un élan d'énergie, ce qui vous aidera à continuer de faire vos journées.

Hekamiah peut emprunter le corps d'un humain réclamera votre aide. Par exemple, une **personne peut vous demander de l'aide** pour tenir son sac ou pour lui dire comment se rendre à un endroit. Remarquez bien les mains de cette personne. Elles risquent d'être très gracieuses et soyeuses. Prenez aussi le temps de regarder la vivacité du visage de cette personne et, surtout, sa rondeur. Si vous vivez cet événement, vous êtes en contact avec l'Ange Hekamiah. En lui tendant votre main ou en l'aidant, cet Ange vous récompensera.

Un signe qu'adore faire Hekamiah est **d'envoyer des pièces de monnaie** par terre pour vous annoncer qu'elle a bel et bien entendu vos prières. Si vous trouvez une pièce de monnaie, conservez-la. Elle agira à titre de talisman. Ensuite, prenez une pièce et formulez un vœu. Gardez-la précieusement avec vous. Vous pouvez aussi l'insérer dans votre boîte d'Ange ou dans un tiroir de votre commode. Lorsque vous en ressentez le besoin, frottez votre pièce. Lorsque votre vœu se réalisera, vous devriez remettre votre pièce à une personne qui a aussi un vœu à formuler. Toutefois, cette personne doit également prier l'Ange Hekamiah. De plus, vous pouvez la remettre à quelqu'un en lui disant qu'elle lui portera chance ou vous pouvez tout simplement l'envoyer dans les airs pour qu'une personne puisse la ramasser. Hekamiah guidera une bonne personne vers cette pièce de monnaie. Plus cette pièce passera de main en main, plus il y aura des événements favorables qui viendront à vous.

Spécialités de l'Ange Hekamiah

Hekamiah est l'Ange qui protège avec amour l'Univers de Dieu, autant dans la Sphère spirituelle que dans la Sphère terrestre. Autrement dit, l'Ange Hekamiah protège Dieu et tout ce qui s'y rattache.

Puisqu'elle est près de Dieu, Hekamiah a le pouvoir de vous aider à construire votre propre paradis sur terre. Priez cet Ange pour retrouver la paix, le bonheur et l'équilibre dans votre univers. L'Ange Hekamiah a le pouvoir de réaliser votre demande et de faire de votre univers un havre de paix où il fait bon vivre.

De plus, si vous la priez, Hekamiah transformera vos rêves en réalité. Offrez-lui votre amour, soyez dévoué envers sa Lumière et ce magnifique Ange vous aidera à réaliser vos buts et vos rêves. Elle vous donnera la force de croire en vos rêves et de les mettre sur pied, que ce soit un rêve relié à l'amour, au partenaire idéal, à la réussite de votre vie conjugale, au rehaussement de l'amour dans votre couple, à la réconciliation. Qu'importe ce que vous désirez. Il en est de même si cela concerne l'argent, votre situation sociale. Cet Ange vous guidera vers les meilleurs chemins pour que votre rêve devienne réalité. Hekamiah possède donc le pouvoir d'accorder des réalisations extraordinaires. Que vous vouliez être une vedette de cinéma, de télévision, ou de radio, que vous souhaitiez pratiquer la politique ou appliquer la loi, cet Ange peut vous aider si votre plan de vie le permet, surtout si vous avez le talent nécessaire pour réussir dans le domaine demandé. Par contre, avant que cet Ange vous accorde ce rêve, vous devez prouver que vous le méritez.

Autres raisons de prier l'Ange Hekamiah

Sur le plan de la santé, la Lumière de cet Ange soulage les maux de dos, les apaise et les calme. Elle peut aussi les guérir définitivement, si cela n'entrave pas votre plan de vie.

Hekamiah aide aussi tous ceux qui souffrent de la maladie du Parkinson, de la sclérose en plaques, du cancer du cerveau et tous ceux qui ont été victime d'un AVC. Sa mission est d'aider ces gens à retrouver une qualité de vie malgré le problème qui les assaille. Sa Lumière fortifie, tonifie et régénère votre corps. Elle ne peut pas vous guérir à moins que Dieu vous accorde un miracle. De toute façon, priez Hekamiah et elle vous aidera à reprendre le contrôle de votre vie malgré la maladie.

Vous pouvez aussi prier l'Ange Hekamiah en ce qui concerne la santé mentale. La mission de Hekamiah est de vous aider à accepter vos peurs et vos angoisses. Sa Lumière vous aidera à les voir de façon positive pour ensuite mieux vous en défaire. Quand vous acceptez vos peurs et vos angoisses, vous pouvez par la suite plus facilement vous en sortir et guérir. La Lumière de cet Ange vous permettra donc de découvrir l'origine de vos crises d'angoisse et de vos maux pour que vous puissiez mieux les contrôler et vous en défaire. Lorsque vous connaissez l'origine de vos malaises, il est plus facile pour vous de les guérir puisque vous prenez conscience des raisons qui vous ont amené vers ces troubles.

La Lumière des Anges Hekamiah, Lauviah II et Aladiah font des miracles pour tous ceux qui souffrent d'agoraphobie, d'anxiété, de phobie et de peur quelconque. Si vous priez ces trois magnifiques Anges, leur Lumière vous aidera à prendre votre mental en main, ce qui vous conduira vers le chemin de la guérison et du mieux-être. Grâce à la Lumière de ces trois magnifiques Anges, vous souffrirez moins de dépression, de surmenage, de crise de panique, d'insomnie, de mal de vivre, de peur, d'angoisse et de nervosité. Vous serez en équilibre de la tête aux pieds!

De plus, si vous priez l'Ange Hekamiah, sa Lumière fortifiera votre mental. Cet Ange veillera à ce que votre mental soit en équilibre et en harmonie. Elle fera tout pour éloigner les maladies du mental comme la dépression, l'AVC, la sclérose en plaques, etc. Lorsque Hekamiah verra un danger venir vers vous, elle vous en avertira immédiatement pour que vous puissiez y voir rapidement. Il peut s'agir de consulter un médecin, un spécialiste, etc.

L'aide de cet Ange est cruciale. Sa Lumière vous donne la poussée dont vous avez besoin pour créer, bâtir, régler ou guérir. Il vous suffit de la prier et elle vous conduira vers le chemin de la réussite. De plus, la Lumière de cet Ange vous aidera à trouver la meilleure stratégie pour vous sortir d'un problème ou d'un ennui. Lorsque vous êtes coincé, priez-la immédiatement et Hekamiah vous guidera vers une porte de secours ou elle enverra une personne-ressource sur votre chemin pour vous donner main-forte afin de vous libérer de ce problème rapidement.

Sa lumière vous aidera à triompher lors de conflits. Elle vous proposera les meilleures stratégies pour triompher lors d'une discorde. Évidemment, cet Ange vous aidera si vous êtes victime d'une injustice. Hekamiah n'aime pas les chicanes et elle fera tout pour aider l'humain à trouver la meilleure des solutions pour éviter tout affront, toute guerre.

Vous pouvez aussi la prier si vous êtes à la recherche d'un emploi. Cet Ange guidera vos pas vers des entreprises susceptibles de vous embaucher.

Hekamiah est aussi l'Ange idéal de tous ceux qui sont athées. Elle développera en eux le goût de connaître l'Univers de Dieu. Elle fera fleurir leur spiritualité de telle sorte qu'ils ne pourront plus la nier.

Note aux enfants de Hekamiah

À votre naissance, l'Ange Hekamiah vous a fait le don de sa Lumière d'intuition et de perception. Priez Hekamiah et sa Lumière développera davantage votre intuition pour que vous puissiez prendre conscience de votre potentiel. Sa mission est de vous faire réaliser que vous avez maintenant tous les outils nécessaires pour entrer en contact avec l'Univers de Dieu. Et puisqu'elle est celle qui érige l'Univers, alors la clé qu'elle vous transmet ouvre maintenant toutes les portes de l'Univers, les vôtres et celles de Dieu. Si, un jour, vous voulez ouvrir une autre porte que celle de la Lumière, l'Ange Hekamiah vous retirera immédiatement l'accès à son Univers.

Grâce à la clé que vous possédez, il vous est facile d'entrer en contact avec vos défunts. De plus, grâce à cette magnifique clé, vos rêves et vos projets peuvent facilement devenir réels. Il suffit de vous laisser guider par votre voix intérieure.

Puisque votre faiblesse est le mental, il faut toujours occuper vos idées. Ayez des projets, des idées. Construisez, rénovez, réparez et vous n'aurez jamais le temps de penser aux petits bobos qui souvent entravent votre vie.

Réclamer l'aide de l'Ange Hekamiah

Quel rêve souhaitez-vous réaliser?

La mission de l'Ange Hekamiah est de vous conduire vers ce rêve pour qu'il devienne réalité.

Protéger un soldat

Pour protéger un soldat, il vous suffit de faire purifier un objet par Hekamiah. La mission de cet Ange est de protéger le soldat des armes à feu pour qu'il n'ait aucune blessure. Hekamiah le préviendra également des dangers. Toutefois, il serait important que le soldat porte l'objet que vous ferez purifier.

Il en est de même pour tous ceux qui veulent être protégés des armes à feu. Il vous suffit de faire purifier un objet par l'Ange Hekamiah et de le porter continuellement sur vous.

Créer un paradis sur terre

Pour créer votre paradis sur terre, il vous suffit de prier Hekamiah et de lui écrire comment vous voyez ce havre. Si vous êtes réaliste dans vos demandes, il y a de fortes chances que l'Ange Hekamiah ouvre les portes aux possibilités pour que vous puissiez réaliser vos rêves et ainsi bâtir votre paradis. Hekamiah ouvrira la porte aux possibilités lors de ces journées particulières.

Soulager les maux de dos et les maux du mental

Pour soulager les maux de dos et les maux du mental, il vous suffit de prier l'Ange Hekamiah. De plus, méditez sur elle. La méditation vous fera un bien énorme à vos douleurs et à votre mental. Faites purifier un objet par Hekamiah que vous porterez sur vous, dans votre portefeuille ou dans votre sac à main. Lorsque surviendra une angoisse, prenez votre objet dans vos mains. Faites de même si vous avec une douleur au dos.

Bâtir un autel pour accueillir l'Ange Hekamiah

Napperon : tissu représentant une fontaine ou une montagne.

Couleurs : argent, vert comme les montagnes et bleu comme la mer.

Bougies : blanches et bleues.

Encens : myrrhe et oliban.

Odeurs : sapin et océan.

Psaume à réciter lors du rituel

« Seigneur, Dieu de mon salut, je crie le jour, je gémis la nuit devant vous. »

Psaume 88, verset 2

CHAPITRE IX

Les Trônes

Dans le Chœur des Trônes, tous les Anges peuvent prendre, emprunter, le corps d'un être humain comme celui d'un animal. Cela leur est permis. Ce Chœur concentre en quelque sorte les neuf étapes de l'Arbre Séphirotique en une seule. Ce Chœur possède la clé pour libérer ses enfants de leur sentence karmique. Ces Anges voient à ce que leurs enfants accomplissent bien leur plan de vie terrestre. Lorsque ces enfants ont bien accompli leur plan de vie, leur âme en ressort grandie et récompensée.

Le Chœur des Trônes est très puissant et très important. Les Anges qui le composent doivent évaluer l'urgence de la demande avant de venir vers vous. Pour sa part, l'Ange Nelchaël vient selon votre humeur. Toutefois, les Ange Lauviah II et Caliel sont très rapides. Lorsque vous faites appel à eux, ils viennent immédiatement vers vous.

17. LAUVIAH II
(santé mentale, révélation, boussole)

« Ne perdez jamais le contrôle avec le mental. Si vous le perdez, vous serez perdu. Il vous sera beaucoup plus difficile de vous retrouver par la suite. »

« Mieux vaut prévenir que guérir! »

« Ne fuyez jamais la réalité. Si vous la fuyez, vous plongerez dans le néant et votre mental en souffrira. Soyez toujours vigilant et votre mental s'en portera mieux! »

Ange idéal

Lauviah II est l'Ange idéal de tous ceux qui ont des peurs nocturnes ou qui se sentent envahis par de mauvaises vibrations. La Lumière de cet Ange peut aussi aider tous ceux qui ont peur des esprits ou qui ont peur d'être envahis par un esprit malveillant. Si vous pensez être envahi par un esprit malveillant, invoquez immédiatement la Lumière de l'Ange Lauviah II. Son éblouissante Lumière chassera instantanément cette mauvaise vibration si tel est le cas. Sinon, l'Ange Lauviah II atténuera votre peur et elle vous permettra de reprendre possession de votre corps mental. Elle facilitera aussi votre sommeil. Ainsi, vous passerez d'excellentes nuits.

Sur le plan de la santé, Lauviah II est l'Ange idéal de tous ceux qui sont victimes d'anxiété, de crise de panique, de surmenage et de dépression. La Lumière de cet Ange calme l'esprit.

L'Ange Lauviah II est d'une grande puissance. Cet Ange déploie ses ailes uniquement lorsque l'humain le lui réclame. Elle le fait pour le réconforter et lui indiquer sa présence auprès de lui. C'est la raison pour laquelle vous ressentirez un sentiment de tendresse à l'intérieur de vous, comme si un proche que vous aimez vous enlaçait en douceur dans ses bras. Lauviah II se décrit comme une fontaine d'eau qui coule. Pour taquiner l'humain, elle dit qu'elle fera couler sa fontaine sur lui. En sa présence, ne soyez pas surpris d'avoir le front en sueur comme si vous aviez travaillé pendant toute une journée à la chaleur. Certaines personnes très sensibles à la vibration des Anges risquent même de sentir des gouttes déferler de leur front comme un robinet. Ne vous inquiétez pas, n'allez pas consulter le médecin, ne prenez aucun médicament, puisque vous ne faites pas de fièvre et que vous ne couvrez un virus. C'est tout simplement l'énergie de l'Ange Lauviah II qui réagit en vous.

Un autre signe que peut faire l'Ange Lauviah II pour annoncer sa présence est de vous donner froid aux pieds. Vous allez avoir les pieds gelés. Drôle de paradoxe. Vos pieds seront gelés et votre front suera. Lauviah II est très taquine et vous le réaliserez assez vite lorsqu'elle viendra vers vous. Lorsque vous la priez, cet Ange peut manifester sa présence dans un laps de temps assez court, selon l'urgence de votre demande et surtout de votre état d'âme lorsque vous la réclamez.

Différentes façons de manifester sa présence

Comme sa sœur jumelle Lauviah I, Lauviah II aime les kangourous. Toutefois, elle a un faible pour les poissons rouges. Elle les trouve très mignons lorsqu'ils se promènent dans une fontaine d'eau. Lauviah II prend plaisir à les nourrir. Si vous possédez une fontaine avec des poissons rouges et que vous les voyez bouger dans la même direction, vous savez que c'est l'Ange Lauviah II qui les nourrit.

Cet Ange adore l'odeur que propagent les buissons lorsqu'il pleut. Elle aime aussi l'odeur des montagnes, des prés. Lauviah II adore la nature. Son plaisir, c'est d'aller se promener dans les paysages remplis d'arbres, de feuillages et de fleurs. Lauviah II dit que l'odeur de ces endroits féériques est magique pour l'âme de l'humain. Cet Ange propose aux humains de prendre au moins une fois par année le temps d'aller humer l'odeur d'un paysage. Lauviah II garantit que cela sera bénéfique pour votre âme, ce qui aura un impact positif sur votre santé physique et mentale. Cet Ange ajoute aussi que lorsque vous irez vous promener dans les prés, les bois, vous pourrez l'inviter à se joindre à vous. Cela lui fera un énorme plaisir. Lauviah II développera davantage votre odorat pour que vous puissiez mieux sentir les odeurs de l'endroit que vous visiterez. Cet Ange y ajoutera également un peu de son essence divine qui vous aidera davantage puisque son essence divine vous donnera la force et le courage de bien entreprendre vos projets ou vos idées. Lauviah II vous promet que lorsque vous irez vous promener dans les bois ou ailleurs, vous devriez penser à un problème avant d'y aller. Puis, pensez à l'un de vos projets et, lorsque vous en reviendrez, vous aurez trouvé la meilleure façon de tout régler et de tout réussir. Telle est la force de cet Ange lorsqu'elle vous accompagne dans un boisé.

Il est évident que le premier mot que Lauviah II vous fera entendre est « **fontaine** ». Ainsi, cet Ange vous indique qu'elle infusera dans vos veines son énergie divine, ce qui vous aidera à retrouver la forme physique et mentale. Si cet Ange vous fait entendre ce mot, il y a de fortes chances que votre santé soit lamentable et qu'elle veuille vous redonner un élan d'énergie pour que vous puissiez prendre votre santé et votre vie en main. Autrement dit, elle vous permettra de reprendre goût à la vie.

Un autre mot qu'elle peut vous faire entendre est « **ruisseler** ». Par ce terme, elle vous dit qu'elle va apporter sous votre toit le calme et la quiétude. Si vous vivez des moments difficiles, Lauviah II guidera vos pas vers le chemin des solutions pour que vous puissiez rapidement régler tous vos petits tracas.

Un autre mot important pour Lauviah II est « **sommeil** ». Si Lauviah II vous le fait entendre, il peut y avoir deux raisons. La première : si vous faites de l'insomnie, par ce mot, cet Ange vous indique qu'elle vous envoie des nuits calmes et reposantes. Cet Ange vous fera également prendre conscience des situations qui causent votre insomnie. Ainsi, en étant plus conscient, vous pourrez plus facilement régler ces problèmes qui nuisent à votre sommeil. La deuxième raison : puisque Lauviah II est un Ange qui envoie des symboles par le rêve, elle veut vous dire que c'est par le rêve qu'elle communiquera avec vous. Si vous réclamez de l'aide et que vous ne ressentez aucunement sa vibration, il y a de fortes chances que vous soyez trop craintif. C'est la raison pour laquelle Lauviah II préfère venir vous voir par vos rêves.

Autres représentations symboliques

Lauviah II se décrit comme étant une fontaine qui coule en l'humain pour permettre aux énergies de bien circuler. Si Lauviah II vous **montre une fontaine**, elle vous indique qu'elle fera circuler l'énergie en vous. Ce signe est très important si vous êtes malade, fatigué, épuisé ou angoissé puisque ce signe vous indique que Lauviah II réglera votre problème physique ou mental. Cet Ange vous aidera à mieux maîtriser vos états d'âme. Lorsque l'humain maîtrise ses états d'âme, il est alors beaucoup plus facile pour Lauviah II de prendre soin de son corps et de son esprit pour mieux les guérir. Telle sera l'efficacité de sa Lumière sur vous. Sa Lumière guérit, soulage, contrôle, maîtrise et rétablit. Elle a tout ce qu'il faut pour bien prendre soin de l'humain et l'aider à ce qu'il prenne sa vie en main et qu'il soit fier des résultats par la suite.

Un signe très particulier de l'Ange Lauviah II est d'envoyer **une personne vous parler du suicide**. Par ce signe, cet Ange vous dit qu'elle chassera de telles idées en vous si vous en souffrez. Lauviah II vous aidera à traverser la période difficile que vous vivez en ce moment. Cet Ange vous indique que le suicide n'est pas la porte de sortie à votre problème. Cet Ange fera tout pour vous enlever vos idées noires, vos idées destructrices, vos idées défaitistes, vos idées suicidaires. Cet Ange vous relèvera et vous donnera une poussée angélique dans le dos pour que vous puissiez avancer, créer, bâtir, régler, etc. Cet Ange vous donnera de l'entrain. Vous verrez que les résultats de sa Lumière se feront ressentir en un mois.

Un autre signe très particulier de l'Ange Lauviah II est de vous **montrer un jeu de tarot**. Par ce signe, elle vous indique qu'elle enverra des signes pour révéler votre futur. Cet Ange veut vous donner un détail important de votre futur pour vous permettre d'avancer et d'atteindre votre but. Si elle vous montre ce signe, il y a de fortes chances qu'en ce moment vous stagniez dans votre vie. Sa mission envers vous est de vous faire avancer. En regardant un jeu de tarot, cet Ange vous enverra soit par vos rêves soit par un événement un signe révélateur de votre futur.

Ne soyez pas surpris lorsque vous prierez cet Ange qu'il **pleuve durant la semaine** où vous faites la demande. Voilà un signe particulier pour vous annoncer qu'elle a entendu votre prière. De plus, elle vous dit par ce signe que cette pluie purifiera votre demeure pour que votre maison vous donne l'énergie nécessaire lorsque vous serez à l'intérieur.

Si vous voyez quelqu'un en train de se bercer, l'Ange Lauviah II vous indique qu'elle calmera vos états d'âme, qu'elle infusera sa Lumière apaisante dans votre chambre à coucher pour que vous puissiez avoir de belles nuits de sommeil.

Pour vous taquiner, Lauviah II peut vous montrer quelqu'un qui a chaud et qui sue beaucoup. Cet être peut même avoir le chandail détrempé. Cette façon loufoque de Lauviah II vous annonce qu'elle a bel et bien entendu votre demande et qu'elle y travaille pour vous aider à obtenir ce que vous désirez. Toutefois, votre demande exige beaucoup de temps et d'attention de sa part. Il faudra donc être très patient avant d'obtenir ce que vous réclamez. Toutefois, vous ne serez pas déçu de ce que Lauviah II vous apportera.

Spécialités de l'Ange Lauviah II

L'Ange Lauviah II a une mission très importante, celle de prendre soin de la santé mentale de l'humain. La mission de l'Ange Lauviah II est de vous aider à lutter contre les angoisses et la nervosité. Si vous devez prendre un médicament pour soulager votre tempête mentale, l'Ange Lauviah II vous dirigera soit vers le meilleur médecin, soit vers le meilleur médicament, soit vers le meilleur traitement pour vous. Voilà l'importance de la prier et de lui demander de l'aide. **De plus, si vous êtes pris de panique, pensez immédiatement aux Anges Lauviah II et Aladiah. Leur Lumière vous calmera.**

À tous ceux qui souffrent d'agoraphobie, d'angoisse, de crise de panique, de peur, de phobie, de nervosité, sachez que la Lumière des Anges Lauviah II et Aladiah fait des miracles en vous. Grâce à la Lumière de ces deux magnifiques Anges, certains pourront cesser la prise de médicaments causée par la peur, les angoisses, l'insomnie, les paniques, etc. Ces Anges vous aideront à prendre votre mental en main. Ils lui infuseront une Lumière de guérison et de bien-être. De plus, leur Lumière réconfortante aura un impact bénéfique sur votre santé mentale. Grâce à leur Lumière, vous souffrirez moins de dépression, de surmenage, de crise de panique, d'insomnie, de mal de vivre, de peur, d'angoisse et de nervosité. Si vous priez ces deux magnifiques Anges, vous serez donc en équilibre de la tête aux pieds puisque leur Lumière peut vous guérir et vous aider à retrouver une santé mentale saine et équilibrée.

Vous pouvez aussi prier Lauviah II pour éloigner les tourments de l'esprit, pour éloigner la tristesse et le mal de vivre. La Lumière de cet Ange est remplie d'amour et de joie de vivre. Lauviah II se fera un devoir d'en déverser dans votre vie. Ainsi, vous serez envahi par un sentiment de joie de vivre et cela chassera vos idées noires, suicidaires. Tels seront les bienfaits que vous procurera sa Lumière lorsque vous la prierez.

Une autre mission importante de Lauviah II est d'aider l'humain à avoir des nuits paisibles et apaisantes. Sa Lumière aide l'humain à mieux dormir et facilite son sommeil. Pour Lauviah II, il est important d'avoir une nuit de sommeil apaisante. La Lumière de cet Ange vous calmera et vous apaisera. Cet Ange vous guidera également vers un spécialiste, un médecin, un médicament, un traitement, etc. Cet Ange enverra sur votre chemin une ressource qui vous permettra de guérir rapidement de votre insomnie. Si vous avez le goût d'avoir une nuit fraîche, dispose et reposée, priez donc Lauviah II.

Vous pouvez aussi prier Lauviah II pour aider l'enfant ou l'adulte qui a peur de dormir seul ou à la noirceur.

Lauviah II possède une Lumière miraculeuse lorsqu'il s'agit d'aider l'humain à surmonter ses épreuves. Si vous priez Lauviah II, sa Lumière magnifique vous donnera le courage nécessaire de surmonter vos épreuves avec sagesse et compréhension. Lauviah II vous fera comprendre le sens caché de vos épreuves et elle vous permettra d'en tirer une leçon positive. La Lumière de cet Ange vous permet de bâtir des bases solides dans votre vie. Cet Ange « révélateur » vous révélera le meilleur chemin à prendre pour obtenir ces bases solides et celui à éviter pour esquiver les ennuis de toutes sortes. Voilà l'importance de la prier et de l'intégrer dans votre vie.

Autres raisons de prier l'Ange Lauviah II

Le surnom de Lauviah II est « Ange révélateur du futur », car elle est l'Ange qui peut révéler le futur à travers les rêves et les symboles qu'elle envoie. L'Ange Lauviah II a comme mission d'envoyer des rêves révélateurs à ceux qui le lui réclament. De plus, cet Ange développera en vous la facilité d'analyser vos rêves, si vous lui en faites la demande.

Toutefois, sa mission est d'aider l'humain à ne pas stagner dans sa mission de vie. Lauviah II cette poussée d'adrénaline dont l'humain a besoin pour continuer sa route. Voilà la raison pour laquelle elle lui enverra des rêves révélateurs pour que celui-ci prenne conscience de ses faiblesses et de ses forces. Cet Ange lui fera aussi prendre conscience de tout ce qui entrave son bonheur et l'empêche d'avancer. Lorsque vous êtes conscient des événements qui se produisent dans la vie, des recommandations que vous recevez pour mieux vous en sortir et de la méthode à suivre pour vous en libérer, vous avez tout ce qu'il faut pour réussir votre vie et votre plan de vie.

En sachant que de belles choses viendront vers vous, vous allez vite vous dépêcher à les atteindre. Dans le fond, la mission de l'Ange Lauviah II, c'est de vous aider à avancer vers vos objectifs de vie. Lorsque vous atteignez vos buts, vous êtes fier de ce que vous accomplissez et votre vie s'en porte mieux ainsi que votre moral.

Lorsque vous réclamez à Lauviah II de l'information au sujet du futur, il est important d'être apte psychologiquement et émotionnellement avant de lui demander un rêve révélateur. Vous devez noter que le rêve révélateur peut aussi agir à titre de boussole et de mise en garde. Si Lauviah II vous envoie un rêve avec des situations pénibles et désagréables, elle veut vous dire qu'il est temps pour vous de prendre votre vie en main. Si vous ne changez pas de direction, il y a de fortes chances que vous avanciez vers la catastrophe qu'elle vous envoie en images. Cette catastrophe peut ralentir vos pas et vous apporter des problèmes de toutes sortes. Cet Ange vous prévient du danger. De toute façon, vous pouvez toujours lui demander de vous indiquer la meilleure façon de vous en sortir et surtout d'éviter ce qu'elle vous a envoyé comme signe. L'Ange Lauviah II va se faire un devoir de vous montrer la route à suivre pour éviter ce danger. Si, évidemment, elle peut intervenir. Sinon, ne vous inquiétez pas, l'Ange Lauviah II vous donnera la force et le courage de surmonter cet obstacle. De plus, elle vous indiquera les portes à franchir pour régler et pour vous libérer le plus rapidement possible de cette fâcheuse situation dans laquelle vous vous retrouvez. Il n'en tiendra qu'à vous de suivre ses consignes. Sinon, vous aurez de la difficulté à avancer et vous stagnerez dans votre évolution.

Vous pouvez aussi prier l'Ange Lauviah II pour mieux vous apprivoiser et pour mieux entrer en communication avec la Sphère spirituelle. Sa Lumière développera en vous votre spiritualité, votre intuition, ainsi que votre vibration énergétique, ce qui vous permettra d'être conscient lorsqu'un Ange se manifestera à vous lors de vos rituels et lors de vos demandes.

De plus, l'Ange Lauviah II aidera tous ceux qui font de la recherche et qui étudient les sciences nouvel âge, que ce soit la magie, l'alchimie, l'astrologie ou la cartomancie. Sa Lumière va vous permettre de mieux comprendre les préceptes de ces sciences. Évidemment, pour ce qui est de la magie, si celle-ci risque de nuire, l'Ange Lauviah II ne vous aidera pas. Par contre, elle vous fera comprendre le danger de cette magie que vous voulez étudier. Elle vous enverra des images révélatrices de ce que pourrait engendrer cette magie si vous continuez dans cette voie-là. Pour mieux aider l'humain dans ses études, l'Ange Lauviah II travaillera avec l'Ange Umabel pour ce qui est de l'astrologie; avec l'Ange Haiaiel pour ce qui est de la cartomancie; et avec l'Ange Jabamiah pour ce qui est de l'alchimie.

Lauviah II permet à tous ceux qui ont un talent artistique de le développer. Sa Lumière inspirera le musicien, l'écrivain et le compositeur. Si, par son talent, cet être apporte un bien-être à l'âme humaine, Lauviah II conduira cet artiste vers la célébrité pour que l'humanité puisse bien profiter des talents de cet artiste. Tous les écrivains et les compositeurs devraient prier Lauviah II. Elle éloigne la peur de la page blanche. Sa Lumière inspire et aide à créer et à composer et peut également mener votre écrit à la renommée, surtout s'il est bon pour l'humanité.

L'aide de cet Ange est très importante lors de problèmes. Avant de vous coucher, racontez-lui votre problème. Durant la semaine qui suivra, l'Ange Lauviah II enverra sur votre chemin toutes les solutions pour mieux le régler. Il n'en tiendra qu'à vous de les appliquer. Qu'importe le problème, qu'il soit sentimental, physique, psychologique, qu'il s'agisse d'un problème de mathématiques, de mécaniques, cet Ange vous enverra la meilleure des solutions pour le résoudre. Lauviah II peut aussi vous envoyer la solution par vos songes.

L'Ange Lauviah II peut être comparé à la meilleure boussole pour l'humain. Elle l'aidera à retrouver son chemin et sa mission. Surtout, elle l'aidera à se retrouver et à retrouver une qualité de vie. Voilà l'importance de la prier lorsque vous êtes perdu.

Note aux enfants de Lauviah II

À votre naissance, l'Ange Lauviah II vous a fait le don de sa Lumière d'intuition. Écoutez votre petite voix intérieure lorsqu'elle vous parle. Vous avez aussi accès à la Sphère spirituelle. Tous ceux qui travailleront avec les Anges auront le privilège de les voir ou de les entendre puisque votre Ange vous en a fait le don.

De plus, vos rêves seront révélateurs. C'est aussi à travers vos rêves que vous trouverez les solutions à vos problèmes.

Lorsque votre mental est épuisé, c'est près de la mer, d'un lac, que vous referez vos énergies. Vous avez besoin de soleil, de chaleur et de repos. Si vous prenez le temps de vous gâter, vos énergies remontent très vite et vos idées sont à la hausse. Lorsque vous revenez de vacances, vous êtes prêt à affronter n'importe quel défi tellement vous êtes en énergie.

Réclamer l'aide de l'Ange Lauviah II

Obtenir des nuits calmes et reposantes

Pour obtenir des nuits calmes et reposantes, il vous suffit de réciter une prière. Lauviah II et Manakel sont des Anges possédant une douce énergie qui aura un bienfait sur le sommeil. Leur mission est d'aider tous ceux qui sont victimes d'insomnie. Leur Lumière influera sur votre sommeil en vous permettant de passer de bonnes nuits. Il vous suffit de les prier. Vous pouvez prier Lauviah II ou Manakel ou, si vous préférez, vous pouvez prier les deux. Vous pouvez toujours porter un objet ou un vêtement que vous ferez purifier par Lauviah II ou Manakel.

Purifier un objet ou un vêtement pour mieux dormir

Prenez un objet quelconque : un bracelet, une bague, etc. Vous pouvez aussi prendre un vêtement tel que votre pyjama préféré, une camisole, etc. Récitez la prière concernée en tenant dans vos mains votre objet ou votre vêtement. Au bout de la dixième journée, portez-le sur vous. Si vous décidez de purifier un vêtement, vous devez recommencer le même principe après chaque nettoyage.

Aider un enfant à dormir seul

Pour aider un enfant à dormir seul, il vous suffit de réciter une prière et de faire purifier un objet par l'Ange Lauviah II. Vous devriez même inviter votre enfant à participer à la prière et à la purification de son objet. Ce peut être son doudou, son toutou préféré, etc.

Connaître son avenir

Vous devez noter que les Anges ne sont pas censés vous parler de votre avenir. Toutefois, lorsque l'humain a besoin d'une poussée pour l'aider à avancer, les Anges sont ravis de l'aider. La mission de l'Ange Lauviah II est de répondre à l'une de vos questions en ce qui concerne votre avenir. Posez-lui une question. Elle vous répondra à travers vos rêves ou grâce au jeu de tarot. Avant de vous coucher, le soir, inscrivez sur un papier votre question. Récitez ceci : « *Ange Lauviah II, Ange révélateur du futur, pouvez-vous répondre à la question suivante :* (dites votre question)*?* »

Toutefois, vous pouvez aussi vous choisir une carte du tarot. Si vous en choisissez une qui représente les deniers, par ce symbole, elle est vous indique qu'elle fera fructifier un projet, une situation. Cela peut aussi vous indiquer qu'elle envoie une somme d'argent sur votre chemin qui vous aidera dans la réalisation de l'un de vos projets, qui vous aidera sur le plan financier, etc. Cette carte vous annonce une période profitable où tout sera acquis. Il suffit de bien en profiter.

Si vous choisissez une carte représentant des couples, par ce symbole, elle vous indique qu'elle fera fleurir votre vie amoureuse, familiale. L'amour et le bonheur seront au rendez-vous. Cette carte vous annonce une période favorable sur le plan amoureux et familial. Attendez-vous à vivre de bons moments.

Si vous choisissez une carte représentant des bâtons, elle vous indique que vous travaillerez très fort pour obtenir ce que vous désirez. Toutefois, vous y parviendrez. La réussite et le succès feront partie de votre lot. Cette carte vous annonce des avantages, des surprises, des augmentations de salaire, des changements favorables. De plus, cette carte vous indique que vous aurez le courage de surmonter vos défis.

Si vous choisissez une carte représentant les épées, cet Ange vous indique que vous mettrez fin à des situations qui vous dérangent. Lorsque vous prendrez votre vie en main et que vous réglerez ce qui vous tracasse, vous serez en mesure de réussir ce que vous désirez. Cette carte vous indique d'aller de l'avant et de laisser votre passé derrière vous. Il ne sert plus à rien! Avancez, finalisez et vous obtiendrez tout ce que vous désirez. Cette carte vous annonce que vous êtes dans une période décisive de votre vie. Tout dépend de vous et de la façon et de la rapidité que vous choisirez pour régler vos problèmes.

Pour ce qui est des cartes majeures, davantage de symboles feront partie d'un prochain écrit. Toutefois, si vous sortez une carte majeure, attendez-vous à vivre des changements immédiats et importants dans votre vie. Vous pourriez, par la suite, choisir une carte mineure pour vérifier à propos de que aspect de votre vie vous vivrez ce changement majeur.

Recevoir la capacité d'analyser les rêves

Pour recevoir la capacité d'analyser les rêves, il vous suffit de méditer sur Lauviah II tout en lui demandant de développer en vous ce talent. Pour obtenir ce talent, il est primordial d'être mentalement apte à le recevoir. Si vous êtes de nature dépressive, peureuse ou que vous souffrez d'une maladie mentale, l'Ange Lauviah II ne pourra développer ce talent en vous. Lorsque votre santé mentale ira mieux, faites-le-lui savoir et demandez-lui de nouveau si vous êtes apte à recevoir ce talent. Lauviah II se fera un plaisir de développer en douceur ce talent. Au début, cet Ange vous enverra de petits symboles très simples. Il serait aussi très important de vous procurer un cahier de chevet pour mieux inscrire les détails des symboles qui vous seront envoyés.

Obtenir une solution

Si vous cherchez une solution, n'oubliez pas de prendre une minute d'intériorisation avant d'écrire votre problème. Inscrivez-le avant de vous coucher. Lorsque vous vous couchez avec un problème, il y a de fortes chances que vous vous réveilliez le lendemain matin avec la solution. Il vous suffit de prier l'Ange Lauviah II. Telle est la force de sa Lumière, celle de vous permettre de vous réveiller avec une solution si vous vous couchez avec un problème. Racontez-lui votre problème avant de vous endormir. Le lendemain matin, vous aurez votre solution.

Bâtir un autel pour accueillir l'Ange Lauviah II

Napperon : tissu avec l'image de poissons rouges ou de fontaines.

Couleurs : indigo et teintes qui calment et apaisent telles que lilas, jaune pâle, etc.

Bougies : blanches, grises, lilas ou jaunes.

Encens : myrrhe, storax, oliban.

Odeurs : sauge et lavande.

Psaume à réciter lors du rituel

« *Seigneur Dieu, que grandiose est votre nom par toute la Terre.* »

Psaume 8, verset 10

18. CALIEL
(justice, solution, compréhension)

« *Ne vous résignez jamais. Allez vers vos rêves et remplissez votre vie de magie.* »

« *Arrêtez de mettre la faute sur autrui. N'oubliez pas que vous vivez en fonction de vos actes et de vos émotions. Soyez-en tout simplement conscient!* »

« *Arrêtez de porter des jugements sur vos faiblesses. Arrêtez de vous laisser influencer par les jugements des autres. Cela ne fait pas évoluer votre âme.* »

Ange idéal

Caliel est l'Ange idéal de tous ceux qui sont découragés, déprimés et pessimistes et de tous ceux qui ne voient pas la beauté de leur vie. Ils sont trop préoccupés par les problèmes. À toutes ces personnes, l'Ange Caliel envoie le message suivant : « *Ne vous résignez jamais. Allez vers vos rêves et remplissez votre vie de magie.* » Telle est la force de cette magnifique Lumière.

Sur le plan de la santé, il est l'Ange idéal pour soulager les douleurs musculaires. Sa Lumière agit comme un doux calmant.

L'Ange Caliel est un « Dieu prompt à secourir ». Cet Ange court tout le temps pour venir rapidement en aide à l'humain qui réclame sa présence. Ne soyez pas surpris, lorsque vous lui réclamerez de l'aide, que l'impact de sa Lumière vous amène à courir d'un endroit à l'autre durant toute la journée. Vous ferez mille et une choses à la fois. De plus, vous oublierez toujours un petit quelque chose qui vous obligera à retourner à l'endroit où vous étiez auparavant. Des pas, ici et là, vous en ferez. Ne pensez pas que vous êtes étourdi! Au contraire, vous êtes tout simplement sous l'emprise de l'énergie de Caliel.

Puisque l'Ange Caliel agit instantanément pour que les malaises disparaissent quand vous le priez, pour mieux manifester sa présence, il fera en sorte que vous ressentiez des douleurs un peu partout durant la journée, des douleurs que vous avez habituellement, des douleurs qui viennent et qui repartent. Par toutes les douleurs que vous ressentirez, l'Ange Caliel vous indique qu'il leur infusera sa Lumière qui agira comme un baume pour les calmer. Alors, ne soyez pas surpris d'avoir mal à une jambe. Cela peut durer une vingtaine de minutes. Et comme par enchantement, la douleur disparaîtra et une autre douleur reviendra hanter votre corps physique. Cela peut durer 24 heures. Toutefois, probablement que ces douleurs qui venaient vous hanter régulièrement risquent d'être guéries totalement ou elles prendront beaucoup plus de temps à se manifester. Lorsque ces douleurs viendront envahir votre corps de nouveau, vous n'aurez qu'à prier l'Ange Caliel.

Lorsque Caliel manifeste sa présence, un sentiment de puissance et d'action vous envahira, ce qui vous permettra d'être en contrôle des événements de votre quotidien.

Différentes façons de manifester sa présence

L'Ange Caliel aime beaucoup les animaux de la forêt. Il aime les chevreuils, les daims, les cerfs et les papillons. Caliel aime bien prendre du temps pour aller nourrir ces animaux. Cet Ange affirme que c'est l'une de ses passions préférées après l'aide qu'il apporte à l'humain.

Caliel adore l'humain. Il descend régulièrement sur Terre pour venir l'épauler et l'aider à bien accomplir son plan de vie. Caliel aime voir l'humain heureux et joyeux. Aussi banal que cela puisse paraître, Caliel adore l'odeur que dégage le corps humain. Cet Ange dit qu'il est drôle de sentir l'humain puisque chaque être possède une odeur corporelle qui lui est unique.

Lorsqu'il annoncera sa présence, il y a de fortes chances que vous sentiez davantage votre odeur corporelle. Vous trouverez sûrement que vous sentez trop le parfum. Si cela vous arrive, ne paniquez pas. C'est tout simplement Caliel qui rehausse votre odeur corporelle pour mieux la sentir.

Un des mots préférés de l'Ange Caliel est « **secours** ». Si Caliel vous fait entendre ce terme, il vous indique qu'il vous apportera le secours dont vous avez besoin pour vous libérer d'un tracas. Ce mot peut aussi signifier que l'Ange Caliel vous montrera la meilleure porte de secours pour vous libérer d'une situation. De toute façon, attendez-vous, dans les semaines qui suivront, à régler une situation qui vous pesait sur les épaules.

Si vous entendez le mot « **immédiat** », l'Ange Caliel vous indique qu'il est temps pour vous de régler rapidement l'un de vos problèmes, si vous voulez retrouver le chemin de la paix et de l'harmonie. De toute façon, Caliel vous montrera de quel problème il s'agit. Cet Ange vous guidera donc vers la meilleure solution pour régler rapidement ce problème. Le message que cet Ange vous indique est de voir immédiatement à vos problèmes. Ne les laissez pas s'envenimer. Sinon, vous serez impliqué dans un tourbillon de problème qui vous envahira mentalement, physiquement et moralement.

Un autre mot important pour Caliel est « **aide** ». Grâce à lui, cet Ange vous indique qu'il vous envoie une personne-ressource, un Ange terrestre qui vous apportera toute l'aide dont vous avez besoin pour vous soutenir dans ce que vous lui réclamez.

Autres représentations symboliques

Si Caliel vous **montre une porte de secours**, cela vous indique qu'il vous guidera vers la meilleure des solutions pour régler l'un de vos problèmes. Attendez-vous à vivre des changements dans les mois qui suivront. Toutefois, ces changements auront un impact favorable sur l'ensemble de votre vie.

Caliel adore les **fontaines avec des statues**. Ne soyez pas surpris d'en voir durant toute la semaine lorsque vous le prierez. L'Ange Caliel vous dit que, lorsque vous verrez votre première fontaine avec une statue, vous devriez faire un vœu. Puis, comptez le nombre de fontaines que vous remarquerez. Ce chiffre sera important pour vous tout au long de l'année. Il marquera des événements favorables.

Les Anges aiment bien taquiner l'humain. Caliel ne fait pas exception à la règle. Lorsque vous le prierez, afin de vous indiquer qu'il a bel et bien entendu votre demande, il fera travailler votre vessie, ce qui vous amènera à aller uriner souvent durant la journée. N'oubliez pas que Caliel adore les fontaines. Il en fera couler une en vous! Vous aurez l'impression d'avoir bu dix verres d'eau instantanément. Tel est l'effet de son énergie lorsqu'il annonce sa présence à l'humain.

De plus, pour vous taquiner, il s'organisera pour que l'eau de votre robinet coule en petite quantité. Le bruit de ces belles petites gouttes vous dérangera, ce qui vous obligera à fermer le robinet à fond. Voilà un autre signe pour vous faire comprendre sa présence auprès de vous.

Caliel aime emprunter le corps d'un **humain qui viendra vers vous vêtu de rouge avec un soupçon de jaune et d'orangé**. Ce sont ses couleurs préférées. Si vous le voyez, faites-lui un beau sourire. Et lorsque vous le verrez dans ces teintes, cet Ange vous infusera sa Lumière qui agira comme un baume sur vos blessures. Il les soulagera.

Spécialités de l'ange Caliel

L'aide de cet Ange est très importante lors d'un danger. Si vous vous trouvez dans une situation de danger, priez immédiatement Caliel. Celui-ci viendra à votre secours en vous envoyant immédiatement de l'aide. Si, par exemple, vous êtes à la banque et qu'il y a un vol à main armée, priez Caliel. Il vous enverra de l'aide immédiatement. Il peut provoquer une situation qui fera en sorte que les voleurs se décourageront et s'éloigneront en courant. Qu'importe la façon qu'il utilisera, l'Ange Caliel s'assurera que tous les gens sont en sécurité et qu'il n'y a pas d'accidents fâcheux. La Lumière de cet Ange vous protégera donc des personnes méchantes et de toutes les situations de l'Ombre. La mission de Caliel est de s'organiser pour éloigner l'Ombre sur-le-champ. La mission de l'Ange Caliel ressemble beaucoup à celle de l'Archange Michaël. Ensemble, ils feront tout pour chasser les démons, les gens hypocrites, les Ombres, les situations de danger et tout ce qui entrave l'épanouissement de l'humain.

Autres raisons de prier l'Ange Caliel

Caliel est l'Ange du discernement, de la droiture et de la justice. Sa mission est de faire triompher la vérité dans les procès pour que les coupables soient jugés équitablement et que la sentence qui sera prononcée soit à la hauteur des actes indignes commis par les coupables. L'Ange Caliel n'aime pas les injustices, les mensonges et les faux témoignages. Cet Ange fera tout pour faire ressortir la vérité. On dit de l'Ange Caliel qu'il est l'essence de la justice intègre. Si vous êtes victime d'un abus de pouvoir, d'une manigance quelconque venant d'un personnage corrompu tel qu'un avocat, un juge ou une personne haut placée, tout en sachant qu'il sera difficile pour vous de gagner votre cause, priez l'Ange Caliel. Il fera triompher la vérité et sa Lumière démasquera les traîtres, les hypocrites et les menteurs. Vous pouvez aussi le prier pour faire ressortir la vérité lors d'un débat quelconque.

Vous pouvez prier Caliel pour que le juge demeure impartial lors du plaidoyer et que celui-ci puisse établir un jugement équitable entre les deux parties, pour que la justice soit intègre et équitable.

Vous pouvez demander à l'Ange Caliel de vous faire sortir triomphant d'un procès. Toutefois, vous devez être innocent. Si vous réclamez l'aide de Caliel, il sera très important que vous ayez raison et que vous soyez honnête dans votre demande, que vous soyez vraiment victime d'injustice ou de manœuvres injustes ou frauduleuses. Si ce n'est pas le cas, vous risquez rapidement de le savoir. De toute façon, si vous priez l'Ange Caliel, vous mettez votre vie entre ses mains, votre problème à résoudre. Si vous êtes coupable, le plaidoyer ne sera pas en votre faveur. Au contraire, la vérité se fera entendre et vous écoperez de la sentence que vous mériterez. **Voilà l'importance de ne pas prier Caliel si vous êtes coupable.** N'oubliez pas que l'Ange Caliel n'aime pas les mensonges, alors si vous lui racontez un mensonge, il fera en sorte que la vérité se fasse entendre. Puis, si vous lui racontez un mensonge, il enverra une leçon évolutive sur votre route. Mieux vaut éviter une leçon évolutive et prier l'Ange Leuviah pour adoucir votre sentence et votre sort.

La mission de l'Ange Caliel est de donner une leçon évolutive à tous ceux qui exploitent leur prochain et à tous ceux qui utilisent leur pouvoir, leur puissance et leurs relations importantes pour obtenir des passe-droits pour nuire à leur prochain. Toutefois, si vous utilisez vos relations pour aider votre prochain, ne vous inquiétez surtout pas. L'Ange Caliel sera très heureux de vous aider.

Caliel est un Ange qui peut aider tous ceux qui ont des ennuis et qui ne savent pas où se diriger. Il donne la force, le courage et la détermination à tous ceux qui se trouvent dans un tunnel noir. La mission de l'Ange Caliel est de lutter contre le découragement, le pessimisme et le mal de vivre. Si vous priez Caliel, celui-ci vous aidera à surmonter vos épreuves et à bien les comprendre. Il vous aidera à remonter la pente. Sa lumière vous accordera la santé, la force et la joie de vivre et d'exister. La Lumière de l'Ange Caliel vous permettra de prendre votre vie en main et d'avancer au lieu de vous plaindre de votre sort. Sa Lumière changera votre pessimisme en optimisme. Vous ne verrez plus la vie de la même manière. Voilà l'importance de prier Caliel et de lui demander secours.

Caliel vous permettra de mieux comprendre vos épreuves, de mieux voir les solutions pour vous en sortir, tandis que les Anges Leuviah et Pahaliah vous donneront la force d'accepter vos épreuves. Ces Anges vous permettent de vous libérer de toute émotion et de tout problème. L'Ange Caliel vous dit qu'il est important de le prier et de lui demander de l'aide. Le message le plus important que lance Caliel à l'humain est le suivant : « *Ne vous résignez jamais.* » En intégrant la Lumière de Caliel, vous obtiendrez cette force. Vous surmonterez avec bravoure vos épreuves. Comme ses consœurs Pahaliah et Leuviah, l'Ange Caliel vous donnera la force, le courage, la détermination et la persévérance devant les épreuves de la vie. Sa Lumière vous aidera à trouver rapidement les meilleures solutions pour vous libérer de vos problèmes.

Un autre message de l'Ange Caliel : « *Arrêtez de vous laisser influencer par les jugements des autres, cela ne fait pas évoluer votre âme.* » L'Ange Caliel est conscient que la faiblesse de l'humain est souvent le jugement. Le jugement qu'il porte sur lui-même et sur son prochain. La Lumière de cet Ange vous aidera à mieux voir qui vous êtes : vos défauts, vos faiblesses, vos forces, votre potentiel. Il vous permettra de regarder profondément en vous-même et d'apprécier qui vous êtes. Il vous dira ceci : « *Arrêtez de porter des jugements sur vos faiblesses.* » Il vous fera comprendre qu'au lieu de juger vos faiblesses, vous devriez les régler et en voir le côté positif. De plus, il vous fera comprendre que nul n'a besoin de se faire juger. Ni vous ni votre prochain. Cet Ange vous fera prendre conscience qu'avant de juger votre prochain, vous devriez regarder dans votre intérieur. Vous avez peut-être les mêmes faiblesses que celui que vous jugez!

Note aux enfants de Caliel

À votre naissance, l'Ange Caliel vous a fait le don de sa Lumière de puissance qui vous permet d'escalader les pires montagnes. Vous avez une force inébranlable. Faites-vous tout simplement confiance. Vous possédez aussi toutes les qualités requises pour réussir votre vie. Il suffit de croire en vous et d'avancer vers vos buts. Soyez déterminé et vous obtiendrez tout ce que vous désirez!

Quand vous êtes épuisé, promenez-vous dans un endroit que vous aimez. Changez vos idées et toutes vos douleurs disparaîtront comme par enchantement.

Réclamer l'aide de l'Ange Caliel

Gagner une cause juridique

Pour gagner une cause juridique, premièrement, vous devez être innocent. C'est très important. Deuxièmement, récitez une prière à l'Ange Caliel.

Troisièmement, faites purifier un objet par Caliel et portez-le au procès. Cet objet agira à titre de talisman et vous donnera la force et le courage de bien vous défendre.

Voici la phrase de Caliel pour aider celui qui est découragé à surmonter son épreuve : « *Je ne me résigne pas et je continue d'avancer. Je suis gagnant et je mérite ce qu'il y a de mieux.* » Récitez ces phrases autant de fois que vous le désirez et que vous en ressentez le besoin.

Bâtir un autel pour accueillir l'Ange Caliel

Napperon : tissu avec l'image d'une forêt ou d'une fontaine.

Couleurs : indigo, rougeâtre, jaune et orangé.

Bougies : blanches, grises, rouges, jaunes et orangées.

Encens : storax.

Odeurs : sauge et magnolia.

Psaume à réciter lors du rituel

« *Seigneur qui jugez les nations, rendez-moi justice,*
Ô Très-Haut, selon ma perfection. »

Psaume 7, verset 9

19. LEUVIAH
(expiation, abondance, courage, patience)

« *Ne baissez jamais les bras lorsque survient un problème. Foncez tête première et réglez-le. Votre santé mentale s'en portera mieux.* »

« *La communication est importante entre les humains. Pourquoi garder en vous une parole ou un geste qui pourrait aider l'autre à mieux comprendre votre réaction ou à mieux comprendre qui vous êtes. Si vous communiquez, vous éviterez des ennuis et du chagrin. Voilà l'importance de communiquer votre état d'âme.* »

Ange idéal

Leuviah est l'Ange idéal de tous ceux qui ont perdu un être cher et qui ont de la difficulté à surmonter cette épreuve. Leuviah est consciente qu'il est difficile pour l'humain de perdre un membre de sa famille par la mort. La mort pour l'humain est synonyme de perte et d'énorme chagrin. La Lumière de l'Ange Leuviah vous permettra de surmonter plus rapidement un deuil. Cet Ange vous fera prendre conscience que celui qui vous a quitté est dans le royaume de Dieu et que cet être est heureux dans ce royaume. L'Ange Leuviah vous permettra également d'entrer en contact avec le défunt si vous lui en faites la demande. Elle vous permettra d'entrer en contact avec lui pour que vous puissiez réaliser combien il est heureux dans sa nouvelle vie.

Leuviah est aussi l'Ange idéal de tous ceux qui ont des tendances suicidaires. Si vous priez Leuviah, elle vous permettra de lutter contre l'envie suicidaire. Sa lumière vous sauvera et vous redonnera l'espoir qu'un nouveau jour va se lever pour vous.

Leuviah est un bel Ange. Elle est remplie d'amour. Lorsqu'elle manifestera sa présence, vous serez envahi par un sentiment exaltant. Vous serez captivé par sa présence, ce qui fera palpiter votre cœur. Un battement d'amour. Un sentiment intense de la première fois où vous tomber amoureux, où vous faites une rencontre importante, où vous écoutez le cœur de votre bébé, où vous le tenez dans vos bras, etc. Telle sera la vibration que vous éprouverez lorsque vous serez en contact avec l'Ange Leuviah.

Si vous êtes de nature brave, cet Ange manifestera sa présence en vous envoyant des filaments de sa Lumière qui auront la forme de cœurs. Si vous voyez ce signe, l'Ange Leuviah vous indique qu'elle envoie tout son amour pour vous.

Puisque Leuviah souffle les mots justes à l'humain, elle peut également lui annoncer sa présence en effleurant en douceur ses lèvres. Vous aurez la sensation qu'il y a une légère saleté sur vos lèvres, ce qui vous amènera à les essuyer.

Leuviah est l'un des Anges les moins rapides de son Chœur. Quelques jours peuvent passer avant que vous ressentiez sa présence. Toutefois, lorsqu'elle viendra vers vous, elle aura un bagage de connaissances qui lui permettra de bien répondre à votre demande et de vous apporter tout ce qu'elle peut pour que votre prière soit exaucée.

Différentes façons de manifester sa présence

L'Ange Leuviah aime tous les animaux. Elle n'a pas de préférence. Lorsqu'elle annoncera sa présence, elle prendra l'allure de l'un de vos animaux préférés.

Leuviah adore les pommes, les poires et les oranges. Il y a de fortes chances qu'elle propage leur odeur dans la pièce où vous la prierez.

Le premier mot qu'elle peut vous faire entendre est « **pardonner** ». Par ce terme, l'Ange Leuviah vous indique qu'il est temps de demander pardon ou de pardonner à la personne qui vous a blessé. Rien ne sert de garder en vous des émotions négatives. Libérez-vous-en. Ainsi, votre santé mentale s'en portera mieux. Tel est son message.

Un autre mot important est « **abondance** ». L'Ange Leuviah vous indique ainsi qu'elle vous aidera à trouver et à retrouver l'abondance dans votre vie. Cela peut concerner votre vie amoureuse, financière, professionnelle. Qu'importe. L'Ange Leuviah vous enverra en premier cette abondance vers la situation la plus précaire pour que vous puissiez rapidement retrouver le bonheur et la joie de vivre.

Si Leuviah vous fait entendre le mot « **secours** », elle vous indique qu'elle vous apportera le secours dont vous avez besoin. Si vous avez un problème de boisson, de jeu, de drogue, cet Ange vous en libérera. Elle vous fera prendre conscience des résultats néfastes qu'apporte ce problème dans votre vie.

Autres représentations symboliques

Leuviah s'amuse parfois à former un cœur avec ses ailes pour vous annoncer sa présence et pour vous indiquer qu'elle a bel et bien entendu votre prière. Elle fera ce cœur tout simplement pour vous. Prenez le temps de regarder les **nuages puisqu'elle y dessinera un cœur**. Par ce signe, cet Ange vous indique qu'elle infusera dans votre cœur tout l'amour dont il a tant besoin pour être heureux.

Si Leuviah vous fait **trouver une clé qui ne vous appartient pas par terre**, cela signifie qu'elle ouvre les portes du coffre-fort du paradis. Un événement extraordinaire arrivera sûrement dans votre vie. Ce symbole signifie également que Leuviah vous donnera tous les outils nécessaires pour créer votre propre paradis sur terre.

Un autre signe que l'Ange Leuviah aime faire est de vous faire **trouver de l'argent par terre**. Toute la semaine où vous la prierez, vous trouverez des pièces de monnaie un peu partout. Conservez cette monnaie et échangez-la pour des vœux si vous le désirez. Chaque monnaie que vous trouverez aura été purifiée pour vous par l'Ange Leuviah. Conservez-la dans votre boîte d'Ange ou dans le tiroir de votre commode. Lorsque surviendra un problème, échangez votre pièce contre une solution. La façon de procéder est tout simplement de prier l'Ange Leuviah et de lui dire que vous échangez cette pièce de monnaie contre une solution. Ensuite, prenez votre pièce de monnaie et lancez-la dans les airs pour qu'une autre personne puisse l'échanger à son tour pour un vœu!

Si Leuviah vous **montre un portefeuille rouge ou jaune**, elle vous envoie un cadeau d'abondance. Attendez-vous à recevoir un cadeau qui vous fera sauter de joie. Toutefois, si vous possédez un portefeuille dans ces teintes, l'Ange Leuviah vous indique qu'elle vous envoie une belle surprise agréable.

Leuviah aime bien faire scintiller les lumières pour vous annoncer sa présence. Ne soyez pas surpris de voir une lumière briller. Ce signe vous annonce sa présence.

Toutefois, si Leuviah fait **sonner une alarme**, soit une alarme à feu soit celle du réveil qui n'est pas programmé, elle vous indique de consulter votre médecin. Vous ne prenez pas assez soin de vous et de votre santé. Ainsi, l'Ange Leuviah vous prévient. Elle vous indiquera probablement la partie de votre corps que vous devez faire examiner par votre médecin puisque vous aurez une douleur minime à cet endroit.

Le signe préféré de Leuviah est d'emprunter le corps d'une **personne qui viendra vers vous en vous offrant une pomme, une poire ou une orange**. Acceptez ce fruit. D'ailleurs, lorsque vous le mangerez, cela aura un effet bénéfique sur votre santé!

Spécialités de l'Ange Leuviah

Leuviah est un Ange qui illumine les humains égarés et les ramène vers Dieu. Vous pouvez comparer la mission de l'Ange Leuviah à la phrase suivante prononcée lors de l'eucharistie : « *Agneau de Dieu, toi qui enlèves les péchés du monde, prends pitié de nous* ». C'est exactement ce que fait l'Ange Leuviah. Elle prend pitié des pécheurs et elle leur apporte secours. Sa Lumière les éclaire et les ramène vers le droit chemin. Ainsi, les humains égarés ne se laisseront pas tenter par l'Ombre et ils auront la chance d'expier leurs fautes. Par contre, ils devront accepter la sentence rendue par le Plan divin. Cette sentence est de venir séjourner dans le Chœur des Trônes lors de leur prochaine incarnation.

Vous pouvez aussi prier l'Ange Leuviah pour obtenir la grâce de Dieu. Si vous avez commis un acte indigne et que vous aimeriez recevoir le pardon de Dieu, priez Leuviah. D'ailleurs, on dit de Leuviah qu'elle est l'Ange du discernement et de la justice. Elle permet à celui qui la prie de mieux comprendre ce que le mal peut faire par opposition au bien. Si elle peut l'aider à expier ses fautes sur Terre, elle l'aidera. Elle aime voir l'humain en équilibre avec sa vie. Cet Ange n'aime pas voir l'humain se déchirer et être en dualité avec toutes sortes d'émotions négatives qui parfois l'empêchent d'évoluer et d'être heureux. Elle fera tout pour que celui qui vit sous la gouverne de l'Ombre puisse retrouver le chemin de la Lumière et sa propre Lumière. Lorsqu'il trouvera la Lumière, Leuviah ira vers Dieu et, en son nom, elle demandera pardon à Dieu.

Autres raisons de prier l'Ange Leuviah

Vous pouvez prier Leuviah pour qu'elle vous aide à retrouver le chemin du bonheur et pour qu'elle vous redonne l'espoir, le courage et la joie de vivre. L'aide de cet Ange est très importante pour tous ceux qui ont perdu espoir en la vie. Leuviah est l'Ange du bonheur et de la joie de vivre. Elle fera tout pour que vous puissiez retrouver le chemin du bonheur. L'Ange Leuviah représente une anticipation du paradis. Tout ce que décidera Leuviah aura des conséquences heureuses pour celui qui la prie puisqu'elle représente la joie de vivre et d'exister. Leuviah est très dévouée à Dieu. Elle vous apporte une aide immédiate lorsque vous la priez. Sa mission est de voir l'humain heureux et en paix, même si celui qui réclame son aide ne croit pas en Dieu ni en elle. Elle ne le juge pas. Au contraire, l'Ange Leuviah l'aidera pour qu'il puisse retrouver la foi et la confiance en Dieu. L'Ange Leuviah sait qu'en aidant cet être et en ne le jugeant pas, un jour, celui-ci cherchera à revenir vers la maison de Dieu. À tous les impies, même si vous ne croyez pas en la prière et que vous ne savez pas comment prier, l'Ange Leuviah vous écoutera. Et s'il lui est permis d'exaucer votre demande, elle le fera avec joie. Voilà l'importance de la prier et de lui demander de l'aide.

Vous pouvez aussi prier l'Ange Leuviah pour qu'elle vous donne la patience nécessaire de bien élever un enfant. Il en est de même pour tous ceux qui travaillent dans un milieu où la patience est de mise. Il serait bon pour vous de prier l'Ange Leuviah. Celle-ci vous donnera la force, le courage et la patience de bien diriger votre travail et de ne pas vous laisser influencer par les situations d'Ombres qui pourraient vous faire perdre patience ou le contrôle de vos émotions.

Tous les professeurs qui ont des classes spéciales d'enfants turbulents, de délinquants ou de décrocheurs devraient impérativement prier l'Ange Leuviah. Celle-ci leur insufflera la patience nécessaire pour bien enseigner la matière à leurs élèves. De plus, cet Ange leur donnera la force et le courage de continuer leur mission de vie.

Si vous priez l'Ange Leuviah, sa Lumière s'étalera sur chacun de vos élèves en leur faisant découvrir leur force. N'oubliez pas que l'Ange Nelchaël peut aussi aider l'enfant dans son apprentissage. Alors, n'hésitez pas à faire appel à ces deux magnifiques Anges, Nelchaël et Leuviah. Ensemble, ils aideront les élèves à bien écouter la matière enseignée et le professeur à bien l'enseigner afin que les élèves ne décrochent pas. Cela dit, il ne s'agit pas, dans ce cas, d'intéresser les élèves à l'enseignement donné.

L'Ange Leuviah va aider aussi tous ceux qui vivent de grandes batailles émotionnelles qui leur causent du chagrin, comme une séparation brutale, un décès, une perte financière. Peu importe ce que vous vivez de tragique, l'Ange Leuviah vous donnera la force et le courage de passer à travers. Il ne faut pas oublier que de cet Ange jaillit l'abondance sur tous les plans. Elle prendra votre problème sous ses ailes et elle trouvera la solution idéale pour vous en libérer instantanément. La Lumière de cet Ange vous permettra donc de rester positif par rapport aux événements difficiles.

Sur le plan de la santé, vous pouvez prier l'Ange Leuviah pour que la maladie d'Alzheimer ne dégénère pas. Sa Lumière aura un effet bénéfique sur la mémoire. Tous ceux qui ont de la difficulté à se remémorer certains événements à cause d'un trouble de mémoire devraient prier l'Ange Leuviah. Sa Lumière aidera ces gens à ce que leur problème de mémoire ne dégénère pas.

Note aux enfants de Leuviah

À votre naissance, l'Ange Leuviah vous a fait le don de sa Lumière qui vous permet d'ouvrir la porte du paradis, ce qui vous donne accès au Jardin des Âmes. Vous pouvez facilement entrer en contact avec vos défunts. Il suffit de faire confiance à votre voix intérieure. Certaines personnes peuvent facilement devenir des intermédiaires, recevoir les messages d'un défunt et les transmettre à un proche. Pour obtenir ce privilège, votre santé mentale doit être en pleine forme et le monde des âmes ne doit pas vous faire peur. Si vous correspondez à ces deux critères, l'Ange Leuviah vous permettra de devenir le messager des défunts.

Leuviah vous a aussi fait le don de sa Lumière de courage et de persévérance, ce qui vous permettra de vaincre vos problèmes et de trouver rapidement les meilleures solutions pour vous en libérer.

Réclamer l'aide de l'Ange Leuviah

Trouver l'abondance

Puisque l'Ange Leuviah est un Ange qui fait jaillir l'abondance sur tous les plans, cet Ange aimerait vous faire cadeau de sa Lumière. Indiquez le sujet par rapport auquel vous aimeriez qu'elle vous envoie de l'abondance. Cela peut être sur le plan de votre vie amoureuse, professionnelle, familiale, financière, etc. Prenez une minute d'intériorisation et inscrivez ci-dessous le sujet par rapport auquel vous aimeriez recevoir l'abondance :

_____

Les journées particulières de l'Ange Leuviah seront importantes puisque cet Ange ouvrira alors la porte de l'abondance. Attendez-vous à vivre des moments importants.

Avoir la patience de bien éduquer son enfant

Pour avoir la patience de bien éduquer votre enfant, il vous suffit de faire purifier un objet que vous porterez sur vous. Cet objet agira à titre de talisman. Lorsque vous remarquerez que vous manquez de nouveau patience, refaites purifier votre objet. Leuviah infusera dans votre objet sa Lumière qui aura un impact positif sur votre patience.

Vous pouvez méditer régulièrement sur Leuviah. Cela aidera aussi votre patience.

Entrer en contact avec un défunt

Si vous avez envie de parler à l'un de vos défunts, écrivez-lui une petite lettre ou un mot. La mission de l'Ange Leuviah sera de lui lire ce que vous lui aurez écrit. En guise de reconnaissance, votre défunt vous fera signe la journée où il recevra votre mot ou votre lettre.

Écrivez ci-dessous le nom de votre défunt :

_____

Indiquez également le signe par lequel vous aimeriez que votre défunt vous dise qu'il a pris connaissance de votre lettre :

_____

_____

Les dates particulières de l'Ange Leuviah seront importantes. Il y a de fortes chances que votre défunt vous fasse signe lors de ces dates ou d'une date qui vous est chère, comme votre anniversaire de naissance.

Bâtir un autel pour accueillir l'Ange Leuviah

Napperon : tissu avec l'image de cœurs rouges.

Couleurs : indigo, rouge et blanc.

Bougies : blanches, grises et rouges.

Encens : storax et benjoin.

Odeurs : pomme, poire et orange.

Psaume à réciter lors du rituel

« J'ai placé mon ferme espoir en l'Éternel.
Il s'est incliné vers moi, il a entendu ma supplication. »

Psaume 40, verset 2

20. PAHALIAH
(redressement, honnêteté, vérité, foi)

« Les épreuves sont là pour vous faire grandir. Si vous voyez le côté positif de chaque épreuve, vous deviendrez plus fort et il vous sera plus facile par la suite de vous en libérer puisque vous serez armé de courage et de persévérance. »

« Ne baissez jamais les bras lorsque survient une épreuve. Redressez vos épaules et foncez droit devant. Ainsi, vous serez fier de vous et de tout le travail que vous aurez accompli pour relever ce défi. »

« Réfléchissez avant de parler. Ainsi, vous éviterez de grands ennuis. »

Ange idéal

Pahaliah est l'Ange idéal des avocats. La Lumière de cet Ange les aidera à faire ressortir la vérité lors d'une cause. Il est évident que l'avocat qui prie cet Ange est conscient qu'il travaille pour le bien de son client. Et que son client est victime d'injustice. Si son client est coupable, l'avocat doit s'abstenir de prier Pahaliah puisqu'elle est l'Ange de la vérité.

Pahaliah est aussi l'Ange idéal des théologiens. Elle fait de ces êtres des personnes remarquables qui sauront prêcher la parole de Dieu avec foi et volonté. Pahaliah leur infusera sa divine Lumière.

Pahaliah est un Ange droit qui se tient droit comme un mât. Lorsqu'elle manifestera sa présence, vous aurez la sensation d'avoir les épaules droites. D'ailleurs, si elles étaient courbées, grâce à elle, vous les redresseriez. Telle est la force de la vibration de ce magnifique Ange. Regardez Pahaliah, c'est regarder les étoiles tellement la Lumière de cet Ange scintille. Lorsqu'elle viendra vers vous, vous aurez peut-être tendance à regarder vers le haut, surtout si vous êtes assis. Vous aurez la sensation que quelqu'un vous regarde et, intuitivement, vous relèverez la tête pour voir qui est présent. Ne vous inquiétez pas, c'est tout simplement l'Ange Pahaliah qui se tient debout devant vous. Faites-lui un sourire. Si vous êtes de nature brave, elle pourrait même vous montrer la lueur de sa Lumière. Une Lumière qui scintille et qui brille.

L'Ange Pahaliah arrive en douceur lorsque l'humain la réclame. Vous ne savez jamais quand elle viendra. Toutefois, quand elle arrivera vers vous, elle manifestera immédiatement sa présence. Un autre signe qu'elle peut vous faire dans l'immédiat est de vous faire instinctivement tourner le poignet comme si vous aviez une légère douleur. Vous serez porté à frotter votre poignet et votre avant-bras. Si cela vous arrive, sachez que c'est Pahaliah qui vous frotte le bras. Elle vous infuse ainsi sa Lumière de courage et de détermination pour vous aider à avancer et à atteindre vos buts.

Différentes façons de manifester sa présence

Pahaliah aime tous les animaux. Toutefois, elle a une préférence. Comme l'Archange Tsaphkiel, elle adore le paon. Elle le trouve très joli lorsqu'il met ses plumes en éventail pour se pavaner devant son auditoire. Pahaliah dit que le paon se promène droit et fier de montrer son beau plumage. Justement, la mission de Pahaliah est d'aider l'humain à se redresser et à exposer toutes ses bonnes qualités.

Cet Ange aime toutes les odeurs fraîches et douces. Elle aime beaucoup la senteur du magnolia, de la lavande, du lilas et du tournesol.

Un mot important à ses yeux est « **délester** ». Si vous l'entendez, Pahaliah vous indique qu'elle vous délestera d'une lourdeur que vous avez sur les épaules, que ce soit un problème familial, affectif, professionnel, médical, etc. Cet Ange ira vous chercher de l'aide pour que vous puissiez rapidement vous libérer de tout ce qui vous accapare et vous empêche d'être heureux.

Si Pahaliah vous fait entendre le mot « **étoiles** », elle vous indique qu'elle vous accorde un vœu. Elle vous dit de faire un vœu. Et lorsque vous verrez une étoile filante devant vous, sachez que votre vœu est sur le point de se concrétiser.

Le mot « **redresser** » est aussi important aux yeux de Pahaliah. Cet Ange vous redressera et vous ramènera sur la bonne route. Pahaliah changera également votre perception de la vie. Elle fera de vous un être positif et confiant qui avance en harmonie vers ses rêves, ses projets et ses buts. Telle sera sa mission envers vous, celle de vous aider à retrouver un sens à votre vie. Vous serez en mesure de relever vos défis.

Autres représentations symboliques

Si vous **perdez l'équilibre**, par ce signe, l'Ange Pahaliah vous indique qu'il est temps de retrouver votre équilibre quant à l'un des aspects de votre vie. Il y a sûrement une situation en dérangement qui vous fait perdre l'équilibre. Cet Ange vous met en garde. Elle vous prévient. Il serait important pour vous de vous asseoir dans une pièce et d'analyser profondément votre vie. Il y a sûrement une situation qui vous dérange et qui dérange votre univers. Pahaliah vous dit qu'il est temps de redresser vos épaules et de régler immédiatement ce qui vous dérange. Sinon, vous risquez de sombrer dans le néant et votre santé physique et mentale va en souffrir. Telle est la force de son message.

Il en est de même si vous **voyez quelqu'un avec les épaules courbées vers l'avant**. Par ce signe, l'Ange Pahaliah vous indique que vous avez besoin de changer votre attitude par rapport à la vie, qu'il est temps que vous preniez votre vie en main. Cet Ange vous dit que vous possédez toutes les qualités requises pour vous relever. Il suffit de vous faire confiance et d'aller de l'avant. D'ailleurs, Pahaliah vous infusera sa Lumière de détermination qui vous donnera l'envie de faire les changements nécessaires pour retrouver la quiétude, la paix et la joie de vivre.

Si vous voyez **quelqu'un porter une charge sur ses épaules**, par ce signe, l'Ange Pahaliah vous indique qu'elle vous délestera d'une charge qui vous dérange. Cet Ange vous donne un cadeau important. Elle vous libère d'une charge pour que vous puissiez retrouver le chemin de la paix et du bonheur.

Un des signes préférés de l'Ange Pahaliah est d'envoyer vers vous une personne qui vous **remettra un crayon ou vous trouverez un crayon** par terre. Si cela vous arrive, conservez ce crayon et, lorsque vous serez prêt, inscrivez une situation par rapport à laquelle vous aimeriez que l'Ange Pahaliah vous déleste. Et inscrivez l'un de vos rêves. La mission de cet Ange est de vous accorder ce que vous lui écrivez, en autant que vos demandes soient réalistes.

Un autre signe que Pahaliah peut vous faire est de couvrir le ciel de belles étoiles brillantes et scintillantes juste pour vous. **Si les étoiles forment un chiffre** en particulier, par ce signe, l'Ange Pahaliah vous indique qu'elle changera certains aspects de votre vie. Le chiffre correspond au temps qu'il faudra pour le faire. Si vous regardez les étoiles et que vous voyez le chiffre 5, cela peut prendre 5 heures, 5 jours, 5 semaines, 5 mois ou 5 ans avant que les changements se fassent. De plus, n'oubliez pas qu'elle fera ce signe seulement durant la période des neuf jours de la prière. Voilà l'importance de regarder les étoiles pendant ces neuf jours.

Pahaliah peut aussi emprunter le corps d'un humain qui viendra vers vous avec un charmant sourire. Si une personne vous fait un énorme sourire et qu'elle a un bijou en forme d'étoile ou de soleil, sachez que c'est l'Ange Pahaliah. De toute façon, le sentiment que vous ressentirez sera magique lorsque vous serez en contact avec son énergie!

Spécialités de l'Ange Pahaliah

Une mission spéciale de Pahaliah est d'aider les humains à retrouver la foi. La foi en Dieu et la foi en la prière. Elle aide les athées à croire en Dieu comme elle aide les impies à croire en la prière. Si vous priez cet Ange, elle développera votre spiritualité et votre foi en l'Univers de Dieu. Pahaliah vous fera prendre conscience qu'il est important de prier. Plus vous adressez des prières aux Anges, aux guides spirituels et à Dieu, plus vous vous sentez pro-tégé par ceux-ci et plus vous devenez conscient du potentiel qui est en vous.

Tout est possible avec Pahaliah. Cet Ange écoute attentivement cha-cune de vos prières. Demandez-lui n'importe quoi et Pahaliah fera tout ce qu'elle peut pour vous l'accorder, en autant que votre demande soit honnête et qu'elle reflète la force de sa Lumière. Autrement dit, si vous faites une demande pour nuire à autrui, l'Ange Pahaliah ne vous l'accordera pas. Cet Ange vous fera prendre conscience de la raison pour laquelle votre demande ne reflète pas sa Lumière. De plus, elle vous fera prendre conscience des conséquences de vos actes si vous agissez ainsi.

Lorsque vous prierez Pahaliah, il est très important de le faire pour le bien de votre âme et non pour vous venger d'une personne. Votre demande doit refléter la Lumière. Sinon, l'Ange Pahaliah a l'autorisation de vous en-voyer une leçon évolutive si vous faites une demande pour nuire à autrui.

Autres raisons de prier l'Ange Pahaliah

L'Ange Pahaliah prône la vérité. Priez cet Ange et elle vous aidera à dire la vérité et à cesser les mensonges. Pahaliah n'aime pas voir l'humain raconter des mensonges. Elle n'aime pas non plus les langues perfides. L'Ange Pahaliah sait que les paroles méchantes détruisent l'humain et occasionnent des guerres inutiles. Comme tous les Anges, Pahaliah vous dit ceci : « *Réfléchissez avant de parler. Ainsi, vous éviterez de grands ennuis.* » Autrement dit, tournez votre langue sept fois avant de parler si vous ne voulez pas vous retrouver dans une bataille inutile de mots méchants. Sa mission envers l'humain est de l'aider à mieux analyser ses paroles avant de les prononcer. Cet Ange vous permet d'être conscient de vos paroles et des conséquences que les paroles peuvent entraîner si elles sont mal prononcées.

L'Ange Pahaliah prône aussi l'honnêteté. Il est important d'être honnête envers soi-même. Si vous êtes honnête envers vous-même, vous le deviendrez automatiquement envers les autres. Telle est la mission de cet Ange envers l'humain.

Vous pouvez aussi prier l'Ange Pahaliah pour vous donner la volonté de rester fidèle à vos engagements, que ce soit sur le plan affectif, professionnel, amical ou autre. Si vous vous retrouvez devant une bataille émotionnelle et que vous ne savez plus quoi faire, il est important de prier Pahaliah. Cet Ange vous donnera la force et le courage de rester fidèle à votre partenaire si l'envie de lui être infidèle devient trop intense.

La Lumière de cet Ange vous fera faire une prise de conscience pour vérifier si votre désir d'infidélité reflète ce que vous désirez vraiment. De plus, elle vous fera prendre conscience des conséquences de votre acte. Il n'en tiendra qu'à vous par la suite de décider si vous agissez ou non. Advenant une faiblesse de votre part, l'Ange Pahaliah vous donnera la force et le courage de surmonter cette épreuve. Elle vous fera prendre conscience de vos actes et vous aidera à prendre la meilleure décision pour votre bien-être. Elle vous aidera également à confronter votre partenaire et à lui dire la vérité si tel est votre désir.

Une autre force de cet Ange, c'est d'aider tous les êtres qui ont prêté serment de chasteté envers leur religion ou leur croyance. Cet Ange leur donnera le courage de tenir leur promesse. Sa Lumière calmera les instincts sexuels, ce qui les aidera à respecter leur engagement.

L'Ange Pahaliah a le pouvoir d'aider l'humain à mettre sur pied un projet, à concrétiser une idée. Sa Lumière vous donne la volonté d'entreprendre tout ce que vous désirez. De plus, comme tout est possible avec cet Ange, Pahaliah se fera un plaisir de vous apporter son aide lumineuse. Il vous suffit de la prier et de lui parler de votre projet ou de l'idée que vous avez en tête. Cet Ange guidera vos pas vers le chemin de la réussite.

Vous pouvez prier l'Ange Pahaliah pour qu'elle vous éloigne et vous protège des langues perfides. L'Ange Pahaliah est l'Ange de la vérité. Pahaliah n'aime pas voir l'humain raconter des mensonges. Elle n'aime pas non plus les langues perfides. Cet Ange sait que les paroles méchantes détruisent l'humain et entraînent des guerres inutiles. Comme tous les Anges, Pahaliah vous dit ceci : « *Réfléchissez avant de parler. Ainsi, vous éviterez de grands ennuis.* » Autrement dit, tournez votre langue sept fois avant de parler si vous ne voulez pas vous retrouver dans une bataille inutile de mots méchants. La Lumière de cet Ange vous permettra de mieux analyser vos paroles avant de les prononcer.

Cet Ange vous permettra d'être conscient de vos paroles et vous permettra d'être honnête envers vous-même. Si vous êtes honnête envers vous-même, vous le deviendrez automatiquement envers les autres. Telle est la mission de cet Ange envers vous. Si vous priez Pahaliah, cet Ange vous aidera à cesser de calomnier votre prochain puisqu'elle vous fera prendre conscience de tous les dangers que peuvent provoquer ces calomnies.

N'oubliez pas que la Lumière de Pahaliah vous redresse lorsque vous courbez sous l'effet d'une épreuve. Sa Lumière vous donnera la force et le courage de vous relever. Voilà l'importance de la prier lorsque vous êtes anéanti par une épreuve de la vie. Cet Ange a donc le pouvoir de changer et d'améliorer votre vie.

Note aux enfants de Pahaliah

À votre naissance, l'Ange Pahaliah vous a fait le don de sa Lumière de courage et de détermination qui vous permet de réaliser vos rêves, vos buts, etc. Cette force vous permet aussi de vous relever rapidement lorsque survient une période difficile dans la vie. Vous avez cette force de redresser vos épaules et de foncer vers l'avant. De plus, votre grande force est votre facilité d'élocution. Ainsi, faites en sorte de prononcer des paroles d'amour, douces et accueillantes, pour que ceux qui vous écoutent puissent mieux comprendre vos états d'âme.

Vous possédez aussi le privilège d'entrer en contact avec le monde des Anges. Si vous le désirez, suivez la Lumière de Pahaliah et celle-ci se fera un plaisir de vous ouvrir la porte de l'amour angélique, celle qui vous donne accès à son monde. Certains pourraient ainsi devenir de grands missionnaires et prêcher la parole de Dieu.

Un projet en tête?

Si vous avez un projet en tête, vous devriez l'écrire sur un bout de papier. À la fin de votre demande, inscrivez ceci : « *Ange Pahaliah, guidez mes pas vers ce projet.* » Ensuite, priez l'Ange Pahaliah pendant neuf jours consécutifs. Vous verrez que cet Ange vous conduira vers toutes les ressources utiles pour que votre projet ou votre idée puisse se concrétiser.

Réclamer l'aide de l'Ange Pahaliah

Rester fidèle à ses engagements

Pour rester fidèle à vos engagements, il vous suffit de prier l'Ange Pahaliah et de méditer sur elle. Sa Lumière vous donnera la force de ne pas succomber à la tentation.

Si vous vivez un dilemme et que vous ne savez plus quoi faire, écrivez le nom des deux personnes qui vous dérangent et demandez à Pahaliah de voir plus clair dans vos relations. Vous verrez que cet Ange enverra des situations dans votre vie pour que vous puissiez mieux voir le rôle de chacun. Toutefois, vous devez être attentif et ne pas chercher à voir seulement ce que vous voulez voir. Soyez honnête avec vous-même.

Bâtir un autel pour accueillir l'Ange Pahaliah

Napperon : tissu avec l'image d'étoiles ou de tournesols.

Couleurs : indigo, jaune comme le soleil et bleu.

Bougies : indigo, jaune comme le soleil et bleu.

Encens : storax et muscade.

Odeurs : cèdre, lavande, magnolia et lilas.

Psaume à réciter lors du rituel

« Seigneur, délivrez-moi des lèvres mensongères, de la langue perfide. »

Psaume 120, verset 2

21. NELCHAËL
(unicité, orientation, exorcisme)

« N'ayez pas peur d'être vous-même. Soyez unique, puisque c'est ce qui forme votre caractère, c'est ce qui vous donne votre personnalité. »

« Aimez-vous tel que vous êtes puisque vous êtes le résultat de ce que vous avez choisi. »

« Vous êtes seul et unique en votre genre. N'essayez pas d'être comme les autres. Essayez tout simplement d'être vous-même. En essayant d'être vous-même, vous faites un pas important vers la réussite de votre vie. Si vous essayez d'être comme les autres, vous vivrez dans l'insatisfaction. Vous perdrez rapidement votre identité et s'ensuivront des malheurs sur votre chemin. »

Ange idéal

Nelchaël est l'Ange idéal de tous ceux qui éprouvent de la difficulté à l'école ou dans l'apprentissage d'une matière. Si votre enfant déteste l'école et qu'il déteste étudier, priez Nelchaël. Cet Ange aidera votre enfant à mieux accepter l'école. Sa Lumière facilitera son apprentissage, ce qui développera chez votre enfant une meilleure confiance. Cette confiance le conditionnera à étudier ses matières sans se décourager. De plus, en étant plus confiant, cela l'incitera à réussir ses examens, ce qui, par la suite, l'aidera à aimer davantage l'école. La mission de Nelchaël est d'entourer votre enfant de personnes-ressources pour l'aider à développer ce goût des études et pour l'aider à rehausser sa confiance en lui. Telle est la mission de Nelchaël envers votre enfant.

Il est aussi l'Ange idéal des mathématiciens, des scientifiques, des géomètres, des géographes, des métaphysiciens et des astronomes. La mission de l'Ange Nelchaël est de vous aider dans votre recherche et dans l'évolution de ces matières. Si vous éprouvez de la difficulté à comprendre les mathématiques, les sciences, la philosophie et la métaphysique, priez l'Ange Nelchaël. Sa Lumière vous aidera à mieux déchiffrer et à mieux analyser ces disciplines. Cela ne veut cependant pas dire que vous deviendrez des maîtres en ces matières. Par contre, vous pourrez mieux vous familiariser avec les techniques du sujet enseigné.

Nelchaël est un Ange unique en son genre. Nul n'est comparable à Nelchaël. C'est la raison pour laquelle il viendra vers vous selon vos humeurs, vos attentes et, surtout, l'urgence de votre demande. Vous devez être patient lorsque vous priez cet Ange puisqu'il n'est pas garanti qu'il se manifeste dans l'immédiat. Voici une information importante. Si vous dites à Nelchaël que vous voulez le voir immédiatement, n'y comptez pas. Il ne viendra pas à vous. Toutefois, si vous lui dites de venir vous voir quand il aura une minute de libre, il y a de fortes chances qu'il arrive en quelques minutes.

Lorsque Nelchaël annoncera sa présence, vous serez envahi par un sentiment d'énergie et d'harmonie. Telle est sa vibration. Un signe qu'il adore faire à l'humain pour annoncer sa présence est de lui frotter ou de lui chatouiller le dos avec ses ailes, ce qui l'amènera à vouloir vous gratter à l'endroit où Nelchaël dépose ses ailes. Vous n'aurez pas le choix de comprendre qu'il est avec vous.

Différentes façons de manifester sa présence

L'Ange Nelchaël se décrit comme un caméléon puisqu'il peut prendre la forme qu'il veut au gré de son humeur et de la température environnante. C'est la raison pour laquelle il aime le caméléon. Toutefois, il trouve aussi le singe très mignon. N'oubliez pas que Nelchaël adore imiter l'humain.

Puisque Nelchaël aime bien imiter l'humain, il est évident qu'il choisira une odeur qui vous plaira. Toutefois, si vous faites la moue, il risque de choisir une odeur que vous n'aimez pas du tout. Ainsi, vous comprendrez que cet Ange vous dit de changer votre attitude. Riez. Cela vous fera du bien.

Si Nelchaël vous fait entendre le mot « **caméléon** », il vous annonce un changement favorable qui vous apportera du bonheur et de la joie.

Un autre mot que peut vous faire entendre l'Ange Nelchaël est « **décor** ». Si vous l'entendez, cet Ange vous demande de décorer votre vie. Votre vie est monotone et morose. Elle ne reflète pas vos rêves, vos désirs. Elle ne vous reflète pas. Nelchaël vous dit qu'il n'est pas trop tard. Voyez-y et apportez-y tout ce dont vous rêvez. Changez votre perception, changez votre attitude, mais faites du changement. Ainsi, votre santé mentale se portera mieux.

Un autre mot important pour Nelchaël est « **unique** ». Par ce mot, cet Ange vous dit d'être unique en votre genre. N'essayez pas d'être quelqu'un d'autre. Essayez tout simplement d'être vous et vous serez satisfait des résultats. D'ailleurs, Nelchaël vous montrera toutes vos bonnes qualités et le bien que vous apportez aux autres.

Autres représentations symboliques

Un des signes préférés de l'Ange Nelchaël est d'emprunter le corps d'**un humain qui viendra vers vous en essayant de vous imiter**. Si vous voyez quelqu'un qui imite vos gestes et vos paroles, ne vous fâchez pas. C'est Nelchaël qui s'amuse à vous taquiner. Faites-lui le plus beau des sourires.

Nelchaël se décrit comme un arc-en-ciel. Parfois, cet Ange est violet, d'autres fois, rouge, jaune, vert. Cet Ange aime les couleurs. Il est un Ange multicolore. C'est la raison pour laquelle il enverra sur votre chemin des **personnes vêtues de toutes sortes de couleurs**. Ce sera même hilarant de voir tant de couleurs. Nelchaël peut même emprunter le corps d'un humain qui viendra vers vous avec des bas multicolores. Si vous voyez une **personne portant une casquette, des bas et une tenue vestimentaire de toutes sortes de couleurs**, vous êtes en présence de l'Ange Nelchaël!

Si Nelchaël vous envoie **un arc-en-ciel**, il vous indique qu'il mettra de la couleur dans votre vie. Cet Ange vous enverra une belle surprise qui fera palpiter votre cœur de bonheur et de joie.

Puisque Nelchaël est unique en son genre, il aime bien **le chiffre 1**. C'est la raison pour laquelle ce chiffre sera très en évidence lorsque vous prierez cet Ange. Il peut vous faire trouver une pièce de monnaie par terre. Des 1, vous en verrez. Par ce chiffre, cet Ange vous demande aussi d'être vous-même et de ne pas changer. Restez tel que vous êtes. Tel est son message.

Si Nelchaël vous **montre des parapluies,** par ce signe, il vous indique qu'il vous protège et qu'il prend soin de votre demande. Si le **parapluie est ouvert,** c'est signe que Nelchaël est avec vous. Fermez les yeux et vous le ressentirez dans l'immédiat.

Spécialités de l'Ange Nelchaël

Une particularité importante de l'Ange Nelchaël est de vous aider lors d'un exorcisme. Sa Lumière vous permettra de rester indifférent aux manifestations que l'Ombre pourrait faire. Sa lumière agira comme une arme puissante devant l'Ombre, ce qui vous permettra de triompher sur les forces du mal. N'oubliez pas que la peur nourrit l'Ombre et la rend plus puissante. Voilà l'importance de prier l'Ange Nelchaël pour être bien protégé et pour affronter l'Ombre sans aucune pitié ni peur. Votre assurance chassera immédiatement l'Ombre.

Une autre particularité de l'Ange Nelchaël est de vous aider à mieux comprendre tout ce qui est abstrait. Il vous aidera à trouver une réponse logique à tout ce qui est abstrait. Il peut aussi prendre tout rêve et le porter à la réalité. Il vous suffit de le prier.

Autres raisons de prier l'Ange Nelchaël

Nelchaël est un Ange qui permet de vous regarder intérieurement pour que vous puissiez mieux connaître qui vous êtes. Sa mission est de vous accepter tel que vous êtes, avec vos défauts et vos forces. Il ne faut pas oublier que l'Ange Nelchaël est un « Dieu seul et unique ». Alors, sa mission est de dire aux humains : « *Vous êtes seul et unique en votre genre. N'essayez pas d'être les autres. Essayez tout simplement d'être vous-même.* »

Tous ceux qui ont des sentiments malsains, négatifs et vengeurs en eux devraient prier immédiatement l'Ange Nelchaël. Sa Lumière agira comme un nettoyant. Cette magnifique Lumière éliminera immédiatement tous vos sentiments négatifs. Vous vous laisserez moins emporter par les émotions et les événements, ce qui aidera votre mental. La Lumière de Nelchaël vous permettra d'être en meilleur contrôle de vos émotions. Ainsi, vous serez plus compréhensif et plus calme lors d'événements négatifs. Si vous priez Nelchaël, cet Ange vous donnera la force, le courage et la détermination de surmonter vos épreuves.

Vous pouvez aussi prier l'Ange Nelchaël pour qu'il vous donne la force d'accomplir les changements nécessaires pour retrouver une belle qualité de vie. Cet Ange guidera vos pas vers des situations où des personnes vous encourageront et vous appuieront dans vos décisions.

L'Ange Nelchaël protège les hommes de loi, les hauts fonctionnaires, les scientifiques, les physiciens, les astronomes et les boursiers. Enfin, il protège toutes les personnes qui ont des tâches importantes et qui œuvrent dans certains domaines. Sa mission est de les aider à ne pas perdre la raison sachant que ces disciplines peuvent parfois déranger mentalement l'être humain. Si vous travaillez dans un milieu où l'atmosphère et le travail vous stressent, il serait bon pour vous de prier l'Ange Nelchaël. Celui-ci vous aidera dans vos tâches. Sa Lumière vous donnera la force et le courage de bien exécuter vos tâches sans perdre la raison. Vous serez donc en contrôle et en force pour atteindre vos objectifs.

Si vous ne savez pas dans quelle discipline vous devez vous diriger, vous devriez prier l'Ange Nelchaël. Sa mission sera d'envoyer sur votre chemin une personne qui jouera le rôle d'un orienteur. Cette personne vous dirigera vers les meilleures disciplines. Elle vous aidera à faire un plan de carrière qui sera à la hauteur de vos attentes, intéressant et rentable. Ensuite, priez l'Ange Menadel pour qu'il vous ouvre la porte aux possibilités dans le domaine que vous choisirez.

Vous pouvez aussi prier Nelchaël pour vous venir en aide lors d'un examen ou d'un exposé oral. Sa Lumière aidera votre concentration, ce qui vous permettra de bien réussir votre épreuve.

L'Ange Nelchaël aide aussi les écrivains et les poètes à mieux écrire leurs pensées. Sa Lumière les inspire. Quand un écrivain, un poète ou un philosophe est inspiré par de belles idées, il est évident que son œuvre connaîtra du succès. Si vous voulez obtenir du succès avec vos écrits, il vous suffit de prier Nelchaël.

Puisque Nelchaël prend soin des élèves, il prend aussi soin des professeurs et des pédagogues. Prier cet Ange permettra aux professeurs ou aux pédagogues d'être à la hauteur de l'enseignement de leur matière. Nelchaël leur infusera la force et la détermination de bien enseigner, de bien discipliner et de bien contrôler leur classe, et ce, dans la Lumière et l'harmonie.

Nelchaël possède plusieurs qualités de sa consœur Damabiah. Nelchaël peut aussi vous protéger des calomnies, des pièges et des sortilèges. Il vous suffit de le prier.

Note aux enfants de Nelchaël

À votre naissance, l'Ange Nelchaël vous a fait le don de son éblouissante Lumière qui vous permet de chasser l'Ombre instantanément. Il vous suffit d'utiliser ce don! Il serait bon également que vous preniez le temps d'écouter cette petite voix intérieure qui vous parle constamment et que vous écoutez rarement. Cette petite voix est celle de Nelchaël qui vous prévient continuellement des dangers, mais vous ne semblez pas y porter attention. Si vous commencez à vous y attarder, vous verrez que votre vie n'est pas si compliquée. C'est simplement vous qui l'embrouillez parfois.

Vous possédez en vous plusieurs talents. Si vous en prenez conscience, vous serez fier de qui vous êtes et de tout le bien que vous pouvez apporter aux autres.

Réclamer l'aide de l'Ange Nelchaël

Réussir un examen ou un exposé oral

Pour réussir un examen ou un exposé oral, il vous suffit de prier Nelchaël. Faites purifier un objet que vous porterez sur vous lors de l'épreuve. Cet objet agira à titre de talisman. Vous pouvez aussi méditer sur lui avant de faire votre examen. La méditation vous procurera une belle énergie. Ceci vous aidera sur le plan de la concentration.

Se libérer des sentiments négatifs

La mission de Nelchaël est de vous aider à prendre conscience du tort que peuvent causer deux sentiments négatifs en vous. Il peut s'agir de la jalousie, de la possessivité, de l'avarice, etc. Prenez une minute d'intériorisation et inscrivez ci-dessous deux sentiments négatifs dont vous aimeriez que l'Ange Nelchaël vous libère.

1. _____ 2. _____

Se protéger des calomnies, des pièges et des sortilèges

À ce sujet, consultez les parties sur les Anges Cahetel et Damabiah.

Bâtir un autel pour accueillir l'Ange Nelchaël

Napperon : tissu avec l'image de caméléons, de singes, d'arcs-en-ciel et de parapluies

Couleurs : multicolores de l'arc-en-ciel.

Bougies : blanches, multicolores ou grises.

Encens : storax et oliban.

Odeurs : pin, sapin, genévrier

Psaume à réciter lors du rituel;

*« Moi, cependant, j'ai confiance en vous, Seigneur.
Je dis : "Vous êtes mon Dieu." »*

Psaume 31, verset 15

22. YEIAYEL
(secours, spiritualité, sagesse)

« On récolte ce que l'on sème. Alors, semez l'amour! »
« Soyez honnête envers vous-même et les autres le seront envers vous. »
*« On reçoit ce que l'on reflète. Alors, ne reflétez que le meilleur
de vous-même! »*

Ange idéal

Yeiayel est l'Ange idéal des marins et de toutes les personnes qui travaillent sur un bateau. L'Ange Yeiayel les protège lors d'expéditions maritimes contre les tempêtes et les naufrages.

Il est aussi l'Ange idéal de tous les ambassadeurs de pays. Il les aide à bien accomplir leurs tâches pour le bien de leur nation. Si vous priez Yeiayel, cet Ange insufflera sa Lumière de protection qui protégera les ambassadeurs lorsqu'ils voyageront d'un pays à l'autre puisque leur travail comporte des risques, surtout lorsqu'un pays est en guerre. Voilà l'importance de le prier.

L'Ange Yeiayel est « La droite de Dieu ». Lorsqu'il manifestera sa présence, vous ressentirez une chaleur sur votre côté droit : à la main, à la joue, à l'oreille ou à la jambe. Sa vibration se fera ressentir à votre droite. Vous remarquerez aussi, lorsque vous prierez l'Ange Yeiayel, que les gens autour de vous auront tendance à vous adresser la parole à votre droite. Inconsciemment, vous-même serez porté à tourner votre tête à droite. Ne paniquez pas. C'est l'effet de la vibration de l'Ange Yeiayel.

Cet Ange possède une grande sagesse. Il est très difficile à cerner puisqu'il est très près de Dieu. Cet Ange a un grand rôle à jouer dans la société et auprès de l'humain. C'est la raison à laquelle vous aurez de la difficulté à le ressentir. Vous devez être très spirituel et avoir de l'expérience avec l'énergie des Anges pour pouvoir ressentir la vibration de Yeiayel. Toutefois, lorsque vous le ressentirez, vous serez envahi par un sentiment de tendresse, de quiétude et d'extase. Telle est la force de sa Lumière.

Cet Ange ne vient pas instantanément vers l'humain. Il doit vérifier l'urgence de sa demande. Si votre demande est importante et urgente, il viendra immédiatement. Si votre demande est moyennement importante, il viendra vers vous lorsque le temps sera propice.

Cet Ange est très dévoué à ces enfants puisque ceux-ci ont besoin de sa Lumière pour pouvoir continuer leur chemin. Il ne faut pas oublier que ses enfants font partie du Chœur des Trônes, le Chœur le plus difficile à franchir. Toutefois, si vous êtes patient, un jour il vous sera permis de voir cet Ange. Lorsqu'il viendra près de vous, vous verrez des reflets illuminer votre pièce. Vous verrez des étincelles d'or. Telle est son image.

Différentes façons de manifester sa présence

Yeiayel aime tous les animaux de la Terre. Toutefois, il aime beaucoup le lion pour sa beauté et sa puissance. D'ailleurs, ces forces ressemblent à l'énergie de l'Ange Yeiayel.

Yeiayel aime les odeurs de la saison estivale. Les odeurs florales sont toutes des senteurs que l'Ange Yeiayel adore. Il y a de fortes chances que, lorsqu'il viendra vers vous, vous ressentiez l'odeur de l'été.

Si l'Ange Yeiayel vous fait entendre le mot « **équilibre** », il vous indique qu'il vous aidera à retrouver votre équilibre. Attendez-vous à vivre des changements bénéfiques qui vous aideront à atteindre cet équilibre.

Un mot important pour Yeiayel est « **succès** ». Par ce terme, cet Ange vous dit qu'il vous apportera tout le succès mérité. Vous récolterez ce que vous sèmerez. Attendez-vous à recevoir de belles récompenses.

Si Yeiayel vous envoie le mot « **cadeau** », attendez-vous à recevoir un cadeau provenant des Sphères spirituelles. Vous pouvez d'ailleurs le choisir. Dans les neuf jours de votre prière, si vous entendez ou voyez ce mot, demandez immédiatement à l'Ange Yeiayel ce qui vous fera le plus plaisir. Vous avez droit à trois possibilités. Yeiayel en choisira une.

Autres représentations symboliques

L'Ange Yeiayel possède une belle couronne en or. Pour manifester sa présence, il vous en montrera une. Toutefois, si Yeiayel vous **montre une peinture ou une œuvre comportant une couronne en or**, il vous indique qu'il apportera de la stabilité dans votre vie. Attendez-vous à vivre une belle réussite, d'obtenir un gain, de recevoir un honneur, etc. Ce signe sera très symbolique et très important parce que l'Ange Yeiayel vous remet un cadeau providentiel qui vous donnera des ailes.

Si l'Ange Yeiayel vous **montre une échelle**, par ce signe, il vous dit qu'un événement favorable s'en vient vers vous. Attendez-vous à recevoir une augmentation de salaire ou à obtenir un gain à la loterie. De toute façon, ce que vous recevrez vous sera très favorable.

Si vous voyez des **icônes**, l'Ange Yeiayel vous annonce que la Sphère spirituelle exaucera votre prière.

Spécialités de l'Ange Yeiayel

Le surnom de Yeiayel est « Secours de Dieu » puisqu'il vous protège de toutes les « tempêtes », au sens propre et figuré, qui peuvent surgir dans votre vie. L'aide de cet Ange est très importante et instantanée. Yeiayel n'aime pas voir l'humain en danger ou malheureux. Lorsque celui-ci lui envoie un S.O.S., Yeiayel accourt immédiatement à son chevet, en lui lançant sa bouée de sauvetage, sa Lumière de secours pour mieux secourir l'humain qui réclame son aide.

Il serait important avant de voyager de vous entourer de la Lumière de l'Ange Yeiayel pour vous protéger. Vous pouvez aussi entourer l'avion, la voiture, le bateau, le train, de sa divine Lumière protectrice. Ainsi, cet Ange verra au bon fonctionnement de ces véhicules. Yeiayel et Seheiah sont deux magnifiques Anges qui protègent tous les moyens de transport, sur terre, sur mer ou dans les airs.

Une grande particularité de l'Ange Yeiayel est de vous faire évaluer le mal par rapport au bien. Il est celui qui va vous faire comprendre les proportions que cela peut engendrer lorsqu'une situation négative fait des ravages. Il vous fera aussi comprendre tous les bienfaits qu'une situation positive peut apporter à quelqu'un. Cet Ange vous fera évaluer les dommages qu'une situation négative aura comme impact et, ensuite, il vous fera évaluer les bénéfices qu'une situation positive aura aussi comme impact. Quand vous êtes conscient du mal que vous faites à autrui, vous êtes conscient des dommages et des torts que cela peut causer, autant à vous qu'aux autres. Il en est de même avec les situations positives. Cet Ange veut vous faire prendre conscience de vos actes et de vos décisions. Sa mission est de changer tout le mal en bien et il veut que vous en preniez conscience pour que vous puissiez vous-même le faire. Autrement dit, tout ce qui est mal, vous devez le changer en positif. Envoyez de la lumière à tout ce mal pour qu'il se transforme rapidement en bien.

Autres raisons de prier l'Ange Yeiayel

Si une personne dans l'Ombre cherche à vous nuire, entourez-vous de la Lumière de l'Ange Yeiayel. Cela vous protégera de cette personne. Entourez aussi cette personne de la Lumière de l'Ange Yeiayel. Cet Ange chassera l'Ombre en elle, ce qui aura un effet bénéfique sur vous et sur elle.

De plus, la Lumière de ce magnifique Ange éloigne les gens hypocrites et les vampires d'énergie. Si vous priez Yeiayel, cet Ange éloignera toutes les personnes hypocrites et les vampires d'énergie qui vous empêchent d'avancer et qui vous causent toutes sortes de tempêtes intérieures.

Toutes les personnes qui subissent les atrocités d'un patron ou d'un chef devraient prier l'Ange Yeiayel. Cet Ange leur donnera la force et le courage de s'éloigner de cette situation. Il en est de même avec toute situation où vos droits ne sont pas respectés. Cet Ange est excellent pour faire respecter vos droits. L'Ange Yeiayel vous guidera vers tous ceux qui vous conseilleront et vous aideront dans la situation que vous vivez.

Tous ceux qui veulent vivre de beaux voyages devraient prier l'Ange Yeiayel. Cet Ange vous guidera et vous protégera lors de vos aventures de pays en pays. Si vous avez le goût du risque et de parfaire vos connaissances quant à l'étranger, priez Yeiayel. Cet Ange vous guidera vers des personnes-ressources qui vous dirigeront vers les meilleurs endroits afin de faire vos découvertes et de mieux les écrire par la suite.

L'Ange Yeiayel peut aussi aider toutes les personnes désireuses de changer de pays et qui font une demande de citoyenneté. Cet Ange peut faire avancer le processus pour remplir la paperasse et obtenir les signatures.

Tous ceux qui font un documentaire sur un sujet qui comporte des risques lors des déplacements devraient prier l'Ange Yeiayel. Premièrement, cet Ange vous guidera vers les meilleures ressources pour mieux exposer votre documentaire. Vous vivrez également de belles expériences enrichissantes, ce qui facilitera beaucoup par la suite le partage de toutes vos connaissances.

Yeiayel est aussi l'Ange idéal des artistes qui cherchent à connaître la célébrité grâce à leur talent. Tous les artistes qui doivent passer une audition pour mieux faire connaître leur talent devraient prier Yeiayel. Cet Ange s'organisera pour que vous puissiez bien exposer au grand jour votre talent pour que, ensuite, vous profitiez des récoltes reliées à ce talent. L'Ange Yeiayel peut vous amener vers le chemin de la célébrité si votre talent est à l'image de sa Lumière.

Vous pouvez prier l'Ange Yeiayel si vous souhaitez connaître la célébrité grâce à vos talents. La Lumière de l'Ange Yeiayel apporte la célébrité et la renommée par vos aptitudes. Cet Ange vous permettra de faire fructifier votre talent. Si vous priez cet Ange, vous connaîtrez peut-être la richesse et la renommée. Toutefois, Yeiayel n'est pas un Ange qui donne de l'argent. Il peut faire fructifier un talent, mais il ne peut pas attirer la chance pour la loterie ou les jeux de hasard.

Par contre, si une personne désire faire un voyage et qu'elle ne peut se le permettre financièrement, elle devrait prier l'Ange Yeiayel. Celui-ci la guidera vers les meilleures ressources pour faire ce voyage. Il peut même faire fructifier une de ses actions pour lui permettre de voyager. Alors, tous ceux qui désirent partir en vacances et qui ne peuvent le faire en raison du manque d'argent devraient prier l'Ange Yeiayel. La Lumière de cet Ange les guidera vers le chemin le plus fructueux pour pouvoir leur permettre de réaliser leur rêve.

De plus, l'Ange Yeiayel peut aussi vous aider à réussir l'un de vos projets. Cet Ange vous guidera vers des situations bénéfiques pour que vous puissiez bien atteindre votre objectif.

Tous les athées qui cherchent à s'habituer au monde spirituel devraient prier Yeiayel. Cet Ange vous aidera à mieux comprendre l'énergie des Anges et à mieux les apprivoiser. Ainsi, il vous sera plus facile de travailler avec eux. Yeiayel ne vous poussera pas. Cet Ange vous aidera en douceur. Sa Lumière vous permettra de mieux analyser vos besoins et vos demandes pour ensuite mieux les formuler. Lorsque vous obtiendrez de bons résultats, vous comprendrez rapidement l'efficacité de cette éblouissante Lumière.

Vous pouvez aussi prier l'Ange Yeiayel pour retrouver l'harmonie avec vos proches. Cet Ange aime voir l'humain heureux et bien entouré.

Vous pouvez aussi prier Yeiayel pour qu'il vous aide dans vos choix, vos décisions. Sa Lumière influera sur vos décisions et vos choix, ce qui vous permettra de mieux les analyser. De plus, vous serez plus conscient de l'impact qu'auront ces décisions et ces choix dans votre vie.

Note aux enfants de Yeiayel

À votre naissance, l'Ange Yeiayel vous a fait le don de sa Lumière qui vous permet de capter la vibration des gens autour de vous. Lorsque votre voix intérieure vous avertit d'un danger, écoutez-la. Ne pensez pas que c'est le fruit de votre imagination. Vous possédez une forte intuition qui vous permet de mieux ressentir l'énergie des gens. Lorsque vous échangez un mot avec un étranger et que vous n'aimez pas son énergie, écoutez-vous et éloignez-vous de cette personne puisqu'il y a de fortes chances qu'elle n'ait rien de bon à vous apporter.

Vous êtes un être possédant la clé du paradis. Si vous vibrez en Lumière, lors de votre prochaine incarnation, vous pourriez devenir un Ange terrestre.

De plus, soyez conscient que vos paroles ont un impact important sur votre entourage. N'ayez que de bonnes paroles et vous sauverez l'humanité à votre manière.

Réclamer l'aide de l'Ange Yeiayel

Dans quelle situation avez-vous besoin de l'Ange Yeiayel?

Si, en ce moment, vous avez un problème et que vous aimeriez vous en libérer le plus rapidement possible, inscrivez-le. La mission de l'Ange Yeiayel est de vous apporter sa Lumière de secours pour que vous puissiez retrouver le chemin de l'harmonie et de la paix intérieure. Notez les dates particulières de l'Ange Yeiayel puisqu'il pourrait alors vous envoyer la solution. Prenez une minute d'intériorisation et inscrivez votre situation.

_____

_____

_____

_____

_____

Se protéger lors d'un voyage

Pour vous protéger lors d'un voyage, il vous suffit de réciter la prière de protection pour le voyage. Faites aussi purifier un objet que vous porterez sur vous. Cet objet agira comme un talisman. Il vous protégera.

Recevoir de l'aide financière pour faire un voyage

Si vous souhaitez recevoir une aide financière pour faire un voyage, il vous suffit de prier l'Ange Yeiayel et de lui demander de vous aider. Indiquez l'endroit que vous aimeriez visiter. Il serait aussi important que vous lui mentionniez la somme que vous aimeriez recevoir. La mission de l'Ange Yeiayel est de faire fructifier l'une de vos actions pour que vous puissiez faire votre voyage. Il peut s'agir d'une vente de garage, d'une augmentation de salaire, etc.

S'éloigner des personnes négatives et des vampires d'énergie

Pour vous éloigner des personnes négatives et des vampires d'énergie, demandez à l'Ange Yeiayel de purifier un objet pour vous. Dites-lui la raison pour laquelle vous voulez faire le purifier. Ensuite, portez-le sur vous.

L'énergie qui se dégagera de cet objet fera fuir les personnes négatives et les vampires d'énergie.

Vous pouvez toujours demander à Yeiayel d'éloigner ces personnes de votre champ d'énergie, surtout si vous les connaissez. Si vous le désirez, nommez d'une à cinq personnes négatives desquelles vous aimeriez vous éloigner. La Lumière de l'Ange Yeiayel vous aidera à mieux les chasser et à mieux vous en éloigner.

1. _____

2. _____

3. _____

4. _____

5. _____

Bâtir un autel pour accueillir l'Ange Yeiayel

Napperon : tissu avec l'image d'un lion.

Couleurs : or, argent, bleu roi et indigo.

Bougies : blanches, or ou grises.

Encens : storax et sental.

Odeurs : pin, sapin et génévrier.

Psaume à réciter lors du rituel

« C'est l'Éternel qui vous garde, l'Éternel qui est à votre droite, comme votre Ombre tutélaire. »

Psaume 121, verset 5

23. MELAHEL
(santé, délivrance, nature)

« Respirez en harmonie avec l'amour. Respirez en harmonie avec les Anges. Respirez en harmonie avec la Terre. Vous respirerez donc la Lumière! »

« Respirez la nature et vos poumons s'oxygéneront à travers celle-ci. »

Ange idéal

Melahel est l'Ange idéal des phytothérapeutes. Cet Ange leur permet de découvrir tous les remèdes et les bienfaits que peut apporter chaque plante pour le bien-être de la santé de tout être vivant. Si vous priez l'Ange Melahel, celui-ci vous aidera dans vos recherches. Sa Lumière vous permettra de mieux entrer en contact avec le monde des plantes. Ainsi, vous serez en mesure de mieux les analyser pour ensuite mieux comprendre leur processus, leur historique, ce qui favorisera le monde de la science, de la végétation, de la médecine traditionnelle et douce. Vos recherches aideront énormément ces domaines. Cet Ange peut même vous aider à créer de bons médicaments grâce au monde des plantes.

Il est aussi l'Ange idéal de tous les fleuristes, paysagistes, herboristes et naturopathes. Il leur suffit de prier l'Ange Melahel et il les aidera à trouver le meilleur remède pour guérir les plantes, les jardins et les fleurs. Évidemment, il aidera le naturopathe à prescrire le médicament adéquat à son client pour que celui-ci retrouve rapidement le chemin de la santé.

Melahel peut aussi aider le chercheur ou le commerçant à bien rentabiliser leur commerce grâce à tous les produits reliés aux plantes, en autant que ceux-ci travaillent pour le bon fonctionnement de tout être vivant.

Melahel est un Ange important pour tous ceux qui sont frappés par un mal quelconque. Cet Ange plane au-dessus de l'humain pour lui enlever ses tracas. C'est la raison pour laquelle, lorsque vous prierez cet Ange, vous aurez la sensation qu'une mouche est au-dessus de votre tête. Instinctivement, vous allez vous frotter la tête. Certains peuvent même avoir de légers picotements à la tête. Ne vous affolez pas. C'est la sensation que procure l'Ange Melahel lorsqu'il plane au-dessus de votre tête. Il en est de même si vous ressentez une brise légère vous entourer.

Lorsque vous priez l'Ange Melahel, il peut prendre jusqu'à neuf jours avant de manifester sa présence. Toutefois, si vous le priez pour qu'il vous délivre d'un mal quelconque, il arrivera plus rapidement pour vous en libérer.

Différentes façons pour manifester sa présence

Melahel aime beaucoup la colombe. Il dit que sa propre physionomie ressemble beaucoup à celle-ci lorsqu'elle prend son envol. Lorsque vous prierez cet Ange, il y a de fortes chances que Melahel vous montre plusieurs colombes.

Melahel aime toutes les odeurs des plantes. Toutes les plantes ont leur odeur particulière et c'est ce qui emballe l'Ange Melahel. Il prend plaisir à sentir chacune d'elles, même si certaines ne sentent pas toujours bon! Cet Ange les analyse et parfois il fait des découvertes extraordinaires à leur sujet. Chaque découverte que l'Ange Melahel fait par rapport aux plantes, il se fait un plaisir de l'indiquer à l'humain qui le prie pour parfaire ses connaissances au sujet des bienfaits des plantes.

Un des mots importants de l'Ange Melahel est « **respiration** ». Par ce mot, cet Ange vous permettra de mieux respirer. Il vous enlèvera un poids de vos épaules qui vous étouffe et qui vous empêche d'être heureux. De plus, ce terme sera aussi très important pour tous ceux qui ont des problèmes pulmonaires. Ce mot vous annonce que Melahel vous insufflera sa Lumière qui soulagera vos douleurs.

Si Melahel vous fait entendre le mot « **puissance** », il vous indique qu'il vous permettra de retrouver vos forces. Cet Ange réveillera toutes vos qualités et il vous permettra de les exposer au grand jour. Melahel déplore que l'humain n'utilise pas toujours ses talents ou ses dons à leur pleine capacité. Si cet Ange vous fait entendre ce mot, c'est qu'il veut que vous preniez conscience de cette puissance qui gît en vous.

Si vous entendez le mot « **végétarien** », l'Ange Melahel vous indique de prendre soin de votre santé physique. Analysez profondément votre nourriture. Si vous entendez ce mot, il y a de fortes chances que vous ne vous nourrissiez pas bien. L'Ange Melahel aimerait que vous pensiez à changer vos habitudes alimentaires. Cela ne veut pas dire de devenir végétarien. Ce que Melahel vous indique, c'est de mettre un peu plus de verdure dans vos aliments. Mangez de la salade et des légumes verts. Tel est son message. En agissant ainsi, votre santé s'améliorera.

Autres représentations symboliques

Si Melahel vous **montre un feu de foyer**, par ce signe, cet Ange vous indique qu'il apportera à votre foyer sa Lumière de paix et de quiétude. Melahel vous enlèvera l'un de vos problèmes pour que la paix puisse revenir sous votre toit.

Si quelqu'un vous **remet une plante verte en cadeau**, l'Ange Melahel vous indique qu'il vous envoie des informations qui vous seront utiles sur le plan de la santé. Si une personne vous parle d'un produit naturel, essayez-le. Tel est le message de l'Ange Melahel puisque ce produit vous fera un très grand bien sur le plan physique. Toutefois, vous devez, avant d'essayer ce produit, avoir reçu une plante verte.

Si une **personne vous remet un bout de papier**, l'Ange Melahel vous dit d'y inscrire tous vos maux. Cet Ange se fera le devoir de tous les régler dans l'année qui suivra. Toutefois, il doit en régler un à la fois. Quand le premier sera réglé, il travaillera sur le second, et ainsi de suite. Cet Ange sera avec vous pendant un an afin de faire le grand ménage dans votre vie et de vous libérer rapidement de tout ce qui entrave votre vie humaine.

Comme tous les Anges qui aiment taquiner, l'Ange Melahel aime bien quand l'humain affiche un large sourire sur ses lèvres. Lorsque vous le prierez, pour vous annoncer sa présence, il s'organisera pour que les membres de votre entourage se grattent la tête. Certains peuvent même vous demander s'ils n'ont pas quelque chose de pris dans leur cheveux. Ainsi, vous n'aurez pas le choix de comprendre que c'est l'Ange Melahel qui agit de la sorte.

Ne laissez pas traîner vos petits bouts de papier avec vos notes puisque cet Ange a l'habitude de les ramasser pour délivrer l'humain de ses maux. Si vous priez l'Ange Melahel, cachez vos papiers dans vos tiroirs. Si vous les laissez à la vue de tous, il va penser que vous y avez inscrit un problème et il va se dépêcher à lire ce qui est inscrit sur ce bout de papier. Voilà l'importance de cacher vos bouts de papiers lorsque vous lui réclamez de l'aide. Ainsi, vous ne perdrez pas d'informations importantes!

Si l'Ange Melahel vous **montre un casse-tête**, il vous indique que, en ce moment, votre façon de vivre est un vrai casse-tête. Mettez un peu d'ordre et votre vie s'en portera mieux. De toute façon, Melahel vous montrera la situation qui cause ce casse-tête. Cet Ange vous montrera aussi comment vous en libérer. Il n'en tiendra qu'à vous de le faire.

Spécialités de l'Ange Melahel

Melahel a une mission très importante sur le plan de la santé. Cet Ange prend soin de tous ceux qui souffrent d'allergies sévères, d'asthme, de problèmes pulmonaires, respiratoires et dorsaux. La Lumière de cet Ange vous calmera et vous guidera vers le meilleur remède ou la meilleure médecine pour vous soulager et vous guérir. La mission de Melahel est de vous apporter une meilleure qualité de vie malgré la faiblesse du corps physique.

Les personnes qui sont allergiques à toutes sortes de produits devraient prier Melahel. Ainsi, cet Ange vous préviendra quand vous ou votre enfant serez en contact avec des produits dangereux. Si vous priez cet Ange, il vous en éloignera. De plus, si vous êtes victime d'une allergie sévère, l'Ange Melahel vous enverra une aide immédiate. Si vous souffrez d'une allergie grave, il serait d'autant plus important de le prier et de retenir son nom.

L'Ange Melahel est aussi très bon pour aider tous ceux qui ont des maux de dos. Cet Ange vous soulagera et vous rétablira. N'oubliez pas que sa mission sera de vous guider vers le meilleur remède, le meilleur médecin, le meilleur massothérapeute ou le meilleur chiropraticien pour que l'un d'eux prenne soin de votre mal de dos et vous en guérisse.

Autres raisons de prier l'Ange Melahel

Melahel est un Ange qui délivre l'humain de ses maux. La mission de cet Ange est de délivrer l'humain de tous les maux qui entraînent des problèmes de santé. Veuillez noter que les maux ne sont pas nécessairement physiques. Ils peuvent aussi être émotionnels ou être causés par une tierce personne. Voici un exemple. Si, en ce moment, vous vivez une période difficile avec l'un de vos enfants et que cela vous donne des tensions, de l'insomnie, alors l'Ange Melahel peut vous aider à trouver la meilleure solution pour vous aider à vous libérer de ce problème. Voici un autre exemple. Si vous vivez de la dualité avec votre partenaire, un membre de votre entourage, un collègue de travail et que cela vous dérange physiquement et émotionnellement, Melahel peut vous délivrer de ces maux pour que vous puissiez par la suite retrouver une meilleure qualité de vie. Melahel vous guidera vers le meilleur chemin pour que vous puissiez vous libérer de tous vos tracas. La Lumière de cet Ange vous guidera donc vers la meilleure solution pour que vous puissiez rapidement retrouver la paix, la sérénité, votre chemin et votre bonheur.

Lorsque vous avez de la douleur, priez l'Ange Melahel. Son aide est très importante et réconfortante. Cet Ange viendra aider immédiatement l'humain dans le besoin. Cet Ange n'aime pas voir son enfant prisonnier de maux de toutes sortes. Melahel est conscient du tort que cela peut apporter à l'humain quand celui-ci vit des problèmes de toutes sortes et qu'il est très soucieux. L'humain devient moins productif, ce qui par la suite peut entraîner une dépression majeure. Comme les Trônes aiment voir leur enfant en santé, la Lumière de l'Ange Melahel vous permettra de vous délivrer de vos soucis et de vos problèmes. Cet Ange vous guidera vers la meilleure solution pour que vous puissiez retrouver rapidement la quiétude et la paix dans votre vie.

Vous pouvez prier Melahel pour qu'il redonne vie à une plante, à un arbre défraîchi. Melahel possède en lui la même force que l'Ange Manakel en ce qui a trait aux plantes. Ces deux Anges collaborent lorsqu'il s'agit de prendre soin de vos plantes et de vos jardins. Priez-les et vous aurez de beaux jardins remplis de fleurs. Melahel peut aussi ramener à la vie une plante, un arbre ou une terre défraîchie. Il suffit de le prier pendant neuf jours consécutifs en lui demandant de redonner la vie à cette plante, à cet arbre ou à cette terre. La mission de cet Ange sera de vous guider vers les meilleurs remèdes ou les meilleures techniques pour ramener vos plantes. Vous devriez également prier en même temps l'Ange Manakel puisqu'il donne un second souffle de vie à une plante, à un arbre ou à une terre défraîchie. En travaillant ensemble, ces deux magnifiques Anges feront un miracle sur vos plantes, vos arbres et vos terres. Si leur Lumière ne peut guérir vos plantes, ces magnifiques Anges vous feront comprendre la raison pour laquelle ils ne peuvent les guérir. Généralement, quand vous priez ces deux Anges pour le bien de vos plantes, leur aide est instantanée. Si, au bout d'un mois, votre plante est toujours défraîchie, c'est le signe que la Lumière de ces deux Anges ne peut la guérir.

Vous pouvez aussi prier Melahel pour la fertilité de la terre et pour obtenir une bonne semence. Cet Ange vous guidera vers les meilleures techniques pour que votre terre soit fertile et productive. Vos fruits, vos légumes ou tous les autres végétaux que vous ferez pousser seront à la hauteur de votre labeur.

Cet Ange peut aussi aider tous ceux qui sont au régime à bien s'alimenter de produits naturels à base de plante. Il peut même vous donner le goût de manger de la salade et des légumes verts pour le bien de votre santé. Tous ceux qui n'aiment pas la salade ou les légumes devraient prier cet Ange. Melahel vous aidera à vous habituer à ces aliments salutaires pour votre régime et pour votre santé.

Vous pouvez aussi prier l'Ange Melahel pour qu'il développe en vous votre savoir sur les bienfaits des plantes. Si vous voulez en faire des produits médicinaux, Melahel vous aidera. Il guidera vos pas vers les personnes-ressources qui pourront vous aider à mettre sur pied votre projet.

Sa lumière aidera tous les naturopathes, phytothérapeutes, paysagistes, fleuristes et herboristes. La Lumière de l'Ange Melahel vous aidera à mieux comprendre les bienfaits des plantes vertes. De plus, sa Lumière vous permettra de bien les utiliser dans votre quotidien pour le bien de votre santé ou celui de la santé de votre client.

Si vous priez Melahel, il vous aidera à bâtir vos projets sur des bases solides pour que, à la première tempête, vous soyez en force pour la traverser. Avec la Lumière de cet Ange, rien ne viendra entraver votre chemin. Cet Ange vous donnera tous les outils nécessaires pour avancer vers le chemin de la réussite. Pour cela, vous devez cependant le prier et avoir confiance en son énergie.

Melahel a comme mission d'aider l'humain à retrouver la sérénité, la quiétude et la paix dans son cœur. La mission de cet Ange est de vous permettre de retrouver un bel équilibre à tous les points de vue. Ainsi en équilibre avec votre vie, vous devenez plus productif, serein et en harmonie. Vous ne vous laissez pas abattre par qui que ce soit ou quoi que ce soit. Vous êtes en mesure de bien affronter vos épreuves avec force et courage. De plus, lorsqu'une épreuve survient, il est beaucoup plus facile pour vous de voir les meilleures solutions pour vous aider à vous en sortir le plus rapidement possible. Quand l'humain est en contrôle de sa vie, il est en harmonie avec elle. Et le bonheur se lit sur son visage.

Si vous aimez la chasse, vous pouvez prier Melahel afin qu'il vous protège lors de vos activités. L'Ange Melahel prend aussi soin des chasseurs, des guerriers et des policiers. Au fait, il prend soin de tous ceux qui doivent utiliser une arme à feu ou qui sont en possession d'une arme à feu. La Lumière de cet Ange les protège des dangers que peuvent causer une arme à feu. L'Ange Melahel aide les détenteurs d'armes à bien utiliser celles-ci en fonction de leur travail et non pour le plaisir de détruire une vie.

Melahel est aussi l'Ange à prier pour que les guerres cessent puisqu'il est l'Ange de la paix et de la sérénité. Il fera tout pour que la paix et la sérénité se propagent partout où vous priez. L'Ange Melahel n'aime pas voir les humains se détruire entre eux. Son plus cher désir est de voir l'humain heureux et en harmonie. Si vous le priez, cet Ange, enverra sa Lumière de paix et de sérénité dans le cœur des gens pour que ceux-ci comprennent qu'il est inutile de se battre. Il les aidera à trouver de meilleures solutions pour régler leurs différends. Cet Ange travaille en collaboration avec les Anges Elemiah et Mahasiah.

Note aux enfants de Melahel

À votre naissance, l'Ange Melahel vous a fait le don de sa Lumière qui vous permettra de prendre de bonnes décisions lorsque surviendra une période difficile. Melahel vous aidera à bien analyser vos besoins pour qu'ensuite vous preniez de bonnes décisions. Avec cet Ange, vos décisions seront prises avec sagesse et sérénité.

Melahel vous a aussi fait le don de sa Lumière qui soulage les maux. Si vous le désirez, vous serez en mesure de soulager les problèmes physiques tels que les maux de dos, de tête, etc. Il vous suffit de demander à l'Ange Melahel de développer ce talent en vous.

Lorsque vous serez épuisé, c'est dans la nature que vous reprendrez vos énergies. De plus, portez du vert. Cette couleur est bénéfique pour votre moral et votre physique.

Réclamer l'aide de l'Ange Melahel

Se délivrer d'un mal, d'un problème, de l'asthme

La Lumière de Melahel est miraculeuse. Si le Chœur des Trônes décide de guérir vos problèmes respiratoires, pulmonaires et physiques, cela se fera pendant les douze semaines suivant votre prière. Vous ressentirez un mieux-être. Cependant, le Chœur des Trônes peut vous faire prendre conscience que sa Lumière est en train de vous guérir. Ne soyez pas surpris d'avoir de temps en temps de petites douleurs (par exemple, une légère brûlure) à vos poumons, à vos voies respiratoires. Ceci est le signe que le Chœur des Trônes est en train de vous faire un miracle. Voilà l'importance de recevoir la Lumière de l'Ange Melahel et de le prier. Il serait aussi bon pour vous de méditer sur lui.

Se protéger ou protéger son enfant des produits allergènes

Afin de vous protéger, ou de protéger votre enfant, de produits allergènes, priez l'Ange Melahel et faites purifier un objet que vous porterez sur vous, par exemple une bague, un collier, etc. Cet objet que vous ferez purifier agira comme un talisman et il vous préviendra lorsque vous serez en contact avec des aliments dangereux pour vous.

Se libérer de maux

Avez-vous des maux, des problèmes ou des ennuis qui, en ce moment, pèsent lourd sur vos épaules? Si oui, nommez d'un à cinq maux dont vous aimeriez que l'Ange Melahel vous soulage, vous guérisse ou vous libère. Telle sera sa mission envers vous pour les douze prochaines semaines. Prenez une bonne minute d'intériorisation et inscrivez ci-dessous vos cinq maux.

1. _____
2. _____
3. _____
4. _____
5. _____

Purifier l'huile essentielle

Demandez aux Anges Melahel, Hahasiah et Manakel de purifier cette huile par leur essence divine. Il faut attendre quatre jours avant de l'utiliser, car chaque Ange y mettra son essence divine. L'Ange Melahel le fera pendant les premières 24 heures. Ce sera le tour de l'Ange Hahasiah qui infusera son essence divine pendant les 24 heures suivantes et Manakel infusera son énergie pendant les 24 heures restantes. Le quatrième jour, votre huile essentielle sera prête à être utilisée.

Bâtir un autel pour accueillir l'Ange Melahel

Napperon : tissu avec l'image de plantes.

Couleurs : or, rouge feu et indigo.

Bougies : blanches, or ou grises.

Encens : storax et santal.

Odeurs : toutes les odeurs qui calment l'esprit et revigorent le corps.

Psaume à réciter lors du rituel

« *Que le Seigneur protège vos allées et venues désormais et durant l'Éternité.* »

Psaume 121, verset 8

24. HAHEUIAH
(source de vie, vérité, efficacité)

« *Pourquoi critiquer? Si quelque chose vous dérange, agissez et régler le problème à la source. Vous vous sentirez libéré par la suite et votre moral s'en portera mieux!* »

« *Ne jugez pas votre prochain si vous ne voulez pas être jugé en retour.* »

« *Aimez-vous les uns les autres. Aidez-vous les uns les autres. Commencez par vous aimer et vous aider, ensuite, il sera beaucoup plus facile d'aimer et d'aider votre prochain.* »

Ange idéal

Haheuiah est l'Ange idéal de tous ceux qui veulent arrêter de manger toutes sortes de friandises, de fumer, de boire, etc. Haheuiah est l'Ange de l'abstinence. Elle vous permet de vous abstenir et d'être en contrôle de vos faiblesses. Elle peut aussi aider tous ceux qui font des jeûnes pour perdre du poids. Elle leur permettra d'être en contrôle de leur jeûne. Tous ceux qui veulent perdre du poids de façon radicale devraient prier Haheuiah.

Haheuiah est aussi l'Ange extraordinaire de tous les introvertis qui ont de la difficulté à exprimer leurs émotions. Cet Ange les aidera à bien formuler leurs émotions pour mieux s'en libérer.

Haheuiah est un Ange d'une grande douceur. Il est difficile d'exprimer en termes humains la façon de ressentir cet Ange. Tous les gestes que fait Haheuiah se font en douceur, comme si quelqu'un prenait une plume d'oiseau et qu'il vous effleurait doucement la joue ou le dessus de la main. Telle sera la sensation que provoquera l'Ange Haheuiah pour manifester sa présence auprès de vous. Vous ressentirez des petits chatouillements à la joue et à la main.

Haheuiah est un Ange qui prend du temps avant de venir vers l'humain. Il faut être très patient lorsque vous lui réclamez de l'aide. Ne soyez pas surpris si cela prend plus de neuf jours avant que Haheuiah manifeste sa présence. Toutefois, lorsqu'elle viendra vers vous, elle remplira tout votre être de sa douce Lumière. Cette Lumière vous calmera et vous apaisera.

Différentes façons de manifester sa présence

Haheuiah aime le cygne. Elle le trouve très majestueux et très calme lorsqu'il se promène sur le lac. Parfois, Haheuiah les accompagne en savourant la beauté du paysage. Cet Ange dit que l'humain devrait aussi prendre le temps de regarder la beauté autour de lui. Cela pourrait être bénéfique pour son âme et sa santé mentale. Haheuiah trouve très mignons les petits poussins jaunes et les lapins blancs. Ce sont des animaux qu'elle aime regarder et nourrir. Pour mieux annoncer sa présence, l'Ange Haheuiah se fera un plaisir de vous montrer un de ces animaux en image ou en réalité.

Haheuiah raffole du chocolat, surtout de l'odeur du gâteau au chocolat qui cuit. Il y a de fortes chances qu'elle vous envoie cette odeur ou qu'elle développe en vous le goût de manger du chocolat.

Si l'Ange Haheuiah vous fait entendre le mot « **exprimer** », elle vous dit d'exprimer vos besoins, vos émotions. Libérez-vous de ce qui est en vous. Si vous gardez vos émotions, il arrivera un jour ou vous exploserez. Haheuiah veut vous éviter cela à tout prix. Exprimer une émotion ne veut pas nécessaire dire de parler. Vous pouvez exprimer une émotion par un geste, une parole, un sourire, etc. L'Ange Haheuiah vous donnera l'occasion d'exprimer une émotion de façon calme et directe. En exprimant cette émotion, vous vous sentirez beaucoup plus léger par la suite.

Un autre mot important pour Haheuiah est « **caresse** ». Par ce terme, cet Ange vous indique de prendre soin de vous. Vous avez besoin d'une caresse, de tendresse. Vous avez besoin que l'on prenne soin de vous. Dans le mois qui suivra votre demande, l'Ange Haheuiah se fera un devoir d'envoyer vers vous des personnes qui vous apporteront de l'aide pour que vous puissiez bien atteindre vos buts, vos projets, etc. Tel est le message que cet Ange vous envoie. Elle vous dit qu'elle prend soin de vous. Répondez donc aux caresses que les gens vous feront. Cela vous fera un bien énorme.

Si l'Ange Haheuiah vous fait entendre le mot « **respect** », elle vous indique de vous respecter. Respectez la limite de vos capacités, de votre corps, de votre entourage, etc. Lorsque l'humain intègre le respect dans sa vie, sa personnalité le reflètera et les gens qui le côtoieront le respecteront. Si vous entendez ce mot, il y a sûrement une situation dans votre vie que vous devriez regarder de plus près. Il y a un manque de respect de votre part ou de la part d'autrui. Haheuiah vous fera prendre conscience de cette situation.

Autres représentations symboliques

Si Haheuiah vous **montre un poussin jaune**, elle vous indique qu'elle vous aidera à mettre sur pied l'un de vos projets.

Un autre signe que Haheuiah peut vous montrer est un **bébé dans un berceau entouré de dentelle ou d'une couverture jaune**. L'Ange Haheuiah vous indique ainsi qu'elle prendra soin de vous, qu'elle vous apportera ce dont votre cœur a besoin pour s'épanouir et être heureux. Attendez-vous, dans les jours qui suivront, à vivre des événements qui chargeront positivement votre vie. Cela peut concerner aussi des décisions à prendre qui seront à la hauteur de vos attentes. Si la couverture du bébé est en dentelle, attendez-vous à vivre des changements sur le plan affectif, familial ou de la maison. Si la couverture est jaune, attendez-vous à vivre des changements sur le plan financier, professionnel ou des activités.

Si Haheuiah vous montre **une mère en train d'allaiter son bébé**, par ce signe, cet Ange vous dit qu'il est temps de vous gâter, de prendre soin de vous. Vous avez besoin de réconfort, de tendresse et de caresse. L'Ange Haheuiah vous indique ainsi qu'elle vous enverra un événement qui vous réconfortera. Elle choisira une situation qui a besoin d'une aide angélique. Elle sera cette aide angélique. Attendez-vous à vivre un événement heureux qui réconfortera votre cœur et votre être.

Comme tous les Anges, Haheuiah adore venir rencontrer l'humain. C'est la raison pour laquelle elle empruntera le corps d'un humain et elle viendra vers vous pour vous faire une caresse. Si quelqu'un vous réclame une caresse, rendez-la-lui. Le sentiment intense que vous procurera cette caresse vous fera un bien énorme. De plus, prenez le temps de remarquer la peau de cette personne. Elle sera douce et soyeuse.

Haheuiah peut aussi envoyer sur votre chemin **un escargot, une tortue, une coccinelle** ou toutes les bestioles avec une carapace. Par ce signe, cet Ange vous indique qu'il est important de vous protéger et de mettre votre pied par terre puisque vous manquez d'autorité et que vous laissez les gens envahir vos espaces et cela a un impact sur votre santé mentale et physique. C'est la raison pour laquelle vous êtes souvent en manque d'énergie et fatigué. Haheuiah vous fera prendre conscience des situations qui vous épuisent. Lorsque vous serez conscient, il vous sera beaucoup plus facile de vous affirmer ou d'accepter votre fatigue puisque vous serez conscient de l'origine de votre épuisement. Il n'en tiendra qu'à vous de régler le problème. Si vous ne le faites pas, alors vous serez le seul à blâmer. Toutefois, l'Ange Haheuiah aimerait que vous preniez quelques minutes pour méditer sur elle. Lors de la méditation, elle en profitera pour vous bâtir une carapace. Cet Ange vous aidera à prendre votre vie en main et à vous affirmer sans brusquer votre entourage. Elle vous aidera à prendre la place qui vous revient.

Spécialités de l'Ange Haheuiah

Haheuiah est un Ange qui vous écoute sans vous juger. Une mission très importante de cet Ange est d'aider tous les criminels qui se repentent sincèrement des actes qu'ils ont commis et qui cherchent à reprendre leur place dans la société. Cet Ange peut même libérer un criminel d'une sentence formulée par la cour, en autant que celui-ci regrette amèrement son geste et qu'il tourne son cœur vers Dieu. Si un criminel se confesse à Haheuiah, celle-ci peut l'aider à se rebâtir une vie convenable et à bien la réussir. Dieu a donné à cet Ange la mission d'aider chaque criminel qui regrette ses gestes et qui prend le temps de se confesser et de tourner son cœur vers Lui et vers Haheuiah. L'Ange Haheuiah aidera ce criminel à se faire respecter malgré les erreurs qu'il a commises par le passé. Cet Ange l'aidera à réparer le mal qu'il a fait et elle lui fera prendre conscience que le bien doit être propagé sur Terre. Le criminel peut par la suite devenir un grand éveilleur de conscience, car il a connu l'Ombre. Il est donc conscient de tout le mal que l'Ombre lui a causé puisqu'elle a détruit sa vie.

L'Ange Haheuiah aidera tous ceux qui ont besoin de conserver un secret. Il vous donnera la force et le courage de ne pas le divulguer. Cet Ange peut aussi vous aider à mieux divulguer un secret si celui-ci pèse lourd sur vos épaules et que cela vous tient prisonnier et vous empêche d'avancer. Si vous êtes au courant d'un secret et que vous voulez le divulguer pour faire du tort aux autres, alors l'Ange Haheuiah ne vous aidera pas. Au contraire, cet Ange vous fera comprendre que ce secret devrait être gardé précieusement en vous. Haheuiah vous aidera à tourner la page et à oublier ce que l'on vous a révélé. Mais si vous êtes témoin d'un secret et que cela pèse sur vos épaules, et qu'il est préférable qu'il soit divulgué, à ce moment-là, l'Ange Haheuiah vous donnera le courage de le divulguer.

L'Ange Haheuiah n'aime pas voir les humains se déchirer entre eux à cause de paroles ou de gestes non pensés. L'Ange Haheuiah dit : « *Savez-vous pourquoi il y autant de haine sur Terre? Parce que l'humain ne sait pas se contrôler. Quand il perd le contrôle et qu'il est animé par un sentiment de vengeance, rien ne peut l'arrêter. Certains, sous l'effet de l'agressivité, peuvent même en venir à tuer leur prochain. Et ensuite, ils auront du chagrin.* » Voilà la raison pour laquelle Dieu a donné comme mission à l'Ange Haheuiah de calmer l'humain lors de tempêtes. Si vous devez vivre une confrontation avec une personne négative et que vous avez peur de perdre le contrôle, demandez immédiatement l'aide de Haheuiah. Celle-ci vous aidera et calmera vos émotions. L'Ange Haheuiah vous permettra de bien exprimer la douleur en vous sans toutefois la crier et perdre la raison.

Vous devez donc prier l'Ange Haheuiah pour qu'elle vous aide à bien formuler votre pensée pour que les gens comprennent mieux votre point de vue. Elle est aussi un Ange à prier lorsque vous avez de la misère à dévoiler vos sentiments. Cet Ange vous aidera donc à parler en temps opportun et elle vous aidera à vous taire au bon moment. Autrement dit, cet Ange vous aidera à mieux équilibrer vos paroles, vos silences et vos gestes. Ainsi, cela évitera des problèmes de toutes sortes. Haheuiah vous aidera à prendre conscience de vos paroles, à bien les analyser et à vous les faire prononcer adéquatement.

La Lumière de cet Ange est une source de vie et de santé. L'Ange Haheuiah n'aime pas voir l'humain malade. Elle fera tout pour aider l'humain à prendre soin de lui-même. Si vous priez cet Ange, il vous fera prendre conscience de l'importance d'avoir une excellente santé et de ne point la négliger. Cet Ange vous fera ressentir les parties de votre corps que vous devriez surveiller. L'Ange Haheuiah vous apprendra à être plus vigilant et à mieux écouter et à comprendre davantage les alarmes de votre corps physique, mental et émotionnel.

La Lumière de l'Ange Haheuiah vous redonnera un regain d'énergie pour entreprendre tous vos projets. Vous serez en pleine forme mentale et physique. Cet Ange aime voir son enfant en pleine santé. C'est la raison pour laquelle elle fera tout pour que vous puissiez retrouver une santé équilibrée. Elle aidera aussi tous ceux qui ont des problèmes d'embonpoint et qui nuisent à leur santé physique.

L'Ange Haheuiah travaillera en équipe avec l'Ange Hariel pour vous aider à retrouver un poids santé qui vous permettra d'être en meilleure forme. L'Ange Haheuiah vous **fera prendre conscience** que votre surplus de poids nuit à votre santé physique, mentale et émotionnelle. Sa mission sera de vous donner la force et le courage de suivre votre régime. Et, pour sa part, l'Ange Hariel vous éloignera de tous les aliments qui nuisent à la perte de poids.

Si vous intégrez la Lumière de l'Ange Haheuiah, cette Lumière aura un bienfait sur tous ceux qui font des crises d'angoisse. **Sa lumière atténuera vos crises d'anxiété** et les éliminera peut-être. Lorsque vous aurez intégré la Lumière de l'Ange Aladiah, vos crises d'angoisse ne viendront plus vous hanter, car la Lumière de ces deux magnifiques Anges les chassera définitivement, en autant que vous respectiez votre corps physique.

Toutefois, la mission première de Haheuiah est de prendre soin de tous les cardiaques et de tous ceux qui ont des problèmes reliés au cerveau. Elle ne peut pas vous guérir, mais elle vous aidera à mieux capter vos problèmes avant que ceux-ci s'aggravent. Cet Ange redonnera un regain d'énergie à tous ceux qui ont été victimes ou qui sont encore victimes d'une grave maladie. Cet Ange vous donnera la force, le courage et la détermination de bien vous en sortir.

Haheuiah aime les chiffres, alors elle aidera tous ceux qui doivent travailler avec eux à mieux comprendre les mathématiques, les symboles, les équations, etc. Elle peut même les aider à mieux comprendre l'astrologie et à se familiariser avec les planètes et tout ce qui concerne les astres. Elle travaille en collaboration avec l'Ange Umabel pour les aider à travailler dans le domaine de l'astrologie.

Elle est aussi l'Ange idéal de tous les étudiants qui éprouvent de la difficulté avec les mathématiques. L'Ange Haheuiah peut vous aider à aimer davantage les mathématiques afin de mieux les comprendre, ce qui vous aidera par la suite à mieux réussir vos examens.

Il est important de noter que la Lumière de l'Ange Haheuiah protège tous les immigrés, les prisonniers, les fugitifs, les démunis et les condamnés. Sa Lumière possède une influence bénéfique sur ces êtres. Si vous priez Haheuiah, elle pourra vous aider à régler vos problèmes instantanément.

De plus, l'aide de Haheuiah est très importante et efficace. Elle peut vous aider à mieux vous réconcilier avec vos ennemis. Il vous suffit de la prier. Cela ne veut pas dire que vous deviendrez de grands amis. Cependant, il vous sera permis de régler vos différends sans qu'il y ait des batailles et des blessures physiques ou morales. Cet Ange s'organisera pour que tous ceux qui seront concernés puissent être heureux de la tournure des événements. Haheuiah vous éloignera l'un de l'autre, ce qui vous permettra de mieux poursuivre vos routes, de mieux fermer le livre. Haheuiah vous libérera donc de vos sentiments de vengeance. Sa Lumière ressemble énormément à celle de l'Ange Haaiah. Ensemble, ces deux Anges font de bons traités de paix.

Grâce à Haheuiah, vous pouvez réussir tout ce que vous entreprenez. Il vous suffit d'avoir foi en votre puissance.

Note aux enfants de Haheuiah

À votre naissance, l'Ange Haheuiah vous a fait le don de sa Lumière de créativité. Cet Ange vous permet de réussir tout ce que vous entreprenez puisque vous possédez tous les outils pour le faire. Il vous suffit d'avoir confiance en votre potentiel.

Si vous priez Haheuiah, tout vous sera acquis. De plus, l'Ange Haheuiah vous a doté de sa Lumière d'intuition. Écoutez cette voix intérieure qui vous parle constamment. Ce n'est pas le fruit de votre imagination. C'est Haheuiah qui vous envoie des messages. Si vous parvenez à capter ces messages, vous éviterez des ennuis. De plus, cette voix vous conduira vers des chemins glorieux, vers la réussite. Si vous le désirez, vous aurez le monde à vos pieds. Il vous suffit de bien utiliser cette petite voix intérieure qui vous parle.

Réclamer l'aide de l'Ange Haheuiah

Se libérer d'un secret

Pour vous libérer d'un secret, écrivez-le et lisez-le à l'Ange Haheuiah. Ensuite, demandez-lui de vous en libérer. Vous pouvez aussi lui raconter votre secret avant de vous coucher. Lorsque Haheuiah vous libère d'un secret, celui-ci ne viendra plus hanter votre vie.

Faire un traité de paix

À ce sujet, consultez la partie sur l'Ange Haaiah.

Recevoir de l'aide en ce qui concerne la santé, la discrétion

Pour recevoir de l'aide en ce qui concerne votre santé, la discrétion, vous devriez réciter à Haheuiah une prière et lui faire purifier un objet que vous porterez sur vous. Cet Ange apportera son aide par rapport au sujet pour lequel vous la priez. ·

Bâtir un autel pour accueillir l'Ange Haheuiah

Napperon : tissu avec l'image de cygnes, de poussins jaunes et de lapins.

Couleurs : indigo, blanc et jaune.

Bougies : blanches, jaunes ou grises.

Encens : myrrhe et storax.

Odeurs : café, tabac, gâteaux.

Psaume à réciter lors du rituel

« *Voici les yeux du Seigneur qui sont ouverts sur ses adorateurs, sur ceux qui ont foi en sa bonté.* »

Psaume 33, verset 18

CHAPITRE X

Les Dominations

Dans le Chœur des Dominations, tous les Anges peuvent prendre le corps d'un être humain tout comme celui d'un animal. Cela leur est permis. Ce Chœur travaille en étroite collaboration avec l'âme et la spiritualité de l'humain. Vous devez donc être très spirituel pour obtenir de l'aide immédiate de ces magnifiques Anges.

Le Chœur des Dominations est très puissant et très lumineux. Les Anges qui le composent analysent chacune de vos demandes et votre degré de spiritualité. Cela ne veut pas dire qu'ils ne vous aideront pas. D'abord, ils travailleront votre foi. Et si vous prouvez que votre foi est inébranlable, ils viendront rapidement vous faire signe. Avant de leur réclamer de l'aide, habituez-vous à l'univers des Anges. Priez les autres Chœurs et lorsque vous vous serez familiarisez avec leur énergie, priez les Dominations.

25. NITH-HAIAH
(spiritualité, sagesse, compréhension)

« Arrêtez de mettre la faute sur autrui. N'oubliez pas que vous vivez en fonction de vos actes et de vos émotions. Soyez-en tout simplement conscient! »

« L'espoir nourrit, construit et guérit. Nourrissez-vous d'espoir et vous verrez jaillir la Lumière. »

Ange idéal

Nith-Haiah est l'Ange idéal de tous ceux qui veulent travailler avec l'énergie angélique. La Lumière de cet Ange vous permettra de mieux comprendre le monde spirituel. De plus, elle vous enverra des êtres remplis d'amour pour que vous puissiez transmettre vos messages à votre prochain. Nith-Haiah fera de vous un grand messager d'amour et de paix universelle.

Elle est aussi l'Ange idéal de tous ceux qui sont envahis par des sentiments négatifs et qui aimeraient s'en libérer. Nith-Haiah vous permet de mieux maîtriser votre agressivité et votre impatience. Sa Lumière illuminera les émotions négatives, ce qui aura comme effet de les éloigner de vous.

L'Ange Nith-Haiah est d'une grande beauté. Cet Ange aime les couleurs qui rayonnent. C'est la raison pour laquelle lorsqu'elle annoncera sa présence, certains pourront voir des étincelles de couleurs envahir la pièce. Telle est sa vibration. Nith-Haiah est une source de sagesse. Lorsqu'elle annoncera sa présence, vous serez envahi par un sentiment de sérénité. Vous serez joyeux, heureux. Inconsciemment, cela vous amènera à chanter et à fredonner une chanson. D'ailleurs, ce sera Nith-Haiah qui vous fredonnera une chanson, ce qui vous portera à la fredonner vous-même. Ne soyez pas surpris de vous voir faire des petits pas de danse. Si cela vous arrive, ne vous inquiétez pas. Vous ne perdez pas la tête. Au contraire, vous dansez avec Nith-Haiah. Cet Ange avait envie de danser avec vous et elle vous a infusé son désir. C'est pourquoi, vous le faites si gaiement.

L'Ange Nith-Haiah peut prendre jusqu'à cinq jours avant de manifester sa présence. Il vous faudra donc être patient. Toutefois, lorsqu'elle arrivera, vous la ressentirez immédiatement. Le sentiment qu'elle vous infusera fera palpiter votre cœur de joie.

Différentes façons de manifester sa présence

Nith-Haiah adore les papillons aux couleurs vives et le paon. Elle trouve que ces deux bêtes lui ressemblent. N'oubliez pas que lorsque l'Ange Nith-Haiah ouvre ses ailes des couleurs vives séparées par un filament or en émanent.

Nith-Haiah aime les odeurs citronnées. Elle aime aussi la senteur du lotus, de la rose et des gâteaux au gingembre et au citron. Lorsqu'elle annoncera sa présence, il y a de fortes chances qu'elle développe en vous le goût de manger un gâteau au citron ou au gingembre.

Un mot important pour Nith-Haiah est « **conscient** ». Par ce terme, cet Ange vous dit qu'elle vous aidera à prendre conscience des événements de votre vie. Lorsque vous êtes conscient de ce qui se passe dans la vie, vous êtes en mesure de prendre les moyens nécessaires pour faire tous les changements qui s'imposent pour retrouver l'équilibre et la joie de vivre.

Si Nith-Haiah vous fait entendre le mot « **musique** », cet Ange vous invite à relaxer, à méditer. Prenez du temps pour vous puisque votre mental en a besoin. De plus, cet Ange vous dit qu'elle infusera sa Lumière d'harmonie sous votre toit, ce qui apportera des moments joyeux et agréables.

Un autre mot important pour Nith-Haiah est « espoir ». Ainsi, cet Ange vous dit de ne pas perdre espoir en vos rêves ni en vous puisque l'espoir nourrit l'humain. Continuez d'avancer et vous verrez naître très bientôt l'un de vos projets. Un meilleur jour se lève pour vous.

Autres représentations symboliques

Puisque Nith-Haiah fredonne et chante tout le temps, elle se fera un plaisir de vous montrer des gens en train de fredonner, de chanter et même de faire des petits pas de danse. Ce sera amusant de voir tous ces gens en action. Grâce à ce signe, vous comprendrez rapidement que Nith-Haiah est à vos côtés. Si Nith-Haiah vous montre **un couple en train de danser**, par ce signe, elle vous indique qu'elle apportera de l'harmonie dans votre vie amoureuse.

Nith-Haiah adore le chiffre 5. Lorsqu'elle viendra vers vous, vous le verrez partout. Elle peut même vous faire trouver 5 pièces de monnaie ou un billet de 5 $. Toutefois, si l'Ange Nith-Haiah vous montre **un édifice à cinq étages**, cela sera symbolique. Elle vous indique alors qu'il serait sage pour vous de prendre de bonnes décisions. D'ailleurs, par ce signe, Nith-Haiah vous annonce que vous prendrez cinq décisions majeures au cours de l'année. Nith-Haiah vous aidera dans le choix de vos décisions. Elle guidera vos pas vers ce qui serait le mieux pour vous. Ne vous inquiétez pas puisque ces décisions amélioreront votre vie.

Puisque Nith-Haiah adore les papillons, il est évident pour mieux annoncer sa présence auprès de vous, qu'elle vous en montrera avec de belles couleurs. Ne soyez pas surpris d'en voir au moins cinq en neuf jours.

Si vous voyez une personne qui porte des vêtements de couleurs vives telles que le vert lime, le rose pétillant, le jaune citron ou de l'or, ne la jugez pas. Faites-lui un beau sourire puisque ce sera l'Ange Nith-Haiah qui empruntera le corps de cet humain pour vous faire sourire.

Si l'Ange Nith-Haiah vous **montre une « chaise berçante »**, elle vous dit qu'il est temps pour vous de relaxer et de prendre soin de vous. Il serait sage d'écouter son conseil. Si cet Ange vous montre ce symbole, il y a de fortes chances qu'elle vous sente très fatigué. Elle aimerait que vous vous reposiez.

Si vous voyez **quelqu'un qui écoute de la musique**, par ce signe, l'Ange Nith-Haiah vous indique de prendre du temps pour vous. Prenez le temps de méditer, de vous amuser, de chanter, de danser. Vivez votre vie. Vous êtes trop préoccupé par des situations qui enveniment votre santé et votre vie. Si vous prenez le temps de vivre, il vous sera plus facile de trouver vos solutions puisque votre esprit sera libéré de ces tracas. Voilà l'importance de profiter du bon temps lorsque cet Ange se présente à vous.

Spécialités de l'Ange Nith-Haiah

La mission de cet Ange est d'aider l'humain lorsque survient un événement tragique dans sa vie. Quand tout semble s'écrouler autour de vous, que vous ne savez plus où donner de la tête, priez Nith-Haiah. Elle vous donnera le courage et la force nécessaire de passer à travers votre épreuve. Nith-Haiah vous infusera sa Lumière qui aura un impact positif sur votre moral. Cette Lumière vous aidera à relever votre défi et à régler un problème le plus rapidement possible pour que vous puissiez retrouver l'harmonie dans votre vie. Nith-Haiah aime voir l'humain heureux et épanoui. Elle fera tout pour que vous puissiez le devenir. C'est la raison pour laquelle lorsque vous la priez son aide est précieuse et sa Lumière est magique sur le moral.

Autres raisons de prier l'Ange Nith-Haiah

L'Ange Nith-Haiah favorise la méditation et la relaxation. Cet Ange aime la paix et le silence. Nith-Haiah permet à l'humain de bien s'intérioriser et d'entrer en contact avec son intérieur. Elle lui permet d'aller profondément en lui-même pour mieux voir tous les outils, talents et dons qu'il possède. Lorsque vous prendrez le temps de méditer ou de relaxer avec Nith-Haiah, ce sera magique puisque cet Ange en profitera pour vous faire un massage angélique. Sa Lumière calme et réconforte. Si vous avez des douleurs physiques, si vous souffrez de la fibromyalgie, il serait bon de méditer sur elle puisqu'elle vous fera ce massage angélique qui vous donnera un élan d'énergie par la suite. Cet Ange chassera la fatigue et vos douleurs.

Lorsque vous méditez sur cet Ange, faites-le dans le silence. Vous pouvez, si vous le désirez, écouter une musique de détente, mais le son doit être faible puisque pour aller profondément en vous, vous ne devez pas être dérangé par un bruit, même pas par la musique. Nith-Haiah fera acte de sa présence en se manifestant en douceur, surtout si vous lui en faites la demande. Vous ressentirez de légères brises vous entourer. De plus, cet Ange a le pouvoir de vous conduire dans le Jardin des Âmes. Si vous désirez entrer en communication avec l'un de vos défunts et que vous êtes apte mentalement, émotionnellement et physiquement à le faire, elle vous mettra en communication avec celui-ci. Cet Ange peut même vous présenter vos guides spirituels. Tout se fera dans la sagesse, l'amour et la Lumière.

Vous pouvez aussi prier l'Ange Nith-Haiah pour qu'elle développe en vous la sagesse, la sérénité, l'optimisme, la compréhension et la paix du cœur. Vous pouvez aussi lui demander de favoriser votre évolution spirituelle pour que vous puissiez entrer facilement en contact avec vos guides spirituels et vos défunts.

Priez Nith-Haiah et elle vous donnera la force de lutter contre la maladie. Elle vous donnera le moral et la force de vous en sortir. Sa Lumière vous donnera l'élan pour remonter rapidement la pente et pour ne pas vous laisser influencer par des sentiments d'Ombre et de défaite. Priez l'Ange Nith-Haiah et sa Lumière vous protégera contre les accidents et les incidents de toute sorte.

Vous pouvez prier l'Ange Nith-Haiah pour qu'elle vous trouve la meilleure solution à un problème. Cet Ange travaille en collaboration avec l'Ange Yerathel. Ils ont le pouvoir de trouver les réponses à toutes les questions que vous vous posez.

Vous pouvez aussi prier Nith-Haiah pour réparer vos fautes. Sa Lumière vous aidera à mieux analyser vos paroles et vos gestes avant de les dire ou de les faire.

Vous pouvez aussi prier l'Ange Nith-Haiah si vous pensez être possédé par une âme malveillante. Nith-Haiah travaille avec l'Ange Yerathel pour que leur Lumière puisse vous libérer en cas de possession. Vous pouvez également lui demander de libérer votre enfant ou un proche qui joue avec la magie de toute sorte. La mission de l'Ange Nith-Haiah est de lutter contre les charmes et les envoûtements. Sa mission est de conscientiser quelqu'un par rapport à ce genre de personnes. Elle lui fait comprendre le danger de jouer avec la magie de toute sorte.

Note aux enfants de Nith-Haiah

À votre naissance, l'Ange Nith-Haiah vous a fait le don de sa Lumière de percevoir et de ressentir les événements avant que cela se produise. Vous avez le don de la clairvoyance.

Vous possédez aussi le privilège d'entrer dans le royaume de Dieu pour aller parler à vos guides spirituels et aux personnes décédées. Il vous suffit de vibrer dans la Lumière et ce privilège vous sera accordé.

Lorsque vous êtes fatigué, c'est dans le calme et le silence que vous rehausserez vos énergies. Prenez parfois du temps seul et cela fera un bien énorme à votre moral. De plus, c'est dans le calme que vous trouverez toujours les solutions à vos problèmes et que vous prendrez vos meilleures décisions.

Réclamer l'aide de l'Ange Nith-Haiah

Entrer en contact avec un défunt ou un guide spirituel

En méditant sur l'Ange Nith-Haiah, vous pourrez entrer en contact avec un défunt un ou guide spirituel. Vous devez également être apte psychologiquement à avoir ce privilège. Vous pouvez en douceur vous habituer à la Lumière des Anges et ceux-ci vous conduiront vers leur univers. Vous pouvez toujours méditer avant de vous coucher. Vos défunts emprunteront la voie de vos rêves pour venir vous rencontrer.

Libérer son enfant ou un proche qui fait de la magie

Pour libérer votre enfant ou un proche qui fait de la magie, il vous suffit de prier Nith-Haiah. Vous pouvez aussi mettre un objet purifié dans la chambre de votre enfant ou de votre proche, si celui-ci utilise sa chambre pour faire sa magie. Notez toutefois qu'il y a de la magie qui se fait sans danger et sans répercussions puisque l'humain possède en lui le privilège d'entrer en contact avec le monde supérieur du Jardin des Âmes. Cela est bon pour l'humain.

Toutefois, c'est la magie avec l'intention de nuire qui est dangereuse. Cette magie vous envoûte. Rapidement, vous êtes sous l'emprise de l'Ombre. Cela peut nuire à votre âme et à votre corps physique. Lorsque l'Ombre vous a acquis, elle ne veut plus vous laissez partir. Combien de personnes se sont tuées après avoir fait ce genre de magie?

Si vous priez Nith-Haiah, cet Ange infusera sa Lumière à la personne concernée ou dans la pièce ou la magie se fait. La Lumière chasse l'Ombre, à moins que votre enfant ou votre proche soit sous son emprise et que celui-ci ne veuille rien savoir de la Lumière. Alors, l'Ange Nith-Haiah ne peut rien faire de plus que d'attendre que votre enfant ou votre proche réclame l'aide de la Lumière.

Toutefois, si votre enfant ou votre proche possède encore un peu de Lumière, l'Ange Nith-Haiah lui fera prendre conscience du danger que peut provoquer sa magie, si elle n'est pas faite avec une bonne intention. Si votre enfant ou votre proche est sous la gouverne de l'Ombre, vous le saurez assez rapidement. Premièrement, si vous mettez un objet purifié dans sa chambre, il aura de la difficulté à y dormir. Il cherchera à fuir la Lumière. Si celui-ci dort bien, la Lumière est en train de faire son travail et vous verrez en de peu de temps que votre enfant ou votre proche abandonnera sa magie. Il n'aura aucun intérêt à continuer. Si votre enfant ou votre proche est sous la gouverne de l'Ombre, continuez de prier. Un jour, cette personne cherchera peut-être à retrouver sa Lumière.

Bâtir un autel pour accueillir l'Ange Nith-Haiah

Napperon : tissu avec l'image de papillons ou de paons.

Couleurs : rose pétillant, vert lime et jaune citron.

Bougies : blanches, or, jaunes ou bleues

Encens : benjoin, oliban et myrrhe.

Odeurs : lotus, gingembre et citron.

Psaume à réciter lors du rituel;

*« Je rends grâce à l'Éternel de tout mon cœur,
je veux proclamer vos merveilles. »*

Psaume 9, verset 2

26. HAAIAH
(traité de paix, loi, révélation)

« Aimez et priez librement. »
« Ne jugez pas autrui si vous ne voulez pas être jugé en retour. »

Ange idéal

Haaiah est l'Ange idéal de tous ceux qui veulent œuvrer pour la paix dans le monde. Elle travaille de concert avec tous ceux qui cherchent à faire cesser les guerres. Elle travaille aussi avec tous ceux qui sont à la défense des plus démunis et des plus faibles de la société. Cet Ange vous guidera vers les meilleures solutions pour que vous régliez rapidement le problème. De plus, elle vous donnera le don de la parole pour que vous puissiez bien défendre votre point de vue et celui des plus démunis pour que la justice qui leur revient leur soit accordée.

Haaiah est aussi l'Ange idéal de tous ceux qui doivent passer en cour. Elle s'organisera pour que la vérité se fasse entendre et que la justice soit clémente. Elle peut même vous aider à gagner votre cause si, évidemment, vous êtes innocent.

Haiah est un Ange d'une grande puissance. Son énergie est difficile à capter, à moins que vous ne soyez très spirituel. Cet Ange peut être inaccessible à ceux qui ne vibrent pas à un haut niveau de spiritualité. Avant de lui réclamer de l'aide, vous devriez vous familiariser avec les autres Anges. Cela ne veut pas dire qu'elle ne veut pas vous aider. Au contraire, Haiah adore les humains. Toutefois, sa vibration est tellement sublime qu'il faut être très spirituel pour la ressentir. De plus, Haaiah prend son temps avant de venir vers l'humain puisqu'elle réfléchit à l'aide qu'elle lui apportera pour qu'il puisse par la suite retrouver l'harmonie dans sa vie. Vous devez être très patient lorsque vous réclamez l'aide de cet Ange. Toutefois, sa Lumière est extraordinaire. Cet Ange peut vous aider à faire des traités de paix qui vous libéreront de problèmes de toutes sortes.

Si vous êtes de nature brave, lorsqu'elle annoncera sa présence, elle illuminera la pièce de petites étincelles lumineuses comme des lucioles. Cela durera quelques secondes. Tout se fera en douceur pour ne pas vous apeurer. Sinon, elle fera clignoter votre lumière quelques secondes. C'est à ce moment précis qu'elle vous fera ressentir sa présence. Cela provoquera en vous une bouffée de chaleur et un sentiment intérieur inexplicable. Telle est la vibration de ce magnifique Ange. Toutefois, si vous ne la ressentez pas, prenez tout simplement conscience des mots ou des signes qu'elle vous enverra.

Différentes façons de manifester sa présence

Haaiah peut être comparée à une luciole. Il est évident que cet Ange adore les lucioles. Pour mieux annoncer sa présence, plusieurs lucioles se promèneront auprès de vous. C'est l'un des signes préférés de cet Ange.

L'Ange Haaiah aime toutes les odeurs dégageant un parfum très doux. Toutefois, cet Ange adore les oranges. Lorsqu'elle manifestera sa présence, ne soyez pas surpris d'avoir envie de manger une orange.

Un mot que l'Ange Haaiah risque de vous faire entendre est « **analyse** ». Par lui, cet Ange vous demande de bien analyser votre vie. Faites une analyse complète de ce que vous aimeriez obtenir et régler. Lorsque votre analyse sera faite, l'Ange Haaiah vous aidera à atteindre deux situations que vous aurez inscrites dans votre analyse.

Un mot important pour Haaiah est « **fraternité** ». L'entraide est très importante aux yeux de cet Ange. Elle aimerait tant inculquer ses valeurs au cœur de l'humain. Si tous pouvaient s'entraider, il y aurait moins de guerres et de batailles inutiles. Par ce mot, l'Ange Haaiah vous indique qu'elle envoie sur votre chemin un Ange terrestre qui viendra vous aider à accomplir certaines tâches qui pèsent sur vos épaules. Attendez-vous, dans le mois qui suivra, à recevoir de l'aide. Acceptez cette aide puisque c'est Haaiah qui vous l'envoie. Cet Ange terrestre vous aidera à retrouver le chemin de la liberté, de l'harmonie et du bonheur. Telle sera sa mission envers vous.

Si Haaiah vous fait entendre le mot « **présent** », elle vous dit de vivre dans le moment présent. Arrêtez de vous tracasser au sujet de votre futur et arrêtez de regretter les événements du passé. Vivez, construisez, bâtissez vos rêves, mais faites-le un jour à la fois. Vous verrez que tous vos rêves se réaliseront puisque vous aurez pris le temps de les analyser, de les créer et de les bâtir. Haaiah vous fera prendre conscience de l'importance de vivre dans le moment présent.

Autres représentations symboliques

Puisque Haaiah est un Dieu caché, en guise de taquinerie, elle enverra sur votre route des gens qui vous diront « coucou » pour annoncer sa présence. Elle trouve ce signe très simple et il vous sera possible de comprendre qu'elle a bel et bien entendu vos prières.

Haaiah peut vous montrer **un garde du corps au travail**. Ainsi, elle vous indique qu'elle vous protège et qu'elle vous observe à distance pour qu'il n'y ait aucun intrus qui essaie de vous détruire. Si Haaiah voit venir vers vous un danger, elle vous avertira immédiatement. Pour mieux vous avertir, elle fera sonner votre téléphone deux coups ou vous entendrez deux coups de sirène. Si cela vous arrive, soyez aux aguets. De toute façon, l'Ange Haaiah vous fera prendre conscience de la situation à surveiller. Il n'en tiendra qu'à vous de l'écouter.

Si l'Ange Haaiah vous montre un **moteur en marche dont le capot est soulevé**, par ce signe, cet Ange vous indique qu'elle vous donnera une poussée angélique pour que vous puissiez aller de l'avant avec vos projets et vos rêves. Cet Ange vous donnera la détermination et le courage d'atteindre vos buts. Attendez-vous à réussir plusieurs projets dans l'année qui suivra votre demande.

Si une personne vous **parle d'une blessure, d'une brûlure, d'une cicatrice**, Haaiah vous indique qu'elle cicatrisera l'une de vos blessures émotionnelles. Sa Lumière agit comme un antiseptique sur une blessure. Cet Ange atténuera vos souffrances émotionnelles et physiques.

Si l'Ange Haaiah vous **envoie un signe de paix, un Amérindien qui fume le calumet de paix ou une colombe**, elle vous indique qu'elle fera un traité de paix avec une personne qui vous dérange. Ce traité de paix vous aidera à retrouver la paix intérieure. Haaiah vous libérera d'une situation qui dérange vos émotions.

Spécialités de l'Ange Haaiah

Haaiah est l'Ange idéal de tous ceux qui vivent toutes sortes de batailles et de chicanes. Elle est l'Ange des traités de paix. Grâce à Haaiah, il vous sera permis de faire un traité de paix avec vos ennemis sans toutefois reparler à ceux-ci. La mission de cet Ange est de vous libérer de l'émotion en vous qui vous cause cette situation. De plus, elle libérera aussi la personne avec qui vous voulez faire le traité de paix. Par exemple, si vous venez de vivre un divorce ou une chicane houleuse avec votre ex-partenaire, que vous avez même peur de lui et des conséquences de cette discorde, priez l'Ange Haaiah. Vous pourrez ainsi éviter les abus ou les situations dangereuses reliées à ce divorce. Demandez à Haaiah de faire un traité de paix avec votre ex-partenaire. Sa mission sera d'amener la paix dans votre cœur et le sien. Ainsi, le sentiment de vengeance s'estompera et la paix reviendra. Si vous êtes en paix, l'autre ne vous causera plus aucun problème et il s'éloignera de vous. Telle est la mission de ce magnifique Ange Haaiah.

Vous pouvez prier Haaiah pour connaître les sentiments qui vous lient à votre partenaire amoureux, amical, professionnel, etc. Sa lumière peut aussi vous révéler les sentiments cachés d'une personne. Si vous ne connaissez pas les vrais sentiments de votre partenaire, vous pouvez toujours demander à l'Ange Haaiah de vous les démontrer. Mais, vous êtes conscient que si votre partenaire vous aime de façon amicale, vous le saurez. Alors, il ne faut pas demander cette information si, dans le fond de votre cœur, vous ne voulez pas vraiment le savoir, ou si cela vous fait mal. Attendez d'être plus fort émotionnellement et mentalement pour demander cette information. Par contre, si vous devez prendre une décision à savoir si vous devez continuer votre relation, alors cela peut vous aider à mieux vous situer. N'oubliez pas que cet Ange peut vous aider à mieux connaître les sentiments de ceux qui vous entourent, mais sa mission n'est pas de vous blesser. Haaiah souhaite tout simplement vous révéler la vérité pour votre bien-être.

Si vous avez des émotions envers une personne et que vous ne savez pas comment les lui dire, cet Ange vous aidera aussi à bien révéler ces émotions pour que la personne comprenne exactement vos états d'âmes et vos émotions vis-à-vis d'elle.

Autres raisons de prier l'Ange Haaiah

Cet Ange prône l'honnêteté et le respect. Le respect est très important pour cet Ange. C'est une qualité que Haaiah infuse à son enfant dès sa naissance. Cet Ange dit que si vous vous respectez vous-même, vous serez est en mesure de respecter votre prochain. Ainsi, vous attirerez des gens honnêtes et respectueux. De plus, la franchise est très importante pour l'Ange Haaiah. Quand vous êtes franc envers vous-même, vous évitez les embûches de toute sorte. Rien ne sert de dire des mensonges si vous n'êtes pas apte à les confronter. Haaiah fera tout ce qu'elle peut pour révéler la vérité. Elle fera ressortir la vérité si elle doit être entendue. Tout ce qui est caché avec cet Ange sera révélé pour le bien des gens. Cependant, si cette vérité vise à détruire ou à faire mal, alors cet Ange ne vous aidera pas.

De plus, sa Lumière possède tant de puissance qu'elle éloigne les gens hypocrites. Voilà une bonne raison de la prier et de lui demander de l'aide. Cet Ange vous fera voir le vrai visage des gens qui vous entourent. Ainsi, vous comprendrez rapidement que certains ne méritent pas votre amitié.

Il en est de même avec les politiciens. Si vous voulez connaître le vrai visage du politicien, demandez à l'Ange Haaiah de vous révéler son vrai visage. Cet Ange vous donnera le don de la parole et vous serez en mesure de poser les questions adéquates pour vérifier si ce politicien est honnête. S'il ne l'est pas, vous verrez qu'il bafouillera à chacune de vos questions.

La mission la plus importante de l'Ange Haaiah est de propager sa Lumière sur toutes les situations d'Ombres et sur tous les vampires d'énergie. Sa Lumière fera également ressortir la vérité telle qu'elle doit être entendue pour que vous puissiez mieux voir ce qui se passe. C'est la raison pour laquelle vous pouvez prier l'Ange Haaiah pour que la vérité ressorte. Alors, avant de vous acheter une propriété, demandez à l'Ange Haaiah si la demeure a des défauts cachés. Si oui, vous le saurez très rapidement.

Haaiah travaille en collaboration avec l'Ange Yeialel. La Lumière de l'Ange Yeialel répare les pots brisés et Haaiah fait un traité de paix pour que, par la suite, l'harmonie refasse surface dans la vie des gens. Haaiah travaille avec plusieurs de ses confrères. Elle est l'un des Anges les plus convoités par ceux-ci.

Si vous priez Haaiah, elle vous guidera vers le chemin de la réussite.

Note aux enfants de Haaiah

À votre naissance, l'Ange Haaiah vous a fait le don de sa Lumière de vérité. Vous possédez en vous le don de savoir, de connaître. Lorsque vous cherchez la vérité, vous êtes en mesure de la trouver. Cela vous est acquis.

De plus, vous êtes capable de cerner les gens. Faites confiance à votre bon jugement. Il est très rare que vous vous trompiez! N'oubliez pas que vous possédez un talent et un don. Plus vous en serez conscient, plus ce talent ou ce don se développera en vous.

Réclamer l'aide de l'ange Haaiah

Faire un traité de paix

Rien de plus simple que de faire un traité de paix. Il vous suffit de dire à l'Ange Haaiah que vous aimeriez faire un traité de paix avec telle personne. Vous pouvez écrire ou réciter ce qui suit : « *Ange Haaiah, j'aimerais faire un traité de paix avec* (nommez la personne). *Infusez-nous votre Lumière de paix et de respect.* »

Vous verrez qu'en peu de temps, cette personne s'éloignera de vous et vous ne serez plus atteint par son attitude.

Connaître les sentiments de son partenaire ou de quelqu'un d'autre

Pour connaître les sentiments de votre partenaire, il vous suffit de demander à l'Ange Haaiah de vous montrer les sentiments que votre partenaire a envers vous. Vous pouvez écrire ou réciter ce qui suit : « *Ange Haaiah, j'aimerais connaître les sentiments de* (nommez la personne) *envers moi.* »

Lorsque vous récitez cette phrase, cela est magique. Dans la semaine qui suivra, vous verrez votre conjoint sous son vrai jour. Vous découvrirez ses sentiments envers vous. N'oubliez pas que vous devez le faire pour mieux vous rapprocher ou pour mieux prendre une décision en ce qui concerne votre vie de couple. Si vous le faites pour le lui jeter au visage, l'Ange Haaiah ne vous aidera pas.

Connaître le vrai visage des gens

Inscrivez les noms d'une à cinq personnes de qui vous aimeriez connaître le vrai visage. Vous êtes conscient que vous faites cet examen pour mieux voir ou corroborer vos doutes. Vous ne devez pas le faire pour ensuite le jeter au visage de la personne. Lorsque vous travaillez avec les Anges, vous devez toujours le faire avec une bonne intention. Sinon, les Êtres de Lumière ne vous aideront pas dans votre requête. Vous pouvez faire cet examen chaque fois que vous avez des doutes envers une personne. De plus, vous pouvez demander à l'Ange Haaiah d'éloigner de vous une personne qui vous nuit émotionnellement, mentalement et physiquement. Prenez une minute d'intériorisation et inscrivez ci-dessous les cinq noms.

1. _____

2. _____

3. _____

4. _____

5. _____

La mission de l'Ange Haaiah sera de vous envoyer des situations pour que vous puissiez mieux voir leur comportement envers vous.

Bâtir un autel pour accueillir l'Ange Haaiah

Napperon : tissu avec l'image de lucioles.

Couleurs : blanc et bleu.

Bougies : blanches et bleues

Encens : benjoin et storax.

Odeurs : orange.

Psaume à réciter lors du rituel;

« *Je vous invoque de tout cœur, exaucez-moi, Seigneur.*
Je veux observer vos préceptes. »

Psaume 119, verset 145

27. YERATHEL
(justice, solution, autonomie)

« *Grandissez à travers vos leçons de vie.* »

« *Rien ne sert de contourner une leçon de vie puisqu'elle reviendra vous*
hanter par la suite. Agissez dès que la leçon se présentera à vous.
Ainsi, vous serez fier de ce que vous accomplirez. »

« *Ne jugez pas ce qui vous arrive. Voyez-y plutôt une occasion extraordinaire*
de grandir, de vous dépasser et d'épurer une leçon karmique. »

Ange idéal

Yerathel est l'Ange idéal des dépendants affectifs. La mission de Yerathel est de développer votre autonomie affective. Ainsi, vous serez beaucoup plus heureux et en contrôle de vos émotions et de votre vie. Tous les dépendants affectifs qui vivent actuellement une période difficile devraient prier l'Ange Yerathel. Celui-ci vous aidera à prendre votre vie en main et à vous suffire à vous-même. L'Ange Yerathel sait qu'en étant dépendant affectif, cela dérange vos émotions qui, par la suite, peuvent engendrer des problèmes physiques.

Yerathel est aussi l'Ange idéal de tous les politiciens. Il va les aider à bien diriger leur pays. Il les aidera à trouver les solutions adéquates à chaque problème qui surviendra lors de leur mandat. De plus, sa Lumière va protéger ces politiciens contre leurs ennemis et les situations d'Ombres. Il est évident que le politicien qui demande de l'aide de l'Ange Yerathel doit vibrer dans la Lumière. La mission de l'Ange Yerathel sera d'aider ce politicien à bien gérer ses responsabilités envers le peuple.

Yerathel est un Ange électrisant. Lorsqu'il annoncera sa présence, il y aura de l'électricité statique dans la pièce. Tout ce que vous toucherez provoquera des petits chocs. N'ayez pas peur. C'est l'effet de la vibration de Yerathel. Cet Ange affirme que vous comprendrez rapidement qu'il est auprès de vous.

De plus, lorsque Yerathel annoncera sa présence, vous serez envahi par un sentiment d'énergie. Vous bougerez. Vous ne tiendrez pas en place deux minutes. Toutefois, cette dose d'énergie vous permettra d'accomplir avec succès vos tâches quotidiennes.

L'Ange Yerathel peut prendre neuf jours ou plus avant de venir vers vous. Il doit avant tout étudier profondément votre demande. Lorsqu'il viendra vers vous, il aura une solution pour vous. Telle est sa force.

Différentes façons de manifester sa présence

Yerathel aime tous les animaux sauvages. Cela dit, il aime particulièrement le renard.

Yerathel aime l'odeur de la nature. Toutefois, lorsqu'il viendra vers vous, il choisira une odeur qui aura un impact positif sur vos énergies.

Si l'Ange Yerathel vous fait entendre le mot « **leçon** », il vous indique que le problème qui vous afflige présentement fait partie d'une leçon de vie. Yerathel vous aidera à bien le surmonter. Lorsque le tout sera réglé, vous serez très satisfait des résultats.

Si vous entendez le mot « **électricité** », l'Ange Yerathel vous dit qu'il vous infusera sa Lumière d'énergie qui vous permettra de réussir par vous-même vos projets. Lorsque vous entendrez ce mot, cela aura un impact majeur sur tout votre être. Vous serez rapidement en forme physique et mentale pour entreprendre et régler n'importe quoi. Les trois prochains mois vous seront très favorables et constructifs.

Lorsque vous entendrez le mot « **communication** », Yerathel aimerait que vous preniez conscience des communications qui auront lieu autour de vous puisqu'une information importante sera révélée. Cette dernière vous permettra de résoudre ce qui vous dérange. La solution est à votre portée. Il vous suffit de la voir. Pour être plus précis, l'Ange Yerathel vous indique que lorsqu'une personne parlera de balance, de justice, vous devriez écouter son récit. Il y a de fortes chances qu'elle réponde à l'une de vos questions.

Autres représentations symboliques

Puisque Yerathel est l'Ange de la justice, il vous montrera le symbole des **deux plateaux en équilibre**. Par ce signe, l'Ange Yerathel vous indique qu'il vous aidera à retrouver votre équilibre. Ce signe vous indiquera aussi de peser le pour et le contre. Lorsque vous aurez fait votre choix, ne reculez pas et avancez vers celui-ci. De toute façon, Yerathel vous fera prendre conscience des effets du pour et des effets du contre. Il n'en tiendra qu'à vous de prendre la décision qui vous convient.

Si Yerathel vous **montre une horloge**, il vous indique qu'il est temps pour vous de voir à une situation qui vous dérange. Son message est le suivant : « *Ne fuyez plus la réalité. Soyez conscient de ce qui se passe et réglez immédiatement la situation avant que cela entrave votre bonheur et votre quiétude.* » Yerathel vous lance un avertissement. Si vous ne le prenez pas en considération, attendez-vous à vivre beaucoup de turbulences dans votre vie. Si vous êtes prêt à y faire face, demandez à l'Ange Yerathel de vous donner le courage de tout régler.

Un signe particulier de l'Ange Yerathel est de vous montrer des **enfants jouant avec un ballon**. Si le ballon est de couleur jaune, Yerathel vous envoie une belle somme d'argent ou une augmentation de salaire. Si le ballon est rouge, Yerathel illuminera votre vie amoureuse. Si le ballon est vert, Yerathel illuminera votre santé. Si le ballon est noir, Yerathel réglera une situation d'Ombre qui vous dérange. Si le ballon est d'une autre couleur, attendez-vous à une surprise de sa part.

Si Yerathel vous montre une prison, il vous dit de vous libérer de votre prison intérieure. Ce peut être la cigarette, la drogue, la boisson, les problèmes financiers, les problèmes affectifs, etc. Yerathel vous donnera le courage de vous en libérer. Il vous suffit de le prier et la Lumière de cet Ange vous secourra.

Spécialités de l'Ange Yerathel

Le surnom de Yerathel est la « Justice de Dieu », car il est l'Ange dont la mission est de donner une leçon de vie à tous ceux qui provoquent des tempêtes inutiles et qui engendrent des guerres, des combats et des tueries inutiles. Cet Ange n'aime pas voir l'Ombre venir détruire la Lumière de l'humain. L'Ange Yerathel travaille de concert avec l'Archange Michaël. Ces deux puissantes Lumières ont la même mission, celle de chasser l'Ombre de la Terre. La meilleure façon de chasser l'Ombre, c'est de lui envoyer la Lumière divine. L'Ombre déteste la Lumière et elle la fuit.

De plus, la mission de l'Ange Yerathel est de donner des leçons de vie à ses enfants qui se laissent influencer par l'Ombre. L'Ange Yerathel démontre aux humains que s'ils font mal à leur prochain, cela leur reviendra. La leçon que vous donnera cet Ange sera très simple. Il vous fera vivre la même chose que vous avez fait vivre à celui que vous avez voulu détruire. Il ne faut pas penser que cet Ange est méchant. Au contraire, il veut tout simplement vous faire analyser l'ampleur de vos gestes et de vos paroles. Souvent, vous comprenez mieux vos gestes et vos paroles lorsque vous vivez vous-même la situation. À ce moment-là, vous vous apercevez que vous aviez tort et que vous n'auriez pas dû faire telle ou telle chose. La mission première de l'Ange Yerathel est de vous faire prendre conscience de vos gestes et de vos paroles et de tout ce que ces gestes et paroles peuvent engendrer par la suite.

L'Ange Yerathel déroute celui qui essaie de nuire ou de faire du tort. Sa Lumière va tout faire pour l'empêcher d'agir et de détruire. De plus, l'Ange Yerathel protégera et libérera la cible que cette Ombre voulait attaquer. Avec la Lumière de cet Ange, il ne faut pas rester surpris de voir au grand jour l'attaque, l'arnaque, que cette Ombre voulait faire. La mission de Yerathel est de démontrer son jeu, son attaque, pour que les victimes puissent s'en protéger. Et pour que les gens puissent voir le vrai visage de cette Ombre. Voilà l'importance de prier l'Ange Yerathel si vous êtes victime d'attaque provenant de l'Ombre et que vous voulez vous en libérer.

Priez donc l'Ange Yerathel pour qu'il vous éloigne de tous ceux qui cherchent à vous nuire. Priez-le pour qu'il vous protège de vos ennemis, des gens hypocrites, des personnes médisantes, des vampires d'énergie et de toutes les situations reliées à l'Ombre.

Il faut noter que cet Ange aime avant tout la paix, la joie et l'harmonie. Il fera tout ce qui lui est possible pour transmettre la paix à tous ceux qui la réclament et qui lui en font la demande.

Autres raisons de prier l'Ange Yerathel

Vous pouvez prier l'Ange Yerathel pour qu'il vous trouve la meilleure solution à un problème. Cet Ange a le pouvoir de trouver les réponses à toutes les questions que vous vous posez. Si vous devez prendre une décision, si vous posez une question et que vous voulez avoir une réponse immédiate, confiez votre problème à l'Ange Yerathel. Surtout, soyez attentif aux signes puisque l'Ange Yerathel utilisera un membre de votre entourage pour venir répondre à votre question.

Si vous pensez être possédé par une âme malveillante, priez l'Ange Yerathel puisque sa Lumière vous libérera en cas de possession. Si vous pensez avoir été possédé par un esprit malveillant, par le vaudou, par la magie, par l'envoûtement, par l'emprise d'une personne vivante, que ce soit dans la vie actuelle ou dans une vie passée, la Lumière de ce magnifique Ange possède tellement de puissance qu'elle vous libérera immédiatement de ces envoûtements. Il vous suffit de lui en faire la demande et de lui adresser une prière.

Il est aussi l'Ange idéal de tous ceux qui sont jaloux et possessifs. Cet Ange vous permet d'aimer convenablement, d'aimer comme il se doit, d'aimer tout simplement dans le respect mutuel. Telle est la mission de l'Ange Yerathel envers l'humain.

La Lumière de l'Ange Yerathel protégera aussi tous ceux qui sont victimes de personnes violentes et dangereuses. Cet Ange protège les femmes et les enfants battus. Il leur donne la force de passer à travers leur épreuve. Mais, surtout, l'Ange Yerathel va donner la force à la femme battue de s'éloigner de cet homme violent. Cet Ange va la guider vers un chemin beaucoup plus serein. Il serait important pour la femme battue de prier ce magnifique Ange.

La Lumière de l'Ange Yerathel apporte la chance. Priez l'Ange Yerathel et vous verrez venir vers vous la chance. Elle y sera pendant une période de trois à six mois, selon ce que vous demanderez à Yerathel. Grâce à cet Ange, tous les problèmes se changent en solutions, toutes les peines se changent en joie. La haine se change en amour et tout ce qui est de l'Ombre se change en Lumière. Telle est la mission de ce magnifique Ange.

L'Ange Yerathel dit qu'il y a un temps pour chaque chose, qu'il ne faut pas précipiter les événements, mais bien laisser les événements venir. Sa mission est de vous aider à apprécier ce que vous possédez et à mieux comprendre que seul le temps arrange les choses. Cet Ange vous aidera à mieux comprendre le sens de votre vie et surtout à mieux comprendre les refus et les situations difficiles que vous vivez. Sa Lumière vous trouvera des réponses à vos questions. Sa Lumière vous permettra d'avancer sans rester accroché à votre passé ou à ces situations d'Ombres qui détruisent. Sa Lumière vous donnera le courage d'atteindre vos buts et de ne pas vous laisser influencer par des situations d'Ombres. L'Ange Yerathel sait que l'humain est très fragile émotionnellement, mais il sait aussi que l'humain est très fort mentalement. Et sa Lumière travaillera en cadence avec votre mental. Ainsi, votre mental vous permettra d'avancer plus rapidement, car il vous guidera mieux que vos émotions.

L'aide de cet Ange est très importante et protectrice. L'Ange Yerathel vous protégera de tous ceux qui veulent vous nuire. Il vous montrera le vrai visage de ces gens et il vous donnera la force et le courage de vous en éloigner. La mission la plus importante de l'Ange Yerathel est de propager sa Lumière sur toutes les situations d'Ombres et sur tous les vampires d'énergie.

Vous pouvez aussi prier l'Ange Yerathel pour qu'il développe en vous l'autonomie affective. Tous les dépendants affectifs devraient prier Yerathel. Sa lumière les aidera à mieux contrôler la peur d'être seul et de ne pas être aimé. L'Ange Yerathel fera de vous un être indépendant qui saura savourer la vie pleinement, seul ou avec un conjoint. Cela ne veut pas dire que vous devez ignorer votre partenaire. Cela dit, vous serez moins envahi par des sentiments de peur et d'abandon, ce qui aidera énormément votre relation.

Note aux enfants de Yerathel

À votre naissance, l'Ange Yerathel vous a fait le don de sa Lumière de paix, de joie et d'amour. Tous ceux qui veulent œuvrer pour le bien dans le monde, devenir des missionnaires, des porte-parole, des messagers, des conférenciers, devraient demander à l'Ange Yerathel de leur infuser sa paix, son amour et son savoir. Ainsi, ils seront tous bien branchés à l'univers des Anges et en mesure de bien propager la Lumière partout où ils iront. Ils sont d'excellents messagers de paix et d'amour.

La Lumière de l'Ange Yerathel agit comme un talisman pour attirer la chance. Sachez que ce talent est en vous. Lorsque vous avez besoin de chance, il vous suffit de le demander. Vous serez rapidement servi.

De plus, il serait important de vous éloigner des personnes d'Ombres puisqu'elles vous dérangent émotionnellement et mentalement. Puis, écoutez cette voix intérieure lorsqu'elle vous avertit d'un danger.

Réclamer l'aide de l'Ange Yerathel

Obtenir la réponse à une question

Vous vous demandez si votre partenaire vous aime encore? Inscrivez sur un bout de papier votre question et déposez-la sur votre table de chevet, dans votre boîte d'Ange ou dans un tiroir et dites à l'Ange Yerathel que vous souhaitez obtenir la réponse à cette question. La mission de l'Ange Yerathel est de vous envoyer la réponse par un membre de votre entourage. Il peut aussi l'envoyer par la télévision, le journal, etc. Sachez que cet Ange trouvera un moyen de vous faire parvenir votre réponse, mais vous devez être attentif aux signes qu'il vous enverra. Précisez donc la façon ou la personne par laquelle vous aimeriez qu'il envoie la réponse. De cette façon, il vous sera plus facile de reconnaître votre réponse lorsque la personne mentionnée à Yerathel vous répondra.

S'éloigner des personnes négatives et de l'Ombre

Pour vous éloigner des personnes négatives et de l'Ombre, faites purifier un objet par l'Ange Yerathel. Cet objet agira à titre de talisman. Lorsque vous serez en contact avec une personne négative, vous le ressentirez en vous. L'objet purifié et la Lumière de Yerathel chasseront automatiquement les vibrations négatives autour de vous.

Avoir la chance de son côté

Pour avoir la chance de votre côté, priez Yerathel. Il est un porteur de chance. Sa Lumière agit comme un talisman. Priez-le pour que sa Lumière vous apporte de la chance lors d'une entrevue, d'une discussion, d'un événement, d'une sortie importante. Peu importe la situation, quand vous sentirez que vous avez besoin de chance, il vous suffira de prier l'Ange Yerathel. Vous devriez également faire purifier un objet que vous porterez sur vous. Yerathel infusera sa Lumière de chance sur votre objet. Il en fera un talisman de chance que vous pourrez utiliser en tout temps pendant trois à six mois. Lorsque cette période est terminée, vous devrez recommencer votre neuvaine.

Bâtir un autel pour accueillir l'Ange Yerathel

Napperon : tissu avec l'image d'animaux sauvages.

Couleurs : bleu et gris argenté.

Bougies : blanches grises ou bleues.

Encens : benjoin

Odeurs : orange, sauge et pin.

Psaume à réciter lors du rituel

« *Délivre-moi, Seigneur, des gens méchants.*
Protégez-moi contre les hommes de violence. »

Psaume 139, verset 1

28. SEHEIAH
(guérison, protection, miracle)

« Mieux vaut prévenir que guérir. »
« Intégrez la Lumière dans votre vie et vous vieillirez en beauté. »

Ange idéal

Seheiah est l'Ange idéal des pompiers. Sa lumière les protégera lors d'incendies. Il sera sage pour un pompier d'avoir un médaillon toujours près de lui ou sur lui, surtout lors d'un incendie.

Elle est aussi l'Ange idéal de tous ceux qui travaillent dans la construction ou dans tous les autres métiers dangereux. Cet Ange vous protégera lors de la destruction de bâtiments ou d'une chute quelconque. Cet Ange prévient les accidents. Alors, il est important de porter votre médaillon ou de la prier régulièrement, surtout si votre travail est dangereux.

Toutefois, Seheiah est l'Ange important de toutes les personnes atteintes de problèmes de santé. Cet Ange vous donnera de l'élan pour guérir rapidement. La Lumière de cet Ange peut faire des miracles. Seheiah peut vous guérir et vous soulager de vos ennuis de santé.

Seheiah est un Ange d'une grande puissance puisqu'elle doit prendre soin de tous les humains malades. Cet Ange se rend immédiatement au chevet de la personne malade. Si vous priez l'Ange Seheiah pour qu'elle vous apporte son soutien parce que vous avez un problème de santé, cet Ange arrivera promptement. Pour elle, vos prières sont d'une importance capitale. Elle accourt et exauce immédiatement vos prières si votre plan de vie le permet. Toutefois, si vous la priez pour une raison non urgente, Seheiah peut prendre d'un à dix jours avant de manifester sa présence. Il vous faudra donc être très patient. Sa priorité : les gens malades.

Lorsqu'elle annoncera sa présence, vous serez envahi par un sentiment de calme, de réconfort et de bien-être. Son énergie vous fera du bien émotionnellement, physiquement et mentalement. Ne soyez pas surpris de ressentir un léger vent autour de vous. Cet Ange infuse ainsi sa Lumière qui vous donnera une petite poussée d'énergie pour que vous puissiez continuer vos activités quotidiennes.

Si vous êtes brave, lorsqu'elle viendra vers vous, elle fera clignoter une lumière dans la pièce. De plus, vous entendrez des oiseaux chanter sans toutefois qu'il y ait des oiseaux près de vous. Telle est sa vibration.

Différentes façons de manifester sa présence

Seheiah aime tous les animaux puisque plusieurs ont un effet bénéfique sur la santé des gens. Toutefois, elle adore les oiseaux, car elle trouve que leur chant est annonciateur de joie et de gaieté.

Seheiah aime l'odeur de la mer, de la plage. Cet Ange dit que ce genre d'odeurs rend l'humain joyeux puisqu'il se sent en vacances. Seheiah aime aussi la senteur de l'eucalyptus, du magnolia, de la menthe, de la lavande, soit toutes les odeurs qui ont un effet bénéfique sur le mental de l'humain.

Si vous entendez le mot « **guérison** », il sera très important pour vous de réclamer de l'aide au sujet de votre santé. Par ce mot, Seheiah vous guidera vers le meilleur médecin, le meilleur traitement, le meilleur médicament afin que vous puissiez rapidement guérir votre problème.

Un autre mot important pour Seheiah est « **alarme** ». Si vous l'entendez, c'est que cet Ange vous met en garde. Prenez soin de votre santé. Ne négligez pas vos petites douleurs. Si vous entendez ce mot, l'Ange Seheiah aimerait que vous consultiez votre médecin pour vérifier l'état de votre santé. Si une douleur persiste à un endroit en particulier, c'est pour cet endroit que l'Ange Seheiah aimerait que vous consultiez votre médecin.

Si Seheiah vous fait entendre le mot « **régénérer** », elle régénérera toutes les cellules de votre corps. Elle tonifiera vos muscles, ce qui vous permettra de retrouver la forme rapidement. Sa Lumière chassera la fatigue et elle vous donnera le goût de faire de l'activité physique comme la marche. Si Seheiah vous fait entendre ce mot, c'est que votre corps et votre esprit en ont besoin. Cet Ange vous indique qu'il est temps pour vous de reprendre certaines activités physiques, de marcher. Votre corps physique réclame de bouger. Faites-le. Ainsi, vous éviterez plusieurs ennuis de santé et vous chasserez la fatigue en faisant place à une belle énergie.

Autres représentations symboliques

Si Seheiah vous **montre un oreiller de duvet**, par ce signe, elle vous dit que vous avez besoin de vous reposer, de vous allonger, de méditer. Prenez du temps pour vous, puisque votre sommeil est perturbé et que cela vous dérange mentalement et physiquement. Toutefois, si vous souffrez de maux de tête, de courbatures et que vous avez souvent mal au cou, ce signe vous indique qu'il serait peut-être préférable de changer vos oreillers.

Un signe particulier de l'Ange Seheiah est de vous **montrer des béquilles**. Si vous voyez quelqu'un avec des béquilles, l'Ange Seheiah vous indique de ralentir le pas. Sinon, vous vous retrouverez dans le même état que la personne. Toutefois, si vous voyez des béquilles non utilisées, ce signe vous indique que Seheiah vous envoie de l'aide, un appui, pour vous permettre de régler vos problèmes. Tel est son message.

Si vous rêvez que vous êtes sur le bord de la mer, que le paysage est d'une grande beauté, que vous êtes émerveillé par cet endroit charmeur où les oiseaux chantent à tue-tête de belles mélodies, sachez que vous venez de visiter le royaume de l'Ange Seheiah. Elle vous y a amené pour que vous puissiez vous reposer. Vous verrez, le lendemain, que vous serez en pleine forme.

Si Seheiah vous montre des **personnes qui crient**, elle vous indique ainsi de ne pas perdre le contrôle dans une situation qui vous perturbe. Le message de Seheiah est le suivant : « *Rien ne sert de perdre le contrôle. Sinon, votre santé va s'en ressentir. Priez-moi et je trouverai la meilleure façon pour vous en libérer.* »

Lorsque vous prierez l'Ange Seheiah, il sera important d'écouter ses conseils. Si vous **entendez une alarme qui vous fait sursauter**, cet Ange vous prévient d'un danger. Son but n'est pas de vous faire peur, mais plutôt de vous avertir afin que vous puissiez éviter une catastrophe. Son message est le suivant : « *Écoutez votre voix intérieure puisque je l'utiliserai pour vous transmettre mon message d'avertissement.* » Si vous entendez une alarme et que, dans la journée, vous n'avez plus le goût de sortir et d'aller magasiner, écoutez votre voix puisque c'est Seheiah qui vous avertit qu'il serait préférable de rester à la maison.

Spécialités de l'Ange Seheiah

Seheiah protège l'humain de tous les dangers qui peuvent survenir sur le plan terrestre. Sa Lumière agit à titre de talisman. Porter un médaillon que vous ferez purifier par cet Ange équivaut à une protection contre tous les dangers qui pourraient survenir. Elle vous protège des incendies, du tonnerre, des chutes de pierres, des ruines, des tremblements de terre, des tornades, des dégâts d'eau, des séismes et de la maladie. Lors d'une situation dangereuse, vous n'avez qu'à l'invoquer et sa mission sera de vous protéger immédiatement. Elle guidera vos pas vers le chemin de la sécurité. Advenant un accident grave ou toute autre situation dangereuse, la Lumière de ce magnifique Ange vous permettra de vous en sortir indemne ou sans trop d'écorchures ou de blessures graves. Sa mission sera de veiller sur vous et de vous protéger.

Prier régulièrement l'Ange Seheiah équivaut à une excellente assurance pour le restant de vos jours. Cet Ange vous fera voir les dangers pour que vous puissiez les éviter. Si vous ne portez pas attention à ses signes, elle vous protégera lors d'un accident, et elle vous permettra de sortir indemne de celui-ci. La Lumière de cet Ange aide aussi tous ceux qui ont été victimes d'un grave accident ou d'une grave maladie à bien s'en sortir sans trop de séquelles majeures.

La maxime importante de Seheiah est la suivante : « Mieux vaut prévenir que guérir », et c'est exactement ce qu'elle va faire avec l'enfant qui la prie. La Lumière de cet Ange est miraculeuse. Aussitôt que vous l'invoquez, l'Ange Seheiah arrive à votre chevet pour vous aider dans l'épreuve que vous vivez. La meilleure façon de l'invoquer est la prière. Adressez-lui une prière et vous verrez qu'en une seconde, cet Ange sera à vos côtés et vous fera signe. Cet Ange peut guérir et soulager les pires douleurs. Elle peut aussi vous protéger lors de situations périlleuses. Vous devriez prendre le temps de bien la connaître et de la prier.

Autres raisons de prier l'Ange Seheiah

Seheiah vous protège aussi lorsque vous partez en voyage. Elle prévient les accidents. Elle est le sceau de protection des avions, des bateaux, des trains et des voitures. Il est important de la prier avant de prendre l'un de ces transports. Demandez-lui d'entourer votre véhicule de sa Lumière de protection. Ainsi, vous voyagerez en plus grande sécurité. Si vous devez partir en voyage en voiture, elle vous préviendra des dangers. Autrement dit, si vous devez emprunter une route et que celle-ci est dangereuse, l'Ange Seheiah vous la fera éviter. Elle s'organisera pour vous ralentir. Elle peut aussi vous faire ressentir une grande fatigue qui vous obligera à vous reposer.

Tous les golfeurs ou les amateurs de sports de plein air devraient prier Seheiah et s'assurez d'avoir son sceau de protection (objet que vous ferez purifier) dans leur sac de golf, leur sac à dos ou sur eux. Lors de tempêtes, cet Ange vous protégera de la foudre et des éclairs.

Tous les parents devraient noter ce qui suit. L'Ange Seheiah protège les enfants qui font de la bicyclette pour qu'il ne leur arrive rien de fâcheux. Accrochez donc le sceau de Seheiah au vélo de votre enfant et celui-ci aura une excellente protection.

Cet Ange va aussi donner de l'ardeur à une peau malade. Si vous souffrez d'eczéma, de psoriasis, d'urticaire ou d'une autre maladie de la peau, priez l'Ange Seheiah. Sa Lumière redonnera de la vigueur à votre peau. Vous aurez une peau saine et en santé.

Seheiah aide aussi tous ceux qui ont des allergies et qui font de l'asthme. Elle leur permet d'avoir une meilleure qualité de vie malgré leurs maux. Elle peut même les en guérir, si cela n'entrave pas leur plan de vie.

Elle protège aussi l'humain contre lui-même. Souvent, l'humain est son pire ennemi. Il provoque parfois les pires tempêtes du siècle à cause de sa négligence et de son non-respect de l'environnement.

Vous pouvez prier l'Ange Seheiah pour vous aider à abandonner toutes dépendances telles que la cigarette, la drogue, la boisson, le jeu, le chocolat, les croustilles, etc. Vous pourriez par la suite lui demander de purifier et de désintoxiquer votre corps.

Vous pouvez aussi la prier pour la guérison rapide d'un membre fracturé, pour maîtriser votre agressivité, votre impatience, vos sautes d'humeur et votre syndrome prémenstruel. Vous pouvez aussi lui demander de vous développer une force morale pour surmonter tous vos obstacles.

Tous ceux qui ont des maux de dos et des migraines devraient aussi la prier. Cet Ange vous soulagera rapidement de vos maux et si elle s'aperçoit que votre mal a besoin d'être évalué par un médecin, elle vous dirigera vers un professionnel.

Vous pouvez aussi la prier pour vous enlever vos angoisses de toutes sortes. Seheiah est excellente pour apaiser vos crises d'angoisse. Elle peut même vous aider à mieux les contrôler et, avec le temps, vous en défaire. Cet Ange vous montrera les situations qui vous causent ces crises d'anxiété. De plus, elle vous dirigera vers les meilleures techniques pour vous en libérer. Que ce soit sur le plan médical ou autre, elle vous montrera le chemin qui vous aidera à mieux contrôler vos angoisses et à vous en libérer. Et si, pour une raison quelconque, vous devez prendre des médicaments pour mieux les contrôler, la Lumière de cet Ange vous aidera à accepter la prise de ces médicaments. Quand vous serez apte à vous en sevrez, elle vous donnera donc la force et le courage de le faire.

Puisqu'elle est un Ange qui guérit les gens malades, tous les médecins devraient la prier. Ainsi, elle leur permettra de trouver le meilleur remède pour guérir les patients et les amener vers une meilleure qualité de vie.

Note aux enfants de Seheiah

À votre naissance, l'Ange Seheiah vous a fait le don de sa Lumière de santé. Sa puissante Lumière vous permettra de vieillir en beauté. La Lumière de ce magnifique Ange est comme une fontaine de jouvence. Elle vous permet de vivre longtemps et en pleine santé. Sa lumière vous protégera des accidents, de la maladie, et sa Lumière vous permettra de conserver un teint de jeunesse malgré votre âge. Priez aussi Seheiah si vous avez un problème de peau. Sa Lumière régénère la peau et lui permet de garder son éclat de santé. Ainsi, personne ne pourra deviner votre âge réel.

Il ne faut pas non plus oublier que l'Ange Seheiah est un Dieu qui guérit les malades. Certaines personnes deviendront de grands guérisseurs si elles travaillent dans l'énergie de l'Ange Seheiah.

N'oubliez pas que vous possédez un don, un talent. Il vous suffit de demander à l'Ange Seheiah de le développer pour que vous puissiez l'utiliser, si tel est votre désir.

Réclamer l'aide de l'Ange Seheiah

Se protéger

La Lumière de l'Ange Seheiah agit comme un talisman. Cet Ange vous protégera partout où vous irez. Il est conseillé de faire purifier un objet que vous porterez sur vous continuellement. Lors d'un voyage, vous pouvez toujours demander à cet Ange d'envelopper l'avion ou le train de sa Lumière de protection. Ainsi, vous voyagerez plus en sécurité. Vous pouvez aussi insérer votre objet dans votre voiture pour éviter les accidents et les incidents. Vous pouvez aussi insérer son sceau dans vos bagages.

Soulager ou guérir un mal physique

Inscrivez ci-dessous une douleur, un mal, un problème de santé. La mission de l'Ange Seheiah est de vous soulager de cette douleur ou de vous en guérir, si cela est en harmonie avec votre plan de vie. Il serait important que vous lui récitiez la prière du malade au chapitre II. Commencez par un seul problème. Lorsque vous verrez de l'amélioration sur le plan de votre ennui de santé, vous pourrez lui demander la guérison d'un autre mal. Prenez une minute d'intériorisation et inscrivez ce problème.

Se débarrasser d'une dépendance

La mission de l'Ange Seheiah est de vous éloigner de votre dépendance. De plus, elle vous donnera le courage d'arrêter sans trop de conséquences fâcheuses. Vous devriez lui demander de purifier un objet que vous porterez sur vous. Cet objet agira à titre de talisman et vous donnera le courage nécessaire pour vaincre votre dépendance. Prenez une bonne minute d'intériorisation et inscrivez la dépendance dont vous aimeriez vous libérer (drogue, boisson, cigarette, jeu, etc.).

Bâtir un autel pour accueillir l'Ange Seheiah

Napperon : tissu avec l'image de la mer.

Couleurs : bleu azur comme la mer et blanc.

Bougies : blanches ou bleues.

Encens : benjoin et muscade

Odeur : magnolia, tournesol, lavande et menthe.

Psaume à réciter lors du rituel

« *Ô Dieu, ne vous tenez pas éloigné de moi, mon Dieu,
hâtez-vous de me venir en aide.* »

Psaume 71, verset 12

29. REIYIEL
(Ange gardien des animaux, secours, maîtrise)

« Rien de mieux que la caresse d'un animal qui vous aime. »

« Ne jugez point votre prochain si vous ne voulez pas être jugé en retour. »

*« Ayez confiance en votre pouvoir, relevez-vous et vous vaincrez
votre pire ennemi. »*

Ange idéal

Reiyiel est l'Ange idéal de toutes les personnes qui vivent dans la peur. Cet Ange vous libérera de vos peurs. Il y ramènera la joie et la confiance en vous. Il est un excellent Ange à prier pour tous ceux qui ont des désordres psychologiques. Cet Ange ne peut pas vous guérir. Cependant, sa Lumière calmera vos tempêtes intérieures et sa Lumière éloignera les vampires d'énergie en vous et autour de vous.

Il est aussi l'Ange idéal des vétérinaires ou de tous ceux qui s'occupent d'un chenil. La Lumière de cet Ange vous permettra d'être en contact direct avec les émotions de vos animaux. Cet Ange a le pouvoir de vous aider à mieux guérir vos animaux et à mieux les comprendre.

Reiyiel est un Ange enjoué et heureux de câliner les humains. Lorsqu'il annoncera sa présence, vous serez envahi par un sentiment joyeux. Vous serez de bonne humeur. De plus, vous aurez la sensation d'être caressé. Ce sera un drôle de sentiment. Tout votre corps sera en énergie. Des frissons pourraient même parcourir votre corps. Vous serez donc porté à vous frotter pour essayer de vous réchauffer. Telle est la vibration de l'Ange Reiyiel lorsqu'il manifeste sa présence.

Puisqu'il est l'Ange des animaux, il y a de fortes chances qu'un animal vienne vous réclamer une caresse. Rendez-la-lui, surtout si c'est un chat caramel. Il y a de fortes chances que ce soit Reiyiel qui vous réclame cette caresse. Si vous le faites, Reiyiel vous dit qu'il vous ronronnera une belle chanson. Évidemment, il vous taquine.

Généralement, Reiyiel est un Ange qui accourt rapidement lorsque vous réclamez son aide. Il ne faut pas oublier qu'il est un « Dieu prompt à secourir ».

Différentes façons de manifester sa présence

Ce n'est pas compliqué, l'Ange Reiyiel est l'Ange attitré des animaux. Cet Ange prend soin de tous les animaux de la Terre.

Puisqu'il adore les animaux, il adore l'odeur que ceux-ci dégagent. Toutefois, Reiyiel est conscient que cela peut être différent pour l'humain. Lorsqu'il viendra vers vous, il vous enverra une odeur qui vous plaira. Toutefois, si vous possédez un animal, il rehaussera l'odeur de cet animal pour que vous puissiez la sentir. C'est sa façon particulière de vous dire qu'il est près de vous.

Si Reiyiel vous fait entendre le mot « **personnalité** », il vous indique ainsi de prendre soin de vous, de votre personnalité. Vous projetez peut-être une image fausse de qui vous êtes vraiment. De toute façon, l'Ange Reiyiel vous fera prendre conscience de l'aspect de votre personnalité qui devrait être amélioré ou changé. Ne le voyez pas comme une réprimande. Au contraire, Reiyiel vous aide à améliorer et à rehausser votre personnalité. Possiblement que cela vous sera beaucoup plus profitable pour la réalisation de la demande que vous lui avez faite.

Un mot important pour Reiyiel est « **contact** ». Par ce terme, cet Ange vous dit d'établir des liens. En établissant des liens, cela pourrait vous être bénéfique dans ce que vous lui réclamez. Cet Ange enverra sur votre chemin des personnes possédant des expertises. Elles seront en mesure de vous aider.

Si l'Ange Reiyiel vous fait entendre le mot « **courage** », il vous envoie sa Lumière de courage qui vous permettra de surmonter toutes vos épreuves. De plus, cet Ange ouvrira les portes aux solutions pour que vous puissiez rapidement retrouver le chemin de la liberté.

Autres représentations symboliques

Le signe préféré de l'Ange Reiyiel est d'emprunter le corps d'un **humain qui viendra vous faire une caresse**. Si un proche vous réclame une caresse et que ce n'est pas dans ses habitudes, ne paniquez pas. C'est tout simplement l'Ange Reiyiel qui veut vous faire cette caresse. Elle vous réconfortera et vous donnera l'énergie nécessaire pour terminer en beauté votre journée.

Si **quelqu'un vous parle d'un zoo**, l'Ange Reiyiel vous annonce des changements pour les six prochains mois. Ces changements amélioreront votre vie et votre santé mentale s'en portera mieux.

Si vous voyez **un filet** pour attraper les papillons ou les poissons, ce peut être aussi un filet de basketball, l'Ange Reiyiel vous annonce qu'il chassera vos inquiétudes et qu'il vous ramènera vers le chemin de l'harmonie. Ce signe vous indique également que Reiyiel prend soin de votre demande et qu'il vous donnera seulement le meilleur. Ayez confiance.

Un tour qu'aime bien jouer Reiyiel, c'est de prendre le corps d'un animal et de venir vers l'humain pour essayer de lui parler. Si un animal vient vers vous, comme un chat, un chien, un oiseau ou un cheval et que cet animal semble vouloir vous parler, vous aurez vite compris que c'est l'Ange Reiyiel qui vous taquine.

Spécialités de l'Ange Reiyiel

Reiyiel est « l'Ange des animaux ». Il est leur grand ami. Sa lumière est identique à celle de l'Ange Omaël. Ensemble, ils font une équipe du tonnerre pour venir en aide aux animaux. Ces deux magnifiques Anges vont les protéger et s'assurer que ceux-ci sont bien dans leur environnement. Ces Anges ont comme mission d'aider les animaux pour que ceux-ci soient à l'abri des Ombres. Ces deux Anges n'aiment pas voir un animal abandonné. Quand ils voient un animal délaissé ou abandonné, ces deux beaux Anges vont tout faire pour leur trouver un bon foyer où ils seront aimés et choyés. Si vous connaissez des animaux qui se font battre, demandez à ces deux Anges de leur trouver un meilleur refuge. La mission de ces Anges sera d'éloigner cet animal du maître d'Ombre. Comme l'Ange Omaël est un Ange guérisseur, sa Lumière peut venir en aide à l'animal qui souffre et qui est malade. Vous pouvez aussi le prier pour la fertilité de votre animal et pour qu'il protège votre femelle lors de l'accouchement. De plus, si vous priez l'Ange Reiyiel, sa Lumière vous donnera la patience d'élever vos animaux.

Vous pouvez aussi prier l'Ange Reiyiel, si vous avez envie de devenir expert en zoothérapie.

Autres raisons de prier l'Ange Reiyiel

L'Ange Reiyiel va aussi aider tous ceux qui veulent apprendre la théologie. Cet Ange est très dévoué à Dieu. Sa mission est de s'assurer que les humains le prient et le louangent. Cet Ange va aider tous ceux qui désirent propager la parole de Dieu au monde entier. Reiyiel permettra au théologien de faire de bons sermons à l'image de Dieu.

Puisque cet Ange est près de Dieu, lorsque vous le prierez, sa Lumière vous le fera ressentir en vous. Vous serez animé par la joie de vivre et d'être heureux. Grâce à sa Lumière, vous serez très dévoué envers votre prochain et vous récolterez les bénéfices de chacune de vos bonnes actions. Les Anges Omaël et Reiyiel peuvent tout donner à l'enfant qui a foi et qui croit au pouvoir des Anges. Toutefois, l'Ange Reiyiel adore que vous le priiez. La prière pour lui est importante, car elle vous permet de vous brancher à la Source.

Une mission importante de l'Ange Reiyiel est de faire un signe concret à tous les non-croyants. Si vous ne croyez pas aux Anges et que vous aimeriez que l'Ange Reiyiel vous fasse un signe concret, demande-lui et priez-le. La mission de l'Ange Reiyiel sera de vous faire un signe concret qui va permettre de changer votre perception en ce qui a trait à l'univers des Anges. Cet Ange peut faire un signe en vous envoyant soit un miracle, une vision, un signe quelconque ou un événement qui vous touchera émotionnellement. Toutefois, vous devez lui demander et le prier. Vous ne pouvez pas demander à Reiyiel d'envoyer un signe pour une tierce personne si celle-ci n'est pas au courant. Si vous voulez qu'une personne qui vous est chère change d'avis, vous devez d'abord lui en parler. Et si cette personne est d'accord, alors vous pouvez prier l'Ange Reiyiel pour que sa Lumière confonde ce non-croyant.

Vous pouvez prier l'Ange Reiyiel pour qu'il vous éloigne des personnes négatives. La Lumière de cet Ange vous éloignera de toutes les Ombres qui sont en vous et autour de vous. Il vous permet de vous en libérer. Il s'agit d'un excellent Ange à prier en plus d'Aniel. Ensemble, ils régleront rapidement vos problèmes de toutes sortes.

Vous pouvez aussi prier l'Ange Reiyiel si vous êtes atteint d'un cancer ou d'une grave maladie. Reiyiel ne peut la guérir. Toutefois, il vous donnera le courage de vaincre votre maladie. Sa Lumière vous donnera une volonté de fer pour remonter plus rapidement la pente et pour vous aider à passer à travers cette dure épreuve. La maxime de cet Ange est la suivante : « *Ayez confiance en votre pouvoir, relevez-vous et vous vaincrez votre pire ennemi.* »

Vous pouvez prier Reiyiel pour qu'il vous aide à réaliser l'un de vos projets. Reiyiel vous montrera le meilleur chemin pour obtenir la réussite de ce projet. Sa Lumière fera fructifier chaque geste que vous ferez pour réaliser votre projet.

La Lumière de l'Ange Reiyiel a aussi le pouvoir d'éloigner l'Ombre et les vampires d'énergie en vous et autour de vous. Cet Ange vous soutient lors d'un exorcisme. Par la prière, il peut éloigner l'Ombre. Si vous devez faire un exorcisme, il est conseillé d'invoquer l'Ange Reiyiel et ensuite de réciter des prières universelles. Sa Lumière et les prières universelles chasseront les pires démons. Si vous pensez avoir été ensorcelé ou que vous pensez être possédé par un démon, priez l'Ange Reiyiel. Sa Lumière vous exorcisera et vous libérera de tous les sortilèges dont vous êtes victime. Si vous priez l'Ange Reiyiel, celui-ci vous infusera donc sa divine Lumière qui vous donnera une volonté de fer pour vaincre l'Ombre et pour vous éloigner des personnes et de situations négatives.

Tous ceux qui ont de la difficulté à méditer devraient prier l'Ange Reiyiel. Il leur permettra de mieux se laisser aller. Cet Ange vous aidera à mieux maîtriser votre mental et votre corps physique. Ainsi, vous sentirez rapidement les bienfaits de votre méditation. Avant chacune de vos méditations, demandez à l'Ange Reiyiel de vous infuser sa Lumière pour qu'il vous aide à mieux ressentir les bienfaits de la méditation. Vous verrez qu'avec l'aide de cet Ange, vos méditations seront très différentes et très constructives. Vous y verrez beaucoup de Lumière et certains pourront même trouver les réponses à toutes leurs questions.

Tous ceux qui veulent commencer une chaîne de prière pour venir en aide à quelqu'un devraient prier l'Ange Reiyiel pour que la chaîne ne soit pas brisée par l'Ombre. Cet Ange donnera du pouvoir à cette chaîne de prière. Invoquez l'Ange Reiyiel avant de commencer une chaîne de prière. Celui-ci regardera la raison pour laquelle vous commencez cette chaîne. Ensuite, il ira chercher tous les Anges qui pourront vous aider à bien compléter votre chaîne et à y apporter le miracle nécessaire. De plus, sa Lumière illuminera chaque personne qui prendra soin de cette chaîne de prière. Une chaîne de prière doit être faite pendant neuf jours consécutifs.

L'aide de cet Ange est immédiate. Aussitôt que vous l'invoquez, l'Ange Reiyiel arrive à votre chevet pour vous aider dans l'épreuve que vous vivez. La meilleure façon de l'invoquer est la prière. Adressez-lui une prière et vous verrez qu'en une seconde, il sera à vos côtés et il vous fera signe.

Note aux enfants de Reiyiel

À votre naissance, l'Ange Reiyiel vous a fait le don de sa Lumière qui vous donne le privilège de parler aux animaux, de les comprendre et de lire leurs pensées.

Vous avez aussi le privilège d'entrer en communication avec la Sphère spirituelle. Il vous sera permis de communiquer avec les Anges, les défunts. Toutefois, vous êtes très vulnérable par rapport à l'Ombre. Vous la ressentez immédiatement. Il faudra vous en éloigner et écouter la voix intérieure qui vous parle. Par contre, certains auront le privilège de ramener ces Ombres vers le chemin de la Lumière. Si telle est votre mission, demandez à l'Ange Reiyiel de vous donner la force et le courage de continuer votre mission. Vous devriez également faire purifier un objet par l'Ange Reiyiel.

Réclamer l'aide de l'ange Reiyiel

Entrer en contact avec les animaux

Si vous désirez entrer en contact avec les animaux, il vous suffit de prier l'Ange Reiyiel et de lui demander d'infuser ce talent en vous.

Protéger son animal

Pour protéger votre animal, faites purifier son collier. Reiyiel lui infusera sa Lumière qui protégera votre animal contre les dangers de toutes sortes.

Un non-croyant qui reçoit un message

Si vous êtes un non-croyant et que vous souhaitez recevoir un message, il vous suffit de prier l'Ange Reiyiel pour qu'il vous envoie un signe concret afin que vous puissiez croire en sa Lumière. Si vous le faites pour quelqu'un qui est non croyant, la personne concernée doit en être avisée. Sinon, l'Ange Reiyiel n'acceptera pas votre demande.

S'éloigner des vampires d'énergie et de l'Ombre

Pour vous éloigner des vampires d'énergie et de l'Ombre, il vous suffit de faire purifier un objet que vous porterez continuellement sur vous. Cet objet agira à titre de talisman et éloignera l'Ombre.

Bâtir un autel pour accueillir l'Ange Reiyiel

Napperon : tissu avec des images d'animaux.

Couleurs : caramel, blanc et bleu.

Bougies : blanches et bleues.

Encens : benjoin et oliban.

Odeurs : santal et bois humide.

Psaume à réciter lors du rituel;

« Écoutez ma prière, mon Dieu, prêtez l'oreille aux paroles de ma bouche. »

Psaume 54, verset 4

30. OMAËL
(Ange des animaux, vœu, abondance)

« Prier, c'est communiquer avec la Lumière. »

*« Priez-moi et je vous infuserai ma Lumière d'abondance qui
vous permettra de recevoir de belles récoltes. »*

Ange idéal

Omaël est l'Ange idéal des vétérinaires ou de tous ceux qui s'occupent d'un chenil. La Lumière de cet Ange vous permettra d'être en contact direct avec les émotions de vos animaux. Cet Ange a le pouvoir de vous aider à mieux guérir vos animaux et à mieux les comprendre.

Il est aussi l'Ange idéal de toutes les femmes désireuses d'avoir un enfant. Cet Ange fera tout en son pouvoir pour leur donner un enfant en rendant leur corps fécond ou en leur donnant un enfant grâce à l'adoption. Cet Ange vous donnera aussi la patience de bien éduquer votre enfant.

Omaël est un Ange très patient et il peut tout donner à l'enfant qui lui réclame de l'aide. Il faudra donc être très patient avant d'obtenir ce que vous réclamez. Si la Sphère spirituelle lui permet, cet Ange vous donnera exactement ce que vous lui réclamez. Sinon, il vous donnera un substitut qui vous fera autant plaisir.

Lorsqu'Omaël annoncera sa présence, il fera clignoter la lumière de la pièce. Il peut le faire trois fois au cours de la journée. De plus, lorsqu'il viendra vers vous, vous serez envahi par un sentiment intense, difficile à expliquer. Mais vous serez très heureux.

La Lumière d'Omaël illuminera tout votre être en entier, ce qui amènera les gens à vous dire que vous resplendissez.

Différentes façons de manifester sa présence

Comme son confrère Reiyiel, l'Ange Omaël aime tous les animaux. Omaël dit que chaque espèce possède son trait de caractère et que tous les animaux sont différents. C'est ce qu'il aime chez les animaux : leur différence.

Omaël aime les odeurs fruitées et caramélisées. Lorsqu'il viendra vers vous, ces odeurs peuvent développer votre goût de manger une pâtisserie.

Si Omaël vous fait entendre le mot « **patience** », il vous dit d'être patient. Ce que vous lui réclamez requiert de la patience. Toutefois, lorsque le temps viendra, vous n'obtiendrez que le meilleur.

Un autre mot important est « **abondance** ». Par ce terme, l'Ange Omaël vous enverra de l'abondance par rapport à une situation de votre vie qui en requiert.

Si vous entendez le mot « **solution** », Omaël vous annonce qu'il ouvre la porte aux solutions, ce qui vous permettra de régler le problème qui vous afflige.

Autres représentations symboliques

Si l'Ange Omaël vous **montre un piège**, il veut vous avertir d'un danger. Il y a possiblement une situation non honnête autour de vous. Et Omaël veut vous avertir du danger. Écoutez votre intuition, écoutez votre voix intérieure. C'est par cette voix qu'Omaël vous indiquera le danger à surveiller.

Si vous êtes ébloui par un **phare dans l'obscurité**, l'Ange Omaël éclairera vos pas et vous permettra de vous diriger dans la bonne direction. Cet Ange vous accordera le vœu que vous lui avez demandé. Il vous suffit de suivre ses conseils. D'ailleurs, il enverra trois personnes importantes sur votre chemin afin que vous suiviez bien ses conseils. Ces trois personnes joueront donc un rôle primordial pour l'obtention de votre désir.

Un signe particulier de l'Ange Omaël est d'envoyer des **éclairs dans le ciel**. Si, lors des neuf jours de sa prière, il y a des éclairs dans le ciel, ce signe vous annonce qu'un événement extraordinaire surviendra dans votre vie. Attendez-vous à une magnifique surprise qui vous amènera à en parler longtemps.

Si l'Ange Omaël vous montre un **symbole représentant l'argent** et que ce symbole est doré, par ce signe, l'Ange Omaël vous annonce une belle rentrée d'argent par la loterie, une augmentation de salaire, etc.

Un autre signe particulier est de vous **montrer des femmes enceintes**. Comptez les femmes enceintes que vous verrez. Ce total correspondra au nombre de surprises qu'il enverra sur votre chemin.

Le chiffre 3 est très important pour l'Ange Omaël. Tout au long de la semaine, il vous le montrera.

Spécialités de l'Ange Omaël

Omaël est un Ange guérisseur puisqu'il a la mission de rétablir le bon fonctionnement de tout être vivant sur Terre : les humains, les animaux et les végétaux. Il prend soin de tout ce qui est vivant. Il est le remède à plusieurs maux. Sa mission est de guider l'humain vers le meilleur remède pour pouvoir redonner vie à la vie.

Comme son confrère Reiyiel, l'Ange Omaël est le grand ami des animaux. Il va les protéger et s'assurer que ceux-ci sont bien dans leur environnement. Cet Ange a comme mission d'aider les animaux à se trouver un bon foyer où ils seront aimés et choyés. Si vous connaissez des animaux qui se font battre, demandez à l'Ange Omaël de leur trouver un meilleur refuge. La mission de cet Ange est d'éloigner cet animal de ce maître d'Ombre. Comme l'Ange Omaël est un Ange guérisseur, sa Lumière peut venir en aide à l'animal qui souffre et qui est malade. Vous pouvez aussi le prier pour la fertilité de votre animal et pour protéger votre femelle lors de l'accouchement. Reiyiel et Omaël sont des Anges à prier si vous voulez devenir un vétérinaire ou un expert en zoothérapie.

Omaël est un Ange qui développe la fertilité chez la femme. En le priant, sa Lumière agira favorablement sur les organes reproducteurs de la femme pour lui permettre de donner naissance, si cela n'entrave pas son plan de vie. Toutefois, Omaël va tout de même faire la demande auprès de Dieu pour vérifier s'il peut lui accorder cette demande malgré le fait que cela entrave son plan de vie. Lorsqu'une femme non féconde demande l'aide de l'Ange Omaël et que celui-ci ne peut la rendre féconde, c'est qu'elle est liée à son karma. S'il ne peut la rendre féconde, il lui enverra un enfant par l'adoption. Cet Ange fera tout pour la rendre heureuse. Il va lui donner la force et le courage de passer à travers cette épreuve. De plus, il va l'aider à mieux accepter sa situation s'il ne peut lui donner cet enfant.

Autres raisons de prier l'Ange Omaël

Tous les obstétriciens et sages-femmes devraient prier ce magnifique Ange qui les aidera lors de l'accouchement. L'Ange Omaël les guidera vers les meilleures solutions quand un accouchement sera compliqué.

Toutes les femmes qui doivent subir une césarienne devraient prier Omaël avant l'intervention. Cet Ange guidera les mains de votre obstétricien pour qu'il puisse réussir la césarienne et pour que votre bébé soit en pleine forme. Il en est de même pour toutes celles qui doivent subir une épidurale. Les femmes devraient donc prier l'Ange Omaël pour avoir une belle grossesse et un bel accouchement. Cet Ange leur donnera du courage, de la force et de l'énergie lors de l'accouchement.

Une autre particularité de cet Ange, c'est qu'il prend soin des organes reproducteurs autant féminins que masculins. Cet Ange s'assure du bon fonctionnement de ceux-ci. En le priant, il va vous permettre d'éviter la maladie à ce niveau. Il vous enverra des signes s'il s'aperçoit qu'un organe ne fonctionne pas bien. Il guidera vos pas vers le meilleur médecin ou le meilleur médicament à prendre en cas de problème.

La Lumière de l'Ange Omaël a le pouvoir de prévenir le cancer du sein et de la prostate. Toutes les femmes devraient le prier régulièrement. Sa Lumière leur permettra de détecter rapidement une anormalité aux seins. Il en est de même pour l'homme. Omaël s'assurera que celui-ci est conscient qu'il y a une anormalité dans son système reproducteur. Omaël collabore avec l'Ange Seheiah lorsqu'il s'agit de prendre soin de la santé de l'humain. Chacun peut aussi lui demander d'avoir un corps en santé.

Vous pouvez aussi le prier pour que tout se déroule bien lors d'une intervention chirurgicale afin que vous puissiez rapidement remonter la pente. Il en est de même pour ceux qui ont subi un cancer des organes génitaux ou une hystérectomie. La Lumière d'Omaël leur permettra de se remettre sur pied assez rapidement.

L'homme qui doit subir une vasectomie peut prier l'Ange Omaël pour qu'il lui donne le courage de subir cette opération. De plus, cet Ange l'aidera à la suite de la chirurgie. Sa Lumière le remettra rapidement en action.

Puis, cet Ange veille à ce que le médicament qui vous a été prescrit donne les effets escomptés autant à vous qu'à votre animal. Pour ce qui est de l'animal, si le médicament qui lui est prescrit n'est adéquat, votre animal vous le fera savoir par des signes évidents comme la faiblesse, les vomissements, etc.

Si ce médicament n'est pas pour vous, Omaël s'organisera pour vous le faire voir et il vous guidera vers le meilleur des remèdes pour vous aider à vous rétablir le plus rapidement possible. D'ailleurs, il va aider le médecin à vous prescrire le meilleur des médicaments. Si vous êtes médecin et que vous ne savez pas quel médicament donner à votre patient, priez l'Ange Omaël et il vous guidera dans ce choix par l'entremise d'un collègue ou d'une lecture.

Pour vous assurer qu'un remède est bon pour vous, avant de vous coucher, priez l'Ange Omaël. Dites-lui le nom du médicament que vous prenez et la raison pour laquelle vous le prenez. Demandez-lui de vérifier si ce médicament est à la hauteur de vos problèmes. Et dans la semaine qui suivra, il vous le montrera. Si rien ne survient, c'est que le médicament est bon pour vous. Par contre, s'il ne l'est pas, vous pourriez avoir des étourdissements, des maux de cœur et surtout des douleurs au ventre. Ce sera à vous de vérifier auprès de votre médecin par la suite et de lui demander qu'il vous prescrive un médicament différent. Vous pouvez toujours demander à l'Ange Omaël de guider votre médecin dans le choix d'un meilleur médicament.

L'Ange Omaël va aider tous les chercheurs qui veulent trouver les meilleurs remèdes pour guérir tout être vivant de la planète. Sa Lumière va s'organiser pour que leurs recherches soient bénéfiques pour le bien de l'humanité. Omaël confère la renommée aux chercheurs si, évidemment, ceux-ci le prie.

Tous les étudiants en médecine devraient prier l'Ange Omaël pour qu'il leur donne la force et le courage de poursuivre leurs études médicales.

Vous pouvez aussi prier l'Ange Omaël pour attirer la prospérité vers vous. Si vous priez l'Ange Omaël, l'argent arrivera de partout sans avoir à trop chercher, que ce soit par la loterie, une augmentation de salaire, un cadeau, une rente, etc. Peu importe l'événement, la mission première de l'Ange Omaël sera de vous aider et d'attirer l'abondance vers vous. Cet Ange fera tout pour voir l'humain réaliser ses projets, et ce, dans la joie. Si vous le priez, il attirera vers vous la prospérité pour mettre à jour le projet auquel vous tenez tant. Il peut aussi aider les gens à bien vivre de leurs rentes sans avoir à se tracasser. Il suffit de le prier.

L'Ange Omaël est le « Maître dans tout », alors, qu'importe la demande que vous lui faites, Omaël fera tout ce qu'il peut pour l'exaucer. Avec lui, tout est possible! La Lumière de cet Ange est un vrai élixir de bonheur qui vous permet d'être heureux. Sa Lumière attirera la joie, l'optimisme, l'humour et le bonheur dans votre vie. Omaël a le pouvoir de rendre heureux les enfants malheureux. Telle est la force de sa Lumière.

Note aux enfants d'Omaël

À votre naissance, l'Ange Omaël vous a fait le don de sa Lumière qui vous permet de faire fructifier vos idées et vos projets et d'apporter l'abondance dans votre vie. Omaël vous permet d'être à l'écoute des événements qui se produisent dans votre vie afin que vous puissiez saisir toutes les occasions qui se présentent à vous.

Vous possédez beaucoup de talent et vous avez le pouvoir de le faire fructifier, si vous le désirez. Vous possédez aussi tous les outils nécessaires pour être bien, connaître une vie amoureuse passionnante et être à l'aise financièrement. Il suffit de croire, d'avoir confiance en vous et surtout d'avoir confiance et foi en Omaël.

Grâce à la Lumière d'Omaël, vous pouvez obtenir tout ce que vous désirez. Il suffit de prier votre Ange et vous verrez jaillir l'abondance sur tous les plans.

Réclamer l'aide de l'ange Omaël

Avoir une belle grossesse et un bel accouchement

Pour avoir une belle grossesse et un bel accouchement, il vous suffit de prier l'Ange Omaël. Vous devriez également faire purifier un objet que vous porterez sur vous lors de votre grossesse et de votre accouchement. Lorsque vous ferez purifier votre objet, dites à l'Ange Omaël la raison pour laquelle vous voulez qu'il le purifie.

Exaucer un désir

L'Ange Omaël veut vous accorder un vœu. Faites-en un raisonnable et vous le verrez se réaliser en peu de temps. Omaël peut vous envoyer ce vœu lors de ses journées particulières. Il faudra les noter (voir les tableaux I et II). Puis, prenez une minute d'intériorisation et inscrivez ci-dessous ce vœu auquel vous tenez tant.

Protéger son animal

Pour protéger votre animal, il vous suffit de prier l'Ange Omaël et de faire purifier son collier par les Anges Omaël ou Reiyiel.

Prévenir un cancer

Pour prévenir le cancer, il vous suffit de prier l'Ange Omaël et de lui demander de purifier un objet que vous porterez sur vous, dans votre portefeuille, dans votre sac à main, etc. Cet objet agira à titre de talisman et si un problème arrivait, la Lumière de l'Ange Omaël vous enverrait immédiatement un signe, un sentiment intérieur qui vous amènerait à consulter un spécialiste.

Attirer la prospérité

Pour attirer la prospérité, il vous suffit de prier l'Ange Omaël et de lui demander de purifier un objet que vous porterez sur vous, dans votre portefeuille, dans votre sac à main, etc. Cet objet agira à titre de talisman. Frottez votre objet avant de faire l'achat d'une loterie. Vous pouvez aussi déposer votre talisman sur votre billet de loterie. Portez-le continuellement sur vous et ce talisman attirera la chance vers vous.

Purifier un objet

Lorsque vous faites purifier votre objet, dites la raison pour laquelle vous le faites purifier. Omaël lui infusera la Lumière en lien avec la raison pour laquelle vous le priez. Ainsi, cet objet agira à titre de talisman et vous protégera.

La femme désireuse de rendre son corps fertile devrait faire purifier un objet par Omaël et prendre le temps de méditer sur lui.

Bâtir un autel pour accueillir l'Ange Omaël

Napperon : tissu avec l'image d'animaux. Vous pouvez aussi lui offrir un tissu représentant une mère avec son bébé.

Couleurs : or, blanc et bleu.

Bougies : blanches, or ou bleues.

Encens : benjoin et santal.

Odeurs : sauge et bois humide.

Psaume à réciter lors du rituel;

« *Car vous êtes mon espoir, Seigneur Dieu, ma sauvegarde depuis ma jeunesse.* »

Psaume 72, verset 5

31. LECABEL
(communication, productivité, agriculture)

« *Arrêtez de porter des jugements sur vos faiblesses. Arrêtez de vous laisser influencer par les jugements des autres, cela ne fait pas évoluer votre âme.* »

« *Sur Terre, seuls les Anges ont le droit de voler. Si l'humain vole, cet acte ne sera pas accepté!* »

Ange idéal

Lecabel est l'Ange idéal de tous les agriculteurs qui veulent rentabiliser leur terre. La Lumière de cet Ange peut ramener à la vie une terre défraîchie.

Il est aussi l'Ange idéal de tous les professionnels des médias et des communications. Il apporte la réussite à tous ceux qui travaillent en télévision, édition, radio, publicité. Voilà l'importance de le prier si vous faites partie de cette catégorie de gens. En le priant, vous pourriez devenir célèbre en tant qu'écrivain, journaliste, animateur de radio ou de télévision. Grâce à sa Lumière, vous pourriez devenir un grand reporter, un attaché de presse important, un auteur à succès, etc.

Lecabel est un Ange qui aime le travail bien fait. C'est la raison pour laquelle cela peut prendre un peu de temps avant qu'il manifeste sa présence. Lorsqu'il viendra vers vous, vous serez envahi par un sentiment de protection qui vous sécurisera.

La vibration que dégage cet Ange peut déranger votre intonation de voix. Vous pouvez manquer de voix, comme si elle était fatiguée ou enrhumée. Vous aurez la sensation d'avoir un nœud dans la gorge. Tel est l'effet de sa vibration.

Lecabel est l'Ange de la communication, ce qui vous amènera à parler toute la journée. Vous communiquerez vos intentions, vos émotions. Les gens qui vous entourent auront même du mal à vous reconnaître tellement vous n'arrêterez pas une minute.

Différentes façons de manifester sa présence

Lecabel aime tous les animaux. Toutefois, il a une préférence pour les volatiles. Lecabel aime aussi la pie puisqu'il trouve qu'elle lui ressemble. Elle jacasse tout le temps!

Lecabel aime l'odeur d'un bouquet de fleurs à la lavande. Il aime aussi celle des carottes. Eh oui, il y a de fortes chances que Lecabel vous donne l'envie de manger une carotte lorsqu'il manifestera sa présence.

Si vous entendez le mot « **discours** », l'Ange Lecabel aimerait que vous soyez attentif au discours auquel vous serez invité à assister. Dans ce discours, il y aura plusieurs messages pour vous. Toutes les réponses à vos questions s'y trouvent. Il suffit d'être attentif. Il s'agit d'une façon originale de Lecabel de vous envoyer ses messages.

Si Lecabel vous envoie le mot « *idée* », il vous indique de mettre en œuvre l'idée que vous avez. De toute façon, l'Ange Lecabel enverra sur votre chemin une situation ou une personne qui vous donnera l'essor pour mettre en œuvre votre idée.

Un mot important de l'Ange Lecabel est « **cultiver** ». L'Ange Lecabel vous indique ainsi de persévérer. Votre récolte sera à la hauteur de vos attentes. De bons moments s'en viennent pour vous. « *Ne lâchez pas et continuez.* » Tel est le message de l'Ange Lecabel. De plus, cet Ange vous infusera sa Lumière de courage pour vous donner une poussée nouvelle afin d'atteindre votre but.

Autres représentations symboliques

Si Lecabel vous montre une **police d'assurance**, cet Ange vous indique qu'il vous protège des dangers. Il vous fera prendre conscience des vampires d'énergie qui vous assaillent. Cette prise de conscience est pour mieux vous en éloigner.

Un signe particulier de l'Ange Lecabel est de vous **montrer un chanteur d'opéra**. Si vous entendez une chanson chantée par un chanteur d'opéra, par ce signe, l'Ange Lecabel vous annonce qu'une bonne nouvelle vous parviendra sous peu. Vous serez enchanté par son contenu.

Si Lecabel vous **montre une radio** et que vous avez un frisson au moment où vous êtes en contact avec elle, Lecabel aimerait que vous allumiez cette radio et que vous portiez attention aux paroles que dira l'animateur puisque, dans ses paroles, un message ou une solution s'y trouvera pour vous.

Si vous **voyez un arc-en-ciel**, l'Ange Lecabel vous annonce un événement positif qui surviendra dans votre vie. Il y a de fortes chances que cela concerne la réalisation de votre demande.

Spécialités de l'Ange Lecabel

Lecabel est l'un des Anges qui aident tous ceux qui travaillent avec la terre. Il les aide à la fertiliser pour que celle-ci donne un bon rendement. Lecabel est un Ange à prier pour sauver vos récoltes. Il peut aussi vous aider à vous sortir d'un problème ou à vous guider vers de nouveaux outils ou techniques qui vous aideront à mieux rentabiliser votre terre, que ce soit pour la récolte des produits de la terre, que ce soit pour une terre qui abrite des animaux, vaches, cochons, bœufs, poules ou autres. L'Ange Lecabel vous aidera dans votre production agricole. Si vous éprouvez une difficulté avec un animal, un produit ou la terre, priez cet Ange. Peu importe votre problème, il vous aidera en envoyant sur votre chemin toutes les personnes ou les ressources nécessaires qui vous aideront à régler rapidement votre problème. Tout le Chœur des Dominations travaillera pour le bien de votre terre, car elle est importante lui. C'est là qu'habitent les enfants de Dieu. Et une terre doit être productive pour aider les enfants de Dieu à bien se nourrir.

L'Ange Lecabel va aussi aider tous les chercheurs qui travaillent pour le bien de la terre ou des animaux. Il va les aider à trouver les remèdes adéquats pour que ceux-ci soient bien en santé et qu'ils puissent bien produire et vous amener vers de bonnes récoltes.

Le surnom de l'Ange Lecabel est « Ange productif de Dieu ». Avec lui, tout doit bouger et c'est important que chacune de vos actions récolte ses bienfaits. C'est la raison pour laquelle la Lumière de cet Ange rend fertiles tous les projets que vous avez en tête. L'Ange Lecabel fait naître aussi en vous les inventions et les idées nouvelles pour vous aider à vivre heureux et en harmonie sur la terre. Vous pouvez aussi le prier pour obtenir un travail rémunérateur à la hauteur de vos attentes.

Autres raisons de prier l'Ange Lecabel

Vous pouvez prier l'Ange Lecabel pour attirer la prospérité vers vous grâce à votre don ou à votre talent. Cet Ange a le pouvoir de vous conduire vers le chemin de la réussite et de la fortune. Cependant, il ne faut pas que cette fortune vous fasse oublier l'essentiel de votre passion. Et il ne faut pas oublier de prier l'Ange Lecabel qui vous a permis de vous rendre au sommet de la réussite et de la célébrité. Si vous l'oubliez, un jour, tout peut s'effondrer, car vous risquez d'oublier vos racines, votre essence divine. Souvent, vous laissez l'Ombre vous envahir. Le rôle de l'Ange Lecabel est de vous amener vers ce sommet et de rester en équilibre avec cette nouvelle vie. Si vous le priez régulièrement, l'Ange Lecabel vous aidera à récolter régulièrement les bienfaits de vos labeurs tout en vous aidant à demeurer en équilibre avec cette nouvelle célébrité. Cela s'applique aussi à tous les commerçants qui veulent rentabiliser leurs affaires.

Une autre mission de cet Ange est de vous accorder la facilité de la parole et de l'écriture. Il est excellent pour tous ceux qui veulent écrire un livre ou qui veulent parler en public. Cet Ange fera fructifier votre savoir, mais le plus important est qu'il libérera votre pensée des situations négatives qui vous empêchent d'écrire ou de communiquer avec votre public. Cet Ange vous aidera à bien prendre votre vie en main. La Lumière de l'Ange Lecabel a donc le pouvoir de faire fructifier toutes les actions que vous entreprendrez. Il est l'Ange de la réussite et peut vous permettre d'avoir une vie financière florissante et de faire de bons placements financiers. Il vous suffit de le prier.

Vous pouvez prier Lecabel pour qu'il vous aide à résoudre tous les problèmes affectifs, professionnels, de santé ou autres qui viennent vers vous. La Lumière de cet Ange vous guidera vers la solution. De plus, la puissante Lumière de l'Ange Lecabel vous aidera à mieux prendre les décisions qui doivent être rendues sur-le-champ. Cet Ange vous permet d'analyser avec exactitude la situation pour que vous puissiez prendre rapidement la meilleure décision. Ainsi, vous n'aurez aucun regret quant à la décision prise sur-le-champ.

Note aux enfants de Lecabel

À votre naissance, l'Ange Lecabel vous a fait le don de sa Lumière de communication. Vous êtes un orateur adulé et un excellent messager. Vos paroles sont importantes et bien pesées. Vous êtes un messager de paix, comme mère Teresa qui était sous la gouverne de l'Ange Lecabel.

De plus, certains auront le don de la musique, de la chanson et ils pourront devenir des chanteurs renommés puisqu'ils possèdent une voix chaude et puissante.

Grâce à la Lumière de Lecabel, vous possédez le don des affaires. Vos idées sont novatrices et avant-gardistes. Vous avez aussi le privilège de réussir tout ce que vous entreprenez. Il suffit de vous faire confiance.

Lorsque vous êtes fatigué, rien de mieux que d'écouter une musique de détente.

Réclamer l'aide de l'Ange Lecabel

Rentabiliser la terre

Pour rentabiliser la terre, priez l'Ange Lecabel. Ensuite, faites purifier de l'eau et un objet que vous pourrez enterrez par la suite. En ce qui concerne l'eau, vous pouvez tout simplement en prendre une bouteille et la faire purifier par Lecabel. Lorsqu'elle sera prête, aspergez en petite quantité cette eau bénite sur votre terre, comme si vous la bénissiez vous-même. Lorsque vous le ferez, récitez ceci : « *Ange Lecabel, par cette eau, rendez cette terre fertile.* »

Ensuite, faites purifier un petit objet. Ce peut être une médaille, un médaillon, qu'importe. Après l'avoir fait purifier par Lecabel, enterrez-le. Cet objet agira à titre de talisman et protégera votre terre tout en la rendant fertile. De plus, si Lecabel s'aperçoit qu'une situation ou un événement est non favorable pour le bien de votre terre, il vous avertira en vous envoyant un signe concret. Il peut aussi vous envoyer un signe par la voix de votre intuition. Si vous avez un pressentiment en ce qui concerne votre terre, tenez-en compte et ne négligez pas votre impression.

Une action à entreprendre et à réussir

Puisque l'Ange Lecabel a la mission de faire fructifier une action, il aimerait vous aider à entreprendre votre action et à la porter vers la réussite. Cela peut s'agir de perdre du poids, d'arrêter de fumer, d'écrire un livre, de rénover une maison, etc. Cet Ange ouvrira la porte aux possibilités lors de ses journées particulières indiquées aux tableaux I et II. Il serait important que vous en preniez note.

Prenez une minute d'intériorisation et, lorsque vous serez prêt, inscrivez une seule action. Lorsque celle-ci sera concrétisée, vous pourrez en demander une seconde, et ainsi de suite. Vous pouvez régulièrement faire appel à ce merveilleux Ange lorsque vous avez mille et une idées et que vous voulez avoir une petite poussée angélique pour les mettre sur pied et les réussir. Toutefois, cet Ange accorde qu'une seule action à la fois. Inscrivez ci-dessous votre action.

_____

_____

Résoudre un problème

Si vous priez l'Ange Lecabel, celui-ci se fera un devoir d'envoyer sur votre chemin toutes les solutions pour que vous puissiez régler votre problème. Vous pouvez écrire votre problème et l'insérer dans votre boîte d'Ange ou dans l'un de vos tiroirs de la commode. Vous pouvez aussi le réciter à voix haute avant de vous coucher. Toutefois, en l'écrivant, tous les Anges iront consulter votre papier et ils travailleront de concert avec l'Ange Lecabel pour vous envoyer la solution immédiate à votre problème.

Connaître la célébrité grâce à un talent

Pour connaître la célébrité grâce à un talent, il vous suffit de prier l'Ange Lecabel. Celui-ci vous guidera vers les personnes-ressources qui vous permettront de réaliser votre rêve. Toutefois, vous devez avoir le talent pour obtenir ce que vous réclamez.

Bâtir un autel pour accueillir l'Ange Lecabel

Napperon : tissu avec l'image de volatiles.

Couleurs : les couleurs de l'arc-en-ciel, le bleu et l'argent.

Bougies : blanches, bleues ou arc-en-ciel.

Encens : benjoin et mastic.

Odeurs : lotus et tournesol.

Psaume à réciter lors du rituel;

*« Je me présenterai avec vos hauts faits, Seigneur Dieu,
je célébrerai votre justice à Vous seul. »*

Psaume 71, verset 16

32. VASARIAH
(miracle, talent, autonomie)

« *Nourrissez-vous que de la simplicité et tous viendront
manger dans vos mains.* »

« *Suivez le chemin lumineux qui s'ouvre à vous. Ce chemin vous conduira
vers le royaume de Dieu. Empruntez ce chemin et vous serez
beaucoup plus heureux.* »

« *Réparer une erreur, c'est réparer sa vie.* »

Ange idéal

Vasariah est l'Ange idéal de tous ceux qui sont victimes de la maladie
d'Alzheimer. Vasariah ne peut guérir cette maladie, cependant, elle peut
aider celui qui en souffre à se souvenir des événements importants de sa
vie. Si vous devez aller rendre visite à une personne atteinte d'Alzheimer,
priez d'abord l'Ange Vasariah pour qu'elle puisse aider cette personne à
mieux se souvenir de vous et des événements relatifs à vous deux.

Elle est aussi l'Ange idéal de tous les chanteurs, car elle travaille pour que
la voix de ceux-ci soit toujours en parfaite santé. L'Ange Vasariah prend soin
des cordes vocales et de tout ce qui s'y rattache. Elle peut donner à votre voix
une belle qualité et une grande puissance.

Vasariah est un Ange d'une grande douceur et d'une grande sensibilité.
Lorsqu'elle viendra vers vous, elle volera tout doucement autour de vous,
telle une légère brise remplie de douceur et de sagesse. Voilà la sensation que
vous éprouverez lorsqu'elle annoncera sa présence.

Même si Vasariah prend son temps avant de venir vers l'humain, son
aide est efficace. Vasariah travaillera pour vous aider à prendre vos responsabilités et à prendre votre vie en main. Elle vous donnera une poussée angélique
pour que vous puissiez avancer vers vos rêves et vers vos objectifs.

Vasariah est la manifestation de la simplicité. C'est la raison pour laquelle
elle ne fait pas beaucoup de bruit lorsqu'elle vient vers l'humain. Toute sa
vibration est dans le ressenti. Lorsqu'elle viendra vers vous, vous serez envahi
par un sentiment de bien-être tellement fort que vous pourrez presque verser
des larmes sans raison apparente ou vous aurez la sensation d'avoir les yeux
grands ouverts, comme un enfant qui ouvre les yeux pour la première fois.
Telle est sa vibration magique.

Différentes façons de manifester sa présence

Vasariah adore les mères oiseaux qui nourrissent leurs petits. D'ailleurs, Vasariah trouve qu'elle leur ressemble beaucoup. Elle adore également les papillons. Lorsqu'elle manifestera sa présence, il y a de fortes chances que Vasariah envoie des papillons et des oiseaux sur votre chemin.

Vasariah aime les odeurs douces, celles qui calment le mental et l'esprit. Lorsqu'elle viendra vers vous, elle pourra vous faire ressentir une odeur de lavande mélangée à un soupçon de bergamote et de miel, une douce odeur de fraîcheur.

Si Vasariah vous fait entendre le mot « **construire** », elle vous dit qu'il est temps pour vous de construire votre vie de la façon que vous le désirez. Sa mission sera de vous aider dans les prochains mois qui suivront votre demande. Vasariah guidera vos pas vers des situations ou vers des personnes qui vous permettront de construire votre monde, vos rêves. C'est la raison pour laquelle l'Ange Vasariah aimerait que vous preniez le temps d'inscrire votre monde de rêve à vous. Ainsi, elle pourra mieux vous diriger vers votre demande.

Le mot « **simplicité** » est aussi important pour Vasariah. Par ce terme, elle vous indique de demeurer humble et simple. Chercher la perfection n'est pas toujours une bonne qualité. Par ce mot, cet Ange vous dit donc d'être vous-même et d'accepter qui vous êtes. Elle vous demande de regarder profondément en vous puisque vous possédez de bonnes qualités et c'est ce qui est important. Si Vasariah vous a fait entendre ce mot, il y a de fortes chances que, en ce moment, vous dépassiez trop la limite de vos capacités. Vous essayez trop d'être une autre personne. Par ce mot, Vasariah vous dit donc d'être tout simplement vous et tout viendra à vous par la suite.

Si Vasariah vous fait entendre le mot « **talent** », elle vous dit de mettre à profit vos talents et vos dons. D'ailleurs, Vasariah vous enverra plein de symboles pour que vous puissiez mettre à profit vos talents.

Autres représentations symboliques

Puisque Vasariah adore les **papillons**, elle en enverra sur votre chemin. Par ce signe, elle vous indique qu'il y aura du changement dans votre vie. Attendez-vous à faire des changements pour améliorer votre vie. Le nombre de papillons correspond au nombre de changements que vous ferez et le temps que cela prendra avant de voir les résultats de vos changements. Si, dans les neuf jours de la prière, Vasariah vous montre cinq papillons, elle vous annonce que vous ferez cinq changements et que, en cinq jours, cinq semaines, cinq mois ou cinq ans, tous ces changements se feront et vous y verrez tous les bons résultats.

Vasariah adore le **blanc et le turquoise**. Il y a de fortes chances qu'elle vous montre des personnes vêtues dans ces teintes lorsqu'elle viendra vers vous. Toutefois, si vous voyez une personne vêtue de blanc et de turquoise et portant un bijou représentant un papillon ou un oiseau, sachez que vous venez de voir Vasariah. Faites-lui un sourire.

Puisque Vasariah se décrit comme **une mère oiseau**, il y a de fortes chances qu'elle vous en montre une lors des neuf jours de la prière. Par ce signe, elle vous indique qu'elle fera fructifier un projet, une action, etc. De plus, ce signe vous indique qu'il y aura un événement familial. Par ce signe, cet Ange vous rapprochera de votre famille. S'il y a eu de la discorde, attendez-vous à un rapprochement pour le bien de tous les gens concernés. Tel est son message.

Si Vasariah vous montre des **notes de musique**, elle vous indique qu'elle mettra son énergie dans votre foyer pour que celui-ci reflète l'harmonie et la joie. De bons moments se préparent pour vous sous votre toit. De plus, par ce signe, l'Ange Vasariah vous dit qu'elle vous enverra une belle surprise qui vous permettra d'être en harmonie et au diapason de cette belle surprise. Vous sautillerez de joie!

Spécialités de l'Ange Vasariah

Vasariah est l'Ange qui peut vous aider le plus rapidement et le plus radicalement possible. Quand un problème survient dans votre vie et que vous avez besoin d'un miracle, elle est l'Ange à prier. Cela ne veut pas dire qu'elle sera celle qui fera ce miracle. Sa mission est d'aller rapidement vers tous ceux qui peuvent vous aider à accomplir ce miracle. L'Ange Vasariah dirigera vers vous toutes les personnes qui seront aptes à vous aider dans ce que vous lui réclamez.

De plus, si vous lui tendez votre main, Vasariah vous enverra les récoltes de vos bienfaits. Cet Ange aime récompenser l'enfant qui se dévoue pour son prochain. Mais pour recevoir des bienfaits, il faut les lui demander. Vasariah adore que vous la priiez. Alors, vous devriez réciter sa prière de remerciements et vous obtiendrez toutes sortes de cadeaux providentiels.

Autres raisons de prier l'Ange Vasariah

Vasariah a comme mission de ramener l'humain vers sa spiritualité. Ainsi, cet être sera beaucoup plus en harmonie avec son plan de vie. Quand l'Ange Vasariah s'aperçoit que l'humain néglige sa spiritualité et que celui-ci réclame son aide, Vasariah se donne le devoir de le ramener vers la Lumière. Vasariah est consciente que lorsqu'un humain n'est pas spirituel, il a beaucoup plus tendance à se laisser influencer par l'Ombre et à y sombrer. C'est la raison pour laquelle quand un humain réclame son aide, elle se dirige rapidement vers celui-ci pour l'aider à retrouver la foi en la Sphère spirituelle.

Vous pouvez aussi prier l'Ange Vasariah pour qu'elle vous aide à prendre votre vie en main et à vous diriger vers vos rêves sans être obligé de toujours demander l'avis de tout le monde. Cet Ange vous permet d'être autonome. Il est important de vous suffire à vous-même et d'en être heureux.

L'Ange Vasariah apporte de l'aide à tous ceux qui ont de la difficulté à prendre leurs responsabilités. La famille est très importante pour elle. Vasariah collabore avec les Anges Chavakhiah et Rehaël en ce qui a trait aux responsabilités familiales. Vasariah possède en elle une forte Lumière qui permet à l'humain d'être un bon parent. Elle l'aide à bien accomplir ses tâches et ses responsabilités. Elle fait de lui une personne heureuse et épanouie.

Vous pouvez aussi prier l'Ange Vasariah pour conserver une mémoire en santé. Vasariah peut aussi vous aider à vous remémorer certaines questions reliées au passé. Si vous avez besoin de vous souvenir d'un événement, cet Ange vous permettra de mieux vous en souvenir pour que vous puissiez par la suite le régler. Si vous devez régler une situation reliée à votre passé, Vasariah demandera à l'Ange Sitaël de vous envoyer tous les signes et les outils nécessaires pour mieux régler ce qui vous tracasse. Ensuite, elle demandera à l'Ange Aniel de vous en libérer.

Tous ceux qui ont des démêlés avec la justice devraient prier l'Ange Vasariah. Cet Ange apporte son secours à tous ceux qui ont des problèmes juridiques. Vasariah peut aider autant les innocents, les avocats, les juges que les criminels. Sa mission est que justice soit faite. Une personne injustement accusée peut demander de l'aide à l'Ange Vasariah pour la protéger contre ceux qui l'attaquent injustement en justice. Cet Ange donnera le courage et la force à celui qui est injustement accusé de bien se défendre et de bien livrer son plaidoyer. L'Ange Vasariah vous donnera une facilité d'élocution pour que le jury puisse bien entendre et comprendre votre point de vue. Elle s'organisera pour que la vérité se fasse entendre et que la justice soit clémente et équitable.

Un avocat peut la prier afin d'atteindre l'art de faire de beaux discours et de convaincre son jury, en autant que l'avocat le fasse en toute honnêteté et qu'il respecte l'éthique de l'Ange Vasariah : justice et indulgence.

L'Ange Vasariah aidera un juge à bien prononcer son discours. Ce juge doit cependant prier cet Ange. La sentence se fera alors de façon équitable, ce qui aidera les parties à bien accepter son énoncé, sa pénitence.

Vasariah pourrait également aider le criminel qui la prie. Cet Ange pourrait même adoucir son sort si sa prière est honnête et sincère et qu'il se repent du geste commis. L'Ange Vasariah fera tout pour sauver l'âme du criminel pour qu'il ne tombe pas dans les mains de l'Ombre à nouveau. Et si ce criminel se repent et demande le pardon, il y a de fortes chances qu'il évite de sombrer dans l'Ombre. Lorsque son âme quittera son corps physique, la Lumière sera là pour l'aider à ne pas se diriger dans la maison de l'Ombre (pour plus de renseignements à ce sujet, consultez *La Bible des Anges*). Cet Ange peut même s'organiser pour que le criminel obtienne des grâces malgré le geste qu'il a fait. Avant tout, Vasariah doit évaluer sa foi et son honnêteté devant sa demande. Évidemment, Vasariah prendra aussi soin de l'âme de l'accusé qui la prie. Elle lui permettra de retrouver la foi en la prière et en Dieu.

Vous pouvez aussi prier l'Ange Vasariah pour lui demander d'attirer les grâces vers vous. Dites-lui un bienfait que vous avez fait et pour lequel vous aimeriez être récompensé si cela est permis par les Sphères spirituelles. Vous pouvez lui demander d'une à cinq grâces par année.

L'Ange Vasariah a le pouvoir de changer tout le négatif en positif. Cela dit, vous devez en faire la demande et avoir foi en sa Lumière et en la Lumière de tous ses compagnons de travail. Pour ce faire, vous n'avez qu'à énumérer vos problèmes et à réciter sa prière pendant neuf jours consécutifs. Vous verrez, pendant ces journées, que tout commencera à changer. Vous regarderez même ce problème d'une manière différente. Cet Ange est excellent à prier si vous souhaitez que le soleil refasse surface dans votre vie.

Note aux enfants de Vasariah

À votre naissance, l'Ange Vasariah vous a fait le don de sa Lumière de vision. Vous êtes doté de capacités extrasensorielles, ce qui vous permet de percevoir des situations ou des événements auxquels la majorité des gens sont insensibles. Il serait aussi important d'écouter votre voix intérieure lorsqu'elle vous parle puisqu'elle est celle de Vasariah. Cet Ange vous guide et cherche à vous habituer en douceur à vos capacités extrasensorielles.

De plus, certains des enfants de Vasariah possèdent un talent artistique. Plusieurs auront une très belle voix et pourront réussir dans le domaine de la chanson.

Vous avez besoin d'être nourri, que ce soit par rapport à l'art, l'amour, la famille, etc. Vous avez également besoin de vous sentir épaulé et important aux yeux de vos proches.

La meilleure façon de reprendre vos énergies, c'est de vous retirer quelques jours dans une atmosphère de calme en écoutant une belle musique. Rapidement, vos énergies seront à la hausse.

Réclamer l'aide de l'Ange Vasariah

Construire un monde de rêve

L'Ange Vasariah veut vous aider à construire le monde de vos rêves. Toutefois, vous devez être réaliste dans ce que vous demandez. Sa mission est de vous aider à construire ce monde pour que vous puissiez être heureux et en harmonie dans votre vie. Vous pouvez lui demander de vous trouver un emploi qui serait à la hauteur de vos attentes, un conjoint qui vous aime, etc.

Prenez une minute d'intériorisation et inscrivez ci-dessous de quelle manière vous imaginez votre vie, votre monde de rêve, avec les compétences que vous possédez.

_____

_____

_____

_____

_____

Le mot « construire » sera important pour Vasariah. Si elle vous l'envoie, elle vous indique que la demande que vous avez écrite est acceptée et qu'elle guide maintenant vos pas vers la réalisation de vos rêves et de vos projets.

Obtenir une justice équitable

Si vous devez débattre une cause, que ce soit pour un divorce, une contravention de vitesse, etc., priez l'Ange Vasariah. Sa Lumière fera en sorte que le jugement soit équitable. De plus, portez sur vous un objet que vous aurez fait purifier par l'Ange Vasariah comme un bijou, un collier ou autre chose. Ceci vous donnera confiance en vous et vous vous sentirez protégé par l'Ange Vasariah.

Vivre un miracle

Inscrivez une situation à laquelle vous aimeriez que l'Ange Vasariah apporte sa Lumière miraculeuse pour vous aider. Prenez une minute d'intériorisation et inscrivez votre situation ci-dessous.

_____

_____

_____

La mission de l'Ange Vasariah sera d'envoyer tous les événements et toutes les personnes adéquates pour que ce miracle se produise dans votre vie. Les journées particulières de l'Ange Vasariah seront aussi très importantes puisque Vasariah ouvrira alors la porte aux événements.

Régler un problème

Inscrivez un problème et priez l'Ange Vasariah pendant neuf jours. Vous verrez que, au bout de la neuvième journée, vous regarderez votre problème différemment. Vous serez aussi en mesure de prendre les décisions adéquates pour pouvoir mieux le régler. Telle est l'efficacité de la Lumière de Vasariah. Cet Ange peut même vous enlever ce problème en vous accordant un miracle.

Bâtir un autel pour accueillir l'Ange Vasariah

Napperon : tissu avec l'image de papillons ou d'oiseaux.

Couleurs : bleu, blanc et turquoise.

Bougies : blanches et bleues.

Encens : benjoin et mastic.

Odeurs : pomme cuite et chèvrefeuille.

Psaume à réciter lors du rituel;

_« Car le jour et la nuit, votre main pesait sur moi,
ma sève s'altérait comme aux feux de l'été. Sélah. »_

Psaume 32, verset 4

CHAPITRE XI

Les Puissances

Dans le Chœur des Puissances, tous les Anges peuvent prendre le corps d'un être humain comme celui d'un animal. Cela leur est permis. Ce Chœur a été créé pour aider l'humain à expier ses fautes commises sur Terre et à épurer son karma. Le Chœur des Puissances permettra à l'humain de réparer ses erreurs et de demander pardon à ceux qu'il a blessés.

Le Chœur des Puissances est très puissant et d'une grande importance pour le bien de l'humain. Les Anges qui le composent sont adorables et efficaces. Lorsque vous faites appel à un Ange de ce Chœur, cet Ange vient selon l'urgence de votre demande. Toutefois, lorsqu'il arrivera, il aura toutes les connaissances pour mieux vous aider dans votre demande. Pour mieux connaître la vibration du Chœur des Puissances, consultez La Bible des Anges.

33. YEHUIAH
(travail, réponse, compréhension)

« Lorsque vous prenez le temps d'analyser toutes les situations qui se produisent dans votre vie, vous apprenez à les régler. »

« Si vous voulez obtenir le succès, alors travaillez-le! »

« Préservez vos mots du mensonge et du mal. Communiquez la paix. Éloignez-vous du mal. Communiquez le bien. Recherchez la Lumière et propagez la paix. Recherchez le respect et propagez l'amour. En agissant ainsi, votre vie se portera mieux et votre âme vous remerciera. »

Ange idéal

Yehuiah est l'Ange idéal de tous les employeurs. Cet Ange s'organisera pour que vos employés vous respectent et qu'ils vous donnent une bonne qualité de travail et un bon rendement. Cependant, Yehuiah s'attend à ce que vous fassiez de même avec vos employés. En intégrant sa Lumière à votre travail, vous aurez une équipe valorisante et tous les membres iront dans la même direction que vous. Ces êtres vous aideront à atteindre les buts et les objectifs que vous vous êtes fixés. Yehuiah formera une équipe, une famille, qui travaillera pour le bien de votre entreprise.

Yehuiah est aussi l'Ange protecteur de tous ceux qui travaillent pour le gouvernement. Faites purifier un objet par Yehuiah et apportez-le à votre bureau. Les personnes négatives n'y entreront plus.

Yehuiah est un Ange magnifique qui possède de grands yeux lumineux qui transpercent tout ce qui se trouve devant cet Ange. Lorsque Yehuiah annoncera sa présence, vous serez ébloui par sa présence. Sa vibration fera en sorte que vos yeux couleront en douceur, comme s'il y avait une petite saleté dans votre œil. De plus, pour vous taquiner un peu, elle vous chatouillera le dessus et l'intérieur de l'oreille, ce qui vous amènera à frotter votre oreille.

L'Ange Yehuiah peut prendre jusqu'à sept jours avant de venir vers vous puisqu'avant de manifester sa présence, elle va vous écouter. Elle va regarder ensuite votre demande et l'analyser pour mieux comprendre vos besoins et l'aide qu'elle vous apportera. Lorsque son analyse sera faite, elle viendra rapidement vous signaler sa présence.

Différentes façons de manifester sa présence

L'Ange Yehuiah aime tous les animaux. Toutefois, elle un faible pour les coccinelles et les libellules. Il y a d'ailleurs de fortes chances qu'elle vous en montre lorsqu'elle viendra vers vous.

Yehuiah est un Ange qui aime sentir les odeurs. Elle n'a pas de préférence puisqu'elle prend un plaisir fou à analyser chaque odeur, à vérifier les bienfaits qu'elle peut apporter à l'humain, etc. Lorsqu'elle viendra vers vous, elle aura une odeur qui vous plaira. Si vous êtes fatigué, son odeur rehaussera vos énergies. Si vous avez besoin de calme, son odeur vous calmera. Voilà pourquoi cet Ange analyse tout. Elle s'assure que vous obteniez le meilleur! Cela explique aussi le temps qu'elle prend à se manifester.

Le premier mot que Yehuiah vous fera entendre sera « **équilibre** ». Par ce terme, elle vous dit qu'elle vous aidera à retrouver l'équilibre dans votre vie. Tout ce qui est en dérangement, elle vous le montrera pour qu'ensemble vous trouviez la meilleure solution pour vous en sortir. Cet Ange guidera vos pas vers des situations favorables qui vous aideront à retrouver votre équilibre sur tous les plans.

Un autre mot important pour Yehuiah est « **harmonie** ». Cet Ange vous indique ainsi qu'elle apportera sous votre toit sa Lumière d'harmonie. Lorsque vous êtes en harmonie avec les événements de la vie, vous êtes plus apte à avancer vers vos rêves et vos buts. Vous êtes également plus en mesure de régler ce qui ne fonctionne pas puisque vous avez l'esprit ouvert et reposé.

Si Yehuiah vous fait entendre le mot « **réponse** », c'est qu'elle vous enverra la réponse à votre question. Attendez-vous, dans la semaine qui suivra votre demande, à obtenir les réponses à certaines de vos questions. Il vous faudra donc être très attentif.

Autres représentations symboliques

Yehuiah peut vous montrer **quelqu'un tenant un livre dans ses mains**. Par ce signe, l'Ange Yehuiah vous dit de regarder le titre puisqu'il contient un message pour vous. Yehuiah aime envoyer des messages à l'humain. Toutefois, elle les envoie en paraboles. La raison pour laquelle elle agit de la sorte, c'est qu'elle veut que celui qui la prie analyse et regarde autour de lui. Ainsi, la prochaine fois, il pourra par lui-même découvrir ses propres réponses. Il serait aussi important que vous ayez toujours sur vous un papier et un crayon puisqu'il vous faudra marquer les titres de chaque livre que Yehuiah vous montrera. Ensuite, il faudra que vous analysiez le message qui y est inscrit pour vous. Lorsque vous prierez cet Ange, vous aurez l'impression de jouer au détective.

Pour vous taquiner, Yehuiah empruntera le corps d'un humain qui viendra vous **faire un clin d'œil avec un sourire radieux**. Pour mieux la reconnaître, elle dit qu'elle aura de grandes oreilles pointues ou poilues. De plus, comme elle aime la couleur bleu azur, il y a de fortes chances qu'elle porte cette teinte dans sa tenue vestimentaire. Si cela vous arrive, répondez à son sourire.

Si l'Ange Yehuiah vous montre un dictionnaire, elle vous annonce que vous allez parfaire vos connaissances grâce à un cours, à une technique, etc. Attendez-vous à vivre un changement dans les semaines qui suivront. Ceux-ci amélioreront votre vie. Ce signe peut aussi vous indiquer une augmentation de salaire ou un changement bénéfique sur le plan professionnel.

Si vous voyez un **journaliste en train d'écrire un mot**, l'Ange Yehuiah vous indique de prendre soin de vos émotions. Prenez soin de votre journal intime. Commencez à écrire vos émotions et cela vous fera un grand bien. Cet Ange vous demande, dans la semaine qui suivra, d'écrire vos émotions sur un bout de papier : frustration, joie, bonheur, déception, etc. Écrivez-les. Sa Lumière nettoiera toutes vos émotions négatives et rehaussera toutes vos émotions positives.

Si Yehuiah vous montre **un cristal qui brille**, par ce signe, elle vous invite à aller vous en acheter un. Elle le purifiera grâce à sa Lumière. De plus, par ce signe, l'Ange Yehuiah vous indique qu'elle illuminera votre vie. Alors, dépêchez-vous d'aller acheter ce cristal.

Si vous voyez une fenêtre décorée par des volets blancs, rouges ou verts, l'Ange Yehuiah vous annonce qu'un chapitre de votre vie se termine et qu'un nouveau beaucoup plus heureux et favorable commence. Yehuiah vous montrera à propos de quel sujet le chapitre se termine. D'ailleurs, vous le ressentirez grandement à l'intérieur de vous.

Spécialités de l'Ange Yehuiah

Le chaleureux surnom de l'Ange Yehuiah est « Ange de la Connaissance ». Yehuiah possède en elle le pouvoir d'intégrer en vous toutes les connaissances pour accomplir votre mission de vie et pour bien intégrer les connaissances de votre prochaine incarnation. Il vous suffit de la prier et de lui demander de vous infuser la Lumière de connaissance.

Yehuiah est un Dieu qui connaît tout. Qu'importe ce que vous lui demanderez, elle trouvera la réponse à vos questions. Si vous priez Yehuiah, elle enverra aussi sur votre chemin les personnes-ressources pour vous aider à trouver les meilleures solutions ou pour vous aider à mieux vous sortir de vos problèmes. Puisqu'elle sait tout, elle sait exactement quelle sera la personne efficace qui vous fera du bien et qui vous aidera le mieux à vous libérer de vos tracas.

Autres raisons de prier l'Ange Yehuiah

Vous pouvez prier l'Ange Yehuiah pour obtenir la vérité dans une situation. Yehuiah est un Ange qui vous conduit vers la conquête de la vérité. Elle n'aime pas les mensonges, car elle dit que cela détruit souvent l'humain qui en est victime et peut aussi détruire celui qui ment. Sa Lumière va aider l'humain à reconnaître les gens menteurs pour que celui-ci puisse les confronter ou les éviter. Voici ce qu'elle dicte à son enfant : « *Préservez vos mots du mensonge et du mal. Communiquez la paix. Éloignez-vous du mal. Communiquez le bien. Recherchez la Lumière et propagez la paix. Recherchez le respect et propagez l'amour. En agissant ainsi, votre vie s'en portera mieux et votre âme vous remerciera. »*

Yehuiah aime quand les gens parlent clairement. Dites exactement ce que vous voulez dire, mais trouvez en premier la façon adéquate pour bien le dire. Lorsque tout est bien dit, tout est accepté par celui qui reçoit. Toutefois, lorsque les paroles sont mesquines et mensongères, cela détruit. Avec le temps, cela pourra aussi vous détruire.

Yehuiah est consciente qu'il arrive parfois que l'humain puisse raconter un petit mensonge pour se sortir d'une situation embarrassante. L'humain appelle ce léger mensonge une « petite menterie blanche ». L'Ange Yehuiah trouve ces termes très drôles. Ceux-ci signifient que les paroles non véridiques ne font pas mal. Yehuiah vous dit de ne pas vous en faire avec elles, que ce n'est pas ces paroles qui l'inquiètent. Les mensonges qui dérangent énormément l'Ange Yehuiah sont ceux qui font du tort et qui provoquent des tempêtes désastreuses en plus d'être sans fondement puisqu'ils ont été inventés de toutes pièces. Cet Ange sait que ces paroles peuvent provoquer des orages qui peuvent conduire l'humain à la guerre et à la mort. Ce sont ces mensonges que Yehuiah déplore. Elle cherche avant tout à faire sortir la vérité avant qu'une guerre éclate.

La mission importante de l'Ange Yehuiah est d'éliminer les paroles mensongères, car elle est consciente qu'elles peuvent provoquer de grandes guerres. C'est la raison pour laquelle elle vous donnera la force de dire clairement vos pensées, tout en étant honnête dans votre dialogue et en respectant les personnes devant vous. Avant de blesser avec vos paroles, l'Ange Yehuiah va vous faire prendre conscience de leur contenu et elle vous aidera à mieux les prononcer. Yehuiah ne veut surtout pas que vos paroles blessent votre interlocuteur. Yehuiah tient énormément à la vérité, mais elle ne veut pas non plus que cette vérité blesse. C'est la raison pour laquelle il sera important de la prier avant de dire une vérité. La Lumière de cet Ange vous donnera la force des mots pour que ceux-ci soient bien compris sans que cela puisse nuire à votre interlocuteur. De plus, si vous priez Yehuiah, celle-ci vérifiera la véracité de vos sentiments vis-à-vis de cette vérité. Si elle s'aperçoit que vous la dites pour blesser, elle ne vous permettra pas de le faire. Elle va s'organiser pour que la vérité reste cachée puisque la raison première est de faire du tort.

Vous pouvez prier Yehuiah pour démasquer les traîtres et les situations d'Ombres afin de mieux vous en éloigner. Vous pouvez aussi lui demander de vous en protéger. Demandez à l'Ange Yehuiah de vous donner le courage de confronter cette personne et de lui parler ouvertement, et ce, dans le calme et le respect. Vous émettrez votre point de vue, tout en restant en contrôle de vos émotions et de la situation.

Si vous avez un rêve que vous aimeriez voir se réaliser, demandez à Yehuiah de vous aider. La mission de cet Ange est d'envoyer vers vous des êtres qui vous aideront à atteindre vos buts et vos rêves, qui vous aideront sur tous les points et surtout par rapport au travail. Les personnes qu'elle vous enverra vous apporteront toutes sortes de solutions concernant votre travail, vos rêves, vos projets et vos buts. Elles seront des outils essentiels qui vous aideront à redresser ce qui ne fonctionne pas bien dans votre vie. Elles seront en quelque sorte de petits Anges terrestres avec une force humaine exemplaire. Ces êtres seront la motivation qu'il vous faut pour avancer et retrouver le chemin du bonheur.

Si vous voulez une augmentation de salaire, un poste supérieur, cet Ange peut vous aider à progresser dans la hiérarchie. Elle mettra en valeur vos talents naturels et travaillera en étroite collaboration avec l'Ange Lehahiah. Ensemble, elles formeront une équipe du tonnerre qui vous aidera à obtenir la faveur de vos supérieurs et à vous créer une place de qualité dans la société. Cela ne doit toutefois pas vous monter à la tête. Vous récolterez ainsi ce que vous méritez.

Vous pouvez aussi prier Yehuiah pour parfaire vos connaissances pour le bien de votre travail ou pour votre simple curiosité. Il n'est parfois pas facile à une certaine période de la vie de retourner aux études. Priez Yehuiah et celle-ci vous donnera le courage et l'énergie nécessaire de terminer vos études.

Vous pouvez prier l'Ange Yehuiah pour obtenir les réponses à vos questions. Il suffit de lui demander. Avant de vous coucher, formulez votre question et dites à Yehuiah que vous aimeriez obtenir la réponse. Le lendemain, elle viendra y répondre par des symboles ou des gens autour de vous. Il se peut que, au début, cela prenne du temps avant qu'elle déchiffre vos réponses. Toutefois, vous allez les déchiffrer avec le temps. Si vous n'avez pas capté le message, la prochaine fois, demandez-lui de vous donner la réponse par l'entremise d'une personne en particulier.

Si vous souhaitez savoir si une personne est honnête avec vous, demandez à Yehuiah de vous le démontrer. Nommez la personne et, au cours de la semaine, elle vous enverra des images de qui elle est vraiment. Mais il n'en tiendra qu'à vous d'accepter sa personnalité ou de vous en éloigner.

Vous pouvez aussi prier Yehuiah pour qu'elle vous envoie une aide précieuse pour être en mesure de rénover votre maison, votre espace. Cet Ange dirigera vers vous les meilleurs matériaux et les meilleures personnes pour que votre rénovation reflète exactement le but que vous vous êtes fixé.

L'Ange Yehuiah est l'Ange de la rénovation, de l'innovation, des découvertes et des inventions. Elle aime voir l'humain entreprendre de nouvelles expériences pour l'aider à s'enrichir dans son apprentissage et dans ses connaissances. Cet Ange a aussi comme mission de vous faire vivre de nouvelles expériences pour vous aider à retrouver un chemin beaucoup plus harmonieux et heureux. Elle sait comment mettre de l'action enrichissante dans votre vie. Comme elle sait récompenser vos efforts, priez cet Ange et vous verrez jaillir l'action sur tout ce que vous lui demanderez.

Note aux enfants de Yehuiah

À votre naissance, l'Ange Yehuiah vous a fait le don de sa puissante Lumière qui vous donne le courage de franchir les obstacles la tête haute. Vous possédez une force inébranlable qui vous permet de régler immédiatement tout conflit pour que vous puissiez retrouver le chemin de la paix et de l'équilibre.

Sa Lumière attirera vers vous le succès et la joie de voir vos rêves se concrétiser. Avec cet Ange, vous ne manquerez jamais de travail si vous l'intégrer dans votre vie.

Vous possédez aussi un don extraordinaire, celui d'entrer en communication avec les personnes décédées et les Anges. Vous en avez la capacité.

Réclamer l'aide de l'Ange Yehuiah

Obtenir une réponse

Formulez d'une à cinq questions pour lesquelles vous souhaitez avoir des réponses. Commencez par une seule. Lorsque vous serez beaucoup plus habitué à l'énergie de l'Ange Yehuiah, il vous sera possible de lui en demander plusieurs. N'oubliez pas de garder sur vous un crayon et des feuilles puisque Yehuiah vous enverra votre réponse par symbole. Si vous regardez une annonce et que votre cœur palpite, inscrivez ce qui y est écrit.

Inscrivez ci-dessous d'une à cinq questions pour lesquelles vous aimeriez obtenir des réponses.

1. _____

2. _____

3. _____

4. _____

5. _____

Connaître le rôle de certaines personnes

Dites le nom d'une à cinq personnes desquelles vous voulez connaître le rôle dans votre vie. Qui sont-elles? Sont-elles honnêtes envers vous? Méritent-elles votre amitié? La mission de l'Ange Yehuiah est de vous montrer le rôle de chaque personne dans votre vie. Certains individus sont là pour vous faire grandir, évoluer. D'autres vous apportent leur soutien, leur amour. Toutefois, il y a des gens qui vous entourent qui ne vous méritent pas. Si Yehuiah s'aperçoit que certains ne vous sont pas favorables, elle les éloignera de vous.

Inscrivez ci-dessous le nom d'une à cinq personnes desquelles vous aimeriez connaître le rôle dans votre vie.

1. _____

2. _____

3. _____

4. _____

5. _____

Bâtir un autel pour accueillir l'Ange Yehuiah

Napperon : tissu avec l'image de libellules.

Couleurs : blanc, bleu, azur et rouge.

Bougies : blanches ou bleu azur.

Encens : myrrhe et oliban.

Odeurs : lavande, vanille, citron et violette.

Psaume à réciter lors du rituel

« *Venez, enfants, écoutez-moi. Je vous enseignerai la crainte du Seigneur.* »

Psaume 34, verset 12

34. LEHAHIAH
(travail, chance, espoir)

« *Pour clamer la paix, il faut d'abord la propager.* »

« *Travailler, c'est occuper son esprit.* »

« *Gardez toujours espoir qu'un nouveau jour se lèvera pour vous.* »

Ange idéal

Lehahiah est l'Ange idéal de tous ceux qui ne veulent pas perdre leur travail et qui ont besoin d'une sécurité d'emploi. La mission de cet Ange est de vous sécuriser sur le plan professionnel.

Lehahiah est aussi l'Ange idéal des travailleurs autonomes. Sa Lumière vous sécurisera sur le plan professionnel. Avec Lehahiah, vous ne manquerez jamais de travail.

Lehahiah est également l'Ange des maçons et de tous ceux qui travaillent avec le ciment. Sa Lumière va les aider à construire des bâtiments solides et bien protégés des intempéries de la nature.

Différentes façons de manifester sa présence

Lehahiah est un Ange doux, mais sa vibration est puissante. Cet Ange arrive toujours au bon moment. Elle viendra vers vous lorsque vous aurez besoin de sa Lumière. Elle peut prendre jusqu'à sept jours avant de manifester sa présence. Lorsqu'elle le fera, vous le ressentirez par l'une de vos mains puisque celle-ci vous piquera. Vous aurez tendance à vous gratter, comme s'il y avait une petite mouche qui se promenait sur vos mains.

Lehahiah adore les roses. Il y a de fortes chances que vous ressentiez une odeur de rose dans la pièce. Si tel est le cas, sachez que Lehahiah est dans votre pièce. Lorsqu'elle annoncera sa présence, vous serez envahi par un sentiment de joie.

Imaginez que vous avez la chance de refaire un examen, de recommencer votre vie à deux. C'est ce genre de sentiment que vous éprouverez lorsque Lehahiah viendra vers vous. De plus, il ne faut pas oublier que cet Ange donne toujours une deuxième chance. Ne soyez pas surpris de ressentir sa vibration à deux heures d'intervalle.

L'Ange Lehahiah aime les oiseaux-mouches qui butinent les fleurs. Telle sera la forme qu'elle prendra lorsqu'elle viendra vers vous. Ne soyez pas surpris de voir un oiseau-mouche voler tout près de vous et aller butiner une fleur.

Il est évident que son odeur préférée est reliée aux fleurs et aux arbres. Lehahiah adore l'odeur des roses. Il y a de fortes chances lorsqu'elle vous annonce sa présence en envoyant cette odeur dans la pièce.

Un mot important pour l'Ange Lehahiah est « **jardin** ». Par ce terme, l'Ange Lehahiah vous demande d'être patient puisqu'elle veut vous donner le meilleur. Et pour obtenir le meilleur, il faut mettre du temps. Son message est le suivant : « *Soyez persévérant, n'abandonnez pas et vous obtiendrez de bons résultats.* »

Lehahiah aime aussi le mot « **chance** ». Grâce à lui, cet Ange vous dit qu'elle vous donne la chance d'obtenir ce que vous lui réclamez.

Si vous entendez le mot « **invincible** », cela signifie que l'Ange Lehahiah vous infusera sa Lumière qui vous permettra de surmonter tous les obstacles. Cette puissante Lumière vous permettra de prendre votre vie en main et d'être en contrôle des événements de votre vie.

Autres représentations symboliques

Puisque Lehahiah aime les roses et, évidemment, la couleur rose, dans les 24 heures qui suivront votre demande, vous verrez la couleur rose partout, que ce soit dans une tenue vestimentaire, des bijoux, des meubles, des objets, etc. La couleur rose sera en évidence. Vous pourriez même avoir envie de porter du rose. Toutefois, si vous voyez un **bouquet de roses roses**, par ce signe, l'Ange Lehahiah vous envoie une belle surprise qui colorera votre vie de joie.

Toutefois, si **quelqu'un vous remet une rose** ou que vous voyez tout simplement une rose seule, Lehahiah vous indique qu'elle vous donne une seconde chance. Si cette rose est rouge, cette seconde chance concerne votre vie amoureuse. Si la rose est rose, elle concerne la famille, les amis. Si la rose est blanche, votre chance concerne la santé. Si la rose est jaune, cela concerne le travail ou les finances.

Un autre signe que Lehahiah peut vous envoyer est quelqu'un vous offre des petites graines de tournesol, de sésame ou des graines à semer. Par ce signe, Lehahiah vous annonce que l'un de vos projets est sur le point d'éclore. Attendez-vous à de beaux changements dans les prochains mois qui suivront votre prière.

Lehahiah adore les arbres. Il est évident que, sur votre chemin, vous verrez un arbre massif rempli de belles feuilles vertes. Et vous entendrez les oiseaux chanter. Lehahiah peut aussi **vous montrer un arbre rempli de fleurs ou entouré de fleurs**. Par ce signe, Lehahiah vous dit que, dans un avenir rapproché, vous prendrez le contrôle de votre vie. Vous deviendrez aussi solide que cet arbre. De plus, Lehahiah fera fleurir l'un de vos projets pour qu'il soit à la hauteur de vos attentes. Sa mission sera d'envoyer sur votre route toutes les personnes-ressources et les situations adéquates pour vous aider afin que ce projet obtienne les résultats dont vous rêvez.

Si la température le permet, un signe que Lehahiah adore faire à l'humain est de **faire tomber une feuille à ses pieds**. Au fait, c'est le signe préféré de l'Ange Manakel qui a montré ce signe à l'Ange Lehahiah pour qu'elle puisse le faire à l'humain. Lehahiah peut aussi faire tomber une feuille provenant d'une plante intérieure. Par ce signe, l'Ange Lehahiah vous indique qu'elle vous envoie une solution immédiate. Elle enverra une personne sur votre chemin détenant la solution à votre problème ou la réponse à votre question.

Spécialités de l'Ange Lehahiah

Lehahiah est un Ange d'espoir. Elle possède le pouvoir de vous aider à conserver l'espoir qu'un nouveau jour se lèvera pour vous. La Lumière de cet Ange vous permet de garder espoir en la vie, en vous, en vos talents et, surtout, en un jour où vous récolterez tous les bénéfices de votre labeur. Lehahiah possède le pouvoir de vous rendre célèbre par vos talents et vos actions surtout si vous êtes fidèle à sa Lumière et à celle de tous les Anges. Cet Ange infuse à l'humain le pouvoir de mettre à jour ses talents. Lehahiah peut vous guider vers le chemin de la réussite en vous envoyant des gens importants qui vous aideront à développer cette aptitude innée. Ils mettront à profit ce talent pour le bien de l'humanité. L'Ange Lehahiah s'organisera pour que vous puissiez recevoir de belles récompenses venant d'autrui grâce à votre fidélité envers les gens qui vous aident, mais surtout grâce à votre fidélité envers les Anges. De plus, il ne faut pas oublier que Lehahiah donne une seconde chance. Lorsque vous voulez réparer une erreur, lorsque vous avez besoin d'une seconde chance pour vous relever, priez-la.

Il est important de noter que Lehahiah est **très puissante** et l'aide qu'elle apporte l'est aussi. Elle aidera tous ceux qui ont besoin d'aide provenant de gens très élevés socialement et mentalement. Elle vous aidera à obtenir des entrevues avec des ministres, des présidents, des rois, des chefs de grandes entreprises ou des artistes de grands talents. Elle veut voir l'humain réussir grâce à ses compétences et à sa grande détermination à se construire une vie structurée et accomplie. Elle fera tout pour aider l'humain qui est déterminé à réussir sa vie. Sa mission envers lui sera de le conduire vers le chemin de la réussite et de la satisfaction sur tous les plans. Cet humain sera heureux et épanoui grâce à tous les événements qui se produiront dans sa vie. Lehahiah l'aidera également à bien structurer cette nouvelle vie remplie d'actions et de récompenses divines.

Autres raisons de prier l'Ange Lehahiah

Lehahiah aide aussi les gens qui doivent régulièrement rencontrer des personnages haut placés. Si vous invoquez Lehahiah, elle développera en vous une facilité d'approche pour mettre en confiance les gens que vous devez rencontrer. Ces individus seront en confiance avec votre personnalité et chercheront à vous aider dans ce que vous leur proposerez. De plus, sa Lumière vous donnera une confiance qui vous empêchera de penser que vous n'êtes pas à la hauteur de ces gens ou de vos responsabilités.

L'Ange Lehahiah est aussi l'Ange de rois et de princes, soit de tous ceux qui portent une couronne ou un titre de noblesse. Cet Ange aidera ces monarques à bien respecter leurs sujets et à être à la hauteur de leur noblesse. Sa Lumière aidera aussi les sujets à bien respecter leur roi et à être à la hauteur des attentes de celui-ci.

Vous pouvez aussi prier l'Ange Lehahiah pour apaiser la colère. Une autre force de sa Lumière est d'apaiser la colère des gens. Lehahiah n'aime pas voir les gens en colère, car elle dit que cet état déclenche des guerres inutiles. Lorsque la colère domine, cela empêche l'humain de voir surgir la paix. Si vous êtes victime d'une colère causée par une situation, priez immédiatement Lehahiah. Elle calmera promptement ce sentiment destructif en vous. Lehahiah vous infusera sa Lumière de paix. Lorsque vous serez en paix avec vous-même, cela se reflétera sur votre entourage et le sentiment de paix que Lehahiah vous aura infusé se propagera autour de vous. Si une personne qui vous entoure est ravagée par la colère, priez immédiatement Lehahiah. Demandez à l'Ange Lehahiah de calmer la colère de (nommez la personne) et, en une minute, cette personne s'éloignera de vous ou se calmera.

Vous pouvez aussi prier Lehahiah pour toutes situations reliées au travail. Comme l'Ange Yehuiah, Lehahiah protège aussi tous ceux qui travaillent pour le gouvernement. Toutes les personnes qui travaillent pour le gouvernement devraient prier ces deux magnifiques Anges pour éloigner les personnes négatives de leur entourage. Lehahiah est aussi excellente pour vous aider lors de conflits au travail ou au sein votre équipe. La Lumière de cet Ange fera en sorte de rétablir l'harmonie au travail.

Vous pouvez aussi prier l'Ange Lehahiah pour conserver une sécurité d'emploi. Si vous aimez votre travail et que vous ne le voulez pas le perdre, priez l'Ange Lehahiah. Cet Ange vous aidera à conserver votre emploi.

Si vous vivez une période difficile, priez l'Ange Lehahiah. Celle-ci vous infusera sa Lumière d'espoir d'un nouveau jour. De plus, cet Ange en profitera pour vous envoyer la chance dans un aspect de votre vie. Cela vous aidera à conserver votre espoir et vous donnera l'élan pour aller de l'avant et reprendre votre vie en main.

Note aux enfants de Lehahiah

À votre naissance, l'Ange Lehahiah vous a fait le don de sa Lumière d'intuition qui vous permet de ressentir les gens autour de vous. Toutefois, parfois, vous ne l'écoutez pas. Il serait sage de prendre en considération cette petite voix qui vous parle de temps en temps, ces pressentiments que vous ignorez. Si vous prenez le temps de l'écouter, vous éviteriez souvent de petits ennuis.

De plus, la mission de l'Ange Lehahiah sera de mettre en valeur vos talents naturels pour le bien de l'humanité. Elle vous guidera vers des gens importants pour que ceux-ci puissent mettre en valeur vos talents et pour qu'ils vous guident vers la route de la réussite. Certains auront le privilège de recevoir des honneurs à cause de ce talent inné.

Vous possédez aussi le don de la créativité. Faites-vous confiance et vous créerez des œuvres d'art.

Réclamer l'aide de l'Ange Lehahiah

Avoir de la chance

Priez Lehahiah et elle vous enverra la chance pour vous aider. Indiquez-lui à quel sujet vous aimeriez-vous que la chance soit au rendez-vous. Sur le plan affectif, financier, professionnel ou de la santé? Il faudra être attentif aux dates particulières de Lehahiah puisque cet Ange vous ouvrira alors la porte de la chance lors de ses journées.

Prenez une minute d'intériorisation et indiquez ci-dessous sur quel plan vous aimeriez que la chance soit au rendez-vous.

Bâtir un autel pour accueillir l'Ange Lehahiah

Napperon : tissu avec l'image de roses ou d'arbres fleuris.

Couleurs : rose, blanc et rouge.

Bougies : blanches, roses et rouges.

Encens : muscade et storax.

Odeurs : rose et myrrhe.

Psaume à réciter lors du rituel

« *Qu'Israël mette son attente en l'Éternel, désormais et pour l'Éternité.* »

Psaume 131, verset 3

35. CHAVAKHIAH
(famille, réconciliation, harmonie)

« *Prenez soin de votre famille comme vous prenez soin de vous.* »
« *Quand on partage, on reçoit de l'autre main.* »

Ange idéal

Chavakhiah est l'Ange idéal de tous ceux qui se battent pour leur part d'héritage. La mission de Chavakhiah sera d'aider les héritiers à recevoir la part de leur héritage pour que chacun soit satisfait de ce qu'il recevra.

Elle est aussi l'Ange idéal pour vous réconcilier avec ceux que vous avez blessés. Priez l'Ange Chavakhiah et nommez la personne avec laquelle vous voulez vous réconcilier. La mission de cet Ange est de permettre à tous les deux de vous retrouver et de régler votre discorde pour que l'harmonie puisse régner entre vous.

L'Ange Chavakhiah possède un sourire lumineux et contagieux a un point tel qu'il fait sourire à son tour tous ceux qui croisent son passage. C'est la raison pour laquelle lorsqu'elle annoncera sa présence vous serez envahi par le fou rire. Vous rirez sans qu'il y ait une situation drôle. Le sentiment de sérénité et de joie qu'elle vous procurera vous donnera le goût de chanter et de danser. Vous serez joyeux, heureux. Lorsque vous serez en contact avec Chavakhiah, elle vous fera tout un effet. Votre cœur palpitera et vous serez animé par un sentiment de joie et de frivolité comme si vous aviez vingt ans.

L'Ange Chavakhiah peut prendre de cinq à huit jours avant de manifester sa présence. Il faudra donc être patient. Toutefois, lorsqu'elle arrivera, vous le ressentirez immédiatement. Le sentiment qu'elle vous infusera fera palpiter votre cœur de joie.

Différentes façons de manifester sa présence

Comme sa consœur Nith-Haiah, l'Ange Chavakhiah adore les papillons aux couleurs vives et elle aime aussi les colombes. Elle trouve très agréable de regarder ces deux espèces dans leur univers.

Chavakhiah aime l'odeur du sapin de Noël. Elle aime aussi les biscuits au gingembre et à la cannelle. Cet Ange adore les odeurs de la saison de Noël. Elle aime venir sur Terre lors de cette période pour se promener de maison en maison afin de sentir les odeurs des fours, surtout quand un gâteau au gingembre ou une tarte aux pommes ou au sucre est en train de cuire. Lorsqu'elle annoncera sa présence, il y a de fortes chances qu'elle développe en vous le goût de manger l'une de ces sucreries.

Le premier mot qu'elle peut vous faire entendre est « **réconciliation** ». Ainsi, l'Ange Chavakhiah vous indique qu'il est temps de vous réconcilier avec ceux avec qui vous vous êtes disputés. Il est temps de demander pardon ou de pardonner à la personne qui vous a blessé. Rien ne sert de garder en vous des émotions négatives. Libérez-vous-en. Ainsi, votre santé mentale s'en portera mieux. Tel est son message.

Un autre mot important est « **cadeau** ». Par ce terme, l'Ange Chavakhiah vous indique qu'elle vous aidera à trouver et à retrouver l'abondance dans votre vie. Cela peut concerner votre vie amoureuse, financière, profession-nelle. Peu importe. L'Ange Chavakhiah vous réserve de belles surprises.

Si vous entendez le mot « paix », Chavakhiah fera tout pour ramener la paix dans tous les aspects de votre vie. Attendez-vous à vivre des change-ments qui amélioreront votre vie.

Autres représentations symboliques

Chavakhiah vous permet de **retrouver les joies de votre enfance**. Ne soyez pas surpris que cet Ange vous permette de retrouver un objet que vous aviez étant plus jeune. Cela peut être une photo de vous, un chandail, etc. Cet Ange peut même vous faire entendre de la musique que vous écoutiez étant jeune. Par ce signe, elle vous dit de vous amuser, de rester jeune dans votre cœur. Prenez donc du temps pour vous et gâtez-vous puisque vous le méritez bien.

Chavakhiah peut aussi envoyer sur votre chemin des amis d'enfance qui vous rappelleront le bon vieux temps. Durant les neuf jours de votre prière, cet Ange vous fera passer du bon temps en guise de remerciement pour le prier.

Puisque Chavakhiah adore les **papillons et les colombes**, il est évident, pour mieux annoncer sa présence auprès de vous, qu'elle vous en montrera. Si vous voyez un papillon, par ce signe, Chavakhiah vous indique qu'elle vous guide vers le chemin de la liberté. Si vous voyez une colombe, par ce signe, elle vous guide vers le chemin de la paix. De toute façon, cet Ange vous aidera à retrouver votre joie de vivre.

Si vous voyez un **sapin de Noël illuminé et entouré de cadeaux**, Cha-vakhiah vous indique qu'elle vous envoie un cadeau providentiel qui vous procurera une immense joie.

Le signe préféré de Chavakhiah, c'est de **vous envoyer une grimace** ou de vous montrez une mimique. Ne soyez pas surpris si un enfant ou même un adulte vous fait une grimace, un clin d'œil ou une mimique. Ne répliquez pas négativement à cette situation puisque c'est Chavakhiah qui sera à l'origine de ce geste. Elle vous fera cette grimace tout simplement pour vous faire rire.

Si Chavakhiah vous montre une table entourée d'enfants, par ce signe, elle vous indique qu'elle va prendre soin de votre famille. Elle en réunira les membres et leur infusera sa Lumière de paix et d'amour. Attendez-vous à recevoir des nouvelles des membres de votre famille qui vous feront énormément plaisir.

Spécialités de l'Ange Chavakhiah

Chavakhiah possède en elle le pouvoir de vous réconcilier avec les lois éternelles et avec votre vie quotidienne. Cet Ange fera tout en son pouvoir pour que l'enfant de Dieu retrouve la paix en lui et autour de lui.

Chavakhiah est un Ange d'harmonie et de paix. Sa mission première est de voir régner la paix sur terre et pour que cela puisse se produire, elle doit d'abord aider l'humain à faire régner sa propre paix en lui. Ainsi, sa paix intérieure se reflétera sur le monde extérieur et ceux qui seront envahis par cette belle lumière de paix chercheront eux-mêmes à la propager à leur prochain. Plus les gens chercheront la paix, plus la paix régnera sur la terre.

L'autre mission importante de l'Ange Chavakhiah est de prendre soin de toutes les mères de famille. Cet Ange développe en la femme l'instinct maternel pour qu'elle puisse devenir une bonne mère pour ses enfants. Dans plusieurs familles, la mère est le noyau de la famille. Elle est souvent l'image la plus importante pour l'enfant qui grandit. Alors, la mission de l'Ange Chavakhiah est d'infuser à cette mère la force et le courage de bien éduquer son enfant dans le respect et l'amour.

Toutes les femmes qui n'ont pas la patience ni le courage d'éduquer un enfant devraient prier l'Ange Chavakhiah. Cet Ange leur infusera sa Lumière pour qu'elles puissent d'abord retrouver la paix en elles et ensuite reprendre leur responsabilité maternelle et assumer celle-ci.

Une autre mission très importante de l'Ange Chavakhiah est d'aider la femme qui ne sait pas si elle doit garder un enfant en elle ou se faire avorter. S'il s'agit de votre situation, la Lumière de Chavakhiah vous aidera à mieux prendre votre décision. Si vous décidez de vous faire avorter, la Lumière de cet Ange vous réconfortera et vous donnera la force de continuer votre vie humaine. De plus, elle réconfortera l'âme qui ne peut s'incarner. Cependant, il faut aussi prendre en considération que si vous vivez plusieurs avortements, il arrivera un temps ou la Sphère céleste refusera que Chavakhiah vous aide. Et, à ce moment-là, une leçon de vie pourra vous être donnée.

Autres raisons de prier l'Ange Chavakhiah

L'Ange Chavakhiah vous apprend à bien partager avec votre prochain. Cet Ange n'aime pas voir son enfant pris avec l'égocentrisme. Cet Ange dit : « *Quand on partage, on reçoit de l'autre main* ». Cela ne veut pas dire de tout donner à votre prochain, mais quand vous êtes capable d'aider votre prochain et que vous avez la chance de le faire, l'Ange Chavakhiah en sera ravie et elle vous récompensera en envoyant de bons moments sur votre chemin. Elle peut même vous envoyer de belles surprises pour remercier votre geste de partage. Si, en ce moment, vous avez un enfant qui a de la difficulté à partager ses jouets, priez l'Ange Chavakhiah. Cela aidera votre enfant à être moins possessif. Cet Ange lui fera voir les bienfaits du partage.

La mission première de cet Ange est de vous permettre de mieux connaître votre mère, même si celle-ci n'a pas été à la hauteur de vos attentes. Les bienfaits de la Lumière de l'Ange Chavakhiah vont vous aider à régler vos conflits reliés à l'image de celle qui vous a porté. Peut-être est-il temps pour vous de régler une fois pour toute votre amertume? Telle sera la mission de l'Ange Chavakhiah, celle de vous donner la force et le courage de pardonner, de vous réconcilier avec l'être qui vous a nourri.

Pour ceux et celles qui ont été abandonnés jeunes par leur mère, la Lumière de l'Ange Chavakhiah va vous aider à mieux comprendre le geste ou à mieux accepter cet abandon. Les Anges savent que ce n'est pas facile pour une âme qui arrive sur Terre de se faire abandonner par celle qui l'a nourri pendant les neuf mois de la gestation. Même si vous étiez bébé, votre âme a ressenti profondément cet abandon. Et, souvent, cela vous empêche d'avoir une vie heureuse, comblée, car vous êtes toujours à la recherche d'un sentiment impossible à recevoir. Grâce à la Lumière de l'Ange Chavakhiah, ce sentiment sera rempli par sa Lumière. Vous n'aurez plus le sentiment d'abandon en vous, mais plutôt de compréhension et de fierté, car vous aurez pu survivre à cette épreuve. Et la Lumière de l'Ange Chavakhiah en collaboration avec celle de l'Ange Aniel vous libéreront une fois pour toute de ce lien qui vous retenait prisonnier.

Tous ceux qui vivent une belle relation avec leur mère devraient prier Chavakhiah. Sa Lumière vous aidera à mieux apprécier sa présence à vos côtés et le rôle important qu'elle a joué dans votre vie ou qu'elle y joue actuellement. La Lumière de l'Ange Chavakhiah solidifiera davantage ce lien. Cela s'applique aussi à vos frères et sœurs.

Comme son confrère Menadel, Chavakhiah va aussi protéger votre noyau familial. Et si vous devez régler des conflits, cet Ange va ouvrir les portes de la réconciliation et du pardon. Elle est aussi l'Ange idéal de tous ceux qui doivent régler à l'amiable les situations conflictuelles où il faut partager des biens. Elle est l'Ange de tous ceux qui vivent un divorce ou qui doivent s'occuper de la part d'un héritage. La Lumière de l'Ange Chavakhiah aidera les parties à régler à l'amiable le partage des biens. Sa mission est de vous permettre de régler à l'amiable votre situation et de satisfaire les parties. L'Ange Chavakhiah n'aime pas voir ses enfants se déchirer à cause de biens matériels. Sa lumière va calmer leur souffrance et les aidera à mieux choisir en fonction d'une émotion importante et non à cause d'une émotion de possession. Quand un couple se sépare, l'un veut souvent tout avoir pour ne pas partager avec l'autre. L'Ange Chavakhiah vous aidera à mieux partager et à laisser aller un bien matériel auquel vous ne tenez vraiment pas. Cet Ange fera en sorte que les parties impliquées soient heureuses de la tournure des événements et elle s'organisera pour que tout le monde soit satisfait de ce qu'il a reçu.

Vous pouvez aussi prier l'Ange Chavakhiah pour qu'elle illumine la vie familiale. Sa lumière vous aidera à maintenir l'harmonie sous votre toit. Et quand un problème surviendra, elle vous permettra rapidement de trouver une solution pour que vous puissiez rapidement régler votre problème. La Lumière de cet Ange éclaire la famille pour qu'elle puisse aller vers le chemin du bonheur et savourer chaque moment passé où elle est réunie. Elle enverra beaucoup de rires et de la joie sous le toit de cette famille.

L'Ange Chavakhiah va aussi vous faire voir le rôle que joue chaque membre de votre famille envers vous, comme vos frères et vos sœurs. Les Anges savent qu'il y a des familles qui vivent toutes sortes de discordes, car certains membres sont dans l'Ombre et les autres sont dans la Lumière. La mission première de l'Ange Chavakhiah est de vous permettre de mieux comprendre votre frère et votre sœur pour ensuite mieux analyser votre lien avec eux. Si, en ce moment, vous vivez de la discorde avec un membre de votre famille, l'Ange Chavakhiah vous donnera le privilège de vous récon-cilier avec lui si, évidemment, cet être est dans la Lumière et qu'il a de belles choses à vous apporter. Cependant, si cet être est dans l'Ombre et qu'en le ramenant vers vous, cela vous détruira, alors l'Ange Chavakhiah vous en protégera. Elle ne le ramènera pas vers vous, mais elle va vous permettre, avec l'Ange Aniel, de couper ce lien familial qui vous a détruit et qui vous a fait mal. Elle va vous enlever ce fardeau de vos épaules. De plus, elle vous enverra des gens qui méritent votre cœur, votre bonté et votre compagnie. L'Ange Chavakhiah et tout le Chœur des Puissances vous permettront de bâtir votre propre famille. Et celle-ci sera à l'image de l'Ange Chavakhiah : une famille remplie de joie qui vous rendra heureux.

Il ne faut pas oublier que l'Ange Chavakhiah doit évaluer la situation avant de mettre un terme définitif à ce lien familial. Peut-être que vous ne parlez plus à un membre de la famille, car il vous a fait mal, mais peut-être que vous êtes aussi entêté. Avant qu'elle coupe définitivement un lien, l'Ange Chavakhiah va regarder profondément la situation que vous vivez et, ensuite, elle fera son analyse en collaboration avec le Chœur des Puissances. Il est important de noter que la mission première du Chœur des Puissances est de vous permettre de toujours voir le bon côté d'une situation même si celle-ci a été pénible pour vous. Et peut-être vaut-il mieux se réconcilier avec un membre de la famille au lieu de s'en éloigner? Vous le saurez assez vite avec l'Ange Chavakhiah, si vous vivez actuellement une discorde avec un membre de votre famille et que celui-ci essaie de vous joindre et que vous ne voulez pas. Alors, sachez que l'Ange Chavakhiah vous fait signe et qu'il serait peut-être important de lui parler pour régler une fois pour toutes vos différends. Ensuite, il n'en tiendra qu'à vous de fermer le livre ou de poursuivre la relation. Si, par contre, un membre de la famille s'éloigne définitivement de vous, cela indique que cette personne ne mérite pas votre amour et l'Ange Chavakhiah l'éloigne de vous.

Souvent, vous avez de la difficulté à comprendre les points de vue des autres, car vous êtes trop borné dans votre raisonnement. La Lumière de l'Ange Chavakhiah va vous permettre de mieux comprendre le point de vue de votre prochain avant de le juger ou de le critiquer. Sa Lumière vous aidera à trouver un terrain d'entente pour que vous puissiez toujours parvenir à bien régler vos différends.

Vous pouvez aussi prier Chavakhiah pour qu'elle rétablisse l'ordre dans votre vie. Avant de pouvoir rétablir l'ordre dans votre vie, elle vous aidera à le faire intérieurement. Elle vous fera voir des situations qui causent des désordres émotionnels et qui ont un impact sur votre vie actuelle. Tout ce qui est en désordre, elle vous aidera à trouver les meilleures solutions, avec l'aide de l'Ange Menadel, pour que l'ordre puisse régner à nouveau dans votre vie. L'Ange Chavakhiah aime quand vous êtes heureux et que vous avez un large sourire sur vos lèvres.

Vous pouvez prier l'Ange Chavakhiah pour vous aider à surmonter vos épreuves humaines. Sa Lumière vous donnera la capacité de bien prendre votre vie en main et de régler tout ce qui doit être réglé pour que vous puissiez retrouver l'harmonie en vous et autour de vous. Cet Ange veut que vous soyez en paix avec chaque geste que vous faites et avec chaque parole que vous prononcez. Et quand viendra le temps de réparer les pots cassés, elle vous donnera le courage de le faire. L'Ange Chavakhiah n'aime pas voir une situation en suspens, elle aime quand l'humain prend le temps de bien la régler. Chavakhiah sait qu'en réglant vos situations, vous allégerez vos souffrances et ce sera beaucoup plus facile pour vous de trouver le chemin du bonheur.

Vous pouvez aussi prier l'Ange Chavakhiah pour trouver du travail qui reflète la tranquillité, qui n'est pas angoissant et qui vous plaira. Pour vous accorder ce vœu, elle travaillera en collaboration avec l'Ange Menadel.

Note aux enfants de Chavakhiah

À votre naissance, l'Ange Chavakhiah vous a fait le don de sa Lumière de créativité. Vous possédez du talent et de la persévérance. Vous pouvez tout faire de vos dix doigts. Puis, quand vous commencez quelque chose, vous le terminez tout le temps. Vous voyez au-delà des événements. Vous avez du flair pour sentir un mille à la ronde les gens hypocrites. Votre seule faiblesse, c'est que vous ne vous faites pas assez confiance.

Réclamer l'aide de l'Ange Chavakhiah

Se réconcilier

Vous pouvez prier l'Ange Chavakhiah pour que l'harmonie puisse régner à nouveau dans votre famille. La mission de cet Ange est de provoquer un événement pour que vous puissiez revoir votre famille et régler à l'amiable le conflit. Si vous voulez vous réconcilier avec un membre de votre famille en particulier, inscrivez ci-après son nom : _____

Régler une situation à l'amiable

Si vous vivez un conflit quelconque et que vous aimeriez le régler à l'amiable, priez Chavakhiah et celle-ci vous enverra une situation pour que le tout se règle dans une ambiance saine. Inscrivez ci-dessous la situation.

_____

_____

_____

_____

Devenir plus patient

Si vous voulez devenir plus patient, la méditation vous fera un bien énorme. Toutefois, vous pouvez demander à Chavakhiah de purifier un objet. Portez-le ensuite sur vous. Il agira à titre de talisman et vous aidera à rester calme et à ne pas perdre le contrôle pour des riens.

Bâtir un autel pour accueillir l'Ange Chavakhiah

Napperon : tissu avec l'image de papillons ou de colombes.

Couleurs : toutes.

Bougies : rouges ou blanches.

Encens : muscade et benjoin.

Odeurs : ambre.

Psaume à réciter lors du rituel

« J'aime que le Seigneur écoute ma voix, mes supplications. »

Psaume 116, verset 1

36. MENADEL
(solution, porte de secours, travail)

« Il n'y a pas d'âge pour construire, bâtir, créer et travailler. »

« Travailler, c'est bâtir son avenir. »

Ange idéal

Menadel est l'Ange idéal de tous ceux qui se cherchent un emploi qui correspond à leurs besoins. La mission de l'Ange Menadel est de vous trouver un travail qui correspond le mieux à vos aspirations. Il s'organisera pour que cet emploi puisse être à la hauteur de vos attentes et que vous puissiez vous amuser à bien accomplir vos tâches quotidiennes. Priez cet Ange et vous ne manquerez jamais de travail.

Il est aussi l'Ange idéal des agents immobilier puisque Menadel facilite la vente et à l'achat d'une propriété.

Menadel est un Ange adorable rempli d'énergie et de joie. Toute une vivacité l'anime. Quand vous le priez, il peut prendre un peu de temps avant de venir vers vous. Menadel n'aime pas la vitesse. Toutefois, son aide est puissante. Lorsqu'il viendra vers vous, il vous sauvera de la situation à laquelle vous êtes confronté.

Au contact de Menadel, vous serez envahi par une drôle de sensation. Vous aurez une pesanteur sur les épaules. Cela va vous amener à soulever vos épaules pour essayer de soulager cette pesanteur. Ce sera une sensation tout simplement bizarre. Telle sera la sensation que vous éprouverez lorsque Menadel annoncera sa présence. De plus, vous serez tellement en énergie que vous ferez les cent pas. Vous bougerez tellement que vous risquerez de tomber sur les nerfs des gens qui vous entoureront.

Différentes façons de manifester sa présence

Menadel aime tous les animaux. Toutefois, il aime beaucoup l'ours et l'éléphant pour leur puissance et leur force qui ressemblent à ses particularités.

Menadel adore l'odeur que propage le bois qui est scié. Cet Ange est l'Ange de tous ceux qui travaillent sur la construction. Voilà pourquoi il adore cette odeur.

Un mot important aux yeux de Menadel est « **travail** ». Par ce terme, l'Ange Menadel vous indique qu'il vous infusera sa Lumière remplie de vivacité pour vous donner l'élan qui vous permettra de réaliser vos projets. Si vous êtes à la recherche d'un travail ou que vous voulez changer d'emploi, par ce mot, l'Ange Menadel exaucera votre vœu.

Si Menadel vous envoie le mot « **construire** », cet Ange vous indique qu'il vous aidera à construire sur de nouvelles bases plus solides. Attendez-vous à vivre des changements qui vous apporteront de belles améliorations et une belle condition de vie.

Le mot « **persévérer** » vous indique de poursuivre ce que vous entreprenez. Ne lâchez pas prise. De toute façon, Menadel vous infusera l'énergie nécessaire pour continuer. Il vous donnera une poussée angélique pour que vous puissiez atteindre votre objectif.

Autres représentations symboliques

Un des signes préférés de l'Ange Menadel est **d'emprunter le corps d'un ouvrier** qui vous fera un sourire. Si cela vous arrive, le sentiment de joie que vous éprouverez lorsque vous verrez cette situation vous fera un très grand bien. Par ce signe, l'Ange Menadel vous indique qu'il vous infusera sa Lumière de force et de courage pour que vous puissiez entreprendre tout ce que vous désirez.

Menadel peut envoyer sur votre chemin quelqu'un qui vous **offrira un verre d'eau ou une bouteille d'eau.** Acceptez de boire cette eau puisque Menadel y a déversé son essence divine. Ceci aura un impact favorable sur votre santé physique et mentale.

Si Menadel vous **montre un foyer en brique,** cet Ange vous indique qu'il apportera à votre foyer sa Lumière de paix et de quiétude. Menadel vous enlèvera l'un de vos problèmes pour que la paix puisse revenir sous votre toit.

Spécialités de l'Ange Menadel

Menadel possède en lui le pouvoir de protéger votre famille, vos racines, votre noyau familial. Cet Ange travaille pour que votre famille ne soit pas déchirée par toutes sortes de situations ombrageuses. La mission de cet Ange est de ramener les gens vers leur demeure, vers leur noyau familial. Les Anges déplorent que l'humain vive souvent dans la discorde familiale, et Dieu a donné comme mission à l'Ange Menadel de solidifier le noyau familial en apaisant les conflits et en les réglant. Entouré de tout le Chœur des Puissances, l'Ange Menadel vous aidera à vous réconcilier avec vos racines pour votre mieux-être. Mais, il est aussi évident que les Anges ne veulent que votre bien. Ils voudront aussi que vous vous réconciliiez avec votre famille, si celle-ci est dans la Lumière et qu'elle va vous permettre de continuer de vibrer dans la Lumière. Cependant, si les membres de votre famille sont entourés d'Ombres et que ceux-ci vous écrasent, alors le Chœur des Puissances vous guidera vers un meilleur noyau familial que vous formerez soit avec des amis ou avec votre propre petite famille à vous, c'est-à-dire votre partenaire amoureux et vos enfants.

Si un membre de votre famille quitte le domicile familial à cause de l'Ombre, priez Menadel. Cet Ange ramènera vers vous cet être. Cela s'applique aussi à toutes les personnes exilées dans des pays étrangers à cause des guerres ou d'autres situations négatives. La mission de l'Ange Menadel est de ramener cet être vers sa patrie, son refuge, ou vers l'endroit où il sera beaucoup plus heureux et en paix. L'Ange Menadel travaille pour que les gens puissent être heureux à l'endroit où ils vivent.

Autres raisons de prier l'Ange Menadel

Vous pouvez aussi prier l'Ange Menadel si vous vivez des difficultés au travail. L'énergie de cet Ange vous permettra de régler rapidement tous vos problèmes dans l'immédiat. Il vous aidera à être plus en contrôle de ce que vous vivez et il ouvrira les meilleures portes pour que vous puissiez rapidement vous en sortir. Notez aussi que si votre emploi est menacé, vous pouvez toujours lui demander de vous guider vers la meilleure des solutions. Si vous priez l'Ange Menadel, vous ne manquerez jamais de travail. Celui-ci guidera vos pas vers des endroits où votre aide sera bénéfique.

Vous pouvez prier Menadel pour vous aider à retrouver un objet perdu ou volé. Menadel a la même mission que son confrère Rochel. Ces deux Êtres de Lumière forment une équipe extraordinaire et ils adorent travailler ensemble pour vous aider à retrouver vos objets perdus ou volés. S'il tel est votre cas, vous devriez invoquer l'énergie de ces deux Êtres de Lumière et, en peu de temps, ils guideront vos pas vers l'objet demandé. Cela s'applique aussi à tous ceux qui se sont fait dérober par des membres de la famille ou par des profiteurs. Si vous avez été victime d'un profiteur ou d'un malfaiteur, priez l'Ange Menadel et il rapportera vers vous les objets qui vous ont été pris.

Pour ce qui est de l'argent qui vous a été volé, priez les Anges Mebahiah, Rochel et Menadel pour ravoir ce qui vous a été pris. Cependant, il faut noter que ces trois Êtres de Lumière vont évaluer les deux côtés de la médaille avant de vous redonner l'argent. Souvent, vous pensez que vous êtes la victime, car vous ne voulez pas admettre que l'autre avait raison dans ce qu'il vous a dérobé ou demandé. Alors, il est important de noter que si vous priez les Anges Menadel, Rochel et Mebahiah pour vous aider et que votre vœu ne se réalise pas, il faudrait réévaluer votre perception de la situation pour laquelle vous les avez invoqués. Mais, si vous pensez être victime d'une arnaque, ou d'une manipulation, et que vous aimeriez ravoir votre argent, priez ces trois Lumières puissantes. Ces Êtres ramèneront rapidement l'argent vers vous ou ils enverront sur votre chemin des personnes puissantes qui vous aideront à ravoir votre argent.

L'Ange Menadel est, en quelque sorte, **la solution à tous vos problèmes**. Il est **votre porte de secours** quand vous avez besoin d'être sauvé et libéré.

Vous pouvez prier l'Ange Menadel pour toute situation reliée au travail ou pour vous trouver du travail. Priez-le aussi pour réussir un travail, une entrevue, pour bien accomplir vos tâches, pour être apprécié de vos collègues et de votre patron. Priez-le.

Vous pouvez aussi prier Menadel pour devenir un bon chef d'équipe, un *leader*. Cet Ange vous aidera à bien diriger votre équipe avec respect. Les membres de l'équipe répondront de la même façon envers vous. Vous pouvez aussi demander à Menadel de vous libérer de tous les problèmes reliés à votre travail. Enfin, priez cet Ange pour tout ce qui concerne le travail.

Vous pouvez prier Menadel pour délivrer les otages des guerres ou de toutes autres situations de l'Ombre. L'Ange Menadel protège tous ceux qui sont expatriés et permet à ceux-ci de bien s'adapter à leur nouvelle racine. Mais sa force est auprès de tous ceux qui sont des otages, des prisonniers à l'extérieur de leur pays. La mission de cet Ange est de ramener vers les siens celui qui s'est éloigné. Il est l'Ange important à prier pour tous ceux qui sont exilés et rapatriés à cause de la guerre. La Lumière de cet Ange les protégera et leur ouvrira les portes pour qu'ils reviennent rapidement vers les leurs.

Une autre particularité de l'Ange Menadel est de vous apporter des informations au sujet de ceux que vous n'avez pas vus depuis longtemps. Si vous le priez, cet Ange vous ouvrira les portes qui vous permettront de recevoir des nouvelles des personnes disparues, que vous cherchez ou que vous n'avez pas vues depuis longtemps. Cela peut s'appliquer aussi à tous ceux qui recherchent un parent biologique. Si l'Ange Menadel a la permission de vous accorder votre vœu, il fera tout ce qu'il peut pour que vous puissiez recevoir des nouvelles le plus rapidement possible de la personne concernée.

Vous pouvez prier l'Ange Menadel pour qu'il vous aide dans la vente de votre propriété. Vous pouvez aussi lui demander de vous trouver la maison qui correspond à vos besoins.

Priez également l'Ange Menadel pour qu'il vous donne le courage d'entreprendre des actions afin de les réussir, même les tâches les plus difficiles. Cet Ange vous guidera vers les meilleures ressources pour que vous puissiez obtenir ce que vous désirez.

Note aux enfants de Menadel

À votre naissance, l'Archange Camaël vous a fait le don de sa Lumière de santé. Vous pourriez vivre très vieux et en santé. Vous bougez tout le temps. Vous avez toujours une idée en tête et c'est cela qui vous permet de rester jeune d'esprit.

Grâce à la Lumière de Menadel, vous serez en mesure de prendre conscience de tout le potentiel qui est à l'intérieur de vous. Menadel vous aidera à mieux vous identifier et à découvrir qui vous êtes. Cet Ange vous fera prendre conscience de vos valeurs sur le plan personnel, matériel et spirituel. Il vous fera voir que vous valez beaucoup plus que ce que vous pouvez parfois penser.

Vous possédez aussi en vous de grandes qualités : la persévérance et l'endurance. Ces deux forces vous permettent de réussir tout ce que vous désirez. Il vous suffit d'aller droit au but.

Réclamer l'aide de l'Ange Menadel

Trouver la meilleure solution et régler un problème

Si vous avez un problème et que vous aimeriez trouver la meilleure solution pour le régler, demandez à l'Ange Menadel de la trouver. La mission de cet Ange est de vous guider vers la meilleure solution. Menadel agit efficacement. En quelques jours, il aura trouvé la meilleure solution pour régler votre problème.

Prenez une minute d'intériorisation et inscrivez votre problème ci-dessous. N'oubliez pas de prendre en note les dates importantes de l'Ange Menadel aux tableaux I et II puisque cet Ange ouvrira alors la porte aux solutions. Inscrivez votre problème.

_____

_____

_____

Retrouver un objet

Pour retrouver un objet, il vous suffit de prier les Anges Menadel et Rochel. Vous pouvez aussi tout simplement leur demander de vous faire trouver l'objet en question. Si l'objet se trouve au même endroit où vous le priez, ces Anges dirigeront vos pas vers lui. Toutefois, l'Ange Menadel peut utiliser vos rêves pour vous indiquer où est l'objet.

Avoir des nouvelles d'une personne éloignée

Pour avoir des nouvelles d'une personne éloignée, priez Menadel. Une de ses missions est de vous mettre en contact avec cette personne. Indiquez ci-après le nom de cette personne : _____

Réussir un projet

Une des missions de l'Ange Menadel est de vous aider à aller de l'avant et à réussir votre projet. Priez cet Ange et demandez-lui d'apporter sa Lumière de réussite sur votre projet. Prenez une minute d'intériorisation et inscrivez ci-dessous ce que vous aimeriez voir se réaliser :

_____

_____

_____

Vendre ou acheter une propriété

Si vous voulez vendre une propriété, faites purifier un objet de votre maison par l'Ange Menadel. Celui-ci attirera vers votre demeure des acheteurs potentiels pour que vous puissiez rapidement la vendre. Si vous voulez acheter une maison, demandez à Menadel de vous guider vers la maison de vos rêves. N'oubliez pas de le prier et de le remercier lorsqu'il vous aura accordé ce vœu.

Bâtir un autel pour accueillir l'Ange Menadel

Napperon : importe peu.

Couleurs : couleurs foncées.

Bougies : rouges ou blanches.

Encens : muscade.

Odeurs : Vanille et bois.

Psaume à réciter lors du rituel;

« Seigneur, j'aime le séjour de votre maison et le lieu où réside votre gloire. »

Psaume 26, verset 8

37. ANIEL
(fin, libération, responsabilité)

« Ne parlez pas pour rien. Lorsque vous parlez, faites en sorte que vos paroles soient conformes à vos actions. »

« La fin justifie les moyens. »

« Mettre fin à une situation pénible, c'est se libérer. »

Ange idéal

Aniel est l'Ange idéal de tous ceux qui ont des dépendances et qui veulent s'en libérer. Cet Ange vous donnera une résistance devant vos faiblesses, que ce soit la nourriture, la cigarette, la drogue, la boisson, le jeu. La Lumière de cet Ange vous donnera le courage de ne pas succomber à la tentation de vos faiblesses. Si vous priez cet Ange, il brisera le cercle de votre routine pour que vous puissiez trouver une activité qui vous permettra de vous éloigner de vos faiblesses.

Il est aussi un bon Ange à prier pour ceux qui doivent travailler la nuit, car la Lumière de cet Ange leur donne une grande résistance au sommeil. Il vous permet de rester longtemps éveillé sans ressentir la fatigue.

L'Ange Aniel possède des ailes immenses qui battent à un rythme très rapide afin d'aider sur-le-champ l'humain en détresse. Cet Ange est très dévoué à l'humain. Lorsqu'il annoncera sa présence, vous serez envahi par un sentiment d'amour et de respect. Telle est sa vibration.

Le signe que fait Aniel pour annoncer sa présence est de vous chatouiller les lèvres avec ses plumes angéliques. Vous serez ainsi porté à essuyer vos lèvres comme s'il y avait une saleté sur elles, un peu comme si vous aviez les lèvres sèches. Telle est la façon originale de l'Ange Aniel de vous annoncer sa présence.

Différentes façons de manifester sa présence

Aniel aime tous les animaux. Toutefois, il a sa préférence. Il adore les chats et les ânes. Il les trouve mignons et très jolis. Lorsque vous le prierez, il a de fortes chances qu'il emprunte temporairement le corps d'un de ces animaux pour venir vers vous. S'il emprunte le corps d'un chat, il sera gris avec des taches blanches.

Sitaël adore l'odeur de la terre lorsqu'elle est humide. Aniel aide souvent ses confrères Melahel et Manakel lorsque ceux-ci travaillent dans le jardin des Anges pour y faire fleurir de belles fleurs.

Un mot important pour l'Ange Aniel est « **fin** ». Il est alors temps pour vous de mettre fin à une étape ou à une situation de votre vie. De toute façon, l'Ange Aniel vous montrera à propos de quel sujet vous devez utiliser le mot « fin ». En y mettant fin, vous retrouverez la joie de vivre et le chemin de la liberté. La mission de l'Ange Aniel est de vous faire prendre conscience qu'il est maintenant temps pour vous de tourner la page. Aniel vous infusera sa Lumière de courage. Attendez-vous à vivre de grands changements dans les prochains mois qui suivront votre demande.

Si Aniel vous fait entendre le mot « **espoir** », l'Ange Aniel vous indique de ne pas perdre espoir dans ce que vous lui réclamez. Le temps n'est pas propice pour l'instant. Aniel préfère attendre et vous donner ce qu'il y a de meilleur pour vous. De plus, il y a de fortes chances que la demande que vous lui réclamez ne puisse pour l'instant vous être accordée pour des raisons karmiques ou autres. Soyez patient puisque Aniel travaille pour vous trouver un substitut ou le meilleur.

Un autre mot à retenir est « **construire** ». Par ce terme, l'Ange Aniel vous dit qu'il est temps pour vous de construire et de réaliser vos rêves. Aniel vous demande d'établir un plan de ce que vous aimeriez avoir dans la vie. Déterminez vos rêves, vos désirs et vos attentes. Et il vous guidera vers ces désirs et ces plans. Aniel vous envoie un premier détail pour que vous puissiez mettre sur pied un rêve ou un projet.

Autres représentations symboliques

Aniel empruntera le corps de plusieurs personnes pour que chacune d'elles puisse vous envoyer un large sourire. Alors, ne soyez pas surpris de voir des étrangers vous adresser un sourire radieux. Pour chacun des sourires, vous serez animé par un sentiment de joie intérieure. Telle est la sensation de la vibration de l'Ange Aniel.

Si l'Ange Aniel vous **montre un casse-tête**, il vous indique que, en ce moment, votre façon de vivre est un vrai casse-tête. Mettez-y un peu d'ordre et votre vie s'en portera mieux. De toute façon, Aniel vous montrera la situation qui vous cause ce casse-tête. Cet Ange vous montrera aussi comment vous en libérer. Il n'en tiendra qu'à vous de le faire. Si vous acceptez, Aniel y mettra fin et il vous sera possible par la suite d'aller vers de nouvelles avenues.

Si l'Ange Aniel vous **montre des plans de construction et des outils**, il vous indique ainsi qu'il est temps pour vous d'établir vos règles, de construire votre plan de vie. En vous montrant ces signes, cet Ange vous indique qu'il vous guidera vers les situations qui vous permettront d'élaborer votre plan. Cet Ange vous donnera le désir d'améliorer votre vie. Surtout, la Lumière de cet Ange vous permettra de croire en vous et en votre potentiel.

Un signe qu'aime bien faire Aniel est de vous remettre un cadeau. Ne soyez pas surpris de recevoir un cadeau lorsque vous le prierez. Cela peut être un mot gentil de la part d'un proche, une petite somme d'argent, peu importe. L'Ange Aniel vous enverra une belle surprise qui vous fera un énorme plaisir.

Spécialités de l'Ange Aniel

Aniel possède le pouvoir de sauver tous ceux qui sont enchaînés à des problèmes reliés à la vie actuelle ou à des vies antérieures. La mission de l'Ange Aniel est d'éloigner l'Ombre en vous en libérant. La Lumière de cet Ange vous donnera le courage de régler tous les points noirs qui sont à l'intérieur de vous et d'y mettre le mot « fin » à tout jamais. Sa Lumière vous donnera le courage de mettre fin à toutes les situations pénibles que vous avez vécues ou que vous vivez présentement. **Aniel est la clé de votre libération.**

Si vous faites partie du Chœur des Trônes, vous devriez prier Aniel. Il s'agit de la clé de votre libération. Si vous priez cet Ange, cela aura un impact majeur en vous. Vous ressentirez un sentiment de libération. Ne soyez pas surpris de voir votre vie changer et s'améliorer par la suite. C'est comme si le vide en vous faisait place à un sentiment d'harmonie, de bonheur. Vous serez beaucoup plus en harmonie avec tout ce qui se passe autour de vous et il vous sera permis de savourer chaque moment que vous vivrez. Mais, le plus important, ce sera d'**apprécier** ces moments de bonheur, car enfin vous connaîtrez le bonheur et la joie d'être en harmonie avec vous-même et avec ceux qui vous entourent.

Autres raisons de prier l'Ange Aniel

L'Ange Aniel est un porteur d'amour partout où il passe. Sa lumière vous aide à trouver le chemin le plus facile pour vous rendre heureux. L'Ange Aniel travaille en avec les Anges de la Puissance pour infuser l'amour dans tout ce que vous entreprendrez. Voici les bienfaits de la Lumière d'Aniel jointe à celle des Anges des Puissances.

Avec l'Ange Iéiazel : ces deux Anges vous libéreront de tout ce qui vous enchaîne en vous guidant vers le chemin de la liberté. De plus, leur Lumière respective aidera tous ceux qui ont des dépendances à bien y résister et à bien s'en libérer.

Avec l'Ange Rehaël : ces deux Anges développeront l'amour paternel en vous ou vous aideront à retrouver l'amour du père et à être aimé de celui-ci. Rehaël et Aniel peuvent aussi vous aider à couper le cordon familial définitivement et à vous libérer de la peine que le père vous a causée.

Avec l'Ange Haamiah : ces deux Anges vous feront découvrir le grand amour en vous guidant vers la femme ou l'homme de votre vie. Leur Lumière vous libérera des liens du passé qui vous ont blessé émotionnellement.

Avec l'Ange Menadel : ces deux Anges vous guideront vers un travail qui vous plaira et dans lequel vous serez très heureux d'accomplir vos tâches.

Avec l'Ange Chavakhiah : ces deux Anges développeront l'amour entre frère et sœur et l'amour maternel en vous ou vous aideront à retrouver l'amour de la mère et à être aimé de celle-ci. Chavakhiah et Aniel peuvent aussi vous aider à couper le cordon qui vous relie à la mère pour vous en libérer, surtout si vous avez été blessé par votre mère. Ces Anges vont aussi ramener l'harmonie familiale en apaisant les conflits.

Avec l'Ange Lehahiah : ces deux Anges vous donneront le courage de réussir des travaux difficiles.

Avec l'Ange Yehuiah : ces deux Anges protégeront ce qui a de plus élevé en vous. Leur Lumière fera de vous un être épanoui et heureux.

Une autre particularité de l'Ange Aniel est de vous aider lors de travaux difficiles. Quand vous devez faire un travail difficile et que vous avez peur de ne pas être à la hauteur, il est important de prier Aniel. Sa lumière vous donnera le courage de bien le faire et de bien le terminer. Elle éclairera également votre chemin pour que vous puissiez mieux voir la route qu'il faut prendre pour bien réussir ce travail. Cela s'applique autant à un travail relié à vos études qu'à un travail sur vous-même ou sur les autres.

Vous pouvez aussi prier Aniel pour qu'il protège ceux qui sont en guerre. La Lumière de l'Ange Aniel peut faciliter les victoires militaires, mais notez que les victoires ne sont pas nécessairement reliées à la mort ou aux batailles physiques. La victoire peut être la paix intérieure après avoir vécu des moments pénibles reliés à la guerre.

Il est aussi l'Ange important de tous ceux qui sont las et découragés de se battre avec toutes les difficultés de la vie et qui ne parviennent pas à voir la porte de sortie. La Lumière de l'Ange Aniel vous aidera à prendre votre vie en main en réussissant à chasser les points sombres de votre vie. Sa Lumière vous ouvrira les portes nécessaires afin de retrouver une belle qualité de vie et un bel équilibre dans votre vie.

Sa Lumière de courage va donner une volonté de fer à tous ceux qui ont un cancer ou une grave maladie pour que ceux-ci passent à travers leur maladie et retrouvent un bel équilibre par la suite.

Vous pouvez aussi prier l'Ange Aniel pour qu'il vous aide à couper le lien avec le passé, pour qu'il vous libère de tout ce qui vous retient prisonnier, comme les dépendances.

Priez également Aniel pour qu'il vous donne une volonté de fer afin de surmonter un obstacle et de résister aux tentations.

Aniel est un Ange qui peut aussi aider tous ceux qui sont en affaires à atteindre le sommet grâce à leur talent. Il va permettre à ces personnes de triompher, d'avoir une vie financière florissante à l'image de leurs efforts. Sa lumière va surtout aider ceux qui ont des problèmes financiers ou un faible revenu. L'Ange Aniel vous aidera à prendre votre vie en main et à mieux structurer votre entreprise pour que celle-ci devienne fructueuse. Il va aussi vous permettre d'être un bon chef, un bon *leader*. Puis, il veillera à ce que vous soyez respecté de tous.

Un autre atout de l'Ange Aniel est qu'il aime aider tous ceux qui travaillent avec la nature. Cet Ange voit au bien-être de la planète. Alors, il révéla les secrets de la nature pour aider tous ceux qui veulent apporter un bien-être à la terre.

Note aux enfants d'Aniel

À votre naissance, l'Ange Aniel vous a fait le don de sa Lumière de dévouement et de respect. Vous êtes un bon messager toujours en train d'aider son prochain sans compter les heures que vous y mettez.

Vous possédez aussi du cran, de l'énergie et de la persévérance lorsque vous voulez obtenir quelque chose. Ce cran fait de vous un gagnant. Généralement, tout ce que vous entreprendrez sera signe de succès.

Lorsque vous êtes fatigué et épuisé, prenez une marche dans la nature. Cela fera un bien énorme à votre mental.

Réclamer l'aide de l'ange Aniel

Cesser une mauvaise habitude

Si vous désirez arrêter de fumer, de boire, de parier et cesser d'autres mauvaises habitudes, il vous suffit de réciter la prière concernée. Cette prière vous donnera la volonté d'agir et de vous prendre en main. Récitez-la autant de fois que vous en ressentez le besoin.

Mettre fin au passé et avancer

Les Anges et Sitaël travaillent ensemble. La mission d'Aniel est de mettre fin à des événements reliés à vos anciennes vies, tandis que celle de Sitaël est reliée à votre passé. Ces deux magnifiques Anges régleront votre passé une fois pour toutes.

Pour plus de détails, consultez la partie sur l'Ange Sitaël et faites l'examen pour mieux mettre fin à votre passé.

Bâtir un autel pour accueillir l'Ange Aniel

Napperon : tissu avec l'image d'un chat gris.

Couleurs : gris et rouge.

Bougies : blanches, grises ou rouges.

Encens : oliban et muscade.

Odeurs : violette et terre.

Psaume à réciter lors du rituel;

« *Ô Dieu des multitudes, régénérez-nous,*
faites luire votre face et nous serons sauvés. »

Psaume 80, verset 8

38. HAAMIAH
(amour, vie antérieure, rêve prémonitoire)

« *Que serait la vie sans amour?* »
« *Un cœur qui bat dans l'amour est un cœur heureux.* »
« *Aimer, c'est partager. Aimer, c'est grandir. Aimer, c'est s'unir.*
Aimer, c'est vivre. Alors, vivez dans l'amour! »

Ange idéal

Haamiah est l'Ange idéal des personnes qui cherchent l'amour. La Lumière de cet Ange vous aidera à trouver le partenaire idéal qui correspond à vos attentes. Elle dirigera vers vous l'être qui saura vous rendre heureux et elle fera de votre union une union heureuse remplie d'amour et de magie.

Elle est aussi l'Ange idéal de tous ceux qui ont peur des animaux. Cet Ange enlève la peur des animaux.

Haamiah est la représentation même de l'amour. Cet Ange est entouré d'une multitude de petits cœurs. Dès qu'elle sera près de vous, vous la ressentirez vivement. Vous serez envahi par un sentiment enflammé. Vous serez heureux, joyeux et amoureux, ce qui vous amènera à siffloter, à chanter et à virevolter! Les gens autours de vous risquent de ne pas vous reconnaître tellement vous serez rempli d'amour et d'énergie. Cette belle énergie se propagera également autour de vous. Vos proches souriront et se plairont à vous voir si heureux et en harmonie.

Ne soyez pas surpris si cette forte dose d'énergie que vous a insufflée l'Ange Haamiah vous donne le goût de créer, de bâtir, d'évoluer et de faire les changements nécessaires pour retrouver un équilibre. Eh oui! C'est l'effet que vous procurera l'Ange Haamiah lorsqu'elle annoncera sa présence auprès de vous.

Haamiah arrive rapidement vers l'humain. Elle n'aime pas le voir malheureux. Elle fera tout pour que celui-ci retrouve sa joie de vivre. Pour annoncer sa présence, ne soyez pas surpris de voir de petits picots blancs étincelants envahir votre vue. N'ayez pas peur et n'allez pas consulter votre spécialiste. C'est tout simplement l'énergie de l'Ange Haamiah. De plus, votre cœur palpitera comme si vous étiez excité tout d'un coup. Voilà un autre signe qui vous signale que Haamiah est présente. De plus, comme elle est représentée par un cupidon, lorsqu'elle annoncera sa présence, il y aura du rouge autour de vous. Vous-même serez peut-être vêtu de rouge ou les gens qui vous entoureront le seront. Du rouge, vous en verrez toute la semaine.

Différentes façons de manifester sa présence

Haamiah aime tous les animaux, mais il est évident qu'elle préfère les *lovebirds*, tout comme son confrère Lelahel. Ces deux Anges travaillent d'ailleurs de pair pour aider l'humain à trouver l'amour. Haamiah et Lelahel aimeraient tant que l'humain puisse transmettre son amour autant que ces oiseaux. Les deux Anges affirment que si tous les êtres humains possédaient un peu d'énergie des *lovebirds*, il y aurait moins de guerre et plus d'amour sur la planète.

Haamiah adore l'odeur des parfums doux et aphrodisiaques. Elle aime aussi la senteur de la cannelle. Saviez-vous que Haamiah est aussi friande des petits cœurs à la cannelle, comme Lelahel? Elle ne peut leur résister lorsque Lelahel lui en donne. Il y a de fortes chances que lorsqu'elle viendra vers vous, vous aurez envie de manger des sucreries à la cannelle.

Un mot important pour l'Ange Haamiah est « **amour** ». Par ce terme, l'Ange Haamiah vous dit qu'elle mettra dans votre vie son énergie d'amour et de paix. Si vous vivez une période difficile sur le plan affectif, ce mot aura un effet bénéfique dans votre relation amoureuse puisque l'Ange Haamiah vous indique que vous serez au diapason de vos émotions et de votre relation. Il en est de même si vous êtes célibataire. En vous envoyant ce mot, l'Ange Haamiah vous indique qu'il vous enverra la personne qui fera palpiter votre cœur et qui vous rendra heureux, la personne idéale avec laquelle vous vivrez une belle histoire d'amour, qu'importe la situation pour laquelle vous avez réclamez de l'aide. Par ce mot, l'Ange Haamiah vous indique que vous serez au diapason de votre événement. Cet Ange vous indique aussi qu'elle vous accorde le bonheur, qu'elle acquiesce à votre demande.

Si vous entendez le mot « **cœur** », l'Ange Haamiah vous dit de vous aimer tel que vous êtes. Mettez en valeur votre beauté naturelle, votre personnalité. Aimez-vous tel que vous êtes, car vous valez plus que ce que vous pensez. Peut-être vous sous-estimez-vous? C'est l'une des raisons pour laquelle l'Ange Haamiah vous fait entendre ce mot. Au cours de la semaine qui suivra votre demande, l'Ange Haamiah enverra de belles situations dans votre vie. Les gens apprécieront tout le travail que vous faites pour eux. Ils vous offriront de belles paroles remplies d'amour et de compréhension. Ils vous voueront un grand respect. Ce signe est important pour Haamiah puisqu'elle vous démontre la valeur que vous avez aux yeux des autres.

Si Haamiah vous fait entendre le mot « **rêve** », cet Ange vous indique qu'elle vous enverra des rêves prémonitoires sur certains événements qui surviendront dans votre vie. Avant de vous coucher, posez-lui une question sur le sujet par rapport auquel vous voulez avoir de l'information. Au cours de la nuit, elle vous enverra des indices qui vous permettront de voir ce qui s'en vient pour vous.

Autres représentations symboliques

L'Ange Haamiah aime faire rire l'humain et le rendre joyeux. Il est évident que la plupart des signes qu'elle fera vous feront rire. Comme son confrère Lelahel, elle est très taquine. Haamiah se plait à dire que c'est ce charmant Lelahel qui lui montre tous ses petits trucs farfelus.

Haamiah adore la Saint-Valentin. Il y a d'ailleurs de fortes chances qu'elle vous montre des cupidons tout au long de la semaine que vous la prierez. Elle peut vous montrer une carte, un cœur ou tout ce qui est représentatif de cette fête. Si **vous voyez un cupidon**, par ce signe, elle vous dit qu'elle envoie le partenaire idéal dans votre vie, si vous ne l'avez pas déjà. Si vous avez un partenaire, elle rehaussera votre amour. Elle vous dit que, pendant une période d'un mois, l'amour et la joie seront au rendez-vous!

Il en est de même si vous trouvez une **carte ornée d'un cœur**. Ce signe sera aussi très important pour ceux qui réclament l'amour dans leur vie. Par ce signe, l'Ange Haamiah vous indique qu'elle envoie sur votre chemin le partenaire idéal pour que vous puissiez vivre une belle histoire d'amour. Cet Ange travaillera en équipe avec Lelahel et Jeliel. Ces trois magnifiques Anges rempliront votre cœur de joie et d'amour.

Haamiah adore lorsque Lelahel joue de la harpe au royaume de Dieu. Haamiah vous montrera donc cet instrument. D'ailleurs, tous les Anges adorent écouter la harpe de Lelahel. Ce dernier est un vrai prodige. Tous vibrent au son de sa harpe. **Ne soyez pas surpris d'écouter une musique comportant des sons de harpe ou de voir quelqu'un en jouer.** Ce son vous fera vibrer intensément puisque Lelahel et Haamiah vous infuseront leur énergie remplie d'amour. De plus, ce signe sera pour vous important. L'Ange Haamiah vous indique ainsi qu'elle infusera de l'harmonie, de l'amour et de la joie dans votre vie. Elle égayera votre vie. Vous serez au diapason des événements qui se produiront dans votre vie.

L'Ange Lelahel est représenté par le chiffre 6, tandis que Haamiah est représentée par le chiffre 8. Ces deux magnifiques Anges adorent les chiffres 6 et 8 puisqu'ils les représentent. Le chiffre 6 représente l'amour et le chiffre 8 représente l'infini. Pour Haamiah et Lelahel, cela signifie « l'amour infini ». D'ailleurs, c'est l'amour que ces deux magnifiques Anges vous portent. Tout au long de la semaine, Haamiah vous montrera ces chiffres. Elle peut même vous faire trouver par terre six ou huit pièces de monnaie.

Puisque Haamiah adore les friandises à la cannelle, si vous vous retrouvez près de ces friandises, il y a de fortes chances qu'elle vous donne envie d'en acheter. Lorsque vous aurez le dos tourné, elle en profitera pour vous en prendre un peu et en donner à l'Ange Lelahel.

Plusieurs personnes autour de vous risquent de vous démontrer leur amour, leur affection pour vous. L'Ange Haamiah vous montrera l'impact positif que ces gens ont dans votre champ d'énergie quand ils vous disent des paroles positives. Mais vous rencontrerez aussi des gens négatifs qui ont, eux aussi, un impact sur votre champ d'énergie. Par ce signe, l'Ange Haamiah vous indique de vous entourer de personnes positives et remplies de Lumière.

Spécialités de l'Ange Haamiah

Haamiah possède en elle le pouvoir de vous parler de vos vies antérieures. Avec la permission de Dieu, cet Ange peut aider l'enfant qui a besoin de connaître ses anciennes vies pour essayer d'améliorer sa présente existence. Il ne faut pas oublier que le Chœur des Puissances, leur force, leur mission, est d'expier vos fautes reliées à vos anciennes vies. L'Ange Haamiah peut vous révéler certaines de vos vies antérieures, si cela est utile à votre évolution. **Il est important de noter que les Anges n'aiment pas parler de vos vies antérieures**, car l'important pour l'humain est d'évoluer vers le futur. Ce que vous avez été dans le passé importe peu. Ce qui compte, c'est ce que vous accomplirez dans le futur. **Quel sera le rôle que vous jouerez? Quelles seront les exploits que vous accomplirez pour le bien de l'humanité?** Telle est l'importance de la vie humaine. Premièrement, tout ce que vous avez échoué, vous devez le reprendre. Tout ce que vous avez laissé en suspens, vous devez le terminer. Tout ce que vous n'avez pas réglé, vous devez le régler. Tout cela se fait dans l'incarnation suivante. C'est comme à l'école. Si vous avez échoué une matière, vous devez la recommencer pour obtenir votre diplôme. Il en est de même avec votre plan de vie. Deuxièmement, si vous vous souveniez de vies passées, cela aurait un impact majeur sur l'incarnation qui pourrait entraver votre évolution. Ce sujet sera davantage abordé dans un prochain ouvrage.

Puisque l'Ange Haamiah fait partie des Anges terrestres, il lui est permis d'aider l'humain à se souvenir de ses dernières incarnations afin de l'aider à mieux régler ce qui ne fonctionne pas bien. Pour ce faire, elle travaillera en collaboration avec les Anges Achaiah, Aniel, Harahel, Damabiah, Rochel et Jabamiah.

Même si Dieu a donné la mission à ces Anges de libérer les humains de leurs anciennes vies, plusieurs ne pourront pas y arriver puisque certaines personnes préfèrent demeurer dans leur tracas plutôt que d'aller en profondeur afin de les régler. Si, toutefois, vous avez le goût de vous débarrasser de cette lourdeur qui pèse sur vos épaules, priez ces magnifiques Anges.

Si vous priez Haamiah, elle vous enverra par vos rêves des symboles et des situations reliés à vos anciennes incarnations. Ceci vous aidera à mieux comprendre les faiblesses de votre vie actuelle. Si Haamiah vous fait découvrir la faiblesse de vos anciennes vies, c'est pour que vous puissiez mieux les régler dans celle-ci. Autrement dit, vous serez conscient des événements pour lesquels vous faiblissez tout le temps. Cela peut être dans votre vie amoureuse, financière ou autre. La mission des Puissances est de vous préparer à votre prochaine incarnation en vous évitant de refaire les mêmes erreurs. Haamiah veut que vous régliez immédiatement vos faiblesses pour ne pas que vous traîniez vos bagages de douleurs dans votre prochaine incarnation. Tels seront les bienfaits de la Lumière de l'Ange Haamiah. En plus, si, dans le passé, vous aviez eu des peines d'amour qui vous empêchent aujourd'hui d'aimer, la Lumière de cet Ange va les régler une fois pour toutes. Lorsque Haamiah fera un bilan de vos faiblesses, il serait ensuite important pour vous de régler ce qui entrave votre bonheur. La meilleure façon de pouvoir tout régler est de prier les Anges et de leur demander de vous aider à bien accomplir votre plan de vie. N'oubliez pas que l'Ange Achaiah a comme mission de vous dévoiler votre plan de vie et de vous redresser si vous n'êtes pas sur la bonne route. Il serait important de la prier aussi.

Haamiah est aussi l'Ange de l'espoir en un nouveau jour. Haamiah vous permettra de faire le premier pas vers votre bonheur terrestre.

Autres raisons de prier l'Ange Haamiah

Vous pouvez prier l'Ange Haamiah pour trouver le partenaire idéal et vivre une belle histoire d'amour, pour guider vos pas vers le chemin du bonheur et pour retrouver l'harmonie dans votre vie, pour rencontrer l'amour si vous êtes célibataire. Cet Ange vous montrera le chemin qu'il faut prendre pour aller rencontrer cet amour. Sa lumière apportera en vous le réconfort, mais surtout l'harmonie. En étant en harmonie avec vous-même, il vous sera beaucoup plus facile de trouver le partenaire idéal. Si vous le désirez, vous pouvez aussi demander à l'Ange Haamiah de vous montrer la description de votre futur amour.

Si vous avez peur la nuit de dormir seul, demandez immédiatement son aide et elle viendra vous réconforter. Elle effacera immédiatement la peur du noir et vous fera passer une agréable nuit.

Vous pouvez aussi demander à l'Ange Haamiah de vous faire découvrir le chemin de l'inconnu. L'Ange Haamiah va vous y conduire pour mieux apprendre à le connaître et à vous habituer à ce monde parallèle à vous. Dans ce monde, vous rencontrerez plein de vibrations qui ne sont pas nécessairement des Anges. Ce seront peut-être des fées, des gnomes, des magiciens ou autres. Cependant, rien ne sera négatif. Vous pourrez quand même voir le monde des entrailles afin que vous puissiez mieux voir cette vibration négative et l'impact qu'elle peut avoir sur un humain ou une âme. Notez que les Anges ne le font pas pour vous effrayer, mais pour vous faire comprendre le danger de vous laisser influencer pas cette énergie ou aussi pour vous faire comprendre le danger d'y aller seul. Alors, il est très important que vous sachiez que si l'Ange Haamiah perçoit qu'il est de son devoir de vous conduire dans le monde des entrailles, elle le fera. Elle va le faire pour mieux vous aider à ne pas y aller et pour aider votre âme à mieux évoluer. Peut-être que votre mission de vie sera liée à ce monde des entrailles.

Vous pouvez aussi prier l'Ange Haamiah pour chasser les mauvais esprits. Haamiah est aussi l'Ange des exorcismes, car elle peut chasser les démons reliés aux anciennes vies et aux vies actuelles. Comme son confrère Cahetel, l'Ange Haamiah peut aussi chasser les démons, surtout ceux qui vous suivent depuis des siècles. Souvent, il y a des gens qui sont victimes de démons reliés à leurs anciennes vies et c'est parfois difficile pour ces êtres de s'en défaire. Ils ne savent pas toujours ce qui a provoqué cette situation. Ils se demandent souvent comment il se fait qu'ils sont victimes d'atrocités même s'ils agissent dans la Lumière.

Sachez que lorsque que vous êtes dans la Lumière, vous ne faites de mal à personne. C'est pourquoi l'Ange Haamiah veut vous aider à chasser les atrocités et à être conscient que vous devez le faire vous-même pour que ce démon ne vous suive plus dans vos prochaines incarnations. La Lumière de Haamiah est tellement puissante qu'elle vous donnera le courage de le chasser vous-même. Cette puissante Lumière effraie les démons et ils n'ont alors pas le choix de partir.

Une autre mission importante de Haamiah est de vous conduire vers le chemin de la vérité et de vous protéger. Si ce chemin peut être dangereux pour vous, elle va vous protéger, car l'important pour cet Ange est de vous aider à mieux connaître la vérité pour que vous puissiez rapidement retrouver le chemin de l'harmonie intérieure et du bonheur.

Si vous priez l'Ange Haamiah, sa Lumière sera puissante, efficace et instantanée. Sa Lumière apportera de l'harmonie et de l'équilibre dans votre vie. Aussitôt que vous ferez appel à sa Lumière, elle viendra instantanément vous réconforter et vous guider vers le chemin du bonheur.

Une autre particularité de l'Ange Haamiah est qu'elle protège tous les écrits venant de la Lumière. Elle aide aussi l'humain à bien les comprendre et à bien propager par la suite les paroles écrites.

Cet Ange protège tous ceux qui travaillent avec le fer et les animaux sauvages des dangers que leur profession pourrait occasionner.

Note aux enfants de Haamiah

À votre naissance, l'Ange Haamiah vous a fait le don de sa Lumière d'amour qui vous permet de le propager autour de vous.

Haamiah vous a aussi fait le don de sa Lumière extrasensorielle. Vos rêves sont souvent symboliques et prémonitoires. De plus, il vous est possible d'entrer en communication avec le Plan divin, ce qui peut vous amener à être attiré par toutes les sciences nouvel âge. Si vous voulez parfaire vos connaissances dans ce domaine, demandez à l'Ange Haamiah de les développer. Haamiah vous guidera également vers des personnes-ressources ou des lectures approfondies qui vous permettront d'éveiller ce don et ce talent en vous.

L'amour est votre source de vie. Assurez-vous d'être heureux et votre âme s'en portera mieux!

Réclamer l'aide de l'ange Haamiah

Déterminer les situations reliées aux anciennes vies

Si vous priez l'Ange Haamiah, il vous révélera les situations, les faiblesses et les relations de vos anciennes vies qui vous poursuivent dans celle-ci et que vous devez régler une fois pour toutes, si vous ne voulez pas les revivre dans votre prochaine incarnation.

Notez que régler ne veut pas nécessairement dire de vous en séparer ou de les éliminer. Régler peut aussi signifier qu'il faut accepter ces situations et apprendre à les apprivoiser, à ne pas les fuir, à les intégrer dans votre vie en les améliorant ou en les éliminant. L'important est d'être en harmonie avec ce que vous vivez. Si vous ne l'êtes pas, alors voilà l'importance de le régler maintenant.

Lorsque vous faites cette demande, tout ce que vous vivrez cette semaine risque de se passer intérieurement avec le ressenti. Ne soyez pas surpris de voir des *flashs* de vos anciennes vies, des visages, des dates, des situations, etc. De plus, l'Ange Haamiah va vous faire ressentir intérieurement toute la vibration de ces situations et vous fera voir tout ce que cela engendre en vous et autour de vous. Ensuite, il n'en tiendra qu'à vous de les régler, soit en les acceptant et en étant conscient de leur impact dans votre vie, soit en les éliminant de votre vie. Qu'importe la décision que vous prendrez. L'Ange Haamiah et le Chœur des Puissances seront à vos côtés pour vous donner la force et le courage d'accepter ou de régler.

Trouver le partenaire idéal

Pour trouver le partenaire idéal, priez les Anges Haamiah, Lelahel, Jeliel et Véhuiah. Pour plus d'informations, consultez les parties reliées à ces Anges.

Toutefois, vous pouvez aussi faire une description de la personne idéale pour vous et la déposer dans votre boîte d'Ange. Puis, demandez à Haamiah de vous aider à trouver cette personne. Vous devriez aussi faire purifier un objet que vous porterez. Haamiah lui infusera sa Lumière d'amour qui attirera l'être que vous cherchez.

Bâtir un autel pour accueillir l'Ange Haamiah

Napperon : tissu avec l'image des oiseaux *lovebirds* ou d'un couple enlacé.

Couleurs : rouge.

Bougies : rouges ou blanches.

Encens : muscade et santal.

Odeurs : cannelle, ambre et sauge.

Psaume à réciter lors du rituel

« *Car tu as dit : "Le Seigneur est mon refuge".*
Dans le Très-Haut, tu as placé ton abri. »

Psaume 91, verset 9

39. REHAËL
(confession, bénédiction, paix)

« *Apprendre à pardonner, c'est apprendre à se respecter. N'oubliez pas que c'est dans le pardon que vous retrouverez votre liberté.* »

« *C'est en comprenant la nature de nos erreurs que nous grandissons.* »

Ange idéal

Rehaël est l'Ange idéal des pères de famille. Cet Ange permet à tous les pères d'éduquer leurs enfants avec amour.

Il est aussi l'Ange idéal de tous les enfants qui vivent dans des familles reconstituées ou monoparentales. Cet Ange s'assurera que l'enfant est respecté et aimé par l'homme qui agit à titre de père. L'Ange Rehaël est un Ange qui prend énormément soin de l'enfant abandonné par son père. Il aidera l'enfant afin qu'il ne soit pas trop affecté par l'absence du père ou son rejet. L'Ange Rehaël viendra immédiatement au secours de l'enfant qui le prie. Avec une permission Céleste, l'Ange Rehaël pourra envoyer, sur le chemin de l'enfant, un homme qui prendra soin de lui comme s'il était son propre enfant. Cela ne veut pas dire qu'il donnera un conjoint à sa mère, mais plutôt qu'il lui permettra de développer un lien familial important avec un homme de son entourage. Cependant, si Rehaël obtient la permission d'envoyer un conjoint à sa mère, il le fera avec beaucoup de joie.

L'Ange Rehaël est aussi l'Ange idéal de tous ceux qui recherchent leur père biologique. Avec l'aide de l'Ange Rochel et de l'Ange Menadel, Rehaël travaillera très fort pour vous guider vers le chemin de la vérité, vers le chemin du paternel.

L'Ange Rehaël est un Ange très grand et très puissant. Il arrive promptement pour venir aider l'humain en détresse. Vous ressentirez sa présence vivement autour de vous et en vous. Vous serez envahi par un sentiment de puissance, de force et d'énergie qui vous donnera de l'entrain et de la vivacité. Vous vous sentirez aussi solide que du roc. Rien ne viendra vous déranger. Les gens qui vous entourent trouveront que vous êtes direct, ferme et impassible. Vous serez en contrôle des situations que vous vivrez pendant toute la journée. Ce sentiment de puissance vous suivra au cours des neuf jours suivant votre prière. Vous aurez du cran et de l'énergie pour régler tout ce qui vous dérange. Vous serez décidé et rien ne vous déstabilisera. Tel est l'effet que provoque la vibration de l'Ange Rehaël.

Différentes façons de manifester sa présence

En ce qui a trait aux animaux, Rehaël n'a pas de préférence en particulier. Toutefois, il aime beaucoup le chant des oiseaux puisque certains chants apaisent le cœur de l'humain et lui apportent du réconfort. Il aime tout de même le chien pour sa fidélité envers son maître ainsi que les papillons puisqu'ils représentent la liberté.

Lorsque Rehaël sera prêt de vous, il vous enverra une odeur fraîche. Imaginez que vous êtes allongé près d'un ruisseau entouré de fleurs et d'arbres. Les odeurs que vous humerez seront semblables aux odeurs que Rehaël utilise quand il vient vers vous. Une odeur de brise légère. Une pluie fine, de la bruine. Rehaël peut également vous faire sentir divers autres effluves tels que la lavande, le muguet, la camomille, la bergamote et l'amande. Des odeurs apaisantes et calmantes.

Un mot très important pour Rehaël, c'est le mot « **réconfort** ». Si vous entendez ce mot, c'est que l'Ange Rehaël vous indique que vous en avez besoin. Il vous infusera donc sa Lumière de réconfort. Cette Lumière aura un impact positif sur vous. Tout d'abord, elle apaisera votre cœur de toutes les douleurs provoquées par d'autres personnes. Ensuite, elle vous permettra de retrouver un équilibre dans votre vie. Ce qui vous aidera à prendre les décisions adéquates afin que vous puissiez faire les changements nécessaires pour être mieux dans votre corps et dans votre esprit. Telle est l'efficacité de la Lumière de réconfort de Rehaël.

Un autre mot qu'il peut vous faire entendre, c'est « **poubelle** ». Par ce mot, l'Ange Rehaël vous dit que votre poubelle est pleine et qu'il est temps de faire un ménage intérieur. Il peut également vous montrer **des poubelles** ou des images de poubelles. Si vous entendez ce mot fréquemment ou que vous en voyez, c'est qu'il est temps de vider vos peines, vos doutes, vos peurs. Il est temps de parler. Il est temps de vous libérer des sentiments négatifs qui vous hantent ou qui dérangent votre santé mentale. Confiez-vous à Rehaël. Pour ce faire, écrivez vos sentiments sur un bout de papier. Rehaël prendra ce papier et il le jettera dans la poubelle Angélique afin de vous libérer de votre fardeau d'émotions. La paix et l'amour qui émanent de son cœur consumeront chacune de vos émotions négatives. Par la suite, Rehaël infusera tout votre être avec un sentiment d'amour pur, un sentiment de sérénité. Ainsi, cela vous permettra de vous sentir meilleur et d'être heureux.

Si vous entendez le mot « **soleil** », l'Ange Rehaël vous affirme que sa Lumière illuminera votre vie. Attendez-vous à vivre des changements bénéfiques qui apporteront de la chaleur dans votre cœur. Le soleil va reluire dans votre vie pour faire place à l'harmonie.

Un autre mot important aux yeux de Rehaël, c'est le mot « **paix** ». Par ce mot, Rehaël vous dit de ne pas vous inquiéter, car il veille sur vous. Il guidera vos pas afin que vous puissiez prendre les bonnes décisions en ce qui concerne les divers aspects de votre vie. Vous serez donc en paix avec vous-mêmes et avec ceux qui vous entourent.

Autres représentations symboliques

Les Anges aiment bien adombrer temporairement le corps d'un humain pour venir aider un humain en détresse. Un des signes préférés de Rehaël est de venir vers vous et de vous faire une caresse Angélique. Ne soyez pas surpris si une personne de votre entourage vous réclame une caresse. Lorsque vous recevrez cette caresse, vous vous sentirez très bien dans les bras de cette personne. Vous ressentirez rapidement le réconfort que l'énergie de Rehaël apporte. Lorsque Rehaël vous fera cette caresse, il en profitera pour chasser vos émotions négatives. Il tentera de les transformer en une énergie plus balancée pour vous. Il est possible que cette caresse vous donne l'envie de verser des larmes. C'est du nettoyage. De plus, les bienfaits de cette caresse vous donneront la force et le courage d'avancer et de régler ce qui ne fonctionne pas bien dans votre vie!

Rehaël se décrit comme un Ange justicier. Ne soyez pas surpris de voir des policiers ou des gardes de sécurité vous adresser un sourire. Un signe coquin de la part de l'Ange Rehaël.

Un autre signe cocasse que peut vous faire Rehaël, c'est de vous envoyer des personnes vous offrir une **bouteille d'eau** ou un **massage**. Ces personnes vous diront que cette eau est excellente puisqu'elle provient d'un ruisseau ou d'une source. Ou encore ils vous diront qu'un massage vous apportera des bienfaits. Ces signes seront importants puisque l'Ange Rehaël vous indique que vous avez besoin de prendre soin de vous. Vous avez besoin de prendre une journée de repos pour faire le vide. Si vous êtes un adepte de la méditation, faites-en. Si vous n'avez jamais médité, peut-être qu'il est temps pour vous de commencer. Si vous aimez recevoir des massages, c'est le temps d'y aller. Lorsque vous serez sur la table de massage, demandez à l'Ange Rehael de vous entourer de sa Lumière bienfaitrice. Votre massage sera un vrai délice et vous serez plus que détendu à la fin du massage.

Rehaël peut aussi vous montrer un **fauteuil confortable**. Un autre signe qui vous mentionne de prendre un temps de repos puisque vous en avez besoin pour bien continuer votre routine hebdomadaire. Ne soyez pas surpris d'aller vous acheter une chaise ou un fauteuil lorsque vous prierez cet Ange. Si vous le faites, c'est que Rehaël vous signale que vous avez besoin de ce fauteuil ou de cette chaise pour vous reposer lorsque vous serez angoissé. Si vous le désirez, vous pouvez même faire purifier une chaise logée dans votre maison par l'énergie de Rehaël. Ainsi, lorsque vous vous assiérez sur le fauteuil ou sur la chaise, vous serez dans un état de bien-être total. Vous en oublierez votre routine quotidienne et tous les petits tracas de la journée. Un véritable fauteuil de détente dans le confort de votre maison!

Rehaël va également développer en vous le goût d'écouter une musique de détente. Prenez le temps d'écouter cette musique puisqu'elle vous sera bénéfique moralement et physiquement.

Spécialités de l'Ange Rehaël

Rehaël possède le pouvoir de pardonner à l'humain des actes affreux qu'il a commis sur Terre avant son entrée dans les Sphères Spirituelles. La mission de cet Ange est très importante pour tous ceux qui ont commis des actes irréfléchis et qui aimeraient se faire pardonner avant d'entrer dans la maison de Dieu. Cette demande de pardon jouera grandement en sa faveur lors de sa prochaine incarnation; en agissant de la sorte, l'humain allégera sa sentence Céleste.

L'Ange Rehaël a aussi comme mission de bénir tous les enfants qui le demandent. Chaque premier de l'An nouveau (1er janvier pour nous; cette date peut différer pour certaines religions ou nations), dès votre réveil, demandez à l'Ange Rehaël de vous bénir et de bénir votre nouvelle année. Demandez à ce que toutes vos erreurs soient pardonnées et que la nouvelle année vous apporte de la joie et du bonheur. Cette tradition fut jadis très importante au sein de la famille. Autrefois, chaque nouvelle année, le père de la famille ou l'aîné bénissait tous les membres de la famille. Aujourd'hui, ce geste se fait de plus en plus rare, mais il reste encore quelques familles qui tiennent toujours à la bénédiction du père.

L'autre mission importante de l'Ange Rehaël est de prendre soin de tous les pères de famille. Il développe l'instinct paternel à celui qui devient père. L'Ange Rehaël développe en l'homme le sens du devoir et de la responsabilité qui fera de lui un très bon père de famille. Rehaël est un Ange important à prier, si vous ne possédez pas la patience, ni le courage d'éduquer un enfant.

Autres raisons pour prier l'Ange Rehaël

On peut aussi prier l'Ange Rehaël pour régler des conflits liés à l'image du père ou aux hommes de son entourage. On peut aussi lui demander de régler un conflit avec un père, un grand-père, un oncle ou un frère. Si vous désirez connaître mieux votre père, priez l'Ange Rehaël. Il vous enverra des signes concrets qui vous permettront de mieux saisir intérieurement celui que vous nommez papa.

Il est également possible de prier l'Ange Rehaël pour obtenir de l'aide afin de retrouver son père biologique ou d'obtenir des informations au sujet de vos ancêtres. Il peut vous aider à trouver des documents importants servant à bâtir votre arbre généalogique. Il suffit de lui demander. Sa mission sera de vous guider vers des personnes-ressources, des documents, des lectures ou des événements qui feront avancer vos recherches.

Pour augmenter l'amour familial au sein de la famille, pour obtenir le respect des parents envers son enfant ou vice-versa, ou pour bâtir une structure familiale dans le respect et l'amour, priez l'Ange Rehaël. Cet Ange se fera un devoir de faire de votre famille une famille unie et heureuse.

L'Ange Rehaël appuiera chaque geste que l'humain fera ou chaque parole qu'il prononcera. Cependant, il se fera un devoir de le ramener à l'ordre, si sa conduite est inacceptable. Il ne faut pas oublier que l'Ange Rehaël est un « Dieu qui reçoit les pécheurs ». Peu importe les torts que vous avez causés à autrui, pour lui, l'important est de vous ramener sur le droit chemin avec sa Lumière. La Lumière de cet Ange a le pouvoir de changer le mal en bien. Si vous en faites la demande et que vous êtes conscient de tous les mauvais gestes que vous avez faits et de tout le mal que vous avez causé, vous aurez droit à la rédemption de la part de cet Ange. Si vous désirez vous repentir, l'Ange Rehaël changera tout ce mal en bien. Il vous guidera vers le chemin de la libération. L'Ange Rehaël peut aussi obtenir le pardon de Dieu ou sa bénédiction. Cet Ange se fera un devoir de parler en votre nom à Dieu.

L'Ange Rehaël peut également vous aider à vous remettre sur pied après avoir combattu une grave maladie. En compagnie de l'Archange Raphaël, de l'Ange Seheiah ainsi que de tous les Anges du Chœur des Vertus, il pourra faire un miracle et il vous accordera une seconde chance. Pour ce faire, vous devrez invoquer tous ces Êtres de Lumière ensemble ou récitez la prière miraculeuse des Vertus.

Prière miraculeuse des Vertus

« Ô Vous, Chœur des Vertus
Lumière Miraculeuse de Dieu
Je vous demande d'écouter ma prière : (dites votre faveur).
Vous, Fidèle Serviteur de Dieu,
Qui êtes près de Lui et qui avez été conçu pour accomplir un miracle

Pouvez-vous lui transmettre ma demande?
Je vous le demande avec tout mon cœur et mon âme. »
Amen

Note aux enfants de Rehaël

À la naissance, l'Ange Rehaël vous a fait don de sa Lumière de compréhension, de pardon et d'amour. Ce qui fait de vous de bons messagers. Vos paroles éveillent, réconfortent et pardonnent. Vos paroles sont très apaisantes. Vous communiquez bien aux gens les bonnes valeurs. Vous êtes, en quelque sorte, des êtres illuminés par la bonté, la générosité et l'honnêteté. Pour certains proches, vous serez « leurs petits anges ». Toutefois, il est important de vous entourer de Lumière et de personnes positives. Sinon, votre moral en prendrait un coup et vous pourriez facilement tomber dans le piège de la dépression et du négativisme. Voilà donc votre devoir : vous entourez de bonnes personnes ayant à cœur votre santé et votre bonheur. Des personnes qui affichent le même tempérament que vous et qui partagent vos envies, vos rêves et vos passions. Vous possédez aussi la faculté d'entrer en contact avec les Sphères Spirituelles. Ce n'est pas le fruit de votre imagination lorsque vous ressentez une présence autour de vous. De plus, si vous voulez communiquer avec un défunt, il vous sera possible de le faire.

Réclamer l'aide de l'Ange Rehaël

Recevoir le pardon de Dieu

Si vous avez commis un acte répréhensible grave et que vous aimeriez recevoir le pardon de Dieu, il serait important que vous récitiez la prière « Pour obtenir la miséricorde de Dieu », située au chapitre II du livre. Vous pouvez réciter cette prière autant de fois que vous le voulez. Chaque fois que vous en sentez réellement le besoin. Cette prière agira favorablement sur l'Ombre. Sachez que votre désir de vous repentir ne réglera pas tout. Vous êtes toutefois sur le bon chemin pour retrouver un calme intérieur. Lorsque vous prierez l'Ange Rehaël, il guidera vos pas vers des situations beaucoup plus lumineuses.

Bénir votre nouvelle année

Comme il a été mentionné précédemment, dès votre réveil, le matin du 1er janvier, demandez à l'Ange Rehaël de vous bénir et de bénir votre nouvelle année. Vous pouvez également le faire avant de vous coucher ou en méditant pendant la journée. Pour ce faire, restez allongé au moins quinze minutes; cela vous permettra de ressentir les bienfaits de la bénédiction de l'Ange Rehaël. Pendant la bénédiction de l'Ange, ne vous inquiétez surtout pas si vous versez des larmes. C'est normal puisque l'Ange Rehaël nettoiera toutes les émotions que vous avez ensevelies au fond de votre être au cours de l'année précédente. Il videra le tout dans sa poubelle Angélique pour que vous puissiez repartir du bon pied, l'âme en paix, le sourire aux lèvres et l'envie de faire des changements pour améliorer votre vie.

De plus, faites purifier, par l'Ange Rehaël, un objet tel qu'un bijou ou toute autre chose que vous porterez sur vous tout au long de l'année. Lorsque vous vivrez une période d'incertitude ou de découragement, vous n'aurez qu'à toucher votre objet pour que celui-ci vous redonne l'énergie nécessaire pour passer au travers une période difficile. De plus, votre objet purifié agira comme un talisman. Il vous protégera. Lorsqu'un événement négatif surviendra, vous en serez averti. Il n'en tiendra qu'à vous de trouver la solution pour vous en libérer.

Aussi, un bon moyen pour commencer votre nouvelle année serait d'écrire une ou deux résolutions que vous aimeriez accomplir au cours de l'année. Insérez ce papier dans votre boîte d'Ange et vous verrez que l'Ange Rehaël travaillera en équipe avec vous pour vous aider à les réaliser.

Se libérer d'émotions négatives

Rehaël utilise sa poubelle Angélique pour y déposer toutes les situations et les émotions négatives de l'humain. Allez vous acheter une petite poubelle décorative que vous installerez à côté de votre boîte d'Ange. Faites purifier votre poubelle par l'Ange Rehaël. Lorsque surviendra une émotion ou une situation négative, écrivez-la sur un bout de papier et demandez à l'Ange Rehaël de vous en libérer. Ensuite, jetez votre morceau de papier dans votre poubelle! Lorsque votre poubelle est pleine, vous avez le choix de déchirer vos papiers et de les jeter à la poubelle ou de les recycler, ou vous pouvez également les brûler. Si vous êtes de nature curieuse, vous pouvez, avant de faire disparaître vos papiers, prendre le temps de lire ce que vous y aviez écrit. Il y a de fortes chances que ces émotions se seront envolées comme par enchantement. Tel est l'effet bénéfique de la Lumière de l'Ange Rehaël.

Protéger un enfant vivant dans une famille reconstituée ou monoparentale?

Priez l'Ange Rehaël pour qu'il infuse sa Lumière au cœur de cette famille. De plus, purifiez un objet que l'enfant portera sur lui ou purifiez un objet qui demeurera dans la chambre de l'enfant. La mission de l'Ange Rehaël est d'aider l'enfant à accepter les changements causés par la famille reconstituée. Si la personne qui joue le nouveau rôle du père ou de la mère n'est pas juste avec l'enfant, Rehaël le montrera. Il n'en tiendra qu'à l'autre adulte de décider si la relation doit continuer. Si l'adulte n'écoute pas les recommandations de l'Ange, Rehaël se fera un devoir de veiller sur l'enfant en le guidant vers de bonnes personnes qui sauront prendre bien soin de lui ou il le dirigera vers des activités où il rencontrera de véritables amis qui remplaceront le manque d'appartenance à sa propre famille. Voilà donc l'importance de faire purifier un objet à cet enfant.

Pour ce qui est de l'enfant vivant dans une famille monoparentale, la mission de l'Ange Rehaël est de lui trouver un parent substitut qui l'aimera comme s'il était son propre enfant et qui l'aidera dans son épanouissement personnel.

Devenir un bon père

Il suffit également de prier l'Ange Rehaël et de vous faire purifier un objet que vous porterez. Cet objet agira à titre de talisman et il développera en vous la patience d'élever votre enfant convenablement. De plus, la Lumière de l'Ange Rehaël vous aidera à prendre vos responsabilités en tant que parent.

Bâtir un autel pour accueillir l'Ange Rehaël

Napperon : remplacez le napperon par une petite poubelle.

Couleurs : rouge et blanc.

Bougies : rouges ou blanches.

Encens : muscade et mastic.

Odeurs : vanille et mer.

Psaume à réciter lors du rituel

« *Écoute Seigneur, et prends-moi en pitié ; Éternel sois mon sauveur.* »

Psaume 30, V11

40. IEIAZEL
(Joie, volonté, transformation)

« *Ayez confiance en vous et vous aurez la volonté de tout faire et de tout réussir!* »

« *Vous voulez transformer votre vie? Rien de plus simple! Ayez tout simplement la volonté de le faire!* »

Ange idéal

Ieiazel est l'Ange idéal des écrivains. Cet Ange permet de rédiger des livres et de les diffuser. Il permet aux écrivains de rédiger leurs écrits comme ils les ressentent. Leur rédaction sera à l'image de leur vision. Ieiazel est aussi l'Ange idéal de tous les artistes qui ont besoin de courage pour mettre en œuvre leurs talents ou leurs œuvres.

Il est aussi l'Ange idéal de tous ceux qui sont en peine. La Lumière de cet Ange vous réconfortera et vous donnera la force de remonter la pente.

Ieiazel est également extraordinaire pour donner de la volonté à tous ceux qui désirent suivre un régime.

Ieiazel est un Ange très joyeux. Son sourire est contagieux. Ieiazel trouve qu'il ressemble étrangement à un clown. Il aime faire toutes sortes de grimaces pour faire rire ses confrères et ses consœurs. Lorsque Mehiel, Anauël et lui sont ensemble, ils font pleurer de joie tous les Anges qui assistent à leur spectacle. Tous les Anges les adorent. Surtout quand chacun d'eux fait son numéro d'humour. Ils font rire les Anges jusqu'aux larmes! Il est donc évident que lorsqu'Ieiazel viendra vers vous, il vous fera rire aux éclats.

Quand Ieiazel est près de l'humain, il aime le chatouiller. S'il vient vous voir, vous ressentirez une multitude de chatouillements sur votre corps en entier. Tout votre corps vibrera. Ces petits chatouillements vous obligeront à vous gratter aux endroits où cela se produira. Comme s'il y avait un petit insecte qui se promène sur votre corps. De plus, un autre signe qu'il peut vous faire, c'est de vous pincer le nez. Lorsqu'il le fera, instinctivement, vous vous pincerez le nez, et certains éternueront!

L'Ange Ieiazel aime tellement voir l'humain heureux qu'il vient immédiatement à celui qui réclame son aide. Lorsqu'il arrivera, vous serez animé par un sentiment de joie, de bonne humeur et de rire. Telle est sa vibration.

Différentes façons de manifester sa présence

Ieiazel possède les mêmes goûts que l'Ange Mehiel. Tous les deux adorent les animaux qui font rire les humains, tels le dauphin, le chat, le chien, le perroquet ou le singe. Lorsqu'Ieiazel viendra vers vous, il est évident que l'attitude d'un animal vous fera rire.

Pour manifester sa présence, Ieiazel vous enverra une odeur que vous aimez. Il ira consulter votre Ange personnel afin de se renseigner sur vos odeurs préférées ou sur des situations fortement liées à des odeurs. Il en choisira une parmi celles que votre Ange personnel lui énumérera. L'odeur qu'il vous enverra sera plutôt forte afin que vous puissiez savoir que c'est bien Ieiazel qui s'amène vers vous.

Étant donné qu'Ieiazel se décrit comme un clown, il est évident que le premier mot qu'il vous fera entendre sera « **bouffon** » ou « **clown** ». À travers ces mots, l'Ange Ieiazel vous indique qu'il est temps de rire et de vous amusez! Prenez quelques jours de vacances, reposez-vous, gâtez-vous puisque vous en avez besoin. Si Ieiazel vous a fait entendre ces mots, il y a de fortes chances que vous soyez dans une période difficile et que votre moral est à plat! Vous avez besoin de sourire et de rire. De toute façon, cet Ange vous enverra des invitations qui vous permettront de sortir et de rire un peu. Acceptez ces opportunités, cela vous fera un bien énorme.

Ieiazel vous fera également entendre le mot « **alimentation** ». Si vous entendez ce mot, cet Ange vous signale qu'il est temps de prendre soin de votre alimentation. Si vous désirez perdre du poids, ce mot s'adresse à vous. Vous devez changer vos habitudes alimentaires. L'Ange Ieiazel est prêt à vous donner le courage de le faire. Si vous ne voulez pas perdre du poids et qu'Ieiazel vous envoie tout de même ce mot, c'est que vous avez probablement des problèmes de santé et qu'il serait temps que vous changeriez vos habitudes alimentaires. Avec l'aide de l'Ange Ieiazel, votre santé s'améliora! Si quelqu'un vous demande la façon de faire pour parvenir à suivre adéquatement un régime sans lâcher et que vous lui suggérer de prier l'Ange Ieiazel, ce dernier vous promet qu'il vous enverra une belle surprise en guise de remerciement pour avoir parler de lui!

Un autre mot important, c'est « **motivation** ». L'Ange Ieiazel vous donnera toute la motivation nécessaire pour réussir vos plans. Que ce soit perdre du poids, arrêter de fumer, rénover une pièce de la maison, qu'importe la situation. L'Ange Ieiazel est prêt à vous infuser sa Lumière de motivation qui aura un impact favorable sur l'accomplissement de votre idéal. Attendez-vous à une belle réussite de votre part grâce à la motivation qui jaillira de tout votre être.

Ieiazel peut également vous envoyer le mot « **transformation** ». Par ce mot, il vous annonce qu'il y a de grands changements qui se préparent pour vous. Ces changements transformeront votre vie. Vous en serez très heureux.

Autres représentations symboliques

Le signe préféré d'Ieiazel, c'est de vous faire sourire. La meilleure façon pour faire sourire un humain, c'est de lui envoyer des situations cocasses sur son chemin. Pendant les neuf jours que vous prierez cet Ange, attendez-vous de voir des événements qui vous feront rire. Certains événements pourront même vous faire rire jusqu'à en verser des larmes. Vous comprendrez rapidement que tous ces signes proviennent de l'Ange Ieiazel. De plus, cet Ange peut vous envoyer une grimace! Ne soyez pas surpris si une personne vous fait une grimace ou un visage comique. Ne répliquez pas négativement à cette grimace, puisque c'est Ieiazel qui sera à l'origine de ce geste!

Un autre signe, c'est qu'il vous fera voir des images de clowns de toutes sortes. Vous pourriez même voir un clown en réalité. S'il vous remet un ballon ou un large sourire, il y a de fortes chances que ce soit Ieiazel qui a adombré le corps d'un humain pour venir vous faire rire lui-même!

Si vous voyez un **dessin en forme de cœur**, Ieiazel vous indique qu'il vous apportera de l'amour. Vous vivrez de bons moments avec votre partenaire ou vous rencontrerez des gens qui vous donneront plein d'amour. Si vous voyez le **dessin d'un sourire**, Ieiazel vous apportera de bonnes nouvelles qui vous feront sourire.

Spécialités de l'Ange Ieiazel

On surnomme l'Ange Ieiazel, l'Ange de l'écriture puisqu'il possède le pouvoir de vous aider à rédiger de bons écrits. Cet Ange aide aussi tous ceux qui aiment la lecture. Il leur donnera une grande résistance visuelle afin qu'ils puissent lire sans que leurs yeux ne se fatiguent trop vite. C'est un excellent Ange à prier lorsque vous devez faire de longues lectures en lien avec votre travail.

L'Ange Ieiazel développera le goût de la lecture chez ceux qui n'aiment pas lire. Il leur montrera des livres qui illustrent bien leurs passions afin qu'ils puissent comprendre qu'il est possible de lire et de s'amuser en même temps. Comme il est l'écrivain de Dieu, cet Ange est passionné par les livres. Il est donc l'Ange parfait des libraires. Ieiazel les aidera à faire connaître leur librairie afin que plusieurs personnes puissent profiter des livres qui y sont offerts. Il aide également les imprimeries qui se spécialisent dans l'impression de livres, d'écrits poétiques ou autres. Et ce, puisque l'Ange Ieiazel dit qu'il important pour l'humain de lire, car la lecture l'aide à approfondir ses connaissances et lui permet de bien évoluer sur Terre.

Autres raisons de prier l'Ange Ieiazel

Il faut aussi noter que l'Ange Ieiazel possède le pouvoir de mettre fin à une période difficile et de vous diriger vers une meilleure qualité de vie. Cet Ange vous donnera le courage de régler immédiatement ce qui ne fonctionne pas bien dans votre vie. Il vous fera prendre conscience de votre situation pour ensuite vous donner le courage de foncer et de surmonter vos obstacles. Il vous aidera également à vous fixer des buts et il vous donnera la force de les atteindre. Cet Ange fera tout en son pouvoir pour vous libérer de ce qui vous enchaîne et vous empêche d'être heureux. Son plus grand désir est de voir l'humain s'épanouir et de jouir des bienfaits de la vie.

On peut aussi prier Ieiazel pour obtenir le courage nécessaire pour suivre un régime. Cet Ange vous infusera sa Lumière de courage qui vous donnera la volonté de faire votre régime sur une longue période de temps. Il aidera aussi ceux qui doivent faire de longs jeûnes pour désintoxiquer leur corps. C'est la même chose pour ceux qui ont besoin de volonté pour mettre fin à un mode de vie néfaste à leur santé. Par exemple, fumer, boire, consommer ou jouer compulsivement.

La Lumière de l'Ange Ieiazel vous remontera le moral et elle vous permettra de voir les bons côtés de la vie. L'Ange Ieiazel est un Ange qui aime prendre soin de tous ceux qui veulent s'aider. Cet Ange vous donnera l'élan nécessaire pour renaître à la vie et pour vous libérer de tout ce qui vous enchaîne. Il suffit de le prier et de l'intégrer dans votre vie.

Sur le plan de la santé, on peut prier l'Ange Ieiazel pour avoir des yeux en santé et pour retrouver la forme physique et morale. On peut aussi demander à Ieiazel de libérer un prisonnier, si celui-ci est innocent ou conscient de son acte et qu'il veut se racheter en implorant le pardon. L'Ange Ieiazel demandera alors l'aide de ses confrères Rehaël et Rochel. Si le Plan Divin accepte la demande, ces Anges travailleront à la libération de cet être.

Note aux enfants d'Ieiazel

À la naissance, l'Ange Ieiazel vous a fait don de sa Lumière de motivation qui vous permet d'entreprendre tous les projets que vous avez en tête. Lorsque vous êtes déterminé, plus rien ne vous arrête. Telle est la force que vous a infusée l'Ange Ieiazel à votre naissance. De plus, la Lumière de l'Ange Ieiazel a un impact sur votre personnalité. Grâce à sa Lumière, au cours de votre vie, vous découvrirez qui vous êtes profondément et vous vous accepterez davantage tel que vous êtes. Son plus grand désir est de vous voir bien équilibré. Lorsque vous serez épuisé, regardez un film ou allez voir un spectacle d'humour et cela vous fera un bien énorme.

Réclamer l'aide de l'Ange Leuviah

Pour avoir le courage de suivre un régime alimentaire ou pour arrêter de fumer ou de boire?

Priez l'Ange Ieiazel. De plus, la méditation peut vous faire un bien énorme puisque, lorsque vous méditerez, l'Ange Ieiazel en profitera pour vous infuser sa Lumière de courage. Vous pouvez également faire purifier un objet par l'Ange Ieiazel que vous porterez sur vous. Lorsque surviendra une envie de retourner à vos anciennes habitudes, dont vous voulez vous défaire, vous n'avez qu'à frotter votre objet pour qu'il vous apporte l'énergie dont vous avez besoin pour continuer votre but et la sagesse de ne pas succomber à la tentation.

Voulez-vous atteindre un but? Si oui, lequel?

Écrivez un but que vous aimeriez atteindre. La mission de l'Ange Ieiazel est de vous donner le courage d'atteindre ce but. De plus, cet Ange vous enverra de belles opportunités lors de ses jours de régence, notés dans les tableaux I et II de ce livre.

Prenez une minute d'intériorisation et notez votre but :

Bâtir un autel pour accueillir l'Ange Ieiazel

Napperon : tissu ayant des images de sourires ou de clowns.

Couleurs : blanc, vanille et crème.

Bougies : rouges, blanches ou crèmes.

Encens : muscade et myrrhe.

Odeur : citron.

Psaume à réciter lors du rituel;

« *Pourquoi te dérobes-tu Seigneur, me délaisses-tu et dérobes-tu ta face.* »

Psaume 88, V15

CHAPITRE XII

Les Vertus

Dans le Chœur des Vertus, tous les Anges peuvent prendre le corps d'un être humain ou celui d'un animal. Cela leur est permis. Ce Chœur est le plus important pour l'être humain, car il accomplit des miracles. Le Chœur des Vertus est un Chœur de demandes, d'offrandes, de prières et de miracles. Les Anges de ce Chœur possèdent le pouvoir d'exaucer vos demandes et vos prières, si elles sont en harmonie avec votre plan de vie.

Le Chœur des Vertus est très puissant et miraculeux. Les Anges qui le composent sont très rapides. Lorsque vous faites appel à un Ange de ce Chœur, celui-ci vient immédiatement vers vous, sauf l'Ange Mikhaël qui un peu plus de patience. Leur mission est de calmer vos états d'âme pour que vous puissiez rapidement retrouver la paix et la sérénité. Pour mieux connaître la vibration du Chœur des Vertus et pour réciter la prière miraculeuse qui les concerne, nous vous invitons à consulter La Bible des Anges.

41. HAHAHEL
(Prières, réalisation, puissance)

« Ayez une attitude positive et vous serez gagnant. Ayez une attitude négative et vous serez perdant. Maintenant quelle attitude choisirez-vous pour réaliser votre vœu? »

« La prière est le moyen de communication le plus efficace pour dialoguer avec un Ange; alors priez! Et votre Ange se fera un plaisir de dialoguer avec vous. »

Ange idéal

Hahahel est l'Ange idéal de tous ceux qui subissent les sévices de personnes violentes. La mission de cet Ange est de les motiver à s'éloigner de ces personnes et à reprendre leur vie en main.

Il est aussi l'Ange idéal de toutes les personnes voulant adresser une prière à un défunt. La mission de cet Ange est de réciter votre prière au défunt.

Puisqu'Hahahel est un « Dieu en trois personnes », il bouge continuellement d'un endroit à l'autre pour transmettre vos prières aux personnes concernées. Une équipe travaille avec l'Ange Hahahel pour lui permettre de répondre à toutes les demandes que les êtres humains lui envoient. Lorsqu'un être humain réclame son aide, en moins de trois minutes, il lui aura probablement répondu par un signe! Il est l'Ange le plus rapide du Chœur des Vertus. Puisqu'Hahahel est la manifestation vibratoire de trois personnes, il utilisera le chiffre 3 pour annoncer sa présence. De plus, puisqu'il vous infusera son énergie vibratoire, vous aurez tendance à être agité. Vous bougerez constamment, mais vous vous sentirez bien. Vous aurez même de la difficulté à demeurer assis. Si vous prenez le temps de vous asseoir, une autre idée vous viendra en tête et vous obligera à vous relever et à entreprendre autre chose. Cette énergie demeura en vous durant 24 heures!

De plus, s'il veut manifester sa présence, il fera clignoter une lumière trois fois de suite, il fera sonner votre téléphone (trois sonneries) sans qu'il n'y ait personne au bout de la ligne ou le carillon de votre porte d'entrée (trois fois également).

Différentes façons de manifester sa présence

Hahahel adore les animaux qui bougent continuellement. Il aime aussi les hirondelles, les abeilles, les castors et les ratons laveurs. Lorsque vous prierez l'Ange Hahahel, vous verrez sûrement l'un de ces animaux trois fois de suite, soit en image ou en réalité. Vous comprendrez alors que c'est un signe de l'Ange Hahahel.

L'Ange Hahahel adore l'odeur des oranges, de la bergamote, du citron et surtout celle de la tangerine. Hahahel affirme que ces odeurs sont excellentes pour rehausser l'énergie de l'être humain lorsque celui-ci doit accomplir plusieurs activités.

Si Hahahel vous fait entendre le mot « **gigantesque** », attendez-vous à vivre un événement marquant. À travers cet événement, vous changerez assurément votre perception de la vie ainsi que vos habitudes. L'équilibre, le bonheur et la joie de vivre feront désormais partie intégrante de votre vie.

Par le mot « **prière** », l'Ange Hahahel vous indique qu'il travaille afin que votre prière soit exaucée. Il serait important que vous notiez les dates de régence de Hahahel puisqu'il vous enverra un bel événement, soit pendant la journée de régence ou dans la semaine qui suit cette date.

Le mot « **pouvoir** » est également important aux yeux de l'Ange Hahahel puisque, par ce mot, il vous rappelle que vous avez le pouvoir de réaliser votre demande. Vous possédez toutes les qualités requises pour réussir. Il suffit de vous faire confiance et de ne pas avoir peur d'aller de l'avant. De toute façon, l'Ange Hahahel vous signale qu'il mettra sur votre route des occasions qui vous permettront d'obtenir ce que vous lui réclamez.

Vous pouvez également entendre le mot « **but** ». Par ce mot, l'Ange Hahahel veut vous dire qu'il est temps de vous fixer un but, de donner un sens à votre vie. Arrêtez de vous lamenter sur votre sort! Hahahel est conscient que ce que vous vivez n'est pas toujours facile et que ce que vous réclamez est important à vos yeux, mais il vous demande de changer votre attitude et de penser positivement. Vous verrez que, en un mois, tout rentrera dans l'ordre et vous serez fier des changements que vous aurez faits. L'Ange Hahahel tient à ce que vous compreniez que votre attitude positive est le facteur le plus important de la réussite.

Autres représentations symboliques

Un des signes préférés de l'Ange Hahahel est d'amener sur votre chemin plusieurs personnes qui bougeront sans cesse. Vous les trouverez sans doute étourdissantes, mais c'est la façon particulière d'Hahahel de vous indiquer qu'il a bel et bien entendu votre prière.

De plus, il vous fera voir le chiffre « **3** ». Vous verrez ce chiffre partout. Hahahel peut même vous faire trouver trois pièces de monnaie. Si vous trouvez **trois pièces de monnaie** regroupées ensemble ou que vous en trouvez trois, dans la même journée, l'Ange Hahahel vous mentionne qu'il réalisera trois de vos vœux ou de vos demandes. Alors, n'hésitez pas à lui faire vos demandes!

Si vous avez la chance de voir ou de trouver une **paire de lunettes tridimensionnelles (3D)** (celles que l'on utilise pour regarder un film en trois dimensions) l'Ange Hahahel vous octroiera le droit d'entrer dans le Royaume de Dieu. Il vous donnera le privilège de réciter vous-même votre prière à votre guide spirituel ou à un défunt. Auparavant, Hahahel s'assurera que vous êtes en pleine forme physique et mentale avant de vous conduire au Royaume de Dieu, soit à travers vos rêves ou pendant une méditation.

Hahahel peut également vous envoyer l'image d'un **coffre vide** de couleur verte. Ce signe vous annonce qu'il vous aidera sur le plan financier. Il vous dirigera vers des situations qui vous permettront de rétablir vos finances, que ce soit une augmentation de salaire, une nouvelle opportunité d'affaires, les jeux de hasard, etc. Au cours des trois mois qui suivront, vous serez émerveillés par les événements favorables qui vous permettront de remonter la pente financièrement.

Puisqu'Hahahel est l'Ange qui prend soin des **béatifiés**, des **saints** et des **guides spirituels**, il y a de fortes chances qu'il vous montre **des icônes** ou des objets qui les représentent. Si jamais vous décidez d'acheter un tel objet ou d'acheter une représentation quelconque d'un Ange, demandez à Hahahel de le purifier pour vous. Sa Lumière divine apportera la paix, le respect et l'amour dans la pièce où l'objet sera déposé.

Si vous apercevez une **chaise verte** ou si plusieurs personnes vous demandent de vous **asseoir**, l'Ange Hahahel vous indique que vous avez besoin de repos. Il vous incite à prendre soin de vous, que ce soit par un massage, une marche à l'extérieur ou une sortie. Hahahel veut que vous retrouviez votre santé mentale puisque vous semblez fatigué. De toute façon, cet Ange vous enverra des invitations afin que vous puissiez vous dorloter. Il suffit donc d'accepter toutes les offres qui se présenteront à vous dans le but de relaxer et d'améliorer votre état de santé.

Spécialités de l'Ange Hahahel

Hahahel possède trois grandes vertus : un amour inconditionnel envers Dieu, une foi inébranlable en Dieu et un grand respect en sa Lumière. Cet Ange est très dévoué à Dieu. Il possède une parcelle de la sagesse, de la beauté et de la force de Dieu. Il est un Ange extraordinaire fait à l'image de Dieu. L'énergie divine de cet Ange est très puissante. Sa mission est d'aider l'être humain à réussir sa vie spirituelle et son plan de vie.

Sa deuxième mission est d'acheminer toutes les prières des êtres humains vers les Êtres spirituels à qui elles sont adressées. Par exemple, si vous voulez adresser une prière à la Vierge Marie, cet Ange dirigera votre prière vers elle. Il en est de même avec un défunt. Si vous adressez une prière à l'un de vos défunts, Hahahel ira porter votre prière à ce défunt.

Cet Ange veille sur les martyrs, les saints, les béatifiés et toutes les personnes qui ont prêché la parole de Dieu. Cet Ange leur voue une grande admiration pour avoir prêché la parole de Dieu lors de leur séjour sur Terre. Il les protège. Lorsqu'une prière est proclamée en leur honneur, l'Ange Hahahel se fait un devoir d'aller leur porter et de la leur réciter. Chaque prière qui leur est adressée réhausse davantage leur Lumière. Plus leur Lumière est grande, plus ils possèdent le pouvoir d'exaucer rapidement vos vœux. Hahahel est aussi le gardien de la Bible. Cet Ange veille à ce que chaque personne qui proclame la parole de Dieu utilise adéquatement les écrits de l'Évangile et à qu'ils soient récités dans l'amour et le respect.

Autres raisons de prier l'Ange Hahahel

Vous pouvez prier l'Ange Hahahel pour que vos prières soient exaucées. L'Ange Hahahel est un Ange très important. On peut pratiquement tout obtenir de lui, pourvu qu'il s'agisse de quelque chose d'essentiel à votre bonheur. Cet Ange est prêt à tout vous donner pour que vous puissiez retrouver la paix intérieure et le sourire. Toutefois, il est le seul Ange qui aime être prié trois fois de suite. Cependant, cet Ange travaillera trois fois plus fort pour vous accorder ce que vous lui réclamez.

Il est important de prier cet Ange si vous pratiquez le voyage astral. Il veillera sur votre corps physique afin qu'aucune âme errante ne puisse s'y infiltrer. Demandez à Hahahel de vous infuser un code d'accès, ce qui empêchera les âmes errantes de convoiter votre corps!

L'Ange Hahahel est celui qui dirige l'âme quand elle quitte son corps physique. Il est la Lumière logée dans le tunnel. Sa Lumière guide votre Ange personnel et votre âme lorsqu'elle quitte votre corps. La mission d'Hahahel est de vous diriger vers la maison appropriée.

Vous pouvez prier l'Ange Hahahel pour obtenir davantage confiance en vous et en vos capacités. Sa Lumière vous permettra de réussir vos projets et de faire grandir vos idées. Si vous voulez retrouver la foi en Dieu et en les Anges, Hahahel est l'Ange à prier. Il vous aidera à vous élever spirituellement. Si vous désirez devenir un missionnaire et exceller dans ce domaine, priez Hahahel. Sa Lumière vous permettra d'être un excellent messager et un excellent missionnaire qui aidera son prochain avec respect et avec humilité. Vous pouvez aussi demander à Hahahel de vous éloigner de tous ceux qui essaieront de nuire à votre spiritualité.

L'Ange Hahahel peut également vous aider à vous entourer de bonnes personnes. La mission de cet Ange est d'attirer vers vous les gens qui vous méritent. Hahahel mettra de bons amis sur votre chemin, des amis qui correspondent à vos besoins et à vos attentes. Vous n'aurez même pas le temps de les chercher qu'il les dirigera vers vous, si vous en faites la demande. Cela s'applique aussi à l'amour.

Si vous le demandez, Hahahel peut vous donner la force de rester fidèle à vos engagements, de tenir les promesses que vous faites aux autres et à vous-même. Priez Hahahel maintenant, et dans les années à venir, vous serez beaucoup plus en harmonie avec chacune de vos décisions et de vos actions.

Note aux enfants de Hahahel

À la naissance, l'Ange Hahahel vous a fait don de sa Lumière. Ce qui fait de vous d'excellents messagers. Vous êtes des messagers d'amour, de respect et de paix. Les gens ont besoin de vos bons conseils et de votre aide chaleureuse.

Grâce à la Lumière d'Hahahel qui réside en vous, il vous est permis d'entrer rapidement en contact avec les Plans divins. Lorsque vous lui adresserez vos prières, Dieu les entendra rapidement et il enverra immédiatement à votre chevet les Anges appropriés à vos demandes. L'Ange Hahahel vous donne un code d'accès pour parler à Dieu! Toutefois, vous devez vibrer en Lumière et croire en l'énergie des Êtres de Lumière.

Lorsque vous êtes fatigué, faites un voyage, une sortie agréable ou un souper entre amis. Cela remontera vos énergies et ainsi vous pourrez continuer vos journées dans le plaisir et l'allégresse.

Réclamer l'aide de l'Ange Hahahel

Comment adressez une prière à un défunt?

Avant de vous coucher, demandez à l'Ange Hahahel de diriger votre prière à l'un de vos défunts. Si vous le désirez, composez vous-même un message à l'un de vos proche. Vous pouvez toujours réciter le message suivant : « À toi *(mon bel amour, mon cœur, mon frère, ma sœur ou le nom de la personne à qui vous adressez la prière)*, je te dédie cette prière pour que tu puisses retrouver la paix, l'amour et la joie dans ta nouvelle demeure. *(Nommez la personne)*, je remercie Dieu de t'avoir mis sur mon chemin et maintenant je Lui demande de prendre soin de toi. J'aimerais que tu saches que le temps que nous avons passé ensemble restera toujours gravé dans mon cœur et dans ma mémoire. Mon seul grand désir est que tu sois présent lorsque j'arriverai dans ta demeure. *(Nommez la personne)*, donne-moi le courage et la force de continuer ma route sans toi. De ta demeure, veille sur moi et de ma demeure je penserai à toi. Je t'aime *(dites-lui, en vos propres mots, la façon dont vous l'aimez ou toute autre chose dont vous avez envie)*. À Vous, Dieu le Père Tout-puissant, à Vous bel Ange Hahahel, les mots que je récite maintenant sont pour *(nommez la personne)*. Je vous demande humblement de prendre soin de lui et d'illuminer son âme. »

À la suite de ce message, récitez une prière chère à vos yeux ou une prière de remerciements. Le message et votre prière seront lus à votre défunt. De plus, il est possible que votre défunt vous envoie un signe au cours des prochaines vingt-quatre heures.

Qu'est-ce qu'un code d'accès?

Un code d'accès est une vibration que l'Ange Hahahel infusera à votre âme pour qu'elle soit la seule à pénétrer dans votre corps physique. Cela évitera qu'une âme errante entre dans votre corps sans votre consentement. Il est important d'obtenir ce code si vous avez tendance à faire des voyages astraux. Le principe est identique à celui d'un mot de passe pour ouvrir une session d'ordinateur. Lorsque vous avez un mot de passe, personne à part vous n'a accès à votre session. Vous êtes ainsi protégé des intrus qui tenteraient de voler vos informations. Il en est de même avec votre corps. En ayant un code d'accès, seule votre âme rentrera dans votre corps, ne laissant pas la chance à une âme errante de s'y insérer.

Comment obtenir un code d'accès?

Rien de plus simple! Avant de vous coucher ou de méditer, demandez à l'Ange Hahahel de vous communiquer votre code d'accès. Je vous conseille de le faire sur une période de neuf à quatorze jours. Vous pouvez aussi le faire lors d'une de ses journées de régence. Lorsqu'Hahahel vous aura donné un code d'accès, vous le ressentirez sur le dessus de la tête. Cela ressemblera à de légers picotements ou chatouillements. Généralement, les effets durent approximativement entre quatorze et vingt-quatre heures.

Bâtir un autel pour accueillir l'Ange Hahahel

Napperon : un tissu ayant des images représentant un guide spirituel, telle la Vierge Marie.

Couleurs : blanc et orange.

Bougies : jaunes ou blanches.

Encens : oliban et myrrhe.

Odeurs : rose blanche, eucalyptus et lavande.

Psaume à réciter lors du rituel

« *Seigneur, délivre-moi des lèvres mensongères et de la langue perfide.* »

Psaume 120, V2

42. MIKHAËL
(semblable à Dieu, dons, honnêteté)

*« Le meilleur des refuges est lorsqu'on est entouré de
Lumière et de caresses divines. »*

*« Je m'engage à régler dès aujourd'hui tout ce qui me tracasse.
Remettre à plus tard n'est plus une option! »*

« L'honnêteté est la base essentielle de toutes situations. »

Ange idéal

Mikhaël est l'Ange idéal des politiciens. Il les guide et leur permet de diriger leur pays ou leur province avec dignité, fidélité et loyauté. Cet Ange les protège lorsque ceux-ci voyagent dans des villes ou dans des pays différents. Mikhaël s'assure que le voyage se fera en toute sécurité.

Il est aussi l'Ange idéal des personnes qui veulent s'adonner à l'écriture automatique. Le rôle de l'Ange Mikhaël est de guider la main du canal pour que celui-ci puisse écrire un message rempli d'amour et de lumière qui guidera son interlocuteur vers le chemin du bonheur.

L'Ange Mikhaël possède la beauté et la grâce d'une colombe en plein vol. C'est la raison pour laquelle, lorsqu'il annoncera sa présence, vous serez envahi par un sentiment d'extase. Vous trouverez beau tout ce qui vous entoure. Toutes sortes de situations se présenteront à vous. Les gens qui vous entourent se demanderont ce qui vous arrive! Vous vous émerveillerez devant certaines situations. Vous trouverez un commentaire positif à faire sur chaque personne ou sur chaque événement qui se présentera à vous. Toutefois, cela durera qu'une seule journée!

Bref, ne soyez pas surpris si, le lendemain, vous vous demandez pourquoi vous étiez si emballé la veille devant certaines situations. Vous étiez tout simplement sous l'influence de l'énergie de l'Ange Mikhaël.

L'Ange Mikhaël peut prendre quelques jours avant de manifester sa présence. Il faudra donc être patient. Toutefois, lorsqu'il arrivera, vous le ressentirez immédiatement. Vous serez envahi par un sentiment de bien-être et d'émerveillement. De plus, pour mieux annoncer sa présence, il vous fera entendre un chant d'oiseaux.

Différentes façons de manifester sa présence

Mikhaël aime être perçu comme une petite maison d'oiseaux, une petite cabane où tous les oiseaux vont s'abriter. Mikhaël est passionné par les oiseaux et les colombes. Mikhaël trouve que ces créatures lui ressemblent.

Mikhaël aime l'odeur de la paille dans une étable. Cet Ange se promène souvent d'une étable à l'autre pour aider les oiseaux à préparer leur nid.

Le premier mot que Mikhaël peut vous faire entendre est le mot « **havre** ». Par ce mot, l'Ange Mikhaël fera de votre vie un havre de paix. Cet Ange infusera sa Lumière pour que vous puissiez retrouver la paix et le bonheur. Telle sera sa mission envers vous durant l'année qui suivra votre demande.

Un autre mot important est « **ordre** ». Par ce mot, l'Ange Mikhaël vous dit de mettre de l'ordre dans votre vie et dans vos idées. Vous êtes trop éparpillé et cela vous dérange mentalement, physiquement et émotionnellement. Il serait temps pour vous d'analyser vos priorités. Mikhaël vous demande d'établir un plan et de le respecter. Si vous le faites, votre moral et votre physique s'en porteront mieux. Mikhaël enverra sur votre route des personnes compétentes pour vous aider à bien établir un plan.

Si vous entendez le mot « **ruisseau** », Mikhaël vous avise qu'il vous nettoie de toutes les impuretés telles que la rancune, la haine, l'orgueil et les blocages pour ensuite vous inonder de sa pure Lumière divine. Ce nettoyage sera bénéfique pour tous ceux qui désirent faire de l'écriture automatique et pour tous ceux qui sont envahis par des sentiments négatifs. Être inonder de la Lumière de Mikhaël, c'est obtenir la force nécessaire pour avancer et pour créer. Avec cette magnifique Lumière, vous serez en mesure de prendre votre vie en mains et d'atteindre vos buts avec succès.

Autres représentations symboliques

Mikhaël va évidemment vous montrer des **cabanes d'oiseaux**. Si vous apercevez une cabane d'oiseaux avec un peu de paille, l'Ange Mikhaël vous indique, par ce signe, qu'il prendra soin de votre maison. Il fera en sorte qu'elle devienne votre havre de paix. Si vous êtes à la recherche d'une maison, ce signe vous indiquera que Mikhaël guidera vos pas vers la maison de vos rêves. Ce sera également un signe positif si vous voulez vendre votre propriété, la rénover ou si vous voulez construire une nouvelle demeure.

Puisque Mikhaël adore les **oiseaux et les colombes**, il est évident qu'il vous en montrera pour mieux annoncer sa présence. Si vous entendez des oiseaux chanter ou des colombes roucouler, Mikhaël vous indique qu'il vous guidera vers la paix et la sérénité. Cet Ange vous aidera à retrouver la joie de vivre.

De plus, si vous voyez un **oiseau voler tout près de vous** lorsque vous marchez ou lorsque vous êtes en voiture, sachez que c'est Mikhaël qui vous guide vers le meilleur des chemins pour vous à ce moment. Attendez-vous à prendre une décision importante dans le mois qui suivra ce signe.

Si vous voyez un **chœur de chant**, ce sera le signe que Mikhaël vous prépare un cadeau providentiel qui vous procura une immense joie.

Spécialités de l'Ange Mikhaël

On surnomme l'Ange Mikhaël « Semblable à Dieu » puisqu'il possède en lui la Sagesse, la Beauté et la Force de Dieu. Il est à l'image de Dieu, telle une réplique, et c'est la raison pour laquelle l'énergie de cet Ange est très puissante. Sa mission est d'aider l'humain à réussir sa vie sur tous les plans. Cet Ange a le pouvoir de vous donner tout ce qui peut vous rendre heureux et joyeux. Il fera tout pour que l'harmonie règne dans votre vie sur tous les plans. Il est même prêt à vous donner de l'argent, de la puissance et du pouvoir si cela est important pour vous. Mais vous devez vous en servir de façon humble et non pour le prestige d'être le meilleur aux yeux des gens. De plus, vous devez aussi vous en servir pour aider votre prochain et non pour l'écraser. Bref, vous pouvez demander à l'Ange Mikhaël n'importe quoi en autant que vous le faites et que vous vous en servez humblement.

Autres raisons de prier l'Ange Mikhaël

L'Ange Mikhaël est un Ange très puissant qui permet de démasquer les traîtres, les personnes méchantes et les Ombres qui essaient de détruire la vie des gens. Mikhaël est aussi excellent pour découvrir les attentats et leurs auteurs. En le priant, cet Ange montrera au grand jour la conspiration de ces personnes Ombres.

L'Ange Mikhaël peut vous aider à bien exprimer vos sentiments. Cet Ange est excellent avec les mots et l'écriture. Mikhaël vous permettra de bien exprimer vos émotions sur papier.

On peut aussi le prier pour réussir sa vie sur tous les plans. Mikhaël développera votre potentiel intérieur et il vous permettra de l'extérioriser. Souvent, l'être humain ne se rend même pas compte de tous les outils qu'il possède. Devant une épreuve, plusieurs personnes s'appuieront sur leur sort et se plaindront au lieu d'avancer. La Lumière de l'Ange Mikhaël ne vous permet pas de rester figé sur place; sa Lumière vous dicte d'avancer et de trouver les ressources qui vous permettront de bien vous en sortir et d'atteindre vos buts.

Toute personne désireuse de faire de l'écriture automatique peut prier l'Ange Mikhaël pour qu'il développe ce don en elle. Il en est de même pour la télépathie. Mikhaël offre à l'être humain qui le prie le pouvoir de recevoir des messages venant des sphères spirituelles par le biais de l'écriture automatique. Cet Ange vous enverra par télépathie un message qui ensuite vous mènera à l'écrire automatique. Pour arriver à cette discipline, il faut être porteur de Lumière et œuvrer pour la Lumière. Toutefois, avant que Mikhaël développe ce don en vous, il est important de noter que vous devez démontrer les trois qualités suivantes : **la patience, la détermination et l'humilité.** Lorsque vous aurez atteint ce niveau de vibration, il vous sera permis de recevoir des messages via l'écriture automatique. De plus, il est important de noter que cela peut prendre de un à trois ans avant que ce privilège puisse vous être accordé. La Sphère Spirituelle doit vérifier si vous êtes apte à le recevoir en toute humilité pour le bien de l'humanité et non pour le prestige que cela vous apportera.

Note aux enfants de Mikhaël

À la naissance, l'Ange Mikhaël vous a fait don de sa Lumière de télépathie. Puisque vous possédez cette Lumière, il est important aussi de noter que lorsque vous pensez à un défunt, celui-ci pense aussi à vous. Vous avez le privilège de faire de la télépathie avec les défunts. Si vous n'êtes pas trop craintif, évidemment!

L'Ange Mikhaël vous a aussi donné le pouvoir de recevoir des messages venant des sphères spirituelles par le biais de l'écriture automatique ou par télépathie. Si un jour votre mission est de recevoir des messages par l'écriture automatique pour mieux aider votre prochain, l'Ange Mikhaël vous guidera. Cet Ange vous accordera l'autorisation d'ouvrir la porte du jardin des âmes pour que vous puissiez recevoir un message venant d'une âme et le transmettre à l'un de ses proches sur Terre.

Puisque vous êtes très vulnérable en ce qui a trait à l'énergie, il est important de demeurer dans la Lumière. Vous êtes une proie facile pour l'Ombre. N'oubliez pas que vous possédez un pouvoir important. Il est indispensable que vous l'utilisiez à bon escient.

Lorsque vous êtes épuisé, écoutez une musique comportant des chants d'oiseaux. Cela aura un effet bénéfique sur votre mental.

Réclamer l'aide de l'Ange Mikhaël

Comment protéger un politicien?

Il suffit de le demander à l'Ange Mikhaël en lui récitant une prière. De plus, faites purifier un objet que la personne portera sur elle lors de ces débats et lors de ces voyages.

Comment faire de l'écriture automatique?

Priez l'Ange Mikhaël pour qu'il vous infuse ce don. Toutefois, il ne faut pas oublier que cela peut prendre entre un et trois ans avant que vous puissiez faire de l'écriture automatique. L'Ange Mikhaël doit s'assurer que vous possédez la patience, la détermination et l'humilité pour le faire. Au début, les messages seront courts, car l'ange Mikhaël veut vous familiariser à sa présence.

Je vous conseille de méditer régulièrement sur l'Ange Mikhaël. Lors de la méditation, Mikhaël en profitera pour illuminer votre canal pour que vous puissiez recevoir le don de l'écriture automatique.

Lorsque vous vous sentirez prêt, préparez votre pièce. Allumez une chandelle en récitant la parole suivante: « *Que la Lumière de l'Ange Mikhaël soit en ce lieu* ».

Demandez aux quatre Archanges importants de bâtir un dôme pour vous. Il s'agit de l'Archange Raphaël, de l'Archange Gabriel, de l'Archange Uriel et finalement de l'Archange Michaël.

Ensuite, détendez-vous et prenez une minute pour vous intérioriser et ressentir la vibration de l'Ange Mikhaël. Petit à petit, vous sentirez une sensation qui vous obligera à écrire, comme si quelqu'un vous prenait doucement le bras et la main et les dirigeait vers la feuille. Tenez votre crayon de façon à ce que vous soyez confortable lorsque vous écrirez. En quelques secondes, votre crayon commencera à tracer des gribouillis et des signes incohérents. Avec le temps, tout cela se transformera en mots et en phrases complètes. À la fin de chaque session d'écriture, remerciez l'Ange Mikhaël de vous avoir permis de recevoir un message.

Ne faites jamais de l'écriture automatique si vous êtes fatigué, en manque d'énergie, enragé ou sous l'effet d'une émotion, d'une drogue ou de la boisson.

Bâtir un autel pour accueillir l'Ange Mikhaël

Napperon : tissu avec l'image de cabanes d'oiseaux.

Couleurs : blanche, verte et orange.

Bougies : jaune, vert, orange ou blanche.

Encens : oliban et storax.

Odeurs : vanille, orchidée et tournesol.

Psaume à réciter lors du rituel

« Que le Seigneur protège ton âme de tout mal, désormais, et protège ta vie. »

Psaume 121, V7

43. VEULIAH
(plexus solaire, paix, abondance)

« La persévérance est la meilleure qualité pour vous mener au succès. »

« Être en guerre, c'est servir l'Ombre. Être en paix, c'est servir la Lumière! »

« Lorsque votre esprit est en paix. Il vous est beaucoup plus facile de résoudre vos problèmes et prendre les meilleures décisions possibles. »

Ange idéal

Veuliah est l'Ange idéal des soldats et de tous ceux qui doivent faire la guerre. Elle leur apporte la protection et leur donne de l'endurance lors de combats. Elle leur permet aussi de garder la paix en eux, malgré la guerre autour.

Elle est aussi l'Ange idéal de tous les pays qui sont en guerre. En la priant, on lui demande d'infuser sa Lumière pour que la paix puisse revenir dans le pays.

Elle est aussi l'Ange idéal des politiciens qui cherchent à établir la paix dans le monde et à travailler honnêtement à l'intérieur du cadre de leur gouvernement. Grâce à l'énergie qu'elle leur insufflera, elle leur inspirera des discours loyaux, honnêtes et représentant exactement les valeurs de ces politiciens.

L'Ange Veuliah est un Ange très imposant et doté d'une grande sensibilité. Cet Ange travaille assidûment pour aider l'humain à trouver la paix en lui. C'est la raison pour laquelle Veuliah est un Ange très rapide que vous pouvez prier à tout moment. Elle viendra immédiatement vous infuser sa Lumière de paix et de courage afin que vous soyez en mesure de résoudre vos difficultés instantanément. Selon Veuliah, lorsque vous avez l'esprit en paix, il est beaucoup plus facile de résoudre vos problèmes et de prendre de bonnes décisions.

Lorsque Veuliah annoncera sa présence, vous la ressentirez vivement puisqu'elle vous infusera sa Lumière d'énergie, de courage et de paix. Vous serez envahi par un sentiment inébranlable qui vous permettra de bien réfléchir à votre situation et de prendre les décisions adéquates pour vous en libérer. De plus, ne vous inquiétez pas si vos yeux coulent sans cesse, comme si vous aviez une poussière dans vos yeux, et que vous cherchez à les nettoyer constamment. C'est l'effet que procure la vibration de l'Ange Veuliah. Cet Ange peut aussi se promener autour de vous, ce qui provoquera de légers courants d'air.

Différentes façons de manifester sa présence

L'animal préféré de l'Ange Veuliah est le lion. Elle le considère comme l'un des animaux se rapprochant le plus de sa vibration puisque le lion dégage puissance et respect. Elle aime aussi les oiseaux en vol.

L'être humain qui la prie revêt une grande importance aux yeux de Veuliah. C'est la raison pour laquelle Veuliah vous enverra une odeur que vous apprécierez si vous la priez. Toutefois, elle aime toutes les odeurs énergisantes et celles qui activent le mental, comme le ginseng, la bergamote, la mandarine et la menthe verte.

Le premier mot que Veuliah vous fera entendre est « **persévérance** ». Par ce mot, l'Ange Veuliah vous dit de persévérer dans ce que vous lui demandez. N'abandonnez pas. Si vous voulez obtenir ce que vous désirez, il faut de la persévérance. Tel est son message.

Un autre terme important pour elle est « **plexus solaire** ». Par ce terme, l'Ange Veuliah vous indique que votre plexus solaire souffre de douleurs et d'émotions de toutes sortes. Il serait bien pour vous de faire le ménage de vos émotions pour retrouver la paix. Si Veuliah vous fait entendre ce mot, il y a de fortes chances que votre plexus solaire soit perturbé. L'Ange Veuliah considère qu'il est temps de vous infuser sa Lumière de paix et de bien-être, ce qui vous permettra de retrouver un bel équilibre. Lorsque l'humain est en paix avec lui-même, il est en mesure de réussir tout ce qu'il entreprend, d'analyser sa vie et de comprendre ce qui se passe.

Si vous lui faites une demande et qu'elle vous envoie le mot « **accordé** », ce sera un signe très révélateur. Par ce mot, elle vous annonce qu'elle vous accorde le vœu que vous lui avez demandé.

Si Veuliah vous envoie le mot « **prière** », elle vous fait le message de continuer de la prier ou de continuer de prier les Anges. Votre âme et votre personnalité humaine ont besoin de se brancher aux énergies de la Sphère spirituelle. Quand le temps viendra, elle vous enverra un cadeau providentiel en guise de remerciement de votre dévotion envers le monde Angélique.

Autres représentations symboliques

Un signe que l'Ange Veuliah affectionne particulièrement est de vous montrer des **oiseaux en plein vol**. Pour mieux vous prouver qu'elle a bel et bien entendu votre prière, elle vous montrera trois, quatre ou sept oiseaux qui volent ensemble. Si vous en voyez trois, elle vous indique que votre projet sera fertile sur tous les plans. Vous obtiendrez exactement ce que vous désirez. Si vous en voyez quatre, cela indique un changement favorable sur le plan professionnel ou financier. Vous serez en harmonie avec ce changement. Si vous en voyez sept, considérez que vous êtes sur la bonne voie et que tout ce que vous désirez, vous l'obtiendrez. Ce signe vous annonce le succès et la réussite de votre projet. Votre vœu est réalisé. De plus, vous prenez votre vie en main et vous avancez vers la réussite sur tous les plans.

Pour annoncer sa présence, elle fera clignoter une lumière. Certains pourront même voir des étincelles de Lumière autour d'eux, comme de petits points de Lumière. Ces petits points de Lumière représentent l'énergie de l'Ange Veuliah.

Puisque Veuliah aime les lions, elle vous en montrera soit en image ou en réalité. Par ce signe, l'Ange Veuliah vous indique qu'elle vous donnera la force, la détermination et le courage d'atteindre votre but.

Un signe particulier que Veuliah peut faire pour vous confirmer qu'elle a bien entendu votre prière, est de mettre sur votre chemin une personne qui vous **parlera des chakras**, particulièrement du plexus solaire. Par ce signe, l'Ange Veuliah vous dit qu'elle infusera sa Lumière de paix en vous. De plus, elle vous délestera d'un poids qui pèse sur vos épaules. Ainsi, vous retrouverez rapidement la joie de vivre. Vous serez en pleine forme mentale et physique.

Spécialités de l'Ange Veuliah

Veuliah est l'Ange protecteur de Dieu. Elle est le gardien du Royaume de Dieu. Elle travaille en harmonie avec l'Archange Michaël pour éloigner et chasser l'Ombre qui tente de pénétrer au Paradis. Ces deux grandes Lumières agissent aussi sur Terre. Ces deux êtres majestueux prônent la paix dans le monde. Veuliah et l'Archange Michaël infusent continuellement leur Lumière divine sur Terre pour chasser les Ombres. Ils veillent sur le cœur des enfants de Dieu pour les empêcher d'être influencés par l'Ombre. Plus vous serez en paix avec vous-même, moins vous chercherez la discorde et la bataille. Plus vous vous efforcerez de réconcilier les ennemis au lieu de les influencer à se battre, plus la paix sera ressentie dans le monde. Telle est la mission de l'Ange Veuliah envers l'être humain.

Autres raisons de prier l'Ange Veuliah

Vous pouvez prier l'Ange Veuliah pour qu'elle vous aide à surmonter vos vices intérieurs auxquels vous êtes enchaînés et qui vous empêchent de vous épanouir. Veuliah vous donnera la force et le courage de les affronter et de vous en libérer une fois pour toutes.

Priez aussi Veuliah afin qu'elle nettoie votre plexus solaire de toutes les émotions négatives. Cet Ange prend soin du plexus solaire. Elle lui infuse la paix et le calme. Selon Veuliah, un problème ou un défaut que vous ne voulez pas confier à qui ce soit, a un impact sur vos émotions, tout particulièrement sur votre plexus solaire. C'est la raison pour laquelle les êtres humains se plaignent souvent de maux de cœur et de douleurs au ventre. Il peut même en découler des problèmes au foie, au pancréas ou aux intestins. L'Ange Veuliah désire aider l'être humain à se libérer des tempêtes émotionnelles et des conflits intérieurs. Avec l'aide de l'Archange Michaël et de l'Archange Raphaël, l'Ange Veuliah fera le grand ménage de vos tempêtes émotionnelles. Le rôle de l'Archange Michaël est d'éliminer, par son épée magique, vos tempêtes et vos fantômes; sa Lumière les effacera de votre mémoire et de votre plexus solaire. Par la suite, l'Ange Veuliah pourra infuser sa Lumière divine qui ramènera la paix et l'harmonie avec en vous. Le rôle de l'Archange Raphaël est de vous guérir de toutes les blessures qui vous ont été infligées.

Si vous possédez une entreprise, priez Veuliah pour la protection de celle-ci. Cet Ange vous donnera la force et le courage de surmonter vos obstacles et elle guidera vos pas pour que votre entreprise soit florissante et prospère.

On peut aussi la prier pour qu'elle vous apporte le succès, l'abondance et la richesse grâce à votre travail. Pour obtenir ce privilège, vous devez être honnête, loyal et déterminé à faire des sacrifices pour obtenir le succès mérité. On peut aussi lui demander de vous donner l'énergie pour exceller dans vos tâches.

Si vous cherchez à obtenir des faveurs de personnes influentes, vous pouvez demander à Veuliah de vous guider vers ces personnes. En priant Veuliah, sa Lumière vous éloignera et vous protégera de toutes les personnes qui pourraient nuire à votre liberté, vous abaisser ou critiquer vos gestes ou vos paroles.

On peut prier l'Ange Veuliah pour résoudre rapidement et efficacement les conflits. Veuliah vous donnera la capacité de résoudre adéquatement et de façon diplomatique vos difficultés en obtenant un consensus et une entente à l'amiable.

Veuliah a la même mission que les Anges Élémiah et Mahasiah. On peut prier Veuliah pour protéger les soldats.

Tous ceux qui travaillent dans la fonction publique devraient prier Veuliah pour ne pas être victimes d'injustice. Il serait important de demander à l'Ange Veuliah de purifier l'un de vos objets que vous placerez dans votre bureau. Ainsi, vous serez bien protégé et Veuliah vous préviendra lorsqu'une personne n'agira pas convenablement envers vous.

Note aux enfants de Veuliah

À la naissance, l'Ange Veuliah vous a fait don de sa Lumière de paix. Cette Lumière vous permet de calmer vos tempêtes intérieures. Lorsque vous êtes rempli d'émotions, la mission de Veuliah est de vous en faire prendre conscience pour que vous puissiez y remédier sans tarder et ainsi éviter de ressentir des maux physiques.

De plus, sa Lumière vous permet d'être un excellent messager de paix. Vos paroles seront importantes et réconfortantes pour tous ceux qui les écouteront. Puisque que vous êtes un messager important pour l'Ange Veuliah, celle-ci vous récompensera chaque fois que vous apporterez un réconfort à votre prochain.

Si, un jour, vous décidez de donner des conférences, l'Ange Veuliah vous insufflera le calme et l'art de la parole. Vous serez en mesure de répondre avec précision à toutes les questions qui vous seront posées, ce qui aidera vos interlocuteurs à mieux comprendre le sujet concerné.

Réclamer l'aide de l'Ange Veuliah

Pourquoi nettoyer le plexus solaire?

Il est conseillé de nettoyer le plexus solaire pour éliminer les émotions lourdes, telles que les peines, les déceptions, ainsi que les déchets et les résidus énergétiques qui y sont accrochés. Un plexus solaire rempli de peine de toutes sortes peut conduire à des problèmes physiques, comme le diabète, le surplus de poids et des problèmes au pancréas, au foie et à l'estomac.

L'Ange Veuliah, en collaboration avec l'Ange Séaliah, nettoiera votre plexus solaire. La Lumière de ces deux Anges agira comme une douche. Toutes les émotions accrochées au plexus solaire seront délogées et vous pourrez retrouver la paix et le bien-être. Vous allez rapidement retrouver la forme physique. Toutefois, il est important de nettoyer votre plexus solaire régulièrement, car vous vivez continuellement toutes sortes d'émotions que vous emmagasinez au niveau de votre plexus solaire.

Comment nettoyer votre plexus solaire?

Pour bien nettoyer votre plexus solaire, il faut être conscient de toutes les émotions qui y sont logées. La mission de l'Ange Veuliah est de vous amenez à vous regarder dans le miroir et à comprendre qui vous êtes vraiment. Cet Ange vous aide à faire la guerre à vos faiblesses. Veuliah vous montre la face cachée de votre être, les Ombres qui vous rongent en dedans et que vous devez éloigner de vous. L'Ange Veuliah aidera à faire les changements nécessaires pour que vous puissiez ensuite retrouver un calme intérieur, apprendre à vous aimer et à être bien avec vous-même.

L'Ange Veuliah sait qu'il est difficile d'affronter ses faiblesses. Cependant, il est très valorisant de les éliminer et de les éloigner de soi. C'est tout un défi pour l'être humain!

Afin de provoquer ce grand nettoyage, Veuliah vous fera vivre des situations qui vous permettant de découvrir qui vous êtes. Ensuite, elle vous demandera de régler par vous-même ce qui doit l'être.

Voici comment procéder:

Prenez le temps d'énumérer les vices intérieurs (défauts, peurs, etc) qui vous accaparent et qui vous empêchent d'avancer sereinement. L'Ange Veuliah vous conseille de retenir les cinq plus importants, car c'est un travail exigeant. Lorsque vos cinq vices intérieurs seront nettoyés, il vous sera possible d'en identifier et nettoyer cinq autres.

Voici des exemples de ce que vous pouvez demander : arrêter de fumer, arrêter de boire, arrêter de consommer de la drogue, éliminer la peur de la mort, le sentiment de jalousie ou l'envie du suicide, etc.

Si vous êtes prêt à le faire, voici la meilleure façon de procéder :

Allumez une chandelle en récitant ceci: « Que la Lumière de l'Ange Veuliah soit en ce lieu ». Ensuite, demandez aux quatre Archanges de bâtir votre dôme de protection.

Prenez une minute pour vous intérioriser. Lorsque vous êtes prêt, inscrivez les cinq émotions intérieures qui vous dérangent le plus. Attaquez-vous à la première émotion. Lisez-la et demandez à l'Archange Michaël d'utiliser son épée magique pour couper la racine de cette émotion. Je vous conseille de prendre un petit couteau ou une petite épée (si vous en avez une) et de faire le geste en même temps. Tracez des X sur ce que vous avez écrit, sans déchirer le papier. Ensuite, demandez à l'Archange Michaël d'effacer de votre mémoire l'émotion qui vous relie à ce vice ou au désir de ce vice. Je vous conseille de prendre une gomme à effacer, que vous aurez fait purifier par l'Archange Michaël, et d'effacer ce que vous avez écrit. Reprenez les étapes jusqu'à ce que vous ayez effacé toutes les émotions inscrites sur le papier. Puis, demandez à l'Ange Veuliah de vous infuser sa Lumière pour que vous puissiez retrouver l'harmonie, la paix et l'amour de soi.

Dans la semaine qui suivra ce petit rituel, vous commencerez à sentir un bien-être à l'intérieur de vous. Je vous conseille aussi de prier chaque fois que vous êtes envahi par une émotion d'Ombre.

Bâtir un autel pour accueillir l'Ange Veuliah

Napperon : tissu avec l'image de lions.

Couleurs : caramel, vanille, blanche et orange.

Bougies : blanche, vanille ou jaune.

Encens : benjoin et oliban.

Odeur : bois de santal.

Psaume à réciter lors du rituel

« Mais moi, je crie vers toi Éternel ; dès le matin, ma prière va vers Toi »

Psaume 88, V14

44. YELAHIAH
(Sceau de protection, paix, liberté)

« Ne laisse jamais l'Ombre venir t'envahir. Chasse-la immédiatement avec ta Lumière! »

« Priez-moi et j'illuminerai votre vie et je la remplirai d'amour et d'harmonie. »

Ange idéal

Yelahiah est l'Ange idéal des travailleurs à l'étranger. Elle protège les diplomates, les ambassadeurs et les journalistes afin qu'ils puissent, en cas d'une guerre ou d'un ennui majeur, entrer facilement en contact avec une personne qui les aidera à sortir rapidement du pays.

Protégeant ses enfants des armes à feu, Yelahiah est l'Ange à prier pour tous les individus pratiquant la chasse. La Lumière de cet Ange veillera sur les personnes entourées de gens négatifs et d'armes. Elle préviendra les accidents reliés aux armes à feu.

Yelahiah est un Ange qui arrive toujours au moment opportun. Lorsque vous la priez, son aide est immédiate : à peine quelques minutes après avoir formulé votre demande, Yelahiah manifestera sa présence en vous infusant sa Lumière. Prônant la paix dans le monde, nous pouvons apercevoir le symbole du « peace and love » lorsqu'elle déploie ses ailes. Ainsi, les signes qu'elle vous enverra tout au long de la journée représenteront ce concept. Vous pourriez donc apercevoir une colombe, le symbole du « peace and love », un beau jardin où coule un ruisseau, etc. Peu importe le symbole que vous montrera l'Ange Yelahiah, vous ressentirez à travers celui-ci la paix qui émane de cet Ange.

De plus, cet Ange adore la musique relaxante. Lorsqu'elle viendra vers vous, ne soyez pas surpris d'entendre la mélodie harmonieuse de ruisseaux qui coulent ou de branches d'arbres bougeant au rythme du vent. Écoutez cette musique que Yelahiah a mise sur votre chemin, elle aura un effet bénéfique sur votre esprit.

Yelahiah est comme un courant électrique, alors ne vous étonnez pas de ressentir quelques petites décharges comme s'il y avait de l'électricité statique dans l'air.

Différentes façons de manifester sa présence

Yelahiah aime tous les animaux représentant la paix et la liberté, surtout la colombe et le papillon blanc. Lorsqu'elle viendra vers vous, elle vous permettra d'en voir plusieurs puisque c'est sa manière de vous dire qu'elle a bel et bien entendu votre prière.

Cet Ange se promène souvent en forêt parce que cet endroit exhale une odeur qu'elle adore et parce que la forêt ressemble énormément au Paradis : un lieu paisible et calme où chantent les oiseaux, où se bercent les arbres dans la brise et où le parfum enivrant des fleurs danse avec le vent. Yelahiah dit aux âmes épuisées et découragées d'aller se ressourcer dans ce lieu magique, soit en faisant une promenade ou soit en s'étendant près d'un ruisseau afin de relaxer et de calmer leur esprit.

Le mot « **liberté** » possède une grande importance pour l'Ange Yelahiah. Si elle vous fait entendre ce mot, c'est parce que le moment est venu de vous libérer de tous les tracas qui vous empêchent d'être en harmonie en votre for intérieur. Ainsi, vous devez faire le vide de vos pensées troubles et analyser votre vie en profondeur afin de pouvoir régler le problème qui vous cause du souci. Entendre ce mot vous aidera à reprendre votre vie en main et à mettre vos priorités à la bonne place. Yelahiah veut que vous preniez conscience de ce qui fait entrave à votre bonheur; elle veut vous aider à vous retrouver et à retrouver le chemin de l'équilibre, telle est sa mission. De plus, Yelahiah veut vous montrer qu'en étant libéré de tout problème, vous serez en mesure d'obtenir ce que votre cœur désire puisque vous aurez la force et la détermination d'aller chercher ce bonheur.

De plus, si Yelahiah vous envoie le mot « **confiance** », c'est parce qu'elle veut vous aider à la retrouver. Elle vous donnera donc le courage d'harmoniser votre vie et de l'équilibrer, tout en vous permettant de retrouver la sérénité de votre âme.

Si vous entendez le mot « **secours** », l'Ange Yelahiah veut vous indiquer qu'elle met sur votre chemin toute l'aide dont vous avez besoin pour satisfaire vos désirs et régler vos tracas. Bref, cet Ange vous aidera à vous relever si vous trébuchez et elle vous aidera à garder l'équilibre si vous perdez pied. Yelahiah ne veut que votre bonheur et elle fera tout en son pouvoir pour que vous puissiez l'obtenir. De plus, par ce mot, elle veut vous informer qu'elle vous protège des gens qui cherchent à vous nuire. Yelahiah démasquera les mauvaises intentions de ces personnes dangereuses afin que vous puissiez vous éloigner d'elles immédiatement, tel est son rôle.

Autres représentations symboliques

Un des signes de l'Ange Yelahiah est de montrer à l'humain une **forêt remplie d'arbres magnifiques**. Par ce signe, l'Ange Yelahiah vous annonce qu'elle comblera votre vie de joie, de paix et d'harmonie. Ce signe annonce la venue d'un temps nouveau. Dans les mois suivants, attendez-vous à devoir apporter des changements à votre vie afin de l'améliorer. Les changements que vous effectuerez seront à la hauteur de vos attentes et ils vous permettront d'aimer votre vie et d'être en harmonie avec celle-ci. Vous rayonnerez de bonheur et les gens pourront déceler sur votre visage cette joie qui envahit tout votre être.

Un autre signe de Yelahiah est de vous montrer un **symbole militaire**, signe très important pour le soldat puisque, par ce signe, l'Ange Yelahiah lui donnera l'énergie et le courage nécessaire pour mener à bien sa mission. De plus, cet Ange infusera en lui son sceau de paix afin qu'il retrouve la sérénité malgré la guerre qui sévit. Pour les autres, si vous voyez ce symbole, l'Ange Yelahiah vous demandera de surveiller vos gestes et paroles pour ne pas provoquer de guerres inutiles. Elle vous fera également prendre conscience de l'impact que pourraient provoquer un geste déplacé ou une parole blessante.

Cet Ange peut aussi vous montrer **une colombe ou un papillon blanc volant près de vous.** Ce signe vous indique que Yelahiah apportera la paix sous votre toit ainsi qu'un cadeau qui vous rendra heureux. Ce cadeau vous libérera d'une situation difficile et vous retrouverez ainsi votre joie de vivre!

Yelahiah peut aussi envoyer sur votre chemin **une personne qui vous remettra un symbole de paix.** La solution à l'un de vos problèmes est en gestation.

Spécialités de l'Ange Yelahiah

Yelahiah est très près de Dieu. Dieu lui a donné une grande mission puisqu'il sait que cet Ange peut bien l'accomplir. L'Ange Yelahiah doit parvenir à aider l'être humain à bâtir un paradis sur Terre. Son rôle est très important pour le bien de l'humanité. Cet Ange doit implanter des lois divines sur Terre pour que celle-ci soit aussi lumineuse que le Royaume de Dieu. Elle a aussi le devoir d'imposer la Lumière sur les Ombres, la joie sur la tristesse, la richesse sur la pauvreté, la réussite sur l'échec et surtout l'amour sur la haine. Autrement dit, elle doit implanter sur la Terre tout ce qui existe dans les sphères célestes.

Quand nous venons au monde, nous apportons un bagage, une mission. Cette mission doit être accomplie sur Terre. L'Ange Yelahiah assiste l'être humain pour qu'il puisse apporter sur Terre ce qu'il a appris dans les cieux.

Autres raisons de prier l'Ange Yélahiah

Vous pouvez prier l'Ange Yélahiah pour vous protéger des voleurs, des criminels et des hypocrites. Cet Ange agit comme un garde du corps et un protecteur de vos demeures. En demandant à l'Ange Yélahiah de graver son sceau de protection sur votre demeure, il accepte la mission d'éloigner les intrus, les voleurs, les hypocrites et tous les autres dangers qui pourraient menacer votre demeure. Les gens hypocrites pourront difficilement entrer dans votre demeure, ils ne se sentiront pas les bienvenus. Il est conseillé de placer le sceau de l'Ange Yélahiah un peu partout dans vos garde-robes ou à l'entrée de votre demeure.

Vous pouvez aussi insérer son sceau de protection dans votre portefeuille pour le protéger des vols ou des pertes. Il est aussi conseillé aux entreprises de prier l'Ange Yélahiah pour ne pas être victimes de vol ou de vandalisme. On le recommande particulièrement à ceux qui travaillent dans une caisse, dans une banque ou dans tout endroit susceptible de subir des vols. Amenez le sceau de cet Ange avec vous ou à votre guichet pour ne pas être victime de vol.

Notez que l'Ange Yélahiah vous sauve de toutes les catastrophes qui pourraient survenir dans votre vie. Sa mission est de vous protéger contre toutes les situations négatives et fâcheuses qui pourraient déranger votre vie. Priez cet Ange et sa Lumière pour obtenir la protection sur tous les plans. Si elle perçoit un danger, Yélahiah vous enverra des signes. Elle vous incitera à éviter des édifices, des personnes ou des lieux si elle perçoit un danger quelconque. Yélahiah peut aussi vous protéger lors d'un voyage périlleux ou si vous devez voyager dans un pays où sévit la guerre. Il suffit de la prier.

On peut aussi prier l'Ange Yélahiah pour gagner une cause lors d'un procès. Sa mission est de ramener la paix entre les parties pour que vous puissiez résoudre vos problèmes dans le respect, le calme et la sérénité. Cet Ange affirme que rien ne sert de se battre; il suffit de dialoguer et de trouver un terrain d'entente. Telle sera sa mission envers celui qui la prie.

Note aux enfants de Yélahiah

À la naissance, l'Ange Yélahiah vous a fait don de sa Lumière d'intuition pour que vous puissiez mieux pressentir les dangers et vous en éloigner. Puisque vous serez souvent entouré de situations d'Ombres, l'Ange Yélahiah vous amène à écouter davantage votre petite voix intérieure. Lorsqu'une personne vous dérange, tenez-en compte. Ne cherchez pas à en connaître la raison, cherchez tout simplement à vous en éloigner et ainsi vous éviterez plusieurs ennuis. Généralement, c'est ce que vous faites.

Vous possédez aussi le don d'éveiller les consciences, car vous n'avez pas peur de dire la vérité et ce que vous pensez. Vous êtes honnête dans vos paroles et vos gestes.

L'Ange Yélahiah fait de vous des êtres amoureux et passionnés. Dans une relation, vous vous donnez corps et âme à la personne que vous aimez. Que ce soit en amour ou en amitié, vous êtes toujours disponible pour les gens que vous aimez. Vous êtes cependant très sélectif dans vos choix, mais lorsque vous accordez votre amitié ou votre amour, c'est pour la vie. Les gens vous aiment et vous adorent.

Réclamer l'aide de l'Ange Yélahiah

Comment obtenir le sceau de protection de l'Ange Yélahiah?

Au moment d'écrire ce livre, il m'est impossible d'insérer le sceau de protection de l'Ange Yélahiah. Toutefois, je vous conseille de faire purifier des objets ou des images par l'Ange Yélahiah en lui demandant de les entourer de l'énergie de son sceau de protection. Ensuite, placez ces objets ou ces images un peu partout dans votre demeure, votre voiture, au travail, bref à tous les endroits où vous ressentez un besoin de sécurité.

Comment protéger votre maison des voleurs et des situations d'Ombres?

Il suffit de prier l'Ange Yélahiah et de lui demander de placer son sceau de protection sur votre demeure.

Bâtir un autel pour accueillir l'Ange Yelahiah

Napperon : tissu avec l'insigne de la paix

Couleurs : blanche, vert et orange.

Bougies : blanche, jaune ou verte.

Encens : muscade et oliban.

odeurs : celles des fleurs et du citron.

Psaume à réciter lors du rituel

« Daigne agréer Seigneur les vœux de ma bouche et m'enseigner tes lois »

Psaume 119, V108

45. SÉALIAH
(guérison, respiration, douceur)

« La patience est une vertu que seul l'espoir nourrit. »

« Le mieux que vous pouvez faire devant la maladie, c'est de l'accepter, de l'aimer et de l'apprivoiser. Lorsqu'elle sera intégrée, vous aurez franchi un pas important sur le chemin de la guérison. »

« Négligez pas votre santé. Mieux vaut prévenir que guérir! »

Ange idéal

Séaliah est l'Ange idéal de tous ceux qui ont des problèmes respiratoires. Cet Ange mettra sur le chemin d'une personne malade, le spécialiste, le médicament ou la technique qui l'aideront à mieux respirer.

Elle invitera ceux qui courent après leur souffle à ralentir le pas et à diminuer le stress qui les amène à respirer difficilement.

Elle aide les personnes atteintes d'asthme à avoir une meilleure qualité de vie et à moins souffrir de leur problème.

L'Ange Sealiah ressemble beaucoup à l'Ange Seheiah. Toutes les deux travaillent pour la même cause : la santé des gens. Sealiah est un Ange d'une grande puissance puisque sa Lumière peut guérir tous ceux qui sont malades et tous ceux qui ont des ennuis de santé. Lorsque vous réclamez son aide, cet Ange se rend immédiatement à votre chevet pour vous aider. Sealiah en profite alors pour vous infuser sa Lumière divine qui vous donnera l'énergie nécessaire pour guérir. Pour elle, vos prières sont d'une importance capitale. Lorsqu'elle reçoit votre prière, Sealiah se précipite pour consulter votre plan de vie. Elle s'assure que tous les bénéfices auxquels vous avez droit puissent vous être accordés.

Lorsqu'elle annoncera sa présence, vous serez envahi par un sentiment de calme, de réconfort et de bien-être sur tous les plans. Ne soyez pas surpris de ressentir un vent léger autour de vous. La Lumière de cet Ange vous donnera une poussée d'énergie pour que vous puissiez continuer vos activités quotidiennes.

Si vous ressentez de légères douleurs ici et là durant la journée, ne vous inquiétez pas. C'est l'Ange Sealiah qui infuse sa Lumière de guérison à des endroits précis de votre corps. Cette action provoque un léger élancement, suivi d'une douce chaleur et ensuite d'une libération. Il y a de fortes chances que, durant 48 heures, vous ayez des maux à divers endroits du corps. Ensuite, vous serez en pleine forme physique et mentale. Tel est l'effet bénéfique de la Lumière de l'Ange Sealiah.

Différentes façons de manifester sa présence

Sealiah aime tous les animaux qui prennent soin de l'être humain. Elle adore les chiens qui guident les personnes aveugles. Elle adore aussi les chiens qui aident les policiers dans leurs recherches. Cet Ange démontre un grand respect envers les animaux qui se dévouent pour leur maître.

Sealiah aime l'odeur d'un jardin fleuri et de la mer lorsqu'elle est remplie de coquillages. Cet Ange dit que ces odeurs rendent l'être humain joyeux puisqu'il en retire la sensation d'être en vacances. Sealiah aime aussi l'odeur que dégagent les hôpitaux. Toutefois, Sealiah est consciente qu'elle est la seule à aimer cette odeur et que l'être humain a horreur des hôpitaux et de ses odeurs.

Le mot « **guérison** » sera très important pour tous ceux qui lui réclament de l'aide au sujet de la santé. Par ce mot, cet Ange vous guidera vers le meilleur médecin, vers le meilleur traitement, vers le meilleur médicament pour que vous puissiez rapidement guérir de votre problème. Si vous n'avez aucun problème de santé, ce mot vous indique que l'Ange Sealiah vous libérera de la situation qui vous angoisse.

Un autre mot important pour Sealiah est « **alarme** ». Si vous entendez ce mot, elle vous met en garde. Prenez soin de votre santé. Ne négligez pas vos petites douleurs. L'Ange Sealiah vous conseille de consulter votre médecin pour vérifier l'état de votre santé.

Si Sealiah vous fait entendre le mot « **espoir** », elle vous dit de ne pas désespérer de voir vos demandes être entendues. Peut-être le temps n'est-il pas propice à vous donner tout ce que vous réclamez. Toutefois, Sealiah vous enverra des opportunités qui viendront compenser ce qu'elle ne peut vous accorder pour le moment. Ces occasions peuvent être meilleures que vous ne le croyez.

Autres représentations symboliques

Un signe particulier de l'Ange Sealiah est de vous montrer un petit chapeau blanc que les infirmières portaient autrefois. Par ce signe, cet Ange vous indique qu'elle libérera votre esprit de tous les petits tracas qui affectent votre santé mentale et physique. De plus, cet Ange conduira à vous des personnes qui vous aideront à régler un problème qui perturbe votre vie du moment.

Si Sealiah vous **montre un lit d'hôpital**, elle vous informe que vous avez besoin de repos. Prenez du temps pour vous, pour vous détendre, pour méditer, car votre sommeil est sans doute perturbé, ce qui vous affecte mentalement et physiquement. De plus, si vous souffrez d'une douleur, ne la négligez pas et consultez votre médecin. Le message que vous lance l'Ange Sealiah est le suivant : « *Prenez soin de votre santé. Mieux vaut prévenir que guérir!* »

Sealiah aime aller vers l'être humain. Si vous voyez une personne en uniforme blanc et portant une petite croix ou un ange sur son vêtement (une épinglette ou un bijou), vous venez sans doute de rencontrer l'Ange Sealiah. Si cet Ange vous fait un sourire, votre cœur et votre âme en seront réconfortés. Sealiah en profitera pour vous infuser sa Lumière d'amour et d'énergie.

Si Séaliah vous montre **un fauteuil roulant vide**, ne vous inquiétez pas. Ce signe ne signifie pas que vous tomberez malade. L'Ange Sealiah vous indique avant tout de ralentir le pas. Vous essayez d'en faire trop et cela vous épuise mentalement et physiquement. Faites une analyse de vos priorités. Réglez une seule chose à la fois. Si vous cherchez à tout faire en même temps, vous serez victime de surmenage. Au lieu d'avancer, vous reculerez davantage. De toute façon, l'Ange Sealiah vous aidera à mieux définir vos priorités.

Si vous rêvez que vous êtes dans une forêt où une belle cascade déverse son eau dans un ruisseau, où vous êtes émerveillé par le charme de l'endroit et les belles mélodies des oiseaux, sachez que vous venez de visiter le royaume de l'Ange Sealiah. Elle vous y a conduit pour que vous puissiez vous reposer ou pour procéder à une guérison. Le lendemain, vous serez en pleine forme!

Spécialités de l'Ange Séaliah

Sealiah a une grande mission. Cet Ange oeuvre dans le domaine de la santé. Sealiah est le « souffle et la respiration de Dieu ». La mission de l'Ange Séaliah est d'aider l'être humain à bien respirer, à bien s'oxygéner et entretenir la santé des poumons. À ce niveau, Sealiah travaille en collaboration avec l'Ange Imamiah. Sealiah est consciente que la Terre souffre et que l'air est de plus en plus pollué. Si elle peut aider les êtres humains à se défaire de leurs mauvaises habitudes, elle le fera avec plaisir.

Sealiah facilite le rétablissement des victimes du cancer ou de maladies graves, notamment les gens atteints d'un cancer des poumons, en accord avec les sphères spirituelles et le plan de vie des victimes. Elle favorise leur guérison et leur permet de bien surmonter leur épreuve. Elle leur donne la force et le courage de prendre leur vie en main et de changer leurs habitudes de vie. La Lumière de cet Ange est une énergie de guérison. Elle chasse toutes les Ombres qui pourraient nuire au bon fonctionnement du corps physique.

Elle aide aussi tous ceux qui ont des problèmes reliés aux reins, à la vessie, à l'urètre, à la sclérose en plaques, à la fibromyalgie, aux maux de dos chroniques et aux maux de tête. Sa Lumière calme et apaise. Si Sealiah ne peut vous guérir, elle vous orientera vers le meilleur médecin, vers le meilleur médicament ou vers le meilleur traitement pour votre condition.

Elle accélère la guérison de tous ceux qui ont reçus un don d'organes. Cet Ange donne un second souffle de vie. Elle insuffle la passion de vivre malgré l'épreuve subie ou vécue actuellement.

Autres raisons de prier l'Ange Sealiah

Vous pouvez prier l'Ange Sealiah pour qu'elle vous infuse la force de sa Lumière. Cette Lumière vous donnera de l'endurance si vous avez à subir des traitements de chimiothérapie ou de dialyse.

Vous pouvez aussi réclamer son aide lorsque vous êtes exténué, épuisé, angoissé et découragé. L'Ange Sealiah relève tous ceux qui sont à genoux. L'Ange Sealiah fait rayonner sa Lumière de courage et elle oriente les gens vers une meilleure qualité de vie. De plus, elle guidera les êtres humains vers un mieux-être complet.

Séaliah est une aide unique qui vous est accordée par les sphères spirituelles afin de retrouver la quiétude intérieure. Si le plan divin lui permet, l'Ange Sealiah vous illuminera de sa Lumière de guérison qui vous permettra de jouir pleinement d'une excellente santé. Sa Lumière donne aussi de l'essor à la suite d'une grave maladie. Voilà l'importance de la prier si vous êtes malade. Cet Ange vous relèvera rapidement.

Si vous voulez arrêter de fumer, elle est l'Ange idéal pour vous aider. Sealiah vous enlèvera le goût de la cigarette. Elle l'effacera de votre mémoire.

Vous pouvez prier l'Ange Sealiah pour qu'elle vous assiste lors d'un test ou d'une évaluation. Ces événements perturbent souvent l'être humain. Ce stress se traduit par une mauvaise respiration, ce qui occasionne un manque de concentration, une perte de mémoire et une perte d'endurance, entraînant souvent l'échec. En priant l'Ange Séaliah, elle vous aide à mieux respirer, ce qui nourrit votre cerveau qui est alors au mieux de sa forme pour répondre à chaque question. Je vous conseille aussi de purifier un objet que vous porterez sur vous lors de votre examen. Vous pouvez aussi prier Sealiah pour qu'elle vous aide dans l'apprentissage d'une nouvelle tâche ou d'une nouvelle technique. Sa Lumière calmera votre nervosité. Ainsi, votre cerveau pourra mieux assimiler le nouvel apprentissage.

Tous les chercheurs qui combattent la pollution devraient prier l'Ange Sealiah qui peut leur inspirer une technique pour combattre la pollution. Sealiah peut aussi aider le chercheur à trouver un moyen de combattre tout phénomène atmosphérique qui porte atteinte à la santé, à la respiration chez l'être l'humain, chez les animaux, les plantes et la végétation.

L'Ange Sealiah peut aussi aider à surmonter une humiliation, une déception ou une épreuve. Cet Ange donne tout le courage nécessaire pour bien surmonter l'épreuve.

Note aux enfants de Sealiah

À la naissance, l'Ange Sealiah vous a fait don de sa Lumière de guérison. Cette Lumière vous permet de prendre soin de votre corps physique et d'apaiser la souffrance de votre prochain. Par vos mains, vous pouvez guérir les gens. Vos mains calment et réconfortent. La chaleur qui émane de vos mains représente la Lumière de l'Ange Sealiah.

Il est important de noter que ce don n'est pas accordé à n'importe qui. Vous devez avant tout être en harmonie avec votre plan de vie et votre spiritualité. Si votre but est d'aider votre prochain dans la maladie et la souffrance, alors tout le Chœur des Vertus travaillera avec vous.

C'est dans le calme de la nature qu'il vous sera permis de faire le plein d'énergie.

Réclamer l'aide de l'Ange Sealiah

Comment arrêter de fumer?

Premièrement, il faut prier l'Ange Sealiah. Demandez-lui qu'elle vous donne le courage de cesser de fumer. Sealiah peut vous aider de deux façons. Voulez-vous arrêter drastiquement ou graduellement? Telle est sa question. Avant de répondre, il faudra y réfléchir. Lorsque vous serez prêt, prenez une cigarette et une paire de ciseaux. Si vous décidez d'arrêter drastiquement, récitez ceci : « *Ange Sealiah, je veux arrêter de fumer. Aide-moi à le faire instantanément.* »

Coupez alors votre cigarette en deux avec les ciseaux. Faites-le d'un geste décidé. Les journées particulières de l'Ange Sealiah peuvent être importantes puisque vous pourriez arrêter lors de ces journées. Sealiah vous aidera à le faire dans les trois prochains mois qui suivront votre demande. Vous vous leverez un matin en disant : « C'est fini, j'arrête de fumer ». Vous serez mentalement et physiquement prêt à le faire.

Si vous préférez arrêter graduellement, récitez ceci : « *Ange Sealiah, je veux arrêter de fumer. Aide-moi à le faire graduellement.* »

Coupez votre cigarette en plusieurs morceaux avec les ciseaux. Faites-le d'un geste décidé. Les journées particulières de l'Ange Sealiah peuvent être importantes puisque vous pourriez arrêter lors de ces journées. Sealiah vous aidera à le faire dans les 12 prochains mois qui suivront votre demande.

Comment bien respirer?

Savoir bien respirer est très important. La Lumière de l'Ange Sealiah vous aidera à prendre le temps de bien respirer et de bien oxygéner vos poumons. Pour ressentir les bienfaits de sa Lumière, il suffit de fermer les yeux quelques secondes en lui demandant de bien oxygéner vos poumons. Ensuite, prenez une profonde respiration, retenez votre souffle pendant sept secondes et expirez en douceur. Faites ce procédé trois fois de suite. Vous allez ressentir immédiatement un profond bien-être en vous. Lors de cet exercice, vous ressentirez une douce brise autour de vous. Cette brise provient de l'air pur de l'univers de l'Ange Sealiah.

Bâtir un autel pour accueillir l'Ange Sealiah

Napperon : tissu avec l'image d'animaux, de la mer, d'un jardin fleuri.

Couleurs : rouge, bleu, vert, blanche et orange.

Bougies : rouge, blanche, jaune ou verte.

Encens : oliban.

Odeurs : ambre, eucalyptus, sauge et vétiver.

Psaume à réciter lors du rituel;

« Lorsque je dis : « Mon pied va chanceler », ta grâce Éternel, vient me soutenir »

Psaume 94, V18

46. ARIEL
(révélation, songe, radiesthésie)

« Si vous n'êtes point capable de dire la vérité, alors taisez-vous! »

« Le mensonge nourrit l'Ombre; l'Ombre nourrit la guerre.

Tandis que la guerre détruit l'homme. »

Ange idéal

Ariel est l'Ange idéal de tout ceux qui oeuvrent dans le domaine de la spiritualité et de l'ésotérisme. Lors d'une séance de clairvoyance, d'une canalisation ou d'une lecture de carte, vous pouvez demander à l'Ange Ariel de vous assister et de vous faire découvrir ce qui est caché pour ainsi mieux guider celui qui vous consulte. Vous connaîtrez rapidement la réponse à chacune des questions que votre consultant vous posera.

Il est aussi l'Ange idéal de tous ceux qui sont à la recherche de trésors enfouis. Il permet de les retrouver pour mieux enseigner l'histoire à la société et pour aider à comprendre vos origines et vos racines. Cependant, si vous lui demandez son appui pour le prestige ou pour l'argent, il ne vous aidera pas.

L'Ange Ariel est aussi l'Ange des radiesthésistes puisqu'il les aide dans la recherche d'objets égarés ou perdus.

Ariel est un Ange très curieux et très bavard; il raconte tout ce qu'il sait! Il ne le fait pas pour nuire, au contraire, il le fait pour aider l'être humain à mieux cheminer. C'est la raison pour laquelle, lorsque vous le priez, les gens autour de vous racontent toutes sortes d'histoires concernant les autres. Des potins, vous allez en entendre! C'est une façon originale pour l'Ange Ariel de vous indiquer qu'il a bel et bien entendu votre demande.

Dès que vous le priez, vous ressentez sa présence autour de vous. Ce petit Ange déplace de l'air. Ne soyez pas surpris de ressentir de petits courants d'air autour de vous dès le moment où vous prononcez son nom. De plus, il adore chatouiller le bout de votre nez et la paume de vos mains. C'est son signe préféré. Ne soyez pas surpris si vous ressentez le besoin de vous laver les mains souvent. Il est très taquin, ce charmant Ange! Il est un vent de folie empreint d'une grande douceur lorsqu'il vous entoure!

Différentes façons de manifester sa présence

Ariel aime les mouches, les abeilles, les fourmis et les papillons puisqu'il peut emprunter leur corps pour donner un signe à celui qui le prie. Lorsque vous le priez, ne soyez pas surpris de voir l'une de ces espèces d'insectes se promener autour de vous.

Ariel aime l'odeur de la nature sauvage. Il apprécie un parfum exotique. Lorsqu'Ariel viendra vers vous, il vous enverra des brises de fraîcheur!

Si Ariel vous fait entendre le mot « **diagnostic** », il vous indique alors que vous avez besoin de faire un ménage dans votre vie. Il est temps d'analyser votre vie et de vous prendre en main. Si vous ne faites rien pour la ramener vers l'équilibre, votre vie ira à la dérive. Ariel considère qu'il y a trop de situations mensongères. Soyez franc et honnête avec vous-même et exigez la même franchise de vos proches. Dans les semaines qui suivront, l'Ange Ariel vous fera connaître les aspects de votre vie où vous devez faire un ménage. De plus, il vous montrera les situations mensongères pour que vous puissiez rapidement les corriger.

S'il vous envoie le mot « **solution**», il vous informe qu'il vous conduit sur le chemin des solutions afin que vous puissiez régler tout ce qui vous importune, que ce soit sur le plan de la santé, de l'amour, de votre vie professionnelle ou de votre vie financière. L'Ange Ariel trouvera la meilleure solution pour régler ce qui ne fonctionne pas bien dans votre vie. Dans les jours qui suivront, Ariel vous enverra une première solution. Il n'en tiendra qu'à vous de l'appliquer dans votre vie.

Le mot « **révélation** » vous indique que l'Ange Ariel vous révélera les événements que vous cherchez à connaître. Il répondra à l'une des questions que vous lui poserez. Cet Ange vous révélera la vérité pour que vous puissiez régler le problème et vous en libérer. Toutefois, si ce que vous lui demandez est nuisible pour vous ou pour l'un de vos proches, Ariel ne répondra pas à votre demande.

Autres représentations symboliques

Puisqu'Ariel se faufile un peu partout afin de voir ce qui se passe, ne soyez pas surpris si les gens autour de vous vous questionnent sur ce qui se passe dans votre vie. Les gens vous poseront toutes sortes de questions. Ne paniquez pas, c'est Ariel qui s'amuse avec vous!

Ariel peut aussi faire **clignoter une lumière ou sonner une alarme** pour vous indiquer qu'il a bel et bien entendu votre prière. Si Ariel fait clignoter la lumière, il vous signifie, par ce signe, qu'il vous aidera à faire la lumière sur certaines situations de votre vie. Il révélera certaines informations pour vous aider à faire des choix et pour faciliter vos décisions. Si vous entendez une **alarme**, l'Ange Ariel vous indique de surveiller les paroles mensongères. Il vous avertit d'un danger causé par des paroles mensongères et trompeuses. Soyez vigilants. Tel est son message.

Puisqu'Ariel aime **les pendules**, il vous en montrera pendant la semaine où vous le prierez. Par ce signe, l'Ange Ariel vous indique qu'il vous guidera vers le chemin du bonheur. Attendez-vous à vivre des moments agréables. Toutefois, si vous désirez approfondir vos connaissances en radiesthésie, l'Ange Ariel vous indique par ce signe qu'il vous aidera.

Si l'Ange Ariel vous montre **un livre sur les rêves**, il vous avise qu'il viendra vous voir par le biais de vos rêves. Il répondra à vos questions par les rêves. Ce sera son moyen de communication avec vous. De plus, si vous désirez parfaire vos connaissances au niveau du rêve, l'Ange Ariel vous aidera. Il travaillera alors en collaboration avec l'Ange Haamiah.

Spécialités de l'Ange Ariel

L'Ange Ariel est un grand intercesseur. Cet Ange écoute toutes les prières qui sont adressées à Dieu et il les lui transmet. Il demande à Dieu de vous envoyer une récompense divine en guise de remerciement de votre prière. Ariel travaillera en ce sens avec l'Ange Asaliah. L'Ange Asaliah élèvera votre esprit vers les sphères spirituelles afin que vous puissiez contempler le Royaume de Dieu et l'ange Ariel vous permettra de reconnaître tout le bien que Dieu vous apporte et de le remercier chaque jour.

Sur le plan de la santé, l'Ange Ariel aidera le médecin à découvrir la cause de la maladie et l'action à prendre pour la traiter. Ariel accélérera le processus de guérison en aidant votre médecin à opter pour les examens adéquats et à bien diagnostiquer la source de vos malaises. Il travaillera alors en collaboration avec l'Ange Asaliah. Ces deux magnifiques Anges assisteront votre médecin afin que vous puissiez retrouver la santé rapidement.

Autres raisons de prier l'Ange Ariel

Vous pouvez prier l'Ange Ariel pour qu'il vous inspire des rêves prémonitoires qui répondront précisément à vos questions, surtout si ce sont des questions existentielles. L'Ange Ariel suggère des rêves prémonitoires à tous ceux qui veulent retrouver le chemin du bonheur. Dans vos rêves, il vous donnera les indications pour éviter les obstacles ou les surmonter. Il est important cependant de préciser à Ariel le sujet sur lequel vous souhaiter obtenir des détails.

Ariel facilite aussi la résolution des problèmes difficiles pour que l'être humain puisse retrouver l'équilibre et la paix dans son cœur et autour de lui. Lorsque vous êtes en contact avec la Lumière de l'Ange Ariel, il vous est possible de lui confier vos problèmes. Il répondra soit par le biais de vos rêves ou par des signes concrets, comme, par exemple, une situation qu'il fera surgir devant vous. Il peut aussi utiliser un membre de votre entourage pour vous faire parvenir son message.

L'Ange Ariel peut aussi vous aider à retrouver un membre de votre famille (adoption). Il peut également, soit par le biais de vos rêves, par un membre de votre famille ou par un document, vous dévoiler l'heure exacte de votre naissance, si vous souhaitez la connaître.

En ce qui concerne l'amour, Ariel illuminera votre jardin intérieur de sorte que les gens le remarqueront et se sentiront inviter à y récolter le bonheur. Si vous avez une peine d'amour ou si vous êtes seul et que vous désirez rencontrer une personne qui saura apprécier l'être que vous êtes, l'Ange Ariel mettra en valeur vos trésors intérieurs pour qu'ils retiennent l'attention de celui ou celle qui méritera votre amour.

La Lumière de l'Ange Ariel favorisera l'apprentissage de la radiesthésie, surtout pour ceux qui souhaitent utiliser les énergies, faire des recherches de corps, d'entités, etc. Cependant, il faut être patient, car la radiesthésie exige avant tout la confiance en soi. Avec le temps, la pratique et la confiance, vous parviendrez facilement à utiliser un pendule. Les Anges faciliteront les mouvements de votre pendule dans la direction de vos réponses.

Si vous travaillez dans le domaine de la publicité, cet Ange vous aidera à trouver de nouvelles idées et à créer de nouveaux concepts pour la réussite de votre entreprise. Cet Ange mettra en valeur votre créativité.

Note aux enfants d'Ariel

À la naissance, l'Ange Ariel vous a fait don de sa Lumière de messager. Il vous est permis de diffuser des messages d'amour et de compréhension qui seront profitables pour tous ceux qui vous écouteront. Vos messages aideront l'humanité. Certains peuvent devenir de bons « canals ». La mission de l'Ange Ariel est d'illuminer votre canal pour que celui-ci puisse bien recevoir les messages divins.

Comme plusieurs enfants d'Ariel, vous pouvez être attiré par les sciences du nouvel âge. Vous possédez le talent pour bien réussir dans ce domaine. Il suffit de demander à l'Ange Ariel de vous infuser sa Lumière divinatoire qui répondra à toutes les questions.

Réclamer de l'aide de l'Ange Ariel

Posez une question à laquelle vous aimeriez que l'Ange Ariel réponde :

_____

_____

La mission de l'Ange Ariel est de répondre à cette question. Soyez attentif aux signes. L'Ange Ariel peut répondre à votre question dès le lendemain de votre demande. Il peut utiliser vos rêves ou un membre de votre entourage pour le faire.

Comment vérifier si une personne vous ment?

Si vous voulez savoir si une personne vous ment, il suffit de demander à l'Ange Ariel de vous révéler la vérité lorsque vous parlerez à cette personne. La Lumière de l'Ange Ariel agira sur la personne qui aura de la difficulté à vous mentir. Elle ressentira un malaise qui l'obligera à répondre adéquatement à vos questions. Il est évident que cette démarche doit être faite pour le bien de votre âme et pour vous permettre d'avancer sur le chemin de votre évolution. Si vous utilisez cette procédure pour piéger une personne, l'Ange Ariel ne vous répondra pas et il vous donnera même une petite leçon d'humilité. Il faut être prudent lorsqu'on lui demande cette faveur. Faites-le pour les bonnes raisons.

Bâtir un autel pour accueillir l'Ange Ariel

Napperon : tissu avec l'image de papillons, d'abeilles, de fourmis ou de mouches.

Couleurs : argent, or, orange et blanc.

Bougies : blanches, orangées et jaunes.

Encens : santal et oliban.

Odeur : jasmin.

Psaume à réciter lors du rituel

« *Le Seigneur est bon pour tous, sa pitié s'étend à toutes les créatures* »

Psaume 145, V9

47. ASALIAH
(famille, vérité, réconciliation)

« *Ma mission est d'aider l'humain à retrouver lui-même la paix et son propre bonheur. Ce n'est pas en s'immisçant dans la vie de quelqu'un d'autre que l'on trouve le bonheur véritable.* »

« *Ayez toujours le courage de dire la vérité, ainsi votre cœur se libérera.* »

Ange idéal

Asaliah est l'Ange idéal pour tous ceux qui veulent connaître la vérité et contempler l'univers des Anges. Cet Ange a le pouvoir de vous mettre en contact avec Dieu.

Elle est aussi l'Ange idéal pour les psychanalystes et les psychiatres. Cet Ange les protège et les aide à découvrir la raison pour laquelle leurs patients souffrent de telles ou telles maladies. Elle leur permet d'aller à la source pour qu'ils puissent, par la suite, poser un diagnostic révélateur leur permettant de mieux soigner leurs patients.

L'Ange Asaliah est un Ange d'une très grande simplicité et lorsqu'elle vient vers l'être humain, vous pouvez facilement ressentir sa vibration. Dès que le contact se fait, on ressent une grande autorité de sa part, mais en même temps, un grand respect et un grand amour. Lorsque vous ferez appel à l'Ange Asaliah, celle-ci analysera la raison pour laquelle vous la prier. On ne sait jamais le temps qu'elle prendra pour vous annoncer sa présence. Asaliah vient vers l'être humain selon l'urgence de sa demande. Toutefois, lorsqu'elle annoncera sa présence, vous serez envahi par un sentiment de réconfort et de quiétude, ce qui peut vous porter à bailler durant toute la journée. Vous serez tout simplement bien, sans toutefois vous sentir fatigué.

Si vous êtes de nature brave, Asaliah pourrait aussi venir vers vous sous forme d'énergie. N'ayez pas peur si vous voyez de petites lumières en forme d'étoiles illuminer votre pièce. Ces petites étoiles représentent l'énergie de l'Ange Asaliah.

Différentes façons de manifester sa présence

Asaliah aime beaucoup le merle noir pour son chant mélodieux. Asaliah affirme que ce chant calme, réconforte et guérit.

L'Ange Asaliah aime toutes les odeurs de parfum très doux. Lorsqu'elle viendra vers vous, vous humerez un doux parfum, comme s'il provenait d'une autre pièce. Le parfum sera très léger. Il faut évidemment avoir le nez très fin pour pouvoir humer le parfum de l'Ange Asaliah.

Le premier mot qu'elle risque de vous faire entendre est le mot « **étoiles** ». Par ce mot, l'Ange Asaliah vous indique qu'elle fera briller sa Lumière étoilée dans votre foyer. Sa mission sera de réunir les familles éclatées et les familles reconstituées et de leur apporter l'amour et l'harmonie. Quant à ceux qui filent déjà le parfait bonheur, Asaliah resserrera les liens qui les unit. Elle les protégera des personnes et des situations d'Ombres.

Un autre mot important par Asaliah est « **observer** ». Si cet Ange vous fait entendre ce mot, elle cherche à vous éveiller à ce qui se passe autour de vous. Cet Ange veut que vous preniez le temps de bien analyser et d'observer votre entourage. Possiblement certaines personnes ne méritent pas votre présence auprès d'eux; peut-être jugez-vous quelqu'un sans fondement; peut-être vous apprêtez-vous à prendre une décision qui ne serait pas profitable à ce moment de votre vie. Si l'Ange Asaliah vous fait entendre ce mot, il y a de fortes chances qu'un aspect de votre vie ne soit pas clair et cet Ange veut vous en faire prendre conscience. Asaliah ne tolère pas les disputes ni les mots méchants. C'est la raison pour laquelle elle aimerait que vous preniez le temps de mesurer vos paroles et vos gestes ainsi que d'observer les paroles et les gestes des gens qui vous entourent. Peut-être ferez-vous des découvertes importantes qui vous aideront à prendre des décisions ou à régler vos tracas.

Si l'Ange Asaliah vous fait entendre le mot « **harmonie** », elle vous indique alors qu'elle vous fera vivre de beaux événements qui vous apporteront harmonie et bonheur. Un rêve que vous avez abandonné pourrait se concrétiser!

Autres représentations symboliques

La mission de l'Ange Asaliah est de diriger l'humain vers le chemin du bonheur. C'est la raison pour laquelle cet Ange vous montrera **une étoile filante**. Elle vous offre son aide pour avancer sereinement vers votre avenir. Elle vous conduit sur le chemin du bonheur. Suivez son énergie et elle vous dirigera exactement à l'endroit désiré. Pour suivre l'énergie d'Asaliah, il suffit de la prier et de l'intégrer dans votre vie. De plus, Asaliah vous demande de faire un vœu qu'elle prendra soin de réaliser.

Un autre de ses signes préférés est d'*adombrer* le corps d'un être humain et de regarder les étoiles. Si vous voyez un étranger qui regarde les étoiles, ne jugez pas cette personne puisque ce pourrait être l'Ange Asaliah qui vous fait un clin d'oeil. Si cet étranger, vous regarde et vous sourit, retournez-lui un sourire à votre tour. Le sentiment que vous procura ce geste sera enivrant et vous mettra d'excellente humeur.

Si vous voyez quelqu'un en train de se bercer, l'Ange Asaliah vous indique, par ce signe, qu'elle calmera vos états d'âme, qu'elle infusera sa Lumière apaisante dans votre foyer pour que vous puissiez retrouver le calme et l'harmonie. De plus, cet Ange vous permettra de vous réconcilier avec ceux que vous avez blessés ou qui vous ont blessé.

Spécialités de l'Ange Asaliah

Asaliah est une Lumière divine qui montre la vérité. Cet Ange est le témoin de la vérité. On peut la prier pour connaître la vérité sur tout ce qui est caché. Asaliah n'aime pas les mensonges. Elle fera en sorte que la vérité se fasse entendre. Que ce soit pour une cause judiciaire ou un mensonge quelconque, elle travaillera pour que la vérité triomphe. Vous pouvez demander à l'Ange Asaliah de vous monter le chemin qui vous amènera vers la vérité. Vous pouvez aussi lui demander d'être conscient de ce qui se passe et de ce qui se dit autour de vous. Cela vous permettra de mieux vous préparer pour corriger ce qui doit l'être. L'Ange Asaliah veut que l'être humain soit bien préparé avant de se lancer dans un discours important ou avant de régler un conflit majeur. Elle veut que l'être humain se dresse et qu'il ne se laisse pas abattre par les paroles ni les gestes des autres.

Vous pouvez prier l'Ange Asalaih pour qu'elle louange Dieu en votre nom ou pour qu'elle vous mette en contact avec Lui. Asaliah est l'intermédiaire entre vous et Dieu. Cet Ange transmet à Dieu vos louanges et le remercie pour vous de l'amour inconditionnel qu'il vous porte et de tous les bienfaits qu'il vous prodigue. Lorsque Dieu aura entendu les louanges d'Asaliah venant de votre part, il vous fera signe. Vous le ressentirez vivement à l'intérieur de vous. Souvent, il utilise le rêve pour vous rencontrer.

Autres raisons de prier l'Ange Asaliah

Sur le plan de la santé, Asaliah excelle à aider ceux qui souffrent mais dont les examens médicaux ne révèlent rien. Priez cet Ange pour que le problème de santé dont vous êtes affligé puisse être identifié et soigné. Pour cette mission, Asaliah travaille en collaboration avec l'Ange Ariel. Asaliah ne possède pas le don de guérison. Vous devriez prier un autre Ange pour obtenir la guérison. Son rôle principal est de faire en sorte que la maladie dont vous êtes victime puisse être identifiée. Asaliah guidera votre médecin afin qu'il procède aux examens adéquats et vous prescrive le traitement approprié.

On peut prier l'Ange Asaliah pour que la sagesse guide ceux qui doivent émettre un jugement honnête et équitable. On peut aussi demander à Asaliah que la vérité soit connue et que la lumière soit faites sur les faits importants lors d'un procès.

On peut aussi prier l'Ange Asaliah pour apprivoiser la lecture de l'aura. Sa Lumière vous permettra de mieux percevoir l'aura et les énergies qui vous entourent. Évidemment, tout ceux et celles dont la mission de vie est d'aider leur prochain auront le privilège de voir l'aura. Cependant, il faut être patient. Avec le temps, la pratique et la confiance, il vous sera par la suite de plus en plus facile de voir l'aura de toutes les espèces vivantes.

Elle est l'Ange qui protège le couple de toutes les situations ou des personnes nuisibles à leur bonheur. Asaliah n'aime pas que l'on perturbe le bonheur des autres et elle n'aime pas lorsque quelqu'un essaie de détruire un couple. Voilà l'importance de prier cet Ange pour qu'elle veille sur votre vie amoureuse.

Note aux enfants d'Asaliah

À la naissance, l'Ange Asaliah vous a fait don de sa Lumière de communication pour qu'elle soit utilisée à faire jaillir la vérité. Sa lumière peut faire de vous un véritable avocat!

Grâce à sa Lumière, il vous est permis d'entrer dans le jardin des Anges pour voir leurs énergies. Asaliah vous permet d'entrer en contact direct avec votre Ange personnel et votre Ange de naissance, si vous lui en faites la demande.

Réclamer de l'aide de l'Ange Asaliah

Comment voir son aura?

Demandez à l'Ange Asaliah sa Lumière pour faciliter l'observation de votre aura. Soyez calme. Entrez dans une pièce où un miroir est disponible; la salle de bain se prête bien à cet exercice. Regardez-vous dans le miroir et demandez à quelqu'un de fermer la porte pendant une dizaine de secondes. Ensuite, demandez-lui de l'ouvrir en douceur. Vous verrez apparaître dans le miroir de belles couleurs vous entourant. Vous contemplez alors votre aura.

Il existe d'autres techniques que vous pourriez étudier grâce à des lectures enrichissantes.

Bâtir un autel pour accueillir l'Ange Asaliah

Napperon : tissu avec l'image d'un ciel étoilé.

Couleurs : argent, blanche et orangée.

Bougies : blanches ou jaunes.

Encens : mastic et oliban en grains.

Odeurs : vanille et lavande.

Psaume à réciter lors du rituel

« *Que tes œuvres sont grandes, Ô Seigneur;*
toutes tu les as faites avec sagesse, la terre est remplie de tes créations »

Psaume 104, V24

48. MIHAËL
(harmonie conjugale, secours, équilibre)

« *Allez à la découverte de soi-même, c'est sortir de son placard.* »

« *Donnez vie à un enfant, c'est le plus beau cadeau que Dieu puisse vous offrir.*
Il est important de donner tout votre amour à cette nouvelle vie. »

« *Enfanter est un privilège qui n'est pas donné à toutes les femmes.*
Soyez conscient du bonheur que vous possédez. »

Ange idéal

Mihaël est l'ange idéal de tous ceux qui vivent des périodes difficiles sur le plan familial. L'Ange Mihaël revitalise votre bonheur et la paix autour de vous et en vous.

Il est aussi l'Ange idéal pour réussir votre mariage ou votre union. Cet Ange infusera sa Lumière de bonheur sur votre couple pour que celui-ci baigne dans la joie et l'amour.

L'Ange Mihaël n'est pas grand, mais il occupe beaucoup d'espace. Lorsque vous le priez, il viendra rapidement vous aider. Au contact de Mihaël, vous sentirez naître en vous un sentiment de joie, d'amour et d'harmonie. Cet Ange vous donnera le goût de jouer dans la neige. Si vous le priez hors de la saison hivernale, il vous reviendra en mémoire des événements que vous avez vécus durant l'hiver. Toutefois, si vous êtes dans la saison hivernale, vous aurez le goût d'aller marcher dans la neige et de façonner des boules ou un bonhomme de neige. Telle sera la sensation que vous allez éprouver lorsque Mihaël annoncera sa présence.

De plus, si Mihaël se trouve dans la même pièce que vous, sa vibration peut provoquer des picotements au niveau de vos yeux. Vous risquez de verser des larmes, comme si vous aviez trop regardé le soleil à l'extérieur. Un autre signe de l'Ange Mihaël pour annoncer sa présence est de vous montrer un beau soleil à l'extérieur. Ce soleil inondera la pièce où vous l'avez prié.

Différentes façons de manifester sa présence

Mihaël affectionne les baleines, les dauphins et les pingouins puisqu'ils se tiennent tous en groupe et en famille. Il aime se promener avec eux pour explorer leur habitat et leur façon de survivre sur Terre.

Mihaël adore l'odeur de la rosée matinale sur l'herbe verte. Il aime aussi l'odeur de la mer et de l'hiver. Mihaël est l'un des Anges qui adorent la neige. Il n'a pas peur de braver le froid!

Pour Mihaël, le mot « **pardon** » est important. Par ce mot, l'Ange Mihaël vous dit que le temps de la réconciliation et du pardon est venu, tant envers vous-même qu'envers ceux qui vous ont blessés. N'oubliez pas que c'est par le pardon que vous retrouverez votre liberté! Il est maintenant temps pour vous de tourner la page sur une situation que vous vivez actuellement ou que vous avez vécue et qui vous fait encore souffrir intérieurement.

Si vous entendez le mot « **équilibre** », l'Ange Mihaël veillera à ce que vous retrouviez l'équilibre dans tous les aspects de votre vie.

Si Mihaël vous envoie le mot « **renaître** », il vous indique alors qu'il vous aidera à renaître à la vie. Mihaël guidera vos pas vers vos rêves et vers les buts que vous avez abandonnés. Cet Ange enseigne que pour être heureux dans la vie, il faut être honnête avec soi-même et fidèle à ses rêves. N'ayez pas peur de concrétiser l'un de vos rêves ou l'un de vos projets. Vous méritez de le réussir. Si Mihaël vous a fait entendre ce mot, vous pouvez compter sur son aide pour atteindre vos objectifs. Telle est la force de sa magnifique Lumière.

Par le mot « **aide** », Mihaël vous guide vers une personne ressource ou un Ange terrestre qui vous apportera toute l'aide dont vous avez besoin concernant ce que vous lui demandez! Attendez-vous à être fier des résultats que cette personne vous apportera.

Autres représentations symboliques

Si vous voyez **quelqu'un qui écoute de la musique**, l'Ange Mihaël vous suggère de prendre du temps pour vous. Prenez le temps de méditer, de relaxer, de vous amuser, de chanter, de danser. Vivez pleinement votre vie. Vous êtes trop préoccupé par des situations qui enveniment votre santé et votre vie. Si vous prenez le temps de vivre, il vous sera plus facile de trouver des solutions. Mihaël se fera un devoir de vous envoyer de belles occasions de sorties très agréables. Ne les refusez pas!

L'ange Mihaël vous montrera l'impact positif sur votre champ énergétique des gens vous démontrant leur amour et leur affection. Attendez-vous à recevoir de belles petites surprises de leur part qui vous feront un bien énorme.

Mihaël adore *adombrer* le corps d'un humain pour **vous faire une caresse**. Si une personne vous réclame une caresse, accordez-la lui. Le sentiment de bien-être que vous procura cette caresse vous donnera l'énergie nécessaire pour faire vos tâches quotidiennes.

Si Mihaël vous montre une **maison entourée d'arbres**, il vous rassure sur la protection de votre demeure. Par sa Lumière, Mihaël fera de votre demeure un havre de paix et d'amour. Si vous vivez une période difficile au sein de votre famille, avec l'un de vos enfants ou avec votre partenaire amoureux, ce signe vous indiquera que Mihaël réglera le problème et qu'il ramènera l'harmonie sous votre toit. Attendez-vous à vivre des changements qui amélioreront votre vie.

Spécialités de l'Ange Mihael

Mihaël possède la même énergie que l'Ange Asaliah. Ces Anges favorisent la paix, l'harmonie et l'amour dans le couple. Ils détestent voir les couples se déchirer par des paroles ou des gestes blessants, surtout devant les enfants qu'ils chérissent. C'est la raison pour laquelle il est recommandé de prier ces Anges lors d'une période difficile sur le plan conjugal. Mihaël et Asaliah feront tout pour que la paix revienne dans votre union et que la séparation soit évitée.

Lorsque vous priez l'Ange Mihaël, il cherche à exaucer rapidement votre vœu, surtout si ce voeu concerne votre famille et votre bonheur conjugal. Il illuminera votre vie, votre route, votre cœur et votre foyer.

Mihaël est aussi une aide précieuse pour les enfants qui vivent la séparation de leurs parents ou des scènes de disputes. Mihaël protégera ces enfants de ces batailles en favorisant toutes sortes d'activités qui les amèneront loin des conflits. Ainsi, ils seront moins affectés par la déchirure que subissent actuellement leurs parents.

Autres raisons de prier l'Ange Mihael

Avant de réclamer une faveur, demandez à l'Ange Mihaël de vous inspirer pour que cette faveur ou votre prière soit exactement comme vous le souhaitez.

Mihaël est l'Ange de la maternité et de la paternité. Il aide les futurs parents dans l'acceptation de leur nouvelle responsabilité. Il éloignera les problèmes de toutes sortes qui pourraient nuire à la venue de cet enfant. Il est disposé à aider celui ou celle qui n'accepte pas cette responsabilité parentale.

Mihaël est l'Ange protecteur de la femme enceinte. Il veille à ce que la future maman ait une grossesse agréable, loin de la discorde et des gens négatifs. Cet Ange protège aussi le bébé qui va naître. Il prépare sa venue au monde dans les meilleures conditions possibles. Il fera tout en son pouvoir pour que cet enfant grandisse dans l'harmonie d'une famille unie et heureuse.

Vous pouvez demander à l'Ange Mihaël de vous envoyer une personne qui éclairera votre vie, qui vous réconfortera, vous épaulera et vous guidera dans vos décisions. La personne qu'il vous enverra sera spirituelle et à l'écoute de vos besoins. Elle sera votre Ange terrestre.

On peut prier l'Ange Mihaël pour préserver la famille des disputes, pour le bonheur familial, pour qu'une union soit féconde et pour fusionner avec le partenaire de votre vie. Priez cet Ange, et vous verrez jaillir le bonheur dans votre vie.

Note aux enfants de Mihael

À la naissance, l'Ange Mihaël vous a fait don de sa Lumière de messager d'amour. Vous êtes en mesure de réconcilier les gens autour de vous. À l'image de Mihaël, vous n'aimez pas la discorde. Il vous arrivera souvent d'harmoniser les gens autour de vous. Vous serez aimé et respecté. Vous faites preuve d'une bonne générosité envers votre prochain.

À celui qui a comme mission d'aider son prochain dans la maladie, l'Ange Mihaël donnera le don de guérison. Il permettra que ses mains soulagent et guérissent la douleur.

Si vous vivez une période difficile et que vous êtes indécis sur les choix à faire, la Lumière de l'Ange Mihaël vous aidera à prendre la meilleure décision pour que vous puissiez retrouver un bien-être intérieur et surtout la paix dans votre cœur. Il suffit de fermer les yeux et de demander à Mihaël de vous guider. Son aide sera instantanée.

Réclamer l'aide de l'Ange Mihaël

Comment protéger une femme enceinte?

Il suffit que la femme enceinte porte sur elle, lors de sa grossesse, un objet qui aura été purifié par l'Ange Mihaël

Comment protéger votre couple et votre famille?

Il suffit de prier l'Ange Mihaël. Prenez une photo de vous et de votre partenaire amoureux et demandez à l'Ange Mihaël de veiller sur votre couple. Ensuite, insérez votre photo dans la boîte d'Ange ou dans le tiroir de votre commode.

Comment obtenir de l'aide ?

La mission de l'Ange Mihaël est de diriger un Ange terrestre vers vous. Cet Ange terrestre saura vous aider dans l'épreuve qui vous afflige. Pour rencontrer cet Ange terrestre, priez l'Ange Mihaël et indiquez-lui la raison pour laquelle vous avez besoin de l'aide de cet Ange terrestre. Mihaël veillera à le diriger vers vous selon l'urgence de votre problème.

Bâtir un autel pour accueillir l'Ange Mihaël

Napperon : tissu avec l'image de dauphins, de baleines et de pingouins.

Couleurs : bleu ciel, blanc et orange.

Bougies : blanches, bleu ciel et jaunes.

Encens : myrrhe et oliban en grains. Vous les mélangez et vous en déposez une pincée sur le charbon grisâtre (prêt à recevoir l'encens).

Odeurs : lotus et safran.

Psaume à réciter lors du rituel

« Il se souvient de sa bonté pour la maison d'Israël ;
toutes les extrémités de la terre sont témoins du secours de notre Dieu »

Psaume 98, V3

CHAPITRE XIII

Les Principautés

Dans le Chœur des Principautés, tous les Anges peuvent prendre le corps d'un être humain ou d'un animal. Cela leur est permis. Les Anges de ce Chœur jouent un rôle important. Ils veillent continuellement sur leurs enfants afin que l'Ombre ne vienne pas les envahir et s'assurent qu'il n'y ait pas d'âmes errantes à la poursuite de jeunes âmes.

Le Chœur des Principautés est très puissant et unificateur. Les Anges qui le composent sont très rapides. Lorsque vous faites appel à un Ange de ce Chœur, celui-ci vient immédiatement vers vous pour que vous puissiez rapidement retrouver le chemin de la paix et de la sérénité. Pour mieux connaître la vibration du Chœur des Puissances, consultez La Bible des Anges.

49. VÉHUEL
(illumination, consolation, avenir)

« Ma Lumière balaye les peines, alors priez-moi et je balayerai votre peine, ainsi vos serez soulagé. »

« Si vous avez la patience d'attendre avant de récolter les fruits de vos efforts, votre récolte de succès sera abondante. »

Ange idéal

Véhuel est l'Ange idéal de tous ceux qui vivent une grande peine intérieure, qui subissent de la contrariété ou qui ont besoin d'un soutien pour traverser des moments pénibles.

La Lumière de cet Ange vous réconfortera et vous soutiendra lors de vos grandes souffrances morales et émotionnelles. Cet Ange excelle pour aider ceux qui vivent une peine d'amour, la perte d'êtres chers, etc. Cet Ange prendra son balai énergétique et balayera cette peine en vous.

Véhuel fait ressortir la beauté en tout. Il favorise l'estime de soi et la confiance en soi. Il soulignera vos forces, ce qui vous amènera à cheminer avec fierté et courage.

Véhuel est un Ange de grande dimension. On peut le comparer à un grand arbre, le plus grand et le plus solide de tous. Lorsqu'il annoncera sa présence, vous serez envahi par un sentiment d'assurance et de confiance. Ce sentiment vous aidera à prendre de bonnes décisions et à régler ce qui vous perturbe.

L'Ange Véhuel aime se promener au-dessus des gratte-ciel. Il regarde en bas et il observe tout ce qui s'y passe. Lorsqu'il viendra vers vous, Véhuel vous chatouillera le dessus de la tête pour annoncer sa présence. Vous aurez la sensation d'avoir quelque chose sur les cheveux! C'est tout simplement l'Ange Véhuel qui vous effleure. De plus, comme il se promène dans les airs et qu'il soulève le vent, il peut faire tomber des objets sur son passage. Ne soyez pas surpris de voir des feuilles de papier ou des crayons vous glisser des mains. Ne pensez pas que vous êtes étourdi ou maladroit. C'est l'Ange Véhuel qui vous taquine et vous informe qu'il est près de vous.

Sa passion est de veiller constamment sur celui qui le prie. Si vous lui réclamez de l'aide et que vous en êtes à votre première expérience avec l'Ange Véhuel, soyez patient. Il peut prendre quelques jours avant de venir vers vous. Toutefois, si vous faites parti du Chœur des Principautés et que vous le priez régulièrement, cet Ange viendra rapidement vers vous puisque vous êtes sur sa liste de priorités!

Différentes façons de manifester sa présence

L'Ange Véhuel aime tous les oiseaux et particulièrement les oiseaux migrateurs qui, comme lui, se promènent d'un lieu à un autre. Il adore aussi les papillons aux couleurs vives.

Puisqu'il soulève le vent, il vous fera humer toutes les odeurs de la pièce où vous vous trouvez, agréables ou non selon l'endroit où vous êtes lorsqu'il viendra vers vous. Si de nombreuses odeurs vous parviennent, sachez que l'Ange Véhuel est présent! Il adore la senteur des pommes, notamment cuites avec un soupçon de cannelle. Il y a de fortes chances qu'il diffuse ces odeurs en particulier.

Les mots « **balai** » et « **balayer** » seront importants. Par ces mots, l'Ange Véhuel vous indique qu'il balayera vos doutes, vos peines, vos amertumes ainsi que l'Ombre qui essaie de déstabiliser votre vie. Il fera le ménage de vos émotions pour que vous puissiez rapidement retrouver la joie de vivre. Si vous entendez quelqu'un qui parle de **s'acheter un balai neuf**, cela indique qu'une nouvelle vie commencera pour vous, une vie beaucoup plus heureuse et harmonieuse. Vos choix et vos décisions seront à la hauteur de vos attentes. Attendez-vous à vivre beaucoup de changements dans les douze semaines suivantes. Cet Ange travaillera à finaliser tout ce qui est en suspend dans votre vie. La paix et la joie de vivre feront partie intégrante de votre vie. Vous deviendrez aussi solide que l'Ange Véhuel et vous serez fier de tout ce que vous aurez accompli pour retrouver votre bonheur et votre équilibre.

L'Ange Véhuel vous fera entendre le mot « **jumelle** » lorsqu'il voudra vous inciter à analyser votre vie, à observer les moindres détails des situations qui vous dérangent et qui pertubent votre bonheur. Les douze semaines suivantes seront importantes puisque Véhuel ouvrira la porte aux solutions. Cet Ange vous donnera l'énergie et le courage de régler ce qui ne fonctionne pas. Attendez-vous à vivre beaucoup de turbulence durant ces douze semaines. Toutefois, vous serez en mesure de régler tout ce qui doit l'être. Vous retrouverez rapidement la paix, le calme et la joie sous votre toit.

Les mots « **futur** » ou « **avenir** » sont utilisés par l'Ange Véhuel pour attirer votre attention sur votre avenir.

Le mot « **chiffon** » est aussi très important. Par ce mot, l'Ange Véhuel vous signale que vous êtes en train de commettre une erreur. Réfléchissez bien avant d'entreprendre le projet ou de prendre la décision que vous avez en tête. Vous n'êtes pas dans la bonne direction. Si vous prenez cette voie, vous rencontrerez des difficultés. En priant l'Ange Véhuel, vous retrouverez votre route, votre voie, ce qui aura un impact favorable sur vos décisions.

Si vous entendez le mot « **gratte-ciel** », le message de Véhuel est qu'il est temps pour vous de bâtir sur des bases solides. Pendant les douze prochaines semaines, la mission de l'Ange Véhuel sera de vous guider en ce sens. Il vous donnera l'énergie nécessaire pour mettre sur pied l'un de vos projets et l'amener jusqu'à sa réalisation finale avec succès.

Autres représentations symboliques

Vehuel est l'un des Anges qui adorent se promener sur Terre pour aider l'être humain à trouver le chemin du bonheur. Sa force est de balayer toutes les Ombres qui peuvent influencer l'humain dans ses choix de vie. Ne soyez pas surpris si vous **trouvez une belle plume sur le sol**. Vehuel utilise ce signe pour vous signifier qu'il nettoiera tout le négatif qui vous entoure. Il vous libérera de tout ce qui vous retient prisonnier.

Puisque Vehuel balaie les peines de toutes sortes, il est évident qu'il vous montrera symboliquement des **balais**. Toutefois, si vous voyez une **personne qui est en train de balayer**, l'Ange Vehuel vous indique qu'il balayera l'une de vos émotions ou l'un de vos problèmes. Dans la semaine qui suivra ce signe, vous saurez exactement l'aspect de votre vie touché par cette action de Véhuel.

Comme tous les Anges, Vehuel adore rencontrer les êtres humains. C'est la raison pour laquelle il *adombra* le corps d'un être humain et viendra vous faire une caresse. **Si quelqu'un vous réclame une caresse**, accordez-la lui. Le sentiment intense que vous procura cette caresse vous fera un bien énorme. Remarquez la douceur de la peau de cette personne. Vehuel en profitera pour vous transmettre l'énergie pour aller de l'avant et atteindre l'un de vos buts. À la suite de cette caresse, plusieurs événements positifs se produiront dans votre vie.

Puisque Vehuel adore les pommes, en tarte ou en compote, il vous inspirera l'envie d'en acheter.

Spécialités de l'Ange Véhuel

Véhuel est l'Ange consolateur de Dieu. Dieu l'a créé pour consoler les êtres humains qui vivent de grande peine. L'aide de cet Ange est très efficace, car il sait qu'une peine humaine peut être terrible et très difficile à supporter. Aussitôt que vous réclamez son aide, vous ressentez son énergie; il calme immédiatement la tempête en vous. Vous vous sentez enveloppé et protégé sous ses ailes. Si vous lui demandez de vous aider, il vous guidera vers la meilleure solution pour le moment présent et il rétablira la paix dans votre cœur. Cet Ange illumine la vie des êtres humains devant des obstacles ou des peines intenses.

Autres raisons de prier l'Ange Vehuel

Vous pouvez prier l'Ange Vehuel pour qu'il élève votre âme vers Dieu. Vehuel vous accompagnera vers la maison de Dieu pour que vous puissiez le louer et lui rendre hommage pour ses bienfaits. Vehuel vous y conduira soit lors d'une méditation ou durant votre sommeil.

L'Ange Vehuel sera aussi utile pour trouver un bon ami en mesure de vous écouter et de vous aider dans vos épreuves humaines, un ami qui vous respectera sans porter de jugement.

Bien que, généralement, il ne soit pas permis à l'être humain de voir son avenir, l'Ange Vehuel vous donne la possibilité de vous projeter dans le futur et de percevoir les événements à venir afin de vous y préparer. Ainsi, si vous avez une décision importante à prendre, priez l'Ange Vehuel. Celui-ci vous montrera une partie de votre futur pour que vous puissiez prendre la bonne décision.

Note aux enfants de Vehuel

À la naissance, l'Ange Vehuel vous a fait don de sa Lumière de ressenti. Vous possédez une grande sensibilité pour ressentir les gens, surtout les gens négatifs. Cette aptitude vous sert d'ailleurs à vous éloigner de ces derniers. Véhuel sait que son enfant est très vulnérable devant les gens négatifs. Alors, il vous protège en vous permettant de bien ressentir les vibrations de ces gens.

Grâce à sa Lumière, vous possédez le privilège de vous élever spirituellement et d'entrer directement en contact avec l'univers des Anges et la maison de Dieu. Lors de vos méditations, vous pouvez vivre de belles sensations.

Réclamer l'aide à l'ange Véhuel

Avez-vous une peine ou une émotion que vous aimeriez que l'Ange Vehuel balaie pour vous?

Inscrivez une peine ou une émotion, actuelle ou passée, dont vous aimeriez être libéré. La mission de l'Ange Vehuel est de balayer cette émotion et vous en libérer. Dans les semaines qui suivront, cette émotion disparaitra comme par enchantement. Prenez une minute d'intériorisation et inscrivez cette peine ou cette émotion qui vous hante :

Inscrivez les émotions lourdes que souhaitez transformer en émotions positives avec l'aide de l'Ange Véhuel..

Prenez une minute d'intériorisation et inscrivez vos réponses. Dans le mois qui suivra, vous verrez des changements survenir dans votre vie.

1. Quelle est la peine que vous aimeriez transformer en joie?

---

2 . Quel est le problème que vous aimeriez transformer en une solution?

---

3. Quelles sont les larmes que vous aimeriez transformer en sourires?

_____

_____

_____

4. Quelle est la faiblesse que vous aimeriez transformer en force?

_____

5. Quel est l'Ombre que vous aimeriez transformer en Lumière?

_____

6. Quel est l'ennemi que vous aimeriez transformer en ami?

_____

7. Quelle est la séparation ou la déception que vous aimeriez transformer en amour?

_____

Quelle est la marche à suivre pour connaître votre avenir?

Avant de vous mettre au lit, le soir, demandez à l'Ange Vehuel de vous montrer ce qui se passe au sujet d'un aspect de votre vie, que ce soit sur le plan personnel, relationnel ou professionnel.

Il est conseillé d'écrire votre question et de la mettre en dessous de votre oreiller. Par le biais de vos rêves, Vehuel répondra à votre question. De plus, il vous fera vivre des situations durant la journée pour préciser sa réponse. Qu'importe le moyen, l'Ange Vehuel trouvera une façon de répondre à votre question.

Bâtir un autel pour accueillir l'Ange Vehuel

Napperon : tissu avec des imprimés d'oiseaux migrateurs ou de papillons à couleurs vives. Vous pouvez aussi lui offrir un tissu avec l'image d'un balai. Toutefois, vous pouvez remplacer le napperon par un petit balai! Utilisez ensuite ce petit balai pour nettoyer vos émotions.

Couleurs : jaune, violet et vert.

Bougies : verte ou blanche.

Encens : santal, myrrhe et oliban en grains.

Odeurs : pomme et cannelle.

Psaume à réciter lors du rituel

« *L'Éternel est grand et justement glorifié ; sa grandeur est sans bornes* »

Psaume 145, V3

50. DANIEL
(communication, consolation et confession)

« *Parler, c'est un art! Vous utilisez la parole si souvent que vous en avez oublié toute sa majesté. Communiquer, parler, chanter! Qu'importe! Amusez-vous à dire de belles choses et vous verrez que même votre âme en ressentira les bienfaits.* »

« *La parole peut guérir un cœur qui pleure. La parole peut réjouir un cœur heureux. La parole peut faire danser un cœur joyeux. La parole peut tout faire ce que vous lui dites. Alors, pourquoi ne pas lui insuffler des mots doux, justes et véritables pour ne pas qu'un autre cœur verse des larmes.* »

Ange idéal

Daniel est **l'ange idéal** de tout ceux qui ont été victime d'un cancer ou qui ont subi une opération chirurgicale ayant affectée leur apparence, comme l'ablation d'un sein, la perte des cheveux, une amputation, etc. Cet ange vous donne le goût de renaître et de rajeunir malgré la perte subie et la faiblesse de votre corps.

Il est aussi l'Ange de ceux qui reçoivent un don d'organe. Sa Lumière permet au corps de bien accepter l'organe et à la personne de bien intégrer ce changement.

Daniel est un excellent Ange à prier avant une chirurgie esthétique; il aide leu chirurgien à réussir son opération.

Lorsqu'il viendra vers vous, vous serez envahi par un sentiment de joie et d'harmonie. Daniel est un Ange qui vient rapidement vers l'enfant qui réclame son aide. Il aime tellement apporter son aide et aider le plus de gens possible.

Daniel n'arrête jamais de parler. Lorsqu'il viendra vers vous, vous aurez la parole facile. Vous n'arrêterez pas de parler. Vous communiquerez facilement vos intentions et vos émotions.

Grand communicateur, l'Ange Daniel est considéré comme l'Ange de la bonne nouvelle. Il délivre toujours des messages uniques, loyaux et importants à ceux qui les reçoivent. Selon cet Ange, la parole est un outil de communication sacré dont il se sert abondamment. D'ailleurs, tous ceux qui doivent parler en public, émettre un point de vue, débattre d'une idée ou défendre leur cause devant la Cour auraient avantage à prier l'Ange Daniel. Sa force les aidera à exprimer clairement leurs sentiments et leurs idées et à être bien compris, à condition que ce soit conforme à la vérité.

Différentes façons de manifester sa présence

Puisqu'il aime la communication par la parole, l'Ange Daniel n'arrête jamais de parler. N'est-il pas l'Ange de la parole ? Cet Ange a toujours quelque chose à dire; il ne se tait jamais. Melkisédeq se plaît à dire qu'il est comme une pie, au sens propre comme au sens figuré. D'ailleurs, l'Ange Daniel adore la pie. Il se reconnaît en elle. Il n'arrête pas de jacasser, cet Ange adorable!

Daniel a donc une préférence pour les oiseaux. Ainsi, pour manifester sa présence, il est certain que Daniel utilisera un oiseau jacassant pendant de longues minutes ou un perroquet dans une animalerie. Daniel aime également les pigeons et les colombes puisque les humains les associent au transport de messages.

Si l'Ange Daniel veut manifester sa présence à l'aide d'odeurs, il le fera très subtilement. Il utilisera des odeurs légèrement parfumées, plutôt fruitées. Sans avoir d'odeur particulière, il aime bien la senteur de l'orange puisqu'elle éveille doucement les sens et procure un regain d'énergie. De plus, il aime aussi le gingembre en raison de ces propriétés curatives au niveau de la gorge et des poumons.

Si vous entendez sans cesse les mots « **communication** » ou « **communiquer** », Daniel veut vous mentionner que les solutions à vos problèmes. Se trouvent dans la communication.

Par le mot « **nouvelle** », l'Ange Daniel vous annonce l'arrivée d'une bonne nouvelle. Que ce soit en lien avec votre travail, vos amours ou vos projets, une nouvelle est sur le point de vous faire bondir de joie. En général, cette nouvelle vous enlèvera un poids sur les épaules et elle vous permettra de vous concentrer sur d'autres aspects de votre vie.

L'Ange Daniel peut également utiliser le mot « **vision** ». Si vous voyez ce mot, il est temps de changer votre façon de voir les choses. Vous prenez tout trop au sérieux. Vous oubliez de rire et de profiter de la vie. Il est temps de changer votre vision. Il est temps de dire « oui » plus souvent.

Si vous entendez le mot « **discrétion** », l'Ange Daniel vous fait une mise en garde. Cet Ange vous dit de surveiller vos paroles. La discrétion est de mise. Ne racontez pas votre vie, ni celle des autres, si vous ne voulez pas qu'on l'ébruite vos confidences. Cela pourrait jouer en votre désavantage.

Autres représentations symboliques

Si Daniel vous montre un **téléphone rouge**, il vous indique qu'une bonne nouvelle vous parviendra en ce qui concerne votre vie amoureuse. Cette nouvelle fera palpiter votre cœur de joie.

Un signe particulier de l'Ange Daniel est de vous **mettre en relation avec une personne qui n'arrête pas de parler**. Cela risque même de vous étourdir. Toutefois, l'Ange Daniel vous demande de prêter attention à ce que cette personne raconte puisqu'il y a un message pour vous.

Si Daniel vous **montre une carte de remerciement**, il vous informe que vous récolterez les bienfaits de vos labeurs. Les gens apprécieront le travail que vous faites. Attendez-vous à recevoir des mots d'encouragements, des mots de remerciements. Vous pouvez même recevoir une augmentation de salaire.

Si vous **voyez un arc-en-ciel**, l'Ange Daniel vous annonce un événement positif. Il y a de fortes chances que cela concerne la réalisation de votre demande.

De plus, ne soyez pas surpris d'assister à un concert lorsque vous réclamez l'aide de ce magnifique Ange. Celui-ci s'assurera que vous passiez une charmante soirée. Il fera en sorte qu'une personne vous invite à une soirée, à un concert ou à une pièce de théâtre. Une façon originale pour vous indiquer qu'il a bel et bien entendu votre prière.

Daniel peut aussi envoyer une personne vous demandant d'écrire un mot gentil dans une carte d'anniversaire pour un collègue au bureau ou pour un ami. Un autre signe que Daniel prend soin de votre prière.

Spécialités de l'Ange Daniel

On l'appelle l'ange de la confession. Daniel sait écouter celui qui a besoin de son aide. Prenez le temps de lui exposer votre problème, soyez précis et formulez une demande claire par rapport à ce que vous voulez ou ce que vous vivez. Ensuite, l'ange Daniel vous montrera le chemin le plus rayonnant pour vous. Il guidera vos pas vers le bonheur. Il vous permettra de renaître à la vie.

Si vous avez eu tort ou si vous avez nuit à quelqu'un, confessez-vous à cet ange. Il présentera à Dieu votre confession pour que vous puissiez être libéré de cette situation. Vous recevrez le pardon de Dieu. L'ange Daniel ne juge personne. Dieu l'a créé pour que tous ses enfants qui ont commis des fautes puissent être pardonnés par la prière. Il peut vous apprendre à pardonner.

Dès le moment où vous priez l'ange Daniel ou que vous lui adressez la parole, vous ressentez une énergie nouvelle. Cette énergie vous permettra d'affronter de nouveaux défis ou de débuter de nouveaux projets. Vous serez habité par des sentiments de force et de courage. La présence de l'Ange Daniel allège le fardeau de celui qui le prie.

Autres raisons de prier l'Ange Daniel

Priez Daniel lorsque vous ne savez plus où aller ni quoi faire. Il vous donnera des indices ou des pistes à suivre qui vous dirigeront vers des choix judicieux. L'Ange Daniel vous aidera à prendre les meilleures décisions.

Si vous avez besoin d'un regain de vie, que ce soit après avoir subi une chirurgie, avoir combattu une grave maladie ou tout simplement parce que votre système immunitaire est déficient, priez l'Ange Daniel. Demandez-lui de vous soutenir, de vous donner du courage ou de l'espoir pour traverser vos épreuves.

On peut aussi prier l'Ange Daniel pour être inspiré lors de la rédaction d'un discours important, d'une thèse, d'un énoncé, d'un document important ou tout simplement lors de l'écriture d'un livre.

L'Ange Daniel peut vous inspirer lorsque vous devez prononcer un discours en public ou un exposé oral. Il donne également une énergie créatrice aux poètes et aux conteurs, aux avocats ou aux juges ainsi qu'aux étudiants qui doivent rédiger une thèse ou tout autre document important.

De plus, si vous avez des problèmes liés à la parole ou au langage, l'Ange Daniel peut vous envoyer sa Lumière de guérison. Vous n'avez qu'à le prier. La méditation avec cet Ange pourrait également vous apportez un grand bien à cet effet.

Lors d'une première rencontre amoureuse, il est l'Ange idéal à prier pour les mots justes qui reflèteront votre beauté intérieure. N'oubliez pas que l'Ange Daniel aime parler d'amour et faire la cour. **C'est le « Roméo des Anges ».**

On peut aussi le prier pour être consolé après une dure épreuve. Vous pouvez aussi demander à Daniel de vous donner du courage, de l'espoir pour traverser vos épreuves.

Note aux enfants de Daniel

À la naissance, l'Ange Daniel vous a fait don de sa Lumière de séducteurs. Vous êtes des séducteurs nés. Vous possédez beaucoup de charme. Les gens boivent vos paroles.

Vous obtiendrez facilement ce que vous désirez car vous savez employer les bons mots. Toutefois, il ne faut pas abuser de ce cadeau.

Daniel transmet à ses enfants l'art de mûrir une décision. Il les incite à bien analyser la situation, de peser le pour et le contre et ensuite à décider. En général, ses enfants regrettent rarement une décision.

Daniel donne à ses enfants une belle âme, une âme généreuse et fidèle envers Dieu. Son enfant fera ses prières dans le silence de sa chambre.

Réclamer l'aide de l'Ange Daniel

De quelle façon peut-on se confesser à l'Ange Daniel?

Il est recommandé de le faire lors de ses journées de régences. Choisissez un endroit calme où vous ne serez pas dérangé. Invitez l'Ange Daniel à venir vous rencontrer. Dites-lui que vous voulez vous confesser. Prenez une minute d'intériorisation et commencez à lui parler. Confessez tout simplement vos peines, vos doutes, vos problèmes, vos erreurs, etc. Le lendemain de votre confession, vous vous sentirez léger et libéré, comme si un poids énorme avait été retiré de vos épaules.

Comment obtenir l'inspiration pour parler en public?

Priez ou méditez l'Ange Daniel. Je vous conseille aussi de faire purifier un objet que vous porterez sur vous lors de votre discours. Cet objet agira à titre de talisman et il vous aidera dans vos élocutions.

Quelle est la procédure à suivre lorsque vous êtes dans une période difficile de votre vie et que vous ne savez plus quoi faire?

Priez l'Ange Daniel pour qu'il vous aide à retrouver l'équilibre. Je vous conseille de le faire par l'écriture. Indiquez à l'Ange Daniel le domaine de votre vie sur lequel vous aimeriez qu'il apporte sa Lumière. Demandez-lui de vous éclairer et de vous aider à prendre les meilleures décisions. Au courant de la semaine qui suivra, Daniel vous enverra de nombreux indices qui vous permettront de prendre de bonnes décisions.

Quelle est la procédure pour que Daniel vous donne le goût de renaître?

Il suffit de le prier. Toutefois, la méditation sera aussi d'un grand secours pour cette demande. Je vous conseille aussi de faire purifier un objet que vous porterez sur vous.

Bâtir un autel pour accueillir l'Ange Daniel

Napperon : tissu de teinte jaune avec l'image d'une pie ou d'un élément représentant la parole.

Couleurs : jaune, blanche, verte et rouille éclatant!

Bougie : verte jaune ou blanche.

Encens : santal et storax.

Odeur : magnolia et fruits.

Psaume à réciter lors du rituel

« L'Éternel est clément et miséricordieux; tardif à la colère et plein de bienveillance.»

Psaume 103, V8

51. HAHASIAH
(spiritualité, guérison, médecin)

« Ayez du courage et prenez soin de votre santé! »

« Soyez à l'écoute des signes que vous lancent votre corps.
Vous éviterez ainsi plusieurs tracas. »

« Mettez l'accent sur vos priorités au lieu de vous éparpiller.
Votre mental s'en portera mieux. »

Ange idéal

Hahasiah est l'Ange idéal de tous ceux qui veulent contempler les sphères spirituelles et comprendre Dieu et l'humanité.

Elle est aussi l'Ange idéal de tous ceux qui cherchent à connaître le remède idéal pour une maladie en particulier. Elle aide le chercheur à trouver le médicament, la plante ou la racine qui permettra de guérir la maladie.

Il est très difficile de percevoir l'Ange Hahasiah. Toutefois, il vous sera possible de la ressentir puisque cet Ange a une puissante vibration. Son taux vibratoire est d'une densité très élevée. Si vous cherchez à la voir, vous serez déçu puisque cet Ange est transparent. Toutefois, lorsqu'elle viendra vers vous, vous serez envahi par un sentiment de douceur et de bonheur, à un point tel que vous en verserez des larmes.

Hahasiah adore faire une caresse remplie de sa douce Lumière à l'être humain. Lorsqu'elle viendra vers vous, vous ressentirez un léger toucher sur un bras, sur une joue, sur le dessus de la tête ou dans le dos. Si vous ressentez cette douce caresse, c'est l'Ange Hahasiah qui vous annonce sa présence.

Après avoir entendu votre prière, Hahasiah viendra vers vous en moins de 24 heures.

Différentes façons de manifester sa présence

Hahasiah adore les tortues, les coccinelles et les libellules. Il y a de fortes chances qu'elle vous en montre lorsque vous la prierez. Ce sera une façon de vous montrer qu'elle a bel et bien entendu votre prière.

Comme Élémiah et Jeliel, Hahasiah adore l'odeur des bouquets de lilas. Hahasiah ne peut résister à cette odeur. Lorsque l'être humain parfume sa maison d'un encens au parfum de lilas, il est certain que l'Ange Hahasiah se pointera dans cette demeure! Lorsque ces Anges visitent vos demeures, ils laissent leur énergie de douceur, de paix et d'amour. Si vous ressentez un grand bien-être en passant près d'un bouquet de lilas, c'est le remerciement de ces trois magnifiques Anges. Leur énergie y restera pendant une semaine, ce qui aura un effet bénéfique sur vous.

Si Hahasiah vous fait entendre le mot « **récompense** », c'est qu'il vous réserve une belle récompense. Vous méritez d'être récompensé pour toutes vos bonnes actions. Soyez attentif puisque, dans les semaines qui suivront, l'Ange Hahasiah vous fera parvenir cette récompense. Ses dates de régence sont des journées durant lesquelles elle pourrait bien vous envoyer cette récompense qui vous fera sautiller de joie.

Si quelqu'un vous **remet une plante verte en cadeau**, c'est l'Ange Hahasiah qui vous envoie des informations utiles sur le plan de la santé. Si une personne vous parle d'un produit naturel, essayez-le, tel est le message de l'Ange Hahasiah. Ce produit vous sera bénéfique sur le plan physique. Toutefois, vous devez avoir reçu une plante verte avant d'essayer ce produit.

Par le mot « **médicament** », cet Ange vous informe qu'elle mettra sur votre chemin le médicament ou le traitement adéquat pour votre état de santé. Toutefois, si vous prenez déjà un médicament et que vous ne vous sentez pas en forme, ce mot vous conseille de vérifier les effets secondaires de votre médicament.

Si Hahasiah vous fait entendre le mot « **cachette** », il vous incite à être à l'écoute de vos sentiments. Le message est : arrêtez de vous cacher; soyez vrai, affichez votre personnalité, exprimez vos émotions, laissez voir vos faiblesses, démontrez vos forces, soyez honnête envers vous-même et ceux que vous aimez. Arrêtez d'acquiescer aux demandes de tout le monde si cela vous perturbe. Hahasiah vous assure que vous avez le droit de dire « non » quand les énergies ne sont pas bonnes. Si la personne à laquelle vous refusez un service est incapable de comprendre votre raison, elle ne mérite pas votre aide ni votre appui! De plus, ce mot indique aussi que l'on vous fera une confidence que vous devrez taire.

Un des signes préférés de l'Ange Hahasiah pour manifester sa présence est de jeter des pièces de monnaie sur le sol pour que vous les ramassiez. Hahasiah adore faire ce signe à l'humain.

Un autre signe particulier est d'*adombrer* le corps d'un être humain et de vous faire un sourire. Toutefois, pour être remarquée, elle aura un bouquet de fleurs ou une plante verte dans ses mains. Si une personne vous fait un sourire et qu'elle a dans ses mains un bouquet de fleurs ou une plante verte, alors vous venez de sourire à l'Ange Hahasiah. Votre cœur palpitera en sa présence!

Autres représentations symboliques

Par l'image d'un **pansement**, l'Ange Hahasiah vous indique qu'il est temps pour vous de soigner vos blessures ou celles que vous avez causées à autrui. Il y a de fortes chances qu'une situation vous cause de la peine et de la douleur, bien que vous en soyez sans doute l'élément déclencheur. Par ce signe, l'Ange Hahasiah vous dit qu'il est temps de pardonner et de tourner la page. Votre santé s'en portera mieux. Hahasiah vous enverra des indices pour identifier les situations que vous devez corriger.

Toutefois, si Hahasiah vous **montre quelqu'un en train de prendre soin des plantes ou de fleurs** ou que vous-même vous prenez soin de fleurs ou de plantes, Hahasiah vous indique que vous possédez tout ce qu'il faut pour réparer les pots brisés. Il n'en tient qu'à vous de le faire et de retrouver le chemin du bonheur.

Si vous êtes dans la saison des lilas lorsque vous la priez, il y a de fortes chances qu'Hahasiah vous fasse parvenir un bouquet de lilas, ses fleurs préférées.

Spécialités de l'Ange Hahasiah

Hahasiah transmet à l'être humain l'amour de Dieu. Elle permet d'entrer en contact directement avec l'Être Suprême. Elle est le Cœur de Dieu qui bat d'amour pour ses enfants. Son énergie est remplie d'amour. Cet Ange possède un grand Amour Divin qu'il déverse sur l'humanité. Elle est la représentation parfaite de la maxime suivante: « Aimez-vous les uns les autres. Respectez-vous les uns les autres ».

Sur le plan de la santé, cet Ange aide les gens malades à comprendre et accepter leur maladie. Elle les soutient aussi dans l'acceptation des médicaments qu'ils doivent ingurgiter pour soulager leur douleur.

Autres raisons de prier l'Ange Hahasiah

On peut prier Hahasiah pour apprendre les vertus des plantes. Hahasiah est le soutien de tous les thérapeutes qui utilisent des préparations homéopathiques. Cet Ange permet de concilier la médecine traditionnelle et les médecines douces. Hahasiah aide le naturothérapeute à diriger ses patients vers le bon produit. Vous pouvez demander à l'Ange Hahasiah de développer en vous le don de guérison et de vous permettre de guérir avec vos mains.

On peut la prier pour mieux saisir le précepte de l'alchimie, de la chimie, de la physique et de toutes les autres sciences de la nature. On peut aussi prier Hahasiah pour parfaire ses connaissances en zoologie.

Cet Ange travaille avec les Anges Omaël et Reiyiel.

Note aux enfants d'Hahasiah

À la naissance, l'Ange Hahasiah vous a fait don de sa Lumière de guérison. Les enfants d'Hahasiah sont des êtres très curieux. Ils aiment parfaire leur connaissance sur tous les sujets, mais particulièrement sur les domaines du mysticisme et de la spiritualité. Les sciences ésotériques les passionnent. Certains peuvent facilement devenir des êtres très spirituels et développer le don de guérison.

Les enfants d'Hahasiah possèdent des mains de thérapeutes. Ils sont doués pour faire des massages de relaxation. Souvent, ils ne sont même pas conscients de leur potentiel et de l'énergie qui se dégage de leurs mains. Ces êtres aiment prendre soin de leur prochain. On se sent en sécurité dans leur bras. Ils possèdent un charisme et une chaleur indescriptibles. Ils sont uniques en leur genre et les gens les adorent pour cette authenticité. Ils sont fiers, loyaux et ils dégagent un sentiment de bonté, de joie et d'amour.

Réclamer l'aide de l'Ange Hahasia

Comment reconnaître si un médicament est bon pour vous?

Il suffit de prier l'Ange Hahasiah et lui donner le nom de ce médicament. Cet Ange vous enverra des signes concrets pour déceler les effets que provoque ce médicament. De plus, cet Ange veillera à ce que votre médecin vous prescrive le médicament adéquat pour votre problème de santé. Avant d'aller consulter votre médecin, priez l'Ange Hahasiah.

Bâtir un autel pour accueillir l'Ange Hahasiah

Napperon : tissu avec des imprimés de plantes ou de lilas. Vous pouvez changer le napperon pour une plante verte.

Couleurs : jaune, puisque le jaune représente le soleil.

Bougies : jaune, verte ou blanche.

Encens : santal et benjoin en grains.

Odeurs : lilas et anis.

Psaume à réciter lors du rituel

« Que la gloire de l'Éternel dure à jamais; que le Seigneur se réjouisse de ses œuvres »

Psaume 104, V31

52. IMAMIAH
(Justicier, bouée de sauvetage, libération)

« Ne jugez point les autres, mais aidez-les à se relever. »

« Que la couleur de ta peau soit différente, que tes expériences de vie soit tout autre, que ton statut social ne soit pas aussi élevé que celui d'autrui,

cela importe peu. Ce qui importe, c'est la volonté que tu portes dans ton cœur.
Tu dois t'accepter tel que tu es et être prêt à changer. »

Ange idéal

Imamiah est l'Ange idéal des prisonniers qui espèrent retrouver leur liberté, surtout les prisonniers innocents qui ont été **injustement accusés**. Imamiah les aidera à supporter leur épreuve et à obtenir leur liberté. Mais elle peut aussi vous libérer de vos prisons intérieures. Elle vous éloigne de vos mauvaises passions pour les remplacer par de bons et beaux sentiments.

Imamiah dégage une chaleur indescriptible. Lorsqu'elle viendra vers vous, vous allez ressentir cette chaleur. Ne soyez pas surpris d'avoir chaud et de constater que la sueur ruisselle sur votre front. Ne vous affolez pas, vous n'êtes pas en train de couver un rhume ou un virus. C'est l'effet magique de la vibration d'Imamiah!

Quelques minutes à peine après avoir formulé votre prière, Imamiah manifestera sa présence en vous infusant sa Lumière d'énergie. Cette énergie augmentera votre vitalité et vous aidera à bien accomplir vos tâches quotidiennes.

De plus, cet Ange adore la musique qui enivre, qui fait bouger les gens. Lorsqu'elle viendra vers vous, elle vous donnera l'envie d'écouter ce type de musique. Elle veut que vous preniez le temps de chanter, de danser et de vous amuser.

Différentes façons de manifester sa présence

Imamiah aime tous les animaux représentant la paix et la liberté. Toutefois, elle adore les papillons et les libellules. Lorsqu'elle viendra vers vous, elle vous permettra d'en voir plusieurs. Telle est sa façon pour vous indiquer qu'elle a bel et bien entendu votre prière.

Cet Ange adore l'odeur de la forêt. Imamiah se promène souvent dans la forêt. Pour Imamiah, la forêt est un lieu de paix et de calme. On peut y entendre les oiseaux chanter, les ruisseaux couler, les arbres bouger avec le vent, tout en étant enivré par les parfums des fleurs de la forêt. La forêt ressemble beaucoup au Paradis. C'est la raison pour laquelle l'Ange Imamiah adore les forêts. Cet Ange dit à tous ceux qui sont épuisés, découragés et fatigués de prendre le temps d'aller marcher en forêt ou de s'étendre près d'un ruisseau. Cela fera un bien énorme à leur mental. De toute façon, Imamiah les y amènera en rêve. Elle les amènera dans sa forêt angélique pour qu'ils récupèrent des forces.

Un mot important pour l'Ange Imamiah est le mot « **bouée de sau-vetage** ». Si cet Ange vous fait entendre ce mot, c'est qu'il est temps pour vous de vous libérer de tout vos tracas. Ces tracas vous empêchent d'être en harmonie. Vous avez besoin de faire le vide, d'analyser profondément votre vie pour pouvoir régler ce qui ne fonctionne pas bien. De plus, vous devez mettre les priorités à la bonne place. Par ce mot, l'Ange Imamiah vous lance sa bouée de sauvetage. Elle mettra sur votre chemin une personne qui vous aidera à prendre votre vie en main.

De plus, par le mot « **confiance** », Imamiah travaillera à augmenter votre confiance. Elle vous donnera le courage de passer à l'action pour harmoni-ser et équilibrer votre vie. Cet Ange améliorera votre sérénité dans tous les aspects de votre vie. Attendez-vous à vivre de beaux changements dans les semaines qui suivront.

Autres représentations symboliques

Comme la plupart des Anges aiment bien taquiner l'humain par cer-tains de leurs signes, Imamiah ne fait pas exception à la règle. Pour vous taquiner, un de ses signes préférés est **d'*adombrer* le corps d'une personne et de trébucher près de vous pour que vous l'aidiez à se relever**. Le contact entre elle et vous sera magique! De plus, puisque vous l'avez aidée à se re-lever, à son tour, cet Ange vous aidera à vous relever d'une situation diffi-cile. Imamiah vous aidera à régler immédiatement ce qui vous tracasse. Sa Lumière améliorera votre forme mentale, physique et émotionnelle, ce qui vous permettra de prendre votre vie en main et de vous diriger vers la bonne route, celle du succès, de la réussite et du bonheur.

Imamiah peut aussi se manifester sous les traits d'un mendiant qui vous tendra la main en demandant une pièce de monnaie. Si vous lui remettez cette pièce de monnaie, Imamiah vous retournera la faveur par une belle surprise qui rendra votre cœur joyeux.

Un des signes que l'Ange Imamiah aime utiliser est de montrer, par le biais d'une revue ou d'un film, **l'image d'un Ange trônant sur la cime d'un sapin de Noël**, peu importe la saison. Par ce signe, l'Ange Imamiah vous indique qu'elle remplira votre vie de joie, de paix et d'harmonie. Ce signe annonce la venue d'un temps nouveau. Imamiah vous donnera le pouvoir de régler tout ce qui vous dérange. Attendez-vous, dans les mois qui suivront, à procéder à de grands changements pour améliorer votre vie. Ces changements vous seront bénéfiques. Le bonheur se lira sur votre visage par la suite.

Imamiah peut aussi vous montrer **une bouée de sauvetage**. Par ce signe; l'Ange Imamiah vous indique qu'elle va vous sortir d'une impasse. Elle vous donnera l'énergie et le courage nécessaire pour bien vous en sortir.

Cet Ange peut aussi vous montrer **une libellule ou un papillon blanc virevolter près de vous**. C'est un signe de paix sous votre toit. De plus, elle vous apportera un cadeau qui vous fera énormément plaisir puisque ce cadeau vous libérera d'une situation difficile.

Spécialités de l'Ange Imamiah

L'Ange Imamiah est le soutien de Dieu. Elle est le pilier de Dieu. Dieu l'a crée pour aider son prochain à bâtir solidement un mur d'acier contre l'Ombre. Cet Ange infuse à l'humain une force inébranlable devant l'adversité et les épreuves de la vie. Elle lui permet d'être un pilier et de demeurer debout malgré les épreuves de sa vie.

Imamiah est un excellent Ange à prier pour ceux et celles qui sont victimes de violence conjugale ou qui sont victimes de menaces de la part de mauvaises personnes. Imamiah vous protégera et vous permettra de vous éloigner de ces Ombres. Elle érigera autour de vous un mur d'acier que les menaces ne pourront ébranler. Cet Ange vous protégera de vos ennemis et vous permettra de les reconnaître et de vous en éloigner.

Autres raisons pour prier l'Ange Imamiah

On peut la prier pour être protéger de ceux qui nous veulent du mal, de ceux qui peuvent nuire à notre vie.

Vous pouvez également prier Imamiah pour toute situation qui semble sans issue. Demandez-lui de guider vos pas vers le chemin du bonheur.

Imamiah accorde aussi le courage d'abandonner les vieilles habitudes, comme fumer, boire, jouer, etc. Elle vous permet de vaincre vos vices intérieurs et de vous en libérer.

Note aux enfants d'Imamiah

À la naissance, l'Ange Imamiah vous a fait don de sa Lumière de messager. Les enfants d'Imamiah sont des Anges terrestres. Ils aiment tout le monde et ne jugent personne. Ils sont toujours là quand on a besoin d'eux. Ils sont très adorables. Les avoir comme ami ou comme amoureux, c'est comme avoir un Ange protecteur terrestre à nos côtés. Ils ne vous laisseront jamais tomber.

Grâce à sa Lumière, il vous est permis de capter les vibrations et de ressentir les gens qui viennent vers vous. Vous n'aimez pas le négatif et vous cherchez à vous entourer de gens positifs qui n'ont pas trop de problèmes intérieurs. Vous ressentez une vibration à l'intérieur de vous au contact d'une personne négative. Imamiah vous permet de ressentir l'Ombre et de vous en éloigner sans en être affecté. Vous possédez de très bonnes antennes et un mur d'acier vous protège.

La plus grande qualité des enfants d'Imamiah est leur capacité à reconnaître leurs fautes et leurs erreurs. Ensuite, ils demandent pardon à ceux qu'ils ont blessés.

Réclamer l'aide de l'ange Imamiah

Comment vous protéger d'une personne qui cherche à vous faire du mal?

Demandez à Imamiah de vous protéger de cette personne. De plus, demandez-lui qu'elle purifie un objet qui agira comme une armure. Cet objet vous protégera de tous ceux qui essaieront de vous nuire. Lorsque surviendra un danger, l'Ange Imamiah vous en avertira immédiatement en vous envoyant des signes. Il faudra être attentif à ses signes.

Comment vous libérer de défauts, comme cesser de boire ?

Il suffit de prier Imamiah de vous enlever ce vice qui vous hante. De plus, demandez à Imamiah qu'elle purifie un objet pour vous, un objet que vous porterez, comme un talisman, vous donnant la force et le courage de vous abstenir de votre petit défaut.

Comment obtenir un mur angélique pour vous protéger de l'Ombre?

Il suffit de méditer sur l'Ange Imamiah. Vous pouvez aussi faire purifier un objet que vous porterez continuellement sur vous.

Bâtir un autel pour accueillir l'Ange Imamiah

Napperon : tissu dans l'une de ses teintes favorites ou offrez-lui un napperon que vous trouvez joli.

Couleurs : jaune, rouge et or.

Bougies : jaune, or, verte ou blanche.

Encens : santal et muscade.

Odeur : vanille.

Psaume à réciter lors du rituel

*« Je rendrai grâce à l'Éternel pour sa justice ;
je chanterai le nom de Dieu Très-Haut »*

Psaume 7, V18

53. NANAËL
(méditation, spiritualité, procès)

*« Soyez à l'écoute de nos signes, puisque nous sommes constamment
autour de vous. »*

*« Les Anges sont continuellement avec vous
lorsque vous avez besoin de guérir d'une blessure ou lorsque
vous avez une demande à formuler. Il suffit de prier. »*

Ange idéal

Nanaël est l'Ange idéal de tous ceux qui pratiquent la méditation. Il favorise l'immobilité pendant de longues heures sans que vous en ressentiez de la douleur.

Il est aussi l'ange idéal à prier pour ceux qui veulent déchiffrer les Écritures Saintes, la kabbale ou les quatrains de Nostradamus. Cet Ange vous permet de comprendre le contenu des textes parfois indéchiffrables. Mais évidemment, votre intention doit être d'aider l'humanité dans son évolution et non de servir des buts égoïtes.

Nanaël est un Ange qui irradie au-delà de l'horizon. Sa Lumière illumine toute la Terre entière. C'est la raison pour laquelle lorsqu'il viendra vers vous, il illuminera la pièce d'une manière quelconque, soit en faisant clignoter la lumière, soit en laissant pénétrer le soleil. Vous le ressentirez vivement dès qu'il sera près de vous. Vous serez envahi par un sentiment enflammé; vous serez heureux, joyeux et rempli d'énergie. Vous aurez le goût de siffloter, de chanter et de danser! Les gens de votre entourage ne vous reconnaîtront peut-être pas tellement vous serez rempli d'amour et d'énergie! Cette belle énergie se propagera autour de vous. Vos proches souriront et se réjouiront de vous voir si heureux et en harmonie!

Ne soyez pas surpris si cette forte dose d'énergie insufflée par l'Ange Nanaël vous donne le goût de créer, de bâtir, d'évoluer et de faire les changements nécessaires pour retrouver votre équilibre. L'énergie de cet Ange vous permettra de donner un sens à votre vie.

Nanaël vient rapidement vers l'humain. Il n'aime pas le voir malheureux. Nanaël fera tout pour que celui-ci retrouve sa joie de vivre. Ne soyez pas surpris de voir des filaments lumineux dans votre champ de vision. N'ayez pas peur, c'est tout simplement l'énergie de l'Ange Nanaël qui annonce sa venue. De plus, votre cœur palpitera comme si vous étiez excité! Un autre signe pour vous signaler que l'Ange Nanaël est dans la même pièce que vous.

Différentes façons de manifester sa présence

Nanaël aime tous les animaux enjoués et qui bougent continuellement. Cet Ange aime beaucoup les singes et les jeunes chatons. Il s'amuse avec eux et leur joue des petits tours. Nanaël aime les chatouiller. Si vous êtes en présence d'un chaton et que celui-ci se met à bouger d'une pièce à l'autre, vous comprendrez rapidement que c'est l'Ange Nanaël qui s'amuse avec lui. Il le chatouille.

Nanaël adore les odeurs qui stimulent l'esprit. Il aime l'odeur du citron, de l'orange et il apprécie aussi l'odeur de la fraise et du kiwi.

Le mot « **amour** » est important pour l'Ange Nanaël. Par ce mot, l'Ange Nanaël vous assure de son énergie d'amour, de joie et de paix. Si vous vivez une période difficile sur le plan affectif, ce mot aura un effet bénéfique dans votre relation amoureuse. Il en est de même si vous êtes célibataire. Nanaël infusera l'amour partout où vous serez. Attendez-vous à vivre des changements très positifs dans les mois qui suivront.

Si vous entendez le mot « **pomponner**», l'Ange Nanaël vous dit de vous apprécier tel que vous êtes. Votre beauté est réelle et il n'est pas nécessaire de vous pomponner. Mettez en valeur votre beauté naturelle, votre personnalité. Aimez-vous tel que vous êtes car vous valez plus que vous ne le pensez. Peut-être vous sous-estimez vous. Au courant de la semaine qui suivra votre demande, l'Ange Nanaël créera de belles situations dans votre vie. Les gens apprécieront tout ce que vous faites pour eux. Ils vous diront de belles paroles, des paroles remplies d'amour et de compréhension. Les gens vous voueront un grand respect. Ce signe est important pour Nanaël, puisqu'il vous démontre la valeur que vous avez aux yeux des autres.

Si Nanaël vous fait entendre le mot « **irradier** », il vous avise qu'il apportera des changements dans votre vie qui en sera illuminée. Attendez-vous à vivre des moments magiques et féeriques.

Autres représentations symboliques

L'Ange Nanaël aime faire rire l'humain et le rendre joyeux. Il est évident que la plupart des signes qu'il vous fera seront sous le signe de l'humour. Il vous enverra des situations loufoques pour que vous puissiez en rire et vous détendre.

Si vous voyez quelqu'un en train de se bercer, l'Ange Nanaël vous indique que sa Lumière calmera vos états d'âme, vous apaisera et vous permettra de retrouver vos forces.

Nanaël adore **disperser des pièces de monnaie** au sol pour vous annoncer qu'il a bel et bien entendu vos prières. Si vous trouvez des pièces de monnaies, conservez-les. Elles agiront à titre de talisman. Ensuite, prenez une pièce et formulez un vœu. Gardez cette pièce précieusement avec vous. Vous pouvez aussi l'insérer dans votre boîte d'Ange ou dans un des tiroirs de votre commode. Lorsque vous en ressentez le besoin, frottez votre pièce. Lorsque votre vœu se réalisera, remettez votre pièce à quelqu'un en lui disant qu'elle lui portera chance ou lancez-la tout simplement dans les airs pour qu'une personne puisse la ramasser.

Sous l'énergie de Nanaël, plusieurs **personnes vous démontreront leur amour**, leur affection pour vous. L'ange Nanaël vous renforcera l'impact positif que ces gens ont sur votre champ d'énergie quand ils vous disent des paroles positives. De plus, l'une de ces personnes vous fera une belle surprise qui vous émerveillera.

Spécialités de l'Ange Nanaël

La mission de Nanaël est d'infusé à chaque enfant qui le prie ses graines d'amour qui va lui permettre dans un avenir proche de savourer sa récolte. Qu'importe le sujet que vous lui demanderez, il infusera en vous, ses graines d'amour qui germera à l'intérieur de vous pour mieux guider vos pas vers l'accomplissement de votre projet tout en vous permettant de savourer vous même la récolte de votre labeur. Il ne faut pas oublier qu'il est l'échelle entre vous et le Divin.

Autres raisons pour prier l'Ange Nanaël

On prie Nanaël lorsqu'on est en bas de l'échelle et que l'on ne sait plus quoi faire. Demandez à Nanaël d'escalader l'échelle pour aller chercher vos outils logés au Royaume de Dieu. Ces outils vous permettront de retrouver la Foi, la paix et l'harmonie dans votre cœur.

Vous pouvez prier l'Ange Nanaël de vous aider lors d'un procès. Vous pouvez lui demander d'en sortir gagnant. Si cela est permis sur le plan divin, Nanaël vous accordera la victoire.

Nanaël s'assure que votre prière soit entendue par Dieu. Vous pouvez aussi le prier pour obtenir de l'appui matériel pour réaliser une mission, un projet.

Note aux enfants de Nanaël

À la naissance, l'Ange Nanaël vous a fait don de sa Lumière de la Foi en Dieu, ce qui vous donne le privilège de communiquer avec Dieu. Il fait en sorte que votre prière soit entendue par Dieu directement.

Grâce à sa Lumière, vous possédez tous les outils pour régler ce qui ne fonctionnent pas bien dans votre vie.

Les enfants de Nanaël aiment se recueillir et méditer dans la solitude. C'est en se dirigeant vers leurs trésors intérieurs qu'ils vont se ressourcer et analyser ce qui se passe autour d'eux ou trouver la meilleure solution à un conflit. Avant chaque grande décision, ils se recueilleront pour s'assurer de faire le bon choix. Ils ne prennent jamais une décision à la légère. Tout est pensé et analysé avant de prendre une décision. Ils s'assurent que leurs pas, leurs gestes, leurs paroles les conduiront vers le meilleur des chemins. En général, ils se trompent rarement. C'est la raison pour laquelle les gens vont souvent leur demander des conseils, car ils savent que leurs conseils sont toujours judicieux er réfléchis.

Réclamer l'aide de l'Ange Nanaël

Avez-vous une prière que vous aimeriez adresser à Dieu?

Il suffit de la réciter à l'Ange Nanaël et de lui demander de la transmettre à Dieu. Vous pouvez aussi, si vous le désirez, écrire cette prière ou tout simplement la réciter lors de la méditation ou avant de vous coucher. Lorsque cette prière sera lue, Nanaël vous enverra un signe.

Sur quel domaine de votre vie aimeriez-vous que l'Ange Nanaël verse ses graines d'amour?

Indiquez un domaine de votre vie sur lequel vous aimeriez que l'Ange Nanaël verse ses graines d'amour. La mission de cet Ange est de guider vos pas vers les situations positives qui vous permettront d'obtenir de bonnes récoltes.

Prenez une minute d'intériorisation et inscrivez le sujet :

Peu importe que ce soit votre vie amoureuse, le domaine financière, le milieu professionnel, etc., l'Ange Nanaël vous permettra d'obtenir les résultats désirés.

Bâtir un autel pour accueillir l'Ange Nanaël

Napperon : tissu avec l'image de chatons.

Couleurs : jaune et les couleurs vives.

Bougies : jaune, verte ou blanche.

Encens : santal et oliban.

Odeur : ylang-ylang.

Psaume à réciter lors du rituel

*« Je sais Seigneur que tes arrêts sont toute justice,
et que c'est équitablement que tu m'as humilié »*

Psaume 118, V75

54. NITHAËL
(chèque abondance, or, réconfort)

*« Je suis le Roi des cieux, je vous tends mes ailes afin que vous puissiez
entrer par les Portes du Paradis. »*

« Ouvre ton cœur à la Lumière et je te couvrirai d'or. »

Ange idéal

Nithaël est l'Ange idéal de tous les ouvriers. Ils les protègent des accidents de travails ou des chutes qui pourraient survenir au travail.

Il est aussi l'Ange des rois, des empereurs, des présidents, des ministres, des chefs d'état, des chefs de gouvernement, de toutes les dignités civiles et ecclésiastiques, Puisque Nithaël est le Roi des Cieux, il aide tous ceux qui ont un rôle important à bien remplir leurs devoirs impériaux. Il leur permet d'avoir un règne long et tranquille. L'énergie de l'Ange Nithaël est très puissante et il comprend la responsabilité qu'un chef ou un prince peut endosser quand il doit gouverner un pays.

Nithaël est un Ange heureux qui adore câliner les êtres humains. Lorsqu'il signalera sa présence, vous serez envahi par un sentiment intense de joie et de bonheur. De plus, vous aurez la sensation que l'on vous caresse. Tout votre corps en ressentira l'énergie. Des frissons pourraient même parcourir votre corps.

Généralement, l'Ange Nithaël est un Ange qui accourt rapidement lorsqu'on réclame son aide. Cet Ange viendra rapidement réchauffer votre cœur et vous libérer de ce qui vous tracasse.

Différentes façons de manifester sa présence

Nithaël aime le geai bleu et il adore le lion, car le lion est connu comme étant le roi de son univers.

Nithaël adore les friandises, les pâtisseries et les sucreries. Si vous vous retrouvez près de friandises, il y a de fortes chances qu'il vous donne l'envie d'en acheter. Il pourrait du coup en profiter pour en déguster! Lorsqu'il manifestera sa présence, votre pièce sera envahie par des odeurs de pâtisseries, de sucreries ou de friandises. Vous allez définitivement aimer l'odeur que Nithaël vous enverra.

Si Nithaël vous fait entendre le mot « **personnalité** », il vous signale de prendre soin de vous. Vous projetez peut-être une image fausse de qui vous êtes vraiment. De toute façon, l'Ange Nithaël vous fera prendre conscience de l'aspect de votre personnalité qui devrait être amélioré ou changé. Ne le voyez pas comme une réprimande, au contraire, il vous aide à améliorer et à rehausser votre personnalité. Possiblement que ce sera profitable pour la réalisation de la demande que vous lui aurez faite.

Le mot « **chèque** » vous rappelle que Nithaël vous invite à compléter un chèque à votre nom. Il puisera dans les coffres célestes pour vous envoyer la somme que vous lui réclamez, si celle-ci est réaliste, évidemment.

L'Ange Nithaël peut aussi vous faire entendre le mot « **courage** ». Par ce mot, cet Ange vous envoie sa Lumière de courage qui vous permettra de surmonter toutes vos épreuves.

Autres représentations symboliques

Le signe préféré de l'Ange Nithaël est d'*adombrer* le corps d'un être humain et de vous **faire une caresse**. Si un proche vous fait une caresse alors que ce n'est pas dans ses habitudes, c'est l'Ange Nithaël qui vous offre cette caresse. Elle vous réconfortera et vous donnera l'énergie nécessaire pour terminer votre journée en beauté!

Si quelqu'un **vous parle d'un trône ou d'un roi**, l'Ange Nithaël vous annonce des changements au cours des six prochains mois. Ces changements amélioreront votre vie et votre santé mentale. De belles surprises vous sont réservées.

Un arc-en-ciel annoncera un événement positif à venir dans votre vie. Il y a de fortes chances que cela concerne la réalisation de votre demande. Attendez-vous à vivre des changements dans les prochaines semaines qui suivront votre demande.

Spécialités de l'Ange Nithaël

L'Ange Nithaël est celui qui s'occupe de la chambre d'Or de Dieu. Son rôle est très important pour l'humanité, car c'est lui qui veille sur la stabilité des états. Comme il est le Roi des Cieux, il aimerait que les « rois » humains puissent gouverner la Terre aussi bien que lui le fait au Ciel, en harmonie et avec respect pour les autres.

Nithaël offre à ceux qui le prient les plaisirs et les jouissances matériels qu'ils rêvent d'obtenir. Il vous offre ce que Dieu vous donne dans sa demeure, et il vous aide à recevoir votre part d'héritage en tant qu'enfant de Dieu. L'être humain qui obtient grâce et faveur de cet Ange devrait dire merci à Dieu.

Autres raisons pour prier l'Ange Nithaël

L'Ange Nithaël protège les prisonniers qui sont injustement accusés. Il les aide à ne pas sombrer et il les supporte jusqu'à leur libération. Il faira en sorte que la vérité soit dévoilée et que cette injustice soit réparée.

On peut prier Nithaël pour favoriser la guérison d'une maladie, pour vous apporter réconfort dans les épreuves difficiles de la vie, pour vivre longtemps et en santé. Sa Lumière vous préviendra lorsqu'une partie de votre corps devrait être vérifiée.

On peut aussi le prier pour maintenir et conserver son emploi, pour protéger tout ceux qui travaillent dangereusement, pour vous protéger des accidents, autant sur la route, qu'au travail. Il serait important de lui demander de purifier un objet que vous porterez sur vous à titre de talisman de protection.

Nithaël pour vous aider à maîtriser vos émotions et contrôler votre agressivité. Vous pouvez même lui demander d'infuser sa Lumière de paix sur Terre.

On le prie aussi pour obtenir la miséricorde de Dieu. Si vous avez commis un acte indigne, il serait bon de lui demander pardon.

Toutefois, la force de l'Ange Nithaël est de vous accorder la part d'héritage qui vous est réservé au Cieux. Demandez-lui! Vous pouvez aussi le prier pour vivre aisément.

Note aux enfants de Nithaël

À la naissance, l'Ange Nithaël vous a fait don de sa Lumière de messager. Les enfants de Nithaël possèdent une belle spiritualité basée sur l'entraide et le respect. Ils font d'excellents messagers. Ils peuvent facilement communiquer l'amour, la joie et le bonheur. Ils peuvent parler de Dieu comme on parle de la pluie et du beau temps. Et tous les gens qui les écoutent sont ébahis par la beauté de leurs paroles et leur dévouement pour Dieu et pour les autres.

Grâce à la Lumière de Nithaël, vous aurez le privilège de vivre longtemps et en santé. Nithaël éloigne le stress de la vie. Vous êtes généralement de belles personnes et vous possédez un charme naturel. Vous êtes très séduisants, beau à l'intérieur comme à l'extérieur. Votre beauté naturelle se reflète partout où vous passez. Votre rire est contagieux ainsi que votre sens de l'humour. Vous êtes les princes ou les princesses de la séduction. Vous êtes loyales dans vos paroles et dans vos gestes.

Réclamer l'aide de l'Ange Nithaël

Comment recevoir votre part d'héritage?

Il suffit de prier l'Ange Nithaël et de lui demander de recevoir votre part d'héritage. Recevoir sa part d'héritage, c'est recevoir un cadeau : la réalisation d'un vœu, la solution d'un problème, etc.

Comment faire un chèque d'abondance?

Puisque Nithaël est celui qui s'occupe du coffre-fort de Dieu, cet Ange est autorisé à vous envoyer votre chèque divin.

Je vous conseille de compléter ce chèque. Soyez raisonnable dans vos montants. L'Ange Nithaël vous enverra ce montant, soit par la vente d'une propriété, soit par un gain à la loterie, soit par un remboursement d'impôt, soit par une augmentation de salaire ou tout autre moyen. Vous obtiendrez le montant inscrit. Il suffit de conserver ce chèque dans votre boîte d'Ange ou dans le tiroir de votre commode.

Ange Nithaël
1, rue des Anges
Le Ciel, Paradis
Dieu

PAYEZ_____ (Inscrivez votre nom) _____ _____ $

_____ dollars

Caisse de Dieu
Récompense divine   Ange Nithaël (54),
                                              Roi des Cieux

Lorsque vous aurez obtenu votre montant, complétez un autre chèque. Je vous conseille aussi de faire purifier votre chèque par Nithaël.

Bâtir un autel pour accueillir l'Ange Nithaël

Napperon : tissu sur lequel est imprimé un coffre rempli d'or.

Couleurs : or, jaune et argent.

Bougies : or, jaune, verte ou blanche.

Encens : santal.

Odeur : fraise.

Psaume à réciter lors du rituel

« *L'Éternel a établi son trône dans les cieux, et sa royauté domine sur toutes choses* »

Psaume 103, V19

55. MEBAHIAH
(*foi en Dieu, vérité, famille*)

« *La vérité est source de vie.* »

« *Une famille se nourrit d'amour, de respect et d'entraide.* »

« *Si vous ne pouvez point dire la vérité, taisez-vous!* »

Ange idéal

Mebahiah est l'Ange idéal de tous ceux qui veulent agrandir leur famille ou qui désirent avoir plus d'harmonie au sein de leur famille. Elle accroît également la fertilité.

L'Ange Mebahiah est idéal pour redonner la foi à ceux qui l'ont perdue. Elle leur redonne le goût de croire en Dieu. Elle est aussi l'Ange idéal de tous ceux qui ont besoin d'un soutien ou d'un réconfort lorsque des épreuves difficiles surviennent.

Mebahiah est un Ange observateur. Elle scrute du regard les faits et les gestes de ses enfants dans le but de les rediriger vers le droit chemin, s'ils en dévient. Mebahiah n'aime pas les mensonges. Elle préfère voir quelqu'un souffrir à cause de la vérité, que de voir une personne heureuse vivant dans l'ignorance. Elle représente la justice ainsi que l'équilibre entre le bien et le mal.

Lorsqu'elle annoncera sa présence, vous serez envahi par un sentiment d'autorité et d'honnêteté. Cet Ange viendra vous aider selon l'urgence de votre demande. Toutefois, lorsqu'elle vous prendra sous ses ailes, elle vous apportera tout le réconfort dont vous avez besoin.

Différentes façons de manifester sa présence

L'animal qui la représente le mieux est la chouette au regard perçant. Ainsi, si Mebahiah vient vers vous, elle vous enverra des images ou fera croiser de véritables chouettes, hiboux ou tout autre oiseau de nuit qui observe de loin. Elle peut également manifester sa présence sous les traits d'un oiseau de proie.

L'Ange Mebahiah n'affectionne pas d'odeur en particulier. Toutefois, elle aime bien l'odeur de la pomme, spécialement lorsqu'elle est cuite. Elle apprécie les tartes aux pommes et la compote de pommes : un goût réconfortant, un goût qui rappelle des souvenirs d'antan.

Un mot important pour tous ceux qui cherchent le bonheur est le mot « **union** ». Mebahiah indique alors à la personne célibataire qu'il lui est possible de trouver l'amour et d'être heureux; à un couple, que la flamme de leur amour sera rehaussée; au couple en détresse, que sa Lumière peut sauver leur amour. Toutefois, si elle ne peut le faire, Mebahiah guidera les partenaires vers leur bonheur personnel.

Par **un feu de foyer**, Mebahiah vous indique qu'elle apportera sa Lumière de paix et de quiétude dans votre foyer. Mebahiah solutionnera l'un de vos problèmes pour que la paix puisse revenir sous votre toit.

Le mot « **réaliser**» est également important aux yeux de l'Ange Mebahiah puisque, par ce mot, elle vous mentionne que vous avez le pouvoir de réaliser votre demande. Vous possédez toutes les qualités requises pour réussir. Il suffit de vous faire confiance et de ne pas avoir peur d'aller de l'avant. De toute façon, l'Ange Mebahiah vous signale qu'elle vous enverra des opportunités qui vous permettront d'obtenir ce que vous lui réclamez.

Autres représentations symboliques

Pour manifester sa présence auprès de l'être humain, elle peut également lui faire entendre un bourdonnement dans les oreilles. Tel un oiseau de proie, l'Ange Mebahiah a une ouïe très développée. Elle veut donc vous faire comprendre que parfois il est aussi plaisant d'écouter que de parler. L'écoute est un cadeau lorsqu'on **laisse son interlocuteur s'exprimer adéquatement**. Si vous le faites, attendez-vous de recevoir une belle surprise de la part de Mebahiah.

Si vous apercevez une **chaise** ou si plusieurs personnes vous demandent de vous **asseoir**, l'Ange Mebahiah vous indique que vous avez besoin de repos. Elle vous demande de prendre soin de vous, de prendre du temps avec vous-même. Que ce soit un massage, une marche à l'extérieur ou une pièce de théâtre. Mebahiah veut que vous retrouviez votre santé mentale puisque vous semblez fatigué. De toute façon, cet Ange vous enverra des invitations sur votre chemin afin que vous puissiez vous dorloter. Il suffit donc d'accepter toutes les offres qui se présenteront à vous dans le but de relaxer et d'améliorer votre état de santé.

Le signe préféré de Mebahiah est de vous faire sourire. La meilleure façon pour faire sourire un être humain, c'est de lui envoyer des situations cocasses sur son chemin. Pendant les neuf jours où vous prierez cet Ange, attendez-vous de voir des événements qui vous feront rire. Certains événements pourront même vous faire rire jusqu'à en verser des larmes. Vous comprendrez rapidement que tous ces signes proviennent de l'Ange Mebahiah.

Si vous voyez un **dessin en forme de cœur**, Mebahiah vous indique qu'elle vous apportera de l'amour. Vous vivrez de bons moments avec votre partenaire ou vous rencontrerez des gens qui vous donneront plein d'amour. Si vous voyez le **dessin d'un sourire**, Mebahiah vous apportera de bonnes nouvelles qui vous feront sourire.

Spécialités de l'Ange Mebahiah

Mebahiah est l'Ange de la fertilité. C'est elle qui garde la semence de Dieu. Dieu lui a donné la mission de rendre fertile tous les êtres de la Terre qui désirent procréer. Cet Ange enverra donc sur Terre, la semence de Dieu (âme humaine, âme angélique ou âme animale) pour aider l'évolution humaine. Toutes les personnes qui désirent avoir un enfant devraient prier l'Ange Mebahiah. Elle vous fera grâce de sa Lumière, ce qui accroîtra votre fertilité. De plus, cette fertilité peut également s'appliquer à d'autres domaines de votre vie. Si vous avez besoin davantage de richesse, de rendement ou de créativité, elle peut vous l'offrir, si votre intention est juste et honnête.

Cet Ange aide l'humain à retrouver la foi en Dieu. Mebahiah lui fera découvrir que Dieu est toujours présent en lui et qu'Il entend ses prières. Elle lui enverra des signes pour qu'il réalise qu'il n'est pas seul et que Dieu le soutient dans tout ce qu'il entreprend et dans tout ce qu'il vit. Elle vous aidera à apporter un peu de magie dans votre vie.

Autres raisons pour prier l'Ange Mebahiah

L'Ange Mebahiah a aussi comme mission d'apporter son soutien lors d'épreuves difficiles de votre vie. Vous sentirez sa présence en vous et autour de vous. Elle vous permettra de rester en équilibre et elle vous donnera tout le courage nécessaire pour vaincre vos obstacles.

Toutes les victimes de fraude, de mensonges ou de vols devraient prier l'Ange Mebahiah. Elle a comme mission de faire ressortir la vérité et à trouver les véritables coupables.

Note aux enfants de Mebahiah

À la naissance l'Ange, Mebahiah vous a fait don de sa Lumière de force, ce qui fait de vous des êtres possédant une grande force de caractère. Rien ne vous ébranle et vous trouvez toujours une porte de sortie, et souvent cette porte de sortie est la foi que vous possédez en Dieu et en la prière. La prière est pour vous très important car cela vous aide à mieux vous ressourcer avec le Divin.

Les enfants de Mebahiah possèdent une grande croyance en les sphères célestes. Ce qui peut amener certaines personnes à devenir des missionnaires et se dévouer corps et âme pour toutes les œuvres charitables qui se présenteront à eux. Ces enfants vouent une grande admiration à Dieu. Ils adorent propager la parole de Dieu. Et tout ceux qui les écoutent aime leur discours. Ils font d'excellents prêtres, missionnaires, sœurs de la charité.

Réclamer l'aide de l'Ange Mebahiah

Parmi ces signes, lequel aimeriez-vous que l'Ange Mebahiah vous envoie pour vous indiquer que la maison de Dieu a bel et bien entendu votre prière?

Ne choisissez qu'un seul signe.

1. Faire clignoter une lumière deux fois consécutives.

2. Mettre sur votre chemin des pièces de 5 sous ou 10 sous ou un billet de 5$.

3. Voir les chiffres 5 et 10 tous les jours, pendant cinq jours.

4. Faire sonner votre téléphone cinq fois dans la journée sans qu'il n'y ait personne au bout du fil.

5. Allumer ou fermer le téléviseur.

L'Ange Mebahiah vous enverra le signe que vous aurez choisi. Toutefois, si vous êtes de nature craintive, l'Ange Mebahiah attendra avant de vous faire signe.

Bâtir un autel pour accueillir l'Ange Mebahiah

Napperon : tissu ayant des images de chouette.

Couleurs : blanche, jaune et rouge.

Bougies : jaunes, vertes ou blanches.

Encens : santal et mastic.

Odeur : pomme.

Psaume à réciter lors du rituel

« Mais toi, Éternel, tu trônes à jamais, et ton nom dure de génération en génération. »

Psaume 102, V13

56. POYEL
(Cadeau, vœu, abondance)

« Lorsqu'on sourit à la vie, on reçoit des cadeaux providentielles. »

« Sous mes ailes coule l'abondance, entre mes mains règne le destin; priez-moi et votre vœu se réalisera, priez-moi et vous trouverez un sens à votre vie.»

« Fermez les yeux et demandez à votre cœur ce qu'il veut; je réaliserai ce vœu. »

Ange idéal

Poyel est l'Ange idéal de tous ceux qui souhaitent voir leur vœu le plus cher se réaliser. Il est aussi l'Ange idéal des jeunes artistes visant la célébrité.

Lorsque l'être humain le prie, Poyel se rend immédiatement à son chevet pour recevoir sa demande. L'énergie de cet Ange rayonne dans tous les sens. Lorsqu'il viendra vers vous, vous le ressentirez vivement. Vous serez débordant d'énergie. Vous aurez le goût de tout faire d'un coup. Vous ne tiendrez pas en place! Cet Ange n'apprécie pas l'inactivité; il aime l'action! Poyel affirme que lorsqu'on bouge, on n'a pas le temps de penser à ses problèmes! Ne soyez pas surpris d'avoir l'envie de marcher ou de faire de l'exercice. Telle est la vibration que procure l'Ange Poyel lorsqu'elle annonce sa présence! Il ne faut pas oublier que Poyel est un Ange très actif!

Poyel a aussi une autre façon très originale d'annoncer sa présence. Lorsqu'il aura entendu votre prière, il vous fera signe par vos mains. Si vous ressentez une démangeaison à l'une de vos mains, Poyel vous indique, par ce signe, qu'il vous envoie un cadeau monétaire. Et puisqu'il est l'Ange des vœux et de l'abondance, il vous illuminera de sa Lumière de chance!

Différentes façons de manifester sa présence

Poyel aime tous les animaux qui vivent dans la forêt. Les chevreuils, les rennes et les daims sont ses préférés. Il affectionne d'ailleurs les rennes du père Noël. Il aime aussi le coq et l'éléphant, car ces animaux symbolisent la chance.

Poyel apprécie les odeurs qui apaisent le cœur des gens. Lorsqu'il viendra vers vous, vous remarquerez une odeur enveloppant votre cœur et votre foyer de calme et de paix.

Le mot « **solution** » est important pour l'Ange Poyel. Par ce mot, l'Ange Poyel vous rappelle qu'il vous tend la main et qu'il vous souffle la solution idéale pour régler vos ennuis. De grands changements se produiront dans les semaines qui suivront votre demande. Cet Ange vous guidera vers le chemin du bonheur et de la joie. De plus, Poyel ouvrira les portes aux occasions qui vous permettront de prendre votre vie en main sans tarder.

Si vous entendez le mot « **équilibre** », l'Ange Poyel vous informe alors qu'il privilégiera l'équilibre dans tous les aspects de votre vie. L'Ange Poyel s'engage ainsi, dans les semaines suivantes, à faire fructifier chacune de vos actions pour l'atteinte des résultats désirés. Cet Ange désire vous aider à reprendre confiance en votre potentiel. Lorsqu'on est en confiance, on est en mesure de trouver rapidement l'équilibre.

Si Poyel vous fait entendre le mot « **loterie** », il vous indique qu'il vous favorisera dans les jeux du hasard. Cela ne veut pas nécessairement dire qu'il vous fera gagner de grosses sommes.

Par le mot « **coq** », Poyel vous indique que vous entrez dans une période de changements favorables. Au cours des six prochaines semaines, beaucoup d'événements surviendront dans votre vie. La chance vous sourira. Les décisions qui seront prises durant cette période vous seront favorables tandis que les changements qui seront apportés donneront exactement les résultats espérés.

Autres représentations symboliques

L'Ange Poyel peut *adombrer* le corps d'un être humain et vous offrir un billet de loterie.Notamment, si une personne aux cheveux blancs et vêtue de rouge vous **offre un billet de loterie**, achetez ce billet. Il pourrait être chanceux ou il pourrait vous conduire à une occasion favorable.

Si une personne vous adresse un large sourire, répondez lui par un sourire aussi; si une personne vous dit : « Bonjour », saluez-la à votre tour; **si quelqu'un vous tant la main pour vous aider**, acceptez l'aide de cette personne. Ce sont là des façons pour l'Ange Poyel de vous dire qu'il vous aidera à vous relever, qu'il vous conduira vers une route plus favorable.

Par **un sapin de Noël**, Poyel vous informe qu'il vous supportera dans l'un de vos projets. Il décorera votre vie et la remplira de magie. Si le sapin de Noël est de couleur gris argenté et qu'il est orné de boules rouges, attendez-vous à une belle surprise. Et si c'était le chèque en provenance de l'Ange Nithaël?

Puisque l'Ange Poyel adore le rouge, il se servira de cette couleur. Il peut vous faire croiser plusieurs personnes vêtues de rouge. Le lendemain de votre prière, Poyel vous demande de **compter le nombre de personnes portant un vêtement rouge que vous croiserez**. Le total correspond aux nombres de surprises qu'il vous enverra en dedans de 3 mois.

Spécialités de l'Ange Poyel

Poyel est comme une avalanche de richesses, de joie, de beauté et d'harmonie. C'est la raison à laquelle on l'appelle « LE TOUT ». Tout comme l'Ange Jabamiah, Poyel peut tout donner à celui qui le prie, en autant ses demandes soient réalistes et qu'elles favorisent la paix intérieure.

Autres raisons pour prier l'Ange Poyel

On peut prier cet Ange pour attirer l'abondance sur tous les plans. Vous pouvez lui demander d'améliorer votre situation financière car cet Ange excelle dans les situations reliées à l'argent.

On peut prier Poyel pour qu'il réalise l'un de vos vœux. Il vous faudra toutefois assumer le résultat de bonne foi. Si vous lui demandez d'être riche et qu'il vous accorde cette faveur, vous devez vivre cette richesse avec dignité et noblesse, sans dénigrer ni abaisser une personne vivant dans la pauvreté ou qui n'a pas réussi, mais plutôt en accordant votre aide aux moins bien nantis. Une mauvaise attitude transformerait votre fortune en un fardeau. La richesse serait alors une épreuve dans votre vie.

La Lumière de l'Ange Poyel vous donne une grande joie de vivre. Cet Ange favorise la création et la réalisation des projets. Poyel peut même vous aider à développer vos talents et vous conduire vers la renommée, la célébrité et la fortune. Il suffit de le prier intensément.

Note aux enfants de Poyel

À la naissance, l'Ange Poyel vous a fait don de sa Lumière de chance qui permet à ses enfants de connaître la renommée, la célébrité, la puissance, la fortune. Il permet à son enfant de créer son propre paradis sur des bases solides.

Poyel vous donne tous les outils nécessaires pour que vous soyez heureux et en paix. S'ils prennent le temps de prier leur Ange, les enfants de Poyel ont le privilège d'avoir de très belles vies, des vies heureuses et bien remplies.

Réclamer l'aide de l'Ange Poyel

Dans quel domaine de votre vie aimeriez-vous que l'Ange Poyel vous offre l'abondance?

Inscrivez le domaine, par exemple sur le plan affectif. L'Ange Poyel s'engage à vous envoyer cette abondance dans les mois qui suivront votre demande. Prenez une minute d'intériorisation et inscrivez le domaine :

Quelle est la procédure pour connaître des numéros chanceux à la loterie?

Faites part à l'Ange Poyel que vous aimeriez obtenir des chiffres chanceux pour jouer à la loterie. Poyel peut vous les communiquer soit par vos rêves, soit lors de votre méditation. Toutefois, il peut aussi vous montrer des chiffres ici et là, au gré du déroulement de votre vie quotidienne. Lorsque vous ressentez une agréable sensation à l'intérieur de vous par rapport à un chiffre, notez-le comme un chiffre chanceux.

Vous pouvez aussi lui demander de purifier un objet pour vous. Et lorsque vous devez aller acheter vos loteries, vous amenez votre objet avec vous. Cela vous aidera à choisir le bon billet.

Bâtir un autel pour accueillir l'Ange Poyel

Napperon : choisir un tissu sur lequel apparaissent des animaux de la forêt.

Couleurs : rouge, blanche et jaune.

Bougies : jaune, rouge, vert ou blanche.

Encens : myrrhe et santal.

Odeurs : sauge, sapin et genévrier.

Psaume à réciter lors du rituel

« Le Seigneur soutient tout ceux qui tombent et redresse tout ceux qui sont courbés »

psaume 145, V14

CHAPITRE XIV

Les Archanges

Le *Chœur des Archanges* travaille pour le bien de l'humain. *En priant les Archanges, ils viendront rapidement vers vous et vous feront ressentir immédiatement leur présence. L'Ange le plus rapide est sans aucun doute Umabel, tandis que les Anges Yeialel et Harahel sont les plus lents! Le travail de ce Chœur est très important. Ces Anges doivent seconder l'humain dans ses moindres tâches tout en lui donnant la force de bien remplir sa mission de vie. Ce Chœur aime voir l'humain heureux. Il y a de fortes chances lorsque vous les invoquerez que vous ayez le fou rire pendant toute la journée! Pour mieux connaître la vibration du Chœur des Archanges, consultez* La Bible des Anges.

57. NEMAMIAH
(paix, Ange des militaires, santé)

« La peur est la pire des entraves à votre évolution, tout comme le doute. Changez cette peur contre le courage. Changez le doute contre la certitude. Maintenant, vous possédez la clé de la réussite! »

« Avoir des rêves, c'est nourrir sa vie. Passer à l'action, c'est réussir sa vie. Prier, c'est conclure son plan de vie.»

Ange idéal

Nemamiah est l'Ange idéal des militaires et des prisonniers de guerre. Elle va leur permettre de retrouver la paix en eux malgré les atrocités de la guerre. Sa Lumière les protégera des dangers que peut provoquer la guerre. Elle est aussi votre Ange idéal si vous souhaitez voir votre rêve se changer en réalité. Sa Lumière vous poussera à l'action afin de réaliser votre rêve.

Nemamiah est empreinte d'une grande sagesse. Lorsqu'elle viendra vers vous, vous serez envahi par un sentiment de bien-être et de douceur. Cet Ange est constamment à l'écoute de ceux qui ont besoin de son aide. Lorsque vous la prierez, elle se fera un plaisir de venir rapidement à votre rencontre. Pour annoncer sa présence, elle vous enverra une odeur d'un parfum floral, une odeur identique à celle d'un champ de lavande.

Pour ceux dont la spiritualité est très éveillée et qui ne sont pas effrayés par la présence d'un Ange, Nemamiah viendra vers eux avec son corps angélique. Ne soyez pas surpris de voir des étincelles de Lumière mauves envahir votre vue. Ce sera Nemamiah avec son panier rempli de fleurs fraîchement cueillies dans le Jardin de Dieu.

Nemamiah développera votre odorat pour que vous puissiez humer son odeur de fleur. Ne soyez pas surpris de renifler pendant toute la journée, comme si vous aviez un rhume. Ne vous inquiétez pas, c'est tout simplement Nemamiah qui débouche vos narines pour que vous puissiez sentir ses fleurs de lavande, de lilas et de muguet. Ne vous affolez pas non plus si vous éternuez toute la journée, c'est l'effet que provoque la Lumière de l'Ange Nemamiah lorsqu'elle descend avec son panier de fleurs!

Différentes façons de manifester sa présence

Nemamiah aime beaucoup les chevaux sauvages qui galopent au vent dans les prés et les champs. Cet Ange se fait un plaisir de se mettre en selle pour aller cueillir de belles fleurs pour remplir son panier d'osier. Ensuite, elle viendra vous les faire humer. Parfois, Nemamiah s'amuse avec la crinière des chevaux en lui faisant une tresse angélique. Elle dit qu'elle s'exerce en vue de tresser ses paniers d'osier! Si, un jour, vous voyez un cheval avec une crinière tressée, vous saurez que c'est cet Ange qui s'est amusé à lui faire cette tresse angélique. Nemamiah dit que cette tresse angélique portera chance au cheval et à celui qui dénouera sa tresse. Si vous dénouez la tresse, Nemamiah dénouera chacun de vos problèmes pour que vous puissiez rapidement retrouver le chemin de la liberté et de la joie de vivre!

Nemamiah aime l'odeur des fleurs des champs. Il est évident qu'elle vous enverra des odeurs florales. Pour ce faire, elle va développer votre odorat pour que vous puissiez bien humer ses fleurs de lavande, de muguet et de lilas. Ce sont ses fleurs préférées et ce sont aussi les odeurs qu'elle préfère. Si vous êtes allergique aux fleurs, attendez-vous à éternuer!

Des mots très chers pour Nemamiah sont « **seconde chance** » ou « **donner une chance** ». Par ces mots, elle vous dit de ne pas vous inquiéter.

Elle vous donnera cette seconde chance pour vous permettre de vous racheter et d'obtenir ce que vous désirez. Si vous la priez par rapport à votre vie amoureuse, Nemamiah, par ces mots, vous dit de ne pas vous inquiéter, car vous aurez une seconde chance de rebâtir votre union sur une base beaucoup plus solide.

Si elle vous fait entendre « **panier de fleurs** », par ces mots, l'Ange Nemamiah vous indique qu'elle vous réserve de belles surprises. Dans ce panier, il y a des cadeaux providentiels qui vous attendent. Ils vous apporteront beaucoup de joie. À la suite de votre prière, les douze prochaines semaines seront très importantes puisque vous vivrez de bons moments grâce aux cadeaux que vous réserve Nemamiah.

Si Nemamiah vous fait entendre « **chemin** », elle vous indique qu'elle va vous redresser et vous remettre sur le bon chemin. Pour ce faire, elle travaillera en collaboration avec l'Ange Achaiah. La mission de l'Ange Achaiah est de vous diriger vers votre plan de vie et celle de l'Ange Nemamiah est de vous donner le courage nécessaire de mener à bien ce plan de vie. Nemamiah vous aidera à le comprendre et à l'accepter.

Par le mot « **courage** », Nemamiah vous dit qu'elle vous donnera le courage de faire face à vos responsabilités. Sa Lumière vous redressera et vous aidera à accomplir vos journées. De plus, cet Ange vous aidera à régler tous vos problèmes pour que vous puissiez rapidement retrouver le chemin de la paix et de la sérénité. Sa mission sera de vous faire prendre votre courage à deux mains, de relever la tête et d'accomplir ce qui doit être fait.

Nemamiah peut aussi vous faire entendre les mots suivants : « **écoute** », « **paix** », « **lavande** », « **lilas** », « **parfum** » et « **ménage** ».

Autres représentations symboliques

Son signe préféré est d'envoyer sur votre chemin des personnes qui porteront du parfum floral. Vous allez tout renifler sur votre passage. Nemamiah va s'organiser pour que les personnes déversent presque leur bouteille de parfum sur elles. Alors, elles seront vraiment aspergées de parfum. Vous n'aurez pas le choix de les sentir. Telle est une façon amusante de l'Ange Nemamiah de développer davantage votre odorat pour sentir le moindre parfum.

Un autre de ses signes cocasses est de faire éternuer les gens autour de vous, comme si votre parfum les faisait éternuer. À un point tel que certaines personnes pourront vous dire qu'elles sont allergiques à vous en guise de taquinerie! Ne le prenez pas mal, puisque ce sera Nemamiah qui effleurera leur nez avec ses plumes angéliques ou son panier de fleurs rempli!

Nemamiah peut même *adombrer* le corps d'un humain pour venir vous faire une caresse. Il est évident que Nemamiah se sera aspergée de parfum. Ce sera sa façon d'annoncer sa présence. Si **une personne parfumée vient vers vous** et qu'elle vous tend la main ou qu'elle vous fait une caresse, faites-lui une caresse à votre tour. Ce sera Nemamiah. Vous serez par la suite envahi par un sentiment de courage et de détermination, ce qui vous permettra de résoudre tous vos petits problèmes.

Puisque Nemamiah adore le parfum, ne soyez pas surpris de voir des bouteilles de parfum de toutes sortes. Nemamiah peut même envoyer sur votre chemin une personne qui vous parlera de son parfum. Cette personne cherchera même à en asperger sur vous!

Elle peut aussi vous montrer un panier d'osier rempli de fleurs ou de fruits. Vous le trouverez sans doute magnifique. Toutefois, si **quelqu'un vous donne un panier d'osier**, ce sera un signe très important, surtout si vous prenez le temps de remplir votre propre panier d'osier de rêves et de demandes que vous exposerez à l'Ange Nemamiah. Par ce signe, Nemamiah vous dit qu'elle exaucera l'un de vos vœux. Elle changera votre rêve le plus cher en réalité. Cependant, si quelqu'un vous montre un panier d'osier, l'Ange Nemamiah vous dit qu'elle choisira l'un de vos rêves et le réalisera, mais Ce ne veut pas nécessairement le plus important à vos yeux! Nemamiah dit qu'elle fermera les yeux et qu'elle en choisira un au hasard. Voilà l'importance d'inscrire vos vœux dans votre panier d'osier que l'Ange Nemamiah purifiera pour vous.

Un autre signe qu'elle peut faire est d'envoyer sur votre chemin des personnes portant du mauve et du lilas. Ce sont ses couleurs préférées. Nemamiah dit que si vous portez ces teintes lors de votre prière, elle vous infusera sa Lumière de calme.

Si vous entendez le mot « **chance** » et que la **personne qui le prononce porte du mauve ou du lilas**, il vous est conseillé de vous acheter un billet de loterie puisque Nemamiah vous apportera la chance. Toutefois, si cette personne vous parle de la vie amoureuse et qu'elle prononce le mot « **chance** », Nemamiah vous apportera aussi de la chance en amour. Soyez attentif aux gens qui porteront du mauve et du lilas. Premièrement, portez attention au sujet de la conversation et, deuxièmement, écoutez bien si cette personne dit le mot « **chance** » puisque Nemamiah apportera de la chance par rapport au sujet concerné. De plus, elle vous apportera de la chance sur le plan financier.

Elle peut aussi envoyer sur votre chemin une **personne qui vous dira qu'elle doit recommencer un devoir**. Par ce signe, l'Ange Nemamiah vous met en garde puisqu'elle vous dit qu'il est peut-être mieux pour l'instant de ne rien entreprendre si vous vivez dans l'incertitude. Analysez profondément les raisons pour lesquelles vous voulez faire des changements ou entreprendre un projet. Quand votre analyse sera complétée, il sera plus facile par la suite de prendre votre décision. Vous aurez le privilège de mieux voir ce qui se passe puisque la Lumière de Nemamiah vous éclairera pendant les neuf jours de votre prière.

Nemamiah peut aussi vous **montrer de la poussière**. Il y en aura partout! Par ce signe, Nemamiah vous dit qu'elle fera le grand ménage à l'intérieur de vous. Sa force est de vous aider à nettoyer les petits recoins oubliés avec le temps. Ainsi, elle vous permettra de vous retrouver et d'aimer qui vous êtes. Elle vous permettra d'être en harmonie avec votre vie. Quand vous faites du ménage intérieur, vous êtes moins enclin à perpétuer des émotions négatives qui nuisent au bonheur.

Le chiffre 12 est très symbolique pour Nemamiah puisqu'elle est l'Ange 57 et que 5 + 7 = 12. Puis, il y a douze mois dans une année. Dans une journée, il y a douze heures qui représentent le jour et douze autres qui représentent la nuit. Il y a douze signes du zodiaque et, dans la Bible, il y a douze apôtres, etc. Alors, attendez-vous à voir les chiffres 1, 2 et 12.

Spécialités de l'Ange Nemamiah

Nemamiah a la même mission que son confrère, l'Ange Yeialel, soit celle de ramener la paix dans ce monde. Nemamiah est surnommé « l'Ange de la paix », car Dieu lui a donné le pouvoir de cesser les guerres et d'instaurer la paix dans le monde, mais surtout la paix dans le cœur de ses enfants et dans celui des militaires. Nemamiah et Mahasiah sont les chefs des armées Célestes. Elles travaillent en équipe et prennent soin des militaires et des prisonniers de guerre. Ces deux magnifiques Anges infuseront aux soldats leur Lumière de force et de courage lors de combat. Elles les protégeront et les aideront à retrouver la paix en eux et à l'instaurer autour d'eux.

Il serait important pour tous les militaires de prier ces deux magnifiques Anges. Ceux-ci les protégeront lors de guerres et d'exercices afin d'éviter tout accident ou incident. Nemamiah a aussi comme mission de libérer un prisonnier de guerre. Il suffit de la prier. Cet Ange enverra sur le chemin du prisonnier une aide précieuse qui lui permettra de retrouver sa liberté. Elle agira rapidement avant que l'Ombre cherche à l'abattre.

Nemamiah peut aussi vous libérer de l'emprise d'une personne possessive et négative. Si vous êtes sous l'emprise d'une personne d'Ombre et que vous voulez vous en libérer, priez Nemamiah. Sa Lumière vous donnera la force et le courage de quitter cet individu. Nemamiah travaillera en collaboration avec l'Ange Ménadel. Ces Anges enverront sur votre route des situations pour que vous puissiez retrouver le chemin de la liberté.

Une mission particulière de Nemamiah est d'aider l'humain à ne pas faire trop d'erreurs karmiques. Cet Ange peut vous aider à les réparer et à en éviter les conséquences désastreuses. N'oubliez pas que si vous faillez à une étape de votre plan de vie, vous devez la recommencer lors de votre prochaine incarnation. J'expliquerai davantage cet aspect dans un prochain ouvrage de *La Bible des Anges*.

Nemamiah donnera à son enfant une grande compréhension de son plan de vie. Elle va lui permettre de bien le respecter pour ne pas faire trop d'erreurs karmiques. Elle le ramènera sur le droit chemin grâce à la collaboration de l'Ange Achaiah. De plus, Nemamiah lui apportera son soutien lors de ses épreuves humaines.

Cet Ange vous permettra de trouver rapidement de bonnes solutions pour bien vous en sortir sans trébucher et sans trop faire de dégâts. Nemamiah vous donnera également le courage nécessaire pour mener à bien votre mission de vie. Cet ange aime voir l'humain heureux et avec la tête en paix.

Autres raisons de prier l'Ange Nemamiah

Nemamiah peut vous aider sur le plan de la santé. Elle peut guérir tous les problèmes relatifs à la santé mentale, notamment les maladies psychologiques, psychotiques et mentales. Nemamiah travaille en collaboration avec son confrère, l'Ange Mitzraël, en ce qui concerne les personnes qui ont des problèmes reliés aux confusions mentales et au manque de coordination, surtout celles qui ont été victimes d'un accident cérébrovasculaire (AVC) ou de traumatismes crâniens. Nemamiah les aide à bien se réhabiliter. Elle leur redonne des forces et unifie le corps et l'âme. Sa Lumière les aligne de la tête au pied.

Vous pouvez aussi prier l'Ange Nemamiah afin d'avoir une bonne stratégie ou une bonne tactique pour vous sortir d'un problème. La Lumière de cet Ange va vous permettre de trouver la bonne stratégie pour vous sortir de vos ennuis. Cet Ange développera votre sens de l'analyse et de l'observation. Il vous sera donc plus facile, par la suite, d'apporter les changements qui s'imposent. Nemamiah peut aussi aider les commerçants à trouver la meilleure stratégie pour vendre leurs produits et pour « faire de l'argent ». N'oubliez pas que Nemamiah est l'Ange de la seconde chance. Elle vous donne une chance de vous remettre sur pied. Il n'en tiendra qu'à vous de faire le reste et de demeurer prospère.

Nemamiah peut même vous aider à bien choisir vos associés. Elle travaillera en collaboration avec son confrère, l'Ange Anauël. Ensemble, ils vous permettront de trouver un bon associé honnête qui respectera vos priorités ainsi que son engagement envers votre société.

Si vous êtes dans une impasse en ce qui concerne votre orientation professionnelle, priez l'Ange Nemamiah. Sa Lumière vous aidera à mieux voir vos qualités et votre expérience, ce qui vous aidera à découvrir votre orientation. De plus, si vous le désirez, Nemamiah ira consulter l'Ange Ménadel pour qu'il vous trouve du travail dans votre domaine d'expertise.

Nemamiah peut aussi faire disparaître les peurs et les angoisses liées aux voyages : la peur de prendre l'avion, de se retrouver dans un pays étranger, de se retrouver dans un pays de guerre, de ne plus revenir, de perdre votre passeport, etc. Si vous priez l'Ange Nemamiah, elle vous protégera et fera de votre voyage une belle réussite.

Nemamiah vous permet de réaliser le plus beau de vos rêves puisqu'elle vous aide à passer à l'action. Cet Ange fait du rêve une réalité. Il suffit de la prier. N'oubliez pas que Nemamiah vous aidera à passer à l'action pour tous les rêves que vous inscrirez dans votre panier d'osier. Elle vous aidera à les réaliser.

Note aux enfants de Nemamiah

À votre naissance, l'Ange Nemamiah vous a fait le don de sa Lumière de stratégie qui vous permettra de résoudre les problèmes les plus difficiles et de réussir votre vie.

Cet Ange vous permet de voir les situations d'Ombre pour que vous puissiez vous en éloigner rapidement. Elle vous prévient des dangers. Il n'en tient qu'à vous de vous en éloigner puisque Nemamiah vous a aussi fait le don de sa Lumière de force et de courage.

Les enfants de Nemamiah possèdent une qualité extraordinaire. Ils ont une facilité à résoudre les problèmes les plus ardus. Pour eux, c'est un défi qu'ils aiment bien relever. Ils ont toujours la réponse ou la solution qu'il faut pour se sortir d'un dilemme ou d'un problème. Aussitôt le problème exposé, ils savent exactement quelle sera la meilleure solution pour bien s'en sortir.

Nemamiah accorde à tous ses enfants qui la prient la prospérité, le succès dans leur vie personnelle et professionnelle et la solution à leurs problèmes. Voilà l'importance d'intégrer cet Ange dans votre vie.

Réclamer l'aide de l'Ange Nemamiah

Changer un rêve en réalité

Il y a deux façons de changer un rêve en réalité. La première est d'écrire votre rêve sur un bout de papier et de réciter une prière. La deuxième, que l'Ange Nemamiah adore, est de vous acheter un petit panier d'osier et d'y inscrire un rêve, un vœu, un désir. Cet Ange vous dit que vous pouvez lui en écrire jusqu'à douze. Sa mission est de vous aider à passer à l'action pour que chaque rêve ou vœu déposé dans votre panier puisse devenir réalité.

Si vos rêves ou vos vœux sont minimes, Nemamiah peut vous en faire réaliser un par mois. Parfois, il est mieux de lui demander de petites faveurs. Ainsi, vous aurez le privilège de les voir se réaliser rapidement.

Lorsqu'un vœu est réalisé, retirez-le du panier. Il serait également sage de réciter la prière de remerciement. Si vous le désirez, vous pouvez émettre un autre vœu pour remplacer celui qui a été exaucé. Vous pouvez aussi inscrire le mot « surprise » sur l'un de vos douze rêves. Nemamiah vous enverra une surprise qu'elle choisira. Elle communiquera avec votre Ange personnel pour comprendre ce qui vous ferait le plus plaisir. Et elle l'enverra sur votre chemin.

Avant d'écrire vos rêves, vos buts, vos vœux, fermez les yeux et prenez trois bonnes respirations profondes. Demeurez dans cet état d'intériorisation pendant une minute. Ensuite, écrivez- vos rêves, vos buts, vos vœux et laissez Nemamiah vous envoyer sur le chemin de l'action.

Retrouver le goût de vivre

Pour retrouver le goût de vivre, il vous suffit de prier Nemamiah. Sa mission sera de vous faire prendre votre courage à deux mains, de relever la tête et d'accomplir ce qui doit être fait. Sa Lumière vous donnera cette petite poussée dans le dos qui va vous permettre d'avancer et de créer. Si vous la priez pour retrouver le goût de vivre et que Nemamiah vous fait entendre le mot « courage », cela sera très important. Elle vous donnera ainsi le courage de régler tout ce qui est en dérangement dans votre vie. Attendez-vous à vivre beaucoup de changements dans les douze semaines qui suivront votre demande.

Protéger un militaire

Demandez à l'Ange Nemamiah de purifier un objet qui appartient à un militaire, soit l'une de ses médailles, un bijou, un médaillon, etc. L'important, c'est que le soldat le garde sur lui continuellement lors de combats et d'exercices de combats. Cet objet que vous ferez purifier protégera le militaire de tout danger qui pourrait survenir lors de son service militaire. Récitez la prière concernée. Il serait bien aussi que le militaire récite la prière du militaire. Elle lui donnera la force et le courage de continuer sa mission.

Se libérer de quelqu'un

Pour vous libérer de quelqu'un, il vous suffit de réciter la prière concernée. N'oubliez pas que la mission de l'Ange Nemamiah est de vous éloigner de cette personne. Si vous n'êtes pas prêt à vous en éloigner à cause de votre sentiment d'attache, demandez plutôt à Nemamiah de vous donner la force et le courage de vous affirmer dans la relation. Et demandez-lui aussi d'aider l'autre personne à mieux voir ses faiblesses et les douleurs qu'elle peut causer à autrui. Toutefois, si la personne concernée ne veut « rien savoir », Nemamiah doit accepter sa décision. Il serait sage à ce moment-là de lui demander de vous libérer de l'emprise que cette personne a sur vous et de vous en éloigner en douceur.

Éviter les dettes karmiques

Pour éviter les dettes karmiques, il vous suffit de prier les Anges. Lorsque vous ne serez pas sur la bonne route, les Anges vous le feront ressentir. L'important, c'est de toujours réparer les erreurs que vous faites. Ainsi, vous évitez des conséquences parfois désastreuses. Il y aura parfois des erreurs qui seront difficiles à réparer, et c'est normal. N'oubliez pas qu'il faut en faire pour évoluer et apprendre. Toutefois, si vous êtes conscient du tort que vous avez causé à autrui, si votre intention de réparer votre erreur est honnête, si vous êtes capable de dire « je m'excuse », si vous faites le mieux que vous pouvez avec ce que vous possédez comme connaissance, vous êtes sur une bonne voie et vos erreurs karmiques seront très minimes, voire nulles.

Découvrir son orientation professionnelle

Pour découvrir votre orientation professionnelle, il vous suffit de demander à Nemamiah de vous aider sur ce plan. Faites la demande en méditant sur elle. Expliquez-lui vos attentes. Demandez-lui de vous guider vers ce qu'il y a de mieux pour vous. Vous pouvez également lui demander de l'aide avant de vous coucher ou lorsque vous avez une minute de libre.

Il serait bien de lui réciter la prière protectrice et bienfaisante et, ensuite, de lui réciter celle du remerciement. La mission de l'Ange Nemamiah sera d'éveiller en vous vos passions, vos désirs, votre talent, votre force. Ainsi, il vous sera beaucoup plus facile de voir la discipline dans laquelle vous aimeriez travailler.

Nemamiah enverra sur votre chemin des gens possédant des expertises qui sauront vous plaire. Ces personnes-ressources vous aideront à faire des choix, mais à faire des bons. Telle sera la mission de Nemamiah envers vous.

Si vous voulez connaître votre orientation professionnelle, prenez le temps de l'écrire, soit à la fin de la lecture de votre chapitre, soit maintenant. Fermez les yeux et prenez trois bonnes respirations profondes. Demeurez dans cet état d'intériorisation pendant une minute. Quand vous serez prêt, ouvrez en douceur vos yeux et écrivez ci-dessous vos attentes et vos buts.

_____

_____

_____

Ensuite, récitez ceci : « *Ange Nemamiah, aidez-moi à découvrir mon orientation professionnelle pour que je puisse être en harmonie avec elle.* »

Obtenir une seconde chance

Pour obtenir une seconde chance, il vous suffit de réciter la prière à cet effet. Indiquez à Nemamiah à propos de quel sujet vous aimeriez obtenir une seconde chance. Cela peut concerner votre relation amoureuse ou amicale, une entrevue, un examen, le désir d'arrêter de fumer, etc. Qu'importe le sujet, l'important est de réciter la prière et de lui indiquer la raison pour laquelle vous voulez une seconde chance.

Si vous avez besoin d'une seconde chance, prenez le temps de l'écrire, soit à la fin de la lecture de votre chapitre, soit maintenant. Fermez les yeux et prenez trois bonnes respirations profondes. Demeurez dans cet état d'intériorisation pendant une minute. Quand vous serez prêt, ouvrez en douceur vos yeux et écrivez le sujet et la raison pour laquelle vous désirez cette seconde chance.

_____

_____

_____

Ensuite, récitez ceci : « *Ange Nemamiah, donnez-moi une seconde chance de prouver ma bonne intention et ma bonne volonté à propos de* (récitez-lui le sujet). *Ange Nemamiah, guidez mes pas vers une belle réussite.* »

Bâtir un autel pour accueillir l'Ange Nemamiah

Napperon : tissu avec l'image d'un panier d'osier rempli de fleurs. Vous pouvez remplacer le napperon par un petit bouquet de fleurs.

Couleurs : violet et mauve.

Bougies : vertes, bleues, jaunes et blanches.

Encens : myrrhe, mastic et oliban.

Odeurs : florales, tout particulièrement celle de la lavande, du muguet et du lilas. Elle aime aussi la senteur de l'amande.

Psaume à réciter lors du rituel

« *Pour ceux qui mettent leur confiance dans le Seigneur, il est leur secours et leur protecteur.* »

Psaume 115, verset 11

58. YEIALEL
(consolation, yeux, vérité)

« *Sois d'abord en paix dans ton cœur et dans ton âme. Par la suite, tu pourras être en paix avec les autres qui, tout comme toi, sont une manifestation de l'amour de Dieu.* »

« *Un des plus cadeaux à offrir à tes proches : ton respect et ta fidélité.* »

« *La paix s'acquiert en prononçant des paroles mélodieuses.* »

Ange idéal

Yeialel est l'Ange idéal de tous les enfants nés au début de l'année 2000. Ces enfants, guidés par Dieu, changeront le visage de l'humanité. La mission de l'Ange Yeialel est de soutenir ces groupes d'enfants lumineux et pacifistes. Ils sont ici pour aider l'humanité à faire un bond évolutif. Ils marqueront l'histoire! Tel est leur plan de vie et telle est la mission de Yeialel par rapport à cette génération. Cet Ange doit les aider à bien accomplir leur mission de vie.

Yeialel est aussi l'Ange idéal des ouvriers, des forgerons, des travailleurs de fer et d'acier. Il va les protéger pour qu'ils évitent tout accident, toute chute, et pour éviter qu'un objet puisse se jeter dans leurs yeux.

Yeialel est l'un des Anges les plus colorés. Il se dit un Ange « hippie » puisqu'il porte plein de babioles sur lui, de même que l'insigne de la paix. Lorsqu'il annoncera sa présence, vous allez vite le ressentir à l'intérieur de vous. Une paix immense vous envahira. Vous serez dans un état de paix et d'amour (*peace and love*) identique à son énergie.

Lorsqu'Yeialel viendra vers vous, vous serez ébloui par l'explosion de petits « picots » lumineux de la grosseur de petit pois verts. Ces petits points lumineux peuvent être orange, rouges, verts et jaune fluorescent. Vous pouvez même voir des filaments d'énergies se promener.

Cet Ange très pacifique arrive au rythme de son énergie. Il prône la qualité au lieu de la rapidité. Autrement dit, il arrive quand il arrive. Toutefois, quand il viendra vers vous, il trouvera la meilleure solution pour vous sortir de vos ennuis et vous permettre de retrouver rapidement la paix dans votre cœur. Si vous priez cet Ange, vous devez être patient avant que celui-ci vous fasse un signe. Cela ne veut pas dire qu'il ne viendra pas instantanément. Cet Ange prendra le temps qu'il faudra puisqu'il arrivera près de vous avec une réponse. C'est la raison pour laquelle cela peut prendre un peu plus de temps. Lorsque vous le prierez, l'Ange Yeialel entendra immédiatement votre demande, toutefois, il ira immédiatement chercher l'aide nécessaire pour vous accorder votre demande.

Sa rapidité correspond avec la demande que vous lui ferez. Si ce que vous demandez est immense et compliqué, cela peut prendre un peu plus de temps avant que vous ressentiez sa présence. Si ce que vous lui demandez est simple, vous pouvez immédiatement ressentir sa présence. De toute façon, lorsqu'il viendra vers vous, il aura la solution.

Différentes façons de manifester sa présence

Puisque l'Ange Yeialel prône la paix dans le monde et que, depuis quelques années, la colombe est pour l'humain un symbole de paix, Yeialel viendra vers vous sous la forme d'une colombe. Cet Ange adore les colombes et les pigeons blancs.

L'Ange Yeialel préfère les odeurs fraîches et celles qui calment l'esprit et qui « énergisent » le corps. Alors, il aime en plusieurs. Lorsqu'il viendra vers vous, il vous enverra l'odeur dont vous avez besoin. Si vous devez reposer votre esprit, il vous enverra une odeur qui vous calmera. Toutefois, si vous avez besoin d'énergie, il vous enverra une odeur qui vous « énergisera ». Yeialel dit qu'il a beaucoup aimé l'odeur de la génération « hippie », celle du patchouli!

Un mot très important pour Yeialel est « **paix** ». Si vous l'entendez, l'Ange Yeialel vous indique qu'il vous infuse le symbole de la paix, la colombe de Dieu, pour que vous puissiez retrouver la paix en vous, pour que vous puissiez retrouver un bel équilibre ainsi qu'une belle qualité de vie.

Si vous entendez « ***peace and love*** », attendez-vous à vivre de beaux changements au cours de l'année qui suivra votre demande. Après ces changements, vous vivrez dans la paix et l'amour. Vous serez resplendissant de bonheur.

Il peut aussi vous faire entendre le mot « **prospérité** ». Par ce terme, l'Ange Yeialel vous indique qu'il attirera la prospérité vers vous. Tout ce que vous entreprendrez sera fructifiant pour vous, et ce, dans tous les sens du mot.

Si vous entendez le mot « **miroir** », Yeialel vous dit qu'il est temps de vous regarder profondément. Regardez qui vous êtes. Aimez-vous ce que vous voyez? Inconsciemment, vous pouvez vous laisser emporter par des sentiments négatifs. Il est maintenant temps pour vous de faire du ménage pour que vous puissiez retrouver la paix dans tous les aspects de votre vie. Il est maintenant temps pour vous de prier l'Ange Yeialel pour qu'il instaure sa Lumière de paix en vous.

Yeialel peut aussi vous faire entendre les mots suivant : « **boule** », « **couleur** », « **génération** », « **hippie** », « **dynamique** » et « **Picasso** ».

Autres représentations symboliques

Un des signes préférés de l'Ange Yeialel est d'*adombrer* le corps d'un humain et de lui faire faire le signe du *peace and love*. Ne soyez pas surpris si celui-ci arbore toutes sortes de couleurs dans sa tenue vestimentaire. Il ne faut pas oublier que l'Ange Yeialel est coloré. Il peut aussi vous montrer un bijou ou un objet avec l'insigne de la paix. Par ce signe, l'Ange Yeialel vous indique qu'il vous aspergera de sa Lumière de paix pour que vous puissiez retrouver la paix et l'harmonie.

Puisque l'Ange Yeialel est à l'image d'une boule en miroir, il vous en montrera une, comme une boule disco. Elle peut être sous sa vraie forme ou sous la forme d'un bijou. Cet Ange vous montrera également des miroirs un peu partout. Vous n'aurez pas le choix de vous y regarder. Ne soyez pas surpris de voir, dans le miroir, une petite sphère d'étincelles. Si cela vous arrive, alors vous venez de voir l'Ange Yeialel qui se regardait en même temps que vous dans le miroir.

L'Ange Yeialel peut aussi vous montrer des néons ou des fluorescents dans les couleurs suivantes : orange, rouge, vert et jaune. Elles sont ses préférées.

Ne soyez pas surpris de voir des gens avec des vêtements de ses teintes. L'Ange Yeialel peut même vous donner le goût de porter vous-même ses couleurs préférées. Vous pouvez inconsciemment, un jour, vous vêtir de toutes les couleurs mentionnées. Et, vers la fin de la journée, Yeialel vous guidera vers un miroir pour que vous puissiez voir vos couleurs. Sinon, il enverra une personne vers vous qui vous dira que vous portez de belles couleurs. De toute façon, vous allez rapidement comprendre que l'Ange Yeialel vous fait signe.

Pour vous taquiner, il vous montrera la lettre « Y », puisque c'est la première lettre de son prénom.

L'Ange Yeialel aime les peintures qui arborent des couleurs vives. Il est définitif qu'il vous en montrera. Il peut même vous **montrer des peintures de Picasso**. S'il vous en montre une, l'Ange Yeialel vous indique qu'il mettra de la couleur dans votre vie. Il vous enverra des cadeaux providentiels pour revoir un sourire sur vos lèvres. Yeialel égayera votre vie grâce à sa Lumière prospère.

Spécialités de l'Ange Yeialel

Le surnom de Yeialel est « Consolation de Dieu », car Dieu lui a donné le pouvoir de réparer tous les pots cassés causés par les gestes, les mots et le comportement de l'humain. Et certaines situations peuvent avoir des répercussions négatives sur les émotions de l'humain et sur son comportement. De même, cela peut engendrer des guerres inutiles. Parfois, l'humain ne se rend même pas compte qu'il est le protagoniste de sa propre guerre. Si tel est votre cas, demandez à l'Ange Yeialel de réparer vos pots brisés. Demandez-lui de vous aider à faire la paix en vous et avec ceux que vous avez blessés. Pour ce faire, il faut le prier. Toutefois, l'Ange Yeialel travaillera en collaboration avec l'Ange Haaiah pour établir un traité de paix entre vous et la partie impliquée. N'oubliez pas que l'Ange Yeialel a comme mission de rétablir la paix en chacun des êtres humains et de les aider à évoluer sur le sentier de l'amour. C'est l'une de ses grandes priorités : voir l'humain heureux.

Son surnom est aussi « Œil de Dieu » puisque Yeialel a aussi le pouvoir de guérir et de soulager les maladies reliées aux yeux. Cet Ange évite à celui qui souffre de glaucome, de cataracte, de presbytie et d'autres maladies de l'œil, de devenir aveugle. L'humain qui a une grave maladie à l'œil et qui perd la vue devrait prier l'Ange Yeialel. Cet Ange infusera en lui une force inébranlable qui lui permettra de surmonter cette épreuve et de l'accepter. Son rôle est de l'aider à construire de nouvelles habitudes de vie malgré le problème de cécité.

Yeialel a aussi la mission d'aider, de soulager ou de guérir tous ceux qui souffrent d'anémie, de cancer du sang, de diabète et de cholestérol. Sa mission sera de guider l'humain vers le chemin de sa guérison en lui trouvant le meilleur moyen, le meilleur médecin et la meilleure technique pour parvenir à guérir la maladie. Il s'assurera aussi que la maladie ne dégénère pas.

Dieu peut donner la permission à l'Ange Yeialel de guérir vos maux si vous priez cet Ange. Sa Lumière agira comme un baume sur vos coupures et vos brûlures.

Autres raisons de prier l'Ange Yeialel

Yeialel chasse la tristesse. Sa Lumière vous donnera la force de réagir par rapport au chagrin. Il vous donnera le courage de passer à travers votre épreuve. Sa Lumière fera reluire le soleil en vous et dans votre foyer. Cet Ange aime voir l'humain heureux et en harmonie. Pour cela, Yeialel rendra prospère toute action que vous entreprendrez pour vous permettre de retrouver la joie, le bonheur et une aisance matérielle. Vous pouvez même lui demander de rendre prospère votre billet de loterie pour pouvoir gagner une petite somme d'argent qui vous remettra sur vos deux pieds.

La Lumière de l'Ange Yeialel vous permet d'avoir des idées claires et précises. Sa Lumière vous permet aussi d'analyser et d'évaluer chacune de vos idées, ce qui vous conduira à la réussite. En priant l'Ange Yeialel, celui-ci vous permettra donc de bien réfléchir avant d'agir. Ce faisant, il vous sera plus facile d'analyser ce qui se passe et d'y apporter les modifications nécessaires.

Vous pouvez aussi prier l'Ange Yeialel pour que la vérité puisse se faire entendre. Si vous êtes victime d'un mensonge ou d'une situation fallacieuse et que vous voulez apporter la lumière sur ces événements, priez l'Ange Yeialel. Il vous conduira vers le chemin de la vérité. L'énergie de cet Ange vous permettra de mieux voir la situation sous tous ses angles. N'oubliez pas que son surnom est « Œil de Dieu », car sa mission est de vous permettre de mieux voir ce qui se passe autour de vous pour pouvoir par la suite mieux régler ce qui ne fonctionne pas bien et ce qui entrave votre bonheur.

Il est aussi un excellent Ange à prier pour tous ceux qui ont des démêlés avec la justice. Si vous êtes innocent, priez cet Ange. Sa Lumière vous permettra de découvrir les coupables et de confondre les faux témoignages ainsi que vos adversaires. Il vous insufflera les mots justes qui vous aideront à bien vous défendre. Ces mots feront réfléchir la jurisprudence. Sa Lumière apaisera également en vous le désir de vengeance. Sa Lumière vous permettra de mieux maîtriser vos sentiments et d'être en contrôle avec vos émotions, ce qui aura un effet bénéfique sur votre conscience. Vous aurez donc l'éthique d'une personne honnête et respectable. Cela jouera en votre faveur.

Si vous priez l'Ange Yeialel, sa Lumière développera en vous une grande force morale et un courage exemplaire pour bien vous défendre et vous débattre devant l'adversité, les épreuves, lors d'un débat ou d'une cause judiciaire. Voilà l'importance de le prier si vous êtes victime de l'une de ces situations.

Cet Ange protège tous ceux qui travaillent dans la construction, tous ceux qui manient le fer et l'acier et tous ceux qui doivent utiliser des outils. Les personnes qui prient cet Ange seront protégées des accidents et des incidents qui pourraient survenir à cause de leur travail.

La Lumière de cet Ange permet d'aimer Dieu en toute simplicité. Tous ceux qui veulent retrouver l'amour de Dieu et tous les athées devraient prier l'Ange Yeialel. Il leur permettra de trouver une façon qui leur plaira de retrouver la foi en Dieu, l'amour de Dieu.

Note aux enfants d'Yeialel

À votre naissance, l'Ange Yeialel vous a fait le don de sa Lumière de prospérité, ce qui vous permettra de bénéficier d'une aisance financière. Si vous le priez, cet Ange enverra sur votre chemin des cadeaux providentiels. Il fera aussi fructifier chacune de vos actions. Yeialel peut même vous aider à choisir le billet gagnant. Voilà l'importance de le prier.

Sa Lumière vous éclairera donc dans tout ce que vous entreprendrez, ce qui vous permettra d'éviter les erreurs. La réussite fera partie de votre lot.

Réclamer l'aide de l'Ange Yeialel

Retrouver la paix

Pour retrouver la paix, lors de la méditation, demandez à Yeialel de vous infuser la colombe de la paix. Vous pouvez aussi le faire par la prière. Il vous suffit de lui demander de vous infuser la colombe de la paix à l'intérieur de vous. Lorsque Yeialel vous l'infusera, ne soyez pas surpris de verser des larmes. Le sentiment que vous procurera sa Lumière sera tellement intense que cela risque de vous faire pleurer. Ce ne seront pas des pleurs de peine, au contraire, ce seront des pleurs de bien-être et de réconfort.

Gagner à la loterie

Pour gagner à la loterie, il vous suffit de réciter une prière à cet effet. Tenez dans vos mains vos billets de loterie lorsque vous réciterez la prière.

Quand vous aurez terminé, insérez les billets dans votre boîte d'Ange ou dans le panier d'osier de l'Ange Nemamiah. Vous devriez également les acheter lors des journées particulières de l'Ange Yeialel. Elles vous seront bénéfiques.

Si l'Ange Yeialel vous fait entendre le mot « prospérité », cela vous indique qu'elle vous envoie une belle surprise financière.

Rendre une action prospère

Pour rendre une action prospère, il vous suffit de prier l'Ange Yeialel et de lui demander de rendre prospère l'action concernée. Si l'Ange Yeialel vous fait entendre le mot « prospérité », cela vous affirme qu'elle fera fructifier votre action.

Bâtir un autel pour accueillir l'Ange Yeialel

Napperon : tissu avec l'image d'un signe de paix.

Couleurs : orange, rouge, vert, jaune fluorescente et violet.

Bougies : vertes, bleues, jaunes, rouges et blanches.

Encens : mastic et storax.

Odeurs : épicées, celle de la bergamote et celle du patchouli.

Psaume à réciter lors du rituel

« Mon âme est bien troublée, et toi, Ô Éternel, jusqu'à quand... »

Psaume 6, verset 4

59. HARAHEL
(réponse aux questions, rêve, fertilité)

« Priez-moi et je ferai de votre famille une famille unie pour la vie. »

« Bâtir une famille, c'est trouver l'équilibre à travers elle. »

« Si vous ne pouvez pas être à l'écoute de votre famille, soyez au moins à l'écoute de sa détresse. »

« Une famille unie est une chaîne robuste sur laquelle vous pouvez toujours compter. »

Ange idéal

Harahel est l'Ange idéal de la famille. Il n'aime point les chicanes familiales et il protégera votre famille contre les situations d'Ombre telles que la jalousie et les querelles inutiles. Harahel apportera paix, harmonie et stabilité dans votre foyer. Vous aimerez et respecterez vos enfants et vos enfants vous le rendront.

Il est aussi l'Ange idéal des antiquaires, des chercheurs de trésors, des historiens et des archéologues. L'Ange Harahel a comme mission de faire découvrir des artefacts et des objets de valeurs. Ce n'est pas pour rien qu'on appelle l'Ange Harahel, le « Trésor de Dieu ». Cet Ange s'assure que tous les trésors que Dieu a créés sont retrouvés pour aider l'humanité dans son évolution et pour mieux comprendre le peuple qui a existé avant lui.

Même si Harahel est un Ange imposant, sa vibration est apaisante lorsqu'il annonce sa présence à l'humain. Lorsqu'il viendra vers vous, vous serez envahi par un sentiment de calme et de sérénité. Harahel adore l'odeur de l'ambre. Lorsqu'il viendra vers vous, vous serez submergé par un parfum ambré. Imaginez-vous un encens qui brûle et dont l'odeur se disperse un peu partout dans une pièce. Telle sera la façon de l'Ange Harahel d'annoncer sa présence. Ne soyez pas surpris si vous versez des larmes lorsque vous serez en contact avec Harahel. Tel est l'effet de son énergie.

Harahel viendra vers vous selon la priorité de votre demande. Cet Ange s'approchera immédiatement vers l'humain dont la demande sera urgente et importante. Si vous formulez une demande pour le plaisir de formuler une demande, cela peut prendre une semaine avant que cet Ange y réponde. N'oubliez pas qu'il est un Dieu qui connaît toutes choses. Il sait si votre demande est importante ou non. Alors, il faut être patient avant de recevoir un signe de l'Ange Harahel. Toutefois, il vous répondra. Cela fait partie de sa mission. Il est l'Ange qui connaît tout et qui sait tout, comme l'Ange Jabamiah. Harahel a comme mission de répondre à toutes les questions que se pose l'humain.

Différentes façons de manifester sa présence

L'Ange Harahel peut prendre la forme qu'il désire. Selon les circonstances du moment de la demande, si celui qui réclame son aide aime un animal en particulier, il prendra sa forme. Toutefois, l'Ange Harahel trouve que le caméléon lui ressemble puisque celui-ci prend les couleurs appropriées du moment présent.

L'Ange Harahel adore la senteur de l'ambre et les odeurs épicées. Telles seront les parfums qu'il vous fera humer lorsqu'il viendra vers vous.

Les mots très importants pour Harahel sont « **réponse** » ou « **répondre** ». Cet Ange possède les réponses à toutes les interrogations humaines puisqu'il a accès au chapitre du *Livre de Vie* qui traite de l'humain. Si vous entendez l'un de ces mots, l'Ange Harahel vous enverra la réponse à la question que vous lui poserez.

Un autre mot qui lui est cher est « **solution** ». Si vous l'entendez, l'Ange Harahel vous indique qu'il trouvera la meilleure solution pour régler ce qui ne fonctionne pas bien dans votre vie. Cet Ange s'assurera que la paix, la sérénité et l'équilibre font partie de votre vie.

Il peut aussi vous faire entendre le mot « **inspiration** ». Par ce terme, l'Ange Harahel vous donnera de l'inspiration pour continuer l'un de vos projets. De plus, cet Ange vous guidera vers la réussite de ce projet.

Harahel peut aussi vous faire entendre le mot « **livre** ». Cet Ange ira fouiller dans votre *Livre de Vie* et vous dirigera vers une situation favorable. Notez tous les symboles que l'Ange Harahel vous enverra par les rêves puisque cet Ange répondra ainsi à toutes vos questions existentielles. Cet Ange vous permettra également de voir votre futur, si cela peut vous aider à avancer. Il peut même vous faire voir votre passé ainsi que vos vies antérieures. Il vous aidera à faire le ménage nécessaire pour que vous puissiez bien accomplir votre présent plan de vie. Il vous aidera également à retrouver la sérénité et la joie de vivre.

Harahel peut aussi vous faire entendre les mots suivants : « **accordéon** », « **musique** », « **ambre** » et « **encens** ».

Autres représentations symboliques

L'Ange Harahel ressemble à un dictionnaire. Il peut vous montrer un ou plusieurs dictionnaires. Harahel peut même vous obliger à en consulter un parce que vous chercherez la définition d'un mot. Sinon, il enverra vers vous une personne qui vous demandera si vous possédez un dictionnaire.

Harahel est un Ange curieux qui adore les livres et leur contenu. Il est évident qu'il vous fera voir plusieurs livres. Certains se rapporteront à la musique, à l'encens, à la quiétude, à l'ambre, à la vie et au bonheur : des sujets qu'adore l'Ange Harahel. Ne soyez pas surpris de voir une image d'une note de musique, d'un accordéon, d'un globe terrestre, d'une plage ensoleillée et d'encens sur la couverture de certains livres. Telle est la façon originale de cet Ange de vous indiquer qu'il a entendu votre prière.

Il peut même envoyer vers vous **une personne qui vous offrira un livre**. Ce signe sera important puisque l'Ange Harahel enverra sur votre chemin une situation que vous lui aviez demandée. Par exemple, si vous lui aviez demandé de rencontrer quelqu'un, par ce signe, cet Ange vous dit qu'il vous envoie la personne qui vous conviendra.

L'Ange Harahel adore l'**accordéon**. Il y a de fortes chances qu'il vous en montre un. Ne soyez pas surpris d'**entendre quelqu'un en jouer**. Si cela se produit, par ce signe, l'Ange Harahel apportera de l'harmonie sous votre toit et autour de vous si vous avez vécu une chicane, une période de discussion animée, etc. Si l'Ange Harahel vous **montre un accordéon**, cela veut dire que vous allez vous réconcilier avec les personnes concernées par la discorde. Puisqu'il aime la musique, il va donc vous donner le goût d'en écouter une douce et mélodieuse. Cette musique aura un effet bénéfique sur vous.

Cet Ange adore la couleur et l'odeur de l'ambre. Pour vous annoncer qu'il a entendu votre prière, il vous montrera des bijoux avec des pierres d'ambre.

Si vous lui avez posé une question, il peut utiliser la voix d'un membre de votre entourage pour y répondre. Il faudra être très attentif aux paroles que les gens prononceront puisque votre réponse s'y trouvera.

Un autre signe particulier que Harahel peut faire, c'est d'envoyer vers vous une personne qui vous dira que « la mémoire est une faculté qui oublie ». Il est certain que si vous entendez cette phrase, vous allez vite comprendre que Harahel vous fait signe.

Cet Ange peut aussi vous envoyer quelqu'un qui vous parlera d'examen. Invitez-le à prier Harahel puisque cet Ange l'aidera à se remémorer la matière étudiée. Toutefois, si cette personne n'a rien étudié, elle ne peut réclamer l'aide de Harahel.

Spécialités de l'Ange Harahel

L'Ange Harahel a accès au chapitre qui traite de tous les habitants de la Terre. Toutes les réponses sont contenues dans son âme et dans son cœur. La Lumière de cet Ange est donc importante pour l'humanité. Cet Ange possède la réponse à toutes les interrogations humaines. Qu'importe le domaine ou la question, la mission de l'Ange Harahel est de trouver la meilleure réponse à la question qui lui est posée.

Si vous voulez obtenir les réponses à vos questions, priez l'Ange Harahel. Posez-lui votre question et demandez-lui d'y répondre. Toutefois, si pour une raison ou une autre la réponse dérangeait votre vie humaine, l'Ange Harahel n'y répondra pas. Cet Ange évaluera chacune de vos questions. Il y répondra si la réponse à vos interrogations vous aide à cheminer dans la bonne direction et qu'elle vous aide à faire croître la Lumière qui vous habite. Cet Ange dévoilera donc toutes les réponses essentielles à l'évolution et à la croissance spirituelle de l'humain.

L'Ange Harahel dévoilera la réponse par le rêve ou par un membre de votre entourage. Il peut aussi vous envoyer votre réponse par votre intuition. Cette intuition sera tellement forte en vous que vous allez immédiatement reconnaître la réponse à votre question. Si vous doutez de votre intuition, il vous suffit de demander à l'Ange Harahel de confirmer votre réponse par le rêve ou un membre de votre entourage.

Tous ceux qui doivent passer un examen devraient prier l'Ange Harahel. La mission de cet Ange est de leur remémorer toute la matière étudiée pour leur faciliter la tâche. Toutefois, ils doivent s'abstenir de le prier s'ils n'ont rien étudié!

Autres raisons de prier l'Ange Harahel

Harahel apporte la « fertilité » dans tous les sens du mot. Il permet de bien faire fructifier une action, un geste, une parole. Il suffit de le prier et de lui demander de faire fructifier votre action. Harahel peut aussi rendre le corps d'une femme fertile, évidemment, si cela n'entrave pas son plan de vie.

La Lumière de l'Ange Harahel protège la femme enceinte. Cet Ange travaille en collaboration avec l'Ange Omaël. Leur Lumière enlève la peur de l'accouchement. De plus, ces deux magnifiques Anges facilitent l'accouchement. Il suffit de les prier.

Tout comme les Anges Cahetel et Chavakhiah, l'Ange Harahel prend soin de la famille. Il en protège les membres. Ces trois Anges ont chacun une mission importante en ce qui concerne la famille. Si vous les priez, cela vous évitera de fâcheuses situations familiales. La mission de l'Ange Harahel au sein de la famille est d'apporter de l'harmonie dans le foyer. De plus, il veille à ce que la relation parent-enfant puisse être en harmonie. Cet Ange s'assure que les bases sont solides et qu'elles reposent sur le respect, l'amour et l'entraide. La devise de l'Ange Harahel est la suivante : « Une famille doit être unie pour la vie ». Telle est sa mission envers la famille.

Harahel est un excellent Ange à prier pour toute profession reliée à l'argent. Sa Lumière peut apporter le succès dans les opérations de spéculations et dans le domaine de la Bourse. De plus, Harahel soutient également les travailleurs autonomes et les propriétaires de petites entreprises. Il les aide à bien faire fructifier leur entreprise. Advenant un problème, l'Ange Harahel enverra des signes importants pour que celui qui le prie y voie immédiatement. Ainsi, il pourra éviter une catastrophe. Tel est le rôle de l'Ange Harahel, celui de prévenir tous ceux qui le prient des dangers qui pourraient survenir dans leur entreprise.

Tous ceux qui ont des problèmes d'argent et qui sont nuls en comptabilité devraient prier l'Ange Harahel. Il vous fera prendre conscience de la valeur d'argent et vous aidera à mieux analyser votre situation financière. Il vous infusera le goût d'établir un bilan pour que vous puissiez vous relever financièrement. Sa mission sera d'envoyer des personnes compétentes sur votre chemin pour vous aider à établir votre bilan personnel. Harahel demandera aussi à l'Ange Anauël d'attirer l'argent vers vous. Il vous fera gagner une somme d'argent ou obtenir une augmentation de salaire. Les Anges Harahel et Anauël travailleront donc pour vous aider à rétablir votre situation financière.

Une mission importante de l'Ange Harahel est d'œuvrer auprès des chercheurs afin que ceux-ci découvrent la cause profonde de la leucémie, du cancer, des maladies du cerveau, et ce, tant sur le plan physiologique que psychologique. Il les aide également à trouver un remède qui permettra de guérir ces maladies. Il serait donc important pour les chercheurs de prier l'Ange Harahel. Celui-ci les aidera dans leurs recherches. Harahel pourrait leur envoyer, par le rêve ou l'intuition, les données importantes pour faire avancer la recherche.

Harahel peut même vous révéler certaines de vos vies antérieures de même que votre vie future, si cela est utile à votre évolution. Pour ce qui est des vies antérieures, il travaillera avec l'Ange Haamiah. Pour ce qui est du futur, il travaillera avec l'Ange Achaiah.

Si vous aimez les objets d'autrefois, que vous êtes passionné par la recherche de ceux-ci, priez l'Ange Harahel. Il vous aidera à dénicher un endroit où vous aurez la possibilité de trouver un artefact, un trésor ou un objet de valeur. Toutefois, le but de votre recherche doit être relié à l'histoire de cet objet ou à la progression de votre collection personnelle. Si votre but est de vous enrichir avec ces objets et que vous vous fichez complètement de leur histoire, il y a de fortes chances que l'Ange Harahel ne vous aide pas.

Note aux enfants de Harahel

À votre naissance, l'Ange Harahel vous a fait le don de sa Lumière intuitive qui vous permet de ressentir les gens autour de vous. Cela peut vous éviter bien des ennuis, si vous prenez le temps d'écouter cette voix intuitive.

De plus, grâce à cette Lumière, il vous est possible de voir votre futur. Vos rêves sont très révélateurs. Si vous prenez le temps de bien les analyser, vous verrez que la plupart de vos réponses s'y trouvent. Il suffit de vous faire confiance.

Harahel vous a aussi doté de plusieurs bonnes qualités. Vous êtes intelligent, doué de plusieurs talents qui vous permettent de toujours bien réussir tout ce que vous entreprenez. Que ce soit un projet ou une idée, peu importe, vous n'avez pas peur d'avancer. Votre réussite vous parvient grâce à votre évaluation et à votre grande analyse de chaque événement que vous vivez. Vous prenez toujours le temps d'analyser votre rôle au sein de l'événement et les effets que cela peut engendrer dans votre vie. Quand le tout est bien analysé et que vous êtes en harmonie avec votre décision, vous vous lancez corps et âme dans votre projet. Votre grande détermination à vouloir réussir fait également de vous un être gagnant sur toute la ligne.

Réclamer l'aide de l'Ange Harahel

Obtenir des réponses

Pour obtenir des réponses, il vous suffit d'écrire votre question à l'Ange Harahel. Prenez un bout de papier et écrivez ceci : « *Ange Harahel, j'aimerais obtenir la réponse à cette question* ». Inscrivez votre question et n'oubliez pas d'inscrire la date. Ensuite, insérez votre question dans votre boîte d'Ange ou dans l'un de vos tiroirs de commode. Vous pouvez aussi insérer votre papier sous votre oreiller. Par ce signe, vous indiquez à l'Ange Harahel que vous voulez recevoir la réponse à votre question par le rêve.

Si votre question est importante pour vous, posez-la-lui tout simplement. Si vous lui posez plusieurs questions, vous aurez peut-être de la difficulté à déchiffrer toutes vos réponses. En écrivant une seule question, vous serez au moins conscient de la réponse que l'Ange Harahel enverra vers vous.

Vous pouvez écrire plus d'une question. Toutefois, ne dépassez pas cinq questions à la fois. Sinon, vous serez perdu dans vos réponses et cela risque de vous mélanger plus que tout.

Au début, écrivez-lui une seule question. Quand vous serez habitué à l'énergie de l'Ange Harahel, vous pourrez alors lui en écrire d'autres. Ses journées particulières sont aussi très importantes, autant pour recevoir la réponse que pour lui poser votre question.

De plus, si vous entendez les mots clés suivants : « réponse » ou « répondre », il vous faudra être très attentif dans les jours qui suivront l'écoute de ses termes puisque l'Ange Harahel viendra vous donner votre réponse par le rêve, l'intuition ou un membre de votre entourage.

Il est important de noter que si vous n'êtes pas prêt à recevoir une réponse, vous ne devez pas poser la question. Par exemple, si vous posez une question à l'Ange Harahel en ce qui concerne votre relation amoureuse et que cela vous rend anxieux juste d'écrire la question, alors il y a de fortes chances que vous ne soyez pas prêt à recevoir la réponse. D'ailleurs, l'Ange Harahel ne vous répondra probablement pas puisque cela vous dérangera et, automatiquement, cela interférera avec votre évolution.

Toutefois, si une question sur votre relation amoureuse entraîne une réponse qui vous aiderait à aller de l'avant avec vos choix et vos décisions, Harahel vous répondra même si la réponse peut vous déranger émotionnellement. L'important, pour Harahel, c'est de vous aider rapidement à retrouver votre bonheur.

N'oubliez pas que vous êtes le maître de vos décisions et que vous êtes responsable de vos paroles et de vos gestes. Si, pour une raison ou une autre, la réponse vous dérangeait, ne posez pas la question. Ainsi, vous éviterez de vous faire du mal pour rien.

Le but de l'Ange Harahel n'est pas de vous blesser. Au contraire, les Anges adorent les humains et ils leur sont très fidèles. C'est grâce à cette fidélité et à son dévouement envers l'humain que l'Ange Harahel répond à vos questions. Cet Ange cherche avant tout à vous faire plaisir.

De toute façon, si la réponse ne vient pas immédiatement, c'est que vous n'êtes pas prêt à la recevoir. Alors, ne réprimandez pas l'Ange Harahel.

Déchiffrer des réponses à travers les rêves ou l'intuition

Notez dans un cahier tous les symboles que vous voyez en rêve. Si vous avez de la difficulté à voir vos symboles ou à les comprendre, demandez à l'Ange Harahel de vous transmettre votre réponse par un membre de votre entourage. Choisissez une personne en particulier et de demandez à l'Ange Harahel de répondre à travers la personne que vous aurez choisie. Ainsi, vous serez plus à l'écoute des paroles que prononcera cette personne.

Il en est de même pour votre intuition. Pour vous assurer que votre intuition ne vous trompe pas, demandez à l'Ange Harahel de venir confirmer ce que vous ressentez à l'intérieur de vous par l'entremise d'une personne que vous choisirez.

Avoir un bel accouchement

Pour avoir un bel accouchement, il vous suffit de réciter la prière concernée. Récitez-la autant de fois que vous en ressentez le besoin.

Si vous êtes stérile, est-ce que Harahel peut vous aider à enfanter?

Les Anges peuvent faire des miracles, si cela n'entrave pas votre plan de vie. Si vous récitez la prière concernée et qu'après plusieurs mois rien ne se produit, il y a de fortes chances que Harahel ne puisse vous accorder cette faveur puisqu'elle entravera votre plan de vie. Ces lignes sont probablement difficiles à lire pour la femme qui désire avoir un enfant.

Toutefois, l'Ange Harahel vous donnera la force et le courage d'accepter votre stérilité. Si votre désir d'adopter un enfant est très fort en vous, cet Ange peut vous aider dans le processus de l'adoption si, évidemment, cela est en accord avec votre plan de vie.

Si vous avez de la difficulté à faire face à votre stérilité, priez les Anges et demandez-leur de vous donner la force et le courage de surmonter cette dure épreuve de la vie.

Faire fructifier une action

Pour faire fructifier votre action, il vous suffit de réciter la prière concernée. N'oubliez pas de remercier l'Ange Harahel en lui récitant la prière de remerciement (chapitre II).

Protéger sa famille

Pour protéger votre famille, il vous suffit de réciter la prière concernée. Récitez-la autant de fois que vous ressentez que votre famille en a besoin. Vous pouvez aussi prendre une photo de chaque membre de votre famille et l'insérer dans votre boîte d'Ange.

L'Ange Harahel peut-il vous enrichir à la Bourse?

La mission première de l'Ange Harahel est de vous protéger des krachs boursiers. Toutefois, il peut faire fructifier vos actions. Il est évident que l'Ange Harahel ne vous enrichira pas grâce à la Bourse. La mission des Anges est de protéger l'humain des dangers. Les Anges peuvent faire fructifier une action et apporter de l'abondance à celui qui en a vraiment besoin, que ce soit par la loterie, la Bourse, etc. Les Anges utiliseront une façon humaine pour répondre aux besoins de l'humain. Toutefois, si vous n'avez aucun problème financier et que vous priez l'Ange Haharel pour avoir plus d'argent, il ne vous aidera pas puisque vous n'en avez pas besoin à moins que vous n'utilisiez cet argent au profit de l'humanité. Là, l'Ange Harahel vous aidera. Il faut comprendre le rôle important des Anges. Leur mission est d'aider l'humain à bien accomplir son plan de vie. Si cela exige de lui envoyer de la prospérité, les Anges trouveront un moyen de le faire. Mais ce sera toujours sur une base raisonnable.

Vous pouvez prier Harahel pour qu'il protège vos actions, pour que vous ne fassiez pas trop de pertes financières. Vous devez cependant le prier régulièrement, soit tous les trois mois.

Bâtir un autel pour accueillir l'Ange Harahel

Napperon : il importe peu. Pourvu que vous aimiez le napperon, Harahel l'aimera aussi. Vous pouvez même utiliser un vieux livre ou une vieille revue comme napperon ou un tissu avec l'image d'un livre ou d'un accordéon.

Couleurs : violet et brun.

Bougies : vertes, bleues, jaunes et blanches.

Encens : mastic et benjoin.

Odeurs : ambre, lavande et camomille.

Psaume à réciter lors du rituel

« Du soleil levant au soleil couchant, que le nom de l'Éternel soit célébré. »

Psaume 113, verset 3

60. MITZRAËL
(consolation, réconfort, santé)

« Prenez le temps de guérir vos blessures. Prenez le temps d'analyser votre vie. Prenez le temps de résoudre vos problèmes. Vous en récolterez les bienfaits par la suite! »

« Connaissez-vous vous-même avant de juger votre prochain! »

« Vivez dans la réalité du moment présent et vous ne vous tracasserez plus pour votre futur et vous ne regretterez plus votre passé! »

Ange idéal

Mitzraël est l'Ange idéal des psychologues, des psychiatres et des thérapeutes. La Lumière de Mitzraël permet aux psychologues de mieux analyser son patient et de mieux lui faire prendre conscience de ses émotions intérieures. Par la Lumière de cet Ange, le psychologue sera en mesure de bien guider son patient vers la meilleure méthode pour l'amener au chemin de la guérison. La Lumière de Mitzraël éclaire les consciences. Elle les rend objectives. Elle permet aussi à l'humain d'avoir une vision claire des événements de sa vie. La Lumière de Mitzraël l'aide donc à prendre sa vie en main.

Cet Ange est également celui des étudiants. Avant un examen, priez Mitzraël. Sa Lumière influera sur votre mémoire. Ainsi, il vous sera beaucoup plus facile de vous remémorer ce que vous avez étudié ou appris par cœur. Pour mieux répondre à la demande, Mitzraël travaillera en collaboration avec son confrère, l'Ange Harahel.

L'Ange Mitzraël est un Ange à la vibration lénitive et réconfortante. Sa Lumière apaise, calme et réconforte. Imaginez-vous allongé près d'un ruisseau qui coule tout doucement. Le soleil illumine et réchauffe votre corps. Vous vous laissez bercer par le son de ce ruisseau. Vous êtes assouvi par cet état de calme. Telle sera la vibration de l'Ange Mitzraël lorsqu'il viendra à votre appel. Vous allez ressentir à l'intérieur de vous un état de calme et de quiétude, à un point tel que vous allez bâiller. Vous ne serez pas fatigué, mais tout simplement paisible. Votre énergie sera identique à l'état de bien-être que vous procure la méditation.

Puisqu'il est un Ange de douceur, sa présence sera plus difficile à capter. Il ne faut pas vous décourager. Dès le moment que vous allez le prier, l'Ange Mitzraël sera à vos côtés. Toutefois, il faudra être à l'écoute de sa vibration. Si vous êtes de nature très réceptive, vous allez vite le ressentir. Sinon, cela peut prendre quelques jours avant que vous ressentiez sa présence. Toutefois, si vous bâillez toute la journée pour des riens, alors vous êtes en communication avec l'Ange Mitzraël.

Différentes façons de manifester sa présence

Mitzraël n'a pas d'animal préféré. Pour lui, l'important est que l'animal puisse vous apporter du réconfort. Toutefois, il aime beaucoup le chant des oiseaux puisque certains apaisent le cœur de l'humain. Il aime aussi les papillons aux couleurs vives. Il se plaît à les admirer. Mitzraël dit que sa Lumière ressemble beaucoup au papillon puisqu'elle vous permet de retrouver l'envol vers la liberté. Sa Lumière a un effet libérateur sur les tracas.

Mitzraël vous enverra une odeur de fraîcheur. Imaginez-vous être allongé près d'un ruisseau rempli de fleurs. Les odeurs que vous humerez sont identiques aux odeurs que Mitzraël utilise quand il vient vers vous : une odeur de brise légère, de lavande, de muguet, de camomille, etc., soit toutes des odeurs apaisantes et calmantes. Telles sont les odeurs préférées de l'Ange Mitzraël.

Un mot très important pour Mitzraël est « **réconfort** ». Si vous entendez ce terme, l'Ange Mitzraël vous infusera sa Lumière de réconfort puisque vous en avez besoin. Cette Lumière aura un impact positif sur vous. Premièrement, elle apaisera votre cœur de toutes les douleurs provoquées par autrui. Deuxièmement, elle vous permettra de retrouver un bel équilibre dans votre vie, ce qui vous aidera à prendre les décisions adéquates pour faire les changements nécessaires afin de retrouver le chemin du bonheur. Telle est l'efficacité de la Lumière de Mitzraël.

Un autre mot qu'il peut vous faire entendre est « **musique** ». Par ce terme, l'Ange Mitzraël vous indique qu'il est temps pour vous d'écouter une musique de détente, de méditer, de prendre du temps pour vous. Vous avez besoin d'un temps d'arrêt. Votre corps physique et mental a besoin de se ressourcer. C'est en écoutant de la musique que votre corps reprendra ses énergies. Tel est le message que vous lance Mitzraël en vous envoyant le mot « musique ».

Si vous entendez le mot « **soleil** », Mitzraël vous indique que sa Lumière va illuminer votre vie. Attendez-vous à vivre des changements bénéfiques qui apporteront de la chaleur à votre cœur. Le soleil va reluire dans votre vie en faisant place au bonheur et à l'harmonie.

Un autre mot important aux yeux de Mitzraël est « **sécurité** ». Si vous l'entendez, Mitzraël vous dit de ne pas vous inquiéter, qu'il veille sur vous. Advenant un danger, il vous en avertira immédiatement. De plus, il guidera vos pas pour faire tous les changements nécessaires afin d'apporter la sécurité dans tous les aspects de votre vie.

Mitzraël peut aussi vous faire entendre les mots suivants : « **ruisseau** », « **calme** » et « **bonheur** ».

Autres représentations symboliques

Les Anges aiment bien *endombrer* un corps humain temporairement pour venir aider un autre humain en détresse. Un des signes préférés de Mitzraël est de venir vers vous et de vous faire une caresse angélique.

Mitzraël se décrit comme un Ange qui possède des ailes d'une douce teinte pastel. Ses couleurs sont le vert et le mauve très pâle avec un soupçon de blanc immaculé. Pour annoncer sa présence, il enverra sur votre chemin une personne arborant ses couleurs préférées.

Un signe cocasse que peut vous faire Mitzraël, c'est de vous **envoyer une bouteille d'eau par quelqu'un**. Ce dernier vous dira que cette eau est excellente puisqu'elle provient d'un ruisseau ou d'une source. Ce signe sera important puisque l'Ange Mitzraël vous indiquera que vous avez besoin de prendre soin de vous et de prendre une journée de repos pour faire le vide. Si vous êtes un adepte de la méditation, faites-en. Si vous n'avez jamais médité, peut-être qu'il est temps pour vous de commencer.

Mitzraël peut vous **montrer un enfant qui dort dans les bras de sa mère**. Il peut aussi vous montrer un ruisseau ou un endroit magique entouré d'arbres et de fleurs. Cet autre signe vous indique de prendre un temps de repos puisque vous en avez besoin pour bien continuer votre routine hebdomadaire.

Mitzraël va développer en vous le goût d'écouter une musique de détente. Prenez le temps d'écouter cette musique puisqu'elle vous sera bénéfique moralement et physiquement.

Mitzraël peut aussi développer en vous le désir de recevoir un massage. Si cela vous arrive, prenez un rendez-vous avec un massothérapeute. Puisque Mitzraël guidera les mains du massothérapeute pour soulager vos douleurs physiques, vous allez adorer les bienfaits que votre massage vous procurera. Vous trouverez que votre massothérapeute possède les mains d'un Ange. Vous aurez raison. Mitzraël y mettra sa petite touche angélique. Le toucher de Mitzraël apaise et calme.

Un autre signe très particulier que Mitzraël peut vous faire est de développer en vous le goût de vous acheter une douce couverture pour vous couvrir lors de journées plus froides. Puis, ses couleurs seront identiques à ses couleurs préférées. Mitzraël guidera vos pas vers cette charmante couverture. Vous n'aurez pas le choix de vous la procurer. Si cela vous arrive, vous allez apprécier cette douce couverture qui vous réchauffera lors de moments froids. Mitzraël y déposera sa Lumière de réconfort. Quand vous allez vous en couvrir, vous ressentirez immédiatement un bienfait de sécurité et de confort. Comme l'enfant avec sa « doudou », vous ne pourrez plus vous en passer.

Cet Ange peut aussi envoyer une personne qui versera des larmes et qui vous racontera ses problèmes. Vous serez en mesure de bien consoler cette personne, ce qui vous fera un bien énorme d'avoir aidé et réconforté quelqu'un.

Spécialités de l'Ange Mitzraël

Parfois, les Anges surnomment Mitzraël « Douceur de Dieu » et « Ange consolateur de Dieu ». L'Ange Mitzraël remplit avec douceur et sagesse la mission que Dieu lui a donnée. Sa mission est très importante puisque la

Lumière de Mitzraël console, réconforte et soulage. Lorsque l'humain n'est plus capable d'avancer à cause de tous les problèmes qui l'accaparent, la mission de l'Ange Mitzraël est de le consoler et de libérer de tous ses tracas.

Mitzraël aidera celui qui le prie à analyser profondément ses problèmes. Il lui indiquera la meilleure démarche à suivre pour s'en débarrasser à tout jamais. Ainsi, lorsque celui-ci fera un pas en avant, il sera beaucoup plus léger que le précédent. La mission de Mitzraël est de vous faire prendre conscience de ce qui ne fonctionne pas bien dans votre vie. Mitzraël ne réglera pas le problème pour vous. Toutefois, il vous indiquera la meilleure démarche à suivre pour vous en libérer. Les portes des solutions s'ouvriront pour vous. Il n'en tiendra qu'à vous de vous débarrasser de vos tracas puisque Mitzraël vous enverra des signes très concrets pour vous permettre de vous en exonérer.

Mitzraël a aussi une mission importante sur le plan de la santé. La Lumière de cet Ange soulage les maladies du monde, surtout celles qui sont reliées à la tête. Cet Ange prend soin des gens victimes de maladies psychologiques et neurologiques. Pour tout ce qui est relié au cerveau, à la tête, l'Ange Mitzraël a un grand pouvoir de guérison et de soulagement. Mitzraël prend soin de ceux qui ont été victimes d'un AVC, d'une méningite, d'une commotion cérébrale, d'un cancer du cerveau, d'une tumeur au cerveau, d'une embolie cérébrale et de la maladie d'Alzheimer. De plus, cet Ange prend soin des personnes qui ont été victimes d'un accident de la route ou qui ont subi un traumatisme crânien. Toutefois, sur ce plan, il collabore avec l'Ange Nemamiah dont la Lumière est d'aider la victime à bien se réhabiliter à la suite d'un traumatisme.

De plus, Mitzraël prend soin des personnes souffrant de maladies mentales telles que l'angoisse, les crises de panique, la folie, la dépression, la schizophrénie et la bipolarité. Ce magnifique Ange prend aussi soin de tous ceux qui ont des migraines atroces et des sinusites.

Le rôle de Mitzraël envers ces personnes, c'est de les soulager et de les prévenir en cas de chute. La Lumière de cet Ange leur donnera de la force et du courage pour les aider à passer à travers leur maladie. Il leur permettra de renaître avec des facultés différentes. Sa Lumière les aidera à reprendre confiance en elles et en la vie. Mitzraël les aidera à trouver une qualité de vie malgré la maladie qui les assaille. De plus, s'il lui est permis de les guérir, l'Ange Mitzraël le fera. Sachez toutefois qu'une guérison n'est pas nécessairement physique. La guérison peut tout simplement concerner l'apprentissage de vivre sainement avec la maladie, de s'épanouir à travers la maladie. Mitzraël a l'autorité de transmettre ce bagage à celui qui le prie.

Puisque cette mission est très importante sur le plan humanitaire, l'Ange Mitzraël travaillera en collaboration avec plusieurs Anges qui font partie de différents Chœurs. Toutefois, le Chœur des Vertus et le Chœur des Chérubins viendront souvent prêter main-forte à la mission de l'Ange Mitzraël. Ils travailleront ensemble pour respecter la devise importante de Mitzraël : « Une tête saine dans un corps sain ». Telle est la mission de Mitzraël envers celui qui le prie.

Autres raisons de prier l'Ange Mitzraël

Une autre mission importante de l'Ange Mitzraël est de protéger un enfant souffrant d'une déficience intellectuelle. Il le protégera de l'Ombre et des situations dangereuses. Pour cette mission, il travaille en collaboration avec les Anges Umabel, Iah-hel et Eyaël.

Vous pouvez aussi prier l'Ange Mitzraël pour qu'il vous délivre de vos peurs. Cet Ange est conscient que l'humain ne peut avancer quand il vit dans ses peurs. Ses émotions négatives l'empêchent d'avancer et d'être heureux. Si vous priez Mitzraël, il vous infusera sa Lumière de persévérance et de courage. Sa Lumière vous aidera à analyser profondément en vous la cause de vos peurs. Ensuite, cet Ange vous guidera vers la meilleure solution pour que vous puissiez vous en libérer.

Quand vous serez rendu à la fin d'un projet et que vous aurez besoin d'une force, d'un coup de main, l'Ange Mitzraël vous aidera en vous donnant de l'énergie, du cran et de la force pour terminer avec succès votre projet. Sa Lumière vous donnera ce petit élan dont vous avez tant besoin pour continuer votre travail.

La Lumière de l'Ange Mitzraël peut vous aider à conserver une excellente mémoire. Il est l'Ange à prier lorsque vous devez vous souvenir des paroles à citer lors d'un exposé oral. De plus, si vous prenez le temps de tout lire votre exposé, l'Ange Harahel viendra prêter main-forte à l'Ange Mitzraël. Harahel vous aidera à vous souvenir de tout ce que vous avez lu avant de faire votre exposé oral.

C'est en faisant des erreurs que l'humain grandit. Il apprend de ses erreurs. Toutefois, certaines erreurs doivent être réparées pour le bien de tous ceux qui sont concernés. Si vous avez commis une erreur et que vous la regrettez, priez l'Ange Mitzraël. Celui-ci vous donnera la force et le courage de bien la réparer sans qu'il y ait trop de dommage causé. Mitzraël vous montrera les meilleures issues pour bien réparer le tout.

L'Ange Mitzraël travaille également avec l'Ange Mumiah lorsque vous devez accepter de quitter votre corps physique pour entrer dans la demeure de Dieu. La Lumière de cet Ange facilitera la naissance de votre nouvelle vie. Sa Lumière facilite le « passage » d'une vie terrestre à la vie céleste.

Note aux enfants de Mitzraël

À votre naissance, l'Ange Mitzraël vous a fait le don de sa Lumière analytique qui vous permettra de toujours analyser profondément chaque situation qui se produit dans votre vie. Advenant un problème, vous serez en mesure de trouver la meilleure façon de vous en libérer.

Mitzraël vous a aussi doté de belles qualités telles que l'intuition, la perception et la persévérance. Vous êtes en mesure d'éviter les obstacles puisque vous avez la perception de les voir venir vers vous. Il serait important pour ceux qui vivent avec vous de bien écouter vos messages puisque vous les aiderez souvent à éviter de mauvaises surprises. Il y a de fortes chances que cela dérange les gens autour de vous puisque vous avez presque toujours raison. Mais c'est comme ça. Vous avez raison, car vous avez senti intérieurement en vous qu'il arriverait quelque chose et c'est très rare que vous vous tromperez.

Puisque Mitzraël est l'Ange de ces consignes : « Connais-toi toi-même » et « Vis dans la réalité du moment présent », il vous permet de mieux analyser vos forces et vos faiblesses tout en vous permettant de vivre un jour à la fois.

Réclamer l'aide de l'Ange Mitzraël

Se libérer de migraines atroces et de sinusites

Si vous priez l'Ange Mitzraël, sa Lumière soulagera vos migraines et vos sinusites. Lorsque vous serez victime d'une migraine, prenez le temps de vous allonger pendant cinq minutes et de demander à Mitzraël de soulager votre migraine. Si vous ne pouvez pas vous allonger, fermez tout simplement les yeux et formulez votre demande.

L'Ange Mitzraël vous guidera vers le meilleur remède, la meilleure technique, le meilleur spécialiste qui vous permettra de vous libérer de vos migraines. Si Mitzraël ne peut vous guérir, il est certain qu'il vous trouvera une solution pour les soulager lorsque vous en souffrirez.

Atténuer des crises d'angoisse

Les crises d'angoisse sont souvent causées par des situations refoulées de la vie. Comme mentionné par l'Ange Mitzraël, un problème non résolu viendra un jour ou l'autre vous déranger. Souvent, ces crises d'anxiété sont causées par des blessures non guéries. Voilà l'importance de guérir une blessure immédiatement lorsqu'elle survient. En guérissant vos blessures, vous n'en récolterez que des bienfaits par la suite.

Si vous souffrez d'angoisse, la mission de l'Ange Mitzraël est de vous réconforter et de calmer vos états d'âme. De plus, cet Ange vous guidera vers le meilleur traitement qui soit pour vous guérir de vos crises d'angoisse. Cet Ange enverra sur votre chemin des personnes compétentes qui comprendront vos problèmes et qui sauront bien vous guider dans les décisions à prendre pour améliorer votre état de santé. Si, pour l'améliorer, vous devez prendre des médicaments, l'Ange Mitzraël vous aidera à accepter cette forme de guérison. L'Ange Mitzraël dit qu'il est important pour l'humain de bien prendre soin de sa santé mentale. Pour ce faire, il doit faire confiance à la médecine traditionnelle pour guérir son physique et à la médecine douce pour soulager ses douleurs. Ensemble, ces deux médecines peuvent vous conduire vers la guérison complète de votre problème. Voilà l'importance d'accepter votre problème et tout le suivi qui en découle. En acceptant votre maladie, vous êtes en mesure de mieux la maîtriser et de mieux vous en sortir.

Se délivrer des peurs

Pour vous délivrer de vos peurs, il vous suffit de prier l'Ange Mitzraël. Sa mission est d'envoyer vers vous les personnes compétentes qui sauront vous libérer de vos peurs. De plus, en prenant le temps de lire ce livre, vous découvrirez des trucs qui vous aideront à vous en libérer vous-même. N'oubliez pas aussi que l'Ange Damabiah peut vous aider, surtout si votre peur appartient à l'une de vos anciennes vies. La mission de l'Ange Damabiah est de faire le grand ménage de vos anciennes vies, tandis que celle de l'Ange Rochel sera de vider votre contenu karmique. Jabamiah purifiera le tout par la suite. Si vous priez les Anges, ceux-ci sauront bien vous guider. Qu'importe l'Ange que vous priez, si celui-ci ne peut vous aider, il ira chercher de l'aide de ses confrères.

Protéger un enfant avec une déficience intellectuelle

Pour protéger un enfant avec une déficience intellectuelle, il vous suffit de réciter une prière à cet effet. La mission de l'Ange Mitzraël sera de protéger votre enfant de toutes les situations d'Ombres et de tous les dangers. Il serait aussi important de demander à Mitzraël de purifier un objet ou un bijou que votre enfant portera sur lui. Récitez également la prière tous les trois mois.

Protéger les victimes d'un AVC et de problèmes de santé reliés à la tête

La Lumière de Mitzraël agira comme une alarme. Elle vous préviendra lorsque surviendra un problème ou un danger quelconque. En agissant rapidement, cela vous évitera de faire de mauvaises chutes ou d'avoir de mauvaises surprises. Voilà l'importance de prier Mitzraël si vous avez été victime d'un problème relié au cerveau.

Combattre votre timidité

L'Ange Mitzraël favorise la parole. Il aide l'humain à mieux exprimer ses émotions. Souvent, la gêne et la timidité empêchent l'humain d'évoluer et parfois cela l'empêche de réaliser ses rêves et d'atteindre ses buts. La Lumière de l'Ange Mitzraël vous aidera à mieux exprimer vos émotions. Cet Ange vous donnera le courage lorsque viendra le temps pour vous de parler et de confronter une personne.

Se libérer de ses tracas

Pour vous libérer de vos tracas, l'important est de prier l'Ange Mitzraël. Il est important de lui écrire les tracas desquels vous aimeriez qu'il vous libère. Ne dépassez jamais plus de cinq tracas à la fois puisque, humainement, vous trouverez cela trop difficile à régler tout en même temps. Mitzraël aime mieux que vous lui écriviez d'un à cinq problèmes.

Son travail sera de vérifier quel est le tracas qui vous empêche d'avancer dans le moment présent. De plus, il vérifiera quel est le tracas que vous êtes apte à régler rapidement. Le travail de Mitzraël consiste à mieux analyser vos tracas pour ensuite vous en libérer. À la suite de son analyse, il vous permettra de résoudre l'un de vos problèmes, puisque vous en aurez les capacités à ce moment-là. Cet Ange ouvrira la porte aux solutions, ce qui vous permettra de mieux résoudre l'un de vos tracas. Quand le tout sera réglé, il vous enverra la solution à un autre de votre tracas.

L'Ange Mitzraël vous enverra les solutions nécessaires pour que vous puissiez vous libérer le plus rapidement possible de vos tracas. Toutefois, il s'assurera que vous aurez la capacité de les régler. Si, pour une raison ou une autre, vous n'en êtes pas capable, il attendra que vous retrouviez vos capacités. Si Mitzraël s'aperçoit que cela prend du temps, il ira consulter ses confrères qui vous aideront à retrouver vos facultés et vos capacités pour bien résoudre vos tracas.

Généralement, Mitzraël ouvre la porte aux solutions lors de ses journées importantes. Si, par exemple, vous lui écrivez vos tracas en juillet, sa mission est d'ouvrir la porte aux solutions pour régler votre premier problème. La date à laquelle Mitzraël le fera sera le 4 août. À partir de ce moment, soyez attentif aux signes de Mitzraël puisque la solution de l'un de vos tracas s'y trouve. Si vous ne les avez pas bien remarqués, il continuera de vous envoyer les solutions lors de sa prochaine date importante, c'est-à-dire le 17 octobre, et ainsi de suite.

L'Ange Mitzraël veut vous aider à régler un à cinq de vos tracas. Sa mission sera de vous trouver la meilleure façon de vous en libérer d'ici un an, si vos tracas peuvent se résoudre rapidement. L'Ange Mitzraël vous demande de vous allonger et de fermer les yeux avant d'inscrire vos tracas. Prenez de quinze à trente minutes de réflexion. Quand vous serez prêt, inscrivez ci-dessous les problèmes ou les tracas qui vous dérangent dans le moment présent.

1. _____

2. _____

3. _____

4. _____

5. _____

N'oubliez pas que la mission de l'Ange Mitzraël est de trouver la meilleure solution pour vous libérer de vos tracas. Son désir est de vous voir heureux et épanoui pour que vous puissiez retrouver la joie de vivre!

Bâtir un autel pour accueillir l'Ange Mitzraël

Napperon : il importe peu.

Couleurs : teintes pastel.

Bougies : mauves, vertes, bleues, jaune très pâle et blanches.

Encens : mastic et muscade.

Odeur : lavande.

Psaume à réciter lors du rituel

« L'Éternel est proche de tous ceux qui l'invoquent,
de tous ceux qui l'appellent avec sincérité. »

Psaume 145, verset 18

61. UMABEL
(ange messager, vivre, astrologie)

« Tomber fait partie des apprentissages de votre vie. Toutefois, il faut vous relever et poursuivre votre but, vos rêves et vos passions. Si vous le faites, vous réussirez votre vie! »

« Si vous voulez être le premier, soyez-le, mais soyez-le à votre rythme et non en écrasant l'autre. Tout bon premier l'est puisqu'il a su bien respecter son prochain. Il n'a pas eu peur de lui tendre la main à son arrivée! »

Ange idéal

Umabel est l'Ange idéal des gens seuls. Si ces personnes prient Umabel, elles souffriront moins de leur solitude. Cet Ange les guidera vers de bonnes rencontres dans lesquelles elles pourront développer des liens sincères.

Il est aussi l'Ange idéal des policiers, des ambulanciers, des pompiers, des pilotes de course automobile, des conducteurs de taxis. Priez l'Ange Umabel et celui-ci vous préviendra et vous protégera des dangers.

Umabel est un Ange dont la vibration est très élevée. Il est ultra-rapide et surprotecteur. Dans la Sphère spirituelle, on dit d'Umabel qu'il est le champion angélique de la vitesse. Aussitôt que vous le prierez, vous allez vite ressentir sa présence autour de vous. Cet Ange déplace de l'air. Ne soyez pas surpris de ressentir de petits courants d'air autour de vous dès le moment que vous prononcerez son nom. De plus, il adore chatouiller le nez de ceux qui le prient. C'est son signe préféré. Il va vous chatouiller le bout du nez jusqu'à ce que vous éternuiez. Cet Ange charmant est très taquin. Il est un vent de folie empreint d'une grande douceur lorsqu'il vous entoure.

Cet Ange possède aussi une énergie hors pair. Lorsqu'il viendra vers vous, il vous infusera sa Lumière d'énergie, ce qui aura un effet bénéfique sur vous puisque vous allez bouger toute la journée. Vous ne resterez pas assis. Vous allez avoir de l'énergie à revendre. Vous-même allez déplacer de l'air, ce qui risque d'énerver un peu votre entourage immédiat. Jamais vous n'aurez été aussi en forme. Tel est l'impact de la Lumière d'Umabel. Si vous étiez fatigué, vous reprendrez vite vos énergies. La Lumière d'Umabel peut vous aider à déplacer des montagnes tellement cette énergie est puissante. Toutefois, Umabel vous l'infuse pendant une période de 24 à 48 heures. Sachant que le physique de l'humain a ses limites, l'Ange Umabel vous donnera l'énergie dont vous avez besoin pour terminer les situations qui sont en suspens. Ensuite, il vous sera beaucoup plus facile de prendre vos décisions et de vous reprendre en main quand vous aurez le contrôle et l'énergie pour tout faire en même temps.

Différentes façons de manifester sa présence

Umabel adore les animaux. Il n'a cependant pas de préférence. Cela dit, il aime beaucoup la gazelle et le guépard pour leur rapidité. Il aime aussi l'autruche puisqu'elle déplace du vent quand elle court. Il ne pensera pas à emprunter le corps de l'un de ces animaux lorsqu'il viendra vers vous. Pour vous taquiner, Umabel dit que lorsqu'il vous infusera sa Lumière, vous serez aussi rapide que ces animaux.

Umabel aime l'odeur du vent, de la fraîcheur. Il dit que le vent propage plusieurs odeurs. Lorsque vous êtes tout près d'un boisé, vous humez l'odeur de toutes les plantes, fleurs et arbres qui s'y trouvent. Que cela sent bon! Il en est de même lorsque vous assistez à une soirée à l'extérieur et qu'il y a une petite brise légère qui vous fait humer le parfum des gens autour de vous. Umabel trouve que le vent vous permet de humer des odeurs de toutes sortes, qu'importe l'endroit où vous vous trouvez. Certaines odeurs vous plairont, d'autres pas. Toutefois, l'important est d'être en mesure de les sentir. De plus, vous vous souviendrez d'une odeur qui vous plaît. Vous allez vous remémorer cet instant magique que vous avez vécu, de ces odeurs magiques.

Lorsque Umabel viendra vers vous, il vous enverra des brises de fraîcheur, mais il vous enverra aussi des brises d'odeurs de toutes sortes. Vous prendrez plaisir à les humer.

Si Umabel vous fait entendre le mot « **ouragan** », il vous indique que vous avez besoin de faire un urgent ménage dans votre vie. Il est temps d'analyser votre vie et de vous prendre en main. Si vous le priez, Umabel vous donnera la force et l'énergie nécessaire pour bien faire votre ménage.

S'il vous envoie le mot « **objectif** », il vous dit qu'il est temps de vous fixer un objectif et de l'atteindre. De plus, en vous envoyant ce mot, il vous dit d'écrire l'un de vos objectifs. Umabel vous guidera vers cet objectif. Il vous donnera le courage de l'atteindre.

Le mot « **persévérer** » vous indique de persévérer dans ce que vous entreprenez. Ne lâchez pas prise. De toute façon, Umabel vous donnera l'énergie nécessaire pour continuer. Il vous aidera à mieux voir ce qui entrave votre réussite. Quand vous aurez pris conscience de la situation dérangeante,

Umabel vous infusera sa Lumière énergétique qui vous permettra de vous relever et de recommencer, s'il le faut, mais de bien le faire, pour que vous soyez par la suite satisfait de vos résultats. Telle est sa mission. Toutefois, n'oubliez pas de le remercier.

Umabel peut aussi vous faire entendre les mots suivant : « **vent** », « **vitesse** », « **belle** » et « **souffle** ».

Autres représentations symboliques

Cet Ange est celui qui sonne l'alarme lorsqu'il y a un danger. Pour vous indiquer qu'il a entendu votre prière, il va donc faire sonner une alarme. Si vous possédez une alarme à feu, il y a de fortes chances qu'Umabel la fasse sonner, autant à la maison qu'à votre travail. De plus, cet Ange adore le bruit que font les sonnettes de portes d'entrée. Puisque la plupart des humains en possèdent une, Umbabel dit que certaines ont des sons aigus, d'autres, des sons de carillon d'église, etc. Umabel ne peut y résister, alors il est évident qu'il fera sonner votre carillon. Si vous entendez sonner à votre porte et qu'il n'y a personne, alors vous comprendrez rapidement que c'est Umabel qui vous fait signe.

Puisqu'il prend soin des pompiers, des ambulanciers et des policiers, il va sûrement vous montrer l'un d'eux en uniforme. Ne soyez pas surpris d'entendre une sirène de pompier, de policier ou d'ambulancier sonner près de vous. Durant la semaine de votre demande, vous entendre sûrement des sirènes.

Tous les Anges aiment bien taquiner l'humain. Umabel ne fait pas exception à la règle. Pour vous taquiner, il enverra vers vous une personne qui va parler très vite. Vous allez avoir de la difficulté à la comprendre. Les gens ne tiendront pas en place. Vous allez rencontrer des personnes qui bougent, qui parlent, qui vous racontent toutes sortes d'histoires tout en étant très gestuelles dans leur comportement. Il va y avoir de l'action autour de vous lorsque vous prierez Umabel. Il aime faire des signes concrets pour que l'humain comprenne facilement qu'il est présent et qu'il travaille pour lui.

Puisque Umabel se déplace à la vitesse de l'éclair, ne soyez pas surpris si vos objets tombent. C'est comme si le vent jetait tout par terre. Pourtant, vous pouvez être à l'intérieur et à l'abri du vent. Ne pensez pas que vous êtes maladroit. Ce sont de petits tours que vous joue Umabel. Toutefois, lorsque vous prierez Umabel, dans les 24 heures qui suivront votre demande, ne soyez pas surpris si, à l'extérieur, il y a du vent ou une brise légère. Voilà un autre signe qu'aime bien faire l'Ange Umabel pour annoncer sa présence.

Umabel vous prévient des dangers. Il peut même vous prévenir afin que **vous évitiez une contravention de vitesse**. Si Umabel vous montre quelqu'un qui se fait arrêter à cause de la vitesse, cet Ange vous prévient de faire attention à votre vitesse. Si vous ne l'écoutez pas, la prochaine fois, ce sera vous qui écoperez de la contravention de vitesse. Umabel ne pourra rien y faire puisque vous n'aurez pas été à l'écoute de son signe.

Il peut aussi vous **montrer un signe astrologique**, possiblement le vôtre. Il vous enverra une image de votre signe ou une personne portera un bijou avec ce signe. Par ces signes, l'Ange Umabel vous dit que les astres vous sont favorables. Attendez-vous à vivre un bel événement avant le mois du signe du zodiaque représenté par le bijou ou dans le mois de ce signe. Par exemple, si l'Ange Umabel vous montre un bijou avec le signe du lion, il peut soit vous envoyer l'événement en août ou avant le mois d'août.

Spécialités de l'Ange Umabel

Umabel est l'Ange de la douceur et de la tendresse. Il ne peut voir un être malheureux. Alors, il fera tout ce qui lui sera permis de faire pour le rendre heureux.

Pour ce faire, il peut envoyer un Ange-messager sur son chemin. Umabel travaille en collaboration avec l'Archange Michaël. Au fait, Umabel est le messager de l'Archange Michaël. L'Ange Umabel a un rôle très important envers l'humain. Son rôle est d'envoyer un Ange-messager dans la vie de l'humain qui le prie et qui demande de l'aide aux Êtres de Lumière. Il lui envoie ce messager pour lui apporter de la Lumière, du bonheur et de l'amour.

En collaboration avec l'Archange Michaël, Umabel va choisir le messager qui vous aidera à grandir et à comprendre votre chemin de vie. Ce messager vous enseignera les lois divines tout en vous donnant son amour inconditionnel. Cependant, ce messager ne peut demeurer longtemps dans votre vie. Il peut y rester pendant plus ou moins un an. Ensuite, il vous quittera. Souvent, les messagers d'Umabel quittent l'humain lors d'un déménagement lointain, d'une séparation et d'un décès.

Umabel exauce aussi les vœux des personnes solitaires qui souffrent de vivre dans la solitude. Il va guider leur pas vers de nouvelles rencontres intéressantes qui leur apporteront beaucoup de joie et de sorties agréables. Il peut même leur envoyer un Ange-messager qui les aidera à se sortir de leur solitude en créant des liens avec de bonnes personnes.

De plus, l'Ange Umabel permet aussi aux enfants et aux adolescents de se faire de bons amis. Il travaille en collaboration avec les Anges Iah-hel et Eyaël. Si vous priez ces trois Anges, vos enfants seront en sécurité, car ces trois Êtres de Lumières les éloigneront de l'Ombre et leur permettront de s'enrichir grâce à des amis qui ont des buts et un bel avenir. Umabel peut aussi leur envoyer un Ange-messager qui les aidera à surmonter les défis de leur vie. Cet Ange leur fera voir la vie sous un angle différent. Ce messager permettra à vos enfants de grandir et d'évoluer sur le chemin de la bonté, de l'amour et du respect. Les paroles de cet Ange-messager les aideront dans leur apprentissage de la vie. Ces paroles donneront l'envol nécessaire à ces enfants pour qu'ils deviennent des adultes épanouis et en équilibre avec leur vie, leurs choix, leurs amis et leurs amours. Vous serez fier des adultes qu'ils deviendront. Ils seront de beaux exemples pour l'humanité.

Autres raisons de prier l'Ange Umabel

L'Ange Umabel est préventif. Le prier vous procure une bonne assurance puisqu'il peut tirer la sonnette d'alarme en cas de danger. Umabel enverra plein de signes sur votre chemin pour vous faire éviter des situations dangereuses. Sa Lumière peut même vous protéger lors de voyages en les rendant agréables et sécuritaires.

Les policiers, les ambulanciers, les pompiers et tous ceux qui doivent se déplacer rapidement dans le but de sauver des vies ou d'assurer la sécurité devraient demander la Lumière de protection de l'Ange Umabel. Cet Ange leur permettra de se rendre sur les lieux en toute sécurité. Il suffit de le prier et de porter un objet purifié par Umabel.

Vous pouvez aussi demander à l'Ange Umabel de protéger un proche qui fait de la vitesse. La mission d'Umabel sera de faire prendre conscience à celui qui conduit trop vite de ralentir. Il lui fera prendre conscience des dangers que peut provoquer la vitesse.

Vous pouvez aussi prier l'Ange Umabel pour vous trouver un compagnon de vie qui correspond à vos besoins et à vos affinités. Demandez-lui également de trouver un bon collaborateur sur le plan professionnel puisque Umabel se complait à travailler avec les différentes variantes qui influencent les personnalités astrologiques et le caractère. Vous pouvez même lui demander si deux personnes sont compatibles. Il suffit de suivre le procédé tel que mentionné.

Toutefois, les Anges Haamiah et Lelahel ont comme mission de vous trouver le partenaire idéal et de vous permettre de vivre une belle histoire d'amour. Si vous voulez vivre cette expérience, priez ces trois magnifiques Anges.

N'oubliez pas qu'Umabel ne peut voir un être malheureux. Il est évident qu'il n'a pas les mêmes qualités des Anges Haamiah et Lelahel en ce qui concerne l'amour. Toutefois, Umabel peut aider le couple à éviter une séparation. Si les deux personnes s'aiment et qu'elles vivent une période difficile, la Lumière d'Umabel peut les aider à mieux analyser leur vie de couple et à prendre conscience de la base de leur amour. Plusieurs séparations peuvent être évitées grâce à la Lumière d'Umabel. Toutefois, si la séparation ne peut être évitée puisqu'il n'y a plus d'amour ni de respect, l'Ange Umabel ira chercher l'aide de ses confrères dont la mission est d'aider le couple qui vit une séparation pour que la séparation se fasse en harmonie et non dans la bataille. Il est évident que l'Ange Umabel ira chercher l'aide de l'Ange Haaiah qui fait des traités de paix pour que la séparation se fasse sans trop de dommages.

Vous pouvez aussi prier l'Ange Umabel pour vous faire de bons amis. Le respect sera la force de votre amitié. Ces amis seront là pour vous, pour vous aider, pour vous tendre la main quand vous aurez besoin d'aide, pour vous écouter quand vous aurez besoin de parler et pour vous guider quand vous serez perdu. Tels seront les amis qu'Umabel vous permettra de rencontrer. Vous-même serez en mesure de les écouter et de les aider au moment opportun. Si vous priez Umabel, celui-ci vous permettra de garder vos amis.

Tous ceux qui s'intéressent de près ou de loin à l'astrologie, à l'astronomie ou à la physique devraient prier l'Ange Umabel afin que cet Ange les aide à mieux comprendre les préceptes de ces sciences. Il leur suffit de lui poser des questions. De plus, Umabel peut même leur donner la capacité d'enseigner ce qu'ils ont appris, si tel est leur désir.

Si vous êtes un romancier et que vous voulez capter l'attention de vos lecteurs, priez l'Ange Umabel. Il vous aidera à créer une histoire qui sort de l'ordinaire. Il mettra à profit votre imagination. N'oubliez pas aussi que l'Ange Mehiel peut vous prêter main-forte dans l'écriture de votre récit. Alors, priez ces deux magnifiques Anges et vos lectures seront captivantes. Il serait bénéfique pour vous de méditer sur ces deux Anges avant de vous mettre à écrire. Vous verrez que, après la méditation, les mots sortiront comme par magie.

Note aux enfants d'Umabel

À votre naissance, l'Ange Umabel vous a fait le don de sa Lumière magnifique qui vous permet d'être un excellent messager. L'Ange Umabel vous permet d'être un porteur de bagages et de connaissances acquis depuis la naissance de votre âme. Vous possédez une grande sagesse et un savoir exemplaire. Le bien que vous apportez à votre prochain est incommensurable. Soyez conscient de ce potentiel qui gît en vous et ne laissez personne le détruire.

De plus, si vous le désirez, vous pourriez devenir maître dans l'art de faire des lectures astrologiques. Il en est de même avec l'astronomie et la physique.

Réclamer l'aide de l'Ange Umabel

Réclamer un messager

Pour réclamer un messager, il vous suffit de réciter la prière concernée. Dans les jours qui suivront votre demande, vous ferez la rencontre de plusieurs individus en particulier. L'un d'eux deviendra votre messager. Sa grande compréhension envers la vie vous permettra facilement de le reconnaître. N'oubliez pas que ce messager sera là pour vous faire avancer. Il vous soutiendra dans tout ce que vous entreprendrez. Il vous relèvera lorsque vous trébucherez. Il vous soutiendra lorsque vous serez désespéré. Il vous réprimandera lorsque vous laisserez l'Ombre vous envahir. Telle sera sa mission envers vous.

Il est aussi très important de vous dire que vous ne pouvez pas réclamer un messager pour le plaisir d'en avoir un. Vous réclamez un messager lorsque votre vie est à la dérive et que vous avez besoin d'un secours immédiat.

De toute façon, l'Ange Umabel doit en discuter avec l'Archange Michaël. Ensuite, il vérifiera l'importance de votre demande ainsi que l'impact que cela aura dans votre vie. Umabel enverra un messager si vous en avez vraiment besoin. Ce messager vous suivra pendant un an et il vous aidera à faire les changements nécessaires pour que vous puissiez retrouver le chemin de la sérénité et du bonheur.

Si vous réclamez un Ange-messager et que l'un de vos proches devient plus compréhensif vis-à-vis de votre problème, il y a de fortes chances que le messager d'Umabel ait emprunté son corps temporairement. Ce qui veut dire que ce proche peut vous dire des paroles réconfortantes et favorables qui vous aideront à prendre votre vie en main. Ne soyez pas surpris si ce proche se souvient rarement des conseils qu'il vous a proférés et qu'un jour il redevienne apathique comme avant. Il ne faudra donc pas trop le réprimander puisque l'important est l'aide qu'il vous a procurée au moment le plus opportun de votre vie.

Pour reconnaître un Ange-messager, il n'y a rien de plus simple. Sa grande générosité à vous aider et sa compréhension de la vie font en sorte que vous pouvez le reconnaître facilement. Toutefois, certaines personnes ont besoin de signes concrets. Alors, sachez qu'un Ange-messager porte toujours des vêtements de couleurs vives. Il adore également porter un long manteau. Il peut aussi avoir un bijou fétiche qui, parfois, est très enfantin vu son âge. De plus, certains portent une petite marque particulière sur le corps telle qu'une rougeur, une tâche de naissance, etc.

Connaître la compatibilité entre deux personnes

Pour connaître votre compatibilité avec une autre personne, il vous suffit simplement d'écrire le nom de la personne pour qui vous éprouvez des sentiments et le vôtre. Demandez à l'Ange Umabel si vous êtes compatibles. Au cours de la semaine, il vous enverra des indices ou des signes qui répondront à votre question. Umabel vous fera prendre conscience des gestes et des paroles que fera la personne concernée. Toutefois, vous êtes conscient que si vous demandez ce genre de signe, vous devez accepter la réponse qui viendra. Si vous demandez à l'Ange Umabel si un tel est le partenaire de votre vie et que la réponse d'Umabel vous déplaît, vous en êtes le seul responsable. Possiblement que, avec le temps, vous comprendrez mieux la réponse qu'il vous enverra.

Vous pouvez aussi utiliser le présent livre ou *La Bible des Anges*. Fermez les yeux et, à l'aide de votre index, pointez un paragraphe. Lisez-le. Vous obtiendrez la réponse à votre question.

Vous pouvez aussi poser ce type de questions pour une relation d'affaires, amicale, spirituelle, etc. Ce petit examen de conscience peut vous éviter des déceptions amoureuses, amicales et professionnelles.

Toutefois, si vous êtes de nature jalouse, craintive, dépressive, ne faites pas cet examen. Le but d'Umabel n'est pas de vous faire de la peine, mais plutôt de vous aider à bien vous entourer et à mieux voir le rôle de chaque personne. Si vous n'obtenez aucune réponse, c'est que l'Ange Umabel ne vous sent pas prêt à la recevoir. Il faudra le respecter dans son choix. Cela ne veut pas dire que vous n'êtes pas compatible avec la personne que vous lui suggérée. Au contraire, peut-être que vous n'êtes pas assez réceptif ou que vous êtes trop dans une énergie négative qui dérangera votre vision.

Éviter une séparation amoureuse

Pour éviter une séparation amoureuse, priez Umabel et demandez-lui de venir installer une Lumière de paix dans votre foyer.

Il est important de noter qu'Umabel va aider le couple qui s'aime et qui vit une période de crise temporaire. Si l'une des deux personnes du couple n'a plus d'amour pour son partenaire, Umabel ne pourra pas les aider. Toutefois, il ira chercher l'aide de ses confrères qui pourront les aider à ce moment. Umabel ne vous abandonnera jamais.

Se protéger des dangers

Pour vous protéger des dangers, il vous suffit de prier Umabel et de lui demander de vous infuser sa Lumière de protection. Il le fera pendant une période intensive de six semaines. Il serait important pour vous de le prier régulièrement pour vous assurer une bonne qualité de vie et pour éviter mille et un dangers. En infusant sa Lumière de protection, cela vous évitera toutes sortes de dangers ou de situations d'Ombres.

Demandez à Umabel de purifier un objet que vous porterez sur vous comme un médaillon ou un bijou. Peu importe. Demandez-lui de purifier cet objet pour vous et d'y apposer sa Lumière de protection. Il fera de cet objet votre talisman de protection.

Protéger un proche qui fait de la vitesse

Pour protéger un proche qui fait de la vitesse, récitez une prière et demandez à l'Ange Umabel de purifier un objet que votre proche portera sur lui. Si celui-ci ne veut « rien savoir », vous pouvez toujours faire purifier un objet que vous mettrez dans la voiture, rangé dans la valise ou dans le coffre à gants. Qu'importe. Purifiez un objet et insérez-le dans la voiture. Toutefois, si vous priez pour qu'un proche modère sa vitesse, ne soyez pas surpris si celui-ci est victime d'une contravention de vitesse. L'Ange Umabel ne cherche pas à punir votre proche. Au contraire, il veut lui faire prendre conscience du danger que la vitesse peut lui causer. De plus, certaines personnes ne sont même pas conscientes qu'elles font de la vitesse. En ayant une contravention de vitesse, elles réfléchiront et risquent de modérer par la suite. Umabel dit que c'est le seul moyen qui peut aider l'humain à prendre conscience de sa vitesse sur la route.

Avez-vous un objectif?

L'Ange Umabel peut vous aider à atteindre l'un de vos objectifs. Il suffit de le lui demander. Vous n'avez droit qu'à un seul. Quand celui que vous avez inscrit est atteint, vous pouvez lui en demander un autre. Sa mission est de guider vos pas vers cet objectif. De plus, Umabel vous infusera sa Lumière de courage et de persévérance pour que vous puissiez atteindre votre objectif. Il serait important de prendre en note ses journées particulières puisqu'il vous enverra des indices ou des événements qui vous seront favorables dans la réalisation de votre objectif.

Umabel est maintenant prêt à vous aider à atteindre un but, un objectif. Êtes-vous prêt à travailler avec son énergie? Si oui, inscrivez votre objectif lorsque vous serez prêt. Avant de l'inscrire, fermez les yeux et prenez une minute d'intériorisation. Ce moment de détente vous aidera à faire le bon choix. Lorsque vous écrirez votre objectif, vous ne pourrez plus le changer par la suite. Il faudra attendre de l'atteindre avant d'en demander un autre. Voilà l'importance de bien réfléchir avant de l'inscrire. Quand vous serez prêt, inscrivez-le ci-dessous. Pour vous aider, dites : *« Ange Umabel, aidez-moi à atteindre l'objectif que voici… »* :

_____

_____

_____

Bâtir un autel pour accueillir l'Ange Umabel

Napperon : Il doit être très beau, avec l'image de la nature.

Couleurs: violet, blanc et vert.

Bougies : vertes, bleues, jaunes et blanches.

Encens : mastic et oliban.

Odeurs : vétiver, menthe, lavande, citron et toutes les odeurs de fraîcheur.

Psaume à réciter lors du rituel

« Que le nom du Seigneur soit béni maintenant et à tout jamais. »

Psaume 113, verset 2

62. IAH-HEL
(ange gardien des enfants, prière, inspiration)

« Rien ne sert de courir, ni de reculer, ni de sauter. Il suffit de marcher droit vers vos buts. Ainsi, vous aurez le privilège de voir la réussite devant vous! »

Ange idéal

Iah-hel est l'Ange idéal des perfectionnistes et de tous ceux qui cherchent à atteindre un niveau de qualité satisfaisant dans l'exécution de leurs tâches. Il permettra de bien équilibrer leur perfection pour ne pas que cela devienne un défaut, mais que cela reste tout simplement une bonne qualité de réussite.

Il est aussi l'Ange idéal de la formation des couples, des gens mariés et des amis. Il vous aidera à choisir le meilleur compagnon de vie, celui qui vous correspond. Il fera en sorte que votre union soit heureuse et qu'elle soit basée sur le respect, l'amour et la fidélité.

Iah-hel est un Ange dont la vibration est identique à celle de l'Ange Umabel, c'est-à-dire qu'elle est très élevée. La Lumière d'Iah-hel illumine et irradie lorsqu'il entre dans une pièce. Cet Ange est d'une beauté incommensurable tellement il rayonne. Iah-hel est un Ange aux rayons purs. Quand vous réclamez son aide, il vient immédiatement à votre chevet pour vous réconforter et vous aider dans votre demande. Comme il est un Ange avec une vibration élevée, lorsqu'il viendra vers vous, tout vibrera à l'intérieur de vous sans que vous connaissiez la raison. Vous serez animé par un sentiment de joie et d'énergie. Cette forte énergie vous permettra d'accomplir mille et une choses que vous avez laissées en suspens. Telle est la puissance de son énergie.

De plus, vous aurez la sensation qu'une personne vous touche le dessus de la tête. Si vous ressentez cette vibration sur votre tête, ne vous inquiétez pas. C'est l'Ange Iah-hel qui vous infuse sa Lumière d'énergie pour vous aider dans la situation qui vous tracasse.

Différentes façons de manifester sa présence

Iah-Hel adore les antilopes et les chevaux blancs, car ils ressemblent à la légendaire la licorne. Iah-hel aime monter l'un de ces animaux. Si vous voyez l'un d'eux venir vers vous, sachez qu'Iah-hel le chevauche.

Quand Iah-hel descendra vers vous, son odeur sera pure tout en étant énergétique. Il est difficile en termes humains de vous expliquer son odeur. C'est un mélange d'oranger, de bergamote, de citron, d'amande et de menthe. Toutefois, lorsque Iah-hel sera à vos côtés, vous en serez rapidement conscient grâce à l'odeur qui se dégagera ainsi qu'au sentiment de bien-être à l'intérieur de vous.

Les mots qui font vibrer l'Ange Iah-hel sont « **prière** » ou « **prier** ». Pour lui, la prière est le moyen de communication entre l'humain et Dieu. Si l'Ange Iah-hel vous fait entendre un de ces mots, il veut vous dire qu'il a entendu votre prière et qu'il l'élève vers Dieu pour qu'Il puisse vous l'accorder.

Un autre mot qui lui est cher est « **miracle** ». Si Iah-hel vous fait entendre ce mot, attendez-vous à ce qu'un miracle se produise dans votre vie.

Si Iah-hel vous fait entendre le mot « **énergie** », il vous indique qu'il vous donnera l'énergie nécessaire pour accomplir vos tâches quotidiennes.

Si le mot « **potentiel** » parvient à vos oreilles, l'Ange Iah-hel vous dit de regarder votre potentiel, d'arrêter de vous critiquer et de cesser de vous abaisser puisque vous possédez le potentiel pour réussir vos projets et votre vie.

Iah-hel peut aussi vous faire entendre les mots suivants : « **humilité** », « **foi** », « **rêve** », « **bonheur** » et « **enfants** ».

Autres représentations symboliques

Iah-hel peut vous **montrer une image d'une personne en train de prier**. Il peut aussi vous montrer un endroit de culte ou de prière. Il peut aussi vous montrer un recueil de prières. Par ces signes, Iah-hel vous indique qu'il exaucera l'une de vos prières. Il vous suffit de le prier.

Comme il aime **la licorne et les chevaux blancs, il vous en montrera** sur un bijou ou un objet. Par ce signe, Iah-hel vous indique qu'une belle récompense vous parviendra sous peu.

Il peut aussi vous montrer un beau lever de soleil. S'il décide de vous le montrer en réalité, Iah-hel vous réveillera. Le soleil entrera dans une pièce et vous n'aurez pas le choix de regarder à l'extérieur. C'est un de ses signes préférés!

Il enverra vers vous une personne qui va se frotter les mains ou quelqu'un qui placera ses mains comme s'il faisait une prière. De plus, il peut **envoyer vers vous une personne qui vous demandera de prier pour elle** parce qu'elle a besoin de prières. Faites-le et l'Ange Iah-hel récompensera votre bon geste.

Spécialités de l'Ange Iah-hel

Cet Ange aux rayons purs est constamment en train de prier. Iah-hel prie pour vous et avec vous. Sa mission est d'élever votre prière vers Dieu. Iah-hel dit : « *Dieu, prends cette prière et accorde à cet enfant la réussite. De mon côté, je l'aiderai à avancer.* » Si vous avez une prière à formuler et que vous aimeriez que Dieu la regarde, offrez-la à l'Ange Iah-hel. Celui-ci l'élèvera vers la Maison de Dieu. Ensuite, Iah-hel ira chercher les Anges compétents pour vous aider dans votre demande. Il dirigera votre demande vers tous les Êtres de Lumière dont la mission correspond à votre demande. La mission d'Iah-hel est de vous faire prendre conscience que prier est bénéfique pour vous et pour votre âme. De plus, ce sublime Ange vous dit que la prière pourra faire des miracles puisque celle-ci sera bien dirigée.

Iah-hel est l'Ange gardien de tous les enfants. Sa mission est identique à celle de l'Ange Eyaël en ce qui concerne les enfants. Ensemble, ces deux Anges les protègent jusqu'à l'âge adulte.

Toutefois, la mission de l'Ange Iah-hel est de faire grandir le désir des enfants de s'instruire, de connaître et d'apprendre. Cet Ange permet aux jeunes de développer leur goût des études pour qu'ils puissent se frayer un chemin plus facilement dans le monde des adultes. Iah-hel veut les aider à construire des bases solides dès leur tendre enfance.

Si vous priez Iah-hel, celui-ci aidera les enfants à développer leur personnalité. Sa Lumière développera en eux l'estime personnelle, le respect de leur prochain, l'importance du dialogue, l'acceptation des différences, la capacité de s'aimer comme ils sont avec leurs forces et ses faiblesses. Iah-hel leur fera prendre conscience de leurs faiblesses pour mieux les améliorer. De plus, Iah-hel permettra à ces enfants de capter facilement l'Ombre qui pourrait les influencer et les induire en erreur. À la longue, cela les empêcherait de se frayer une place de choix dans la société. Iah-hel va donc permettre aux jeunes d'avoir confiance en la vie et en leurs capacités tout en étant à l'écoute de ceux qui les entourent.

Ainsi, tous les enfants bien guidés par Iah-hel seront en mesure de mener à bien leur propre projet de vie. Rien ne les déstabilisera, ils auront la détermination et le courage de régler immédiatement ces problèmes. Leur courage et leur détermination les amèneront à bâtir leurs propres expériences puisque ces bases seront solides. Ces enfants ne tomberont pas à la moindre épreuve. Ils la verront comme un défi et ils avanceront vers lui. Si tous les enfants et les parents prenaient le temps de prier l'Ange Iah-hel, plusieurs deviendraient des adultes équilibrés en mesure de bien diriger leur vie avec détermination.

Vous pouvez aussi prier Iah-hel pour éloigner votre enfant des *gangs* de rue.

Autres raisons de prier l'Ange Iah-hel

Si vous avez le goût de rencontrer un partenaire amoureux ou amical avec lequel vous aurez beaucoup d'affinités, Iah-hel favorise la rencontre entre deux êtres. Il vous trouvera le partenaire en parfait accord et en harmonie avec vous. L'union sera basée sur le respect, l'amour et la fidélité. L'influence d'Iah-hel fera en sorte que votre union soit heureuse et ne récolte que du bonheur. Priez aussi les Anges Haamiah et Lelahel. Ces trois Anges uniront leur Lumière pour que vous puissiez trouver le bonheur et vivre une belle histoire d'amour.

Vous pouvez prier Iah-hel lorsque survient une tempête dans votre vie et que vous ne savez plus quoi faire ou quelle décision prendre. Avant de vous engager vers une route qui n'est pas nécessairement la meilleure, priez l'Ange Iah-hel. Il vous permettra de retrouver votre calme et guidera vos pas vers l'essentiel, ce qui vous amènera vers votre bonheur.

Iah-hel peut aussi donner à celui qui le prie un supplément d'énergie pour l'aider à terminer un projet et à bien le réussir. Alors, si vous vivez en baisse d'énergie ou que vous êtes très fatigué, il sera bon de le prier pour qu'il vous donne l'énergie nécessaire pour continuer votre projet. Il est l'Ange idéal des étudiants. Si vous êtes un étudiant et que vous devez remettre un travail important, l'Ange Iah-hel vous donnera l'énergie nécessaire pour bien compléter votre travail.

S'il vous manque de l'inspiration lors de l'écriture d'un texte, demandez à l'Ange Iah-hel d'y apporter sa Lumière. Celle-ci vous inspirera et il sera beaucoup plus facile pour vous d'écrire. Iah-hel et l'Ange Mehiel collaborent. Ils font une équipe du tonnerre lorsqu'il s'agit de vous trouver les mots appropriés pour la compréhension d'un texte.

Vous pouvez aussi demander à l'Ange Iah-hel de vous donner la volonté de réussir votre vie. Iah-hel permet à tous ceux qui le prient de réussir tant sur le plan de la santé que sur les plans personnel, professionnel, amoureux. Cet Ange vous infusera sa Lumière de détermination et de courage. Ceci vous permettra d'avancer et de vous relever lorsque surviendra une épreuve.

La Lumière d'Iah-hel peut aussi aider tous ceux qui fument, qui boivent, qui aimeraient perdre du poids, à se défaire de leurs défauts. Cet Ange vous donnera la détermination d'atteindre les buts que vous vous êtes fixés. Telle est la force de sa Lumière.

Note aux enfants d'Iah-hel

À votre naissance, l'Ange Iah-hel vous a fait le don de sa Lumière sublime qui vous donne accès directement à la Maison de Dieu. Lorsque vous formulez une demande, elle est citée promptement à Dieu. Voilà l'importance de prier votre Ange autant pour vous que pour vos proches.

De plus, ce bel Ange vous a doté de sa grande sagesse. Votre force est orientée vers l'essentiel, l'introspection, la réflexion et la tranquillité. Vous faites vos petites affaires sans déranger qui que ce soit ou quoi que ce soit. Toutefois, lorsqu'un proche réclame de l'aide, vous êtes le premier rendu pour l'aider.

Vous aimez la douceur, la tranquillité. Vous n'aimez pas trop les endroits bruyants et les mondanités. Vous préférez être en bonne compagnie près d'un feu de camp que de vous retrouver dans un lieu agité. Le bruit vous dérange énormément. Lorsqu'il y a trop de bruit, vous devenez comme un animal en cage qui ne cherche qu'à retrouver sa liberté. C'est la raison pour laquelle vous aurez souvent le goût de faire des retraites pour mieux vous retrouver et pour mieux prendre vos décisions. C'est dans la solitude que vous allez trouver les meilleures solutions à vos problèmes.

Réclamer l'aide de l'Ange Iah-hel

Protéger un enfant des gangs *de rue*

Pour protéger votre enfant des *gangs* de rue, il vous suffit de prier Iah-hel. De plus, demandez à l'Ange Iah-hel de purifier un objet que votre enfant portera sur lui. Ainsi, lorsque surviendra un danger, il l'en avertira et il lui fera prendre conscience du danger que l'Ombre peut provoquer dans sa vie.

Trouver le partenaire idéal

Pour trouver votre partenaire idéal, priez les Anges Lelahel, Jeliel et Haamiah. Vous pouvez demander à ces magnifiques Anges remplis d'amour de purifier un objet que vous porterez sur vous pour que, lorsque vous serez en contact avec l'être qui saura vous aimer et vous respecter, celui-ci puisse être ébloui par votre personnalité.

Formuler une prière pour que Dieu l'écoute

Lorsque vous priez l'Ange Iah-hel, celui-ci se fait un devoir de réciter dans les plus brefs délais votre prière à Dieu.

Avez-vous une prière à formuler? Si oui, inscrivez-la et l'Ange Iah-hel se fera un devoir de réciter promptement et textuellement ce que vous aurez écrit. Avant d'écrire, il est important de prendre une minute d'intériorisation pour que vous puissiez bien formuler votre prière. Quand vous serez prêt, rédigez-la ci-dessous.

_____

_____

_____

_____

_____

_____

_____

_____

Réussir sa vie

Pour réussir votre vie, il vous suffit tout simplement de prier Iah-hel et de lui demander de vous donner le courage d'atteindre vos objectifs.

Être inspiré pour écrire

Méditez sur les Anges Iah-hel et Mehiel quelques minutes tout en leur demandant de vous inspirer pour votre écrit. Vous pouvez aussi faire purifier votre plume, votre ordinateur ou votre portatif par l'Ange Iah-hel tout en lui demandant de leur infuser sa Lumière d'inspiration pour que lorsque vous les utiliserez vous puissiez être inspiré pour écrire votre texte, votre roman.

Bâtir un autel pour accueillir l'Ange Iah-hel

Napperon : il importe peu.

Couleurs : or, blanc et violet.

Bougies : blanches, or, vertes, bleues et jaunes.

Encens : mastic et santal.

Odeurs : amande, oranger et citron.

Psaume à réciter lors du rituel

« Voyez comme j'aime vos prescriptions, Seigneur.
Selon votre bonté, faites-moi vivre. »

Psaume 119, verset 159

63. ANAUËL
(regain de vie, paix, santé)

« Ne laissez personne entraver vos rêves. »

« Ne laissez personne vous détruire puisque vous valez mieux
qu'un ramassis de reproches. »

Ange idéal

Anauël est l'Ange idéal des femmes et des enfants victimes de violence. Anauël donnera aux femmes qui sont victimes de violence conjugale le courage de passer à travers cette mauvaise période de leur vie. Il va leur permettre de reprendre leur vie en main tout en leur donnant la force de quitter définitivement ce partenaire qui les détruit.

Il est aussi l'Ange de la route et il protégera tous ceux qui le prient contre les accidents routiers.

L'énergie de l'Ange Anauël est très vibrante. Souvenez-vous de votre enfance, à la veille de Noël. Vos parents vous envoyaient vous coucher. Vous saviez qu'à minuit ils vous réveilleraient pour vous faire développer vos cadeaux. Vous étiez incapable de dormir puisque vous aviez hâte de voir les surprises sous l'arbre de Noël. Cette sensation de fébrilité est identique à l'énergie d'Anauël. Pour annoncer sa présence, il vous fera ressentir cette sensation à l'intérieur de vous.

L'Ange Anauël vient immédiatement vers l'enfant qui le prie. Cela ne prendra pas de temps avant de ressentir sa présence. Lorsqu'il descendra vers vous, ne soyez pas surpris d'avoir le goût de manger toutes sortes de friandises et de sucreries, comme dans le temps des Fêtes. De plus, l'Ange Anauël adore le chocolat. Si vous n'y êtes pas allergique, ce bel Ange au cœur d'or risque de vous donner le goût d'en manger.

Différentes façons de manifester sa présence

Anauël adore les rennes du père Noël. Il les trouve très jolis avec leurs colliers en grelots. Les Anges Anauël et Mehiel sont les deux rigolos des Anges. Ils adorent faire rire les Anges et les humains. Anauël aime aussi les chevreuils, les faons et les daims.

Anauël vous fait sentir toutes les odeurs qui vous rappellent le temps des Fêtes, surtout l'odeur du sapin et des sucreries. Cet Ange adore les cannes en bonbon. Il aime aussi les bonbons en sucre d'orge. Ne soyez pas surpris, lorsqu'Anauël annoncera sa présence, d'avoir le goût de manger des bonbons sucrés et du chocolat. S'il vous reste des bonbons de Noël, il y a de fortes chances que vous ayez le goût d'en manger. Sinon, vous opterez pour une barre de chocolat.

Un mot très important pour Anauël est « **cadeau** ». Si vous l'entendez, l'Ange Anauël vous réserve un cadeau. Une belle surprise surviendra dans votre vie elle vous rendra très heureux. Cela peut être une belle somme d'argent, la résolution d'un problème de santé, la rencontre du partenaire idéal. Peu importe. Vous serez tout simplement en extase devant le cadeau qu'Anauël vous offrira.

Il peut aussi vous faire entendre le mot « **prospérité** ». Par ce terme, l'Ange Anauël vous indique qu'il vous apportera de la prospérité. Pendant un an, Anauël attirera la prospérité vers vous. Tout ce que vous entreprendrez sera fructueux pour vous, et ce, dans tous les sens du mot.

Anauël peut aussi vous faire entendre les mots suivants : « **boucle** », « **ruban** », « **papier** », « **emballage** », « **Noël** », « **boule de Noël** » et « **générosité** ».

Autres représentations symboliques

Son signe préféré, c'est de vous remettre un cadeau. Ne soyez pas surpris de recevoir un présent lorsque vous le prierez. Cela peut être un mot gentil de la part d'un proche, une petite somme d'argent, etc. L'Ange Anauël vous enverra une belle surprise.

L'Ange Anauël peut aussi vous montrer un cadeau bien emballé avec de belles décorations. Il peut même envoyer une personne sur votre chemin qui va vous demander si vous êtes capable de faire une boucle pour décorer son cadeau. Ne soyez pas surpris si la boucle est rouge.

De plus, qu'importe la saison, l'Ange Anauël vous **montrera un sapin de Noël** décoré de rubans rouges et de belles boules. Par ce signe, Anauël vous indique qu'il vous réserve une belle surprise. Attendez-vous à vivre un événement heureux dans l'année qui suivra votre demande.

Il peut aussi vous montrer une revue de décoration. Ne soyez pas surpris si, dans la revue, il vous explique comment faire de belles boucles avec du ruban.

Toutefois, comme Anauël est un « Dieu infiniment bon » et que cet Ange possède un cœur d'or, il est évident qu'il vous **montrera un cœur en or**, soit un bijou soit une image. Il peut même envoyer vers vous une personne portant ce cœur en or. C'est un autre de ses signes préférés. L'Ange Anauël vous indique alors qu'il remplira votre cœur de joie. L'amour scintillera dans votre vie.

Pour vous taquiner, l'Ange Anauël vous enverra quelqu'un qui vous offrira du chocolat, une canne de Noël ou des bonbons. Ce bel Ange a le sens de l'humour. Toutefois, dites-vous que son confrère, l'Ange Mehiel, lui donne toutes ses idées!

Un autre signe farfelu que peut vous faire Anauël, c'est de vous montrer quelqu'un se pencher devant vous, comme s'il avait perdu une pièce de monnaie et qu'il devait la ramasser. Toutefois, cette personne le fera devant vous. Vous aurez tout un spectacle et cela vous fera sourire. Vous comprendrez vite que l'Ange Anauël y est pour quelque chose dans cette situation!

Spécialités de l'Ange Anauël

Anauël est l'Ange qui met en œuvre le plus parfaitement les énergies de l'Archange Michaël. Il est le plus important des Anges dans son Chœur à cause de son travail et de son service à instaurer la paix dans le cœur des gens qui souffrent ou qui ont été victimes d'agressions, de violence conjugale, de maladies graves et d'accidents de la route. Malgré tout ce que vous avez subi, l'Ange Anauël vous donnera la force et le courage de vous relever. Pour cette mission, il travaillera en collaboration avec son confrère, l'Ange Mehiel.

Les Anges Anauël et Mehiel sont très près l'un de l'autre. Ils adorent taquiner les Anges et les humains. L'un ne va pas sans l'autre. Ils forment une équipe du tonnerre lorsqu'il s'agit d'aider l'humain à surmonter ses épreuves et à accomplir son plan de vie. Quand vous en priez un, il est définitif que l'autre se manifeste. Ils viennent prêter main-forte à l'Ange en demande. Anauël et Mehiel ne peuvent voir l'humain malheureux à cause de situations d'Ombre. La Lumière de ces deux Anges vous donnera la force et le courage d'éloigner l'Ombre. Ces Anges vous permettront de démasquer l'Ombre pour que vous puissiez mieux vous en libérer et la chasser de votre vie. Telle est leur mission envers vous, soit celle de vous permettre de retrouver votre équilibre et votre belle harmonie. Ces deux Anges vous donneront le courage de marcher la tête haute malgré tout ce que vous avez subi.

De plus, l'Ange Anauël effacera de votre mémoire toutes les douleurs qui vous ont été faites dans cette vie ainsi que dans vos vies antérieures. Anauël vous libérera de toutes les agressions que vous avez subies. En agissant ainsi, il vous permettra d'évoluer et de retrouver la paix en vous. L'Ange Anauël effacera aussi toutes les erreurs que vous avez commises dans cette vie ou dans vos vies antérieures. Si vous lui en faites la demande et que vous êtes prêt à changer et à retrouver le chemin de la Lumière, Anauël vous donnera la force d'éloigner l'Ombre par vous-même. Il vous permettra de trancher définitivement pour ne plus avoir à retourner vers l'Ombre.

Autres raisons de prier l'Ange Anauël

Si vous éprouvez des ennuis financiers et que vous voulez vous en sortir, priez l'Ange Anauël. Celui-ci attirera la prospérité vers vous. Cela ne veut pas dire qu'il vous enverra des millions. Toutefois, l'Ange Anauël vous aidera à vous relever et à trouver un bel équilibre financier. Si vous avez besoin d'argent pour mettre un projet sur pied, priez les Anges Anauël et Mehiel. Ces deux magnifiques Anges vous enverront la somme nécessaire pour mettre sur pied votre projet.

Vous pouvez aussi prier l'Ange Anauël sur le plan professionnel. Si vous voulez que votre travail soit récompensé et qu'il obtienne les résultats espérés, priez Anauël. Celui-ci vous enverra une promotion, une récompense ou un nouveau travail qui saura vous charmer. Vous pouvez aussi le prier par rapport à toutes les situations reliées au commerce, aux affaires de banque, au financement et aux problèmes avec les employés. La mission de l'Ange Anauël est de vous trouver la meilleure solution pour vous libérer de votre problème.

Cet Ange guérit aussi les gens malades. Sa Lumière leur donnera la force de se relever. Vous pouvez aussi lui demander de vous faire don d'une bonne santé. Si cela lui est permis par la Sphère spirituelle et que cela n'entrave pas votre plan de vie, sa Lumière vous permettra de conserver une bonne santé jusqu'à la fin de votre vie terrestre.

L'Ange Anauël est très important pour les médecins. D'ailleurs, si ces derniers désirent guérir leurs patients, ils devraient prier Anauël. Cet Ange leur infusera sa Lumière de guérison pour qu'ils puissent bien prendre soin de leurs patients. De plus, il leur infusera sa Lumière de force, de courage et d'énergie pour qu'ils puissent conserver une bonne santé pour bien prendre soin de leurs patients. La Lumière de l'Ange Anauël guidera leurs pas vers la meilleure marche à suivre pour amener leurs patients vers le chemin de la guérison, par exemple quel médicament donner, quel partie du corps soigner, quelle opération obligatoire pratiquer pour rétablir le bon fonctionnement du corps physique, etc. Si c'est impossible pour le médecin de guérir son patient puisque le temps terrestre de ce dernier s'achève, l'Ange Anauël le lui fera ressentir à l'intérieur de lui. Voilà l'importance de prier Anauël si vous êtes médecin. Cet Ange prendra soin de vous et il vous guidera vers le meilleur traitement à donner à votre patient.

Si vous priez l'Ange Anauël, vous trouverez l'unité sur les plans affectif, professionnel, amical ou médical. Cet Ange vous permettra de trouver la personne qui vous convient le mieux. Sur le plan affectif, cet Ange travaille en collaboration avec les Anges Lelahel et Haamiah pour vous apporter la personne idéale. Sur le plan professionnel, il travaille en collaboration avec l'Ange Nemamiah pour vous trouver de bons associés. Tout employeur devrait prier Anauël pour dénicher les meilleurs employés pour que, ensemble, ils puissent former une unité. Autrement dit, pour qu'ils puissent travailler pour la même cause.

Sur le plan amical, Anauël travaille avec l'Ange Umabel pour trouver votre complément amical, une amitié basée sur le respect mutuel. Sur le plan médical, Anauël travaille avec les Vertus. La mission de l'Ange Anauël est de trouver le meilleur médecin pour vous. Celui qui prendra soin de votre santé devra être un médecin consciencieux. Si vous n'avez pas de médecin ou si vous en cherchez un bon, priez l'Ange Anauël.

La Lumière d'Anauël peut inspirer la foi à ceux qui ne croient pas en Dieu ou aux Anges. Sa mission envers les athées est de développer en eux la confiance en l'Éternel. Anauël est conscient que la meilleure façon de prouver leur existence à l'humain, c'est de lui envoyer une preuve concrète pour lui prouver que l'univers des Anges existe. Anauël à même l'autorisation de réaliser l'un de vos rêves pour que vous puissiez comprendre que Dieu et les Anges sont continuellement avec vous. Si vous connaissez quelqu'un qui est athée et que vous aimeriez que cet être découvre l'univers des Anges, demandez à Anauël d'inspirer la foi à cette personne. En douceur, Anauël habituera cet athée à la Lumière de Dieu. Anauël répondra concrètement aux demandes que fera cet être.

Vous pouvez aussi prier l'Ange Anauël pour vous protéger contre les accidents de la route. Il peut aussi protéger les voyageurs pour que le voyage soit fait en toute sécurité. Vous pouvez aussi le prier pour protéger tous ceux qui travaillent avec de la machinerie lourde ou des outils dangereux.

Note aux enfants d'Anauël

À votre naissance, l'Ange Anauël vous a fait le don de sa Lumière intuitive. Il serait important pour vous d'écouter votre petite voix intérieure, car c'est souvent grâce à elle que l'Ange Anauël vous lance des messages et des avertissements. Anauël est un Ange qui avertit continuellement son enfant pour l'éloigner du danger. Si vous devez faire une sortie et, tout d'un coup, l'envie vous manque, ne la faites pas. C'est la façon d'Anauël d'avertir son enfant : par le sentiment. Cet Ange vous protège en tout temps.

Anauël vous a aussi fait le don de sa Lumière de messager. Si vous le désirez, cet Ange développera en vous ce talent, ce qui vous permettra de devenir un bon messager qui communiquera l'amour de Dieu et des Anges aux non-croyants dans une ambiance de respect envers celui qui ne croit pas.

Puisque vous êtes très intuitif, vous pourriez facilement attirer la chance vers vous. Il vous suffit d'y croire et d'avoir des pensées positives. Vous verrez jaillir l'abondance dans tous les aspects de votre vie. Commencez dès maintenant à attirer vers vous l'abondance. Il vous suffit tout simplement de changer votre perspective de la vie. Soyez positif et vous obtiendrez tout. Soyez négatif et vous n'obtiendrez que des problèmes.

Réclamer l'aide de l'Ange Anauël

Recevoir un cadeau

Anauël est infiniment bon. Il n'a qu'une seule envie, celle de vous faire plaisir et de vous donner ce cadeau auquel vous tenez tant. Toutefois, il doit vérifier si votre demande est acceptée par la Sphère spirituelle. Si votre demande est sincère et véritable et que celle-ci n'entrave pas votre plan de vie, l'Ange Anauël vous enverra ce cadeau auquel vous tenez tant. Si, pour une raison ou une autre, il ne peut vous donner ce cadeau, il vous enverra un cadeau substitutif qui vous plaira autant que celui que vous lui avez réclamé.

Pour recevoir un cadeau, il serait important de prier Anauël. Soyez sincère dans votre demande. Ne soyez pas exigeant. Si vous l'être trop, la Sphère spirituelle pourrait vous refuser votre cadeau. Les Anges vous demandent de bien réfléchir. N'inscrivez pas tout de suite votre demande. Inscrivez-la demain, à votre réveil. En guise de remerciement pour la lecture de ce livre, les Anges ont demandé à Anauël de vous envoyer une belle surprise. Quel est le cadeau que vous aimeriez recevoir? N'écrivez pas tout de suite. Réfléchissez. Vous n'avez droit qu'à un seul cadeau. Au cours de cette nuit, les Anges vous aideront à bien réfléchir au sujet du cadeau que vous aimeriez recevoir. Quel est le cadeau qui vous fera le plus plaisir? Inscrivez-le ci-dessous à votre réveil.

_____

_____

Vous pouvez continuer votre lecture, si vous le désirez. Sinon, demain, à votre réveil, prenez le temps d'inscrire votre cadeau. L'Ange Anauël aidé de ses confrères travailleront pour vous apporter ce cadeau. Advenant l'impossibilité de vous donner ce que vous réclamez, l'Ange Anauël vous enverra un cadeau de substitution qui vous fera autant plaisir. Il serait aussi important de noter les dates de force de l'Ange Anauël, car il ouvrira la porte aux cadeaux lors de ces journées. Autrement dit, la semaine qui suivra sa journée de force, il pourrait vous envoyer votre cadeau. Par exemple, faites votre demande en décembre en vous référant aux tableaux I et II de *La Bible des Anges*. La date de force de l'Ange Anauël en décembre est le 30. Ceci veut dire qu'à partir du 30 décembre, il ouvre la porte à votre cadeau. Ne soyez pas surpris de le recevoir dans la semaine du 30 décembre. Si vous ne l'avez pas reçu, il faudra vérifier sa prochaine date de force, et ainsi de suite.

Attirer la prospérité

Pour attirer la prospérité, premièrement, récitez la prière à cet effet. Priez durant ses journées de force puisque Anauël attire la prospérité. Achetez-vous un billet de loterie. Inscrivez-y ceci : « *Ange Anauël, je vous offre ce billet* ». Ensuite, demandez-lui de rendre ce billet prospère. Dites la raison pour laquelle vous désirez cet argent. Votre demande doit être reliée à une bonne cause, car l'Ange Anauël ne vous donnera pas de l'argent pour le plaisir de gagner.

Bâtir un autel pour accueillir l'Ange Anauël

Napperon : tissu avec l'image du sapin, du père Noël ou d'une canne de Noël

Couleurs : rouge vif, blanc, vert et violet.

Bougies : jaunes, vertes, bleues, rouge vif et blanches.

Encens : oliban et mastic.

Odeurs : sapin de Noël, bergamote et les odeurs épicées avec un soupçon de cannelle.

Psaume à réciter lors du rituel

« *Adorez l'Éternel avec crainte et réjouissez-vous en lui avec tremblements.* »

psaume 2, verset 11

64. MEHIEL

« *Le meilleur remède pour vous guérir, c'est d'afficher un sourire sur vos lèvres.* »

« *Ne laissez personne vous détruire. Dieu vous a conçu dans l'amour et non dans la violence. Personne ne mérite d'en être la victime. À nos yeux, vous êtes le bien le plus précieux que nous chérissons. Vous valez mieux qu'une montagne d'excuses!* »

Ange idéal

Mehiel est l'Ange idéal de toutes les personnes qui subissent les sévices de personnes violentes. La mission de cet Ange est de vous donner la force et le courage de vous en éloigner et de reprendre votre vie en main.

Mehiel est aussi l'Ange idéal des écrivains. Il les aide à résoudre tous les problèmes techniques et financiers reliés au livre, au moment de l'écriture du contenu, et ce, jusqu'à la mise en vente par le libraire. Voilà l'importance de le prier lorsque vous êtes un écrivain.

Il est aussi l'Ange idéal des chasseurs. Avant d'aller chasser, priez les Anges Mehiel et Cahetel afin que vous soyez protégé lors de cette activité. La mission de l'Ange Mehiel est de vous protéger pour que vous ne soyez pas attaqué par un animal féroce tel qu'un ours ou autre, tandis que l'Ange Cahetel vous préviendra des dangers.

Mehiel est un Ange très taquin. Il se décrit comme étant le « bouffon » des Anges. D'ailleurs, tous les Anges l'adorent, surtout quand il se déguise en lutin pour taquiner l'Ange Anauël. Mehiel aime voir l'humain heureux. Selon Mehiel, rien ne sert de verser des larmes, puisque cela dérange tout votre être au complet. Lorsque l'humain est triste, il n'avance plus. Tout est en arrêt et pourtant l'Ange Mehiel dit qu'il est beaucoup mieux d'avancer, si vous désirez sortir de ce gouffre. Mehiel est conscient que l'humain vit parfois des moments de découragement et qu'il se retire dans la solitude pour mieux verser toutes les larmes de son corps. Toutefois, l'Ange Mehiel dit que si vous le priez, il vous sortira de votre gouffre et il vous fera rire. Le rire est le meilleur remède pour s'en sortir.

Lorsque vous prierez l'Ange Mehiel, il est certain que vous allez avoir le fou rire durant toute la journée. Tout vous fera sourire. C'est sa façon d'annoncer sa présence. C'est comme s'il vous jetait une petite poudre magique qui vous fera rire jusqu'aux larmes. Mehiel dit : *« Vous voulez verser des larmes, eh bien, je vais vous en faire verser. Toutefois, les larmes que vous verserez seront des larmes de joie et de rire : les meilleures larmes qui soient! »*

L'Ange Mehiel vient immédiatement à l'enfant qui réclame de l'aide. Pour annoncer sa présence, il vous fera entendre un léger tintement. Toutefois, vous en ignorerez la provenance. De plus, cet Ange vous fera faire un geste instantanément. Vous allez vous frotter les yeux comme si vous aviez une poussière dans l'œil. Ce sera sa poudre magique qui vous fera rire aux larmes!

Différentes façons de manifester sa présence

Mehiel aime tous les animaux qui font rire les humains tels que les dauphins, les chats, les chiens, etc. Toutefois, Mehiel a sa préférence. Il adore le singe-écureuil et le perroquet. Mehiel trouve d'eux qu'ils ressemblent à un clown, surtout le singe-écureuil. L'énergie de ce dernier est identique à celle de Mehiel, car ce singe est toujours en train de s'amuser et de taquiner son groupe, tandis que le perroquet aime la musique, comme cet Ange. Quand il entend de la musique, le perroquet se met à chanter et à danser.

Mehiel vous enverra une odeur qui vous rappellera un événement agréable. Il ira consulter votre Ange personnel et il se renseignera sur vos odeurs préférées et sur les situations cocasses reliées à certaines d'entre elles. Il est évident qu'il choisira une senteur parmi celles que votre Ange personnel lui énumérera, soit l'odeur qui vous a le plus marqué. Ne soyez pas surpris si Mehiel vous envoie une odeur de parfum très intense. Vous éternuerez comme si vous aviez des allergies. N'allez pas consulter l'allergologue, puisque c'est Mehiel qui vous joue des tours!

Mehiel se décrit comme un bouffon. Il est le clown des Anges. Évidemment, les premiers mots qu'il vous fera entendre sont « **bouffon** » ou « **clown** ». Par ces termes, l'Ange Mehiel vous indique qu'il est temps de lâcher votre fou. Prenez quelques jours de vacances. Reposez-vous, gâtez-vous, puisque vous en avez besoin. Si Mehiel vous a fait entendre ces mots, il y a de fortes chances que vous soyez dans une période difficile et que votre moral soit à plat.

Il va aussi vous faire entendre les mots « **rire** » ou « **sourire** ». Si vous entendez l'un d'eux, Mehiel vous dit qu'il est temps pour vous de sourire à la vie. Il vous aidera à régler une situation qui vous dérange et qui vous empêche de sourire.

D'autres mots importants sont « **surprise** » ou « **boîte à surprise** ». Si vous entendez « surprise », attendez-vous d'en recevoir une belle de la part de Mehiel. Si vous entendez « boîte à surprises », vous vivrez de grands moments magiques. De belles surprises vous parviendront et vous feront sauter de joie.

Si Mehiel vous envoie les mots « **lâcher prise** », il veut vous dire qu'il est temps pour vous de lâcher prise sur une situation qui vous dérange. En le priant, sa Lumière vous aidera à lâcher prise. Ainsi, il vous sera beaucoup plus facile de retrouver votre joie de vivre.

Mehiel peut aussi vous faire entendre les mots suivants : « **singe** », « **danser** », « **jouer** », « **amuser** » et « **vivant** ».

Autres représentations symboliques

Le signe préféré de Mehiel, c'est de vous envoyer une grimace. Ne soyez pas surpris si un enfant ou même un adulte vous en fait une. Ne répliquez pas négativement à cette grimace, puisque c'est Mehiel qui sera à l'origine de ce geste. Ensuite, il vous enverra des gens qui vous souriront. Durant toute la semaine, vous verrez des inconnus vous envoyer des sourires. Toutefois, soyez aux aguets, car Mehiel peut emprunter temporairement le corps d'un humain pour venir lui-même vous faire un sourire. Si tel est le cas, il est certain qu'il portera un vêtement avec la couleur jaune et une touche de vert, ou vice versa. Il peut aussi porter un T-shirt avec l'**image d'un** « **bonhomme sourire** ». Si cela vous arrive, envoyez-lui votre plus beau sourire.

Un autre geste que Mehiel aime faire, c'est de vous envoyer une personne qui va vous raconter toutes sortes d'histoires insolites pour vous faire rire. Les gens seront de bonne humeur et cela aura aussi un impact favorable sur votre humeur. Des rires fuseront de partout.

Vous allez aussi entendre quelqu'un siffler et fredonner une chanson. Mehiel peut développer en vous le goût d'écouter une musique rythmée qui vous donnera envie de chanter et de danser.

Toutefois, si vous faites la moue et que vous critiquez Mehiel en lui disant que vous ne voyez aucun de ses signes, faites attention. Lorsque vous sortirez lors de journées de pluies, il y a de fortes chances que vous vous fassiez arroser. Vous allez vite comprendre que Mehiel était à l'écoute.

Mehiel est adore plusieurs objets. Au fait, il aime tous ceux qui apporteront un sourire sur les lèvres de ses enfants. Il est évident qu'il vous montrera un clown. Il peut aussi vous montrer une figurine avec un large sourire. Il vous fera regarder des photos ou des affiches sur lesquelles les gens ont de larges sourires. Mehiel peut aussi vous montrer des photos amusantes qui vous feront rire.

Il aime aussi les petits « bonshommes sourires » jaunes. Il les trouve très drôles. Ne soyez pas surpris d'en voir un peu partout. Cet Ange peut même envoyer quelqu'un vers vous portant un t-shirt avec l'image du bonhomme sourire. Vous n'aurez pas le choix de sourire quand vous verrez cette personne vêtue de ce T-shirt. S'il vous montre l'image d'un bonhomme sourire, attendez-vous à recevoir une bonne nouvelle dans les jours qui suivront ce signe.

Mehiel peut aussi vous **montrer une boîte à surprise**. Cela vous indique qu'il vous réserve un beau cadeau. Vous serez très heureux du présent qui vous sera remis.

Spécialités de l'Ange Mehiel

La mission de l'Ange Mehiel est de sécher vos larmes en y apportant sa chaleur et son sourire. Il n'aime pas voir l'humain être dérangé par les épreuves de la vie. Mehiel vous dit de ne pas garder vos émotions en vous, car cela vous détruit. Si vous priez Mehiel, ce dernier se fera un devoir de vous apporter des étincelles de joie pour vous revoir sourire. Telle sera sa mission envers vous.

Mehiel possède en lui une force inébranlable. Rien n'arrive à le déstabiliser. La Lumière de cet Ange peut vous aider à escalader les pires montagnes et à surmonter les pires épreuves. Il est important de prier Mehiel si vous êtes victime de violence. Priez-le également pour que la violence faite aux enfants et aux adultes cesse.

Une femme, victime de violence conjugale, devrait demander de l'aide à l'Ange Anauël pour se sortir de sa situation puisque la Lumière de cet

Ange lui donnera la force et le courage de quitter cet être submergé par la violence. Toutefois, la Lumière de l'Ange Mehiel l'aidera à passer à travers cette épreuve. Sa Lumière lui donnera aussi la force et le courage de quitter cet être diabolique et de recommencer sa vie sur des bases plus sereines.

De plus, Mehiel aidera celui qui se laisse influencer par l'Ombre à cesser la violence. Toutefois, cet être doit le prier. Si une personne sous l'emprise de l'Ombre ne veut « rien savoir », Mehiel doit respecter son choix. Vous pouvez toujours prier Mehiel pour aider cette personne à être moins violente, mais si cette personne ne veut pas d'aide, Mehiel ne peut rien y faire. L'Ombre l'aveugle et elle l'empêche de voir la Lumière qui cherche à la sauver.

Autres raisons de prier l'Ange Mehiel

Si vous avez besoin d'un peu d'argent pour mettre en œuvre l'un de vos projets, Mehiel peut vous aider. Il enverra vers vous une situation bénéfique qui vous permettra de récolter de petits profits pour le bien de votre projet. Il est évident que la somme demandée ne doit pas être énorme. Il y a d'autres Anges qui peuvent vous aider à ce sujet si la somme exigée dépasse les cent mille dollars. De plus, Mehiel peut vous aider à choisir la meilleure possibilité qui s'offrira à vous pour réussir vos projets. Il suffit de le prier.

Mehiel vous donne le goût d'aimer et de connaître le royaume de Dieu. Si vous désirez parfaire vos connaissances sur le plan spirituel. Demandez à Mehiel de vous infuser sa Lumière de dévotion envers Dieu. Lors de vos méditations, Mehiel développera en vous ce goût et il vous conduira dans le royaume de Dieu pour mieux entrer en contact avec le Plan divin. Toutefois, votre intention est honnête et humble. Vous le faites pour votre bien-être et non pour essayer d'épater votre entourage avec vos connaissances à moins que vous n'utilisiez vos connaissances pour le bien de l'humanité. De plus, si vous êtes de nature peureuse, abstenez-vous de demander à Mehiel de vous infuser sa Lumière de connaissance. D'ailleurs, il ne répondra probablement pas à votre demande. Seuls quelques élus auront ce privilège.

Vous pouvez aussi prier Mehiel pour vous enlever la peur des animaux. Les Anges Reiyiel et Omaël s'occupent du bien-être des animaux. Ils sont leurs Anges attitrés. Toutefois, Mehiel peut vous enlever la peur des animaux. Mehiel peut même vous préserver de la rage et des animaux féroces. Lors d'une partie de chasse, priez Mehiel et il vous protégera des animaux féroces et des dangers y sont reliés.

Si vous avez envie d'écrire un livre de fantaisie, la Lumière de Mehiel vous inspirera. Cet Ange fera de votre livre un ouvrage à succès! De toute façon, Mehiel est l'Ange des écrivains. Tous les écrivains qui ont besoin d'inspiration lorsqu'ils écrivent devraient méditer sur Mehiel. Leurs mots sortiront comme par magie et leurs romans seront fascinants et dévorés par tous leurs lecteurs. Leurs livres seront à la hauteur de leurs attentes et ils en seront fiers.

Si vous devez écrire une lettre à quelqu'un et que vous avez besoin d'inspiration, priez l'Ange Mehiel et son confrère, l'Ange Iah-hel. Ensemble, ces deux Anges forment une équipe du tonnerre lorsqu'il s'agit de trouver les mots appropriés pour la compréhension de votre texte. Que ce soit pour une entrevue, une lettre de condoléances, de remerciement, de congédiement ou d'amour, peu importe le contenu, sachez que Mehiel et Iah-hel vont vous inspirer à écrire les meilleurs mots pour que la personne qui recevra votre lettre puisse bien comprendre votre émotion et l'étendue de vos idées.

L'Ange Mehiel peut aider tous ceux qui travaillent dans tout domaine relié à l'imagination, la fantaisie, tel que le roman, les films, la télévision, la mode, le *design*, etc. Cet ange vous aidera à réussir et à percer dans l'un de ces domaines.

Tous ceux qui se passionnent pour l'écriture automatique devraient prier Mehiel s'ils veulent bien comprendre le principe. Si vous avez envie d'en faire, priez l'Ange Michaël du Chœur des Vertus. Cet Ange a comme mission de vérifier si vous êtes apte à recevoir des messages par l'écriture automatique. Si vous possédez la faculté de recevoir des messages, Michaël développera ce talent en vous, tandis que l'Ange Mehiel vous habituera aux préceptes de l'écriture automatique.

Mehiel vous protège aussi de situations dangereuses. Il vous en éloigne au lieu de vous laisser provoquer une tempête avec vos mots ou vos gestes. Il vous en éloignera par mesure de prudence et par respect pour le bien-être de l'humain sachant que la violence détruit physiquement et moralement la personne qui en est victime. Il agira de même si un animal féroce croise votre chemin. Il vous en fera emprunter un différent pour éviter le contact avec l'animal féroce.

Les Anges Anauël et Mehiel sont très près l'un de l'autre. Ces deux magnifiques Anges sont les bouffons de tous les Anges. Ils adorent les taquiner comme ils adorent agacer les humains. L'un ne va pas sans l'autre. Ils forment une équipe du tonnerre lorsqu'il s'agit d'aider l'humain à surmonter ses épreuves et à accomplir son plan de vie. Quand vous en priez un, il est définitif que l'autre se manifestera. Ils viennent prêter main-forte à l'Ange prié.

Note aux enfants de Mehiel

À votre naissance, l'Ange Mehiel vous a fait le don de sa Lumière qui vous permet de recevoir des messages venant des Êtres de Lumière par l'écriture automatique. Si leur monde vous fascine, priez l'Ange Michaël pour qu'il développe ce talent en vous.

Puisque vous avez tendance à être très nerveux, il serait préférable pour vous de travailler dans une ambiance calmante, apaisante. Vous n'êtes pas fait pour travailler dans des endroits où il y a beaucoup de bruit et où le stress est continuel. Cela pourrait s'avérer très dommageable pour votre santé mentale.

Soyez vigilant avec vos amours et vos connaissances. Vous pourriez facilement tomber dans le piège de la violence. Soyez méfiant et écoutez la voix intérieure qui vous avertit d'un danger. Éloignez-vous des personnes qui ont des sautes d'humeur imprévisibles. N'oubliez pas que vous êtes de nature émotive et que vous pourriez facilement devenir une proie pour ces êtres diaboliques.

Réclamer l'aide de l'Ange Mehiel

Se libérer d'un être violent

Premièrement, pour vous libérer d'un être violent, il vous faut prier les Anges Mehiel et Anauël. Ces deux magnifiques Anges vous donneront la force et le courage de quitter la personne qui vous menace et qui vous violente. La mission de ces Anges est d'envoyer sur votre chemin des personnes-ressources qui pourront vous apporter l'aide dont vous avez besoin pour vous libérer de cet être submergé par l'Ombre. Plus vous prierez, plus vous aurez la capacité et la volonté d'agir. La prière vous donnera le courage de prendre votre vie en main et d'emprunter un chemin plus rayonnant.

Retrouver le sourire et la sérénité

Mehiel a comme mission d'aider tous ceux qui vivent des épreuves difficiles. Si vous êtes triste, si vous vivez une période difficile, priez Mehiel. Celui-ci vous aidera à retrouver votre sourire. Coloriez le sourire ci-dessous et utilisez les couleurs que vous désirez. En dessinant ce sourire, l'Ange Mehiel vous calmera. Vous pouvez dessiner ce sourire autant de fois que vous le désirez. Faites-vous des copies de ce bonhomme sourire. Lorsque vous vous sentez triste, prenez-le et coloriez-le. Vous verrez que Mehiel trouvera une façon insolite de vous faire sourire. Il est évident qu'il répondra immédiatement à votre appel lorsque vous appliquerez des couleurs sur ce visage.

Se libérer de sentiments de violence

Priez l'Ange Mehiel pour qu'il puisse vous libérer de sentiments de violence qui vous détruisent et qui détruisent ceux que vous aimez. Priez tant que vous en ressentez le besoin. N'oubliez pas que la violence est dirigée par l'Ombre. Quand vous allez commencer à prier, l'Ombre cherchera à vous déstabiliser en vous racontant des chimères. Voilà l'importance de continuer de prier tant et aussi longtemps que l'Ombre ne s'éloignera pas de vous. Quand l'Ombre s'apercevra que votre Lumière devient de plus en plus puissante, l'Ombre s'éloignera et vous gagnerez votre bataille. C'est pour cette raison qu'il ne faut pas lâcher prise lorsque vous demandez à être sauvé de la violence.

Trouver l'inspiration pour écrire un livre ou une lettre

Afin de trouver l'inspiration pour écrire un livre ou une lettre, il vous suffit de demander aux Anges Mehiel et Iah-hel de vous inspirer. Prenez d'abord une à trois minutes d'intériorisation. Lorsque vous êtes dans cet état, dites aux Anges Mehiel et Iah-hel que vous aimeriez recevoir leur Lumière d'inspiration pour vous aider à écrire votre document. Expliquez-leur, avec vos mots, ce que vous aimeriez écrire. Décrivez votre sujet. Quand vous serez prêt, vous allez rapidement ressentir leur énergie. En quelques secondes, vous commencerez à écrire votre document. Tout coulera en vous comme une fontaine.

Connaître le royaume de Dieu et s'y préparer

Pour connaître le royaume de Dieu et vous y préparer, priez et méditez sur Mehiel. Lorsque vous serez apte à connaître le royaume de Dieu, cet Ange vous y conduira. Toutefois, si vous êtes de nature peureuse, cela va prendre un certain temps avant que Mehiel vous conduise au royaume des cieux. Au début, méditez environ cinq minutes pour vous habituer en douceur à l'énergie de l'Ange Mehiel. Aussitôt que vous serez prêt, cet Ange vous conduira au royaume de Dieu. Quand cela arrivera, vous verrez de belles choses et les couleurs seront divines. Vous vivrez des moments magiques. Vous aurez de la difficulté à exprimer en langage humain ce que vous aurez vu et ressenti. Lorsque vous visiterez le royaume de Dieu, vous serez envahi par un sentiment d'extase devant toute la beauté qui s'offrira à vous.

Faire de l'écriture automatique

Priez avant tout l'Ange Michaël pour vérifier si vous êtes apte à recevoir des messages par l'écriture automatique. Avant chaque écriture, il est important d'être dans un état de calme et de relaxation. Il est aussi important de prendre quelques minutes d'intériorisation avant de recevoir votre message. Pour mieux vous familiariser avec la technique de l'écriture automatique, consultez la partie sur l'Ange Michaël.

Bâtir un autel pour accueillir l'Ange Mehiel

Napperon : il doit vous faire sourire, par exemple avec un bonhomme sourire.

Couleurs : jaune, violet et vert.

Bougies : jaunes, violettes, vertes, bleues ou blanches.

Encens : myrrhe et mastic.

Odeur : eucalyptus et lavande.

Psaume à réciter lors du rituel

*« Voici les yeux du Seigneur qui sont ouverts
sur ses adorateurs, sur ceux qui ont foi en sa bonté. »*

Psaume 33, verset 18

CHAPITRE XV

Les Anges

Dans le Chœur des Anges, tous les Anges sont importants pour l'évolution de l'humain. Ces Anges sont des « facilitateurs », c'est-à-dire qu'ils aident les êtres humains à réussir leur vie terrestre. Les Anges issus de ce Chœur n'ont pas peur d'apparaître aux humains. Le Chœur des Anges est très près de l'humain. Si vous les priez, ils viendront rapidement vers vous et ils vous feront ressentir immédiatement leur présence, sauf l'Ange Haiaiel parce qu'il est le plus lent de son Chœur. De par leur nature, les Anges adorent les humains et ils feront tout pour venir leur porter main-forte lors de périodes difficiles. Cela fait partie de la mission que Dieu leur a donnée. Pour mieux connaître la vibration du Chœur des Anges, consultez La Bible des Anges.

65. DAMABIAH
(sang, exorciste, méditation)

« Ayez la soif de vivre et mordez dans la vie.
Ainsi, votre santé se portera mieux. »

« Vivez pleinement votre vie comme l'enfant qui s'amuse.
Ainsi, vous n'aurez jamais de regret. »

« La peur nourrit l'Ombre et l'active. Prenez votre peur dans vos mains et illuminez-la de courage et de la Lumière de Dieu. Ainsi bien nourrie, elle se transformera en force et cette force chassera l'Ombre et l'anéantira. »

Ange idéal

Damabiah est l'Ange idéal des marins, des pêcheurs. Elle les protégera des naufrages. Il serait bon que vous lui demandiez de purifier un objet et de le porter sur vous.

Elle est aussi un Ange important pour les exorciseurs, car elle va les protéger lors d'un exorcisme. De plus, elle est l'Ange à prier si vous pensez être envouté ou en présence de situations d'Ombres.

L'Ange Damabiah est très douce. Toutefois, sa puissance est énorme. Damabiah descend régulièrement sur Terre. C'est un Ange très présent parmi les humains. Elle aime les faire rire. Cet Ange apporte une attention particulière à tous ceux qui réclament son aide. Son plus grand bonheur est de vous aider. Et lorsque vous lui demandez de l'aide, elle accourt immédiatement à votre chevet.

Damabiah peut vous aider à vous sortir des pires tempêtes de votre vie pour ensuite vous permettre de savourer la paix et le calme. L'Ange Damabiah aime travailler sur vos émotions pour les calmer lors de tempêtes. Damabiah agit comme un phare. Qu'importe la tempête que vous vivez, comme le phare, l'Ange Damabiah vous guidera vers le meilleur refuge. Sa Lumière ne s'éteint jamais. Sa Lumière brille toujours pour vous aider à vous relever malgré la tempête qui fait rage dans votre vie. Elle n'aime pas voir l'humain malheureux à cause des tempêtes émotionnelles. Elle aime bien quand les enfants de Dieu affichent un large sourire sur leurs lèvres. C'est la raison pour laquelle, lorsque vous la prierez, vous serez envahi par un sentiment de bien-être et de réconfort. Cet Ange donne à celui qui le prie une aide immédiate et un courage extraordinaire pour l'aider à retrouver son chemin et à retrouver la paix intérieure. Damabiah va tout faire pour vous donner ce que vous réclamez. Voilà l'importance de la prier. Tel est son rôle envers l'humain.

Différentes façons de manifester sa présence

L'Ange Damabiah adore les dauphins. Il est évident qu'elle vous en fera voir un. Si vous avez l'occasion d'aller voir des dauphins, priez l'Ange Damabiah avant d'y aller. Cet Ange empruntera temporairement le corps d'un dauphin. Pour annoncer sa présence, elle enverra un jet d'eau sur vous. De plus, elle lancera un cri strident, tout en se promenant sur la queue. Il vous sera très facile de la reconnaître puisqu'elle fera tout pour vous arroser et vous taquiner.

Les odeurs préférées de l'Ange Damabiah sont celles de la mer et de la pluie. Alors, il y a de fortes chances que, dans les 24 heures qui suivront votre prière, elle vous envoie de la pluie pour que vous puissiez sentir celle-ci. Si vous demeurez près de la mer, elle vous permettra de bien sentir son odeur. Elle développera donc davantage votre odorat.

Un des mots importants de l'Ange Damabiah est « **liberté** ». Par ce terme, l'Ange Damabiah vous indique qu'elle vous montrera une situation dont vous devriez vraiment vous libérer. Elle entrave votre bonheur. Damabiah vous en fera prendre conscience. Si vous voulez vous en libérer, il vous suffit de prier l'Ange Damabiah. Sa Lumière vous délivrera et elle vous permettra de retrouver votre équilibre.

Un autre mot important pour elle est « **phare** ». Par ce terme, Damabiah vous dit qu'il est temps pour vous d'analyser votre vie. Peut-être que vous essayez de fuir la réalité du moment présent. Si Damabiah vous fait entendre ce mot, c'est qu'elle veut que vous preniez conscience que vous êtes perdu. Vous êtes dans une période de votre vie où vous ne savez plus quoi faire. Vous ignorez également quelles décisions prendre pour améliorer votre vie. Si vous priez Damabiah, elle vous éclairera pour que vous puissiez prendre conscience qu'il est maintenant temps pour vous d'améliorer certains aspects de votre vie, si vous voulez retrouver l'harmonie. Toutefois, si elle vous **montre un phare** en image, ce symbole sera très important.

Si l'Ange Damabiah vous fait entendre le mot « **paix** », elle vous indique qu'elle ramènera la paix dans votre vie. Cet Ange vous permettra de retrouver votre équilibre et votre joie de vivre. Ce qui entrave votre bonheur, elle vous donnera le courage de le régler immédiatement en vous dirigeant vers la meilleure des solutions.

Damabiah peut aussi vous faire entendre les mots suivants : « **dauphin** », « **univers** », « **élixir** », « **bonheur** » et « **sagesse** ».

Autres représentations symboliques

L'Ange Damabiah adore le contact avec l'humain. Il y a de fortes chances qu'elle emprunte momentanément le corps d'un humain afin de vous transmettre un message que vous serez en mesure de comprendre. Alors, il faudra être aux aguets. Si un étranger ou un membre de votre entourage vous lance un message, écoutez-le attentivement puisque c'est l'Ange Damabiah qui vous le transmet. Si cette personne vous réclame une caresse, faites-lui une caresse. Vous allez vite ressentir le bien-être que vous procurera ce geste. Ainsi, vous aurez vite compris que vous avez fait une caresse à l'Ange Damabiah.

Toutefois, son signe préféré est de vous **montrer l'image d'un dauphin**. Damabiah adore les dauphins. Dans les 24 heures qui suivront votre prière, l'Ange Damabiah s'organisera pour que vous puissiez en voir un. Ne soyez pas surpris de voir quelqu'un porter un bijou avec l'image du dauphin. Vous pourriez même voir des images ou des bibelots représentant un dauphin.

Elle peut aussi vous faire voir l'image d'un phare. Si elle vous **montre l'image d'un phare**, cela signifie qu'elle vous guidera vers le meilleur chemin pour que vous puissiez rapidement vous sortir de votre impasse. Pendant les dix prochaines semaines, vous vivrez plusieurs changements. Des décisions seront prises, des analyses de conscience seront faites. Tout ce qui sera entrepris et décidé aura un impact favorable dans votre vie. Il est important de ne pas négliger ce symbole surtout quand vous priez l'Ange Damabiah. Par ce signe, elle veut vous dire de vous faire confiance dans vos décisions.

Un autre signe qu'elle peut vous faire dans l'immédiat, c'est de vous faire bourdonner les oreilles. Vous entendrez un léger tintement dans l'une de vos oreilles. Ce signe, elle peut vous l'envoyer immédiatement pour vous indiquer qu'elle a bel et bien entendu votre demande.

Cet Ange aime voir l'humain heureux. Pendant les neuf jours de la demande, elle vous montrera des situations amusantes pour vous faire rire. Elle s'organisera pour vous faire sursauter en vous faisant entendre quelqu'un crier de joie. Elle peut aussi vous montrer une personne qui reçoit un cadeau. Mais, comme elle aime surprendre les humains, elle peut envoyer vers eux un cadeau qu'un proche leur remettra.

Damabiah aime la musique. Elle risque de communiquer avec vous en vous mettant une musique en tête. Vous risquez de la fredonner et de l'avoir en tête toute la journée.

Elle peut aussi développer en vous le goût de jouer dans l'eau, de vous baigner, de prendre un bain, de prendre une douche ou de faire tremper vos pieds dans l'eau. Cela aura un effet bénéfique sur vous, une sensation de soulagement et de bien-être. Imaginez que vous êtes privé de vous laver pendant un mois. Le premier bain que vous allez prendre vous procurera un soulagement. Vous allez vous sentir bien dans votre peau. Tel sera le bien-être que vous ressentirez lors de vos baignades.

Elle peut aussi vous faire voir quelqu'un chuchoter à l'oreille de son interlocuteur, comme s'il lui racontait un secret.

Aussi étrange que cela puisse paraître, l'Ange Damabiah peut même vous envoyer une personne qui parlera d'une prise de sang. Ne soyez pas surpris si cette personne vous demande si vous souhaitez donner du sang. Cet Ange a vraiment le sens de l'humour puisqu'elle sait que la plupart des enfants de Dieu ont peur des prises de sang!

Spécialités de l'Ange Damabiah

L'Ange Damabiah a deux particularités importantes. La première est d'aider tous ceux qui ont des problèmes avec le sang tels que l'anémie, la leucémie, le cholestérol, le diabète et le sida. Son rôle est d'apaiser la tempête à l'intérieur de vous tout en équilibrant le sang. Cet Ange ne peut vous guérir. Toutefois, son rôle sera de vous guider vers le meilleur médicament, le meilleur traitement ou vers le meilleur médecin qui vous aidera à mieux contrôler et à bien équilibrer votre problème sanguin. Elle agit de même avec tous ceux qui sont victimes de bipolarité ou de schizophrénie. Sa mission sera d'envoyer sur leur chemin des personnes compétentes qui les aideront à mieux comprendre et à mieux apprivoiser leur maladie mentale. L'Ange Damabiah est aussi excellente pour apaiser une douleur émotionnelle très douloureuse. La prier pendant neuf jours consécutifs calmera votre tempête intérieure. Sa Lumière vous aidera à retrouver le chemin de l'équilibre et de la sérénité.

La deuxième grande mission de l'Ange Damabiah est de protéger celui qui pratique un exorcisme. Avant tout exorcisme, il est important de prier l'Ange Damabiah et de suivre le procédé ci-dessous. L'Ange Damabiah agit à titre de talisman lors d'exorcisme. Son aide est précieuse contre les sortilèges, les malédictions, les envoûtements et la sorcellerie. Si vous pensez être victime de l'un de ces problèmes, il serait bon pour vous de prier l'Ange Damabiah pour qu'elle puisse vous purifier et éloigner tout mauvais sort fait contre vous.

Autres raisons de prier l'Ange Damabiah

Vous pouvez aussi prier l'Ange Damabiah pour toute situation reliée à l'eau, à la mer, aux rivières, aux lacs, aux fleuves, aux sources. Cet ange est excellent pour ceux qui veulent se faire construire un puits. Si vous la priez, elle va guider vos pas pour installer votre puits au meilleur endroit pour que vous ayez de l'eau à jamais et en abondance.

Les pêcheurs qui désirent revenir à la maison avec du poisson, avant de partir, devraient demander à Damabiah de faire fructifier leur pêche. Avec cet Ange, vos sorties de pêches seront agréables et excellentes. En plus, elle vous protégera pendant tout votre voyage sur l'eau. Demandez-lui de purifier un objet avant d'aller à la pêche.

Vous pouvez également lui demander son aide pour obtenir la protection lors d'un voyage en bateau ou en croisière pour vous protéger contre les dangers du naufrage. Si vous travaillez sur l'eau ou si vous possédez une piscine, priez Damabiah pour qu'elle apporte la sécurité de chaque personne qui se baigne et surtout pour protéger votre enfant quand il se baigne. Récitez-lui la prière concernée.

L'Ange Damabiah favorise la méditation et la relaxation. Elle aidera tous ceux qui chercheront à méditer et à relaxer. Si vous avez envie de méditer sur l'Ange Damabiah, faites jouer une musique douce comportant des cris de dauphins et des sons de la mer ou de la pluie. Elle fera en sorte que lors de la méditation et de la relaxation vous en ressentiez les bienfaits immédiatement. La méditation et la relaxation seront à la hauteur de vos attentes. De plus, elle fera acte de présence en se manifestant en douceur, surtout si vous lui en avez fait la demande.

L'Ange Damabiah dit qu'il est beaucoup plus facile de communiquer avec elle et de ressentir sa présence quand vous êtes dans un état méditatif ou détendu. Pour tous ceux qui désirent entrer en communication avec cet Ange, méditez pendant neuf jours consécutifs tout en lui demandant de venir vers vous. Vous verrez que, au bout de la neuvième journée, vous ressentirez une présence autour de vous. Ce sera la présence de l'Ange Damabiah. Au début, priez-la pendant huit jours avant ses journées de force pour qu'à la neuvième journée vous puissiez ressentir sa présence. Les journées de force de l'Ange Damabiah sont les suivantes : du 10 au 14 février, le 26 mai, le 9 août, le 22 octobre, le 1er janvier et le 13 mars. Voici un exemple. Si vous désirez méditer sur elle en mai, alors faites-le le 18 mai pour que le 26 mai vous puissiez vraiment la ressentir. Il en est de même pour les autres jours.

Durant les prochaines méditations, cet Ange en profitera pour vous envoyer toutes sortes de symboles qui seront très agréable à déchiffrer. Vous aurez un plaisir fou. Les premiers temps, vous pourriez toujours consulter « Anges et rêves ». Quand vous deviendrez un expert en la matière, vous serez en mesure de les déchiffrer par vous-même.

Toute personne qui aimerait développer son intuition peut faire appel à l'Ange Damabiah. Cet Ange a la faculté de vous aider dans ce domaine. Toutefois, il est conseillé de méditer sur elle pour qu'elle puisse mieux entrer en contact avec vous et établir un lien de confiance. Avec une grande douceur, l'Ange Damabiah vous habituera à sa présence lors de vos méditations. Cet Ange vous aidera à mieux prendre conscience du potentiel qui gît en vous. Plus vous méditerez sur elle, plus elle développera votre intuition. Et quand vous deviendrez plus en confiance avec votre potentiel, vous serez en mesure de le pratiquer et de bien vous en servir.

Si vous désirez être en contact avec l'Ange Damabiah pour pouvoir mieux la ressentir et que vous aimeriez qu'elle vous protège régulièrement, portez un médaillon avec l'image d'un dauphin et demandez-lui de le purifier.

Note aux enfants de Damabiah

À votre naissance, l'Ange Damabiah vous a fait le don de sa Lumière intuitive, ce qui fait de vous des êtres très intuitifs. Il sera important de ne pas négliger votre voix intérieure. Ainsi, vous éviterez bien des ennuis.

De plus, cet Ange vous a doté d'antennes particulières qui vous rendent très vulnérable en présence d'esprit. Vous pouvez facilement ressentir l'énergie qui circule dans les pièces. Il y a donc de fortes chances que vous devrez toujours purifier vos nouvelles demeures. Étant très vulnérable aux énergies des autres, inconsciemment, cela vous dérangera physiquement et parfois mentalement sans que vous sachiez les raisons pour lesquelles vous êtes victime de ces états d'âme.

Vous avez la faculté de chasser les mauvais esprits pour faire place à une belle quiétude par la suite dans vos pièces. Si l'Ange Damabiah vous a doté de ces antennes particulières, c'est justement pour vous protéger de ces Ombres et pour être en mesure de vous en éloigner. Mais, très rares sont ceux qui s'en servent. De plus, certains enfants de Damabiah sont très peureux en présence d'un esprit. Si tel est votre cas, demandez à Damabiah de vous aider. Demandez-lui de faire le ménage pour vous.

Réclamer l'aide de l'Ange Damabiah

Se purifier et chasser les esprits de vies antérieures

Si vous pensez vous-même être envoûté et que vous voulez que Damabiah vous purifie et éloigne les malédictions faites contre vous, prenez un bain et ajoutez-y du sel de mer, de la sauge ou de l'ambre que l'Ange Damabiah aura purifiés pour vous. Lavez-vous en demandant à Damabiah de purifier votre corps ainsi que votre âme. Demandez-lui de chasser tous les esprits négatifs reliés à vos anciennes vies. Ensuite, rincez-vous sous la douche pour éloigner toutes les impuretés. Faites ce rituel pendant neuf jours consécutifs et portez sur vous le talisman avec l'étoile de David ou un médaillon avec l'image d'un dauphin que l'Ange Damabiah aura purifiés pour vous. Vous verrez un grand changement survenir au bout de la dixième journée.

Si vous n'avez pas de bain, utilisez la douche en demandant à l'Ange Damabiah de nettoyer votre champ d'énergie et d'éloigner tous les esprits négatifs reliés à vos anciennes vies.

Vous pouvez faire la même chose lors de votre méditation. Lorsque vous méditerez, demandez à l'Ange Damabiah de purifier votre corps et de chasser tous les mauvais esprits et les malédictions faites contre vous. Récitez la prière protectrice et bienfaisante avant la méditation. Si vous êtes en mesure de le faire, récitez-la aussi après la méditation. Toutefois, ce n'est pas obligatoire.

Se protéger des vibrations négatives

Portez une médaille, une bague, un bracelet, qu'importe le bijou. Faites purifier l'objet par Damabiah et Cahetel et portez-le avant d'aller vous coucher. Ce bijou deviendra un talisman qui vous protégera de l'Ombre. Vous pouvez aussi mettre en dessous de votre lit un talisman ou un Ange.

Faire un talisman de protection

Il est conseillé de faire ce talisman lors des journées de force de Damabiah, mais l'heure importe peu (consultez les tableaux I et II).

Pour bien faire un talisman de protection, prenez un parchemin ou une feuille blanche et dessinez-y une étoile de David. Inscrivez au milieu de votre étoile « Damabiah 65 ». Au verso, inscrivez votre nom et la phrase suivante : « *Pour ma protection et pour éloigner tous les envoûtements faits contre moi.* »

Vous pouvez aussi inscrire ce qui suit ou le répéter lors de la purification de votre talisman. « Je demande à l'Ange Damabiah de me libérer de tous les sortilèges, les envoûtements, les malédictions ou les sorcelleries qui ont été faits contre moi. Chassez ces Ombres pour y installer seulement la Lumière divine et l'amour de Dieu. »

Vous pouvez faire de même avec l'image d'un dauphin.

Purifier le médaillon

Pour purifier votre médaillon, récitez la prière mentionnée pendant neuf jours consécutifs en tenant dans vos mains votre médaillon. Au bout de la dixième journée, portez-le sur vous.

Vous pouvez toujours utiliser un encens rattaché à l'Ange Damabiah et le purifier. Vous pouvez aussi faire un rituel avec encens et accessoires et déposez votre médaillon dans votre boîte d'Ange. Mais, comme mentionné ultérieurement, cela n'est qu'accessoire. La meilleure manière de purifier un objet est la prière.

Obtenir des réponses

Avant d'entrer en méditation, posez une question à l'Ange Damabiah. Il serait même préférable que vous l'écriviez sur un bout de papier et que vous lui lisiez, par exemple : « *Ange Damabiah, dois-je changer de travail ou demeurer à l'endroit où je suis? Je ne sais plus quoi faire! Aidez-moi svp.* »

Cela peut prendre quelques jours, voire quelques semaines ou mois, avant de recevoir une réponse. Tout dépend de votre faculté de ressentir et d'analyser les symboles. Certaines personnes peuvent recevoir une réponse immédiate, tandis que d'autres devront patienter un peu plus longtemps. Il est important de ne pas forcer les événements et de respecter votre capacité à recevoir les messages. Il est évident que si vous êtes de nature peureuse, l'Ange Damabiah doit avant tout vous habituer en douceur à son énergie. Plus vous aurez confiance en vous-même et en l'énergie de Damabiah, plus vous serez apte à recevoir ses messages.

Lors de la première méditation, il y a deux possibilités qui peuvent arriver. La première possibilité est que vous ne verrez rien et que rien ne se passera. Ne vous inquiétez pas, l'Ange Damabiah était présente. Sa Lumière a fusionné avec votre Ange personnel. Les Anges de Lumière travaillent toujours en collaboration avec votre Ange personnel, car ce dernier doit continuer le travail quand l'Ange de Lumière n'est pas présent. Toutefois, ceci aura un impact lors de votre deuxième méditation avec l'Ange Damabiah.

La deuxième possibilité est que tout en fusionnant avec votre Ange personnel, l'Ange Damabiah vous enverra un symbole. Que ce soit un rond blanc ou bleu, peu importe sa couleur, que ce soit un objet quelconque, un personnage quelconque, le but de ce symbole est de vérifier si vous captez son énergie. Notez le symbole sur un bout de papier. Peut-être qu'il deviendra le symbole clé qui vous annoncera sa visite.

Pour ce qui est de la première situation, si vous n'avez pas capté de symbole, c'est que vous n'êtes pas encore prêt. Le sentiment de peur de l'inconnu est possiblement très fort en vous. Damabiah préfère attendre et vous apprivoiser tout doucement. Pour ce qui est de la deuxième situation, Damabiah sait que vous êtes prêt pour l'aventure. Elle vous analyse et elle analyse vos capacités de ressentir.

Si, lors de votre méditation, vous visualisez régulièrement un chien blanc, cela devient son symbole. Alors, il faut être attentif, car Damabiah peut vous montrer ce symbole en réalité et vous envoyer ce chien sur votre route. Si tel est le cas, au moment où vous verrez ce chien, cela signifie que l'Ange Damabiah ouvre la porte aux réponses. Il y a de fortes chances que vous obteniez votre réponse dans la semaine qui suivra ce symbole, selon ce que vous lui avez demandé ou selon ce que vous vivez en ce moment.

De plus, attendez-vous à vivre des changements qui amélioreront votre vie. De toute façon, lors de votre méditation, l'Ange Damabiah vous donnera un élan d'énergie pour entreprendre tous vos projets.

N'oubliez pas que c'est dans la méditation que l'Ange Damabiah vous aidera à trouver les meilleures solutions pour régler vos problèmes. De plus, elle vous donnera la force et le courage de passer à l'action, tout en étant confiant de chacun de vos gestes et de vos paroles. Voilà l'importance de méditer sur elle et de lui faire confiance.

Bâtir un autel pour accueillir l'Ange Damabiah

Napperon : tissu avec l'image d'un dauphin, d'un phare, d'un bateau ou de la mer.

Couleur : bleu azur (comme la mer).

Bougies : bleues, vertes et blanches.

Encens : myrrhe et oliban.

Odeurs : ambre et surtout l'odeur de la pluie.

Psaume à réciter lors du rituel

« *Reviens, Seigneur, jusqu'à quand... Reprends en pitié tes serviteurs.* »

Psaume 90, verset 13

66- MANAKEL
(second souffle de vie, jardin, miséricorde)

« *L'important, dans la vie, c'est d'avoir des rêves et surtout de les réaliser.* »

« *Les rêves nourrissent votre âme et la réalisation de ceux-ci vous nourrit.* »

« *Plus vous rêvez, plus vous existez. Plus vous existez, plus vous créez. Plus vous créez, plus vous réalisez. Plus vous réalisez, plus vous vous amusez. Plus vous vous amusez, plus vous savourez la vie et plus vous réalisez l'essence de celle-ci. Alors, rêvez!* »

Ange idéal

Manakel est l'Ange idéal de tous les paysagistes, les fleuristes, les jardiniers, les cultivateurs et de tous ceux qui s'occupent de la terre et de la végétation. Il est aussi l'Ange idéal de tous les massothérapeutes et de tous ceux qui s'occupent du bien-être de l'humain. Sa Lumière les aidera à soulager ou à guérir leur prochain.

Mais, avant tout, Manakel est l'Ange idéal de tous ceux qui n'ont pas d'énergie et qui sont toujours fatigués. La Lumière de cet Ange leur donnera de l'élan et de la vivacité pour accomplir leurs journées. Cet Ange est excellent pour les parents dont les enfants sont hyperactifs. Il suffit de réciter la prière protectrice.

L'Ange Manakel est très grand, large et imposant, quoique très doux. Manakel est un Ange très puissant qui possède une Lumière d'une grande sublimité. Cet Ange vient instantanément à l'enfant qui réclame son aide. Si vous êtes victime d'un grave problème, il va essayer de trouver la meilleure solution pour vous permettre de retrouver le calme et la sérénité. Sa mission est de vous donner un second souffle de vie pour que vous puissiez retrouver rapidement le chemin du bonheur. Cet ange aime voir l'humain heureux et souriant.

Manakel ressemble à un arbre et il fait du vent quand il déploie ses ailes. Alors, quand il viendra vers vous, vous ressentirez un léger vent autour de vous. Ne soyez pas surpris d'entendre des chants d'oiseaux ou de voir un oiseau voler tout près de vous. Puisque cet Ange est représenté par un arbre, la couleur qu'il affectionne particulièrement est le vert. À la suite de votre demande, une autre façon de vous faire comprendre qu'il vous a entendu sera de vous faire voir du vert partout. Surveillez votre entourage, car quelqu'un pourrait porter des vêtements verts. Cela sera amusant de voir du vert un peu partout. Alors, vous comprendrez rapidement que Manakel vous a entendu.

On dit de Manakel qu'il est la « Fidélité de Dieu ». Cet Ange est très fidèle à ses enfants et à Dieu et il ne vous abandonnera jamais. Qu'importe si vous croyez en lui ou pas. Il sera toujours présent dans le cœur de ses enfants tout en leur envoyant son amour et sa chaleur divine. Et quand vous le prierez, il courra immédiatement à votre chevet pour vous aider rapidement. Puisque l'Ange Manakel transforme le mal en bien, il prendra tout ce qui est négatif autour de vous et il transformera le tout en énergie positive. Cet Ange agit exponentiellement pour que celui qui réclame son aide puisse retrouver rapidement la paix dans sa vie.

Il est important de noter que l'Ange Manakel peut aussi vous faire parvenir toutes les réponses à vos questions grâce aux rêves. Alors, ne soyez pas surpris d'avoir toutes sortes de rêves bizarres au moment où vous réclamez l'aide de cet Ange. Si tel est le cas, notez, à votre réveil, tous les symboles importants que vous avez retenus dans vos rêves. Les Anges s'amusent souvent en envoyant leurs messages par codes, surtout l'Ange Manakel qui utilise la voie des rêves pour que vous puissiez déchiffrer ses messages.

Différentes façons de manifester sa présence

L'Ange Manakel aime particulièrement les oiseaux. Telle sera la forme qu'il prendra quand il viendra vers vous. Ne soyez pas surpris de voir un oiseau voler tout près de vous et de l'entendre chanter. Vous pouvez aussi entendre le chant des oiseaux dans un arbre.

Il est évident que ses odeurs préférées sont toutes reliées aux fleurs et aux arbres. Manakel aime particulièrement l'odeur du genévrier, du pin, du sapin et de la sauge. Il adore la senteur de l'érable quand sa sève coule au printemps. Ce seront les odeurs que l'Ange Manakel vous fera sentir.

Comme Manakel est l'Ange des horticulteurs, paysagistes et fleuristes, alors le premier mot qu'il risque de faire prononcer à votre entourage est « **jardin** ». Il s'agit de son mot préféré. Le mot « jardin » est très important pour Manakel. Si vous l'entendez, cela signifie que vous devez être patient dans ce que vous demandez à cet Ange. Vous ne pouvez pas obtenir immédiatement ce que vous réclamez. Mettez-y un peu de persévérance et vous obtiendrez de bons résultats. Par ce symbole, Manakel vous dit que la réussite ne dépend que de vous. Vous avez tous les outils essentiels pour réussir votre projet. Il vous suffit d'être patient et persévérant. Quand vous prenez le temps de bien cultiver un jardin, vous ne récoltez que le meilleur. Il en est de même avec votre projet.

Manakel aime aussi le mot « **puissance** ». Par ce terme, cet Ange vous dit qu'il vous infusera une énergie de puissance pour que vous puissiez atteindre vos buts et vos projets. Cette énergie vous permettra d'aller de l'avant.

Si vous entendez le mot « **rêve** », cela signifie que l'Ange Manakel vous enverra votre réponse par les rêves. Si tel est le cas, il faudra noter chaque symbole que vous allez vous remémorer à votre réveil.

Manakel peut aussi vous faire entendre les mots suivants : « **fleur** », « **plante** », « **pouce vert** », « **nature** », « **vert** », « **arbre** » et « **racine** ».

Autres représentations symboliques

Manakel est un Ange qui aime vous taquiner. Cet Ange adore le vert. Ne soyez pas surpris pendant les 24 heures qui suivront votre demande de voir la couleur verte partout, que ce soit sur une tenue vestimentaire, des bijoux, des meubles, des objets, etc. La couleur verte sera en évidence. Vous pourriez même avoir envie de porter du vert. Ce charmant Manakel n'a rien à son épreuve. Vous n'aurez pas le choix de rire avec lui.

Un autre signe qu'il adore faire pour vous faire sourire est de s'organiser pour qu'un membre de votre entourage vous donne une plante verte ou un bouquet de fleurs. Il peut même vous envoyer une personne qui vous demandera si vous êtes capable de prendre soin des plantes. Cette personne vous racontera qu'elle a une plante qui est défraîchie et qu'elle ne sait pas comment faire pour la ramener à la vie. Ne soyez pas surpris si quelqu'un vous demande d'arroser ses plantes.

Si votre demande se fait lors de la saison des récoltes, Manakel enverra une personne sur votre chemin qui vous donnera un fruit ou un légume tout en spécifiant que ce fruit ou ce légume est fraîchement cueilli ou que ce fruit ou légume provient de son jardin personnel.

Manakel adore les arbres puisque cet Ange se décrit comme étant un arbre. Il est évident que, sur votre chemin, vous verrez un arbre massif rempli de belles feuilles vertes. Et vous entendrez les oiseaux chanter. Il peut aussi vous **montrer un arbre fleuri**. S'il vous en montre un, ce signe sera très important. Ainsi, Manakel vous dit qu'il fera fleurira votre projet pour qu'il soit à la hauteur de vos attentes. Sa mission sera d'envoyer sur votre route toutes les personnes-ressources et les situations adéquates pour vous aider pour que votre projet obtienne les résultats rêvés.

Si la température le permet, un signe que Manakel adore faire à l'humain, est de **faire tomber une feuille à ses pieds**. Il peut aussi faire tomber une feuille provenant d'une plante intérieure. Par ce signe, l'Ange Manakel vous indique qu'il vous envoie une solution immédiate. Cet Ange peut aussi s'organiser pour que vous puissiez voir un jardin rempli de fleurs ou un pot de fleurs bien garni.

Manakel vous montrera aussi plusieurs objets reliés au paysagement tels qu'une pelle, un arrosoir, des semences, etc. Toutefois, deux objets qu'il affectionne particulièrement sont une cabane et un nid d'oiseau. Il y a de fortes chances qu'ils vous les montrent en premier puis qu'il vous présente ensuite tous les objets reliés au paysagement.

L'Ange Manakel peut vous **envoyer quelqu'un vous dire qu'il a rêvé toute la nuit**, que la seule chose qu'il se souvient de son rêve, c'est qu'il a vu un beau jardin et des oiseaux qui chantaient. Si tel est le cas, cela sera très important pour vous. Surtout, si vous avez demandé à Manakel de réaliser l'un de vos rêves. Par ce signe, cet Ange vous indique qu'il vous aidera à réaliser votre rêve.

Spécialités de l'Ange Manakel

Le surnom de l'Ange Manakel est « Second souffle de vie », car cet Ange est excellent pour redonner la vie aux plantes défraîchies et malades. Si vous possédez un arbre, une plante ou des fleurs en piètre état, avant de vous en défaire, priez l'Ange Manakel pour qu'il leur infuse sa Source divine pour que votre arbre, votre plantes et vos fleurs puissent reprendre vie. Faites la demande pendant neuf jours consécutifs. Vous n'avez qu'à lui réciter ceci : « *Ange Manakel, infusez votre Lumière divine sur cette plante, donnez-lui un second souffle de vie.* »

S'il lui est permis de donner un second souffle de vie à votre plante, vous le verrez instantanément lors de vos neuf jours puisque votre plante reprendra vie. Si, au bout de la neuvième journée, il n'y a aucun changement, c'est que l'Ange Manakel ne peut l'aider. Mais, je vous conseille, avant de jeter votre plante, d'attendre quelques jours. Généralement, l'aide de l'Ange Manakel est immédiate, mais il arrive parfois que cela puisse prendre plus de neuf jours avant que votre plante reprenne ses couleurs. C'est la raison pour laquelle vous devriez attendre quinze à vingt jours avant de jeter votre plante.

Vous pouvez aussi prier Manakel pour recevoir le don de bien soigner les plantes et pour avoir la main verte. Ceux qui veulent avoir un beau jardin rempli de belles fleurs et savoir de quelles façons les entretenir doivent le demander à Manakel.

Toutefois, la particularité importante de l'Ange Manakel est de demander miséricorde à Dieu lorsque vous avez commis un acte irréparable et que vous voulez vous faire pardonner. L'Ange Manakel ira vers Dieu le Père et lui demandera en votre nom d'adoucir la pénitence qui vous est réservée. Il demandera même à Dieu de pardonner votre acte. Cependant, vous devez être honnête dans votre demande et être conscient de tout le mal que vous avez causé autour de vous.

L'Ange Manakel est un Ange important pour tous les criminels qui aimeraient quitter le monde terrestre dans une atmosphère de sérénité et non de révolte et de rébellion. En agissant ainsi, ces criminels ouvrent la porte de la Sphère spirituelle et, s'ils veulent y entrer, ils y seront accueillis par tous ceux qui jadis les ont aimés et qui vibrent en Lumière. Un criminel qui, pendant toute sa vie terrestre se laisse guider par l'Ombre, retournera vers l'Ombre. Il sera très difficile pour lui par la suite de retrouver sa Lumière.

Autres raisons de prier l'Ange Manakel

Vous pouvez aussi prier l'Ange Manakel pour qu'il vous aide à réparer vos erreurs en vous donnant la force et le courage de demander pardon et de régler rapidement toutes les tempêtes que vous avez provoquées par vos paroles et vos gestes.

Vous pouvez aussi prier l'Ange Manakel pour échapper aux fléaux, aux épidémies, aux inondations et aux grandes catastrophes de la Terre. Si vous demeurez dans un lieu où vous êtes souvent victime de ces fléaux, il est recommandé de prier l'Ange Manakel tous les six mois. Il est toujours préférable de le prier lors de ces journées de force (voir les tableaux I et II).

L'Ange Manakel est aussi excellent pour protéger tous ceux qui voyagent dans des pays à risque. Priez Manakel avant de partir et il vous protégera tout au long de votre voyage de tous les dangers. N'oubliez pas que sa protection est puissante.

Si vous désirez avoir un sommeil paisible et des songes agréables, si vous êtes victimes d'insomnies ou de cauchemars, l'Ange Manakel est celui qu'il vous faut pour apaiser vos nuits. Avant de vous coucher, portez un médaillon ou un objet que vous aurez fait purifier par Manakel. Toutefois, il ne faut pas oublier que c'est par le rêve que l'Ange Manakel manifeste sa présence et qu'il répond aux questions qui lui sont posées. Il serait important de lui dire que vous cherchez tout simplement une bonne nuit de sommeil et que vous ne voulez pas nécessairement recevoir les réponses à vos questions.

Vous pouvez aussi prier l'Ange Manakel pour apaiser une douleur, qu'elle soit une physique, mentale ou émotionnelle. Cet Ange apaisera votre douleur et réchauffera votre cœur. Il est important pour l'Ange Manakel de voir l'humain en santé et heureux. L'Ange Manakel demande à l'humain de prendre soin de son corps, de son arbre personnel. Si vous arrosez un arbre tous les jours et que vous y mettez votre énergie, celui-ci deviendra grand et fort, et il ne tombera pas au moindre coup de vent. C'est la raison pour laquelle quand vous priez cet Ange il viendra immédiatement vous infuser tous les outils nécessaires pour bien prendre soin de votre « arbre » intérieur pour mieux le solidifier. Ainsi, il vous sera possible de retrouver rapidement le chemin du bonheur et de la quiétude intérieure.

L'Ange Manakel est excellent pour vous trouver du travail rapidement. Si vous êtes sans travail et que vous cherchez un emploi pour vous aider financièrement, l'Ange Manakel guidera vos pas. Cependant, il faut noter que le travail en question n'est pas nécessairement celui qui est rêvé. Sa mission est de vous trouver un emploi rapidement. Il y a cependant d'autres Anges dont la mission est de vous trouver un travail qui correspond mieux à vos aspirations, comme l'Ange Ménadel.

Manakel est aussi excellent pour vous aider à mettre sur pied un projet. En le priant, cet Ange vous guidera vers ce qui a de meilleur pour que votre projet soit fructueux et à la hauteur de vos ambitions. Cet Ange vous permettra de récolter les fruits de votre labeur. Toutefois, l'Ange Manakel exigera de vous patience et persévérance. Si vous possédez ces deux qualités, il est évident que Manakel vous aidera à bien réussir ce projet. En partant d'une simple idée, un véritable projet d'envergure germera et le mot « satisfaction » sera sur vos lèvres.

Vous pouvez aussi prier l'Ange Manakel pour vous protéger des virus, surtout si vous êtes malade. L'Ange Manakel protège tout particulièrement les victimes du sida pour que leur état ne se détériore pas à cause de virus. L'Ange Manakel ne peut pas vous enlever cette maladie. Cependant, il peut vous protéger de tous les virus qui pourraient vous nuire.

Si vous cherchez une solution pour régler vos problèmes, priez Manakel. Celui-ci vous aidera à trouver les meilleures solutions pour que vous puissiez régler rapidement tout ce qui vous tracasse.

Si vous êtes du genre négatif, priez Manakel. Sa Lumière améliorera votre caractère. Vous serez plus optimiste par rapport à la vie et cela se reflétera sur votre humeur. La Lumière de Manakel vous aidera donc à voir la vie sous un angle différent, ce qui aura un impact positif dans votre vie et dans votre destin puisque vous attirerez vers vous seulement du beau et du bon.

Note aux enfants de Manakel

À votre naissance, l'Ange Manakel vous a fait le don de sa Lumière de guérison pour bien prendre soin des plantes. Il n'en tient qu'à vous de vous en servir. Ce même don vous permet aussi de guérir votre prochain si vous décidez d'en faire une mission.

De plus, l'Ange Manakel vous a aussi infusé le talent pour résoudre vos problèmes. Généralement, vous serez en mesure de trouver la solution aux moindres problèmes qui surgira dans votre vie. Il suffit de vous faire confiance.

Lorsque vous êtes fatigué et épuisé, allez marcher dans la nature. Cela vous sera très bénéfique mentalement et physiquement. N'oubliez pas que c'est dans la nature que vous faites le plein d'énergie. De plus, il serait bon pour vous d'avoir quelques plantes vertes dans la maison. La couleur verte a un effet bénéfique sur votre moral. Portez du vert lors d'une entrevue ou lors d'une soirée importante. Vous allez rapidement ressentir les bienfaits de ces teintes sur vous. Les couleurs vertes et brunes vous enracinent. Voilà l'importance de porter ces couleurs lorsque vous êtes fatigué et que vous devez assister à une réunion ou lorsque vous devez rencontrer des gens importants. En portant ces teintes, cela rehaussera vos énergies et vous aurez l'air moins malade ou épuisé.

Réclamer l'aide de l'Ange Manakel

Refaire le plein d'énergie

Vous êtes souvent fatigué et en manque d'énergie? Il y a un moyen simple pour refaire vos énergies. Il suffit de demander à Manakel de purifier un arbre dans votre cour. Choisissez un arbre en particulier et déposez-y vos deux mains. Récitez la phrase suivante, trois fois de suite, pendant neuf jours consécutifs : « *Ange Manakel, infusez dans cet arbre votre Source divine de sorte que je puisse m'y abreuver lorsque je serai fatigué.* »

Vous verrez que, à la dixième journée, vous serez en excellente forme. Ce rituel, vous pouvez le faire une fois par année. Ensuite, quand vous êtes fatigué, allez faire une caresse à votre arbre ou allez vous asseoir près de lui. Vous en ressentirez immédiatement les bienfaits. Lorsque vous aurez une grande décision à prendre, allez faire votre caresse à votre arbre. Vous verrez que vous aurez la force de prendre votre décision. De plus, vos idées ou vos choix seront plus cohérents, ce qui vous permettra d'être beaucoup plus en harmonie avec vos choix.

Si vous ne possédez aucun arbre dans votre cour, ou que vous vivez dans un appartement, vous pouvez soit vous dénicher un arbre dans un parc voisin, soit vous acheter une plante verte et faire le même rituel. Toutefois, prenez une plante verte qui ne fleurit pas. Le seul petit problème avec une plante verte, c'est qu'elle n'a pas la même force qu'un arbre. Voici ce qui pourrait survenir. Lorsque vous ferez votre rituel, votre plante prendra des forces et vous la trouverez superbe. Toutefois, lorsque vous y puiserez de l'énergie pour vous remonter, elle peut par la suite se défraîchir. Si tel est le cas, vous devez faire le rituel pour que votre plante retrouve sa vivacité. Si vous êtes de nature patiente et que cela ne vous dérange pas de faire le rituel régulièrement, vous adorerez cette technique, mais si vous êtes de nature paresseuse et que vous n'aimez pas trop les rituels, vous devriez trouver un arbre près de chez vous.

Formuler un vœu à Manakel

Plantez une graine en terre et faites un vœu. Votre vœu grandira en même temps que la plante poussera. Plus vous prendrez soin de votre plante, plus il y aura des événements favorables qui surviendront dans votre vie.

Reconnaître un symbole

Un symbole est une image qui revient continuellement. Quand Manakel vous enverra un symbole, vous le ressentirez à l'intérieur de vous. Vous serez envahi par un sentiment de fébrilité. C'est la raison pour laquelle il serait important de noter tous les signes ou les symboles qui se répètent. Ensuite, faites-en l'analyse.

N'oubliez pas que si Manakel vous envoie l'image d'un symbole et qu'ensuite il vous le donne en réalité, ce sera très important. Par exemple, si l'Ange Manakel vous fait voir un chat blanc dans vos rêves et dans vos méditations, durant toute la semaine, vous verrez l'image d'un chat blanc dans une revue, à la télévision, etc. Ce chat blanc devient un symbole. Par la suite, il vous montre en réalité un chat blanc. Cela indique que vous êtes sur le bon chemin. Si vous avez formulé un vœu, ce symbole réel vous affirme la réalisation de votre vœu. Si vous lui avez posé une question, ce symbole réel vous annonce que la réponse viendra sous peu, etc.

Manakel peut-il vous aider à réaliser l'un de vos rêves?

Si cela est permis par la Sphère divine et que cela n'entrave pas votre plan de vie, l'Ange Manakel a le pouvoir de vous aider à réaliser l'un de vos rêves. Inscrivez sur un bout de papier votre rêve et conservez-le dans une boîte ou dans l'un de vos tiroirs de la commode. N'oubliez pas que les journées reliées à cet Ange seront très importantes puisqu'il ouvrira alors la porte à l'action pour que votre rêve puisse se réaliser.

Toutefois, si une personne vous raconte qu'elle a rêvé à un beau jardin où des oiseaux chantaient, par ce signe, Manakel vous dit que votre rêve se réalisera, que le Plan divin a accepté votre demande. Attendez-vous à voir la réalisation de votre rêve dans la semaine, le mois ou l'année qui suivra. Il peut même vous l'accorder lors d'une de ses journées importantes.

Si vous entendez le mot « jardin », cela aura aussi un impact sur votre demande. Allez voir la signification mentionnée sous la rubrique « Les mots clés » que vous fera entendre l'Ange Manakel.

Un autre signe aussi important est lorsque Manakel vous montre un arbre fleuri. Ainsi, cet Ange vous dit qu'il fera fleurir votre projet et que vous obtiendrez les résultats escomptés.

Prendre soin de son arbre personnel

Pour prendre soin de votre arbre personnel, premièrement, vous devez prier l'Ange Manakel. La prière a des effets bénéfiques. Par elle, l'Ange Manakel vous aidera à bien prendre soin de votre arbre personnel. Il vous dirigera vers les meilleures routes pour que vous puissiez rapidement retrouver le chemin de l'équilibre.

Avoir une bonne nuit de sommeil

Manakel est l'Ange idéal de ceux qui sont victimes d'insomnie. Sa Lumière influera sur votre sommeil en vous permettant de passer de bonnes nuits. Il vous suffit de le prier. Toutefois, vous pouvez toujours porter un objet ou un vêtement que vous ferez purifier par Manakel.

Purifier un objet ou un vêtement pour mieux dormir

Prenez un objet quelconque, soit un bracelet, une bague, etc. Vous pouvez aussi prendre un vêtement comme votre pyjama préféré, une camisole, etc. Récitez la prière concernée en tenant dans vos mains votre objet ou votre vêtement. Au bout de la dixième journée, portez-le sur vous. Si vous décidez de purifier un vêtement, recommencez le même rituel après chaque nettoyage.

Trouver une solution à un problème

Écrivez votre problème sur un bout de papier. Avant de vous coucher, lisez-le à l'Ange Manakel. Durant votre sommeil, il vous enverra la meilleure solution pour que vous puissiez le régler rapidement. Si vous ne pouvez pas vous souvenir de votre rêve, l'Ange Manakel vous enverra des signes tout au long de la semaine. Soyez à l'écoute. Si un membre de votre entourage prononce le mot « solution », cela vous indique que l'Ange Manakel vous trouvera la meilleure solution et il guidera vos pas vers elle.

Changer une situation négative en un événement positif

Pour changer une situation négative en un événement positif, il vous suffit d'écrire la situation négative et de prier Manakel pour qu'il puisse la transformer en situation positive. Vous pouvez aussi, si vous le désirez, enterrez votre papier sous un arbre. Vous pouvez aussi insérer votre papier dans un pot à fleurs. Quand vous faites le geste d'enterrer le problème ou la situation négative, vous vous libérez ainsi de ce problème ou de la situation. Ce geste anodin peut se révéler très important et très bénéfique. Si vous enterrez votre problème, inconsciemment, vous l'éloignez de vous-même.

Rafraîchir une plante, un arbre ou un jardin

Pour rafraîchir une plante, arrosez-la d'abord avec de l'eau que vous ferez bénir par les Anges. Ensuite, récitez une prière à cet effet. Lorsque vous arrosez vos plantes, demandez à Manakel de purifier le sol pour vous.

Vous pouvez aussi demander à Manakel de purifier un Ange décoratif et le déposer dans vos plates-bandes.

Prendre bien soin des plantes

Tous ceux qui s'intéressent au jardinage ou qui travaillent dans ce domaine devraient prier les Anges Manakel et Melahel. Ces deux magnifiques Anges ont comme mission d'infuser une énergie de guérison pour aider la végétation à bien fleurir.

Les Êtres de Lumières sont conscients que la végétation est importante dans la vie des humains, autant sur le plan médical que personnel. Dieu a chargé les Anges Manakel et Melahel de prendre soin de la végétation sur le plan humanitaire. La mission de l'Ange Manakel est de donner un second souffle de vie à la végétation, tandis que la mission de l'Ange Melahel est d'aider ceux qui travaillent dans le domaine des plantes afin qu'ils puissent trouver les propriétés importantes de la plante pour en faire des remèdes pour l'humain. Ensemble, ils aident l'humain à se guérir grâce aux bienfaits des plantes.

Tous ceux que la survie des plantes intéresse devraient demander aux Anges Manakel et Melahel de les aider dans leur domaine. Demandez à ces deux magnifiques Anges d'avoir le don de soigner les plantes. Si vous priez ces Anges, ils vous infuseront le don de guérison pour le bien-être des plantes. La mission de l'Ange Manakel sera de vous donner le pouce vert, tandis que celle de l'Ange Melahel sera de vous aider à mieux comprendre la plante dans son ensemble. Quand celle-ci aura besoin de soin particulier, il vous sera alors facile de comprendre son besoin. Vous aurez la facilité d'entrer en communication énergétique avec les plantes, les arbres et tout ce qui se rattache à la nature.

Avoir le don de guérison pour soigner les plantes

Trouvez-vous un endroit où vous êtes à l'aise, un lieu rempli d'énergie telle la nature. Allongez-vous ou assoyez-vous près d'un arbre massif, dans un endroit boisé ou dans un jardin de fleurs. Si vous n'avez pas un endroit particulier, vous pouvez tout simplement vous installer dans l'une de vos pièces où le soleil entre par la fenêtre et installez-vous près des plantes vertes.

Mettez vos paumes vers le Ciel et récitez une prière. Quand vous aurez terminé votre prière, fermez les yeux et prenez une minute d'intériorisation.

À la dixième journée, prenez une plante en particulier, une qui a besoin d'être soignée ou rafraîchie. Avant d'en prendre soin, déposez vos mains sur le dessus de la plante, comme si vous lui donniez un traitement d'énergie. Faites-le pendant quelques secondes tout en récitant ceci : « *Ange Manakel, infusez votre Lumière divine sur cette plante, donnez-lui un second souffle de vie.* » À la suite de cette prière, commencez à la soigner. Occupez-vous particulièrement de cette plante pendant un mois et vous verrez la différence avec les autres plantes.

Il ne faut pas oublier qu'il n'est pas donné à tous de recevoir le don de guérison. Les Anges avant d'accepter votre demande doivent l'évaluer. Si vous avez la permission du Plan divin, si votre plan de vie le permet, ce don se développera et vous le saurez assez rapidement. Si ce don vous est accordé, vos jardins seront magnifiques. On louangera vos qualités d'horticulteur, de paysagiste, de fleuriste, etc. De plus, il vous sera même permis d'entrer en communication avec les plantes. Vous serez en mesure de voir l'énergie qui circule autour d'elles.

Avoir le don de guérison pour soigner l'humain

Premièrement, comme il a déjà été mentionné, il n'est pas donné à tous de recevoir le don de guérison. Si votre plan de vie le permet, l'Ange Manakel se fera un plaisir de vous le donner pour que vous puissiez bien prendre soin de votre prochain. Il serait important, si vous pratiquez les médecines douces telles que le reiki, la massothérapie et les traitements énergétiques de demander à l'Ange Manakel de vous donner le don de guérison.

Toutes les personnes qui pratiquent une médecine complémentaire telle que le reiki, la massothérapie, etc., soulageront les douleurs physiques ou émotionnelles sans toutefois les guérir. Par contre, si vous obtenez le don de la guérison, il vous sera alors permis de guérir la douleur physique et émotionnelle. Dans les deux cas, les bienfaits du traitement sont toujours importants pour l'humain. Que vous puissiez soulager une douleur ou la guérir, l'important, c'est que vous ayez pris le temps de prendre soin de votre prochain. C'est ce qui est très important pour l'Univers de Dieu.

Bâtir un autel pour accueillir l'Ange Manakel

Napperon : il importe peu. Un tissu avec l'image d'un arbre ou d'un jardin serait approprié. Vous pouvez remplacer le napperon par un petit bouquet de fleurs ou une plante verte.

Couleurs : vert et brun (comme l'arbre).

Bougies : vertes, brunes et blanches.

Encens : myrrhe et storax.

Odeurs : citron, odeurs florales et les parfums reliés aux arbres tels que ceux du pin, du sapin, du cèdre, de l'érable, du genévrier, etc.

Psaume à réciter lors du rituel

*Ne m'abandonnez pas, Ô Éternel! Mon Dieu,
ne vous tenez pas éloigné de moi. »*

Psaume 38, verset 22

67. EYAËL
(bonheur, protège les enfants, longévité)

*« Dans la vie, il faut s'amuser comme des enfants. Il faut jouir de la vie et,
surtout, rire! Ne vous préoccupez pas de l'avenir. Celui-ci viendra bien assez
tôt, mais jouissez pleinement du moment présent. »*

*« Soyez toujours présent lorsqu'un enfant réclame votre aide. Soyez toujours à
l'écoute lorsque celui-ci vous parle. Si vous agissez ainsi, vous ferez de cet enfant
un adulte épanoui et heureux. N'oubliez pas que les enfants représentent
le futur, la nouvelle génération. »*

Ange idéal

Eyaël est l'Ange idéal des professeurs, des éducateurs et de toutes les personnes qui ont des professions reliées aux enfants. La Lumière de cet Ange
aidera ces gens à mieux comprendre l'enfant et son comportement.

Il est aussi l'Ange idéal des personnes victime de violence. La Lumière
de cet Ange vous aidera à surmonter vos peurs et à avancer vers un chemin
beaucoup plus serein et harmonieux.

Tout comme l'Ange Damabiah, Eyaël descend sur Terre immédiatement lorsque ses enfants font appel à lui. Il accourt à vos côtés à chacune
de vos demandes afin de vous montrer qu'il est toujours prêt à vous soutenir. L'Ange Eyaël est empreint d'une grande douceur. Cet Ange ne veut pas
vous faire peur, ce qui l'amènera à avancer tout doucement vers vous. Pour
annoncer sa présence, l'Ange Eyaël vous effleurera tout doucement. Vous
aurez le sentiment que quelqu'un vous chatouille en douceur le bras, la
main ou la joue. Quand Eyaël vous fait cette douce caresse, votre instinct
humain vous amènera à vous gratter à l'endroit où il vous caresse. Vous
aurez la sensation qu'une mouche se promène et vous tenterez de l'éloigner
de vous.

Comme Eyaël est un Ange porteur de joie et de bonheur, partout où il passe, il sème la joie et rend les gens joyeux. Vous n'avez qu'à le voir pour que votre cœur soit chamboulé et émerveillé. Eyaël est un Ange que vous ne pourrez jamais oublier. Vous ne vous lasserez jamais de le voir et de lui demander de l'aide. Comme il est l'Ange protecteur des enfants, il est à leur image : petit et enjoué. C'est la raison pour laquelle durant la journée où il manifestera sa présence, vous serez animé par un sentiment de joie. Comme l'enfant, vous aurez envie de vous amuser, de jouer, de chanter et de rire. De plus, ne soyez pas surpris d'avoir le goût de manger toutes sortes de friandises.

Différentes façons de manifester sa présence

L'Ange Eyaël aime tous les animaux, plus particulièrement les oisillons, les chiots, les chatons, les poussins, les libellules et les papillons. Il y a de fortes chances qu'il prenne la forme de l'un d'eux lorsqu'il viendra vers vous.

Eyaël vous fera sentir toute odeur reliée aux enfants, l'odeur de la jeunesse. L'Ange Eyaël risque de vous envoyer des odeurs de sucreries telles que des bonbons, de la gomme à mâcher et de la barbe à papa. Ce sont ces odeurs favorites.

Le premier mot qu'il vous fera entendre est « **enfant** ». Par ce terme, l'Ange Eyaël vous dit qu'il est temps pour vous de prendre soin de votre enfant intérieur. Il est temps de vous gâter, car vous en avez besoin.

Toutefois, le mot « **jeunesse** » est aussi très important. L'Ange Eyaël s'en sert pour vous dire que vous avez besoin de guérir des événements reliés à votre enfance. Si vous le priez, cet Ange vous aidera à retrouver une belle quiétude à l'intérieur de vous ainsi qu'une belle joie de vivre. Voilà l'importance de le prier lorsque vous n'avez pas eu une enfance facile.

Il vous fera entendre d'autres mots tels « **amuse-toi** ». Il y a de fortes chances qu'ils soient dirigés tout particulièrement vers vous puisque vous en avez besoin.

Eyaël peut aussi vous faire entendre les mots suivants : « **joie** », « **délice** », « **bonbon** », « **barbe à papa** », « **gomme à mâcher** » et « **bravo** ».

Autres représentations symboliques

Comme il est le protecteur des enfants, il vous montrera des enfants en train de jouer et de s'amuser, soit dans une cour d'école, soit dans un parc, soit avec leurs parents.

Toutefois, comme il aime voir ses enfants souriants, le signe que cet Ange adore présenter aux humains pour annoncer sa présence est de montrer une personne de votre entourage qui mâche de la gomme et qui fait des bulles avec celle-ci. Ne soyez pas surpris d'entendre quelqu'un mastiquer sa gomme si intensément que cela vous tombera sur les nerfs. Cette personne peut mâcher sa gomme la bouche grande ouverte, comme l'enfant. C'est le geste que l'Ange Eyaël préfère vous montrer. Eyaël dit que vous n'aurez pas le choix de comprendre qu'il a bien entendu votre demande.

Il peut aussi envoyer un enfant vers vous qui vous réclame de la gomme à mâcher ou des sucreries. Il peut aussi vous montrer un paquet de gomme à mâcher à l'essence de fruits. Toutefois, si **quelqu'un vous offre une gomme à mâcher,** par ce signe, l'Ange Eyaël vous indique qu'il envoie sur votre route une occasion favorable qui vous permettra de vous libérer d'une situation dérangeante. Soyez attentif aux dates de l'Ange Eyaël, car ce seront celles qui seront importantes pour vous puisqu'il ouvrira la porte aux possibilités à ce moment-là (voir les tableaux I et II).

Un autre signe qu'Eyaël peut faire est d'envoyer vers vous une personne qui va vous donner une petite tape d'affection sur la main ou sur l'épaule. À moins qu'Eyaël ne décide d'emprunter temporairement le corps d'un humain pour venir lui-même vous faire cette petite tape amicale. Si tel est le cas, vous serez envahi par un sentiment pur et sublime. Tel sera son effet sur vous.

Eyaël vous permettra de recevoir des nouvelles d'un ami d'enfance. Ne soyez pas surpris qu'en priant l'Ange Eyaël il vous donne le privilège de recevoir des nouvelles ou de revoir un ami d'enfance. Vous vous remémorerez votre enfance et tous les tours que vous avez joués aux autres. Tel sera le but de cette rencontre. Que de bons moments vous allez vous rappeler!

Spécialités de l'Ange Eyaël

Dieu a donné une mission très importante à l'Ange Eyaël, soit celle de rendre heureux les gens malheureux, autant les enfants que les adultes. Cette mission primordiale fait de lui un Ange extraordinaire. Eyaël fera tout ce qui est possible pour que la personne en détresse puisse voir la Lumière au bout du tunnel, pour que son cœur puisse à nouveau sourire à la vie. Telle est la mission primordiale de l'Ange Eyaël. Il vous donner la force d'avancer malgré la tempête intérieure que vous vivez.

Eyaël vous demande de faire ceci : un examen de conscience afin de tenir occupées vos pensées et d'adoucir votre peine intérieure. Peu importe la durée de cet examen. Ce qui compte, c'est le moment où vous serez en mesure de prendre votre vie en main. Dès lors, vous n'aurez plus besoin de faire cet exercice. En attendant, faites-le tant aussi longtemps que vous en ressentirez le besoin. Vous pouvez le faire tous les jours, même plusieurs fois par jour, si cela vous est utile, pendant une semaine ou un an! Plus vous évoluerez, plus votre peine s'estompera, moins vous serez porté à faire ce petit rituel.

Tous ceux qui ont vécu un deuil, une séparation, un divorce ou une autre épreuve difficile et qui sont dans l'attente d'un meilleur jour devraient prier l'Ange Eyaël et lui écrire. Ils constateront rapidement qu'Eyaël leur donnera la force et le courage de surmonter leur épreuve. Voilà l'importance de réclamer son aide.

L'Ange Eyaël a pour mission de vous aider lors d'un moment pénible, de la période d'attente lorsque seul l'espoir vous permet de continuer à partir du premier instant où on vous dit que tout est fini et que vous tombez dans un moment d'apathie, comme si plus rien autour de vous n'existait.

Voici comment procéder pour survivre à votre épreuve. Premièrement, priez l'Ange Eyaël pendant neuf jours consécutifs. Ensuite, faites le petit examen suivant.

Chaque jour, écrivez une demande ou une faveur à l'Ange Eyaël. Vous pouvez aussi lui demander de répondre à vos questions. Qu'importe ce que vous allez écrire, l'important, c'est de vous libérer de votre émotion et de l'état d'âme que vous vivez.

Autres raisons de prier l'Ange Eyaël

La mission importante de l'Ange Eyaël est de prendre soin des jeunes enfants et des adolescents. Eyaël ne peut voir un enfant malheureux à cause d'événements difficiles de la vie tels que le divorce des parents, la mort d'un parent, le taxage à l'école, les peines amoureuses, les agressions sexuelles, physiques, mentales ou émotionnelles, etc. Sa mission est de protéger l'enfant en difficulté. Si vous priez Eyaël, il enverra sur son chemin les personnes-ressources pour l'aider à se libérer de ses tourments. En agissant de la sorte, il veut prévenir le suicide chez l'enfant. La Lumière de l'Ange Eyaël donnera la force et le courage à l'enfant en détresse, ce qui lui permettra de se retrouver et de trouver la force et la détermination de se sortir de cette impasse en demandant de l'aide autour de lui.

Une autre belle mission de l'Ange Eyaël est de rendre heureux les gens malheureux. Eyaël va les aider à retrouver le bonheur et le sourire. Cet Ange fera tout ce qui est possible pour les faire rire et amener la paix dans leur cœur.

Vous pouvez aussi le prier pour protéger tous ceux qui sont victimes de violence, autant les enfants que les adultes. Il redonne le courage à celui qui l'a perdu tout en lui donnant la force nécessaire pour affronter ses épreuves futures. Eyaël vous aidera à trouver votre propre chemin, et ce, dans le calme et la joie.

Si vous voulez obtenir du courage et de la force lors d'une dure épreuve, lorsque tout semble s'écrouler autour de vous, lorsque vous ne savez plus où donner de la tête, priez l'Ange Eyaël. Il vous donnera le courage et la force nécessaire pour passer à travers votre épreuve. Eyaël vous donnera le courage d'avancer et de confronter vos épreuves pour que vous·puissiez en finir une fois pour toutes. Il vous permettra de recommencer sur de nouvelles bases. Il vous aidera à bien terminer une étape de votre vie pour en commencer une autre beaucoup plus heureuse et sereine.

Tous ceux et celles qui désirent vivre longtemps et en santé devraient prier l'Ange Eyaël. Sa Lumière prolonge votre espérance de vie, si cela est en accord avec la Sphère spirituelle et si cela n'entrave pas votre plan de vie.

Si vous voulez acquérir une belle sagesse, priez l'Ange Eyaël, surtout si désirez entrer en contact avec les Sphères spirituelles et devenir un messager. Si votre plan de vie le permet, l'Ange Eyaël fera de vous un excellent messager de paix. Il vous sera permis d'aider votre prochain à retrouver le chemin du bonheur et de la paix intérieure.

Vous pouvez aussi le prier pour protéger et préserver les vieux monuments, les pierres tombales et les vieilles bâtisses pour qu'ils ne se dégradent pas ou qu'ils soient victimes de feu ou de vandalisme.

Priez Eyaël pour qu'il puisse semer le bonheur et la joie dans votre vie, pour qu'il puisse vous redonner le goût de vivre et d'être heureux.

Si vous avez le goût d'élever votre âme lors d'une méditation pour mieux aller visiter la Sphère spirituelle, demandez à l'Ange Eyaël de vous mettre en communication avec la Sphère divine. Il est très important, avant de lui demander cette faveur, que vous ne soyez pas à votre première expérience et que vous soyez ouvert à ce genre d'approche. Si vous demandez à l'Ange Eyaël d'élever votre âme lors de votre méditation et qu'ensuite vous avez peur de mourir, cela le dérangera et, lors de votre prochaine méditation, il refusera votre demande. Il peut prendre des années avant de vous redonner accès à la Sphère spirituelle. Je vous conseille d'y aller tout doucement et de vous adapter à la Lumière des Anges avant de lui demander d'élever votre âme. Quand vous vous sentirez prêt à le faire, demandez-lui. Toutefois, si vous lui demandez cette faveur et qu'Eyaël ne vous l'accorde pas, c'est qu'il ne vous sent pas prêt à le faire. Lorsque vous serez davantage en confiance avec ce principe, Eyaël se fera un plaisir de vous brancher avec la Sphère spirituelle lors de votre prochaine méditation.

Vous pouvez aussi le prier pour éliminer toute la négativité qui vous assaille et qui vous empêche d'avancer vers le chemin du bonheur. Sa mission sera de vous faire voir ce qui est en dérangement dans votre vie et ce qui vous empêche d'avancer. Cela concerne aussi votre entourage. Si un membre de votre famille ou de votre entourage ne vous mérite pas et vous empêche d'avancer, l'Ange Eyaël vous le fera voir. Il n'en tiendra qu'à vous de décider si vous voulez vous en sortir ou pas. Si vous voulez vous en sortir, l'Ange Eyaël vous donnera la force et le courage d'avancer et de régler ce qui doit être réglé.

Note aux enfants d'Eyaël

À votre naissance, l'Ange Eyaël vous a fait le don de sa Lumière sublime qui vous conduit à la Sphère spirituelle. Ceci vous donne le privilège d'entrer immédiatement en contact avec les Êtres de Lumière. Si vous voyez des Anges, ne pensez pas que c'est le fruit de votre imagination puisque vous avez accès à leur Univers. Il vous est permis de les voir et de les entendre. Toutefois, si vous êtes peureux, les Anges vous respecteront et ils ne se présenteront pas aussi facilement. Ils manifesteront leur présence lorsque vous serez prêt à les accueillir sans que la peur vous envahisse.

Il serait bon pour vous d'apprendre à méditer et de faire le vide en vous. D'ailleurs, c'est dans la solitude et dans la méditation que vous allez trouver toutes les réponses à vos questions. De plus, cela aura un impact favorable sur vos énergies. Vous serez moins fatigué et vous serez en forme pour prendre de bonnes décisions par la suite.

Quand il y a trop de bruit, vous avez de la difficulté à vous concentrer. Vous êtes très vulnérables aux bruits. Voilà l'importance de se retirer quand tout s'écroule autour de vous. C'est dans la solitude que vous prendrez vos meilleures décisions. Vous reprendrez ainsi des forces pour passer à travers vos épreuves.

Réclamer l'aide de l'Ange Eyaël

Se libérer d'une peine

Écrivez votre peine sur un bout de papier. Durant neuf jours, récitez-lui une prière et lisez ce que vous avez écrit. Demandez-lui de vous enlever la peine qui gît en vous. Lors de la dixième journée, brûlez votre papier et laissez l'Ange Eyaël s'occuper de cette peine.

Vous pouvez aussi lui écrire tous les jours, comme si vous écriviez un journal intime. Écrivez votre peine, écrivez votre frustration. Posez des questions à l'Ange Eyaël. Libérez-vous de cette peine en vous. Rapidement, votre peine s'estompera. La mission importante de l'Ange Eyaël sera de vous redonner le goût à la vie. Il fera tout ce qui est possible pour revoir un sourire sur vos lèvres et la paix dans votre cœur.

Protéger un enfant du taxage à l'école

Pour protéger votre enfant du taxage, récitez une prière à cet effet. Je vous conseille aussi de demander à l'Ange Eyaël de purifier un objet qui appartient à l'enfant et qu'il portera sur lui lorsqu'il ira à l'école. Si votre enfant porte une bague ou un pendentif, demandez-lui de vous le laisser quelques jours. Si vous le désirez, expliquez-lui la raison pour laquelle vous en avez besoin. Pendant neuf jours, récitez la prière de protection et demandez en même temps à l'Ange Eyaël de purifier le bijou pour l'enfant. Au bout de la dixième journée, l'enfant pourra de nouveau porter son bijou. Cet objet lui donnera confiance. De plus, certains enfants ressentiront même la vibration de l'Ange Eyaël. Sa mission sera d'éloigner l'enfant des situations d'Ombres et des gens négatifs. Il aidera l'enfant en lui donnant le courage de surmonter ses épreuves. L'enfant sera donc conscient de son potentiel et il se dirigera immédiatement vers les personnes-ressources pour l'aider lorsque surviendra un malentendu ou une dispute. L'enfant n'aura plus peur et deviendra confiant envers les autres.

Je vous conseille de faire ce petit rituel régulièrement, surtout si l'enfant est un peu perturbé par la vie.

Aider un enfant à surmonter une dure épreuve

Pour aider un enfant à surmonter une dure épreuve, il vous suffit de prier l'Ange Eyaël. Toutefois, vous pouvez aussi demander à l'enfant d'écrire ses émotions sur un bout de papier et, quand il a terminé, dites-lui de raconter sa peine à l'Ange Eyaël. Ensuite, il peut brûler son papier sous votre surveillance ou le déchirer en petits morceaux.

Purifier un objet ou un bijou

Pour purifier votre objet ou votre bijou, je vous conseille de réciter pendant neuf jours consécutifs une prière en tenant dans vos mains votre objet ou votre bijou. Au bout de la dixième journée, remettez le bijou à l'enfant pour qu'il le porte.

Vous pouvez toujours utiliser un encens rattaché à l'Ange Eyaël et le purifier. Vous pouvez aussi faire un rituel avec encens et accessoires et déposer votre bijou dans votre boîte d'Ange. Mais comme mentionné ultérieurement, cela n'est qu'accessoire. La meilleure manière de purifier un objet est la prière.

Bâtir un autel pour accueillir l'Ange Eyaël

Napperon : il importe peu, mais des imprimés avec des images d'enfants lui plairont.

Couleurs : bien qu'Eyaël affectionne le vert, la couleur importe peu si elle vous plait.

Bougie : blanche.

Encens : myrrhe et benjoin.

Odeur : bois de santal et toutes les odeurs fruitées.

Psaume à réciter lors du rituel

« Cherche tes délices en l'Éternel et il t'accordera les demandes de ton cœur. »

Psaume 37, verset 4

68. HABUHIAH
(spécialiste des maladies infantiles, guérison, sang)

« Priez-moi et je veillerai sur votre enfant jour et nuit. Je vous enverrai aussi les spécialistes qui pourront guérir sa maladie définitivement. »

« Pensez santé, soyez santé et restez en santé. Le contraire est aussi vrai. Pensez malade, soyez malade et restez malade. Maintenant que vous êtes conscient de ces mots, quelle attitude adopterez-vous? »

Ange idéal

Habuhiah est l'Ange idéal des gens malades, surtout des enfants. Cet Ange les aide à recouvrer la santé et leur donne courage et force devant la maladie.

Elle est aussi l'Ange idéal des pédiatres et de tous ceux qui font de la recherche sur les maladies infantiles. Il serait bon que les pédiatres et les chercheurs prient l'Ange Habuhiah pour leur donner la force et le courage de vaincre les maladies infantiles.

Tout comme les Anges Damabiah et Eyaël, l'Ange Habuhiah descend immédiatement sur Terre lorsqu'un enfant réclame son aide. Cet Ange est conscient que celui qui la prie a besoin de sa Lumière immédiatement. Habuhiah est extraordinaire et elle fera tout ce qui est possible pour aider l'enfant en détresse.

Comme Eyaël, Habuhiah avancera tout doucement vers vous, car elle ne veut pas vous faire peur. Pour annoncer sa présence, elle vous enverra en pensée une chanson d'amour que vous allez fredonner toute la journée. En même temps, votre corps physique réagira. Vous aurez des frissons qui parcourront tout votre corps. De plus, vous sentirez de légers vents comme si des papillons voletaient autour de vous.

Habuhiah est la spécialiste angélique des maladies infantiles. Tout comme l'Ange Eyaël, elle adore les enfants. D'ailleurs, tous les Anges les adorent, mais sachez que ces deux Anges ont pour mission d'aider les enfants, et ce, dès leur premier souffle. C'est la raison pour laquelle, comme Eyaël, vous serez animé par un sentiment de joie et de paix lorsque l'Ange Habuhiah annoncera sa présence, ce qui vous amènera à bouger, rire et danser. Comme Habuhiah aime la musique, surtout les chansons d'amour, vous aurez envie d'écouter de la musique et de danser au rythme de la musique.

Différentes façons de manifester sa présence

L'Ange Habuhiah adore les papillons, les colombes et les oiseaux. Elle manifestera sa présence en vous montrant d'une à trois colombes. Pour ce qui est des papillons, elle peut vous en montrer d'un à quatre. Si elle décide d'emprunter le corps d'un oiseau, vous allez vite la reconnaître puisqu'elle va chanter à tue-tête auprès de vous.

Habuhiah aime les parfums très doux comme celui la lavande et du magnolia. Elle adore également la senteur de la rose blanche.

Comme Habuhiah est l'Ange des miracles, il est évident que le premier mot qu'elle vous fera entendre sera « **miracle** », suivi du mot « **guérison** ». Ces deux mots sont très importants pour elle. Si elle vous fait entendre le mot « miracle », attendez-vous à ce qu'un miracle se produise dans votre vie, et ce, dans tous les domaines de votre vie. Pour ce qui est du mot « guérison », l'Ange Habuhiah veut vous dire qu'elle guérira à l'intérieur de vous toutes les émotions qui ont besoin d'être guéries, de toutes celles qui vous empêchent d'avancer.

Si l'Ange Habuhiah vous fait entendre le mot « **courage** », elle vous indique qu'elle vous infuse sa Lumière de courage qui vous aidera à surmonter l'une de vos épreuves.

Habuhiah peut aussi vous faire entendre les mots suivants : « **amour** », « **paix** », « **cœur** », « **colombe** », « **papillon** », « **énergie** », « **force** » et « **espoir** ».

Autres représentations symboliques

Le signe cet Ange adore faire à l'humain, c'est de lui envoyer des pièces de monnaie. De plus, ses chiffres préférés sont le 3 et le 4. Alors, ne soyez pas surpris de trouver trois ou quatre pièces de monnaie. Tout au long de la semaine, vous verrez les chiffres 3 et 4. Elle vous fera donc vivre des situations qui se répéteront trois ou quatre fois. Par exemple, vous recevez un courriel trois ou quatre fois de suite. Telle est une façon amusante de l'Ange Habuhiah de vous annoncer qu'elle a entendu votre prière.

Comme elle aime les chansons d'amour, l'Ange Habuhiah s'organisera pour qu'une chanson d'amour attire votre attention pendant quelques minutes. Elle va même s'assurer que vous l'entendrez trois ou quatre fois dans la semaine.

Habuhiah est un Ange qui aime le contact humain. Il y a de fortes chances qu'elle emprunte temporairement le corps d'un membre de votre entourage afin, à votre grande surprise, de **vous réclamer une caresse**. N'oubliez pas que si cela vous arrive, c'est le signe que l'Ange Habuhiah a entendu votre prière, et elle vous le démontre par cette caresse. Je vous conseille d'accepter cette caresse. Vous allez vite ressentir les bienfaits que cette caresse vous procurera. Vous aurez de petites palpitations de joie à l'intérieur de vous. Vous serez donc envahi par une forte énergie qui aura un impact sur votre physique et votre mental. Quand vous êtes en pleine forme, vous pouvez tout accomplir!

Un autre signe qu'elle adore vous montrer est un enfant en santé qui s'amuse, court et chante. Ne soyez pas surpris de voir voleter autour de l'enfant un beau papillon de couleur. Comme elle adore les colombes et les papillons, il y a aussi de fortes chances qu'elle vous en montre et même qu'elle les dirige vers vous, si évidemment la température est clémente pour vous les montrer. Si l'Ange Habuhiah vous **montre un papillon**, cela vous indique que vous allez retrouver votre liberté Et que cet Ange vous libérera d'une situation qui vous étouffe et qui vous empêche d'être heureux.

Habuhiah peut aussi vous montrer un cœur et un hôpital pour enfant. Elle peut aussi diriger vers vous quelqu'un qui porte un uniforme blanc. Cet Ange va aussi s'organiser pour que quelqu'un vous parle de prise de sang.

Spécialités de l'Ange Habuhiah

L'Ange Habuhiah a comme mission de guérir ou de soulager les maladies qui atteignent l'homme, les animaux et les plantes.

Toutefois, la mission importante de l'Ange Habuhiah est de prendre soin de la santé des enfants malades. Elle est la spécialiste des maladies infantiles. Dieu l'a créée pour qu'elle vienne en aide immédiatement à l'enfant qui souffre. Aucun humain n'aime voir un enfant souffrir à cause de la maladie. C'est la raison pour laquelle, si vous priez l'Ange Habuhiah, celui-ci donnera le courage à l'enfant malade de passer à travers cette épreuve. Le rôle de cet Ange est de s'assurer que l'enfant ne souffre pas. Habuhiah aidera aussi les parents en leur infusant la force et le courage de passer à travers cette dure épreuve de la vie.

De plus, l'Ange Habuhiah permet au médecin qui soigne votre enfant de lui apporter le médicament ou la solution nécessaire pour la guérison rapide de la maladie. Si votre enfant est malade, voilà l'importance de prier cet Ange et de lui réclamer de l'aide. L'Ange Habuhiah descendra immédiatement au chevet de l'enfant malade et il en prendra soin. Habuhiah s'assurera que l'enfant est entre de bonnes mains. Sinon, elle vous guidera vers le spécialiste qui saura bien prendre soin de votre enfant.

L'Ange Habuhiah a donc la capacité de guérir votre enfant et de soulager sa douleur. Toutefois, il faut noter qu'elle peut soulager la douleur de l'enfant en le libérant de la maladie, soit par la mort de son corps physique. Ces quelques lignes risquent de vous ébranler, mais il est important que vous sachiez que la mission importante de l'Ange Habuhiah est de prendre soin précieusement de l'enfant malade. Si un enfant est gravement malade, et que la science et la médecine traditionnelle ne peuvent guérir son corps, que l'enfant souffre énormément, qu'il n'a plus aucune qualité de vie, il est évident que l'Ange Habuhiah le libérera de sa souffrance. La meilleure manière de le délivrer est de le libérer de son corps physique. Si Habuhiah agit de la sorte, sachez que cet Ange le fait pour le bien-être de l'enfant. De plus, Habuhiah aidera les parents de cet enfant à surmonter cette dure épreuve. Elle leur fera comprendre qu'il était préférable pour l'enfant de retourner vers la Maison de Dieu.

Si vous décidez de confier votre enfant à l'Ange Habuhiah, celui-ci en prendra bien soin. Il prendra la meilleure décision pour l'enfant. Il regardera profondément son plan de vie et agira pour son mieux-être. Soit il guérira son corps physique, soit il lui donnera la force et le courage de se battre, soit il mettra fin à ses souffrances en le conduisant dans la demeure de Dieu. Cet enfant sera chaleureusement accueilli par les Êtres de Lumière et par tous les défunts qui seront dans la Maison des Âmes.

Si vous désirez que l'Ange Habuhiah prenne soin de votre enfant, récitez-lui la neuvaine à cet effet.

Autres raisons de prier l'Ange Habuhiah

Habuhiah a un grand pouvoir de guérison. Il est bon de prier l'Ange Habuhiah à la suite d'une intervention chirurgicale. Sa Lumière vous aidera à récupérer plus rapidement et à retrouver votre énergie. Habuhiah favorise la guérison et permet un rétablissement plus rapide lorsque les malades sont gravement atteints, surtout lorsqu'ils en font la demande. Cet Ange est aussi excellent pour vous aider à recouvrer la santé. Avec son aide, les abcès se vident, les maladies disparaissent. Tout le monde récupère la santé et la joie de vivre.

Habuhiah est aussi la spécialiste des problèmes reliés au sang. Habuhiah équilibre le sang dans vos veines. Elle lui infuse son énergie et sa Lumière de guérison. L'Ange Habuhiah est un excellent Ange à prier pour tous ceux qui souffrent du diabète, de la leucémie, du sida et du cholestérol. Sa mission sera de vous donner le courage et la force de passer à travers votre épreuve. Habuhiah peut même vous guérir de votre problème si cela n'entrave pas votre plan de vie. Sinon, elle vous conduira vers les meilleures méthodes et vers les meilleurs médicaments pour retrouver une qualité de vie malgré la maladie. Son rôle est de vous aider à maintenir la joie de vivre malgré la maladie qui vous assaille. La Lumière de cet Ange vous permet de moins souffrir.

Cet Ange est parfois appelé le « Dieu de la fertilité ». Habuhiah a le pouvoir de rendre fertiles les femmes, la terre et les animaux. Elle aime la reproduction, car elle croit à l'évolution de la Terre, de l'homme et des animaux. Toutefois, il est important de noter que cet Ange peut rendre fertile le corps de la femme, si cela n'entrave pas son plan de vie.

Vous pouvez aussi prier Habuhiah pour chasser de vos maisons et de vos jardins les insectes et les bêtes nuisibles tels que les fourmis, les rats, les ratons laveurs et la vermine. Habuhiah chasse tous les insectes et les bêtes qui peuvent détruire votre maison et votre jardin. Pour ce faire, vous devez prier cet Ange lors de ses journées de force (voir les tableaux I et II de *La Bible des Anges*). Vous pouvez aussi, si vous le désirez, faire un rituel dans les endroits infestés.

Pour avoir un beau jardin et de belles fleurs, Habuhiah et les Anges Manakel et Melahel forment une équipe du tonnerre. Si vous les priez pour qu'ils prennent soin de votre jardin, sachez que votre terre deviendra fertile et que vos plantes et vos fleurs fleuriront en beauté. Tout le monde parlera de votre jardin tellement vos fleurs seront belles.

L'Ange Habuhiah chasse et éloigne aussi les parasites sur l'homme, l'animal ou les plantes, tels que les poux, les puces, les champignons, les fourmis, etc. Lors de la rentrée scolaire, si vous avez peur que votre enfant attrape des poux, demandez la protection de l'Ange Habuhiah et priez-le pendant neuf jours consécutifs. Toutefois, s'il s'agit d'un animal, demandez aussi de l'aide aux Anges Reiyiel et Omaël, ce sont eux qui sont responsables du bien-être des animaux. Tous les trois forment une belle équipe pour la santé de votre animal.

Quand tout semble s'écrouler autour de vous et que vous aimeriez retrouver un bel équilibre à tous les points de vue, demandez à l'Ange Habuhiah de vous guider vers cet équilibre. Cet Ange vous donnera la force et le courage de faire les changements nécessaires pour que vous puissiez rapidement retrouver une belle qualité de vie. Habuhiah s'assurera que votre vie s'améliore et que vous retrouverez une belle paix intérieure. Habuhiah aime voir les gens heureux et elle fera tout en sa capacité pour que vous puissiez le devenir.

Si vous voulez maintenir une bonne santé, priez l'Ange Habuhiah. Advenant un problème, elle vous le signalera rapidement en vous envoyant des signes qui vous permettront de consulter rapidement un médecin.

Note aux enfants de Habuhiah

Cet Ange s'appelle parfois l'« Amour qui fait des miracles ». La Lumière de ce magnifique Ange redonne la joie de vivre. Sa mission envers l'humain est de lui permettre d'être en excellente santé. C'est la raison pour laquelle tous ces enfants possèdent une alarme à l'intérieur de lui. Il serait important pour les enfants de Habuhiah d'écouter cette petite voix intérieure quand elle vous dit qu'il y a quelque chose qui ne fonctionne pas bien avec votre santé.

À votre naissance, Habuhiah vous a fait le don de cette alarme pour vous prévenir au lieu de vous guérir. Toutefois, la faiblesse de son enfant est d'attendre avant de consulter le médecin. N'attendez plus, quand votre alarme sonne, consultez votre médecin et vous aurez le privilège de vieillir en santé. L'amour que vous porte l'Ange Habuhiah est donc très puissant. Cet Ange ne veut que votre bonheur. Elle fera tout pour que vous soyez heureux, en paix et en santé. Voilà l'importance de lui faire une place dans votre vie

Réclamer l'aide de l'Ange Habuhiah

Guérir un enfant

Pour guérir un enfant, il vous suffit de réciter une prière à cet effet. Récitez-la pendant neuf jours consécutifs. Au bout de la neuvième journée, vous vivrez un événement favorable. Ne soyez pas surpris que l'Ange Habuhiah vous envoie un signe particulier pour vous annoncer qu'il a entendu votre prière et qu'il agit en conséquence. Quand l'Ange Habuhiah prend soin d'un enfant, il s'organise pour le diriger vers les meilleurs médecins et vers les meilleures méthodes. Habuhiah infuse également à l'enfant son Énergie divine, ce qui lui permettra de reprendre des forces et du courage devant sa maladie.

Demander convenablement un enfant

Pour demander convenablement un enfant, il vous suffit de réciter une prière à cet effet. Je vous conseille aussi de prendre quelques minutes par semaine pour méditer. Demandez à l'Ange Habuhiah de rendre votre corps fertile. Si cela est permis par la Sphère spirituelle et que cela n'entrave pas votre plan de vie, Habuhiah vous guidera vers les meilleurs spécialistes pour que ceux-ci vous aident à enfanter. La Lumière de l'Ange Habuhiah aidera donc votre corps à répondre positivement aux traitements qui vous seront donnés.

Toutefois, s'il est impossible de satisfaire cette demande, l'Ange Habuhiah vous donnera la force et le courage d'accepter l'infertilité de votre corps.

Chasser les insectes

Avec votre sel purifié, promenez-vous dans votre maison ou votre jardin tout en demandant à l'Ange Habuhiah de chasser les insectes. Si votre endroit est infesté et que cela requiert l'aide d'un spécialiste, l'Ange Habuhiah vous dirigera vers un exterminateur compétent.

Ajoutez un peu de clou de girofle à votre sel purifié. Pour une demi-tasse de sel, ajoutez deux ou trois cuillères à soupe de clou de girofle en poudre.

Avoir un beau jardin

Dirigez-vous vers votre jardin, ou vers vos plantes, et offrez votre jardin aux Anges Habuhiah, Manakel et Melahel. Demandez-leur de bien prendre soin de vos fleurs. Vous pouvez aussi, avant d'empoter vos plantes, demander à ces trois magnifiques Anges de purifier votre terre. Si vous le désirez, vous pouvez aussi arroser vos plantes avec de l'eau bénite. Vous pouvez également faire brûler un encens en piquant le bâtonnet dans votre plate-bande ou vos pots de fleurs. Mais cela n'est pas obligatoire.

Bâtir un autel pour accueillir l'Ange Habuhiah

Napperon : en tissu blanc.

couleur : blanche. Pour elle, le blanc représente la pureté et la guérison. Habuhiah affectionne aussi la couleur verte.

Bougies : blanches ou vertes.

Encens : myrrhe et muscade.

Odeur : ambre et toutes les odeurs florales, surtout celle de la rose blanche.

Psaume à réciter lors du rituel

« *Alléluia! Célébrez le Seigneur, car il est bon,*
car sa bienveillance est éternelle. »

Psaume 106, verset 1

69. ROCHEL
(retrouve les objets perdus, libération, avocat)

« *Regardez, avancez droit devant et notre Lumière guidera vos pas.* »

« *Ce que vous avez été n'est plus, ce que vous êtes existe maintenant. Soyez-en*
conscient et soyez-en fier. »

« *Quand vous aimez qui vous êtes, vous détenez la clé du bonheur.* »

Ange idéal

Rochel est l'Ange idéal de tous ceux qui font de la recherche pour retrouver une personne disparue, un corps ou un objet de grande valeur.

Il est aussi l'Ange idéal des avocats, des juges, des politiciens, des conférenciers, des clairvoyants, des chiropraticiens et de tous ceux qui ont des problèmes avec la loi.

Il est l'Ange à prier si vous avez des dépendances et que vous aimeriez y mettre un terme.

L'Ange Rochel descend immédiatement sur Terre lorsque l'humain réclame impétueusement son aide. D'ailleurs, Rochel passe beaucoup plus de temps sur Terre que dans les Plans divins, car il adore être près de l'humain.

L'Ange Rochel est très grand et de stature imposante. Vous allez rapidement le ressentir dès qu'il entrera en communication avec vous. Tout votre corps sera en énergie comme si vous aviez bu vingt cafés d'affilée. Vous allez avoir la « bougeotte ». Votre entourage aura de la difficulté à vous suivre puisque vous ferez mille et une choses à la fois. Vous serez donc en pleine forme pour tout faire. Vous exploserez d'énergie.

Rochel est un bon détective. Sa Lumière permet de voir au-delà des événements. Il est également l'Ange de la vérité. Il détecte rapidement le mensonge. Lorsque vous le prierez, sa Lumière agira comme un détecteur de mensonges. Pour chaque situation qui vous dérangera, vous trouverez la cause. Ne soyez pas surpris de poser toutes sortes de questions aux membres de votre entourage. Vous serez comme un enquêteur à la recherche de réponses. Cela risque de faire fuir votre entourage. Toutefois, cela vous aidera à mieux voir et à mieux comprendre ce qui se passe autour de vous.

Rochel est un Dieu qui voit tout. Ne soyez pas étonné si vous avez les yeux qui piquent ou qui brûlent comme si vous aviez trop regardé le soleil. Ainsi, il annonce sa présence. Vous verserez peut-être quelques larmes. Assurez-vous d'avoir des mouchoirs lorsque vous réclamerez l'aide de l'Ange Rochel. Il ne faut pas oublier que l'énergie de cet Ange est imposante. Il n'a pas la douceur des Anges Damabiah, Eyaël et Habuhiah. Quand il entre en communication avec l'humain, ce dernier le ressent immédiatement.

Différentes façons de manifester sa présence

L'Ange Rochel adore les chiens. Il dit que le chien est à son image. Il a du flair et il prévient son maître quand il y a du danger. De plus, comme Rochel, le chien se porte souvent à la défense de son maître. Il le protège.

Rochel dit que c'est grâce à lui que Dieu a créé le chien. Il Lui a demandé un protecteur qui ne ferait pas peur à l'humain, mais qui le protégerait. Et Dieu a satisfait cette demande. Toutefois, Dieu a donné comme mission aux Anges Reiyiel et Omaël de prendre soin de cette espèce, puisqu'ils sont les Anges des animaux. Ils sont leurs protecteurs.

Grâce à Rochel, votre odorat sera très développé, ce qui vous permettra de renifler plusieurs odeurs. Vous en humerez certaines avec joie et d'autres vous répugneront! Toutefois, l'Ange Rochel aime les odeurs corsées comme celle du café. Il aime aussi l'odeur du pain. Pour ce qui est de l'encens, il aime le patchouli, le santal, la myrrhe et l'encens d'église. Pour ce qui est du parfum, il aime les odeurs exotiques et fraîches. Voilà les odeurs qui pourraient vous envoyer sur votre chemin. Il est définitif que vous serez en contact avec des personnes qui porteront du parfum de toutes sortes. Vous allez tout renifler!

Comme Rochel est un Dieu qui voit tout, le premier mot qu'il risque de vous faire entendre est le verbe « **voir** » suivi des noms communs « **yeux** » et « **regard** ». Si vous entendez l'un de ces termes, cela sera très révélateur. Par ces mots, l'Ange Rochel veut vous dire qu'il vous permettra de mieux voir ce qui dérange votre évolution. Il vous fera prendre conscience de vos désirs, de vos faiblesses, ce qui vous aidera à mieux voir votre vie et à mieux comprendre les changements qui s'imposent pour retrouver votre bonheur. De plus, il vous permettra de mieux voir l'intention des gens qui vous entourent.

Un autre mot important pour lui est « **amour** ». Par ce terme, l'Ange Rochel vous indique qu'il infusera l'amour dans votre vie. Quand vous aimez qui vous êtes et tout ce que vous possédez, vous détenez la clé du bonheur.

Évidemment, si Rochel fait entendre le mot « **solution** » à quelqu'un qui prie le prie au sujet d'une cause juridique, cela indique qu'il lui trouvera la meilleure solution pour le libérer de son problème. Puis, par le mot « **justice** », Rochel indique que le verdict sera équitable.

Rochel peut aussi vous faire entendre les mots suivant : « **flair** », « **détective** », « **avocat** » et « **loi** ».

Autres représentations symboliques

Un des signes préférés de Rochel afin de vous prouver qu'il a entendu votre prière est de vous faire trouver des pièces de monnaie. Cet Ange sait que l'humain adore l'argent. En signe d'amour et de reconnaissance pour le temps que vous lui consacrez, Rochel vous enverra des pièces de monnaie durant toute la semaine que suivra votre demande. De plus, si vous avez égaré ou perdu un objet, il vous le fera retrouver.

Il aime aussi faire clignoter une lumière si la personne qui lui en fait la demande n'est pas trop peureuse.

Un autre signe que Rochel aime faire, c'est d'emprunter le corps d'un humain et de venir vous réconforter. Ne soyez pas surpris si quelqu'un vous rend un service et vous dit des mots gentils.

Rochel peut aussi envoyer vers vous une personne qui vous dira qu'elle a fait une erreur, et vous lui offrirez vos services pour réparer ladite erreur.

Pour vous taquiner, Rochel peut envoyer sur votre chemin une personne vêtue de mauve, d'orangé et de jaune. Il peut aussi vous montrer un objet peint en mauve, jaune et orangé. Vous-même risquez de porter ses teintes lors de la semaine que vous faites votre demande. Ce sont les couleurs qu'adore l'Ange Rochel. Ce charmant Rochel a le sens de l'humour!

Avec son sens de l'humour, l'Ange Rochel peut vous faire voir quelqu'un qui trébuche sans toutefois qu'il tombe ou se blesse. Vous pouvez même retenir cette personne pour qu'elle ne se blesse pas.

Rochel s'organisera pour qu'une personne fasse une remarque sur vos yeux ou votre regard. Quelqu'un peut vous dire que vous avez de beaux yeux, que votre regard est perçant ou chaleureux. Quelqu'un peut aussi vous dire ceci : « Ouvre tes yeux! » Si **quelqu'un vous dit d'ouvrir les yeux**, par ce signe, l'Ange Rochel vous infusera sa Lumière de détective, ce qui vous permettra de mieux voir ce qui se passe dans votre vie. Soyez assuré que, dans les dix prochaines semaines, vous ferez des changements qui auront un impact favorable dans votre vie. Tout ce que vous analyserez ou entreprendrez sera couronné de succès. Voilà l'importance de cette phrase.

Comme Rochel est l'Ange de la justice, il est évident qu'il vous montrera un représentant de la loi comme un policier, un détective. Il peut même vous faire voir un avocat avec sa toge. Vous savez sûrement que la balance est symbolique en matière de loi, car elle représente la justice. Il est évident que l'Ange Rochel vous en montra une. S'il vous **montre une balance** de justice, l'Ange Rochel vous indique qu'il vous aidera à bien équilibrer votre vie. Tout ce qui est en déséquilibre, l'Ange Rochel vous en fera prendre conscience pour ensuite vous guider vers un bel équilibre.

Spécialités de l'Ange Rochel

Rochel est un Dieu qui voit tout. Grâce à lui, vous retrouverez tout. Il fera de vos yeux un détecteur d'objets, ce qui vous permettra de retrouver vos objets égarés. Il est comme saint Antoine de Padoue. Il vous aidera à retrouver les objets perdus ou volés. Si votre objet se trouve dans la pièce où vous lui réclamez de l'aide, cela sera instantané. Il guidera vos pas pour que vous puissiez voir votre objet.

Une autre mission importante de l'Ange Rochel est d'apporter sa Lumière lorsqu'une personne est portée disparue. Si vous le priez, cet Ange guidera vos pas vers l'endroit où se trouve la personne disparue. Il travaille en collaboration avec l'Archange Raziel. Toutefois, certains corps ne seront jamais retrouvés puisque l'âme de la victime en a voulu ainsi. Les Anges doivent respecter le choix de l'âme.

Si, après six mois de prières intensives, la personne, ou son corps, n'a pas été retrouvée, c'est que l'âme ou la personne ne veulent pas être retrouvées. Si tel est le cas, l'Ange Rochel doit les respecter. Toutefois, Rochel aidera tous ceux qui sont éprouvés par cette perte. Il leur infusera le courage et la force nécessaire pour se relever et pour prendre leur vie en main malgré la disparition d'un être cher.

Autres raisons de prier l'Ange Rochel

Rochel a aussi comme mission de libérer tous ceux qui ont des dépendances aux drogues, à l'alcool. Haiaiel vous en libérera et Rochel vous donnera la force et le courage de ne plus sombrer dans cette énergie négative.

L'Ange Rochel est aussi excellent pour vous aider lorsque vous devez confronter la justice. Il ne faut pas oublier qu'il est l'avocat des Anges. Il sait bien les défendre.

Si vous confrontez la loi, priez l'Ange Rochel. Celui-ci vous permettra de bien vous défendre. Qu'importe si cela concerne le droit international, commercial, civil ou criminel, la Lumière de l'Ange Rochel vous permettra de bien défendre votre cause et de bien exposer les faits. De plus, que vous soyez coupable ou non, cela lui importe peu. Si vous êtes innocent, cet Ange s'organisera pour que la vérité se fasse entendre. Si vous êtes coupable et que vous êtes conscient du tort causé aux autres et que vous désirez réparer les pots brisés, priez l'Ange Rochel. Il verra à ce que le verdict soit équitable pour les parties convoquées.

Vous pouvez aussi prier Rochel pour annuler les testaments illégaux ou injustes. Si vous êtes victime de tricherie, de malhonnêteté ou de vol, vous pouvez demander à l'Ange Rochel de faire la lumière sur la signature de papiers malhonnêtes. La mission de l'Ange Rochel est de vous guider vers un représentant de la loi qui saura bien répondre à vos questions. Cette personne vous aidera à ce que la justice soit équitable et honnête. Toutefois, si pour une raison ou une autre un proche vous déshérite et que vous êtes en désaccord avec son choix, cela ne veut pas dire que l'Ange Rochel vous aidera à récupérer ce que vous aviez pensé obtenir. La mission de l'Ange Rochel est de veiller à ce que les dernières volontés du défunt soient réalisées, et ce, dans le respect le plus total.

Rochel pardonne les erreurs. Il aidera tous ceux qui ont commis de graves erreurs envers l'humanité. Il aidera aussi tous ceux qui ont volé leur prochain. Si vous le priez, l'Ange Rochel vous aidera à rendre ce que vous avez pris sans causer trop de dommages. De plus, sa Lumière vous permettra de vous pardonner, de vous relever et d'avancer vers un chemin beaucoup plus lumineux. Ainsi, il vous sera beaucoup plus facile de vivre en harmonie avec votre âme, ce qui aura un impact favorable sur votre vie sur les plans physique, émotionnel, mental et personnel.

L'Ange Rochel prône le respect. Il est important pour lui de voir les gens se respecter, qu'importe leur classe sociale. Il est évident qu'il aidera tous ceux qui ne se font pas respecter sur les plans personnel, social ou professionnel.

Priez l'Ange Rochel et sa Lumière vous aidera à obtenir la reconnaissance de vos droits dans tous les domaines. L'Ange Rochel vous permettra de recevoir ce qui vous est dû grâce à votre dévouement.

Vous pouvez aussi le prier pour dénouer une situation difficile et vous en sortir gagnant. Rien n'est perdu avec l'Ange Rochel. Tant que vous avez l'espoir et la foi, tout est possible. Tel est son message. Si cela n'entrave pas votre plan de vie, l'Ange Rochel peut dénouer les pires situations tout en vous permettant de vous en sortir en triomphant. Pour ce faire, faites-lui une neuvaine. Cela en vaudra la peine. Vous verrez l'impossible devenir possible!

Tous ceux qui veulent développer le don de clairvoyance devraient prier l'Ange Rochel. N'oubliez pas qu'il possède des antennes de détective et du flair. Il développera en vous ces talents. Toutefois, si vous ne possédez pas le don de la clairvoyance et s'il n'est pas permis à Rochel de vous l'accorder, cet Ange ne pourra pas vous venir en aide.

Tous ceux qui sont embarrassés et effrayés à l'idée de faire une conférence ou un exposé oral devraient prier Rochel. Cet Ange vous permettra de bien gérer votre nervosité et de bien prononcer vos mots. Vos phrases seront coordonnées et en équilibre avec votre énoncé, ce qui aidera vos auditeurs à bien comprendre l'essence de votre travail. Sa Lumière vous donnera donc de la détermination, de la force et du courage pour faire votre exposé. Vous serez très satisfait de ce que vous aurez accompli par la suite.

La Lumière de Rochel peut aider les chiropraticiens à rétablir la santé dorsale de leur client. Cet Ange les aidera à trouver l'origine des maux de dos. Ensuite, il leur permettra de bien les traiter.

Une mission particulière de l'Ange Rochel est de vider le contenu karmique non utile pour l'évolution de l'humain. En le vidant, cela aidera l'humain à mieux recevoir ce qui lui est dû. Plusieurs personnes trainent avec eux un bagage des anciennes vies, des mémoires vives. La plupart du temps, ce bagage est lourd à transporter. Toutefois, l'humain n'est pas toujours conscient qu'il le porte. La mission de l'Ange Rochel est de vider tout ce contenu pour que les humains puissent retrouver leur liberté. De plus, en vidant le contenu de ces déchets karmiques, cela va leur permettre de mieux avancer dans leur vie présente et dans leurs prochaines incarnations. Vous ne traînerez plus avec vous vos vieux bagages, et votre vie humaine s'en portera mieux.

Note aux enfants de Rochel

À votre naissance, l'Ange Rochel vous a fait le don de la clairvoyance. Il n'en tient qu'à vous de l'utiliser. Grâce à ce don, certains seront en mesure de retrouver des corps ou des êtres perdus, tandis que d'autres pourront lire l'avenir et s'intéresser à tout ce qui est rattaché à l'ésotérisme. Pourvu que cela soit fait en Lumière, l'Ange Rochel vous laissera vous habituer à tous les préceptes de l'ésotérisme. Toutefois, si vous le faites pour attirer l'Ombre, l'Ange Rochel vous retirera immédiatement votre don de clairvoyance tout en vous avertissant du danger de l'immixtion de l'Ombre dans votre vie.

De plus, l'Ange Rochel vous a aussi fait le don de ses « **antennes** ». Ses antennes vous permettent de détecter facilement le rôle des gens autour de vous. Il n'en tient qu'à vous de les utiliser. Vous pourrez ainsi éviter des ennuis de toutes sortes. Il vous sera permis de mieux voir et de mieux ressentir les gens qui vous côtoient, de savoir s'ils sont faits pour vous ou non.

Faites-vous confiance. Si vous ressentez à l'intérieur de vous qu'une personne ne vous est pas favorable, n'avancez pas vers elle. Si vos antennes ont détecté que cette personne ne vous convient pas, arrêtez de vous dire que c'est peut-être vous qui voyez des situations négatives et que cette personne n'est pas aussi méchante qu'elle en a l'air. Respectez-vous dans votre ressenti et vous éviterez bien des ennuis.

Réclamer l'aide de l'Ange Rochel

Retrouver un objet

Pour retrouver un objet, ce n'est pas compliqué. Vous n'avez qu'à dire ceci : « *Rochel, j'ai perdu cela, aide-moi à le retrouver.* » Si l'objet se trouve dans la pièce ou à l'endroit où vous réclamez son aide, l'Ange Rochel vous guidera rapidement vers cet objet. Toutefois, si votre objet est égaré dans un autre lieu et qu'il est impossible pour vous de le récupérer, vous allez le ressentir à l'intérieur de vous. Si l'objet est ailleurs et que vous pouvez le récupérer, vous allez vite le savoir puisqu'on vous rapportera votre objet.

Retrouver une personne disparue

La meilleure façon de retrouver une personne, c'est de la remettre dans les mains de Dieu et de réciter une prière à cet effet. Vous pouvez aussi prendre une photo du disparu et lui faire brûler un lampion pendant les neuf jours que vous réciterez votre prière. En allumant un lampion, vous apporterez de la Lumière dans le cœur de ce disparu. Si cet être est décédé, vous allez permettre à l'âme de bien s'élever. Si cette personne est encore en vie, cela développera en elle le désir de vous revoir.

En faisant ce rituel, cela vous aidera aussi. Si la personne disparue est décédée, la Lumière de l'Ange Rochel vous donnera le courage de surmonter cette dure épreuve. De plus, sa Lumière vous aidera à accepter sereinement ce départ. Cela ne veut pas dire que vous allez oublier totalement cette personne. Au contraire, vous allez vous en souvenir, mais le chagrin fera place à la sérénité. La Lumière de Rochel vous libérera de ce chagrin tout en libérant l'âme du disparu. Cela l'aidera à s'élever et à être en paix. Et vous ressentirez cette paix en vous. Quand vous serez en paix tout comme l'âme, la communication entre vos deux mondes se fera mieux.

Débattre une cause juridique ou faire un exposé oral

Si vous devez débattre une cause, que ce soit pour un divorce, une contravention, qu'importe la situation, priez l'Ange Rochel. Il vous donnera la parole facile. De plus, portez sur vous un objet que vous ferez purifier par l'Ange Rochel comme un bijou. Il vous donnera confiance en vous et vous vous sentirez protégé par l'Ange Rochel. Il en est de même pour ceux qui doivent faire un exposé oral. Il suffit de faire purifier un objet qu'ils porteront sur eux.

Développer le don de la voyance

La meilleure manière de développer le don de la voyance est de méditer. En méditant, vous apprenez à mieux connaître le potentiel qui gît en vous. En vous familiarisant avec votre potentiel, il vous sera beaucoup plus facile de vous diriger vers une méthode qui vous plaira telle que la cartomancie, l'astrologie, l'oniromancie, etc.

Si vous méditez sur les Anges, vous vous habituerez à leur Énergie. Si vous vous habituez au monde angélique, vous pourrez vous éloigner plus facilement des énergies négatives. Si l'Ombre essayait de vous approcher, la Lumière des Anges vous le ferait ressentir immédiatement.

Vider son contenu karmique

Pour vider votre contenu karmique, il vous suffit de réciter une prière à cet effet. Toutefois, pendant les neuf jours que vous allez réciter votre prière, vous vivrez une sensation bizarre, comme un vide. Ce n'est pas une sensation négative. Au contraire, c'est comme si l'on vous libérait d'un fardeau. Imaginez que vous marchez pendant des mois avec un sac à dos. À la longue, vous vous habituerez à porter cette lourdeur. Un jour, vous déciderez de marcher sans votre sac à dos. Au début, cela sera bizarre, puisque vous êtes habitué de le traîner. Mais, en même temps, vous êtes soulagé, car tous vos maux de dos ont disparu en même temps que vous avez délesté votre sac à dos. Vous savez qu'en étant libre, cela va vous permet de faire d'autres activités agréables. Il en est de même avec le contenu karmique. Quand il sera vide, vous vous sentirez bizarre, comme s'il vous manquait quelque chose, mais en même temps, vous vous sentirez bien parce que vous sentirez qu'il y a de bons événements qui viendront vers vous.

Bâtir un autel pour accueillir l'Ange Rochel

Napperon : dans les teintes de mauve, d'orangé et de jaune.

Couleurs : celles mentionnées aupravant et la couleur verte.

Bougies : blanches, mais si vous voulez être original, achetez-lui des bougies mauves, orangées et jaunes.

Encens : myrrhe et mastic.

Odeurs : patchouli et santal. En fait, l'Ange Rochel aime toutes les odeurs fraîches, corsées et exotiques. Toutefois, il n'aime pas trop les odeurs sucrées.

Psaume à réciter lors du rituel

« Le Seigneur est ma part d'héritage et mon calice,
c'est toi qui garantis mon lot. »

Psaume 16, verset 5

70- JABAMIAH
(exauce les vœux, accompagne les mourants, sérénité)

« Mourir, c'est renaître à une nouvelle vie. Renaître, c'est laisser place à la mort d'une ancienne vie. Pour mieux évoluer, il vous suffit d'accepter ces deux états d'être dans son essence. Cette essence fait partie intégrante de vous. L'un ne va pas sans l'autre. Il ne faut pas oublier que c'est par cette essence que Dieu vous permet de vous élever. »

« Je suis le Tout qui vous donne avec amour.
Recevez maintenant le Tout avec tendresse. »

« Aimez qui vous êtes, puisque vous faites partie du grand Tout.
Ne laissez aucune Ombre venir enlever ce titre. »

Ange idéal

Jabamiah est l'Ange idéal de tous ceux qui ont besoin d'aide pour aider un mourant à quitter sereinement la Terre. De plus, elle apporte de la sécurité à ceux qui ont peur de la mort.

Elle est aussi l'Ange idéal des enfants. Jabamiah va les protéger de tout le négatif qui les entoure et va leur permettre de bien le reconnaître pour mieux s'en éloigner par la suite.

Jabamiah est un Ange d'une grande douceur, ce qui l'amènera à avancer tout doucement vers l'enfant qui réclame son aide. Lorsque Jabamiah entrera en contact avec vous, vous serez envahi par un sentiment de paix et de bien-être. Telle est son énergie.

Jabamiah est très près de l'humain. Elle est un Ange qui comprend parfaitement les besoins fondamentaux de l'humain. Sa mission est d'accorder à l'humain ses moindres désirs. C'est la raison d'ailleurs pour laquelle tous les Anges de Dieu la surnomment l'« Ange du Tout ». Premièrement, Jabamiah sait TOUT et elle peut TOUT donner à celui qui lui réclame de l'aide, pourvu que vos demandes soient réalistes et qu'elles vous aideront à retrouver la paix intérieure et le chemin du bonheur. Elle vous donne aussi les qualités nécessaires pour changer et pour améliorer les situations tendues qui se passent dans votre vie. Elle va donc aider l'humain à retrouver la paix intérieure et le bonheur. C'est la raison pour laquelle Jabamiah viendra immédiatement à la rencontre de celui qui la prie et qui lui réclame de l'aide. Son désir fondamental est de voir l'humain heureux. Jabamiah adore voir l'humain rire et s'amuser. Elle dit que lorsque l'humain s'amuse et rit, il n'a pas le temps de penser à ses problèmes!

De plus, en prenant le temps de s'amuser, l'humain prend le temps de relaxer. Quand l'humain est en état de relaxation, alors il lui est plus facile de prendre des décisions et de régler ce qui ne fonctionne pas bien dans sa vie. De plus, quand vous êtes dans un état de bien-être, vous avancez beaucoup plus facilement et atteignez vos buts et vos objectifs. Telle est la Lumière de l'Ange Jabamiah, celle d'atteindre un état de bien-être pour vous permettre d'avancer et de réussir tout ce que vous entreprenez.

Jabamiah est un Ange d'une beauté incommensurable. Elle est entourée d'étincelles de lumière. Cet Ange éblouit et brille de tout feu. C'est la raison pour laquelle certains verront des étincelles de lumière les entourer. Vous serez ébloui lorsque vous verrez ses étincelles. Elle est comme un diamant qui brille au soleil. Telle sera sa vibration.

Différentes façons de manifester sa présence

L'Ange Jabamiah adore la colombe puisque celle-ci représente le symbole de la paix. La colombe est symbolique pour l'humain, car elle représente l'envol vers Dieu. Lors d'un décès, d'un mariage ou d'une fête quelconque, plusieurs humains vont envoyer des colombes dans le ciel pour signaler un geste de paix, de liberté et de bonheur. Ce geste fait par l'humain est important pour Jabamiah puisqu'il fait partie intégrante de sa mission, de lui donner cet envol vers la joie, le bonheur et la liberté d'être heureux. Sa mission est de faire briller de tous les feux le diamant intérieur de son enfant. De plus, la colombe aux yeux de Jabamiah représente un messager de paix et d'amour. Cette vibration est similaire à la Lumière de Jabamiah. Elle aime aussi le chant des tourterelles. Ne soyez pas surpris de voir une tourterelle roucouler près de vous.

L'humain qui la prie est très important aux yeux de Jabamiah. C'est la raison pour laquelle elle lui fera humer une odeur qu'il appréciera. Toutefois, elle aime toutes les odeurs apaisantes, celles qui calment le mental Comme la lavande, la camomille, le jasmin, la bergamote, la marjolaine et de l'ylang-ylang. Jabamiah aime aussi l'odeur de la rose blanche.

Comme son corps est serti de diamants, i est évident que le premier mot qu'elle vous fera entendre sera « **diamant** ». Ce terme sera important. Grâce à lui, l'Ange Jabamiah vous dit qu'il est temps pour vous d'illuminer ce diamant en vous. Elle ira installer sur-le-champ un diamant au centre de votre âme pour que vous puissiez, à votre tour, devenir éblouissant. Ainsi, vous retrouverez la joie, le courage et la force d'être qui vous êtes dans votre essence première. Votre lueur interne rayonnera sur votre entourage. Cela n'attirera que du bon et du bien autour de vous.

Un autre mot important pour elle est « **colombe** ». Par ce terme, Jabamiah vous indique qu'elle infusera sa Lumière de paix et de bien-être en vous. Ceci vous permettra de retrouver le chemin du bonheur. En étant en paix avec vous-même, vous serez en mesure d'entreprendre tout ce que vous désirez et de bien le réussir. S'il survient un obstacle, votre paix intérieure vous aidera à surmonter votre obstacle et à continuer votre chemin sans que cela entrave vos projets. L'Ange Jabamiah dit que lorsque vous êtes en paix avec vous-même, vous êtes en mesure d'analyser votre vie et de comprendre TOUT ce qui s'y passe. N'oubliez pas que Jabamiah est l'Ange du Tout. Elle comprend Tout, elle sait Tout, elle accorde Tout et elle vous fait comprendre Tout pour votre bien-être et pour le bien de votre évolution. Telle est la force de Jabamiah.

Si vous lui avez fait une demande et qu'elle vous envoie le mot « **vœu** », cela sera très révélateur. Par ce terme, elle vous annonce qu'elle va exaucer le vœu que vous lui avez demandé.

Si Jabamiah vous envoie le mot « **prière** », elle vous dit de continuer de la prier ou de continuer de prier les Anges. Votre âme ainsi que votre vie humaine ont besoin de se brancher à la Sphère spirituelle. Quand le temps viendra, elle vous enverra un cadeau providentiel en guise de remerciement de votre dévotion envers le monde angélique.

Jabamiah peut aussi vous faire entendre les mots suivants, car ils sont aussi importants à ses yeux : « **amour** », « **respect** », « **douceur** », « **empathie** », « **rire** » et « **amuser** ».

Autres représentations symboliques

Pour annoncer sa présence, elle fera clignoter une lumière. Certains pourront même voir des étincelles de Lumière auprès d'eux. Ce sera comme de petits « picots » de Lumière, des points de la grosseur d'un pois. Ne consultez pas votre médecin. Ces petites taches de Lumière représentent l'énergie de l'Ange Jabamiah.

Un autre signe qu'elle adore, c'est de vous faire entendre roucouler une colombe ou une tourterelle. Vous l'entendrez même roucouler dans votre tête pendant la journée.

L'Ange Jabamiah s'organisera pour qu'un membre de votre entourage vous parle de son diamant, vous dise qu'elle a fait nettoyer son diamant, que son diamant brille. Elle peut même vous montrer un diamant qui brille au soleil ou à la lueur de la Lumière. Qu'importe la situation, vous comprendrez rapidement que l'Ange Jabamiah a entendu votre prière.

Comme elle adore les arcs-en-ciel, elle va vous en montrer un. Jabamiah adore toutes les couleurs irisées de l'arc-en-ciel. Si la température le permet, elle vous le montrera dans le ciel. Sinon, elle vous montrera un objet qui reflétera les couleurs de l'arc-en-ciel. À moins qu'elle ne vous envoie quelqu'un près de vous vêtu de toutes les couleurs. De plus, comme elle adore la couleur rose, plusieurs personnes de votre entourage seront habillées en rose. Ce sera une façon particulière de vous indiquer qu'elle a entendu votre prière et qu'elle travaille pour vous l'exaucer. Toutefois, si une personne vêtue de rose vous parle d'un recueil de prières, par ce signe, l'Ange Jabamiah vous annonce qu'elle exaucera votre vœu lors d'une de ses dates. Consultez les tableaux I et II.

Puisqu'elle aime la brillance, elle vous montrera des objets qui brillent au soleil. Elle adore aussi les pierres brutes qui ont de la brillance telles que l'améthyste, la pyrite, etc.

La colombe est très révélatrice pour Jabamiah. Cet Ange vous en montrera une en image ou en réalité. Toutefois, elle peut aussi envoyer vers vous une personne portant un bijou avec l'image de la colombe. Cela peut être une épinglette, un pendentif, une bague ou autres. Par ce signe, l'Ange Jabamiah vous dit qu'elle infusera sa Lumière de paix dans votre demeure. De plus, elle vous délestera d'un poids sur vos épaules.

Spécialités de l'Ange Jabamiah

Jabamiah a deux grandes missions, la première est d'exaucer les vœux de tous les enfants de Dieu qui lui réclament de l'aide. Cet Ange écoute vos prières et toutes vos demandes d'ordre personnel. Jabamiah affirme qu'il lui est possible d'exaucer vos vœux, pourvu qu'ils soient importants et qu'ils vous aident dans votre cheminement personnel. Lorsque vous prierez Jabamiah pour qu'elle vous exauce un vœu, il serait primordial que vous lui disiez la raison pour laquelle vous souhaitez que votre demande soit satisfaite. Jabamiah vérifiera si vos raisons sont acceptables et si elles vous aideront à bien cheminer. S'il y a embûches dans vos raisons, cet Ange vous le fera ressentir à l'intérieur de vous. De plus, si Jabamiah ne peut exaucer votre demande pour des raisons karmiques, elle vous enverra un substitut qui vous fera tout autant plaisir.

La deuxième mission importante est d'aider ceux qui doivent accompagner des personnes en phase terminale. Jabamiah leur donnera la force et le courage de conduire ces êtres vers leur nouvelle vie.

Voilà l'importance de prier les Anges Jabamiah et Mumiah si votre état est en phase terminale. Leurs Lumières apaiseront vos peurs. De plus, ces deux magnifiques Anges vous permettront de quitter sereinement votre famille. Quand vous quittez sereinement la Terre, votre âme en ressent les effets bénéfiques.

Autres raisons de prier l'Ange Jabamiah

Tous ceux qui ont peur de la mort devraient prier l'Ange Jabamiah. Cet Ange vous permettra de voir la mort sous un angle différent, de l'apprivoiser et de l'accepter lorsque votre tour viendra.

Cet Ange est excellent pour ceux qui prennent de la drogue, de l'alcool, des médicaments ou qui se nourrissent mal. Jabamiah va aider votre corps à moins absorber les mauvaises toxines causées par ces produits néfastes à votre système. Jabamiah travaille de concert avec l'Ange Mumiah. Ensemble, elles vont faire le grand ménage de votre corps physique. Advenant un problème, elles vous le signaleront immédiatement.

La Lumière de l'Ange Jabamiah permet de déboucher tous vos canaux énergétiques et de bien les ouvrir pour que l'énergie circule bien. Tous ceux qui travaillent avec les énergies (massothérapie, reiki, acupuncture, traitements énergétiques) devraient demander à Jabamiah de leur infuser sa Lumière de guérison. Cette Lumière aura donc un impact sur vos canaux énergétiques ainsi que sur ceux de vos clients. Sa Lumière nettoiera tous les canaux. Vos canaux seront en énergie et brilleront de tous leurs feux comme l'énergie de l'Ange Jabamiah.

L'Ange Rochel a pour mission de vider votre contenu karmique de tous ses déchets, tandis que l'Ange Jabamiah a comme mission de purifier votre âme à la suite du travail de l'Ange Rochel. Ces deux magnifiques Anges collaborent pour qu'il n'y ait plus rien qui vous dérange dans votre vie présente.

Jabamiah permettra à tous ceux qui veulent s'orienter dans une voie spirituelle de s'initier et de devenir des maîtres spirituels. Toutefois, cette vocation est pour l'éternité. Jabamiah vous donnera le privilège de lutter jusqu'à la fin des temps, de vie en vie, pour le rétablissement du respect, de l'amour et de l'harmonie sur Terre. Ce grand honneur est accordé à peu de gens étant donné la fonction importante que cet être devra accomplir puisque cette fonction importante ne s'étend pas que sur une seule vie, mais sur toute la durée des temps. Voici deux êtres de notre époque qui ont fait cette demande : mère Teresa et le pape Jean-Paul II.

Si vous êtes un fervent de l'alchimie, de la guérison et de la flamme violette, sachez que Jabamiah a guidé l'alchimiste, Saint-Germain. Si vous aimez travailler avec l'énergie de ce maître, demandez à l'Ange Jabamiah de vous infuser sa Lumière de connaissance. Ceci vous permettra de mieux comprendre les préceptes de l'alchimie et de bien les adapter à votre quotidien. De plus, Jabamiah vous guidera vers les meilleurs écrits tout en vous permettant de bien les comprendre.

Jabamiah travaille de concert avec l'Ange Eyaël. Ensemble, ils protègent les enfants. La mission de l'Ange Jabamiah est d'éloigner l'enfant des situations d'Ombres. Jabamiah permet à l'enfant d'être conscient des dangers que peut provoquer l'Ombre s'il s'en approche. Tous les parents qui veulent protéger leurs enfants de la drogue et de toutes les situations d'Ombres devraient prier l'Ange Jabamiah.

Tous ceux qui veulent retrouver la paix et la sérénité dans leur vie, tous ceux qui veulent se libérer d'un problème, d'une dépendance, tous ceux qui ont besoin de courage pour aider quelqu'un en phase terminale, dessinez une colombe. Cela aura un effet bénéfique sur vous. De plus, ne soyez pas surpris de ressentir une grande paix vous envahir lorsque vous commencerez à dessiner la colombe. Faites cette technique autant de fois que vous le désirez. Cela vous détendra tout en vous donnant la force d'accomplir vos projets. N'oubliez pas que Jabamiah sera présente lorsque vous commencerez votre dessin. Sa Lumière agira comme un doux calmant. Vous serez envahi par une paix intérieure et vous serez bien à un point tel que, après l'exécution de votre dessin, vous chercherez à vous détendre et à relaxer quelques minutes. Si tel est le cas, je vous conseille de vous allonger puisque par ce signe Jabamiah veut vous dire qu'elle n'a pas terminé son travail sur vous et qu'elle aimerait que vous soyez dans un état calme pour bien accomplir son travail et pour bien le terminer. Vous le saurez quand le tout sera terminé. Elle vous infusera, par la suite, une belle Lumière d'énergie qui vous donnera la force d'avancer dans vos projets.

Prenez une feuille blanche et tracez cette colombe. Utilisez simplement les couleurs qui représentent l'arc-en-ciel. Entourez votre colombe d'un arc-en-ciel et n'oubliez pas d'insérer un soleil brillant. L'arc-en-ciel est composé des sept couleurs suivantes : rouge, orangé, jaune, vert, bleu, indigo, violet.

Note aux enfants de Jabamiah

À votre naissance, l'Ange Jabamiah vous a fait le don de sa Lumière du Tout. Grâce à cette Lumière, il vous est possible de Tout accomplir et de Tout réussir. Voilà l'importance d'intégrer la Lumière de cet Ange dans votre vie.

L'Ange Jabamiah vous permet de recevoir de belles récompenses divines grâce aux fruits de vos efforts. Votre aide et votre générosité envers votre prochain vous donnent droit à de belles récompenses venant de cet Ange. Continuez toujours d'aider votre prochain et vous verrez jaillir la réussite dans tous les plans de votre vie.

Réclamer l'aide de l'Ange Jabamiah

Accompagner quelqu'un en phase terminale

Pour accompagner quelqu'un en phase terminale, il vous suffit de réciter une prière à cet effet. Récitez-la avant d'aller au chevet de la personne malade. La prière vous donnera la force et le courage de bien accomplir votre tâche. Grâce à vous, votre proche quittera la Terre sereinement et vous serez fier de ce que vous aurez accompli.

Déboucher les canaux énergétiques

Pour déboucher vos canaux énergétiques, vous pouvez soit méditer soit vous allonger confortablement. Lorsque vous atteindrez un état de calme, demandez à l'Ange Jabamiah de déboucher vos canaux énergétiques.

Éloigner un enfant de la drogue

Pour éloigner un enfant de la drogue, il vous suffit de réciter une prière à cet effet. La mission de l'Ange Jabamiah est de faire prendre conscience à votre enfant de tous les dangers que peuvent provoquer la drogue et les situations d'Ombre. Si votre enfant est submergé par la drogue, cela peut prendre un peu plus de temps avant qu'il s'en éloigne. L'Ange Jabamiah doit avant tout chasser l'Ombre qui le gouverne. Si votre enfant est sous l'influence de l'Ombre et qu'il ne veut pas s'en sortir, Jabamiah n'a pas le choix d'acquiescer à sa demande. Toutefois, elle va lui envoyer son amour angélique pour qu'un jour il puisse réclamer de l'aide. Aussitôt que l'enfant réclamera de l'aide, elle l'aidera à se relever et à renaître à la vie.

Plusieurs Anges ont comme mission d'éloigner la drogue et les situations d'Ombre qui influencent la vie des humains. Leur mission est d'infuser la Lumière dans le cœur de ces êtres pour qu'ils puissent prendre conscience de l'impact négatif que la drogue et les situations d'Ombres peuvent causer à leur vie. Toutefois, si l'humain laisse l'Ombre le gouverner, malheureusement, les Anges ne peuvent qu'acquiescer à leur demande. Cependant, ils feront tout pour que cet être puisse un jour retrouver le chemin de la Lumière.

La prière est bénéfique pour la personne qui est submergée par l'Ombre. Plus vous priez, plus vous aiderez cette personne à retrouver sa Lumière. Même si cela prend des années, au moins, un jour, vous aiderez cet être à retrouver le chemin de sa Lumière et vous l'aiderez à ne plus sombrer dans le néant. Voilà l'importance de prier les Anges quand un être est gouverné par l'Ombre. Votre Lumière fera une très grande différence dans sa vie. Il y aura de fortes chances que vos prières sauvent son âme de la mort de son corps physique.

Bâtir un autel pour accueillir l'Ange Jabamiah

Napperon : en sequin rose ou mauve ou un tissu avec plusieurs couleurs. Si vous êtes habile de vos mains, collez-lui des petits brillants. Un imprimé avec des images de colombe est aussi approprié.

Couleurs : rose et mauve, ainsi que les couleurs de l'arc-en-ciel.

Bougies : blanches, roses, mauves ou arc-en-ciel.

Encens : myrrhe et santal.

Odeur : rose.

Psaume à réciter lors du rituel

« *Au commencement, Dieu créa le Ciel et la Terre.* »

Genèse, verset 1

71- HAIAIEL
(armure, bloque les Ombres, identité)

*« Ne vous résignez pas et avancez. Ainsi, vous obtiendrez la réussite
et le privilège d'avoir relevé votre défi. Votre satisfaction personnelle
vous redonnera confiance en la vie et vous permettra de retrouver
votre bonheur et votre havre de paix. »*

*« Je suis votre clôture, votre armure, votre protection. Je veille sur vous afin
que rien ne vous déstabilise. Maintenant que vous êtes conscient de la force
de ma Lumière, il n'en tient qu'à vous de me prier. »*

Ange idéal

Haiaiel est l'Ange idéal des innocents accusés injustement. Haiaiel les
aidera à retrouver leur liberté et à gagner leur cause. Toutefois, si vous êtes
coupable, abstenez-vous de le prier, car il ne vous aidera pas. Au contraire, il
fera jaillir la vérité, et vous risquez d'être deux fois plus pénalisé par la loi.

Il est l'Ange idéal de tous ceux qui sont victimes de voleurs d'identité.
En priant, cet Ange, il vous aidera à retrouver votre identité.

Haiaiel est un Ange d'une grande importance. Il possède une armure
angélique pour bloquer l'Ombre. Lorsque Haiaiel viendra vers vous, vous
aurez la sensation d'une pesanteur soit à la hauteur de vos épaules, soit à la
hauteur de l'estomac, soit à la hauteur de vos jambes. Imaginez-vous la sensation que vous avez lorsque vous avez trop mangé. Vous vous sentez lourd
et incapable de faire quoi que ce soit. Il en est de même lorsque vous avez
marché cinq heures sans arrêt. Vous aurez les jambes fatiguées et vous aurez
de la difficulté à avancer. Telle sera la sensation que vous éprouverez lorsque
vous serez en contact avec l'Ange Haiaiel. Votre corps sera lent à bouger.
La sensation ne sera pas négative, bien au contraire, mais vous la trouverez
bizarre.

Haiaiel ne ressemble pas à ses confrères du Chœur des Anges. Il est l'Ange
qui prend un peu plus de temps avant d'annoncer sa présence. Toutefois,
son travail sera à la hauteur de vos attentes. Quand l'Ange Haiaiel travaille
sur une mission, il s'assure que tout est fonctionnel et selon la demande de
celui qui le prie.

Si vous êtes une personne de nature positive et si vous possédez une belle
spiritualité, vous risquez de percevoir instantanément l'énergie de l'Ange

Haiaiael quand il viendra vers vous. Toutefois, si vous êtes une personne négative par rapport à la vie et que vous n'avez aucune croyance, cela peut vous prendre un peu plus de temps avant de ressentir l'énergie de Haiaiel.

Avant d'annoncer sa présence, Haiaiel va vérifier que vous êtes apte de recevoir son énergie et qu'il n'y a pas d'Ombres qui obstruent le chemin. S'il y a des Ombres, il va les éloigner. La fonction principale de Haiaiel est de bloquer les Ombres. Si vous êtes submergé par l'Ombre et que vous réclamez l'aide de l'Ange Haiaiel, il va devoir nettoyer l'Ombre avant d'annoncer sa présence. C'est la raison pour laquelle son énergie sera plus subtile à percevoir.

Toutefois, lorsque vous ferez appel à lui, une seconde fois, cela sera plus rapide. C'est la raison pour laquelle vous ne devriez pas vous décourager lorsque vous réclamez l'aide de l'Ange Haiaiel. Cela peut prendre un peu de temps avant de le ressentir. Cela ne veut pas dire qu'il ne sera pas là. Au contraire, il sera présent, mais vous ne le ressentirez pas immédiatement. Haiaiel doit d'abord chasser l'Ombre.

Différentes façons de manifester sa présence

Haiaiel aime les tortues et les escargots. Cet Ange est fasciné par la carapace de la tortue et par la coquille de l'escargot. Ce sont ses animaux préférés. Haiaiel trouve que ces deux bêtes lui ressemblent énormément. Les deux possèdent une armure pour bloquer les Ombres. De plus, ils sont lents, mais leur travail est efficace. Identique à l'énergie de Haiaiel!

Cela ne sera pas facile pour vous de capter l'odeur de l'Ange Haiaiel. Si vous parvenez à le faire, sachez que ce sera une odeur d'acier, de fer, une odeur bizarre! Imaginez que vous entrez dans un garage de ferraille. Les odeurs qui se dégagent de cet endroit ressemblent à l'odeur de l'Ange Haiaiel. Il est définitif que ce ne sera pas une odeur de parfum. Ce ne sera pas non plus une mauvaise odeur. C'est tout simplement une odeur différente de ces confrères. Haiaiel aime aussi les odeurs citronnées. S'il s'aperçoit que vous avez de la difficulté à sentir son odeur de ferraille, il vous enverra une odeur citronnée.

Un mot très important pour lui sera « **armure** ». Par ce terme, l'Ange Haiaiel vous indique qu'il va vous infuser son armure d'acier. Pour vous protéger de l'Ombre.

Si vous entendez le mot « **solide** », l'Ange Haiaiel vous indique qu'il est temps pour vous de bâtir plus solidement vos bases. D'ailleurs, l'Ange Haiaiel vous montrera l'aspect de votre vie sur lequel vous devez bâtir plus solidement votre base. De plus, il vous guidera pour bien le faire.

Un autre mot important à retenir est « **maître** ». Si vous entendez ce terme, cela signifie que l'Ange Haiaiel vous infusera la force et le courage d'être le maître de votre vie, de vos choix, de vos décisions, de votre bonheur, de votre univers!

Le mot « **identité** » est aussi un mot important pour Haiaiel. Par ce terme, il vous indique de ne pas perdre votre identité. Soyez franc avec vous-même. Toutefois, si vous lui avez demandé de protéger votre identité, grâce à ce mot, l'Ange Haiaiel vous confirme qu'il vous protégera des voleurs d'identité.

Si vous lui avez réclamé de l'aide et qu'il vous fait entendre le mot « **protection** », cela signifie que l'Ange Haiaiel vous soutiendra dans ce que vous lui avez demandé. Il vous apportera sa protection angélique.

Haiaiel peut aussi vous faire entendre les mots suivants : « **brique** », « **force** » et « **clôture** ».

Autres représentations symboliques

Haiaiel adore le chiffre 8. Il faut noter qu'il est l'Ange 71. Si l'on additionne 7 et 1, on obtient 8. Sur le plan angélique, le chiffre 8 est un nombre symbolique puisqu'il représente l'infini. De plus, pour former un Chœur angélique, cela prend huit Anges. Lorsque vous prierez l'Ange Haiaiel, ne soyez pas surpris de voir le chiffre 8 partout. C'est un des signes qu'il préfère envoyer à l'humain. Il dit que ce signe est facile à capter. Il peut aussi vous faire trouver huit pièces de monnaie. Avec ce signe, vous allez rapidement comprendre que l'Ange Haiaiel a vraiment entendu votre prière.

Haiaiel affectionne particulièrement l'appellation « Maiaiel », car cela le distingue des autres noms angéliques, ce qui veut dire que vous aurez affaire à des personnes qui posséderont un prénom différent des autres.

De plus, certaines personnes diront que leur vrai prénom est celui-ci, mais qu'elles préfèrent que vous les appeliez par celui-là! Si vous vivez cette expérience, vous allez les trouver très drôles. C'est un des signes préférés de l'Ange Haiaiel.

Ne soyez pas surpris si les noms des gens qui viendront vers vous ressemblent aux noms des Anges ou Archanges, soit qu'ils commencent par la lettre « M » et qu'ils se terminent par « el ». Vous allez rencontrer durant les dix jours de la demande des Michel, Mireille, Marielle, Murielle et j'en passe. Quand vous vivrez cet événement, vous allez rapidement comprendre que l'Ange Haiaiel a entendu vos demandes! Il peut aussi vous montrer la lettre « H » un peu partout.

Il peut aussi envoyer vers vous une personne qui va vous demander votre nom. Elle risque même de vous demander de l'épeler. De plus, quelqu'un peut aussi vous réclamer une signature. Cet Angee peut aussi vous montrer une revue sur laquelle le mot « identité » apparaît en gros.

Ce bel Ange aime être perçu comme un Ange de brique solidement construit. Il est évident qu'il vous montrera un mur de béton que vous allez trouver très massif. Pour ce faire, il mettra sous vos yeux une revue montrant soit un mur de brique, soit un foyer en brique, soit une clôture blanche ou grise puisque ce sont ces couleurs préférées. D'autres objets qu'il préfère sont les clôtures. Il vous enverra quelqu'un vous parler de sa clôture. Ne soyez pas surpris si un proche vous dit qu'il a un problème avec sa clôture. Si le problème est relié à un voisin, dites à votre proche de prier les Anges Haiaiel et Haiaiah pour que le tout se règle à l'amiable.

Haiaiel adore aussi les armures. Il peut donc **vous présenter une image d'un chevalier avec son armure ou tout simplement de belles armures** puisqu'elles sont faites de métal et que Haiaiel adore les armures et les pièces de métal. Par ce signe, Haiaiel vous indique qu'il vous protégera et qu'il vous avertira immédiatement lorsque surviendront des situations qui pourraient vous causer des problèmes.

Il est évident que ce magnifique Ange **vous fera trouver par terre une petite pièce de métal**. La seule valeur qu'elle peut avoir, c'est une valeur sentimentale puisqu'elle provient de l'Ange Haiaiel. Conservez-la. Elle vous portera de chance!

Spécialités de l'Ange Haiaiel

La fonction principale de Haiaiel est de bloquer les Ombres. Haiaiel possède une armure identique celle de l'Archange Michaël. Ensemble, ils ont comme mission de bloquer les Ombres et de les chasser pour éviter qu'elles provoquent des tempêtes inutiles dans le cœur des enfants de Dieu. Si vous êtes une personne entourée de vampires d'énergie ou de situations d'Ombres, il serait important pour vous de prier l'Ange Haiaiel pour qu'il vous infuse sa Lumière de protection. Cette Lumière agira comme une armure et vous protégera de la méchanceté que les Ombres peuvent vous infliger. Haiaiel est une protection importante lorsqu'il y a des émotions en jeu. Voilà l'importance de le prier pour vous protéger émotionnellement et pour ne pas sombrer dans un état dépressif causé par la méchanceté de l'Ombre.

Haiaiel va soulager tous ceux qui ont une destinée pénible. Il va les épauler lors de leurs épreuves en leur donnant la force et le courage de passer à travers tout en leur permettant de ne pas perdre espoir. Il est conseillé à tous les enfants du Chœur des Trônes de demander l'aide de cet Ange. Sa force et sa puissance vous aideront à bien comprendre les épreuves de votre vie. De plus, la Lumière de Haiaiel vous aidera à bien cheminer et à retrouver votre trésor intérieur pour que vous puissiez bien vous en sortir.

De nos jours, plusieurs personnes se font voler leur identité. Dieu a donné une nouvelle mission à l'Ange Haiaiel, celle de protéger l'identité de ses enfants. Il serait important de prier l'Ange Haiaiel pour qu'il protège votre identité. Si vous êtes en ce moment victime de cette malencontreuse situation, commencez à prier l'Ange Haiaiel. Celui-ci fera ressortir la vérité et il permettra aux enquêteurs de trouver les personnes d'Ombres qui vous dupent.

N'oubliez pas que l'Ange Haiaiel est le plus puissant des Anges protecteurs. Il a la même force que l'Archange Michaël quand il s'agit de bloquer l'Ombre et de la chasser. Son armure est identique à celle de l'Archange Michaël. Cet Ange accorde sa protection à tous ceux qui la lui demandent. Haiaiel vous délivrera de l'Ombre et de tous ceux qui chercheront à vous faire du tort et à vous nuire. Haiaiel les chassera pour vous.

Autres raisons de prier l'Ange Haiaiel

Si vous êtes injustement accusé et que vous êtes victime de malhonnêteté de la part de personne malintentionnée, je vous conseille de prier l'Ange Haiaiel. Sa mission est d'exposer la vérité et de confondre les faux témoignages. Haiaiel va dévoiler les manipulateurs ou toutes manipulations dont vous pourriez être victime. Toutefois, si vous êtes coupable, abstenez-vous de le prier, car il ne vous aidera pas. Au contraire, il fera jaillir la vérité, et vous risquez d'être deux fois plus pénalisé par la loi.

Vous pouvez aussi prier l'Ange Haiaiel pour éloigner de vous les personnes qui sapent votre énergie et votre joie de vivre. Sa mission est de les éloigner irrémédiablement de vous pour inciter la paix à revenir.

Si vous priez l'Ange Haiaiel, sa Lumière vous donnera la force et le courage devant le danger et les épreuves de la vie. Cet Ange vous soutiendra et vous relèvera. Sa mission sera de vous trouver la meilleure décision, la décision la plus juste qui soit pour mieux vous libérer de cette épreuve qui vous assaille. Plus vite vous retrouver le chemin de l'harmonie, mieux ce sera pour votre bien-être.

Haiaiel n'est pas un Ange guérisseur comme certains de ses confrères. Toutefois, il a comme mission de donner un regain d'énergie aux humains quand ceux-ci sont épuisés. Il suffit de le prier et de lui demander de vous infuser sa Lumière d'énergie. Si vous êtes nerveux, sachez qu'en priant Haiaiel, il va vous permettre de bien relaxer et de retrouver votre calme intérieur. Il est aussi excellent lors de la méditation. Il va vous permettre d'aller visiter vos trésors intérieurs. Sa lumière vous permettra d'être le maître de votre univers. Ce sera à vous de décider de quelles façons vous aimeriez diriger votre univers. Autrement dit, si vous désirez être heureux, il n'en tiendra qu'à vous de le devenir puisque l'Ange Haiaiel vous fera découvrir tous les trésors enfouis à l'intérieur de vous qui vous permettront de vous relever et d'atteindre votre bonheur.

Vous pouvez aussi prier l'Ange Haiaiel pour mieux développer son intuition et sa spiritualité. Si vous avez envie de connaître ce merveilleux univers, l'Ange Haiaiel vous aidera à parfaire vos connaissances. Toutefois, c'est en méditant que vous obtiendrez les meilleurs résultats.

Si vous priez l'Ange Haiaiel, celui-ci peut vous aider à résoudre tous vos problèmes et à écarter tous vos soucis. Sa mission est de vous apporter la paix intérieure et la joie de vivre. Pour ce faire, il suffit de lui écrire votre problème sur un bout de papier. En tout, n'en écrivez pas plus que cinq. Quand Haiaiel aura trouvé les meilleures solutions, vous pourrez par la suite lui en écrire d'autres. En même temps, vous devriez lui réciter la prière à cet effet. Les dates de force de l'Ange Haiaiel seront aussi très importantes à retenir puisqu'il vous répondra avant la date de sa prochaine visite sur Terre ou lors de sa journée de visite. Pour connaître ses journées de force, consultez les tableaux I et II de *La Bible des Anges*.

Note aux enfants de Haiaiel

À votre naissance, l'Ange Haiaiel vous a fait le don d'une grande intuition et d'une grande analyse, ce qui vous permet de mieux déceler l'Ombre et les vampires d'énergie. Ce don vous permet de déceler à un mille à la ronde les manipulateurs et les gens négatifs. Alors, écoutez votre voix intérieure quand elle vous parle. Ainsi, vous ne vous laisserez pas berner facilement.

De plus, grâce à ce don que vous avez reçu, certains auront de la facilité avec les arts divinatoires. D'autres auront le privilège d'être des passeurs d'âmes. Pour bien développer ce don, il suffit de vibrer en Lumière et de prier l'Ange Haiaiel.

L'Ange Haiaiel vous permet de bien analyser votre vie pour y apporter tous les changements nécessaires lorsque survient une période difficile. Faites-vous confiance, car vous êtes apte à prendre de bonnes décisions pour améliorer votre situation et pour retrouver l'harmonie dans votre vie puisque vous possédez tous les atouts pour le faire et pour tout réussir ce que vous entreprendrez.

Réclamer l'aide de l'Ange Haiaiel

Se protéger de l'Ombre

Pour vous protéger de l'Ombre, il vous suffit de réciter une prière à cet effet. Demandez à Haiaiel de purifier un objet que vous porterez sur vous.

Protéger son identité

Pour protéger votre identité, il vous suffit de réciter une prière à cet effet. Faites-le au moins deux à trois fois par année.

Résoudre des problèmes

Pour résoudre vos problèmes, premièrement, sur une feuille blanche, inscrivez la date à laquelle vous réclamez l'aide de l'Ange Haiaiel. Ensuite, énumérez d'un à cinq problèmes qui vous accaparent. La mission de l'Ange Haiaiel est de vous permettre de trouver la meilleure solution pour résoudre votre problème.

En lisant, vos problèmes, l'Ange Haiaiel vérifiera lequel est en priorité dans votre vie. Ce n'est pas parce que vous avez écrit une question au premier numéro qu'il doit forcément y répondre en premier. Si, pour une raison importante, l'Ange Haiaiel figure que la cinquième question doit être réglée en premier lieu pour votre bien-être, il vous enverra en premier la solution de cette cinquième question.

Il est aussi important de noter ses dates de force et sa date de visite où il est beaucoup plus facile de percevoir son énergie. L'Ange Haiaiel se donnera comme mission de vous trouver une solution avant que sa première date de visite vienne à vous.

Maintenant, l'Ange Haiaiel vous demande de terminer votre lecture et d'inscrire cinq de vos problèmes pour lesquelles vous aimeriez qu'il trouve la meilleure des solutions. Avant de les écrire, fermez les yeux et prenez une minute d'intériorisation tout en prenant une bonne respiration. Quand vous serez prêt, inscrivez d'un à cinq problèmes qui vous affligent en ce moment. La mission de l'Ange Haiaiel sera de vous trouver les meilleures solutions pour que vous puissiez retrouver votre joie de vivre.

1. _____

2. _____

3. _____

4. _____

5. _____

Devenir un passeur d'âmes

Il n'est pas permis à tous de devenir un passeur d'âmes. Pour mieux savoir si vous pouvez le devenir, il vous suffit de demander à l'Ange Haiaiel de vous inculquer cette force. S'il vous accorde ce pouvoir, vous le saurez assez rapidement. Si Haiaiel vous accorde ce pouvoir, il faudra apprendre à méditer sur lui. C'est en méditant qu'il vous inculquera ses valeurs pour devenir un bon passeur d'âmes. Il ne faut pas oublier que l'Ange Haiaiel doit avant tout nettoyer votre canal pour vous permettre de purifier adéquatement l'âme du bas astral pour le ramener par la suite vers la maison de Lumière.

Qu'est-ce qu'un passeur d'âmes?

Un passeur d'âmes, c'est une personne apte à libérer une âme prisonnière du monde des souffrances souvent logées dans le bas astral et à la ramener vers le monde de Lumière. Il faut être un bon canal pour pouvoir devenir un passeur d'âmes. Le passeur d'âmes doit être intègre, respectueux, avoir une foi inébranlable et présenter une Lumière lumineuse et resplendissante. Son amour envers les Anges est inestimable.

Bâtir un autel pour accueillir l'Ange Haiaiel

Napperon : bien qu'il importe peu, un tissu avec l'image d'une tortue ou d'un escargot serait approprié.

Couleurs : gris argenté et blanc.

Bougies : gris argenté, bleues, vertes et blanches.

Encens : myrrhe et mastic.

Odeur : citron.

Psaume à réciter lors du rituel

« *Ma bouche abondera en louanges au Seigneur.*
Au milieu de la foule, je le louerai. »

Psaume 109, verset 30

72- MUMIAH
(Ange des mourants, communication avec les défunts, purification)

« Ne laissez jamais le désespoir détruire votre vie. Ne vous nourrissez que de l'espoir et vous verrez jaillir l'abondance dans tous les aspects de votre vie. »

« Mourir, c'est naître à la vie! »

Ange idéal

Mumiah est l'Ange idéal des médecins. Sa Lumière les aidera à se dévouer totalement à leurs patients. De plus, Mumiah les aidera à trouver les meilleurs remèdes et les meilleures solutions pour les soigner adéquatement.

Elle est aussi un Ange important pour les mourants. Sa mission est de les aider à quitter sereinement les siens. Mumiah est le pont qui relie le monde terrestre au monde céleste.

Mumiah est le dernier des Anges à avoir été créé par Dieu. À cause de cela, elle a une forte résonance avec les êtres qu'elle précède : vous, les humains. Ce qui la distingue des autres Anges, c'est qu'elle possède plusieurs de vos qualités puisqu'elle est l'Ange le plus près de vous. Mumiah est celle qui vous connaît le mieux. Quand l'humain réclame de l'aide, elle avance immédiatement vers lui pour l'aider dans sa demande. Toutefois, comme elle vous connaît, elle sait si vous êtes en mesure de la percevoir ou de la ressentir. Si vous êtes de nature peureuse, elle va vous habituer à sa Lumière avant de vous faire un signe concret. Il faudra donc être patient avant que vous puissiez ressentir sa vibration. Elle sera avec vous dès le moment où vous la prierez. Toutefois, elle ne se manifestera pas à vous tant et aussi longtemps que vous aurez peur. Il serait important pour vous de respecter sa décision. N'oubliez pas que Mumiah sait mieux que quiconque si vous êtes apte à la voir et à la ressentir.

Si vous êtes de nature brave, elle vous fera un signe immédiat. Le signe qu'elle préfère pour annoncer sa présence, c'est de faire clignoter une lumière. Elle peut même venir vous voir sous forme de petites boules de Lumières d'énergie. Si elle émane de cette apparence, c'est que vous êtes apte à la voir. De plus, votre spiritualité est à la hauteur de ses attentes. De toute façon, lorsque Mumiah vient vers l'humain, celui-ci ressent immédiatement à l'intérieur de lui, un sentiment de paix et de bien-être. Tel est le sentiment qu'elle infuse à l'humain lorsqu'elle le visite.

Différentes façons de manifester sa présence

Mumiah adore les colombes, les tourterelles et les oiseaux. Mumiah dit qu'ils sont des messagers. Elle affirme que le défunt emprunte temporairement le corps de l'un de ces animaux pour faire un signe à ses proches. Il n'est pas rare de voir un défunt emprunter temporairement le corps d'un oiseau pour venir fredonner des mélodies sur le balcon de son proche. Avez-vous déjà prié l'un de vos défunts et, le lendemain, vous vous êtes fait réveiller par le cri ou le chant d'un oiseau? Si cela vous est arrivé, alors sachez que votre défunt vous a fait signe. Toutefois, en tant qu'humain, vous avez de la difficulté à percevoir et à comprendre ces signes anodins qui sont tellement importants pour le défunt qui vous les envoie.

Mumiah adore ces trois animaux puisqu'ils représentent l'envol vers Dieu. Telle est sa mission, celle d'amener l'âme vers Dieu. Elle est cette Lumière éblouissante qui vous attend chaleureusement au bout du tunnel.

Pour annoncer sa présence, elle vous enverra un chant de l'un de ces trois animaux. Ne soyez pas surpris, si le lendemain matin, de votre demande, le chant de l'un de ces trois animaux vous réveille.

Puisqu'elle vous connaît bien, elle vous enverra une odeur que vous aimez. Votre odeur préférée!

Un mot qu'elle adore, c'est « **espoir** ». Cet Ange dit que l'espoir nourrit l'humain et lui permet d'escalader les pires montagnes. Si elle vous fait entendre ce mot, elle vous dit de ne pas lâcher et de continuer de vous nourrir d'espoir. Ainsi, vous parviendrez à résoudre ce qui vous tracasse. Il vous sera plus facile par la suite d'atteindre votre objectif.

Si Mumiah vous fait entendre le mot « **fin** », cela indique qu'il est temps pour vous de mettre « fin » à un chapitre de votre vie. De toute façon, l'Ange Mumiah vous montrera sur quel aspect de votre vie vous devez tirer un trait.

Si vous la priez au sujet de votre santé et qu'elle vous envoie le mot « **guérir** », alors sachez qu'elle va vous guider vers le meilleur médecin ou vers les meilleurs traitements pour que vous puissiez guérir de votre problème de santé.

Un mot qui lui est particulier est « **longévité** ». Si Mumiah vous l'envoie, elle vous dit que vous allez vivre vieux et en santé.

Un mot important pour Mumiah est « **défunt** ». Si elle vous envoie ce mot, elle vous annonce qu'un défunt pense à vous. Si vous voulez entrer en contact avec votre défunt, demandez à Mumiah d'établir le contact entre vous et votre défunt.

Si l'Ange Mumiah vous envoie le mot « **pensées** », elle vous indique de changer votre façon de penser. Faites du ménage dans vos pensées. Ayez de bonnes pensées positives. Cela vous sera beaucoup plus utile pour obtenir ce que vous désirez.

Mumiah peut aussi vous faire entendre les mots suivants : « **dernier** », « **passage** » et « **pont** ».

Autres représentations symboliques

L'Ange Mumiah est d'une beauté incommensurable. Ses grandes ailes sont d'un blanc immaculé, tout comme l'est son corps. C'est la raison pour laquelle, elle vous fera voir du blanc. Ne soyez pas surpris de rencontrer des gens portant des vêtements blancs tels qu'une chemise, un foulard, un pantalon, une jupe, un uniforme, des souliers, etc. Mumiah peut même vous montrer un Ange blanc en forme de bibelot ou d'image.

Toutefois, le signe particulier que Mumiah adore faire est d'envoyer un Ange sur votre chemin. Cet Ange empruntera momentanément le corps d'un humain et il viendra vers vous. Il communiquera avec vous par un sourire, une accolade, une poignée de main, etc. Peu importe le signe qu'il fera. Il communiquera avec vous. Généralement, quand un Ange descend sur Terre et qu'il emprunte temporairement le corps d'un humain, il s'organise pour que l'humain le remarque. Ne soyez pas surpris de voir un humain portant toutes sortes de couleurs dans sa tenue vestimentaire. Il ne faut pas oublier que les Anges n'ont pas le même sens de la mode que les humains!

Vous pouvez aussi voir un humain d'un certain âge vous lancer un sourire radieux. Si vous avez la chance de bien l'analyser, plongez votre regard dans le sien. Prenez le temps de regarder les yeux pétillants de cette personne âgée. Vous allez vite remarquer que la vivacité de son regard ne correspond pas à son âge. Alors, vous comprendrez rapidement que vous êtes en contact avec un Ange.

L'Ange peut aussi **adombrer le corps d'un mendiant**. Si un mendiant aux yeux bleus perçants vous tend la main, donnez-lui un petit quelque chose. Il y a de fortes chances que ce soit un Ange. D'ailleurs, vous le saurez à l'intérieur de vous quand vous entrerez en contact avec un Ange. Tout votre corps sera fébrile sans toutefois connaître la raison de ces émotions. Si cela vous arrive, alors vous êtes en contact avec un Ange. Vous vivrez donc un moment magique qui passera comme un éclair dans votre vie.

Un autre signe que Mumiah peut faire est de faire clignoter une lumière sur votre passage. Attendez quelques jours avant de changer l'ampoule.

Elle peut aussi envoyer vers vous une personne qui a un grand besoin de parler d'un défunt. Mumiah vous soufflera les mots justes à prononcer. Vos mots réconforteront énormément la personne qui viendra vers vous. Vous serez très fier d'avoir pu réconforter cette personne et celle-ci vous sera très reconnaissante.

Un objet que Mumiah affectionne est une **lanterne blanche illuminée**. Cet objet est très révélateur pour l'Ange Mumiah. Il ne faut pas oublier que cet Ange possède une lanterne angélique dans ses mains, une lanterne angélique qui conduit l'âme des défunts vers la Maison de Dieu. Si Mumiah vous montre cet objet, par ce signe, elle vous dit qu'elle illuminera votre vie. Elle vous guidera vers le chemin du bonheur.

Elle peut aussi vous **montrer un pont**. Un autre objet révélateur de sa vibration puisque Mumiah est le pont qui relie le monde terrestre au monde céleste. Si elle vous montre un pont, c'est qu'elle vous donnera le privilège d'entrer en contact avec l'un de vos défunts. Si vous désirez entrer en contact avec l'un de vos défunts, avant de vous coucher ou avant de méditer, nommez le nom de votre défunt. Si votre défunt est libre de venir vous voir, elle vous permettra de parler avec lui. Il est évident si cela vous perturbe. L'Ange Mumiah attendra donc le moment propice pour vous mettre en contact.

Spécialités de l'Ange Mumiah

Mumiah travaille avec tous ceux qui doivent quitter la Terre. La mission importante de Mumiah est d'apporter de l'aide aux mourants. Elle les aidera à traverser le pont qui relie le monde de la Terre et la Maison de Dieu. Cet Ange s'organise pour que le passage de ces deux mondes se fasse sans trop de résistance.

Mumiah aidera la personne en phase terminale à accepter de quitter les siens, le monde des humains. Elle accompagnera l'humain durant ses derniers jours terrestres pour ensuite l'amener vers la route de Dieu. Durant cette période, Mumiah enlèvera sa souffrance physique et donnera à l'humain qui le prie la force de quitter son corps physique et d'entrer dans sa nouvelle demeure avec sérénité. L'être qui partira avec l'aide de Mumiah aura un sourire radieux sur ses lèvres et il dégagera un sentiment de paix et de sérénité qui aidera ceux qui pleureront son départ. Lorsque cet être arrivera au Paradis, Mumiah purifiera son âme en la délestant du poids des années passées sur Terre. Ensuite, elle redescendra avec vous sur Terre accompagnée de votre Ange gardien. Vous accompagnerez Mumiah sous un aspect différent. Mumiah vous permettra de revoir les gens qui vous prient et qui versent des larmes pour vous. Elle vous permettra de leur dire « au revoir ».

De plus, Mumiah vous montrera comment communiquer avec vos proches grâce à la pensée. Elle vous montrera comment envoyer de belles pensées à vos proches pour que ceux-ci les ressentent. Elle vous dictera tous les signes concrets que vous pouvez faire à l'humain sans qu'il en ait peur. Rapidement, votre âme se remémorera tous les signes puisque vous les avez déjà apposés avec les décennies!

Si vous devez accompagner un mourant, priez les Anges Jabamiah et Mumiah. Ces deux Anges, d'une tendresse infinie, travaillent toujours de concert. Elles sont inséparables et feront tout pour voir l'humain quitter la Terre de façon sereine. De plus, elles allégeront la souffrance de ceux qui subissent la perte d'un être cher.

Mumiah a aussi comme fonction d'éliminer les maladies qui vous accablent, les toxines qui empoisonnent votre existence, de même que les cellules infectées. Toutefois, l'Ange Mumiah ne peut pas vous guérir instantanément. Elle doit, avant tout, nettoyer toutes les cellules de votre corps. Ce faisant, elle examinera les recoins obscurs de votre être et chassera la maladie qui s'y trouve afin que la guérison soit complète. Si vous êtes malade, il serait important de la prier et de lui demander de prendre soin de votre corps.

Mumiah permet un rétablissement rapide à tous ceux qui ont vécu un cancer. Elle vous infusera sa Lumière de force qui vous aidera à fermer la porte de cette période douloureuse pour en ouvrir une autre beaucoup plus sereine et heureuse. Sa mission est de vous accompagner tout au long de votre vie pour que celle-ci soit longue, heureuse et sans tracas de santé. Voilà l'importance de la prier.

Vous pouvez aussi la prier pour la rémission des maladies graves telles que la sclérose en plaques, le parkinson, l'Alzheimer et autres. Sa Lumière veillera à ce que ces maladies ne dégénèrent pas. Sa Lumière peut aussi faire dormir la maladie. Toutefois, si la maladie est à un stade avancé, elle vous aidera à accepter votre état. De plus, sa Lumière vous permettra de vivre sereinement malgré la maladie qui vous assaille.

Mumiah aidera tous ceux qui vivent un deuil pénible à remonter la pente. Sa Lumière de survie vous permettra de voir la vie sous un angle différent tout en vous donnant l'espoir et l'envie de vivre, malgré la perte que vous avez subie. De concert avec l'Ange Jabamiah, Mumiah vous remettra rapidement sur pied. Elle en fera de même avec tous ceux qui luttent contre toute forme de dépression, de mélancolie et de désarroi. Cet Ange rétablira votre santé physique et mentale. Elle l'équilibrera. Sa mission est de vous aider à prendre votre vie en main et à bâtir votre bonheur pour mieux le savourer.

Autres raisons de prier l'Ange Mumiah

Vous pouvez aussi prier Mumiah pour qu'elle vous aide à en finir avec une mauvaise période, autant dans le domaine de la santé que sur les plans personnel, affectif ou professionnel. Sa mission sera de terminer un cycle éprouvant pour pouvoir par la suite entreprendre un nouveau cycle beaucoup plus heureux et comblé qui se reflétera dans tous les aspects de votre vie.

Avis aux intéressés! La Lumière de Mumiah donne la force et le courage d'atteindre vos objectifs. Vous voulez arrêter de fumer, perdre du poids ou terminer vos études? Qu'importe le but que vous voulez réussir. La Lumière de Mumiah vous aidera à y arriver. Toutefois, priez Mumiah et méditez sur elle pour qu'elle puisse vous infuser sa Lumière de force et de courage.

Vous pouvez aussi prier l'Ange Mumiah pour qu'elle vous accorde le privilège d'avoir une belle vieillesse et de vivre en santé jusqu'à la fin de vos jours, sans soucis et sans tracas.

Si vous êtes de nature timide, priez l'Ange Mumiah. Elle vous aidera à mieux combattre votre timidité. Sa Lumière vous permettra d'avoir confiance en vous, en vos paroles et d'aller vers les étrangers en toute confiance.

Mumiah a comme mission d'accorder le don de guérison à tous ceux qui ont décidé de consacrer leur vie au soulagement des malades ou des pauvres, comme la mission de mère Teresa lors de son séjour sur terre. Ces dons vous permettront de guérir et de protéger votre prochain, soit par la prière, soit par l'imposition des mains, soit par les plantes, des maladies les plus graves. Toutefois, pour obtenir ce privilège, vous devez être digne de le recevoir. Votre but et votre motivation sont d'aider votre prochain avec amour, respect et humilité. De plus, votre spiritualité fusionne en harmonie avec la Lumière des Anges. Si vous possédez toutes ces qualités, l'Ange Mumiah vous accordera le don de guérison pour venir en aide à l'humanité qui a tant besoin d'amour et de Lumière angélique.

Note aux enfants de Mumiah

À votre naissance, Mumiah vous a fait le don de sa Lumière qui vous permet d'entrer facilement en contact avec le Plan divin. Plusieurs enfants de Mumiah auront le privilège de communiquer avec les défunts et même de les voir. Si cela vous fait peur, demandez à Mumiah de vous enlever ce privilège. Il en est de même avec le monde angélique. Les enfants de Mumiah auront le privilège de voir les Anges et d'entrer en communication avec eux. Si cela vous fait peur, il suffit de demander à Mumiah de vous enlever ce don temporairement. Si, un jour, vous formulez le goût de vous habituer à cet univers, vous n'aurez qu'à demander à Mumiah d'activer de nouveau ce don en vous.

Il n'est pas rare de voir les enfants de Mumiah recevoir des messages provenant des défunts. Vous pouvez même ressentir leur présence quand ils descendent sur Terre. Si vous le désirez, vous pourriez devenir le porte-parole qui relie le monde des âmes à celui de l'humain. Toutefois, il faut être conscient qu'il y a des âmes qui ne sont pas toujours dans la Lumière. Leur présence peut vous importuner, surtout si vous ne vibrez pas toujours dans la Lumière. Voilà l'importance de prier Mumiah. Sa Lumière chassera les mauvaises âmes et elle vous permettra de recevoir les messages des défunts pour qu'ensuite vous puissiez les transmettre à leurs proches.

Mumiah peut aussi développer en vous le don de guérison, si cela est permis par la Sphère spirituelle. Mumiah vous fera don de la guérison pour que vous puissiez bien prendre soin de votre prochain. Si vous méditez sur elle pour recevoir le don de la guérison, ne soyez pas surpris d'avoir les mains lourdes. Elles picoteront. Si vous avez cette sensation, c'est que l'Ange Mumiah intègre sa Lumière de guérison. Vos mains sauront soulager et guérir son prochain.

L'énergie de Mumiah aura une influence bénéfique sur votre santé. Elle vous permettra de vivre vieux et en santé. Mumiah éloignera de vous toutes les situations dangereuses qui pourraient nuire à votre santé physique et mentale. Voilà l'importance d'intégrer sa Lumière à l'intérieur de vous.

Réclamer l'aide de l'Ange Mumiah

Alléger sa peine à la suite du départ d'un proche

Chaque être humain possède en lui une façon particulière d'alléger sa peine. Si vous priez l'Ange Mumiah, celle-ci vous exposera toutes les facettes qui pourront vous aider à bien vous en sortir. Toutefois, Mumiah vous dit de vous respecter, de respecter le temps que cela vous prendra pour surmonter cette peine. De plus, elle vous conseille de prier les Anges Eyaël et Jabamiah. Écrivez vos émotions à l'Ange Eyaël puisqu'il a le pouvoir d'alléger vos peines. De plus, dessinez la colombe de l'Ange Jabamiah qui calmera votre tempête émotionnelle.

Mumiah dit que peindre est aussi une excellente façon de surmonter une épreuve. Dessinez votre peine. Il y a de fortes chances que, au début, vous utilisiez des couleurs foncées. Ensuite, avec le temps, vous y mettrez un peu plus de couleurs vivantes, des arbres, un soleil. Si vous avez vécu un deuil et que vous avez de la difficulté à le surmonter, dessinez votre peine. Déposez votre livre et procurez-vous une feuille blanche et des crayons de couleur. Inscrivez la date et dessinez votre peine. Offrez votre peine à l'Ange Mumiah pour que celle-ci puisse l'atténuer. Ne jetez jamais vos dessins. Gardez-les. Grâce à eux, vous verrez votre évolution se faire. Dessinez autant de fois que vous le désirez, mais faites-le au moins une fois par mois pendant les six prochains mois. Si, après six mois, vous ne sentez plus le besoin de dessiner votre peine, ne le faites plus, car vous serez en mesure de surmonter votre deuil.

N'oubliez pas que la Lumière de Mumiah est une Lumière de survie. En priant Mumiah, celle-ci vous permettra de survivre à votre deuil jusqu'à ce que votre peine fasse place à l'acceptation. Mumiah ne vous abandonnera jamais. Elle sera toujours présente auprès de vous lorsque vous la prierez. Faites sa prière autant de fois que vous le désirez.

Entrer en communication avec un défunt

Chaque être humain possède à l'intérieur de lui la capacité d'entrer en contact avec les défunts. Toutefois, seules certaines personnes utiliseront leur capacité. Et elles pourront avoir le privilège d'établir un contact avec leurs défunts. Pour les autres, c'est souvent la peur qui les empêche d'établir ce contact. Si vous êtes de nature peureuse, il faut vous respecter. Ne forcez jamais les événements. Allez à votre rythme. Quand la peur s'estompera, alors vous pourriez demander à l'Ange Mumiah de vous aider à entrer en contact avec l'un de vos défunts. Si vous priez Mumiah pour entrer en contact avec l'un de vos défunts, et que le contact ne se fait pas, c'est que votre peur est encore existante et l'Ange Mumiah préfère attendre encore quelque temps.

La manière la plus sécurisante pour entrer en contact avec un défunt, c'est d'interpeller l'aide des Anges, en particulier celle de Mumiah. Si vous demandez de l'aide à Mumiah, celle-ci dirigera votre pensée vers l'âme de votre défunt. Elle établira le contact pour vous. Tout se fera dans la Lumière et dans le respect. D'ailleurs, tous vos défunts collaborent avec les Anges lorsqu'ils veulent vous rendre visite. Ils communiquent avant tout avec votre Ange personnel pour lui annoncer sa visite et pour qu'il acquiesce à sa demande.

Si vous voulez entrer en contact avec un défunt, avant de vous coucher ou de méditer, dites à l'Ange Mumiah que vous aimeriez entrer en contact avec l'un de vos défunts. Mentionnez le nom du défunt. Si vous avez une photo de lui, montrez-la-lui. Dites-lui les raisons pour lesquelles vous aimeriez le voir. Détendez-vous et laissez-vous bercer dans les bras de Mumiah. Quand vous serez détendu, Mumiah en profitera pour communiquer avec votre défunt. Elle ira le chercher pour l'amener vers vous. Toutefois, si cette rencontre vous perturbe, Mumiah attendra que vous soyez en meilleure forme émotionnelle pour vous le présenter de nouveau. De plus, cette rencontre peut se faire si seulement cela vous permet d'accepter la mort de votre défunt. Si vous réclamez de Mumiah d'être en contact avec votre défunt, mais que cela vous empêche de vivre votre vie terrestre, Mumiah ne pourra accéder à votre demande. L'Ange Mumiah vous permet d'établir un contact avec votre défunt si cela vous réconforte et vous donne le courage de continuer de vivre malgré l'absence de votre être cher. Tel est le rôle de Mumiah, celui de vous donner la chance de revoir les vôtres quand vous vous ennuyez. Toutefois, il ne faut pas que cela devienne une habitude, car Mumiah refusera votre demande.

Bâtir un autel pour accueillir l'Ange Mumiah

Napperon : il importe peu. Choisissez-en un que vous aimez.

Couleurs : blanc et vert.

Bougies : blanches.

Encens : myrrhe et le mastic.

Odeur : ambre. Toutefois, l'odeur importe peu.

Psaume à réciter lors du rituel

« Reviens, Ô mon âme, à ta quiétude, car l'Éternel te comble de ses bienfaits. »

psaume 116, verset 1

Épilogue

Il est difficile d'insérer toutes les informations que je reçois de la part des Anges dans un même livre. Les messages se renouvellent constamment et je dois tenter de m'y ajuster en regroupant les différents sujets sous une même catégorie. Les informations fusent de toutes parts et il n'y a aucun fil conducteur qui les relie. Je dois donc démêler le tout et créer un livre qui se lit bien selon les messages que j'ai reçus des Anges.

C'est pourquoi, au cours des prochaines années, je vais me concentrer sur l'écriture de livres. Mes livres deviendront mon moyen de communication avec les lecteurs. À travers eux, je pourrai répondre aux questions d'un plus grand nombre d'entre vous.

Mais soyez indulgent et n'oubliez que pas je suis humaine. Parfois, j'aimerais aider tout le monde et répondre à toutes les questions, mais la réalité m'amène à prendre conscience que le corps humain n'est pas une machine. Et même si mon plus grand désir est de vous livrer toutes ces informations, il est possible que le temps, l'énergie et même la santé me manquent. Par contre, je compte y parvenir avec l'aide de mes Anges!

À bientôt, chers lecteurs,

Joane

Index

Allergies
23 Melahel
28 Seheiah

Ambassadeur
22 Yeiayel
44 Yelahiah

Ambulancier
61 Umabel

Âme sœur/flamme jumelle
02 Jeliel
06 Lelahel

Amitié
41 Hahahel
49 Vehuel
61 Umabel

Amour
01 Vehuiah
02 Jeliel
06 Lelahel
13 Yezalel
37 Aniel
38 Haamiah
46 Ariel
61 Umabel

Analyser
22 Yeiayel
24 Haheuiah
31 Lecabel
58 Yeialel
60 Mitzraël

Anémie
58 Yeialel
65 Damabiah

Ange Messager/ Ange terrestre
48 Mihaël
61 Umabel

Angoisse
09 Haziel
10 Aladiah
16 Hekamiah
17 Lauviah II
24 Haheuiah
60 Mitzraël

Animateur
31 Lecabel

Animaux
02 Jeliel
08 Cahetel

29 Reiyiel
30 Omaël
68 Habuhiah

Arbre
66 Manakel

Arbre généalogique
39 Rehaël

Armure
03 Sitaël
12 Hahaiah

Art divinatoire/Clairvoyance
17 Lauviah II
46 Ariel
69 Rochel

Arthrite / Arthrose
11 Lauviah I
28 Seheiah

Artiste
06 Lelahel
12 Hahaiah
22 Yeiayel
31 Lecabel
40 Ieiazel
56 Poyel

Asthme
23 Melahel
28 Seheiah
45 Sealiah

Astrologie
05 Mahasiah
17 Lauviah II
24 Haheuiah
61 Umabel
69 Rochel

Astronomie
21 Nelchaël
61 Umabel

Athéisme
16 Hekamiah
20 Pahaliah
29 Reiyiel
58 Yeialel
63 Anauël

Athlète
01 Vehuiah

Aura
47 Asaliah

Automobile
61 Umabel

Chaîne de prière
29 Reiyiel

Chance
06 Lelahel
09 Haziel
27 Yerathel
34 Lehahiah

Chandeleur
65 Damabiah

Chanteur
32 Vasariah

Tristesse
17 Lauviah II
58 Yeialel

Chasser les entités et les fantômes
08 Cahetel
65 Damabiah

Chasser l'Ombre et l'éloigner
08 Cahetel
17 Lauviah II
18 Caliel
19 Leuviah
22 Yeiayel
25 Nith-Haaih
27 Yerathel
29 Reiyiel
70 Jabamiah
71 Haiaiel

Chasser les insectes et les parasites
68 Habuhiah

Chasseur
08 Cahetel
23 Melahel
44 Yelahiah
64 Mehiel

Chenil
30 Omaël

Chèque d'abondance
54 Nithaël

Chercheurs
07 Achaiah
30 Omaël
31 Lecabel
45 Sealiah

Chimiothérapie
45 Sealiah

Chiropraticien
69 Rochel

Chirurgie esthétique
50 Daniel

Cholestérol
58 Yeialel
65 Damabiah
68 Habuhiah

Choisir de bons associés / amis
61 Umabel
57 Nemamiah

Citoyenneté
22 Yeiayel

Colère
01 Vehuiah
24 Haheuiah
34 Lehahiah

Combattre la timidité
60 Mitzraël
72 Mumiah

Commotion cérébrale
60 Mitzraël

Communication
31 Lecabel
46 Ariel

Communiquer / Dialoguer
02 Jeliel
31 Lecabel
33 Yehuiah

Compatibilité
61 Umabel

Compagnon de vie
61 Umabel

Concentration
21 Nelchaël

Conférence
60 Mitzraël
69 Rochel

Confession
50 Daniel

Confiance (développer la)
05 Mahasiah
10 Aladiah
15 Hariel

Conflit
02 Jeliel
04 Elemiah
16 Hekamiah
43 Veuliah

Démunis / Itinérants
01 Vehuiah
24 Haheuiah
26 Haaiah

Dépendance
15 Hariel
28 Seheiah
37 Aniel
69 Rochel

Dépression
01 Vehuiah
10 Aladiah
16 Hekamiah
17 Lauviah II
60 Mitzraël
67 Eyaël
72 Mumiah

Désintoxication
15 Hariel
70 Jabamiah
72 Mumiah

Détresse
67 Eyaël

Développer un don, un talent
01 Vehuiah
08 Cahetel
12 Hahaiah
17 Lauviah II
42 Mikhaël
65 Damabiah
69 Rochel
71 Haiaiel
72 Mumiah

Diabète
58 Yeialel
65 Damabiah
68 Habuhiah

Difficulté d'apprentissage
05 Mahasiah
21 Nelchaël

Diplomate
44 Yelahiah

Discours
50 Daniel

Discrétion
12 Hahaiah
24 Haheuiah

Divorce
67 Eyaël

Documentaire
22 Yeiayel

Dôme de protection
65 Damabiah

Don (obtenir un)
10 Aladiah
12 Hahaiah
51 Hahasiah
66 Manakel

Don d'organes
45 Sealiah
50 Daniel

Dos
01 Vehuiah
03 Sitaël
16 Hekamiah
23 Melahel
28 Seheiah
45 Sealiah
69 Rochel

Douleur (soulager une)
01 Vehuiah
11 Lauviah I
16 Hekamiah
18 Caliel
23 Melahel
25 Nith-Haaih
60 Mitzraël
66 Manakel

Drogue
03 Sitaël
40 Ieiazel
45 Sealiah
69 Rochel
70 Jabamiah

Droit
14 Mebahel

Dyalise
45 Sealiah

E

Eau
65 Damabiah

Eau bénite
65 Damabiah

Écriture automatique
42 Mikhaël
64 Mehiel

Études
7 Achaiah
08 Cahetel
13 Yezalel
14 Mebahel
21 Nelchaël
30 Omaël
33 Yehuiah
37 Aniel

Exaucer les prières
20 Pahaliah
48 Mihaël
41 Hahahel

Exorciser / Exorcisme
21 Nelchaël
27 Yerathel
29 Reiyiel
38 Haamiah
65 Damabiah
71 Haiaiel

Examen
45 Sealiah

Exposé oral
21 Nelchaël
31 Lecabel
50 Daniel
60 Mitzraël
69 Rochel

F

Famille
08 Cahetel
32 Vasariah
35 Chavakhiah
36 Menadel
37 Aniel
39 Rehaël
48 Mihaël
55 Mebahiah
59 Harahel

Femme enceinte
30 Omaël
48 Mihaël
59 Harahel

Ferme
08 Cahetel

Fertilité
23 Melahel
30 Omaël

55 Mebahiah
59 Harahel
68 Habuhiah

Fibromyalgie
01 Vehuiah
11 Lauviah I
25 Nith-Haaih
45 Sealiah

Fidélité
02 Jeliel
13 Yezalel
20 Pahaliah
41 Hahahel

Fin
03 Sitaël
37 Aniel
40 Ieiazel
60 Mitzraël
72 Mumiah

Finance
09 Haziel
31 Lecabel

Fleuriste /Fleurs
23 Melahel
66 Manakel

Foi
20 Pahaliah
32 Vasariah
63 Anauël

Force / Courage
Tous les Anges .

Forêts
08 Cahetel

Frigidité (problème de)
02 Jeliel

Fructifier (une action, un geste)
31 Lecabel
59 Harahel

Fumer (arrêter de)
03 Sitaël
24 Haheuiah
40 Ieiazel
45 Sealiah

G

Gagner un procès
02 Jeliel
18 Caliel

11 Lauviah I
21 Nelchaël
22 Yeiayel
25 Nith-Haaih
29 Reiyiel
40 Ieiazel
66 Manakel

Négocier
03 Sitaël
13 Yezalel

Nervosité
09 Haziel
10 Aladiah

Nuit
17 Lauviah II

O

Objectif
61 Umabel

Odeur Nauséabonde
65 Damabiah

Ombre
12 Hahaiah
14 Mebahel
52 Imamiah
65 Damabiah
66 Manakel
71 Haiaiel

Organes génitaux
30 Omaël

Orientation professionnelle
04 Elemiah
21 Nelchaël
57 Nemamiah

Ouvrier
54 Nithaël
58 Yeialel

P

Paix ·
05 Mahasiah
26 Haaiah
35 Chavakhiah
43 Veuliah
48 Mihaël
57 Nemamiah
58 Yeialel

63 Anauël
66 Manakel
70 Jabamiah

Pardon / Réconciliation
02 Jeliel
10 Aladiah
50 Daniel
66 Manakel
69 Rochel

Parasite
68 Habuhiah

Parents
02 Jeliel
48 Mihaël

Passé
03 Sitaël

Passeur d'âme
71 Haiaiel

Patience
07 Achaiah
19 Leuviah

Paysagiste
23 Melahel
66 Manakel

Pêche
65 Damabiah

Pédagogue
67 Eyaël

Pédiatre
68 Habuhiah

Peine / Souffrance
49 Vehuel
65 Damabiah
67 Eyaël

Peine amoureuse
13 Yezalel

Peintre
12 Hahaiah

Père
37 Aniel
39 Rehaël
48 Mihaël

Persévérance
02 Jeliel
07 Achaiah
11 Lauviah I
13 Yezalel

Révélation
7 Achaiah

Révolte
02 Jeliel

S

Sagesse
67 Eyaël

Sang
58 Yeialel
65 Damabiah
68 Habuhiah

Santé
10 Aladiah
16 Hekamiah
17 Lauviah II
23 Melahel
24 Haheuiah
25 Nith-Haaih
28 Seheiah
45 Sealiah
47 Asaliah
57 Nemamiah
66 Manakel
68 Habuhiah
72 Mumiah

Sceau de protection
44 Yelahiah

Schizophrénie
10 Aladiah
60 Mitzraël
65 Damabiah

Scientifique
21 Nelchaël

Sclérose en plaques
16 Hekamiah
45 Sealiah
72 Mumiah

Seconde chance
34 Lehahiah
57 Nemamiah

Secours
22 Yeiayel
36 Menadel
46 Ariel

Sécurité d'emploi
34 Lehahiah
54 Nithaël

Séparation amoureuse
02 Jeliel
19 Leuviah
61 Umabel

Sérénité
23 Melahel
70 Jabamiah

Sida
65 Damabiah
66 Manakel
68 Habuhiah

Sinusite
60 Mitzraël

Solitude
61 Umabel

Sommeil
17 Lauviah II
66 Manakel

Sorcellerie
65 Damabiah

Sortilèges
21 Nelchaël
65 Damabiah

Sourciers
65 Damabiah

Spécialiste des maladies infantiles
68 Habuhiah

Spiritualité
20 Pahaliah
25 Nith-Haaih
32 Vasariah
41 Hahahel
71 Haiaiel

Stratégie
16 Hekamiah
57 Nemamiah

Succès
03 Sitaël
04 Elemiah
43 Veuliah

Succès littéraire
15 Hariel

Suicide
04 Elemiah
19 Leuviah
65 Damabiah
67 Eyaël

W

X

Y

Z

Marquis imprimeur inc.

Québec, Canada
2009